U0694925

山右叢書·二編

山右歷史文化研究院　編

上海古籍出版社

九

目　録

大司馬張海虹先生文集

〔明〕張五典　撰　徐光啓　校

田同旭　趙建斌　馬　艷　點校

點校説明 ……………………………………………………… 三

叙 ……………………………………………………… 徐光啓　七

大司馬張海虹先生文集卷一 ……………………………… 九

疏 ………………………………………………………… 九

　天變公疏 ………………………………………………… 九

　又天變公疏 …………………………………………… 一一

　條陳馬政便宜疏 ……………………………………… 一二

　時事疏 ………………………………………………… 一四

　遼事疏 ………………………………………………… 一六

　乞休養親疏 …………………………………………… 一八

　引年養親疏 …………………………………………… 二〇

　給假養親疏 …………………………………………… 二〇

　再乞休養親疏 ………………………………………… 二一

　　終養謝恩疏 …………………………………………………… 二二

大司馬張海虹先生文集卷二 ……………………………… 二四

　議 ……………………………………………………………… 二四

　　講學議 …………………………………………………… 二四

　　黔餉會議 ………………………………………………… 二七

　　款虜會議 ………………………………………………… 二八

　　均糧議 …………………………………………………… 三〇

大司馬張海虹先生文集卷三 ……………………………… 三四

　論 ……………………………………………………………… 三四

　　三途論有引 ……………………………………………… 三四

　　論正途 …………………………………………………… 三四

　　論武途 …………………………………………………… 三八

　　論雜途 …………………………………………………… 四〇

大司馬張海虹先生文集卷四 ……………………………… 四三

　詩 ……………………………………………………………… 四三

　　古詩 ……………………………………………………… 四三

　　早朝二首 ………………………………………………… 四三

　　大雲寺讀書 ……………………………………………… 四三

　　登塔 ……………………………………………………… 四四

　　次星軺驛 ………………………………………………… 四四

　　集廣通寺次李本陽年丈韻 ……………………………… 四四

　　次張條岑會丈韻 ………………………………………… 四四

　　次王鏡宇會丈韻 ………………………………………… 四四

　　次王翼亭會丈韻 ………………………………………… 四四

雨後吟 …………………………………………… 四四

擬行行重行行 …………………………………… 四五

擬青青河畔草 …………………………………… 四五

擬青青陵上柏 …………………………………… 四五

擬今日良宴會 …………………………………… 四五

擬西北有高樓 …………………………………… 四五

擬涉江采芙蓉 …………………………………… 四六

擬明月皎夜光 …………………………………… 四六

擬冉冉孤生竹 …………………………………… 四六

擬庭中有奇樹 …………………………………… 四六

擬迢迢牽牛星 …………………………………… 四六

擬迴車駕言邁 …………………………………… 四六

擬東城高且長 …………………………………… 四七

擬燕趙多佳人 …………………………………… 四七

擬驅車上東門 …………………………………… 四七

擬去者日以疏 …………………………………… 四七

擬生年不滿百 …………………………………… 四七

擬凛凛歲云莫 …………………………………… 四八

擬孟冬寒氣至 …………………………………… 四八

擬客從遠方來 …………………………………… 四八

擬明月何皎皎 …………………………………… 四八

即事 ……………………………………………… 四九

九日社宴次李本陽社長韻二首 ………………… 四九

次陳毅軒年丈韻 ………………………………… 四九

雁 ………………………………………………… 四九

行經桃源 ………………………………………… 四九

對酒 ……………………………………………… 五〇

過村家 …………………………………………………… 五〇

山齋春雨懷人在楚 ………………………………………… 五〇

莫春西郊即事二首 ………………………………………… 五〇

壽晋似齋都憲 ……………………………………………… 五〇

又代壽 ……………………………………………………… 五一

采蓮曲二首 ………………………………………………… 五一

題河梁圖 …………………………………………………… 五一

中秋前夕集楊曙宇寅丈寓賞桂分韵得月字 ……………… 五一

日落 ………………………………………………………… 五二

送喬傲我年丈 ……………………………………………… 五二

送張條岑守常德二首 ……………………………………… 五二

沈廣乘父孝廉祀鄉賢 ……………………………………… 五二

東風曲 ……………………………………………………… 五三

雨晴漫興 …………………………………………………… 五三

送遠曲 ……………………………………………………… 五三

辛丑中秋同李本陽石昆山鄭毅軒施育吾史心源集楊忠庵
　寓賦得今月何曾見古人分見字 ……………………… 五三

又和李本陽年丈今字韵 …………………………………… 五三

又月字韵一三五七九言 …………………………………… 五四

送張樂吾年丈之蜀 ………………………………………… 五四

送施籲吾年丈 ……………………………………………… 五四

昔遊 ………………………………………………………… 五四

石昆山席賦劉阮再至天台分韵得桃字 …………………… 五四

天津公署 …………………………………………………… 五四

楊忠庵主政寄詩依韵奉酬二首 …………………………… 五五

遊望海寺有贈 ……………………………………………… 五五

登望海樓 …………………………………………………… 五五

感興 ……………………………………………… 五五

塞下曲三首 …………………………………… 五六

登州閲武 ……………………………………… 五六

壽寶岳母八十三首 …………………………… 五六

索居 …………………………………………… 五七

雨窗懷友 ……………………………………… 五七

招隱 …………………………………………… 五七

少年行 ………………………………………… 五七

邊事 …………………………………………… 五八

哭兒銓遼陽殉節二首 ………………………… 五八

朱母雙節 ……………………………………… 五八

送孫愷陽相公行邊 …………………………… 五八

送滿震東太僕削還 …………………………… 五九

贈雕像楊山人 ………………………………… 五九

雨中有感 ……………………………………… 五九

明妃二首 ……………………………………… 五九

張子房 ………………………………………… 六〇

歸來二首 ……………………………………… 六〇

静中感 ………………………………………… 六〇

村家 …………………………………………… 六〇

繅絲曲 ………………………………………… 六〇

山居五首 ……………………………………… 六一

大司馬張海虹先生文集卷五 ………………… 六三

啓 ……………………………………………… 六三

上崇王 ………………………………………… 六三

謝黃鍾梅司馬 ………………………………… 六三

迎李瞻予總河 …………………………………………… 六四

賀李孟白督餉司徒 ……………………………………… 六四

賀張涵月撫臺考滿 ……………………………………… 六五

與吳繼疏撫臺 …………………………………………… 六五

賀沈□□操江 …………………………………………… 六五

賀韓象雲宮詹 …………………………………………… 六六

迎過成山賑院 …………………………………………… 六六

謝過成山賑院 …………………………………………… 六七

南陽請方魯岳按臺 在臥龍崗 ………………………… 六七

登州請陳仲素按臺 在蓬萊閣,時五日閱兵 ………… 六八

武場畢賀陳中素按臺 …………………………………… 六八

洛陽請楊仵南按臺 ……………………………………… 六八

彰德請倪吉旋鹽臺 ……………………………………… 六九

賀馮□□方伯生子 ……………………………………… 六九

迎洪南池巡道 …………………………………………… 七〇

謝李□□憲副 …………………………………………… 七〇

復趙乾所吏部 …………………………………………… 七一

復施泰維吏部 …………………………………………… 七一

午日 ……………………………………………………… 七二

答午日 …………………………………………………… 七二

中秋 ……………………………………………………… 七二

答中秋 …………………………………………………… 七二

重九 ……………………………………………………… 七三

又重九 …………………………………………………… 七三

答重九 …………………………………………………… 七三

冬至 ……………………………………………………… 七四

答生日 …………………………………………… 七四

答生子 …………………………………………… 七四

又答生子 ………………………………………… 七五

大司馬張海虹先生文集卷六 ……………………… 七六

書 ……………………………………………………… 七六

沈蛟門相公書 …………………………………… 七六

與韓象雲相公書 ………………………………… 七七

大司馬張海虹先生文集卷七 ……………………… 七九

叙 ……………………………………………………… 七九

二東造士録叙 …………………………………… 七九

送陳蘇嶺守河南叙 ……………………………… 八○

送薛价屏守南寧叙 ……………………………… 八二

送張同虚守歸德叙 ……………………………… 八三

賀張憲副三膺恩榮叙 …………………………… 八四

賀陳寰宇協守榮擢京營仍留屯津海叙 ………… 八六

賀寇□□晋青州郡丞叙 ………………………… 八七

壽秦安令郭溪環親家七帙叙 …………………… 八八

壽小山族兄七十有七叙 ………………………… 九○

再壽小山兄七十有八序 ………………………… 九一

壽張沁溪七十有七序 …………………………… 九二

壽韓母郭太恭人七十五叙 ……………………… 九三

壽蘇母李孺人七帙叙 …………………………… 九四

壽張母韓孺人七帙叙 …………………………… 九五

壽寳師母八十叙 ………………………………… 九六

大司馬張海虹先生文集卷八 ················· 九八

記 ······································ 九八

　成湯廟記 ····························· 九八

　又成湯廟記 ·························· 九九

　玄帝廟記 ····························· 一〇〇

　關聖廟記 ····························· 一〇一

　榼山大雲寺經閣記 ················ 一〇三

　祖塋碑記 ····························· 一〇三

大司馬張海虹先生文集卷九 ················· 一〇六

説 ······································ 一〇六

　三松説 ································ 一〇六

　姓氏説 ································ 一〇六

附：募緣疏 ···························· 一〇七

　修東海神廟募緣疏 ················ 一〇七

大司馬張海虹先生文集卷十 ················· 一〇九

言 ······································ 一〇九

　質言 ································· 一〇九

　經史緒言 ····························· 一一一

大司馬張海虹先生文集卷十一 ··············· 一一五

檄 ······································ 一一五

　率屬諭民檄 ·························· 一一五

　諭吏八款 ····························· 一一五

　諭民八款令鄉約解諭 ················· 一一八

大司馬張海虹先生文集卷十二 ·· 一二二

  墓表 ··· 一二二

    孝廉王性宇墓表 ·· 一二二

大司馬張海虹先生文集卷十三 ·· 一二四

  墓誌銘 ··· 一二四

    光禄寺署丞原左溪墓誌銘 ································· 一二四

    張沁溪墓誌銘 ·· 一二五

    張母郭氏墓誌銘 ··· 一二六

大司馬張海虹先生文集卷十四 ·· 一二八

  行狀 ··· 一二八

    先考封户部郎中行狀 ······································ 一二八

大司馬張海虹先生文集卷十五 ·· 一三二

  祭文 ··· 一三二

    祭唐太妃文 ··· 一三二

    祭檜亭宗室文 ·· 一三二

    祭楊冲所房師文 ··· 一三三

    祭銀臺曲先生文 ··· 一三四

    祭給諫張明寰年丈文 ······································ 一三五

    祭宫坊劉性宇年丈文 ······································ 一三五

    祭廷評楊會吾親家文 ······································ 一三六

    祭學博賈太行親家文 ······································ 一三七

    祭郭孺人文 ··· 一三七

    祭兒銓文 ·· 一三八

再祭兒銓文 ……………………………………… 一三八

大司馬張海虹先生文集卷十六 …………………… 一四〇

年譜 ………………………………………………… 一四〇

年譜 ……………………………………………… 一四〇

大司馬張海虹先生文集卷十七 …………………… 一五八

恤典志表 …………………………………………… 一五八

諭祭文 …………………………………………… 一五八

明太子太保兵部尚書海虹張公墓表 …………… 一六〇

明故太子太保兵部尚書海虹張公配夫人李氏竇氏淑人

李氏合葬墓誌銘 ……………………………… 一六二

張忠烈公存集

〔明〕張 銓 撰

田同旭 趙建斌 馬 艷 點校

點校説明 …………………………………………… 一六九

張忠烈公存集卷六 ………………………………… 一七五

詩 …………………………………………………… 一七五

五言絶句 …………………………………………… 一七五

小園 ……………………………………………… 一七五

春暮 ……………………………………………… 一七五

春盡見花飛有感 ………………………………… 一七五

聞雁 …………………………………………………… 一七五

九日 …………………………………………………… 一七五

武安道中 ……………………………………………… 一七五

留別 …………………………………………………… 一七六

塞上曲二首 …………………………………………… 一七六

俠者 …………………………………………………… 一七六

筆山 …………………………………………………… 一七六

采蓮曲三首 …………………………………………… 一七六

江南曲二首 …………………………………………… 一七六

獨坐 …………………………………………………… 一七七

江行 …………………………………………………… 一七七

漢中早春 ……………………………………………… 一七七

江行偶憶老杜春水船如天上坐之句用韵率成七首 …… 一七七

閨思 …………………………………………………… 一七八

春雪 …………………………………………………… 一七八

自君之出矣九首 ……………………………………… 一七八

明妃曲 ………………………………………………… 一七九

落花三首 ……………………………………………… 一七九

題畫 …………………………………………………… 一七九

咏竹 …………………………………………………… 一八〇

見雁 …………………………………………………… 一八〇

六友吟六首 …………………………………………… 一八〇

蒼髯翁 ………………………………………………… 一八〇

抱節君 ………………………………………………… 一八〇

冰雪丈人 ……………………………………………… 一八〇

幽芳處士 ……………………………………………… 一八〇

雲華仙 ………………………………………………… 一八〇

月香主人 ·· 一八一

不寐 ·· 一八一

秋夜 ·· 一八一

張忠烈公存集卷七 ······························ 一八二

詩 ·· 一八二

六言絕句 ·· 一八二

閒居雜咏八首 ···································· 一八二

長安道四首 ······································ 一八三

早春山行 ·· 一八四

春興 ·· 一八四

早秋 ·· 一八四

張忠烈公存集卷八 ······························ 一八五

詩 ·· 一八五

七言絕句 ·· 一八五

出都潞河舟中二首 ································ 一八五

舟中夜坐 ·· 一八五

過豫讓橋二首 ···································· 一八五

將謁選前一夕河畔獨坐 ···························· 一八六

留別賈孝廉墧坪 ·································· 一八六

寄賈孝廉 ·· 一八六

曉發漳源 ·· 一八六

途次口占 ·· 一八六

春思 ·· 一八六

秋夜自遣 ·· 一八七

中秋宿新樂公署 ·································· 一八七

九日 ·· 一八七

宿薊州李秀才園 ······························ 一八七

夏店公署見菊二首 ··························· 一八七

宿雄縣 ·· 一八八

寒雁 ·· 一八八

北邙 ·· 一八八

入函關 ·· 一八八

溫泉五首 ······································ 一八八

又戲題一絕 ···································· 一八九

塞上曲四首 ···································· 一八九

觀獵 ·· 一九〇

夜雨 ·· 一九〇

長安道 ·· 一九〇

俠者 ·· 一九〇

白洋泛舟三首 ································· 一九〇

渡易水 ·· 一九一

鳳翔署中 ······································ 一九一

三良塚 ·· 一九一

靈山見桃花 ···································· 一九一

隴山二首 ······································ 一九一

端陽 ·· 一九二

立秋 ·· 一九二

七夕 ·· 一九二

對月 ·· 一九二

題《望雲思親圖》 ····························· 一九二

河州鎮邊樓和解大紳韻 ······················ 一九二

長城二首 ······································ 一九三

河州署内銀木花……………………………………… 一九三

塞上曲三首 ………………………………………… 一九三

老將 ………………………………………………… 一九四

登岷州署内樓 ……………………………………… 一九四

閨怨二首 …………………………………………… 一九四

磧石關 ……………………………………………… 一九四

碾伯公署置琴一張感賦……………………………… 一九四

中秋 ………………………………………………… 一九五

遇鄉人 ……………………………………………… 一九五

九日二首 …………………………………………… 一九五

望崆峒山 …………………………………………… 一九五

松林驛 ……………………………………………… 一九五

宿鳳縣 ……………………………………………… 一九五

見新月 ……………………………………………… 一九六

江行 ………………………………………………… 一九六

江石灘 ……………………………………………… 一九六

四皓四首 …………………………………………… 一九六

七夕 ………………………………………………… 一九七

睡起 ………………………………………………… 一九七

宮詞八首 …………………………………………… 一九七

苦雨 ………………………………………………… 一九八

山莊 ………………………………………………… 一九八

鄱湖感事 …………………………………………… 一九九

曉發皂口驛 ………………………………………… 一九九

攸鎮道中 …………………………………………… 一九九

瓶梅 ………………………………………………… 一九九

山行見梅花盛開 …………………………………… 一九九

除夕 …………………………………………… 一九九

宜春道中 ………………………………………… 一九九

漫興 ……………………………………………… 二〇〇

萬安舟中 ………………………………………… 二〇〇

袁州宜春臺在行署之左臺畔有桃李各一株政對軒窗繁花
　　盛開芬芳可愛予每憑几翫之不忍移目因賦三絶 …… 二〇〇

讀《雲臺集》 …………………………………… 二〇〇

游洪陽洞至半而返二首 ………………………… 二〇一

聞遼東三路師敗感憤成絶句十首 ……………… 二〇一

丹桂 ……………………………………………… 二〇二

九日 ……………………………………………… 二〇三

獨坐 ……………………………………………… 二〇三

觀奕圖 …………………………………………… 二〇三

元宵 ……………………………………………… 二〇三

花前獨酌 ………………………………………… 二〇三

園中閒步 ………………………………………… 二〇三

對鏡見二毛有感 ………………………………… 二〇三

睡起口號 ………………………………………… 二〇四

即事 ……………………………………………… 二〇四

張忠烈公存集卷九 ……………………………… 二〇五

奏疏 ……………………………………………… 二〇五

直陳救時要務疏 ………………………………… 二〇五

請釋賢令疏 ……………………………………… 二一一

請福王之國疏 …………………………………… 二一二

再請釋賢令罷秦稅疏 …………………………… 二一五

糾奸邪肆言亂政疏 ……………………………… 二一八

屬番肆掠參處起釁邊將疏 ……………………………… 二二三

條議馬政疏 …………………………………………… 二二六

張忠烈公存集卷十 ……………………………………… 二三二

奏疏 ………………………………………………… 二三二

請罷湖稅疏 …………………………………………… 二三二

論遼事疏 ……………………………………………… 二三四

再論遼事疏 …………………………………………… 二三七

糾劾橫宗鼓謀疏 ……………………………………… 二四〇

糾駁經略疏 …………………………………………… 二四五

遼師潰敗陳備禦之策疏 ……………………………… 二四七

請更招兵疏 …………………………………………… 二五〇

請振國勢杜亂萌疏 …………………………………… 二五二

請減派疏 ……………………………………………… 二五三

恭慰聖懷疏 …………………………………………… 二五五

恭慰聖體疏 …………………………………………… 二五六

奏報遼危情形請督撫移鎮疏 ………………………… 二五九

張忠烈公存集卷十一 ………………………………… 二六四

啓 …………………………………………………… 二六四

答潘王 ………………………………………………… 二六四

答秦王 ………………………………………………… 二六四

答韓王 ………………………………………………… 二六四

答肅王 ………………………………………………… 二六五

上益王 ………………………………………………… 二六五

答益王 ………………………………………………… 二六五

答益王 ………………………………………………… 二六六

答益王 …………………………………………… 二六六

答益王 …………………………………………… 二六六

答益王 …………………………………………… 二六七

答益王 …………………………………………… 二六七

別益王 …………………………………………… 二六七

答筠溪王 ………………………………………… 二六八

上方中涵老師相公從哲 …………………… 二六八

賀沈銘縝相公㴶 …………………………… 二六八

答吳曙谷相公道南 ………………………… 二六九

賀趙吉亭冢宰煥 …………………………… 二六九

賀周敬松冢宰嘉謨 ………………………… 二七〇

與張誠宇司農問達 ………………………… 二七一

賀王霽宇司馬象乾 ………………………… 二七一

賀黃梓山司馬嘉善 ………………………… 二七二

答郭青螺司馬子章 ………………………… 二七三

慰孫藍石老師總憲瑋 ……………………… 二七三

賀許少微總憲弘綱 ………………………… 二七四

賀李旭山總憲誌 …………………………… 二七四

賀方中涵老師少宰從哲 …………………… 二七四

賀史聯岳少宰繼偕 ………………………… 二七五

賀李孟白津運少司農長庚 ………………… 二七五

賀周心銘戎政少司馬盤 …………………… 二七六

答周心銘戎政少司馬 ……………………… 二七六

答周心銘戎政少司馬 ……………………… 二七七

賀崔振峰少司馬景榮 ……………………… 二七七

賀陳松石南少司農所學 …………………… 二七八

答陳松石南少司農 ………………………… 二七八

答衛桐陽南少司馬一鳳 ……………………………………… 二七九

賀饒映垣南少司馬元暉 ……………………………………… 二七九

與羅柱宇南少司空 ………………………………………… 二八〇

迎徐海石副院兆魁 ………………………………………… 二八〇

上顧鄰初老師宮詹起元 …………………………………… 二八〇

與韓象雲宮詹爌 …………………………………………… 二八一

張忠烈公存集卷十二 ………………………………………… 二八三

啓 …………………………………………………………… 二八三

上吳節庵老師宣大總制崇禮 ……………………………… 二八三

答涂鏡源老師宣大總制宗濬 ……………………………… 二八三

答馬□□宣大總制 ………………………………………… 二八四

賀崔振峰宣大總制景榮 …………………………………… 二八五

答王霽宇薊遼總制象乾 …………………………………… 二八六

賀黃梓山固原總制晋階廕子嘉善 ………………………… 二八六

答黃梓山固原總制 ………………………………………… 二八六

賀劉定宇固原總制敏寬 …………………………………… 二八七

與許少微兩廣總制弘綱 …………………………………… 二八七

答許少微兩廣總制 ………………………………………… 二八八

與王太蒙總河佐 …………………………………………… 二八八

答王憲葵總漕紀 …………………………………………… 二八九

與王憲葵總漕 ……………………………………………… 二九〇

與王憲葵總漕 ……………………………………………… 二九〇

與樊昌南晋撫讜 …………………………………………… 二九一

答樊昌南晋撫 ……………………………………………… 二九一

與徐雅池晋撫紹吉 ………………………………………… 二九一

與吳繼疏晋撫弘度 ………………………………………… 二九二

與文受寰雲撫球 ························ 二九二

與劉斗陽薊撫日梧 ······················ 二九三

答劉斗陽薊撫 ·························· 二九三

與孫藍石畿撫瑋代 ······················ 二九四

與韓晶宇畿輔濬 ························ 二九四

與陳蠡源操江道亨 ······················ 二九五

答陳蠡源操江 ·························· 二九五

與劉華石淮撫 ·························· 二九六

答劉華石淮撫 ·························· 二九六

餞崔瑞軒秦撫 ·························· 二九七

迎李瞻宇秦撫起元 ······················ 二九七

賀李瞻宇秦撫 ·························· 二九八

答李龍峰秦撫楠 ························ 二九八

答李龍峰秦撫 ·························· 二九八

答周心銘甘撫盤 ························ 二九九

餞周心銘甘撫 ·························· 二九九

賀荆籲吾甘撫州土 ······················ 二九九

答荆籲吾甘撫 ·························· 三〇〇

答荆籲吾甘撫 ·························· 三〇〇

賀楊楚石榆撫應聘 ······················ 三〇一

與楊楚石榆撫 ·························· 三〇一

答張誠宇楚撫問達 ······················ 三〇二

答董誼臺楚撫漢儒 ······················ 三〇二

賀梁醇宇楚撫見龍 ······················ 三〇二

答徐海石楚撫兆魁 ······················ 三〇三

答衛桐陽鄖撫一鳳 ······················ 三〇三

與包大瀛豫撫見捷 ······················ 三〇三

與包大瀛豫撫 …………………………………… 三〇四

與包大瀛豫撫 …………………………………… 三〇四

答包大瀛豫撫 …………………………………… 三〇四

答包大瀛豫撫 …………………………………… 三〇五

答包大瀛豫撫 …………………………………… 三〇五

答包大瀛豫撫 …………………………………… 三〇六

與錢浩川虔撫桓 ………………………………… 三〇六

賀錢浩川虔撫 …………………………………… 三〇六

餞錢浩川虔撫 …………………………………… 三〇七

迎周春臺虔撫應秋 ……………………………… 三〇七

與周春臺虔撫 …………………………………… 三〇八

答周春臺虔撫 …………………………………… 三〇八

賀吳本如蜀撫用先 ……………………………… 三〇九

與饒映垣蜀撫元暉 ……………………………… 三一〇

與李玄白梁撫養正 ……………………………… 三一〇

答李玄白梁撫 …………………………………… 三一一

與李孟白齊撫長庚 ……………………………… 三一一

答李孟白齊撫 …………………………………… 三一二

與王岵雲齊撫在晋 ……………………………… 三一二

答王岵雲齊撫 …………………………………… 三一三

答劉石閭越撫一焜 ……………………………… 三一三

答王斗溟閩撫士昌 ……………………………… 三一四

答黃與參閩撫承玄 ……………………………… 三一四

答陳匡左粵撫 …………………………………… 三一五

與陳匡左粵撫 …………………………………… 三一五

答陳匡左粵撫 …………………………………… 三一五

答張鳳皋黔撫鶴鳴 ……………………………… 三一六

張忠烈公存集卷十三 …………………………………… 三一七

啓 …………………………………………………………… 三一七

　答許仰亭銀臺 …………………………………………… 三一七

　賀鄒南皐廷尉_{元標} ……………………………… 三一七

　與韓晶宇廷尉_瀋 ……………………………… 三一八

　答朱玉槎容卿_{世守} …………………………… 三一八

　與姚震宇冏卿_鏞 ……………………………… 三一八

　答姚震宇冏卿 …………………………………………… 三一九

　與徐正宇冏卿_鑒 ……………………………… 三一九

　答陳通庵給諫 …………………………………………… 三二〇

　答晏懷泉給諫_{鳴春} …………………………… 三二〇

　與劉泰階山西直指_{惟忠} ……………………… 三二〇

　與江完素河東直指_{日彩} ……………………… 三二一

　與徐正宇督學直指 ……………………………………… 三二一

　答龍紫海兩淮直指_{遇奇} ……………………… 三二二

　與毛孺初漕運直指_{一鷺} ……………………… 三二二

　與畢東郊陝西直指_{懋康} ……………………… 三二三

　與畢東郊陝西直指 ……………………………………… 三二三

　贐畢東郊陝西直指 ……………………………………… 三二四

　迎龍紫海陝西直指 ……………………………………… 三二四

　與姚震宇茶馬直指 ……………………………………… 三二四

　迎黃武皋茶馬直指_{彦士} ……………………… 三二五

　答錢梅谷湖廣直指_春 …………………………… 三二五

　與俞淳初廣西直指_誨 …………………………… 三二六

　答徐若谷四川直指_{良彦} ……………………… 三二六

　與吳北陽四川直指_{之暐} ……………………… 三二七

答楊伾南河東直指州鶴 ……………………………… 三二七

與陳中素江西直指于廷 ……………………………… 三二八

與陳中素江西直指 …………………………………… 三二八

與陳中素江西直指 …………………………………… 三二八

迎劉耳陽江西直指蘭 ………………………………… 三二八

與張憲松河南直指至發 ……………………………… 三二九

答楊伾南河南直指 …………………………………… 三二九

答陳中素山東直指 …………………………………… 三三〇

答陳中素山東直指 …………………………………… 三三〇

與郭振龍直指 ………………………………………… 三三一

答鄒瀘水直指德泳 …………………………………… 三三一

答鄒瀘水直指 ………………………………………… 三三二

答丘鍾扈直指兆麟 …………………………………… 三三二

賀新選省中 …………………………………………… 三三三

賀新選臺中 …………………………………………… 三三三

與候命臺中 …………………………………………… 三三四

答章仲山吏部光岳 …………………………………… 三三四

答涂徯如吏部國鼎 …………………………………… 三三四

答葉明生吏部 ………………………………………… 三三五

答錢泰宇户部 ………………………………………… 三三五

賀湯暗生户部 ………………………………………… 三三五

賀劉情宇户部 ………………………………………… 三三六

與劉情宇户部 ………………………………………… 三三六

答劉情宇户部 ………………………………………… 三三七

答劉情宇户部 ………………………………………… 三三七

答翁桃槎户部 ………………………………………… 三三七

答翁桃槎户部 ………………………………………… 三三八

答鄒匪石南兵部惟璉 ……………………………… 三三八

與李心白中翰成名 …………………………………… 三三九

張忠烈公存集卷十四……………………………… 三四一

啓 ……………………………………………………… 三四一

答趙鳴宇方伯彥 ……………………………………… 三四一

賀閔曾泉方伯洪學 …………………………………… 三四一

答閔曾泉方伯 ………………………………………… 三四二

答沈何山方伯演 ……………………………………… 三四二

答沈何山方伯 ………………………………………… 三四三

與周鶴岣憲長戀相 …………………………………… 三四三

答楊致吾憲長邦憲 …………………………………… 三四四

答林中漢憲長 ………………………………………… 三四四

答談中約大參自省 …………………………………… 三四四

與南二太學憲居益 …………………………………… 三四五

與梁懸藜憲副應澤 …………………………………… 三四五

答陶元暉憲副朗先 …………………………………… 三四六

答饒業明憲副元暉 …………………………………… 三四六

答饒業明憲副 ………………………………………… 三四七

答盧建臺憲副惟屏 …………………………………… 三四七

答詹起鵬憲副 ………………………………………… 三四七

答王□□憲副 ………………………………………… 三四八

與傅咨伯郡守淑訓 …………………………………… 三四八

答王漕河別駕 ………………………………………… 三四九

賀楊念庭糧馬別駕 …………………………………… 三四九

與王賓吾州守所用 …………………………………… 三五〇

答何□□縣令簏 ……………………………………… 三五〇

答王□□縣令_{夢庚} ···················· 三五一

與董仁庵縣令_{之表} ···················· 三五一

答王蕙嶽長垣令_洽 ···················· 三五二

答翟凌玄任丘令_{鳳翀} ···················· 三五二

答吳星海廣文_{道長} ···················· 三五三

答沐國公 ·································· 三五三

答豐城侯 ·································· 三五四

答劉□□總戎 ····························· 三五四

答柴總戎 ·································· 三五五

答張參戎 ·································· 三五五

答潘内監 ·································· 三五五

與潘内監 ·································· 三五六

答張真人 ·································· 三五六

張忠烈公存集卷十五 ··················· 三五八

啓 ····································· 三五八

與王府元旦 ······························ 三五八

答王府元旦 ······························ 三五八

與相公元旦 ······························ 三五八

與督撫元旦 ······························ 三五九

與督撫元旦 ······························ 三五九

答督撫元旦 ······························ 三六〇

答督撫元旦 ······························ 三六〇

答督撫元旦 ······························ 三六〇

答直指元旦 ······························ 三六一

答鈔關元旦 ······························ 三六一

復司道元旦 ······························ 三六一

答督撫上元 …………………………………………… 三六一

與王府端陽 …………………………………………… 三六二

與王府端陽 …………………………………………… 三六二

與王府端陽 …………………………………………… 三六二

答王府端陽 …………………………………………… 三六三

與督撫端陽 …………………………………………… 三六三

答督撫端陽 …………………………………………… 三六三

答督撫端陽 …………………………………………… 三六四

與直指端陽 …………………………………………… 三六四

與王府中秋 …………………………………………… 三六四

答王府中秋 …………………………………………… 三六五

與督撫中秋 …………………………………………… 三六五

與督撫中秋 …………………………………………… 三六五

答督撫中秋 …………………………………………… 三六六

答鈔關中秋 …………………………………………… 三六六

與王府重九 …………………………………………… 三六六

與督撫重九 …………………………………………… 三六七

答督撫重九 …………………………………………… 三六七

與王府長至 …………………………………………… 三六七

答王府長至 …………………………………………… 三六八

與督撫長至 …………………………………………… 三六八

答督撫長至 …………………………………………… 三六八

復司道長至 …………………………………………… 三六九

張忠烈公存集卷十六 …………………………………… 三七〇

啓 …………………………………………………………… 三七〇

壽益王 ………………………………………………… 三七〇

壽益王 ………………………………………………… 三七〇

壽方中涵相公從哲 ……………………………………… 三七一

壽李旭山總憲誌 ………………………………………… 三七一

壽劉定宇固原總制 ……………………………………… 三七一

壽李龍峰秦撫楠 ………………………………………… 三七二

壽錢浩川虔撫桓 ………………………………………… 三七二

壽彭嵩螺四川直指端吾 ………………………………… 三七二

壽吉獻丹甘肅直指人 …………………………………… 三七三

答吉獻丹回壽 …………………………………………… 三七三

答督撫賀生 ……………………………………………… 三七四

答督撫賀生 ……………………………………………… 三七四

答督撫賀生 ……………………………………………… 三七四

答鈔關賀生 ……………………………………………… 三七五

復司道賀生 ……………………………………………… 三七五

謝婚 ……………………………………………………… 三七五

張忠烈公存集卷十七 ………………………………… 三七六

啓 ……………………………………………………… 三七六

行取謝王霽宇制院象乾 ………………………………… 三七六

行取謝王柱石撫院國 …………………………………… 三七六

謝孫藍石撫院薦璋 ……………………………………… 三七七

謝方冲涵按院薦大美 …………………………………… 三七八

謝黃雲蛟關院薦吉士 …………………………………… 三七九

考滿與陳廉崖吏科治則 ………………………………… 三八〇

考滿與袁六休吏部 ……………………………………… 三八一

考滿與趙體衡太史乞文用光 …………………………… 三八一

答喻秉吾司理賀考選致和 ……………………………… 三八二

答喻秉吾司理賀考滿 …………………………………… 三八二

答喻秉吾司理賀聘考 …………………………………… 三八三

張忠烈公存集卷十八 …………………………………… 三八四

啓 …………………………………………………………… 三八四

送益王試録 …………………………………………… 三八四

送閣院試録 …………………………………………… 三八四

送督撫試録 …………………………………………… 三八五

出闈答督撫 …………………………………………… 三八五

迎正主考 ……………………………………………… 三八六

迎副主考 ……………………………………………… 三八六

迎兩主考 ……………………………………………… 三八七

請主考 ………………………………………………… 三八七

餞主考 ………………………………………………… 三八八

請孫藍石倉場瑋 ……………………………………… 三八八

請李龍峰中丞楠 ……………………………………… 三八九

請包大瀛中丞見捷 …………………………………… 三八九

請包大瀛中丞 ………………………………………… 三九〇

請包大瀛中丞 ………………………………………… 三九〇

請包大瀛中丞 ………………………………………… 三九一

請錢浩川中丞桓 ……………………………………… 三九一

請吉獻丹直指 ………………………………………… 三九一

請吉獻丹直指 ………………………………………… 三九二

請錢泰宇餉部 ………………………………………… 三九二

陝西別啓 ……………………………………………… 三九二

江西別啓 ……………………………………………… 三九三

張忠烈公存集卷十九 ·················· 三九四

尺牘 ······························ 三九四

與臺省諸公 ·························· 三九四

與張華東給諫延登 ···················· 三九四

與孫拱陽侍御居相 ···················· 三九四

與李素我侍御凌雲 ···················· 三九五

答錢梅谷侍御春 ······················ 三九五

與吉獻丹侍御人 ······················ 三九五

答楊侃南侍御州鶴 ···················· 三九五

與周句蔥侍御師旦 ···················· 三九六

與趙懷東侍御綾 ······················ 三九六

與李燦岩侍御吉星 ···················· 三九六

與李涵初侍御微儀 ···················· 三九七

答董誼臺中丞漢儒 ···················· 三九七

與錢梅谷侍御春 ······················ 三九七

答楊弱水侍御鶴 ······················ 三九八

答張憲松侍御至發 ···················· 三九八

與賈鳴寰儀部 ························ 三九九

與韋崧翹給諫蕃 ······················ 四〇〇

與龍紫海侍御遇奇 ···················· 四〇〇

與龍紫海侍御 ························ 四〇〇

張忠烈公存集卷二十 ·················· 四〇二

尺牘 ······························ 四〇二

遼事 ······························ 四〇二

答文受寰憲副球 ······················ 四〇二

與武衷懿憲副文達 …………………………………… 四〇三

與黃梓山司馬嘉善 …………………………………… 四〇三

答江完素侍御日采 …………………………………… 四〇四

與趙澹含給諫興邦 …………………………………… 四〇四

與李涵初侍御徵儀 …………………………………… 四〇五

與趙澹含給諫 ………………………………………… 四〇六

與徐玄扈宮坊光啓 …………………………………… 四〇六

與文受寰總制 ………………………………………… 四〇七

答劉斗陽中丞曰梧 …………………………………… 四〇七

答李夢白中丞長庚 …………………………………… 四〇七

答沈泰垣中丞徽价 …………………………………… 四〇八

答吳北陽侍御之犀 …………………………………… 四〇八

答王岵雲中丞在晉 …………………………………… 四〇八

與熊芝岡侍御廷弼 …………………………………… 四〇九

與商等軒給諫周祚 …………………………………… 四〇九

答孫百六侍御之益 …………………………………… 四〇九

答王虞石侍御九叙 …………………………………… 四一〇

與李祝垣侍御嵩 ……………………………………… 四一〇

答郭振龍侍御一鶚 …………………………………… 四一〇

答劉總戎綎 …………………………………………… 四一一

與趙懷東侍御紱 ……………………………………… 四一一

與劉方瀛侍御廷元 …………………………………… 四一一

與龍紫海侍御遇奇 …………………………………… 四一二

與田雙南侍御生金 …………………………………… 四一三

與徐玄扈宮詹光啓 …………………………………… 四一三

答賈鳴寰大參之鳳 …………………………………… 四一四

與李夢白中丞長庚 …………………………………… 四一四

與李載心給諫若珪 ……………………………… 四一五

答沈何山方伯演 ……………………………… 四一五

答周句葱侍御師旦 …………………………… 四一五

答陳松石中丞所學 …………………………… 四一六

答楊伾南侍御州鶴 …………………………… 四一六

與楊弱水侍御鶴 ……………………………… 四一六

答丘鍾扈侍御兆麟 …………………………… 四一六

答汪静峰總制應蛟 …………………………… 四一七

答韓晶宇中丞濬 ……………………………… 四一七

與房素中侍御壯麗 …………………………… 四一七

上顧鄭初老師宮詹起元 ……………………… 四一八

與衛桐陽司寇一鳳 …………………………… 四一八

與鄒南皋廷尉元標 …………………………… 四一八

與王虞石侍御九叙 …………………………… 四一九

答魏蒼水憲副濬 ……………………………… 四一九

與潘澄源侍御濬 ……………………………… 四一九

答韓晶宇中丞濬 ……………………………… 四二〇

答劉石間中丞一焜 …………………………… 四二〇

答駱沆瀣侍御駸曾 …………………………… 四二一

與房素中侍御 ………………………………… 四二一

張忠烈公存集卷二十一 ……………………… 四二三

尺牘 …………………………………………… 四二三

西巡公事 ……………………………………… 四二三

茶馬報代 ……………………………………… 四二三

送閣部院揭帖 ………………………………… 四二三

復固原道 ……………………………………… 四二四

復鳳翔韓司理 …………………………………… 四二四

復苑馬寺 ………………………………………… 四二四

復苑馬寺 ………………………………………… 四二五

復關西道 ………………………………………… 四二五

復關西道 ………………………………………… 四二六

復莊浪道 ………………………………………… 四二六

答荆籲吾中丞 …………………………………… 四二六

答荆籲吾中丞 …………………………………… 四二七

復西寧道 ………………………………………… 四二七

復崔副將 ………………………………………… 四二八

復李參戎 ………………………………………… 四二八

復安綿道 ………………………………………… 四二八

復李龍峰中丞 …………………………………… 四二八

復李龍峰中丞 …………………………………… 四二九

張忠烈公存集卷二十二 ………………………… 四三〇

尺牘 …………………………………………… 四三〇

南巡公事 ……………………………………… 四三〇

江右報代 ………………………………………… 四三〇

答益王 …………………………………………… 四三〇

答益王 …………………………………………… 四三一

答益王 …………………………………………… 四三一

答益王 …………………………………………… 四三一

答淮王 …………………………………………… 四三二

答淮王 …………………………………………… 四三二

答淮王 …………………………………………… 四三三

與政府 …………………………………………… 四三三

與禮部禮科 …………………………………………… 四三四

與孫鑑湖宗伯 ………………………………………… 四三四

送大計冊 ……………………………………………… 四三五

答陳信吾憲副 ………………………………………… 四三五

答鄒南皋廷尉 ………………………………………… 四三五

答李懋明侍御 ………………………………………… 四三六

答豐城鄉紳 …………………………………………… 四三七

答安福鄉紳 …………………………………………… 四三七

答南昌鄉紳 …………………………………………… 四三七

答鄒南皋廷尉 ………………………………………… 四三八

與陳中素侍御 ………………………………………… 四三八

與王岵雲中丞 ………………………………………… 四三八

張忠烈公存集卷二十三 …………………………… 四三九

尺牘 ………………………………………………… 四三九

西巡應酬 …………………………………………… 四三九

與孫藍石總憲 ………………………………………… 四三九

與許少微副院 ………………………………………… 四三九

與黃梓山總制 ………………………………………… 四四〇

答黃梓山總制 ………………………………………… 四四〇

與黃梓山總制 ………………………………………… 四四〇

答黃梓山總制 ………………………………………… 四四〇

與崔瑞軒中丞 ………………………………………… 四四〇

答崔瑞軒中丞 ………………………………………… 四四一

答崔瑞軒中丞 ………………………………………… 四四一

與劉定宇中丞 ………………………………………… 四四一

答劉定宇中丞 ………………………………………… 四四二

答崔振峰中丞 …………………………………………… 四四二

答荆籲吾中丞 …………………………………………… 四四三

與李龍峰中丞 …………………………………………… 四四三

答李龍峰中丞 …………………………………………… 四四三

答吴本如中丞 …………………………………………… 四四三

與王壺嶺中丞 …………………………………………… 四四四

上顧鄰初老師宫坊 ……………………………………… 四四四

與孫愷陽宫坊 …………………………………………… 四四四

與馮少墟符司 …………………………………………… 四四五

答馮少墟符司 …………………………………………… 四四五

與李心白給諫 …………………………………………… 四四五

與龍紫海侍御 …………………………………………… 四四六

與龍紫海侍御 …………………………………………… 四四六

與龍紫海侍御 …………………………………………… 四四六

答龍紫海侍御 …………………………………………… 四四六

與吉獻丹侍御 …………………………………………… 四四七

與吉獻丹侍御 …………………………………………… 四四七

答吉獻丹侍御 …………………………………………… 四四七

答吉獻丹侍御 …………………………………………… 四四七

答彭嵩螺侍御 …………………………………………… 四四七

答楊弱水侍御 …………………………………………… 四四八

答徐若谷侍御 …………………………………………… 四四八

與熊芝岡侍御 …………………………………………… 四四八

與周句蔥侍御 …………………………………………… 四四九

與李涵初侍御 …………………………………………… 四四九

與吴見陶侍御 …………………………………………… 四四九

答錢梅谷侍御 …………………………………………… 四五〇

答趙乾所選部 ……………………………………………… 四五〇

與郭天谷選部 ……………………………………………… 四五〇

與錢泰宇餉部 ……………………………………………… 四五〇

答錢泰宇餉部 ……………………………………………… 四五一

與李震陽駕部 ……………………………………………… 四五一

與吳澄宇水部 ……………………………………………… 四五一

復黃與參藩司 ……………………………………………… 四五一

復祁念東肅州道 …………………………………………… 四五二

復龍君御西寧道 …………………………………………… 四五二

復王藎亭洮岷道 …………………………………………… 四五二

復杜友白莊浪道 …………………………………………… 四五二

復隴右道 …………………………………………………… 四五二

復王□□安綿道 …………………………………………… 四五三

復王□□安綿道 …………………………………………… 四五三

復焦郡倅 …………………………………………………… 四五三

復臨洮陳司理 ……………………………………………… 四五三

與韓經宇進士 ……………………………………………… 四五四

復三原令 …………………………………………………… 四五四

與曹春元遲 ………………………………………………… 四五四

張忠烈公存集卷二十四 ………………………………… 四五六

尺牘 ……………………………………………………… 四五六

南巡應酬 ………………………………………………… 四五六

答益王 ……………………………………………………… 四五六

與孫藍石總憲 ……………………………………………… 四五六

與李旭山總憲 ……………………………………………… 四五七

與吳節庵總制 ……………………………………………… 四五七

與包大瀛中丞 …………………………………………… 四五七

答錢浩川中丞 …………………………………………… 四五七

與錢浩川中丞 …………………………………………… 四五八

答王太蒙中丞 …………………………………………… 四五八

答文受寰中丞 …………………………………………… 四五八

答饒映垣中丞 …………………………………………… 四五八

與饒映垣中丞 …………………………………………… 四五九

答王憲葵中丞 …………………………………………… 四五九

與李龍峰中丞 …………………………………………… 四五九

與韓晶宇中丞 …………………………………………… 四六〇

答臧九岩中丞 …………………………………………… 四六〇

與王岵雲中丞 …………………………………………… 四六〇

答王岵雲中丞 …………………………………………… 四六一

與姚羅浮銀臺 …………………………………………… 四六一

與周元汀銀臺 …………………………………………… 四六二

與鄒南皋廷尉 …………………………………………… 四六二

答鄒南皋廷尉 …………………………………………… 四六二

答鄒南皋廷尉 …………………………………………… 四六三

上顧鄰初老師宮詹 ……………………………………… 四六三

與楊昆阜宮詹 …………………………………………… 四六四

與孫愷陽宮坊 …………………………………………… 四六四

答朱月樵給諫 …………………………………………… 四六四

與李念塘給諫 …………………………………………… 四六五

與李心白給諫 …………………………………………… 四六五

答周澔西給諫 …………………………………………… 四六五

與楊浴陽給諫 …………………………………………… 四六五

與劉貞一侍御 …………………………………………… 四六六

與房素中侍御 …………………………………………… 四六六

與徐海石侍御 …………………………………………… 四六六

答徐海石侍御 …………………………………………… 四六七

與陳素中侍御 …………………………………………… 四六七

與韓晶宇侍御 …………………………………………… 四六七

與馮禮亭侍御 …………………………………………… 四六八

答方魯岳侍御 …………………………………………… 四六八

與胡小山侍御 …………………………………………… 四六八

與胡小山侍御 …………………………………………… 四六八

與王襟海侍御 …………………………………………… 四六九

與彭天承侍御 …………………………………………… 四六九

答彭天承侍御 …………………………………………… 四六九

答崔抑庵侍御 …………………………………………… 四七〇

答毛孺初侍御 …………………………………………… 四七〇

與林劍石侍御 …………………………………………… 四七〇

與吳北陽侍御 …………………………………………… 四七〇

與駱沆瀅侍御 …………………………………………… 四七一

答駱沆瀅侍御 …………………………………………… 四七一

與駱沆瀅侍御 …………………………………………… 四七一

答劉芳瀛侍御 …………………………………………… 四七二

與翟凌軒侍御 …………………………………………… 四七二

與熊極峰侍御 …………………………………………… 四七二

與張藐姑侍御 …………………………………………… 四七三

與傅見俞侍御 …………………………………………… 四七三

與趙懷束侍御 …………………………………………… 四七三

與孫瀟湘侍御 …………………………………………… 四七四

答葉明生銓部 …………………………………………… 四七四

答楊雲門水部 …………………………… 四七四

答王岵雲方伯 …………………………… 四七五

答王岵雲方伯 …………………………… 四七五

答沈何山廉憲 …………………………… 四七五

與詹起鵬大參 …………………………… 四七五

與馮抑庵憲副 …………………………… 四七六

與岳石梁憲副 …………………………… 四七六

與劉蘿經憲副 …………………………… 四七六

答黄貞父憲副 …………………………… 四七七

答項聽所憲副 …………………………… 四七七

答張西江憲副 …………………………… 四七七

與李斗冲太宇 …………………………… 四七七

與韓經宇廷評 …………………………… 四七八

與韓經宇廷評 …………………………… 四七八

與廉奎宇廷評 …………………………… 四七八

答李有懷宜都令 ………………………… 四七八

與趙□衡 ………………………………… 四七八

與張滄西公子 …………………………… 四七八

張忠烈公存集卷二十五 ……………… 四八〇

尺牘 …………………………………… 四八〇

桑梓 …………………………………… 四八〇

與楊伍南鹽院 …………………………… 四八〇

與閔曾泉方伯 …………………………… 四八一

與王衷宇西寧道 ………………………… 四八一

答王衷宇西寧道 ………………………… 四八二

與黄輿參南京兆 ………………………… 四八二

張忠烈公存集卷二十六 ················· 四八三

尺牘 ····································· 四八三

節令 ····································· 四八三

答龍紫海元旦 ························· 四八三

答徐思健元旦 ························· 四八三

復司道元旦 ··························· 四八三

答楊伾南端陽 ························· 四八四

答徐思健端陽 ························· 四八四

答崔振峰中秋 ························· 四八四

答吉獻丹中秋 ························· 四八四

答錢浩川中秋 ························· 四八五

與劉環江中秋 ························· 四八五

與包大瀛中秋 ························· 四八五

復司道重九 ··························· 四八五

復司道長至 ··························· 四八五

張忠烈公存集卷二十七 ················· 四八六

叙 ······································· 四八六

《孔聖家語》叙 ······················· 四八六

《國史紀聞》叙 ······················· 四八七

《春秋集傳》叙 ······················· 四八八

《左國合編》叙 ······················· 四九〇

《慕古録》叙 ························· 四九〇

《青丘先生詩選》叙 ··················· 四九二

《常明卿集》叙 ······················· 四九三

《中丞包大瀛疏草》叙 ················· 四九三

《鄉試序齒録》叙 …………………………………… 四九五

《觀風録》叙 ………………………………………… 四九六

《擬觀風録》序 ……………………………………… 四九七

《平反録》引 ………………………………………… 四九九

《駢牘》引 …………………………………………… 五〇〇

張忠烈公存集卷二十八 ……………………………… 五〇二

叙 ……………………………………………………… 五〇二

賀包大瀛中丞奏績恩榮序 ………………………… 五〇二

送王翼庭太守入覲序 ……………………………… 五〇三

送王鍾嵩太守入覲序 ……………………………… 五〇五

贈楊念庭別駕致政序 ……………………………… 五〇七

賀任學博膺臺獎序 ………………………………… 五〇八

壽韓仁居大尹七十序 ……………………………… 五〇九

壽韓仁居大尹七十序 ……………………………… 五一一

壽李竹庵封翁八十序 ……………………………… 五一二

壽舅氏霍翁八十一序 ……………………………… 五一三

壽延用齋六十序 …………………………………… 五一五

壽李太母八十序 …………………………………… 五一六

壽李太母八十序 …………………………………… 五一七

賀曹寶山榮膺恩封序 ……………………………… 五一八

賀萬松上人序 ……………………………………… 五一九

張忠烈公存集卷二十九 ……………………………… 五二一

傳 ……………………………………………………… 五二一

常明卿傳 …………………………………………… 五二一

李節婦傳 …………………………………………… 五二二

張忠烈公存集卷三十 ……………………………………… 五二六

　雜著 ………………………………………………………… 五二六

　　札記 …………………………………………………… 五二六

　　立志説 ………………………………………………… 五三〇

張忠烈公存集卷三十二（闕前三十頁） ……………… 五三二

　《春秋集傳》 ……………………………………………… 五三二

　　昭公 …………………………………………………… 五三二

　　定公 …………………………………………………… 五三八

　　哀公 …………………………………………………… 五四一

張忠烈公存集卷三十三 ……………………………… 五四四

　墓誌銘 …………………………………………………… 五四四

　　鄭府紀善晋崗劉公配趙氏合葬墓誌銘 ……………… 五四四

　　平陸縣教諭立齋陳公配龐氏合葬墓誌銘 …………… 五四六

　　庠生南宫寶公配馬氏合葬墓誌銘 …………………… 五四七

　　壽官雙椿張公配王氏合葬墓誌銘 …………………… 五四九

　　處士念山張公配寶氏合葬墓誌銘 …………………… 五五〇

　　李母寶孺人墓誌銘 …………………………………… 五五一

　墓表 ……………………………………………………… 五五四

　　乾州刺史龍池段公墓表 ……………………………… 五五四

　　庠生龍峰霍公墓表 …………………………………… 五五七

張忠烈公存集卷三十四 ……………………………… 五六〇

　祭文 ……………………………………………………… 五六〇

　　祭沁河神文 …………………………………………… 五六〇

謝雨文 …………………………………………… 五六〇

祭八蜡神文 ……………………………………… 五六一

祭諸葛武侯文 …………………………………… 五六一

祭左心源直指文 ………………………………… 五六一

祭張臨碧大參文 ………………………………… 五六二

祭崔新潢主政文 ………………………………… 五六三

祭楊昆阜兩尊人文 ……………………………… 五六四

祭劉紹川太學文 ………………………………… 五六五

祭户部郎中祖考文 ……………………………… 五六六

祭李母文 ………………………………………… 五六七

釋服祭李母文 …………………………………… 五六八

祭弟孝廉鉿文 …………………………………… 五六八

張忠烈公存集卷三十五 ……………………… 五七一

譜牒 …………………………………………… 五七一

　張氏世譜 ……………………………………… 五七一

附録 …………………………………………… 五七八

《續國史紀聞》序 ……………………………… 五七八

《春秋集傳》後序 ……………………………… 五七九

進呈《春秋集傳》表 …………………………… 五八〇

輯《先忠烈公文集》後序 ……………………… 五八一

大司馬張海虹先生文集

〔明〕張五典　撰　徐光啓　校

田同旭　趙建斌　馬　艷　點校

點校説明

《大司馬張海虹先生文集》（簡稱《海虹集》），明代張五典著。五典字和衷，號海虹，山西沁水竇莊人。萬曆二十年（1592）進士，授行人司行人，選戶部江西司主事。萬曆二十五年秋，松江府上海縣（今屬上海）徐光啓被推薦參加順天府鄉試。張五典時任房官，在“落卷”中發現了徐光啓試卷，閲後十分欣賞，遂推薦給主考官焦竑。焦竑閲罷拍案叫絶，遂定徐光啓爲順天府鄉試第一名舉人，一時號爲得人。

萬曆二十九年張五典差管天津糧倉，升戶部陝西司員外郎。張五典在政務之餘，重修《沁水縣志》。萬曆三十三年張五典因得罪朝廷權要，外放山東布政使司參議。又利用政務閑暇，實地勘察測量泰山高度，其與今天精密測量泰山高度的精確資料非常接近。完成測量後，張五典撰寫了《泰山道里記》，被稱爲科學測量泰山高度第一人。萬曆四十年張五典升河南按察司副使兼參議，先後平定南陽張西崗與嵩縣礦徒等民變，因升山東布政司參政，又平定青、登、萊等地民變。

天啓元年（1621），張五典升太僕寺卿。三月，赴任。四月，長子張銓死於遼東戰事。時年六十八歲的張五典聞訊，内心極其悲痛，又無法言表，遂作《哭兒銓遼陽殉節》二首，再作《祭兒銓文》、《再祭兒銓文》二文以釋懷。朝廷贈張銓大理寺卿，謚“忠烈”，又加贈兵部尚書，給三代誥命，廕一子錦衣衛指揮僉事，孫道濬承廕。天啓二年，張五典升南京大理寺卿。明年，乞終養，加升兵部尚書。三年後的天啓五年十二月，張五典病逝於家，終年七十三歲，朝廷贈太子太保。

據《明史·張銓傳》：張銓死難遼東，“銓父五典，歷官南京大理卿，時侍養家居。詔以銓所贈官加之，及卒，贈太子太保。初，五典度海內將亂，築所居竇莊爲堡，堅甚”。張五典親眼目睹了朝廷日益黑暗腐敗，各地民變兵變不斷；又曾親自處理過河南、山東等地民變，因預測天下即將大亂，朝廷無力保護遠離都邑的沁河兩岸百姓，遂於天啓年間修築竇莊城堡以自保。

竇莊城堡始建於天啓元年（1621），張五典告老回鄉後開始修築，張五典病故後，由其孫張道濬相繼主持營造，前後共歷時九年，於崇禎二年（1629）告成。

張五典死後不長時間，竇莊城堡建成不久，其生前預言便成爲現實，陝西果然發生民變。陝西農民軍進入山西，一路勢如破竹，連克州府，橫掃沁河流域，先攻破沁水縣城，殺死沁水縣令，再破陽城、高平等地，並攻破澤州州治晋城。但在竇莊城堡面前，陝西農民軍于崇禎四年（1631）六月初一打竇莊城，六月底二打竇莊城，崇禎五年八月三打竇莊城，皆敗北而去。

陝西農民軍在崇禎四年二次攻打竇莊城時，張五典已逝，其子張銓也死於遼東戰事，其孫張道濬正貶官戍守山西雁門，張道濬幾位兄弟皆外出未歸。竇莊保衛戰，完全得力于張銓之妻霍夫人。《明史·張銓傳》：“崇禎四年，流賊至，五典已殁，獨銓妻霍氏在，衆請避之。曰：‘避賊而出，家不保；出而遇賊，身更不保。等死耳，盍死於家。’乃率僮僕堅守。賊環攻四晝夜，不克而去。副使王肇生名其堡曰‘夫人城’，鄉人避賊者多賴以免。”事件過後，張道濬繼承先祖遺風，勸説鄉人築堡自守。沁河流域自端氏沿而下，直至陽城境內的衆多村莊，紛紛仿效竇莊，先後修築了五十四處城堡，許多城堡至今保存完好，形成沁河流域一種特殊的城堡文化。

光緒《沁水縣志》卷八《人物·文苑》記張五典：“著有

《張司馬文集》行世。"《張司馬文集》即《大司馬張海虹先生文集》（簡稱《海虹集》）十七卷，崇禎六年刻本，藏北京國家圖書館，屬善本古籍，爲海内孤本。清代光緒《沁水縣志》卷十一《藝文》，以及沁水《樀山志》中，收録的張五典六篇文章，均出自《海虹集》。另案，張五典曾在萬曆年間重修《沁水縣志》八卷，惜未傳世。

此次整理，即以北京國家圖書館藏崇禎六年刻本《海虹集》爲底本，參伍光緒《沁水縣志》及《樀山志》中所存張五典六篇文章，相互校勘。其他文章，無其他版本可作參校，則以《海虹集》爲底本而系統校正，作出"校勘記"。

《張海虹集》原書卷首有"沁水張五典著"、"門人上海徐光啓較"題署，今删去。

《大司馬張海虹先生文集》叙

萬歷丁酉，光啓謬膺鄉薦，實出沁水海虹先生之門。比時先生爲大行，啓從諸生後，摳衣請見，見其門如水，庭無臧獲，束修之問，無從入也，古之真廉潔也！既見，色莊而氣凛，巖巖壁立，古之真正直也！接辭以還，熟聆其議論，研精入微，古之真理學也！擘畫指陳，造次一言，確然可施用，而慷慨激烈之意，溢於眉宇，則又古之真經濟、真氣節也！既剔歷曹司藩枲，治績在冀豫青兖間，大都仁心爲質，而時出其智勇以濟之，有赫濯之功而不標其迹，有汪濊之澤而不居其名，古之真循良、真司牧也！既而嗣君忠烈公殉節遼左，榮晋鼎司，旋以太夫人春秋高，致政歸里，怡怡色養，其忠孝大節，海内宗仰若景星慶雲。而倏焉騎箕御飆，則莫不聞風俳惻，奚止及門之士懷山頹梁壞之痛而已！

三十年來，南北中外，無能朝夕杖履，所奉教於先生者，獨是歲時書問，片言隻字，皆法程矩矱。其大者在己庚之歲，啓在行間，先生所規誨以券諸數年之後，猶坐照也，而猶未得盡睹先生之著述，以爲恨。

頃，先生之冢孫司隸君數千里寄緘，則先生之全集已壽諸梨棗，而又命啓爲之叙。啓受而讀之，大都本原六經，探子史諸儒之精而用之，而根極要渺之處，能卓然獨見其大，故一切譚説義理不能隨人身後，而綜統至意，即以俟之百世，確乎不可易也。規政立事，猝不及思，劃然已解，智巧之士不能闚其藩籬，而盎然仁恩，若陽春之被物。其或同事異議，互有執詞，而先生所持，獨爲千古正經。即目前計效，亦終倍蓰相去以至無算。綜其實則響所稱無所不真者，一言蔽之矣，夫真者於物爲本爲實。本實者，其扶疏條散不如枝葉，其葩藻麗美不如華萼，而枝葉華萼者，於此成始焉，成終焉。故扶疏葩藻者不能爲本實，而能爲本實者，即有扶疏葩藻，不與易也。

先生之文，非不能繡其鞶帨，而意自夷然不屑。至於矢一辭建一畫，其關於身心性命者，必足以師世淑人；其關於謀謨政治者，必足以瀗潤庶類。無論雕章縟采者，不能與之程功課績，即經術經世自命而猶不能無徑庭，則真與不真，各自爲本末，所繇致相遠也。

啓不佞，竊以爲盡先生之用，足以登閎一世，復還古初，而仕止廷尉，繼乃以嗣君顯。嗣君又不能以其所得於先生，爲登閎一世之用，而以殉節聞傷哉！天耶？人耶？誰實爲之！然而先生之文具在，其志，其行，其文學，其政事，先生所自得與嗣君之所得於先生者，可考而知也。孫枝自司隸君而下，無不瓊敷玉立，稱其家世，而司隸君質有文武，枕戈嘗膽，食息未忘黄龍之北。藉令得遂其志，即直取甯宫猶反手耳，則以先生之遺教與世業卜之也。即第論先生之文，而猶以爲懸諸日月不刊之書，後之言真道德真事業者，莫能舍旃！謂余不信，請以俟之知言。

賜同進士出身、柱國光禄大夫、太子太保、禮部尚書、文淵閣大學士、纂修實録總裁、前吏禮兩部侍郎兼翰林院侍讀學士、協理詹事府事少詹事、左春坊左贊善、國史簡討、翰林院庶吉士、吳淞門人徐光啓撰

大司馬張海虹先生文集卷一

疏

天變公疏

爲怪徵異變，層見疊形，謹涕泣籲陳，恪修職業，懇祈聖明猛加省圖，直拔禍本，以救目前危亂事。

臣昨接太常寺少卿桂有根揭，稱天壇雷火，擊毀望杆。旬日間三奉明旨，一則云"省躬思咎"，一則云"旦夕靡寧"，一則云"關係朕躬，知道了"。又以各修職業責之諸臣。除臣率屬痛加修省外，徐而思，思而懼，不覺其涕之無從也。夫皇上一聞災祲，即誓修省，此不可不謂敬天之誠，而臣又何有過求哉？亦以頻年修省之誓，耳聞已熟，而軌轍如故；上天災異之示，有加無已，而莫知所終。臣是以思而懼，懼而不知其涕之無從也。嘗稽從古天災，史不絶書，然不過日食星孛，旱乾水溢而止耳。此但可謂之災，而不可謂之異。惟夫山陵寢廟，命脉發源，水火風雷，次第見告，至郊壇望杆之毀，而變也極矣。談者謂其希覯罕聞，始共驚之曰"異"。臣愚以爲，此非偶然也。夫天下有非常之禍，必先有非常之徵；天下有非常之徵，必先有非常之感。則采權之害，所謂國家之禍本，爲域中第一可驚可異者是已，請得而畢其説焉。

蓋聖非堯舜，安能每事盡善？則一政之弗協，一念之不順，或亦人主之常，而未可盡非也。第未聞有家與爲仇，人與爲怨，舉普天率土，共罹荼毒，而漠然不爲置念者。皇上試清夜平心以思之，異耶？不異耶？

天聽至高，安能群情畢達？則一時之執拗，一人之齟齬，或亦人主之常，而未可盡非也。第未聞有數年苦諫，通國力爭，舉大小臣工，共虞危亡，而恬然獨利其災者。皇上試清夜平心以思之，異耶？不異耶？

刻印銷印，安能拘小信之硜硜？則一言之寒盟，一諾之反汗，或亦人主之常，而未可盡非也。第未聞有形諸絲綸，布諸中外，舉皇天后土，共聞此言，而猶遷就以姑待明日者。皇上試清夜平心以思之，異耶？不異耶？

一日萬幾，安能親庶務之瑣瑣？則一念之倦勤，一事之委頓，或亦人主之常，而未可盡非也。第未聞有章疏概不下，缺官概不補，滯獄概不釋，朝講郊廟概不親詣，諸凡幾務，概從廢枯，而惟堅持以求勝其多口者。皇上試清夜平心以思之，異耶？不異耶？

之數者，當其始之嘗試也，未嘗不自駭其異。及其久而積玩也，不覺遂習以爲常。迨至今日，無不可試，竟無不可玩；無不可玩，竟無不可習。嘗怪夫舉天地古今，所共驚共駭，而視爲故常，乃其所爲非常，大可異者也。異以招異，則怪徵異變，又何必訝其層見而疊形哉？且是異也，不于山川陵谷，而于圜丘之望杆。天之意，若曰嚮日之避遠隱幽，或以爲無徵而不信，是咫尺者庶幾耳而目之矣。況杆以望名，固郊畿内外所共瞻望也。連年秕政日聞，而高高在上者，顧默不能啓，災不能懼，業已大失下土萬民之望，其又何愛焉？而不一折毀其標之也？吁！以此思異，可知矣。異非譴告仁愛之虛稱，直關理亂安危之大故。惜也，先後進憂危之詞者，其幸而多言不中，得延旦夕，以至于今；其亦不幸，不一少驗，重秘禍敗以貽之後，則其爲目前之計，尚有徒事修省之縟儀，祭告之靡文已耶？謂宜申明舊旨，首議罷停，急脫民於湯火之中。然後將數十闕政，旦夕設誠而舉行焉。夫此所舉行者，非甚高難行之事。皇上萬曆初年，所已試之良法也。

萬曆之初，即皇上之常。皇上能復當年之常法，而無可驚可異，以駭域中。將見上天亦復協氣之眚，應而無可驚可異，以駭闕下矣。如此而後禍本拔，如此而後亂萌消，如此而後萬靈禧國祚永。不然者，徒事虛文，罔裨實政，則赫赫明威，其爲所侮玩也，屢矣。豈其再三譴告，不厭煩數，而終無如皇上，何哉？臣，民部也，司民言民。故感激異變，恭修職業，輒以生民利病泣請焉。時迫矣，伏惟聖明猛省而急圖之，臣無任悚慄待命之至。

又天變公疏

爲天心可思，民窮可畏，懇乞聖明急安民生以回天變事。

臣竊見郊壇雷火，望杆摧裂。聖心驚惕，戒諭修省，不啻再三矣。臣愚以爲陛下于此時，大霈仁恩，力行善政，以答天譴。乃數日以來，自祭告而外，一未有聞也。夫事天以實不以文，區區一祭告之典，豈足以回上帝之赫怒乎？數年以來，日食星妖，山崩川竭，水溢旱乾，皆上帝所以譴告陛下，而陛下視之，恬不爲怪。然天心之仁愛未已，而災異之疊見無窮，于是回祿之災屢及于宮殿，風雨之摧層見于陵寢。迨長陵之明樓甫完，而天壇之望杆隨折。自臣民視之，若以爲災譴之告，愈近而愈切；自陛下視之，若以爲偶然之變，愈多而愈玩。昔年誓修實政之詔，竟托之空言；今歲驚惕修省之言，未見之行事。于此而冀以格玄穹，弭災眚，數之所必不得者也。臣待罪民部，其于一切修省事宜，未敢多及。惟以事關民隱，愛切天心，可爲弭災第一義者，爲陛下陳之。

蓋天之立君，原以爲民；君之代天，惟以安民。民生安，則天意悅；天意悅，則休徵應，而災變消。自古及今，未有不然者。自有礦稅以來，生民塗炭，海內窮蹙。停免之牘，無慮數百；危迫之言，無慮數萬。而陛下亦云：“自有停止之日矣。”百姓日望一日，知陛下之大信必不爽。而陛下年復一年，視小民之疾苦若不聞。此圜丘之變，震怒雖出于上帝，而視聽則繇于下民也。不特此耳，昔年霪潦侵尋，飢疫相繼。京城畿輔，死亡太多，凋殘已極。近者，數日之內，大雨不止，川瀆盈溢，將復成往歲之續。孑遺窮黎，何堪重困？恐揭竿一起，飢民雲合，將有不可爲者。陛下勿以災異之來，屢至而屢不應也。

伏乞陛下深思天意，軫念民艱，亟停礦稅，以保民生。而一切壅閼之政，漸次修舉，則陛下以畏天之心畏民，而上帝將以愛民之心愛陛下。景貺昭而瑞應集，何憂災沴哉？臣無任悚息待命之至。

條陳馬政便宜疏

爲敷陳愚見，條上馬政便宜，以蘇民困，以裨國計事。

臣以庸劣待罪同牧，竊見海內干戈四起，兵餉日增；國勢危若累棋，民生蹙如沸釜。慚無救濟之策，亦不敢爲越俎之談。然在馬言馬，苟可以通變宜民，少資涓滴者，亦不敢嘿嘿而處于此也。我祖宗朝設種馬之法，隸之太僕寺。每年解運駒馬，寄養近郊，以備京營之用。至各邊戰馬，止發馬價，非取給于養馬也。自種馬變爲俵馬，官發價值，責民買解，而其弊始不可勝言矣。

臣歷任山東，悉知其弊。蓋每馬給銀三十兩，不爲不多矣。若遇良有司，儘可足用，不至賠累。苟非其人，官既扣除，吏更侵索，甚者徇勢豪之請囑，縱衙役之窩占，每馬一匹有五六十金者，有百金者，而民始不堪命矣。

近東省有官買吏解之法，稍爲通變，然此亦可與良有司道耳。不然，名雖官買，實則民賠，甚者剋減官價，以駑劣充數。臣每見山東之馬，多矮小不及格，正此弊也。及其解運入京，差吏與歇家串通，巧立名色，謬稱打點。而馬戶所費，又不可勝言矣。至于寄養馬戶，有淳良謹厚者，用心喂養，而或天災倒死，則有賠買之苦。若奸猾之民，走差作踐，無所不至。是以倒損之報，殆無虛日，賠補之馬，累歲不完，有司且付之不問矣。至兌入京營，而營兵視馬爲恒產，晝則雇覓奔馳，將筋力之已竭；夜則伏櫪食糟，曾一飽之無時。

今京城滿街露骨之馬，即向之三十金所市，多方而致之者也。可值數金否乎？夫此一馬也，求之如彼其艱，而擲之若此其易，豈軍旅獨重，而民間之膏血不足惜乎？畜馬宜預，而國家之財用不可省乎？今若每馬止解銀三十兩，各州縣未有不樂從者。寄養之處免其養馬，每匹歲納草料銀七兩二錢，亦未有不樂從者。營兵每馬給銀十五兩，令其自買，亦未有不願領者。則每馬一匹可省銀二十二兩二錢，以萬馬計，則可省銀二十二萬有奇。當此兵餉旁午拮据難措之時，一調劑而兵不缺馬，民不受困，坐得二十餘萬金之利，所裨亦非淺鮮矣。

説者謂：“營兵領價未必買馬，即買未必堪用。”宜令軍士買馬，仍赴本寺驗烙，果其中程，然後給價。説者又謂：“京師買馬，恐無賣者。”不知人情趨利如鶩，苟懸市駿之令，則四方之馬當源源而至；若猶未也，則差官市之北邊。臣聞兵部員外王繼謨有言：“曾領銀七萬，買馬七千二百餘匹，解赴山海，盤費草料，皆在其中，則是每馬不及十兩矣。”但差官須擇忠誠廉幹之人，不得妄付匪人，致有侵剋之弊。大抵邊馬之膘瘠不如倭馬，而骨力勝之。且馬之所貴者，不獨以膘壯也。況肥瘠係于喂養，又所不必計乎？臣故曰買馬便也。然臣爲此計，不過以國用匱乏，少濟一時之急。待事寧餉足，仍行俵解之法。無謂祖宗之制可終于廢置也。至于永平，鄰近山海，地方之凋敝可知。山東、直隸又曾經兵亂之處，均當寬恤，暫行蠲免。此在地方官，自有酌議，非臣之所敢知也。

伏乞敕下該部，再加查議。如果臣言可采，即議施行。仍移文各解馬州縣，如馬已買完，或解發在道者，速行交納；其未買者，俱令解銀一年，後不爲例，則民困少蘇，而國計少裨矣。

奉聖旨：該部知道。

時事疏

爲世局變幻，邪黨橫行，奸雄得志，隱患滋深，懇乞聖斷，亟行剪除，以保宗社，以正人心事。

竊惟自古國家之敗，皆起于朋黨。然有君子之黨，有小人之黨。君子志同道合，常欲祛小人，而其術則疏，故小人未祛，而身先受其禍。小人比德淫朋，常欲逐君子，而其謀則巧，然君子已逐而小人亦不免于禍。兩者之禍，不但中于身，而且中于國家，自三代以迄于漢、唐、宋，其已事皆可考而鏡也。至于今日，則其謀愈詭，其計更深，君子、小人幾不能辨。小人欲附君子之名，以行其私，故多方夤緣，曲爲投合之謀；君子不知小人之奸，而墮其術，故極爲護持，多爲援引之計。

顧憲成講學東林，豈不粹然君子哉？李三才橫肆于淮上，用段然、于玉立、黃正賓等之謀，誅鋤善類，徑欲大拜，而懼人之不己附也。乃投身于東林，朝夕饋遺，問候之使絡繹不絕，憲成受其餌而不覺也。及三才穢迹暴露，指摘交加，而憲成不得不出書以救之，而品望不無少損矣。至于公論不容，卒致削籍，亦可已矣。而多事者又爲已甚之求，被以盜木之名，厚加紲辱。三才力雖不勝，而其心曷肯甘也？鷙伏蠖藏，待隙而動耳。先皇御極，簡用老成佚逸之士，而鄒元標、馮從吾輩，一時彙征。海内之士想聞丰采，以爲太平可立致也。乃東林之徒争先景附，巧爲進取之術，而二人不之覺也。于是，開講席于都門，一時賢者皆入其籠絡。而向者三才之黨，津津向用，要路顯秩，咸爲所據，氣焰薰灼，莫敢嚮邇。操吏兵之權，握進退之柄。苞苴公行，是非顛倒，而二人亦不之覺也。及朱童蒙一疏指摘，而二人飄然去矣。奸人且借驅逐理學之名，以箝天下之口。夫二人之出處，固皭然無可疵。然當多事之時，被知遇之隆，處尊顯之位，無能爲國家建一籌，行一法，知其不可爲，而借驅逐之名以去。又二人之巧于自爲，以成其高，而實不知其奸黨，借爲主盟，以貽天下後世之禍也。

然奸人之計又不止此，恨舊輔方從哲之驅除黨類也，又揣孫慎行怨從哲不爲推轂也。于是乘其秉禮之初，即造一彌天之謊，謂紅丸爲弒逆之藥，從哲爲弒逆之人。欲以興大獄而居首功，且以快報復之心。于時閣臣韓爌直述當時情景，以明先帝考終之愛。而奸黨忿然不平，業已草疏參劾，已而又恐干連黨首張問達，遂爾中止。且猶造爲"大東"、"小東"之説，"美女佩劍"之談，將以伏禍胎于他日，以爲三才得志藉口之資，不至族舊輔不止也。吁！其計亦險且深矣！

東林之中，未嘗無君子，而意向常與小人合；攻東林者，未嘗無小人，而意向常與君子同。辛亥京察，東林爲政，而攻東林者黜，然猶什之二三也。丁巳京察，攻東林者爲政，而東林黜，然猶什之四五也。今歲京察，東林復爲政，而攻東林者一網盡矣。其始也，東林爲一黨，攻東林者又爲一黨。厥後，則有觀望黨，有平持黨。及至于今，則觀望、持平者，盡化爲東林，而攻東林者無置足地矣。前年，緝獲劉保之時，都中喧傳，謂奴酋發來令箭八百枝，悉藏于李三才之家，即未必然，而人言若此，亦自有因。三才伏莽近郊，有識者且爲寒心，而況假虎以翼，飛而食人，孰能制之？一聞推用，里巷小民無不驚惶而咋舌。竊謂科道諸臣，豈無一二敢言之士？不意靜聽月餘，竟無有一人啓口者。蓋奸黨多而勢焰盛，不敢以性命爲嘗試也。臣于三才素未識面，誠不知其爲人。但每讀參論三才之疏，未嘗不髮豎而魂搖也。夫以三才之作用，與諸奸之推戴，今日暫起留計，倏而管樞，倏而銓衡，倏而平章。至于平章，將盡逐元老，而惟其所欲爲，英雄手辣，彼肯自食其言？即未必能如操如莽，而梁冀、董卓固其所優爲者。彼時即梟首燃臍，亦無補于國運之顛危矣。皇上若以臣言爲不信，試取數年以來參論三才之疏，彙爲一帙，懸之國門，俾輿人誦之，彼奸黨推戴者，寧不汗顏而喪氣也？

伏乞皇上大奮乾斷，將三才立行罷斥。凡推戴三才者，分別重輕量行議處。俾天下後世知理學自爲理學，而奸黨不得溷其中；奸黨自爲奸黨，而理學不至受其玷。人心正而世道清，社稷靈長之運，亦不至爲凶人所窺竊矣，臣無任悚息待命之至。

遼事疏

爲國恤家難并殷，慟子憂時俱切，謹效芻蕘，以雪讐憤，以安宗社事。

伏接邸報，遼陽城陷，臣男巡按御史張銓罵賊不屈而死。爲臣死忠，臣復何恨？惟是臣男奉命巡方，非有封疆之責，經臣勸行不可，卒以身殉。忠肝義膽，真不負生平，不負皇上，皇上豈肯負臣男？追恤之典，自有輿論，非臣之所敢干也。

至于邊患切于剝膚，國勢危于累卵，條上封事者，不啻充棟汗牛矣。么麼外吏，豈敢與聞？而憤激感慨，少有一得，亦不敢不爲吐瀝者。奴酋陷遼之後，搜括財物，宣淫婦女，戕殺壯丁，遼人怨之深入骨髓。一生員以父子六人奮挺，而殺二十餘賊，無敢攖者。使人皆若此，何憂奴酋？彼時金、復、海、蓋之民，雖云逃避，無處棲身，必皆團結山岩，以待救兵之至。此時，若有三三萬[一]精兵，用我憤怨之人心，繫彼驕淫之惰虜，一舉而奴酋擒，遼瀋復矣。惜乎！其不能也，而今已矣。

今之所患，惟夷虜合謀，沿邊入犯，薊永、昌平皆其蹊徑。近報奴酋借西虜兵二萬，殺死大半，而又分財不均，此其隙可乘矣。若以厚糈啗西咏，以舌辨之士挑激而離間之，則奴酋必不敢窺左足于河西，此當今第一急着。邊臣屢言之，願廟堂無掣其肘也。虜患少緩，則當亟修備御之策。經臣薛國用、撫臣王化貞、道臣張應吾，所議防守之謀，皆訏謨石畫，鑿鑿可行。而惟以無兵為苦，則調兵不可不亟。川、貴、浙兵雖至神速，亦須五六個月無及矣。謂宜先調近兵三萬，以固三岔河之守，俟遠兵畢集，徐謀撻伐之可也。至于內地募兵，勢不容已，然亦難言之矣。出關十三四萬人，所餘幾何？出者不入，而居者又去，誰其與我？即強之以威，啗之以利，亦有應命者，而心不親附，技不服習，徒飽敵人之鋒耳。誰非赤子，而忍令若此也？

直隸、河南、山東多有豪家大姓，剽掠魁渠，調鷹走犬，御貨椎埋，結黨成群，縣官不敢問者。臣向在東萊，有平度犯人李浡然等四人，皆魁岸雄姿，橫行閭里，人皆樂為之用。臣雖治以成邊之法，未嘗不惜其才也。如此輩者，實繁有徒。若寬其法網，假以威權，為首者即予以官職，令各率其黨，而以有能之將御之，彼其氣可鼓，而其藝可用，勝于農畝市井之人百倍矣。唐不用朱克融，而河北亂；亞夫得劇孟，而知吳楚無能為，此非其明效大驗哉？有兵而無將，與無兵同；有將而無能，與無將同。韓信以羈旅登壇，衛青以奴隸佩印，善用將者，何必世胄階級？今何拘攣，而不變通也？豪傑之生，代不乏人，孰謂草澤之中，無奇傑之士？第恐明珠投暗，如張浚之抑岳飛，徒短英雄之氣耳。法令者，人主御世之大柄也。昔年逃兵付之不問，今歲援兵遂多效尤。浙兵逍遙于海上，寧夏之兵奔還于臨洮，所過搶掠，城門晝閉，其漸又安可長也？

國家之勝氣，以元氣爲主；國家之元氣，以人心爲主。自軍興以來，敲骨吮髓，已無不至，而民間無名之費，殆又倍之。如召兵一名，官給安家銀十兩，而民間私幫有二三十兩者；造船一隻，官給價銀一百五十兩，而所費有四五百兩者。援兵經過，驛遞供應草料、飯食之外，無名之需索不厭不止，驛官甚有投井自經者。億累消耗，海内皆然，而北直、山東、河南爲尤甚。今遼東十八萬兵之餉，似可稍減，則三省之加派亦可少蠲。不然獸窮則攫，人窮則亂，恐土崩之勢不在遼左，而在中國矣。

登萊與賊僅隔一水，防守事宜，已有撫臣調度，臣不敢言。凡臣所言，非有奇謀殊策，以取勝于一時。大抵今日之急圖，與將來之次第，不越于此。第恐悠悠泛泛，築室道旁，夷虜一入，而大事去矣。

臣本書生，未諳軍旅。但具血氣，心知其所自欺，敢居人後？況國步多艱，天性至戚，切齒疢心。豈不欲身列戎行，一當奴酋，剖其心，飲其血，以上雪國憤，而下報私讐？但臣母今年八十有八，慟苦難堪，風燭可慮。臣輾轉思維，方寸已亂，疾病頓生，業已具文撫按，乞休歸省，靜候代題。臣男捐七尺之軀，盡忠于國；臣效一日之養，盡孝于家。以皇上之威靈，諸臣之忠藎，俾奴酋早滅一日，臣得安處田里，則分願畢矣。

伏乞敕下該部查議，如職言可采，亟付施行，臣無任激切待命之至。

乞休養親疏

爲聖主恩寵過隆，慈親劬勞未報，懇乞皇上俯容休致，以安愚分，以伸子職事。

臣以草茅荷國厚恩，竊禄三十餘年，碌碌庸庸，靡所比數，涓埃可報，踵頂何辭？况當多事之時，詎敢言去？惟是臣母在堂，今年八十有九，風燭不定，豈人子遊宦之時？昔年遼陽之變，臣男御史張銓死節，臣繇山東右布政使升授今職，回里省母，臣母大慟，謂臣曰："銓兒壯年出使，竟不生還。爾已衰暮，不可再出。"臣唯唯受命。今歲五月，臣孫張道濬欲赴闕陳情，爲臣男乞加贈之典。臣母復謂臣曰："道濬少年遠出，愈縈懷抱，爾可與偕往，隨即偕來，毋使老母懸望也。"臣與母泣別而來，到任受事。道濬比例上請，復有科臣尹同臯之疏，俱蒙俞允，下部查覆。于是臣男加贈兵部尚書，准給與應得誥命，且于都城本鄉各建祠致祭。臣孫道濬，亦補錦衣衛南鎮撫司僉書。一時恩寵之隆，出于望外。臣感激洪恩，敢不勉力報效，而復有私便身圖之舉？臣豈無人心者？第臣孫道濬以父死博官，于心未忍，復有《乞休養母》之疏，亦蒙聖恩，准其回籍。但思道濬之母，臣之兒婦也。堦前之婦，雖有疾病，未及五旬，且得受臣孫之養。堂上之母，逾耄近耄，朝夕難保，而臣猶戀戀，不思爲菽水計乎？不惟有負于母，有愧于孫，而且無顏立于天地間矣。况臣年近七旬，筋力已衰，不堪驅策，而臣職司廄牧，又非難勝之官。臣一衙門，添注二十餘人，濟濟賢哲，皆堪任使。則國家視臣，不啻九牛一毛，何足爲有無？而臣母于臣，朝夕倚閭，則太山九鼎之重也。但臣有弟，不得援終養之例，臣雖孱弱多病，未至危困，亦不敢托疾以欺皇上，而"致仕"一條，具在《會典》。臣故敢昧死仰祈聖慈，憐臣苦情，容臣休致。臣得奉母于田里，不惟臣烏鳥之情得以少遂，而皇上孝治之典，亦有光矣，臣無任悚息待命之至。

奉聖旨：張五典有子死忠，簡任方新，不准辭，該部知道。

引年養親疏

爲遵例引年，懇乞天恩俯容休致，以全晚節，以伸子職事。

竊惟四十入官，七十致仕，古之制也。我朝著爲令典，凡内外官員，年至七十者，得引年致仕。蓋一以寓澄汰之義，俾衰朽者無曠廢之虞；一以弘優恤之仁，俾頽憊者遂安逸之願；一以勵廉耻之節，俾貪冒者無固戀之私。自匪碩德耆英，壯猷元老，身係社稷之安危者，未有不聽其自便者也。

臣自三十九歲叨列仕籍，竊禄三十餘年，生平碌碌，無一善狀，今年七十矣。頃以京察，自陳不職，計必幽黜。不意聖度寬弘，容臣供職。臣仰荷高厚之恩，宜竭涓埃之報。然臣桑榆景晚，蒲柳姿衰。蝸涎有限，寧堪粘壁之枯；駑力已疲，立見長途之敗。且臣司問馬，馬之齒長者，臣得而汰之。皇上之視臣，猶臣之視馬也。臣齒長矣，正皇上之所宜亟汰者，儻猶戀戀棧豆，則臣之自待，不若待馬，亦何顔與執鞭之役相究詰也？況臣之當去，猶有不止此者。母九十矣，高堂切倚閭之望，遊子懷陟屺之思。舞斑衣于膝下，情欲效于老萊；望白雲于山巔，念豈殊于仁傑？臣縱不爲身計，寧不爲母計？皇上縱不念臣之衰，亦當念臣母之老，則臣之當去，皇上當聽臣之去，無容再計者也。

伏乞敕下吏部，查照例典，容臣休致。則既得免瘝曠之罪，又得伸菽水之情。臣與臣母皆得荷聖恩于無窮矣。臣無任懇祈待命之至。

奉聖旨：張五典着照舊供職，不准辭。該部知道。

給假養親疏

爲引年未遂，思親益切，懇乞聖恩俯容，給假歸省事。

臣以行年七十，遵例乞休，未蒙俞旨。臣仰荷聖慈，豈無犬馬戀主之心？但臣年衰才劣，不堪驅策，已具陳于前疏，未敢再贅。惟是天性至情，不能自已，敢再瀆于皇上之前。

臣惟天下之至難得者，壽也。臣母九十，臣年七十，人世所不嘗有者，而臣幸有之。此皇上培養之恩，亦臣家門之慶也。然使九十之母望兒之眼常穿，七十之子思親之念常鬱。諒皇上孝治之心，必不令若此苦也。臣自別母而來，幾一年矣。臣未嘗一息不念母，而臣母未嘗一息不念臣。臣母每遣家人來京，必囑之曰：“兒必早來，毋若銓兒不來也。”臣每聞此言，輒爲痛哭流涕。蓋以臣男死難，已傷慈母之心；而臣久不歸，益勞慈母之念。是以，或當食廢箸，或終夜不寢，神情日耗，精力日疲，漸有委頓之狀。臣及今得侍膝下，亦恐爲日不多。況天下有不可知之事。若臣母有風燭之虞，則臣罪日深；臣或有朝露之患，則母心益戚。古人有不以三公易一日養者，況臣以冗散之職，豈其雞肋戀之，而不爲菽水計？臣見近來科道諸臣，到任兩三月，給假歸省，皇上未嘗不允者。彼以壯年要職，且不難曲體其情，況衰暮如臣，冷局如臣，去留不足爲有無，皇上豈獨靳之哉？

伏乞敕下吏部，再加查議，容臣歸省。庶烏哺之情，得以少紓，感荷天高地厚之恩于無窮矣。

奉聖旨：張五典才品俱優，且見管馬政，着照舊供職，吏部知道。

再乞休養親疏

爲老母身病，懇乞天恩俯容休致事。

竊以人臣事君，無以有已。苟身非至于衰頹，親未至于大耋。方將竭股肱之力，以資禄養之需。何敢數數陳乞，以便私圖也？乃臣今年七十有一矣，臣母九十有一矣。臣昔年待罪太僕，屢疏乞休，未蒙俞允。尋蒙聖恩，移臣今職。便道過里，得遂省覲。戀戀庭幃，不忍遠離。臣母謂臣曰："君恩不可負，臣職不可曠。爾當暫往，無以母老爲念。"臣勉遵慈命，灑泣而別。回首白雲，未嘗一刻不在念也。乃積思成鬱，積鬱成火。又以南北水土不同，入春以來，溫濕之氣，交侵于衰弱之身。于三月十七日，忽爾痰逆，幾致殞喪。雖灌救得蘇，而心思恍惚，神情昏憒；嘔泄交作，飲食不進，日有性命之憂。儻不蚤圖歸計，恐溘焉朝露，旅櫬異鄉，益傷臣母之心，愈成不孝之罪矣。臣又見諸臣乞休者，皆蒙聖上加賜職銜。臣之庸劣，叨任大理，已屬逾涯，豈敢妄覬？惟是臣男張銓死難遼左，已贈兵部尚書。臣父母及妻，皆受二品恩典。獨臣以見在仕籍，未蒙賜給。今臣衰病，不堪驅策，當終老林壑，無復仕進之望。則臣向者未受職銜，或蒙恩賜，則出自聖裁，非臣之所敢必也。

伏乞敕下吏部，查照舊例，容臣休致，以便歸養，仍照臣男品級，加賜職銜。則不惟臣母子未終之年，皆皇上再造之恩；而臣未沾之寵，亦得以荷非常之澤矣，臣無任懇祈待命之至。

奉聖旨：張五典才品素著，簡用方新，乃以母老控陳，情詞懇切，准歸省侍養。應加職銜，該部即與題覆。

終養謝恩疏

爲恭謝天恩事。

該臣于本年三月內爲親老身病，懇乞天恩俯容休致事。奉聖旨："張五典才品素著，簡任方新，乃以親老控陳，情詞懇切，准歸省侍養。應加職銜，該部即與題覆。"欽此。

臣一接邸報，即扶病歸里。臣母尚健匕箸，臣仰荷孝治之恩，私衷不勝慶忭。至八月內，又接邸報，該吏部題覆前事，奉聖旨：張五典准加兵部尚書，終養，仍候起用。

臣聞命自天，措躬無地，除恭設香案，向闕叩頭外，仍應具疏陳謝。伏念臣草茅賤士，樗櫟庸材，早蒙作養之恩，幸厠冠紳之列。十年使署，徒供奔走之勞；五載計曹，曾乏籌畫之益。迨藩臬之屢遷，愧翰屏之罔效。繼司閫牧，愈見疲駑；載晉棘卿，詎稱明允？丹衷未罄，寧無戀主之心？青鬢已凋，每切依親之念。烏鳥陳情，幸徼俞旨；夏官進秩，復荷隆恩。履曳星辰，雖未趨蹌于朝宁；名依斗杓，業已炳焕于庭幃。叨冒逾涯，已愧非常之寵命；衰殘過甚，何當起用之殊綸？榮隨恩至，感與愧并。養親莫大于尊親，已遂顯揚之願；而盡忠乃所以盡孝，敢忘稱報之情？

伏願皇上，清心寡欲，養粹頤神。倚元老爲腹心，忠謨必納；待群臣如手足，戇直必容。邪正分爲兩途，宮府視爲一體。疆圉未寧，則留心于選將練兵之策；中原坐困，則加意于寧根固本之圖。將見朝廷有道，而四夷咸賓；庶寮靡争，而萬方底定。臣與臣母，安享太平之盛，而永祝聖壽于無疆矣。臣無任悚息瞻戀之至。

奉聖旨：覽卿奏謝，知道了。該部知道。

校勘記

〔一〕"三三萬"，疑當作"三萬"。

大司馬張海虹先生文集卷二

議

講學議

某生而頑蒙，少從先君學，自舉業制義外，嘗手授《明道語録》及薛文清《讀書》、《從政》二録。曰："此吾家世所服習者，可以修身，可以應世，小子誌之。"余服膺而未敢忘也。第生居僻陋，師友不多，見聞未廣，竊嘗以寡昧爲恨。既通籍，乃聞海内大賢，有鄒南皋先生，講學于江右；馮少墟先生，講學于關中。明道淑世，繼往開來。又以職守是拘，不得往從于門墙之下。

今歲入都，聞二先生弘開講席，接引後學。一時從講者，皆名公鉅卿，高賢宿學，不勝欣慕，摳衣往從焉。見其齒讓雍雍，儀文簡肅；談論亹亹，剖析精微。已而，馮老先生講"吾十有五而志于學"一章既畢，鄒老先生云"孔子七十從心不逾矩，今人若七十能志于學，可矣。"余聞之，悚然自愧，歸而自失者久之。

越數日，有客來顧者，問曰："聞子亦入講學會乎？"

余曰："然。"

客曰："講學，爲道乎？爲名乎？爲利乎？"

余曰："講學，以明道耳。何名利之與有？"

客曰："講學，美名也。因美名而得厚利，人情乎？"

余叩其説，客不深言，唯唯而去。越數日，有朱掌科之疏，及二先生與鍾老先生之辨疏。客復來，顧曰："朱掌科與二中丞之疏，孰是孰非？"

余久之不能答，乃徐思之，曰："皆是也。"

曰："何以言之？"

曰："掌科之意，恐其植黨；中丞之意，在于作人。義各有攸當耳。"

客曰："自古人臣，亦嘗有居要地而講學者乎？"

余曰："孟子嘗爲卿于齊，齊王曰：'我欲中國而授孟子室，養弟子以萬鍾。'此非爲卿而講學乎？"

客曰："不然。孟子欲去，已不爲卿。若爲卿，則不講學矣。且子亦知朝廷設官之義乎？官者，管也。各有所管也。授之官者，若將域其身，使不得旁騖；□〔一〕之官者，亦宜自域其身，不得外營。堯舜之世，五臣各有所司，而明倫之任，契獨任之。禹、稷、皋、益雖有明聖之德，不得侵教人之權也。國家設官，在朝廷之上，有大學士，有學士、侍講、侍讀之官；國學有祭酒，有司業、博士、學正之官；省直有提學，郡邑有儒學，各有專官，皆以'學'名也。若山林隱逸，不居其位者，則有'道學'、'理學'之名，聚徒講學，非居官任職之事也。《易》曰：'君子思不出其位。'子思曰：'君子素其位而行。'今中丞之位，何位乎？以總憲而務講學，則學士、祭酒亦可明刑乎？"

余曰："子徒以職掌言耳，若書院之設，何嘗不可？鄒老先生不云乎？'琳宮梵宇，充滿京城，何可無書院？'"

客曰："僧道寺觀，亦有主者。若僧會道會，都綱住持，皆有職名，屬在禮部，不相侵越也。若建書院，可另設一官主之乎？將屬之翰林院乎？國子監乎？抑屬之都察院乎？且今日以二公爲主，他日將誰爲主？寧無聚徒黨，而起事端乎？"

余曰："子可爲深慮矣。然仕優則學，自古言之。馮老先生不云乎？'陽明當兵戈倥傯之際，不忘講學，卒能成功。'今何不可講也？"

客曰："不然。王陽明能了得兵旅事，故可言優。今都察事能了得否也？"

余矍然曰："子何言之謬也？鍾老先生不云乎？'案無留牘，庭有餘暇，何事不能了乎？'"

客笑曰："噫嘻！有是哉？都憲何官？而以案牘言耶？恐顧佐聞之，當笑人于地下矣。都察院雖兼總六曹，而法司尤其專掌。孔子爲魯司寇，攝行相事，七日而誅少正卯。今天下罪浮于少正卯者，豈無其人能誅之否耶？朱掌科謂'法度未飭，風俗未美，刑罰未清，民生未奠，賢者未進，不肖者未退，貪穢邪險之未盡化'，此正對症之藥。而鄒老先生一言以蔽之曰'講學'，曾不言作用之何如，此何異釋家所謂'一說法而天雨花，魔神伏'者耶？子路聞過則喜，禹則善言〔二〕則拜，既不能偏傴受之，而猶屑屑與之辨，此亦客氣之未融，殆不止學問之小疵也。且掌科'邪險未化'之一言，蓋深有恫于當世之人情，開其端，尚未竟其說也。今日之人情何如乎？趨利則狗苟蠅營，避難則蝟畏蝠伏，占風使舵，覆雨翻雲，意所欲則升之青雲之上，意所抑則擠之泥塗之中。噂噂沓沓，吐肝膽于促膝之間，而轉眼便爲胡越；唯唯喏喏，輸情愫于立談之頃，而背面即肆譏評。意氣稍殊，即親知故舊，不難爲下石之謀；趨操微異，即修士端人，亦且被載鬼之謗。長安中此輩實繁有徒，然又依附于大有力者，而後可藉之以行其私。今之大有力者，孰過于總憲乎？彼其職可以進人，可以退人，可以生人，可以殺人。呼吸爲風雲，咳唾爲雨露。此輩潛伏而窺其際，方患從人之無路，而又開講學之門，以招之乎？萬一闖入其間，藉講學爲護身之符，變亂黑白，顛倒是非，一有敗壞決裂之時，則人將指之曰：'此講學之徒也。'豈不辱聖賢，而羞當世哉？"

余曰："方今在講席者，非黃髮大老，即少年雋髦；濟濟師師，且以爲極一時之盛。子何爲不必然之慮耶？"

客曰："天下有不必而必然者，勢所必至也。語曰：'人心不同，有如其面。'我方以大公無我之心，爲成德達材之舉；彼且以攀援依附之私，爲假虎藉叢之計，今之人情大都若此。當局者迷，旁觀者明，子局中人也，安能辨是非乎？"

余曰："如子之言，是非真不可辨？余將質之二先生，且以質之天下後世，其是其非必有能辨之者。"

黔餉會議

黔省危急，蜀滇未靖，其勢不在遼左之下。則屬兵措餉，誠拯溺救焚之要務，然不可以空言應也。請發内帑，則二十萬之外，恐未易多得。而各衙門之借動，與別項之搜括，皆風影之談，必不得之數也。竊計向日加派，爲遼餉耳，今遼瀋、廣寧已失，止有榆關、登萊、天津與海上毛將之兵，較之往日，可省什之四。除山東用兵不計外，而北直、山陝、河南、南直、浙江、福建所派之數，似足以供遼餉。而四川、湖廣、兩廣、雲南，再益之江西，盡以予三省用兵之費，無論加派，即正供當解者，亦聽其支用，完日銷算，各就近便速解軍前，庶可不誤於用也。若必他方湊處，求之未必可得；即得矣，而遠水豈能以救近火也？然滄海不實漏卮，山林不供野火。自軍興以來，朝廷百計搜求，小民萬苦供辦。而用之如泥沙，擲之如草梗，若乾没者，若冒破者，若誆騙者，動以數十萬計。而今日查核，明日清算，卒歸之無何之鄉，國計安得不窘也？竊謂三省之餉，宜擇一廉慎司道，綜其出納。而按臣時爲查核，毋令復有詭冒之弊，庶餉可足而兵克有濟矣。

款虜會議

天下之事，有常有變；而應天下事，有經有權，則今日款虜之議是也。以經常論，則費百萬之金，貽後日之患，計之舛也；以權變論，則惜一時之費，招目前之禍，計之更舛也。

西虜住牧關外，以待撫賞。今日不決，明日不定。無論虜怒而歸，奴酋乘之，又恐其挾賞不得，忽焉蠢動，則山海之變，不在東夷而在西虜矣。然虜性最貪，又最狡，或徼惠中國，而復受奴酋之啗，首鼠兩端，終無可恃，則百萬之金，豈容輕擲？必其實與奴絕，實為我用，而後可信。插血吮刀〔三〕，盟神設誓，皆未足憑。

孫得功獨守廣寧，西虜擒之，易如折枝。若其俘獲來獻，繇此而漸圖河以東，百萬之賞不必吝惜。若只以虛語支吾，我亦應量予以羈縻之，而仍須隄防反覆，不可輕信也。然今之講撫賞者，在我類多武弁雜流，在彼亦皆狡猾部落。彼此串通居間為利，而虜酋之真情卒不得。計惟忠實文臣，為虜所信服者，與之面講，然後可得也。

王化貞棄地之罪，必不可貸。然撫賞之議，起自化貞，而且為虜人所素服。若使之戴罪和虜，直入穹廬，探其心腹，若虜就約束，能為我出死力，則化貞之罪可贖。若然，即死於虜庭，亦不過為我誅罪人耳。

然款虜今之急着也，而非本務也。修垣墻，練士卒，飭器械，汰冗冒，清糧餉，亦漸次舉行矣，而皆非其本，其本在得人心。邇來人心之渙散，未易收拾；士氣之懦怯，未易鼓舞，此其責在將帥矣。戚繼光有言：“大將與偏裨，偏裨與士卒，必情意聯屬，人人有管鮑之知，方可望其同心戮力。”又言：“欲得士心，非必金帛之賞，刑罰之加。一動一靜，一語一默，皆可為賞罰。微乎微乎，妙不可測。”今之士卒，可與同生死者，惟邊將之家丁。聞祁秉忠出關三百人，爲有力者所分奪，止餘百人。及其臨陣，各兵潰散。惟此百人與之力戰，殺賊數百，力屈而死。使遼將人人得士如秉忠，安至一敗塗地乎？此得人心，其本也。

其次莫若用人。自有遼事以來，所用者非已冷之爐，則躍治[四]之金，其以才望用者，僅一二見也。彼以復燃取捷，以嘗試見奇，虛憍恢誕，而聽者不察，安能不敗天下事乎？

其次在收群力。夫用武將與文吏不同，偏裨又與大將不同。善乎！許洞之論曰：“兵家之所利，隨短長而用之也。善撫者，勿使格鬥，慮其愛人而無勇也。善保者，勿使進攻，懼其緩而不猛也。多方者，勿與決事，慮其猶豫。多勇者，勿與謀敵，慮其過輕也。精悍者，使鬥。果敢者，使攻。沉毅而性執者，使據險阻。見小而貪者，不可使守儲蓄。智而善斷者，可擇其言。輕健者使誘，剛愎者使當鋒，利口者使行間。善鼠竊者，使盜號探令。惡言多罵者，使揚毀訾詈，妖言詐詞。善張皇鬼神之說者，使之揚聲惑眾。明七曜、占風雲、曉六壬、善卜筮者，爲占候用。”此收群材之法，主將不可不知也。

其次莫若重責成。治天下者如理家，耕問奴，織問婢，各不相侵也。今以武臣治軍旅而文臣監之，每鎮監軍又不止一人，十羊九牧，動輒掣肘。聞瀋陽之監軍，詈辱大將，至以掌批其頰，而賀世賢叛。近日山海之贊畫，捶笞裨將，而士伍譁，又安能責之成功乎？職以爲軍機所在，即經略無得中制。如李愬入蔡，而裴度不得與聞是也。故善將者，制其功罪，而不制其事機，則將可樂於用命矣。

其次莫若重事權。遼東雖失，而山海尚存。將吏之賢否，錢糧之出納，兵甲之鈍銳，士卒之甘苦，皆巡按之責。今以關差攝之，恐鞭長不及馬腹也。川貴稱兵，特設總督，重其事也。今妖人之亂界，在四省之間，各不相統，恐彼此關望[五]，不肯盡力。莫若以總理河工，加一總督之敕令，四省之兵得以調用，庶職守專而兵力齊，早奏蕩平之績矣。

次[六]莫若昭獎勸。廣寧之變，劉渠與祁秉忠同死。劉渠已蒙恤，而祁秉忠尚未沾恩，諸臣之逃者相望矣。而張應吾獨守信地，此非膽力過人者不能也，獨不可一褒獎示勸乎？毛文龍以二百兵遠出海波，生擒逆賊，業已元戎酬報矣。王紹勛以八百兵困守寬奠，賊莫能剋，其功不在文龍之下，且其人意氣飛揚，不肯下人。而今以屬文龍節制，恐非所安也。況一樓不容二雄，可不并加總戎，撤一人回山海任用乎？

其次莫若慎財用。加派搜括，非得已之計，而民脂竭矣。若招兵造械，與藉資寇盜者不必論，其頭緒可尋，藉資寇盜者不必論，其頭緒可尋，竟莫究詰者。如姚宗文《清查遼餉疏》內云：起解未到餉司，各道截留者數十萬，竟不言其某人留某項用也。造車、造船、買牛、買騾，豈止十餘萬。牛騾已死，而車船存否也？梁之垣宣諭朝鮮，給銀二十萬，半屬借用，半委波臣，而竟何得朝鮮一臂之力也？凡若此類，不可枚舉，何啻泥沙？自兹以後，凡屬無益，皆可報寵，庶省一分則一分之用也。

職待罪圉牧，非有言責。但自入都以來，見四方多事，疏滿公車，忠謨石畫，或言而不行，或行而不力，患切剝膚，不止杞人之憂天也。敢因撫虜之議，並效蒭蕘，得免越俎之譏，幸矣，謹議。

均糧議

為議除賠糧，以恤偏苦，以蘇子遺事。

竊照國家分土授民，小民任土作貢，此上下兩利之道，而古今不易之法也。唯是弊孔起于一時，而遂成莫解之患；災害浹于累歲，而終無救援之策。若本縣之有糧無地，與地去糧存者，兩者皆小民切骨之害，不可不爲之亟計也。

夫所謂有糧而無地者，則固縣中等里之屯糧是也。所謂地去糧存，則端氏中等里之河塌地是也。本縣地最瘠民最貧，即有地有糧，尚且追徵不前，況無地而納糧，其誰堪之？今日之逃徙，業已將盡，而將來之賠累，又且轉及于他人矣。于此而亟爲之調劑，則已去者，尚可冀其復還；而未去者，亦可保無他徙矣。今將愚見，開列如左：

一、本縣地有成數，糧有定額。軍地若干，該屯糧若干；民地若干，該民糧若干，各不相混也。萬歷九年清丈地畝之時，各里書識有知者，軍民兩地，分別清楚，俱無賠累。惟固縣中里、八里、北里、兩里，愚民將軍地概作民地。本縣計地派糧，業已造冊申報，及查屯糧失額若干，乃知兩里之錯誤也。本縣官吏，自知違錯，不敢申明。乃嚴刑兩里書識，令其捏報地畝，包賠屯糧，至今三十八年矣。小民不堪逃走殆盡，如固縣中里止遺三戶，八里、北里兩甲盡逃，間有賣地別里者，一地二糧，亦皆棄置荒蕪。每歲催徵，竟不能完，亦付之無可奈何矣。然追原其始，本縣地畝止有此數，民糧屯糧皆出于此。今既以屯地爲民地，則民地溢于數之外矣。民地既溢，則民糧稍輕，是闔縣均受其益。而既認民地，又認屯糧，是兩里獨受其困也。爲今之計，謂宜查兩里見在地畝若干，除屯糧該地若干，餘者爲民地。而民糧之失額者，攤派于闔縣民地之內。此在闔縣之民，必有以加糧爲苦，代兩里認糧爲詞者，不知此實復其舊，而非有增益也。設使兩里當清丈之時，不至差謬，則概縣之民地，安得如是之多？其派糧亦必如今日攤派之數。又不然，必將另行踏丈，照地分派，亦不能有越于此數之外也。況概縣民地，每畝少加勻撮，則衆擎易舉，而兩里之民力得以少蘇，不至逃竄之盡，重貽官府之累，亦何憚而不爲也？

一、本縣設在萬山之中，石多土少，地最瘠薄。而沁河經其中，又有梅河、杏河、玉溪河、固縣河，及無名之小河數十餘道。大都濱河之地，稍稱膏腴。然每秋水泛漲，則漸加冲塌。一經冲塌，遂成沙礫，無復可耕。賠糧之苦，不可勝言，而逃竄者亦多矣。先是，本縣有開荒作熟之地，陸續報官者若干頃，每畝納穀三升。至萬曆四十七年，有西曲、鹿路北兩里，塌地賠糧人户，具告本縣，將開荒作熟之地，每畝准照下地徵糧三升，以抵河塌地糧，共抵過二百餘畝，申准除豁。然概縣塌地甚多，不止兩里，即兩里冲塌之地，亦未盡報，亦未盡除也。查得本縣當丈地之時，亦有漏報未丈者，開荒之地亦有耕種不報者。至于遠年無主墳墓，亦有已開未報者，有可耕未開者。凡此數者，使其盡報盡開，亦或足以抵河冲地畝之數。爲今之計，宜先出示，凡有河塌之地，盡數報官，仍委該里有德耆民，或鄉士夫，照依原丈地《魚鱗册籍》，逐一查明。若有原無塌地，而妄行開報者，枷責問罪。再行出示，凡有丈地漏報，及開荒、開墓未報官之地，許本人盡數報官，照依下地徵糧。如有隱匿不報者，許諸人揭報；即以本地給與揭報之人爲業，仍將原主枷責問罪。至于本縣，自宋元以來，墳墓甚多，除官宦及有碑記有子孫認識者，不得擅開。其有無主孤墳，許里老報官，開種認糧；間有膏腴者，許地鄰量出，價銀入官，給帖承業，辦納糧税。若有圖謀他人墳地，賄通里老，妄行開報者，各加重罪。則以無糧之地，抵無地之糧，庶乎兩得其平，而不至偏累。若新報之地，不足以當冲塌之數，則每畝量免若干，量賠若干，亦不至于太苦也。以後每年秋水泛漲之時，如有冲塌，即時報官立案，候有新墾之地，照數抵補。則不獨除已往之患，亦可以弭將來之憂也。

校勘記

〔一〕□，底本漫漶不清。下文同此情形者，不再出校。

〔二〕“禹則善言”，當作“禹聞善言”。

〔三〕“插血吮刀”，底本作“插血吮刀”，據文意當作“歃血吮刃”。

〔四〕“治”，當作“冶”。

〔五〕“闙望”，疑當作“觀望。”卷一《時事疏》有句“厥後，則有觀望黨。”

〔六〕“次”，底本脫“其”字，據文意應作“其次”。

論

三途論有引

言而迂，不言可也。然有或見以爲迂，或見以爲不迂。今日以爲迂，而後日以爲不迂者，亦不可不言也。

自古治天下者，蓋莫先于用人矣。論道經邦，布德綏衆，匪文弗彰；戡暴禁亂，御侮安疆，匪武弗克；勾稽簿書，綜理繁賾，匪吏弗勝。斯三者，不可一日無也。天造草昧，雲龍風虎，感遇會合；若耕築屠釣，椎埋販繒之徒，靡不乘時而建功業，蓋不可以科條論也。及天下既定，徵辟選舉，絜爲功令，以羅天下之才俊；雖有臯、夔、周、召之傑，靡有不繇此道而進者。然擇之欲精，太精則隘；儲之欲廣，太廣則濫。隘則有乏人之嗟，而濫則有壅閼之虞。國家以科貢取文士，以世職、武科用武臣，以三考取吏員，行之二百餘年，綦善矣。然法久敝生隘與濫，蓋不可勝言者。窮則變，變則通，通則久，取功令而損益之，以闢其隘而去其濫。其在今日乎？

論正途

國初取士，科甲與徵聘并行。然當時文臣，若宋濂、劉基、陶安、章溢以及楊士奇輩，皆非以科甲取也。進士有選縣丞者，舉人有選典史者，科甲固未甚重也。及宣德以後，始專重甲榜，而鄉舉次之，歷朝名公鉅卿，皆繇此出。徵聘之典，僅見于吳與弼、陳獻章，然亦不能見用。大都三代以下，人心不古，若鄉舉里選，毀譽易私，不若糊名易書，猶存古道。即有徇私作弊者，亦不多見。間有所舉者非人，則有考功法在。故科舉法，百世不易可也。但文字詭異，不可不亟返耳。

一貢士。國初，雖論食糧年深，然未嘗不兼論德行也，往往有官至公卿者。至今則以年次論，而置行誼不講矣。才俊積學之士，淹滯學宮；需次挨貢者，固不乏人。然中材之士，倖叨食廩以後，雖常居三四等，而竟得以貢出身，幾于濫矣。人才眾多之處，必補廩二三十年而後貢，其偏僻州縣衛所，或五六年即貢，又若失之偏。間有知歲貢之不堪，而行選貢之法者，徒啟請託之門，長奔兢之風耳。莫若合科貢爲一事，如每科直隸中式舉人一百名爲正榜，外取副榜二百名充貢生，照依名次，分爲三年起送赴部提學官，再不必考貢。此二百名者，下科仍聽提學官，與生員同考取科舉，如中式則已；若再中副榜，仍爲貢士。其選法中一次副榜者選縣佐貳，二次者選州佐貳，三次者與舉人一體同選。大率舉場内，三場文字俱通者，儘多中式之外，即有遺珠之嘆，若取爲貢士，豈不逾于一二篇文字，僥倖食糧，遂叨貢士者乎？況下次又得入場，亦未嘗阻其上進之路。士子未有不樂從者。

説者曰："科舉以待異才，貢以待中材。如此則中材之士，竟不得用矣。"余曰："不然，與其用中材，盍若用異才？況學教中，每有才雋之士終身不得食廩者，若以科場收之，則無積薪之嘆矣。"説者又曰："此法若行，則多才之處，每州縣或有數人，僻小州縣終無出身之路矣。"余曰："又不然，天之生才，原不擇地，彼多才之處，豈皆天性過人？亦以學力勝耳。若僻小之處，習見從來無科第，止有貢之一途。一經補廩，便坐以待貢，而不復從事于學矣。每常見小州縣一等生員，曾不若大州縣未進之童生。是歲貢之法反教之以不學耳。此法若行，則彼知貢不可倖得，必且鼓篋從師，下帷發憤二三年，便可與多才之處，并驅爭先矣。”

一生員。國初，府學四十人，州三十人，縣二十人，各給以廩糧。永樂間，各倍增其數，始有增廣之名。厥後又有“附學”、“寄學”、“青衣”、“發社”之名，而其數益繁矣。然嘉隆時，猶未盛也。余以隆慶己巳入庠，于時，沁水生員僅百六十人耳，迄今五十餘年，遂增至四百餘人。沁水，其小者也。江南文物之區，有一處至千人者，苟不爲之限制，當何所底止哉？且國家設官置吏，各有定額，何獨生員可無額也？若必欲多出少進，如張江陵沙汰之法，則適足以買怨而起囂，莫若行限年之法。今之生員才雋者，一入庠序，即當脫穎而出，即有晚就者，二十餘年止耳。中材之士，弱冠入庠，常居三四等，至六七十歲，猶然諸生也。無論皓首青衿，觀視不雅，而中間有敗類者，或雄行閭左，或挾制官師，或捏造謠言，甚者擁衆鼓噪，毆辱憲司。大抵皆老憊之士，自拚破甑，而甘心首倡。少年英銳者，必多自愛也。合無以生員入學，十五年以上，常考四五等者，即令出學；二十年以上，常考三等以後者，亦令出學；二十五年以上，雖曾考二等者，亦令出學；三十年以上，雖廩膳，亦令出學。蓋科貢之途既寬，三十年而猶不得出身，其無進取之路可知矣。其出學者，廩膳，則遙授以教職；增廣，則優以冠帶；附學，准衣巾終身；青衣、發社，亦准免其差役。曲體其情而優恤之，亦不以出學爲怨矣。此法一行，每庠所去大約十分之三四，即以見在之數，著爲定額。每遇歲考查，科貢出身者，年深出學者，物故者，願告衣巾者，問革者，劣等黜退者，共若干人，考取童生，即如其數而補之，不得多增一人。如此則入學之途亦寬，亦不阻人以讀書之路矣。

一廩增。幫補之法，不知起于何時，其説似謬。如倖考一二等而補廩增，以後常考三四等而不降；即考五等降矣，而猶得以考三等復之。若遇無缺之時，雖屢考一等者，而亦不得補。已補者，何幸而多方以全之？未補者，何幸而勒抑以困之？亦大不平矣。合無廩、增、附，止以考案次序爲定，如府學以前四十人爲廩，次四十人爲增廩；增有缺，俱不必幫補，止候下次歲考定奪。空月廩糧，貯庫別用。一可以省文移往來之煩，二可以省教官勒索之費，三則士子知考案不常，廩不可常保，又免鑽求之弊。其僻小州縣、邊方衛所等處，廩不必足數，止以見在名數爲率。

一歲考。仍以六等分，一等與二等之前者爲廩，二等之後與三等之前者爲增，三等之後者爲附，四等青衣，五等發社，六等黜退爲民。若廩膳考居四等者，即注青衣，不必注廩降青名色，餘皆倣此。蓋學問之消長無常，而榮辱無定，亦激勵人心之機也。

一教官。自古設官分職，未有無事而空設者。國初府學，設教授一員，訓導四員；州學，學正一員，訓導三員；縣學，教諭一員，訓導二員。于時，府學生員止四十人，故訓導四人，每人分教十人，而教授總之，州縣皆然。群諸生于庠序中，講解訓迪。官得修其職，而士得蒙其教，法綦善也。迨至于今，每學或千餘人，少者不下二三百。在生員，有數載而不至學教者；在教官，有終任而不識生員之面者。惟入學、幫補、節令、禮儀之是求，而曾不知職業爲何事也，又安用此素餐之官爲哉？且教官之設，特以貢士眾多，無可發落耳。若以科舉取貢，則貢士多少年英銳之士，不必就教，故教官之數可減也。合無每庠止設教官一員，收掌祭器，承行文移。一時有缺，則令鄰近教官署管。其府學教官，或用進士或舉人；州與大縣俱用舉人，小州縣并衛所則用三科副榜，與有司一體轉升。訓導盡行裁革，計減四千餘員，每歲薪俸門役可省四十餘萬金。且嘗聞之父老有言，正德以前，考取童生，能背讀《大學章句》者即准入學，非訓導何以教之？今則童生非文理成章者，不得入學，且各有師授，亦無待于教官之教，故曰教官可減也。

一監生。夫成均賢士所關，自昔重之，而我朝尤爲盛舉。宣德以前，非貢舉不得入監，有一出監胄而即授科道者。天順以後，始有納粟之例。迄今則事例多端，而冒濫滋甚矣。況售貲于今日，必取償于他年。計終身之廩俸，足以當所納之貲。而一任州縣佐貳，橫取暴斂，所得不啻數倍。若州縣既改任貢士，則粟監無所用矣。至于兩殿中書與光禄監事、鴻臚序班之類，非富室子弟，莫能勝。每年限定儒士監生，量納二三十人足矣。或者曰：“當今匱詘之時，每歲事例銀可得二三萬金，若盡停罷，則用度何所取乎？”余曰：“不然。訓導既裁，所省者且數倍于此矣。況司府首領，與小州縣之佐貳，可裁者更多。如司府經歷，有印而不得親，獨堂上官收之。夫有印而不得親，何以官爲？又何以印爲？幕官無所事事，如此類者甚多，獨不可裁之，以省無益之費耶？”

論武途

夫武，偏才也，亦異才也。不可以文墨見，不可以言論取，必戰陣而後見之，而戰陣可嘗試乎？國初，平胡靖難，桓桓虎臣，皆以百戰見也。歷世以來，禍變屢作，旋即平定，固多將帥之力，然而以大將稱者，寥寥幾人耳。自建酉黔蜀發難以來，無一人以勳名著者，豈當世盡無將才耶？抑用之非其人也？毛文龍以數百卒，出賊不意，繫逆帥頸而致之闕下，可以語能。然自入海島以來，日日報功，日日請餉，而竟未得奴酋之要領。信乎將材之難也，而求之當亟亟矣。而求將非難，任將爲難，不中制，不外監，庶可展其材能，而收其效也。

一世職。夫國家自公侯而下，以至千百户，皆世其官也。世其官者，所以報先世之功也。豈惟報功？亦望其紹先烈，而宣力以報效也。今之世職，爲國家效一臂之力者，誰乎？二百餘年服官食租，受報亦已厚矣。庶支子孫，寧止百萬？而皆不受縣官之役使，此何爲也？今欲少爲汰損，則必譁然；若不爲節制，則冒濫無已時。蓋有三術焉：

一曰嚴襲替。古者建官惟賢，任事惟能。即文王之政，亦曰賢者世其官，未聞不肖者世世濫襲也。今衛所各官英偉者固有，而不堪者甚多。有尫羸而不勝衣冠者，有力不能挽半石弓者，有不識一丁者，此何以官爲也？蓋緣襲替之時，自衛所起送，以至兵部比試，多有倩人替代者。起送之衛官，惟賄是膴。一經給文，則所歷衙門孰能辨其真贗？以後當嚴加稽核，若有倩倩之弊，即將原起文保結官，一體究革。庶不才者，不得濫襲矣。

一曰審罪犯。漢武以酎金不如式，奪侯爵四十餘人。夫酎金，小罪也；奪侯爵，重罰也。武帝行之，而當時不以爲非。蓋冒濫多，而借此以奪之也。今武職冒濫，不但如漢初，而國家律令，武臣犯罪，比之文職，又多見寬貸，彼有所恃而罪犯滋多。今後第與文職一體究論，徒罪以上，褫其職；死罪者，即追奪貼黃。庶知儆畏，而不敢輕犯法矣。

一曰辨族屬。公、侯、伯，其先人勛重而爵尊，子孫支派，皆得優免無論已。若指揮以下，猶不可以遞減乎？以今後見襲指揮者，五服以内得免徭役，千户以下惟親伯叔兄弟得免。其餘與齊民一例當差，聽所在有司管轄。庶影射少，而百姓力役之征可少減矣。

一武舉。以羅英俊，儲將材也。每科所舉若干人，皆不盡用。求之若渴，而棄之若遺，何爲哉？則以人多缺少，即欲盡用而不可得也。州縣皆用流官，而衛所獨用世職。凡掌印、屯局、操捕，皆以鑽囑而得，貪肆暴虐，靡所不至。而軍士世受管轄，莫敢誰何。間有參論革任者，則有力者欲謀其缺，排擠而搆陷之也。豺狼鬼蜮，莫可比擬。語以操守忠義，則掩耳不聞矣。今以各衛所掌印佐貳，俱以武舉選授，推升黜陟，一如文官之例。其廕襲衛官，止于食捧[一]，而不得管事。有才藝者，亦從武科選用。武舉之額，即不爲推廣，而亦無壅滯之患。庶官必得人，而有才者不至廢棄矣。至于上納加級，最爲蠹政，所宜亟止也。

論雜途

古人立賢無方，原不以類拘。豈謂文武二科，足以盡天下之才耶？如吏員一途，儘有出類超軼之輩。無暇遠引，即如我朝萬祺鍾、況蔚起輩，其才能操守，有士人之所不能及者。隆慶時，尚有楊果爲費縣知縣修厥職，而今絕無矣。夫人必有上達之階，而後能自奮勵。若一概鄙薄，而摧之抑之，則彼之自待亦輕，而才守亦何以表見哉？竊謂吏途中，苟有可以集事臨民者，不妨破格擢用也。

一、吏役上納之例，不知起于何時，不問人之能否，而概以貲取之。甚有州縣缺吏，强農民上納者，一行作吏，則一字不識，一事不曉，而皆取辦于書手。有利則書手受其益，有弊則吏典當其罪。其不肖者，則相習爲淫賭，至敗家亡身而後已，此愚吏爲可憫也。間有狡黠者，獻媚官府，攫取民財，從中罔利，而陰爲把持，官民交受其弊，而己亦不免此奸吏之可恨者也。此皆不繇選擇，而專用上納之弊也。至于京師，弊竇奸窟，更爲深廣，厮役班皂，小唱戲子，仗權勢之囑托，掛名衛所，曰吏也。

然其人不知衙門之所在，而衙門亦不知其人爲誰何。未幾而加納矣，未幾而改行矣，未幾而乞選矣，不數載輒得官而去矣。毋論其貪殘賊害，即以倡優下賤，偃然而居百姓之上，其如體統何？如名器何？向使吏必擇人，此輩又安所售其奸哉？至于僻小州縣，有六房無吏，俱以書手代辦者。夫可以代辦者，獨不可以爲吏乎？特無上納之資耳。聞嘉靖初年，嘗有取考吏員之舉，今不復聞矣。爲今之計，莫若復考取，而罷上納。考取之法，責成于巡按御史，巡歷所至，每州縣考取一二十人，分爲三等，通律法而兼通文義者爲上等，止通律法者次之，略知文移者又次之，撥充司府、州縣、衛所。當該之吏，每歲一考，課其殿最，三年滿則拔其尤者起送吏部。每省若干人，一如科貢之法，不必以兩考一概起送，庶不才者，不得濫進矣。或者曰："今天下律學甚少，恐無以應其求所求者，必皆各房之書手，又皆慣作弊者，寧不至于敗乃事也？"曰："不然。讀書、讀律，古人兼稱。今一求之，何患人之不讀律也？書手作弊，從來已然。然不爲吏，能不作弊乎？一爲吏，則有進用之階，且有所顧忌而不敢也。"或者又曰："吏之上納者，每年可得一二萬金，以充縣官之用。今一罷之，將安所取給也？"曰："每吏一名，每歲糧俸可費五六金，而吏之無用者最多。如沁水一縣，户、刑二房，每房可用二名；若吏、禮、兵、工，每房一名，足矣。至于承發科、架閣庫、舖長司，可盡裁也。一縣之中，可裁什之七。縣一縣推之司府、州縣、衛所、倉巡等衙門可裁者，當不止萬人。每年糧俸可省五六萬金。視上納所得，孰多孰少也？"

一、吏員銓選之法，不得與聞，然見舊文選朱光祚條議一疏，頭緒多端，至難稽考，無怪其那移遷就之弊，不可勝窮也。今宜立爲定式，以各省直起送三等之吏，銓部再一考試之。上者，選州縣佐貳，與貢士兼選；次者選吏目典史，又次者選倉巡驛所等官。則選法清而弊竇絶矣。至承差、知印等名色，可盡罷不存也。然此爲他日言耳。若目前之病，則甚有甘苦不均者，如選典史、驛丞、鹽廠，皆見缺，而倉官、巡簡，則皆候缺，有候至十餘年，不得上任而死者，亦何辜而至此也？爲今之計，則宜亟停加納，改行乞選，效勞之弊，庶乎其可疏通也。

校勘記

〔一〕"捧"，當作"俸"。

詩

古　詩

長風吹落日，萬里浮雲生。玄關閉幽寂，積雨成春聲。饑烏坐窺樹，池蛙時亂鳴。悠悠適心遠，語默澄群營。空庭多蘼蕪，綠葉披紫莖。

早　朝二首

其　一

千門燈火乍輝煌，禁漏疏聞夜未央。湛露溢花流月液，御簾開曙散風香。衣容次第循魚貫，螺〔一〕影齊分肅雁行。會見鳳池春正好，退朝猶自佩恩光。

其　二

仙掌高懸片月孤，帝城春樹起啼烏。壺殘箭聽樵中斷，舞罷嵩聞殿上呼。雞舌曉含依仗立，龍樓霄駕傍雲扶。好期聖代文明日，仁看王言叶禹謨。

大雲寺讀書

深松開一徑，野竹借禪居。雲起龍潛缽，風翻蠹出書。晨鐘微雨濕，夜火小窗虛。半榻分清話，山僧亦啓余。

登 塔

天半浮圖出，峥嶸勢欲摩。憑虚依日月，長眺盡山河。寥廓秋聲早，崆峒雲氣多。白毫時隱見，花雨墜檀波。

次星軺驛

輕車辭故里，桑梓戀餘情。落日長河遠，西風古道平。駟喧迎候吏，馬聚列繁纓。目極南飛雁，秋雲帶別聲。

集廣通寺次李本陽年丈韵

西郊遊賞日，散步梵王宫。把酒情方洽，裁詩興未窮。鳥啼歸茂樹，蝶舞趁輕風。何處笙歌起，遥聞曲水東。

次張條岑會丈韵

尋幽來净土，避冗出城隅。幻相真蝴蝶，浮生似轆轤。鶯花供翫賞，詩酒足歡娱。醉後憑軒望，寥天一雁孤。

次王鏡宇會丈韵

遣悶舒吟眺，珠林暫憇時。梵花飄疊錦，烟篆裊微絲。夾岸尋芳芷，臨流憶楚辭。清歡渾未足，載酒更相隨。

次王翼亭會丈韵

西郊攬勝處，蘭若是華胥。絮落迷花徑，雲深護竹居。開樽無俗客，垂釣有嘉魚。薄暮言歸去，逶迤下澤車。

雨後吟

郊原雨過樹陰陰，倚杖聊爲雨後吟。落照微微入雲去，烟光滿袖晚山深。

擬行行重行行

晨車遠行邁，別淚何潸潸。烟霧迷去旌，修壠阻塵寰。悠悠懷永思，傷我桃李顏。山川迥吳楚，良會難再攀。因悲磵中水，日夕鳴潺湲。

擬青青河畔草

春風動微和，流烟入韶月。回思十五餘，嫁君爲結髮。臥席未暇暖，懷綬杳吳越。茫茫各東西，恩情兩銷歇。憂哉久別離，誰能不驚骨。

擬青青陵上柏

人生無常寓，飄如水中鷗。英英等朝蕣，夕露不可留。年少恃紅顏，倏忽成白頭。秋霜委蒿萊，宅第悲王侯。羨彼猶龍子，優悠乘青牛。哀此塵世促，我將從浮丘。

擬今日良宴會

良時展嘉宴，八音集椒堂。趙舞起七盤，燕歌激高梁。衛女薦蘭醑，陳娥鳴珠璫。微飆泛流徵，輕雪飛回商。六龍戢靈翼，月葩流東廂。絳臺撤華燭，杯影搖清光。行樂須及時，四美焉可常。慨慷還擊節，壽此千金觴。

擬西北有高樓

迢迢西北隅，高樓起中天。窗深出遊雲，梁空納歸烟。佳人罷新妝，素手鳴朱弦。一曲長相思，情聲兩纏綿。哀音清且惋，赤鱗聳重淵。雙燕昔辭秋，春風復來旋。思君不如燕，一別成茫然。天涯寸心隔，棄妾誠自憐。

擬涉江采芙蓉

涉江采芙蓉，聊製秋日衣。製衣將何如？萬里人未歸。關山不可越，遊子寒切肌。恨無雙羽翰，長向君傍飛。

擬明月皎夜光

宵陰照孤雁，徘徊向南翔。我友亦北來，聯翩自成行。嗟余獨寥落，萬里辭故鄉。哀聲激秋雲，玄影凌天霜。食苹雖有賓，難爲我服箱。王風久不作，三益今何將。

擬冉冉孤生竹

霜風厲貞幹，青青托層巒。結契爲君室，春芝紉秋蘭。恩結兩不疑，豈知離別難。晨淚浥輕袂，夕車驅長安。樓頭一長望，失意懷所歡。君顏不能眡，方寸聊自寬。願君心不移，執此青琅玕。

擬庭中有奇樹

韶春入芳樹，灼灼發其花。良人事遠遊，萬里辭室家。折此將致君，路阻風塵賒。物華豈堪誤，獨立慚咨嗟。

擬迢迢牽牛星

盈盈明河東，宛宛織女宿。弄杼不成章，日夕懷遠候。一別經兩秋，歡聚豈能又。牽牛立河西，水闊不可就。眷言予求思，珍重永相守。

擬迴車駕言邁

駕言迴輕車，感懷念躊躇。六朝盡荆莽，三代咸丘墟。世事新復故，日月憐居諸。奄忽爲異物，形神竟焉如。良悟斯路難，賢愚同須臾。避灾東魯門，胡不如鷦鷯？何當挹丹泉，蛻迹塵世疏。

擬東城高且長

川原接城東，離披遠相索。蘋風剪素浪，空江抱孤郭。秋聲薄林皋，繁楓爲霜落。蟋蟀入床下，微音振虛幌。冉冉歲云暮，我衰獨無托。豪岩縱心目，悠哉望寥廓。

擬燕趙多佳人

北方有佳人，幽閑艷于菊。春羅適素體，秋水注雙目。君子結綏遊，飛蓋靡華轂。不念蓬門中，有人怨孤宿。中宵不堪寐，攬衣感幽獨。關山阻寒望，星漢炤我屋。抑鬱無緣申，於邑空躑躅。

擬驅車上東門

馬首出都城，纍纍多墓田。長松何鬱鬱，白楊亦翩翩。廢隴壞秋雨，亂骨知何年。鶺鴒集蓬蒿，一望生凄烟。中有千載人，長夢依窮泉。人生本如寄，金石未云堅。空蒼湛虛蓋，萬古銷英賢。朝霞不能餐，迂闊求神仙。不如從我好，浩歌逍遥篇。

擬去者日以疏

短髮蒼我頭，傾蓋都凋殘。平原飛白楊，蕭蕭秋風寒。拱木啼野鳥，蔓草埋衣冠。悠悠歲將邁，泗涕徒心酸。

擬生年不滿百

生年苦經營，汲汲沽浮名。造化無定常，胡爲勞其生。賢者貴達節，擊筑以世輕。陰兔過望餘，清光澹不盈。悟物既如此，行樂何復縈。

擬凜凜歲云莫

玄冥屆初時，寒螿入床下。洞房肅陰陰，閏月皓良夜。疏簾動流輝，河影澹欲瀉。君子行且遠，夢想見枉駕。惕寐若有思，三星在空嶹。緬邈懷長乖，望風徒依依。浩嘆顧蟾缺，滂沱淚沾衣。

擬孟冬寒氣至

魚冰負重淵，窮陰日無輝。山川鬱相望，雨雪愁霏霏。景促歲已殫，遊子胡不歸。客從遠方來，遺我一緘書。開緘聞惠音，窈窕今何如？慚無青玉案，何以酬雙魚？含涕修報章，心煩屢趑趄。妾顏自猶昔，君情悲式微。書去還空房，悒悒增欷歔。

擬客從遠方來

有客遊無方，竹杖掛芒履。紫髯虯雙腮，素髮盈兩耳。顧我揮玉杯，粲然笑無止。羽扇招清風，疏宕乃如此。長揖問姓名，云是巢居子。謂我有靈氣，何爲戀塵市？期我汗漫遊，瀟湘采芳芷。

擬明月何皎皎

皎皎空中月，幽輝流洞房。繁星朗虛碧，耿耿夜初長。寒螿泣秋素，錦幬生虛凉。長安富琬琰，遊子遙褰裳。不念閨中人，孤衾覆空床。昔日鸞與鳳，今成參與商。思爲比翼鳥，萬里隨君翔。

即　事

井梧花落雨瀟瀟，夢起燈光向寂寥。最是秋聲不相惜，隔鄰今夜教吹簫。

九日社宴次李本陽社長韵二首

其　一

長安十四載，九日又重過。雅淡籬邊菊，凋殘水面荷。銜杯成趣遠，覓句會心多。薄醉迴銀燭，疏狂欲浩歌。

其　二

木落秋容老，寒砧動客心。時猶稱令節，月已近純陰。愁况千鍾酒，幽懷一曲琴。閑雲看不斷，縹渺隔楓林。

次陳毅軒年丈韵

韶光轉眼即秋冬，百歲歡遊幾度逢。古寺一灣寒水碧，孤村千樹曙烟濃。窗中寂歷聞虛籟，天外岧嶤見遠峰。此日登臨須盡醉，來朝再至莫嫌重。

雁

玉塞霜華重，金河雁影稀。賓秋分陣色，漸陸見群飛。行斷開殘照，書封濕翠微。閨中不須望，爲報遠人歸。

行經桃源

風暖鶯聲早，間關解喚人。草生迷古驛，烟曉辦[二]重闉。宦迹勞塵轍，山情負角巾。應知避秦者，竊笑武陵春。

對　酒

孤尊對長劍，醉此可憐春。庭中艸色若相問，簾外花光如照人。

過村家

逶轉一林修竹，烟浮幾縷新茶。幽草澗中啼鳥，春風原上人家。

山齋春雨懷人在楚

山齋積雨自清幽，盡日階前見水流。宦別幾驚鄉國夢，春深又換鷫鸘裘。荆門烟斷逢寒食，巫峽雲歸笑浪遊。爲想巴陵相憶處，知君更上岳陽樓。

莫春西郊即事二首

其　一

石梁通野水，梵宇傍城隈。花落春將去，尊開客正來。楸枰團橘社，法雨下香臺。佳約循修禊，歡遊醉未回。

其　二

蕭寺層樓迥，登臨亦壯哉。晴雲瞻玉闕，王氣識金臺。綠暗深啼鳥，紅飄静覆苔。興酣忘去路，獨恨夕陽催。

壽晋似齋都憲

三朝靖獻九重知，關隴威名震四夷。黑白總繇姜菲舌，卷舒一任水雲期。堂開綠野千秋勝，桂發燕山五樹期。華誕喜逢仙侶集，人間始信有瑤池。

又代壽

榴花噴火向筵開，綠野晴軒試綵萊。斗下一星元岳牧，膝前群玉總仙才。堯山霽日浮鳩杖，汾水澄波引壽杯。元老共知方叔壯，蒲輪應見日邊來。

采蓮曲 二首

其 一

落霞明綠水，棹歌聞采蓮。輕妝逞薄曙，流艷鬥花妍。

其 二

佳人采蓮歸，盈盈出羅綺。輕袂拂荷香，新妝映流水。

題河梁圖

河梁揮別淚，攬袂各依依。皓首歸金節，青年喪鐵衣。天長情不斷，塞遠夢應稀。從此無知己，秋風候雁飛。

中秋前夕集楊曙宇寅丈寓賞桂分韵得月字

草玄亭畔桂花發，滿院風飄香郁馞。良夜欣逢二七期，開樽待月歡情勃。碧空雲淨月東升，搖搖雙樹弄清樾。冰輪尚欠一分圓，銀輝已滿千山窟。團圓雖自待來宵，只恐圓時還易缺。圓復缺兮缺又圓，圓缺相催人白髮。我思年少廣寒遊，丹桂一枝曾砍伐。相看又是數經秋，浮生潦倒空嗟咄。一年高會幾重逢，況復有花兼有月。賞花愛月飲流霞，引白飛觴莫暫歇。檐外已看移斗參，座中何必分秦粵。醉狂不識九天高，羽翰欲生神飛越。

日 落

千山日落秋無痕，餘輝欲没天將昏。鳥陣排虚入烟影，沙光觸水生雲根。離披兼葭四五里，高低茅屋三兩村。石磯老翁釣魚罷，呼兒換酒關衡門。

送喬儆我年丈

長路天涯外，凉初急候蟲。三秋驚別鶴，千里慕征鴻。尊酒荒城外，關山落照中。前程行色晚，裘馬自匆匆。

送張條岑守常德二首

其 一

熊軾星馳出帝州，楚天極目去悠悠。朔風凛烈催征馬，故友殷勤挽客裘。折柳不禁情惋切，割鱗猶望意綢繆。郢中刻羽非難和，白雪吟成寄舊遊。

其 二

鶴琴遥入武溪洲，不是尋花舊阮劉。此日兒童群馬待，他年父老一錢留。雲深閣閉春江晚，風静帷開化日悠。自是張堪多異政，佇看謡語達宸旒。

沈廣乘父孝廉祀鄉賢

當代追名哲，於今復有誰。學窺千古秘，文擅六朝奇。遺業箕裘振，馳恩寵澤綏。瞽宗隆祀典，奕世有遐思。

東風曲

東風飄揚拂花枝，花光歷亂吹晴絲。空林鶯語白日静，曲塘燕剪青烟遲。青烟浮春入簾幕，美人樓上春衣薄。幽夢初迴對鏡時，宿妝未洗紅脂落。春愁依依與誰語，春心悠悠若飛絮。惆悵臨池獨倚欄，注看鴛鴦入花去。

雨晴漫興

青林疏雨過，樹色濃于幄。静嘯寂無人，悠哉心綿邈。

送遠曲

三五別君時，君心誓如月。恐君去後情，一夜一銷鈌。

辛丑中秋同李本陽石昆山鄭毅軒施育吾史心源集楊忠庵寓賦得今月何曾見古人分見字

佳節正中秋，高會聚群彥。樽開待月華，碧天初慘黷。金飆起長空，净掃輕雲片。霄漢掛冰輪，萬里清輝徧。窺罅似流螢，照席如鋪練。爝火無餘光，村燐寧復炫。滿座暢歡情，把酒忘舞忭。豪吟迸珠璣，劇談雜玄諺。任教影樹斜，宮漏催銀箭。神王思若飛，興濃狂更轉。我欲御長風，直入廣寒殿。婆娑丹桂傍，笑覿嫦娥面。授以不老方，携赴瑶池宴。醉問東方生，古月何如見。

又和李本陽年丈今字韻

中秋佳會盡知心，霽月光風喜見今。天上明河呈素影，坐間疏竹弄清陰。莫辭酒量千杯飲，好放詩才萬斛吟。醉後不知更漏轉，笑看參斗度遥岑。

又月字韵一三五七九言

月，□〔三〕。丹桂塢，玉兔窟。兔吸清風生，桂發秋香醇。種分三色任躋攀，藥搗千年曾未歇。朝朝暮暮西没復東生，那管人間白盡少年髮。

送張樂吾年丈之蜀

落日秋聲遠，憐君發劍門。鹽崖緣鳥道，馬首觸雲根。峽坼黄牛壯，江喧錦水奔。相思始萬里，并別致寒温。

送施籲吾年丈

南陌餘暉盡，西林宿鳥投。故人相送出，岐路晚悠悠。霜落寒無影，天虚月暫流。歸來吹燭後，清夢憶同遊。

昔　遊

宿昔曾遊處，香流轉細芸。迎風梅語雪，觸石水吟雲。木落群芳歇，山迴雜樹分。嵐光催薄暮，時復見氤氳。

石昆山席賦劉阮再至天台分韵得桃字

重來仙境肯辭勞，一徑縈迴萬樹交。綠遠柔枝依曉岸，紅飛輕片逐春濤。非關此度偏迷路，自是仍前解避囂。幾度躇躕人不見，碧雲深處數峰高。

天津公署

雨餘官廨冷，静坐思彌深。吏散門如水，林開鶴在陰。著書時捉筆，退食即披襟。不是蒙園傲，當知非世心。

楊忠庵主政寄詩依韻奉酬二首

其 一

交情已自醉春醪，雙鯉頻投惠更高。愧我度支多病瘁，羨君清暇任遊遨。新詩倡和城南句，雄飲讙呼冀北豪。何日論文尋舊約，好將秋水淬鉛刀。

其 二

津門誰復肯投醪，回首燕山紫氣高。斗下德星占萃聚，社中詩侶想遊遨。屋梁月冷吟魂遠，海樹雲橫客思豪。謾道太平無一事，四方今已困泉刀。

遊望海寺有贈

短杖裁湘竹，扶雲問遠公。叢林無宿鳥，華藏有髡翁。香靄凝經座，曇光護梵宮。蒲團危冥膝，虛閣閟禪鋒。卷幔蒼松入，聽潮碧海通。飛霞明遠近，落日照西東。世促憐朝菌，人忙昧夏虫。六塵遺解脱，五蓋發遊蒙。僧偃孤龕雪，花敷四色風。依依回首處，杳杳白雲空。

登望海樓

日落殘暉遍草萊，天涯孤客此登臺。角聲遥自軍前起，雨色高從海上來。不斷雲光青鳥没，一行鳥字大荒開。西風蕭瑟孤城慘，作賦應慚宋玉才。

感 興

木落知寒近，雲飛帶雁長。風塵將辟穀，岐路已亡羊。晚樹凋霜葉，秋英泛草堂。相看一無語，寂寞兩心傷。

塞下曲 三首

其 一

邊城清夜角聲流，獨立營門正暮秋。蓮匣未開龍劍色，寒光先已落旄頭。

其 二

瘝弧頻控鐵胎良，百戰功高古塞傍。一嘯翻身飛紫燕，突圍射殺左賢王。

其 三

白馬從軍事遠征，盧龍塞下舊知名。鐃歌不負封侯骨，大樹秋風列將營。

登州閱武

瀚海瀾迴晝欲昏，光搖組練繞旗門。烟消雜島蛟龍伏，風肅千營虎豹屯。勇許丹誠推士膽，忠宣華髮佩君恩。王師自昔母〔四〕忘戰，不與佳兵共日論。

壽寶岳母八十 三首

其 一

蚤年曾賦柏舟篇，畫荻還稱教子賢。海屋籌添今八十，瑤池桃熟更三千。翩躚班舞盈綺席，嘹喨笙歌拂玳筵。遥望五雲縹緲處，婺星高並壽星懸。

其 二

瀟瀟夜雨對寒檠，伴讀常聞機杼聲。共羨萱花臨晚茂，且看桂子待秋榮。箕裘不負千年托，金石應傳萬古名。烟裊畫堂稱慶處，葱葱佳氣靄門闌。

其 三

梅蕊含芳向曉開，沁園積雪擁仙臺。鑣鳴銀鹿從天下，袖舞青鸞傍月來。南極祥光臨華渚，北堂瑞氣儼蓬萊。年年此日長生宴，玉箸冰盤薦壽杯。

索 居

樹暗春已暮，鳥飛窗乍開。心閑自然静，白日無人來。殘卷食饑蠹，寒爐藏死灰。空床獨宿處，一半長青苔。

雨窗懷友

爲念故人愁對酒，更於何地寄相思。獨憐今夜西窗雨，猶似當年剪燭時。

招 隱

山中多白雲，山上多紫蕨。試問走塵俗，何如卧山月。

少年行

邯鄲少年天下奇，蘭梁桂棟沙棠樇。綺羅雜繡分秋艷，珠玉泛彩嬌春輝。雄心不與王侯亞，飛蓋參差集花下。有時醉擁石榴裙，倒促銀鞭五花馬。扶風豪士何磊落，裘騎蒙茸出東郭。挾豹時超萬仞山，殲蛟屢入千尋壑。獵罷山林頓失光，相見岩前野花落。俠概應知宿昔聞，投簪清嘯未成醺。獵禽盡換新豐酒，歸去倡樓日暮雲。

邊　事

雲明空磧暗流霜，戰壁〔五〕秋高動夜防。戍卒控弦臨玉帳，單于牧馬近沙場。旗風吹盡龍蛇影，竈火遥連塞路長。聞說黃金賜邊將，承恩應許報禽王。

哭兒銓遼陽殉節二首

其　一

聞道遼陽失守時，男兒死節實堪悲。昭昭白日丹心熰，漠漠黃沙碧血灕。軀殼一身捐似葉，綱常兩字視如飴。祇知忠烈酬明主，不念高堂眼淚垂。

其　二

煌煌繡斧向燕然，壯志曾期勒石還。豈料庸臣能敗國，更多叛將敢違天。重城猶恃連雲堞，危閣遥驚蔽日烟。到此英雄徒束手，肯將七尺染腥羶。

朱母雙節

不爲夫君死，祇因猶子生。一孤存嗣脉，二母礪艱貞。撫育原均切，封褒亦並榮。汗青垂閫範，千古仰懿行。

送孫愷陽相公行邊

棲棲六月戎車餝，吉甫勛名振古奇。膴有鹽梅和鼎鼐，爭看劍履擁旌旗。榆關風蕭胡塵冷，遼海雲連曉帳移。飛檄遥傳三捷信，早歸黃閣慰宸思。

送滿震東太僕削還

淅淅秋風易水濆，驪歌一曲不堪聞。憂時不惜危言激，去國仍將諫草焚。路出邯鄲知是夢，身歸江漢豈忘君。避人莫泛桃源棹，仁看徵書下五雲。（原注：公家近桃源。）

贈雕像楊山人

昔有雕龍手，千古稱絕藝。況復能雕人，寧不更爲異？四大儼然存，五官皆具備。笑顰婉不殊，鬢眉咸相類。巧可奪天工，智足超人世。吁嗟乎！丈夫立身豈委形，區區木偶真兒戲。君能雕我形，詎能雕我意？我意自不雕，際天與蟠地。貌匪肖傅巖，傀儡何足恃。軀殼已非真，尚可容其僞？聊將百年身，留與兒孫視。

雨中有感

西風吹雨急清秋，散髮長吟坐小樓。世事未能捐害馬，行潦何以運吞舟。投虛不負三年技，抱拙寧披五月裘。分得雲安數升酒，浩歌擊節緩餘愁。

明　妃二首

其　一

昨夜承恩宿漢宮，今朝含淚別丹楓。琵琶一曲思歸引，秋草王程泣畫工。

其　二

紫塞搖風暗入衣，回看宮闕五雲微。此生獨羨南飛雁，猶得年年一度歸。

張子房

秦皇騁梟磔，滅韓仇留候[六]。霸力灰咸陽，漢幕收前籌。始志終以功，辟穀還山丘。

歸　來 二首

其　一

春入青門暮，誅茅學種瓜。野芹泥啄燕，官地水鳴蛙。嶺雨聞斤竹，溪雲濕浣花。餘生日多暇，散髮自烹茶。

其　二

犢鼻猶堪着，江蓴自可親。槐深疑有夢，花老欲辭春。倚杖聽鵑帝，浮簹渡蟻臣。閑居足清課，瀟灑更無鄰。

静中感

春池無波心亦平，春山無雲神亦清。竹林逸鳥靜不飛，感我幽曠爲一鳴。人生悠悠何可計，歲不我與日月逝。世事浮沉冉冉移，秋風終古寒泉閟。

村　家

村居無一事，斗室臥蓬蓽。日晏始下床，呼兒割蜂蜜。

繰絲曲

微風吹繰車，絲聲何瑣瑣。老姑無別爲，竈前候絲火。

山 居五首

其 一

仄逕開山僻，高情付短吟。庭虛春草合，門靜野苔深。竹雪盈衣冷，蘿烟傍榻陰。遙聞玄鶴唳，清响入孤琴。

其 二

疏雨濕莓墙，山深五月凉。烟霞連樹杪，窗几襲巖光。竈火炊松葉，溪花點荔裳。微風脱然至，隱隱遞餘香。

其 三

淺築重岩裏，紆回一逕斜。林虛留鶴夢，壁古繡苔花。暖水浮溪荇，春雲濕澗沙。采芝隨鹿去，空户鎖烟霞。

其 四

地僻無人到，科頭不束簪。養砂丹藥鼎，覓句緑天庵。花蘚没堦碧，晴嵐過雨藍。閑來還策杖，雲影下春潭。

其 五

草色掩荆扉，山深人迹稀。釣磯浮石髮，峭壁長苔衣。野蕨含春紫，平蕪帶雨肥。琴樓新搆竹，松雪應金徽。

校勘記

〔一〕"㦬"，疑當作"㦬"。

〔二〕"辨"，當作"辯"。

〔三〕按詩律，此處疑闕一字，故用□代之。

〔四〕“母”，當作“毋”。

〔五〕“壁”，當作“璧”。

〔六〕“留候”，當作“留侯”。

大司馬張海虹先生文集卷五

啓

上崇王

皇建有極，綿萬歷四十二載之靈長；王次於春，頒一歲三百六旬之正朔。履端伊始，拜賜彌殷。恭惟殿下：冲齡纘緒，睿質凝稣。受命長矣，芾禄康矣。擬旭日之方升，景福昌哉；純嘏常哉，似陽春之初轉。河山表裏，依藩翰之尊嚴；士女臣僚，荷容光之丕照。時當獻歲之始，仰承寵貺之頒。睿旨温醇，丹膡增華于冀壤；上儀隆縟，玄黄賁采於庭階。拜手知榮，捫心增愧。敬附函於命使，用申謝于屬車。

謝黄鍾梅司馬

紫極宣綸，特重筦樞之任；青宫論道，爰崇啓沃之司。崇班首冠於六卿，偉望益隆於四海。歡騰紳弁，喜溢華夷。恭惟某官：嶽鍾俊傑，天挺人豪。緯武經文，碩德作萬邦之憲；履仁宣義，高風爲百世之師。勛名久著於晋秦，威略遠行於獫狁。一揮制諸戎之命，甲洗天河；屢戰收三捷之功，廬空砂磧。聲靈赫奕，氣倍勝於鷹揚；恩數駢繁，祉更多於燕喜。京觀既築，永銷青海之塵；樞席方虚，特發肜庭之詔。班聯司馬，掌九伐而壯天威；席並鼎衡，偕三公而弼帝胄。九垓仰斗，百辟瞻巖。某夙叨編户，敢忘覆育之恩？今濫來宣，殊切觀形之願。祇緣匏繋，莫遂凫趨。采藻采蘋，慚非上供之典；賜瓊賜玖，何當下逮之儀？

謹俯首以拜登，旋易箋而璧謝。

迎李瞻予總河

河漕係南北之咽喉，允稱重寄；疏浚關國家之命脉，端賴名賢。綸音涣發於九重，喜氣震騰於四表。恭惟某官：道岸先登，慈航普濟。澄不清，撓不濁，汪洋千頃之波；積之厚，流之長，浩瀚百川之派。羽儀蘭署，扶世教力挽狂瀾；布德薇垣，軫民瘼盡蘇涸轍。撫全晉而百寮貞肅，操比河清；貳樞府而萬旅精强，才同泉涌。三年讀禮，鴻名益著於東山；四岳詢才，鳳詔爰頒於北闕。若涉大川而暫需舟楫，如調羹鼎而行寄鹽梅。某昔厠編氓，飫恩波於露覆；今叨屬吏，仰周澤於雲褰。聞命自天，驚喜無地。盼龍門之紫氣，緬懷擁篲之私；抒燕賀之丹衷，莫勝荷戈之願。敬陳蕪牘，仰達崇臺。

賀李孟白督餉司徒

三韓師旅，每仰給於轉輸；九域梯航，總會通於津海。蓋有財斯能有用，而足食方可足兵。自匪高賢，疇堪重任。恭惟某官：百年名世，一代宗工。德望崇隆，秀孕湘江漢水；文章炳蔚，調高白雪陽春。粉署持籌，久擅清貞之譽；薇垣秉政，載弘屏翰之猷。京兆爲廊廟之股肱，實隆倚毗；中丞屬門庭之鎖鑰，益懋勛庸。狄虜狂謀，爰動啓疆之舉；天威赫怒，式興問罪之師。糧糒遠籍於司農，饋運允資於瑰碩。乃咨輿論，特簡帝心。秩晉地官，貳司徒而董九賦；任兼柏府，開制閫而肅群寮。水陸馳驅，遼左羨坻京之積；士馬騰飽，奴酋懷駮啄之思。蕭相轉運，關中不是過矣；寇公積儲，河内無以尚之。弘勛已著旂常，偉績應書竹帛。某舊叨屬吏，久荷雲褰。今慕殊榮，益深斗仰。河山隔越，愧鳬趨之無緣；菲菲輸誠，托鯉函而代叩。

賀張涵月撫臺考滿

策府書庸，炳旂常之日月；楓宸注寵，煥綸綍於雲霄。燕喜非常，龍光有赫。恭惟某官：百年名世，一代偉人。文經武緯之猷，萬邦爲憲；岳峙淵停之度，四海具瞻。帝眷中原，委任特隆於鎖鑰；吏欽北斗，禀承咸屬於紀綱。憂深蓄艾，拮据更三載之勤；慮塵徹桑，綢繆周萬年之計。解佩帶爲牛犢，化已見於銷兵；式車轍之螳螂，心更切於吞虜。日成月要歲會，紀程石以鼇然；王功國勛民庸，勒鼎彝而炳若。是以有慶矣，侈燕饗於彤弓；又何以予之？新章服于玄袞。士庶聳聞，華夷忭仰。某幸蒙雲庇，感切鈞陶。當茲大慶之辰，曷已私衷之豫。敬裁蕪牘，用布賀忱。

與吳繼疏撫臺

名世望隆，五位倚金湯之托；建牙任重，三關恃鎖鑰之勛。夷夏知名，黔黎荷德。恭惟某官：文武爲憲，金玉其相。握玄鑑于人倫，清規遠映；挺高標於物表，俊彩遐騫。身近蓬萊，掌綸綍於鳳凰池上；品分涇渭，辨薰蕕於鵷鷺班中。冏寺選天閑，何論驪黃牝牡？柏臺開制府，共欽屏翰藩垣。均賦法以恤凋殘，民沾雨露；振兵威而來款貢，虜慴雷霆。功在鼎彝，業隆柱礎。某叨屬編氓，受一廛而托處；猥蒙汪澤，荷九鼎之洪施。仰止高山，幸瞻依之孔邇；羈居東海，恨桑梓之惟遥。敢布魚箋，敬修芹獻。

賀沈□□操江

金陵要地，九重先根本之圖；柏府崇階，四表仰紀綱之肅。歡生海宇，喜溢群寮。恭惟某官：光岳精英，扶輿靈秀。氣完剛大，配道義而塞乾坤；才裕經綸，凌風雲而麗日月。朱幡熊軾，循良軼駕於龔黃；玉節金章，藩翰媲踪於申甫。芳輝遐暢，崇膴洊登；輿論僉推，帝心特簡。詩書謀帥，爰隆銷[一]鑰之司；樽俎折衝，行著金湯之績。掌二百年之國憲，都中狐兔潛踪；總十四郡之臺綱，江上鯨鯢遁迹。暫司舟楫，行待鹽梅。某猥以菲材，備員寮末。賴受成於型範，幸覆短於帡幪。喜值喬遷，悵仙踪之日遠；恨緣株守，愧鳧趨之未能。恪具芹私，少伸蟻悃。

賀韓象雲宮詹

黻藻皇猷，四海仰清華之選；圭璋震器，九重資弼亮之謨。望重木天，名高玉署。恭惟某官：才優王佐，學擅儒宗。應五百載之昌期，條山毓秀；會千萬年之間氣，河水鍾靈。倚鼇禁以談經，禮樂弘開啓沃；直鸞披[二]而代草，文章雅擅絲綸。碩德久協人情，偉望宜隆帝眷。仁參黃閣，先貳青宮論思；恭待仔肩，承弼允資汝翼。歡騰朝野，喜溢簪紳。某猥以駑材，叨塵驥尾。二十年同袍之雅，頓隔仙凡；三千里藩服之遙，敢云伯仲。慶君子之道長，喜切彈冠；幸朝廷之得人，情深引領。恭裁短記，敬賀新榮。一藻一蘋，慚非享上之物；三薰三沐，聊申用下之誠。

迎過成山賑院

錦節遙臨，皇華帶九重時雨；蒼生徯望，青郊沐萬頃恩波。延頸呼歡，凝眸顒俟。恭惟某官：忠猷浴日，亮節擎天。縮綬花城，懋著循良之績；峩冠柏府，昭宣謇諤之聲。一角神羊，振霜稜於柱下；九苞威鳳，矢韶律於臺端。邇以赤子多艱，聖意每加於東土；而皇恩大溥，巡行特簡於西臺。攬轡觀風，將措阽危於席上；乘軺按部，期援捐瘠於溝中。十六萬囷金，一鎰一銖，皆成實惠；千百億編户，無小無大，均屬生全。顧六郡之被灾雖同，而三府之罷荒獨甚。須臾待命，願先及于此邦；輕重酌施，求加多於鄰國。煢民拭目，屬吏傾心。某猥以謭才，備員末屬。情殷負駑，勢阻繫匏。

謝過成山賑院

簡命巡方，駿惠造三齊之命；薦賢爲國，袞言賜百吏之光。猥以菲材，得蒙甄録。疇能瓊報，祇切冰兢。恭惟某官：鼎衡夙望，黼藻英猷。亮節擎天，指佞請上方之劍；忠謨浴日，批鱗探頷下之珠。邇者，三齊屬陽九之艱，倒懸孔亟；五位軫兆民之命，大賚弘施。爰簡廷寮，特隆委任。埋輪按部，先詢道上豺狼；持節巡方，亟拯溝中老稚。霜飛白簡，四郊免碩鼠之謡；雨帶皇華，千里無牂羊之嘆。惟仁人爲能濟衆，乃盛德可以格天。災沴頓消，休徵聿至。功成入奏，對揚天子之休；善小不遺，表著群寮之績。某材同襪綫，質類鉛刀。慚無尺寸之奇，殊有丘山之愆。詎期庸劣，謬辱題評。駑駒增一顧之榮，片石重連城之價。仰叨鴻造，曷勝高深。俯省愚躬，愈增愧感；謹裁蕪牘，僭附菲儀。

南陽請方魯岳按臺在卧龍崗

錦節巡方，洰水被澄清之澤；繡裳按部，宛陽蒙煦育之庥。爲事爲民，久切先憂之念；一遊一豫，宜紓後樂之懷。敢戒庖樽，僭扳榮戟。恭惟某官：乾坤浩氣，海岱雄風。生同孔孟之鄉，淵源有自；志比伊周之業，正直不回。慷慨居正色之班，名高殿虎；激揚當代狩之日，氣肅臺烏。自河北而河南，墨吏望風解綬；從夏仲而冬仲，蒼生拭目回春。當一陽將復之期，正百度更新之會。某仰止臺光，欽承法紀。願假公餘之半晷，少紓登眺之雄懷。眷彼龍岡，允堪燕喜。層巒擁翠，光浮抱膝之廬；古木棲鴉，聲徹長吟之席。山不在高，而地緣人重；年雖已久，而景與時新。君子至於斯，輒起英雄之慕；賢者而樂此，願同魚水之歡。謹詹吉而滌觴，希命佀而夙駕。登高咏賦，豈徒覽勝於一朝；把酒壯懷，實以興思於千古。集衆思，廣忠益，追盛事於當年；宣上德，達下情，沛弘施於此日。

登州請陳仲素按臺在蓬萊閣，時五日閱兵

節屆朱明，榮戟光華搖日月；境臨碧海，蓬萊巍聳倚雲霄。祇緣射黍柳營，是用開樽蒲席。勝時勝地，欣高會之難逢；觀海觀兵，喜佳期之偶值。樓船電繞，何如競渡龍舟？戈甲星馳，殊異奪標彩勝？鐃鼓共冰弦迭響，鯨氛與炎氣齊消。海若效靈，蜃闕光騰萬丈；馮夷震疊，鮫宮浪涌千尋。危閣憑虛，試展擎天之手；扶桑極目，每懷浴日之衷。羅三島於樽前，雄風酣暢；望群仙於雲外，逸興遄飛。聊以一日之清歡，用紀百年之盛事。

武場畢賀陳中[三]素按臺

恭惟某官：德裕經綸，才兼文武。制勝於談笑之頃，折衝在樽俎之間。識龍劍於斗牛，神同雷煥；別驊騮於牝牡，藻並方皋。況國家多事之秋，正羅網弘開之日。茲者武闈肆闢，勇士咸登。燕頷虎頭，望弓旌而感奮；龍韜豹略，披肝胆以爭攄。豈云介胄凡流，俱是鈞陶妙品。穿楊獻技，總爲入轂之英；借箸籌邊，均屬干城之選。繼韓侯而拜將，莫盛於今；推蕭相之知人，敢忘所自？

洛陽請楊伍南按臺

蕭蕭簡書，代狩沛九天之雨露；煌煌繡斧，巡行凛千里之冰霜。先憂已切於勤民，後樂應紓於覽勝。蕭庀匏尊，敬迓驪馭。

恭惟某官：九霄儀鳳，六合文龍。縮綬花封，霢霂濃沾於東海；峨冠柏府，紀綱丕振於西臺。代狩中原，共切雲霓之望；巡行分陝，首瞻台斗之光。攬轡觀風，當道豺狼屏迹；埋輪問俗，穴中狐鼠潛踪。省斂而周縈民，恩同膏雨；掄材而拔俊士，化比菁莪。珌瑋揚輝，講武壯泱泱之盛；圖書闡秘，談藝昭肅肅之容。茲當公事之餘，應遣怡情之興。聊陳清晏，暫枉霜旌。天津明月倚層霄，光騰紫氣；少室晴雲披碧漢，瑞靄彤輪。穆卜佳辰，預干從史；伏惟台允，曷勝巖瞻。

彰德請倪吉旋鹽臺

錦節巡方，三省慰雲霓之望；彤騶按部，兩河瞻日月之光。敢潔匏樽，僭攀榮戟。恭惟某官：際天品望，震世材猷。一角神羊，樹威稜於柱下；九苞威鳳，矢韶律於臺端。維茲調鼎之需，仰籍補天之手。九邊之軍實盈縮，悉賴於持籌；百吏之品題臧否，咸歸于陶鑄。爰舉時巡之典，用昭式序之章。柳色映花驄，光生載道；春風揚繡斿，歡滿郊衢。趙北燕南，奠澄清於一路；行山恒水，增勝概於千年。矧此鄴都，夙稱勝地。曹子建風流逸藻，尚可遐思；韓稚圭事業勛名，於今仰止。堂開畫錦，堪爲燕樂之區；饈獻春蘋，竊效野人之貢。式陳二簋，敬迓三旌。奉色笑於几筵，少舒霜肅；式範型於頃刻，如坐春風。伏乞俞臨，可勝跂望。

賀馮□□方伯生子

慶衍螽斯，莞簟叶熊羆之夢；祥徵麟趾，河圖應龍馬之符。薇省歡騰，庶僚喜溢。恭惟某官：至誠動物，盛德格天。治國如治家，培千萬載靈長之運；保民若保子，奠億兆姓康阜之休。元氣滋培，陰騭久孚於上下；休徵滋至，長祥益浚於宗祊。奎宿宵呈，光映崧高汴水；麟書遠播，歡生涿鹿燕山。馬氏五常，從茲媲美；荀士八龍，異日齊芳。家祚與國運俱昌，天道合人情脣匃。某叨附末寮，恭聞慶事。瑤林玉樹，仰世澤之方隆；玉果犀錢，願涓情之少效。

迎洪南池巡道

芝檢煥星辰，五位重屏藩之托；棠陰滋雨露，兩河欣綱紀之司。喜溢舊邦，歡騰新命。恭惟某官：清朝麟鳳，昭代斗山。完五岳三光之氣，緯地經天；窺二酉四庫之藏，涵今茹古。杏園標錦，共推兩宋才名；棣萼聯芳，咸羨二蘇詞翰。菁莪化溥，型模徧式關西；樲樸風成，規範遠師宇內。道協輿論，望久屬於鹽梅；忠簡帝心，任將隆於鎖鑰。汝墳秩秩，旬宣再屬於召公；謝邑巖巖，藩韓特歸於申伯。持綱振領，一方之休戚攸關；激濁揚清，庶寀之權衡是籍。允矣南邦樹幟，行看北闕宣麻。某久欽台斗，恨御李之無緣；今屬範型，慶識荊之有日。爰修荒牘，用候前旌。望函關之紫氣，日切凝眸；仰華嶽之祥光，時維眷念。祈節鉞之蚤臨，慰雲霓之夙願。

謝李□□憲副

撫治中天，茂著旬宣之績；宣猷南國，弘昭屏翰之勛。誼重舊僚，情殷寵翰。開函如就，荷德知榮。恭惟某官：品擬麟鳳，望聳斗山。神湛湘江，筆灑千層濤浪；氣吞雲夢，胸羅萬頃烟霞。棣萼聯芳，共羨一門科第；棠陰敷茂，咸知兩浙循良。粉署含香，運籌畫於指掌；文衡秉憲，萃桃李於公門。寄屐舃於東山，名高安石；攜鶴琴於西蜀，清比乖崖。眾望允歸，帝心特簡。陝以東召公主之，循強理經營之績；豫以南羊叔鎮焉，布綏懷安輯之休。澤溥汝淮，功高崧嶽。某質比鉛刀，材同襪綫。愧一籌之未展，慚五技之已窮。仰庇雲幪，可覆宛城之孽；顧瞻日監，何辭海國之尤？辱荷注存，遠頒翰貺。睹黼黻之觀，擬裁雲錦；誦珠裁之句，亂落天花。

復趙乾所吏部

恭惟某官：凌霄正氣，軼古高風。製錦花封，興革殫百年之利弊；秉衡銓府，激揚昭一代之是非。操比河清，寰宇共稱包老；守同玉潔，士紳咸誦海公。直道而事人，柳下惠之黜，固其宜也；孤忠以自許，唐子方之逐，豈偶然哉？東山高謝傅之名，蒼生拭目；北闕重溫公之望，簪庶傾心。某叨塵驥尾，快睹龍光。既慰生平，敢悉知已。十四年之暌別，夢想徒殷；數千里之迢遥，音書難寄。偶因翔雁之至，驚承剖鯉之貽。慰藉殷勤，宛如面命；寵頒隆重，詎敢躬承？謹借蹇使，用完趙璧。薄申鄙悃，聊附微芹。

復施泰維吏部

盛世程材，責每隆於衡鑑；清朝推望，任專屬於賢豪。自匪名流，曷堪勝選？恭惟某官：閎材命世，碩抱匡時。文章彩浪流霞，襟度瑤臺積雪。綰符花縣，翔瑞鳳於中天；飛舄神京，留甘棠於南國。爰從式序之期，遂舉陟明之典。秩司銓序，位居六署之先；分屬統均，寵冠諸賢之上。清同毛玠，品藻不爽錙銖；公比山濤，啓事必分涇渭。世道從茲開朗，泰運賴以登閎。喜溢新綸，光生舊地。某叨塵世譜，喜千年遇合之奇；冒膺藩宣，幸一日相從之雅。冲霄鵬翼，已自奮於清溟；出谷鶯聲，猶不忘夫幽壑。乃承瑤翰，兼荷鴻施。輝煌二曜之章，情文備至；燦爛百朋之賜，寵渥特優。謹拜首以登承，旋易箋而完璧。

午　日

日臨東井，燭龍擁羲馭之車；風播南薰，韶鳳叶蕤賓之律。祇因節茂，慶以時昌。恭惟某官：離文表異，陽德呈輝。握神鏡以照人，光昭夏鼎；鼓和風而扇物，慍解虞弦。某幸襲蘭芬，恭陳芹悃。黏筒九子效華，祝之多男；係臂雙絲用辟，兵而介福。

答午日

節屆天中，重五炳離明之曜；塵銷斗北，兩河會泰定之期。道化洽而慶祉頻增，民慍紓而頌聲交作。恭惟某官：德備陽和，功成長育。徹桑未雨，人懷續命之符；蓄艾有年，家佩辟兵之印。惟此五陽之候，實爲百福之辰。辱賜多儀，仰承偕樂。某姿同蒲弱，質匪蘭馨。挹噓拂之春風，無煩揮扇；沐漸濡之瀸澤，豈俟浴湯？伏蒙益智之頌，深荷推仁之雅。敬拜登於百首，謹奏謝於八行。

中　秋

冰鑑澄空，不比尋常三五夜；玉輪煥彩，絕勝當年十二回。佳節欣逢，清光遙慶。恭惟某官：曒同皓魄，暴比秋陽。對銀闕而洗金觥，何用酒移天柱？羅清商而飛素瑟，豈須繩駕雲梯？天上人間，賞心樂事。某幸覸照臨，仰依光霽。祇緣匏繫，愧無術以飛梟；敬獻瓜醑，計欲當於飲柘。

答中秋

光瀉銀蟾，快睹澄清之景；影分玉兔，欣逢圓滿之期。慶祉昭升，寵光遙賁。恭惟某官：秋陽粹質，霽月沖懷。挹千頃之素波，塵銷陸海；駕一輪之皓魄，爽徹靈臺。千里共嬋娟，敢陪清況；一言重華袞，忽辱珍函。某興淺庾樓，詩慚謝咏。丹崖玉笛，愁夜月以銷魂；碧海金波，望星霜而改色。分宏照於天邊，遙瞻桂影；被耿光於宇下，欣荷弘施。

重　九

玉露凝寒，色湛一天之景；金飆奏爽，響通萬籟之聲。追勝事於龍山，難陪着屐；縱清遊於鳳嶺，徒切凝眸。恭惟某官：質粹秋陽，恩濃湛露。四時順序，授衣見豳雅之歌；百谷豐成，築圃享農人之利。茱房薦馥，香浮朱緣之囊；菊色含芳，色映黃金之斝。詞雄戲馬，豈徒孔靖之吟？聲斷飛鴻，不數賓王之賦。某質同蒲柳，驚序歲之方深；念切枌榆，悵時光之日短。幸逢美景，欣遇佳期。敬將周道之芹，少伸漢宮之祝。

又重九

金風氣爽，商聲纔到三三；玉露秋聲，陽數正逢九九。懷呼鸚鵡，興寄兼葭〔四〕。恭惟某官：一碧寒潭，三秋皓月。事業看調鼎和羹，鹽梅望重；才情飛落霞孤鶩，詩酒名高。疏暢吟咏，見誇白雪人豪；點綴江山，又是紫萸令節。心遠東離高士，帽落西晉參軍。曠達無雙，風流第一。某忝依帡覆，念切斗山。望雲慘懼，心同白雁齊飛；向日焦勞，人與黃花俱瘦。仰二天之怙育，鏤德鏤衷；遘九日之葳蕤，懷恩動色。敬陳野曝，用托管城。

答重九

菊色綻金，令節正逢九日；露珠凝玉，佳期欣值重陽。念切懷人，方致一芹之獻；恩隆偕樂，忽承九鼎之頒。恭惟某官：商氣澄襟，秋陽暴德。惠洽兆姓四封，凝暮靄之烟；威肅群僚千里，湛寒潭之月。賞心樂事，高懷溢發於登臺；美景良辰，逸興遄飛於載酒。喜歲登乎大有，乃澤普於同人。雁陣驚寒，帶錦箋而至止；金飆奏響，吹玉信以偕來。感德惟殷，已登承於百首；酬恩未罄，敬奏謝於一函。

冬　至

律應黃鍾，迓初陽於七日；躔臨玄斗，浹和氣於五雲。剥極復生，天心再見；陰消陽長，泰運漸開。恭惟某官：心涵太始，道契重玄。月璧星珠，經緯合璇璣之運；參旗井鉞，卷舒收亭毒之功。仁風肆布於中天，惠澤載煦於冬日。囿群生而並育，介繁祉以維新。某幸際迎長之景，躬逢介福之期。景附周圭，冀日升於戲穀；身依夏鼎，祈峻陟於召階。謹貢一函，用代九首。

答生日

歲序駛馳，又值春王之月；流光電轉，更逢初度之辰。青鬢已凋，丹衷未罄。矧白雲千里，空悵望於西山；而赤子萬家，復勞心於東海。窮年矻矻，功名靡著於春秋；素食悠悠，餼廩徒糜於升斗。高春易下，末路難持。曾是蒲柳之姿，敢受臺萊之祝？遠承重貺，深荷隆情。感戢徒殷，登嘉非分。

答生子

野竹苞滋，殊異芝蘭之秀；蚯蟹類集，何如鵷鳳之翔？慚燕翼之無謀，愧鴻施之貺及。省躬非據，戴德難名。恭惟某官：盛德好生，弘仁錫類。以所愛及所不愛，藹然萬物一體之心；視鄰子猶兄之子，廓然異姓同胞之雅。某家世寒微，祚緣淺薄。畜年抱子，已慚人父之愚；晚歲添丁，益覺多男之累。三槐手植，曾無王氏之陰功；五桂叢生，敢望竇門之顯達？焉能爲有，是奚足多？猥辱弘慈，遠頒大貺。以追以琢，宛然天上麒麟；載筐載筥，殊異人間玉帛。情文並溢，耳目爲驚。即傾十口之家，曷稱萬分之一？敢不拜嘉明賜，藏爲在笥之珍；傳誦瑤章，用作來裔之勸。謹裁蕪牘，用布謝忱。

又答生子

某樫梧弱植，蒲柳衰姿。亦既抱子，亦既抱孫，瓜瓞已延於三世；而其爲箕，而其爲裘，熊羆又兆於一朝。腐秋草以爲螢，總是塵根未斷；紾老牛而舐犢，殊爲夙業相尋。方切永懷，敢承大饋。瑜環瑤珥，燦雲翰以爲章；錦字璇題，並瓊華而增麗。期雁行於雁塔，深荷品題；擬鳳乳以鳳池，敢當期許。倘韓昌黎之猪龍可辨，應懷顧覆之恩；若劉景升之豚犬難移，懼爽銜結之報。敬具芹藻之獻，少代湯餅之私。

校勘記

〔一〕“銷”，疑當作“鎖”。

〔二〕“拔”，疑當作“坡”。

〔三〕“中”，據前文《登州請陳仲素按臺》當作“仲”。

〔四〕“兼葭”，據文意當作“蒹葭”。

書

沈蛟門相公書

相公閣下賜覽：

伏接邸報，見閣下《奏辨原任兵部郎中劉元珍》一疏，内考察留用科道，斷自聖裁，閣下未嘗與聞。某雖至愚，竊以爲過矣。古大臣之事君也，入則獻嘉謨，出則揚主德。即不幸而君有失道之舉，則引躬自責，曰："主上實明聖，我之匡救之不力也。"善則稱君，過則歸己，道宜爾也。豈得歸咎主上，而自辭其責乎？且其事實不與聞也，已難免於扶顛持危之議，陳力就列之譏。若實與聞，而謬云"不聞也"，則何以掩士民之耳目，息天下之猜疑乎？無庸遠論，即開礦一事，新建相公實從臾之，及衆論沸騰，乃歸咎於皇上，亦未嘗不以獨斷自任也。迨秘揭一宣，而新建之人品心事，始昭露於天下。今日之事，幸閣下不與聞耳。萬一與聞，寧不爲新建之故事乎？

閣下又云："一事之微，不可磯激。若以爲偶爾之失，姑談笑而道；其於大政闕失，始可垂泣耳。"閣下誠遠覽古今，考鏡得失，章奏停閣，有如此極者乎？官僚廢闕，有如此極者乎？仕路壅塞，有如此極者乎？賢才擯斥，有如此極者乎？帑藏空虛，有如此極者乎？橫斂無藝，有如此極者乎？民生凋瘁，有如此極者乎？一事不可磯激，而事事不理，皆不可磯激乎？一時不可磯激，而積年累歲，皆不可磯激乎？物極則返，勢極則變，脱有意外之虞，誰柄國成而得辭其責也？古人有言："富貴皆有盡，令名獨不朽[一]。"士庶人欲昭令名於當世，而力有所不逮，勢有所不能，抑且有求富貴之心，而顧忌之者。閣下富貴極矣，力可回天，勢可自遂，獨不爲令名計乎？古之相天下而垂令名者，三代而下，無如諸葛孔明。彼其道，不過開誠布公，集思廣益耳。房玄齡、狄仁傑、司馬光，仿佛其遺，而皆能以撥亂致治。其汙青史羞萬世者，無如李林甫。彼其術，不過陰險猜狠，壅蔽排抑耳。盧杞、秦檜、賈似道，祖述其智，而皆至於破國亡身。繇前之道，則坦而易行，明而易見；繇後之道，則操心必危，慮患必深。然卒不肯舍此而從彼者，不過曰："權不我歸，人不我附耳。"宰相執天下之柄，何患無權？而休休有容天下之才，孰非我附也？閣下名世弘猷，將追踪伊傅，而下視諸葛輩；其於林甫諸人，必且唾罵而不置齒頰矣。然迹當世之政，其於開誠布公，集思廣益，猶未曉然洞見於天下者，是不可不深思也。西漢之天下壞於隨，東漢之天下壞於激。今天下有將激之漸矣，激之而勝，則黨禍起；激之而不勝，則轉而入於隨。激亦病，隨亦病。不激不隨，而調劑其間，則閣下之責也。

　　狂瞽愚生，不識忌諱，謹冒昧上陳。伏乞閣下弘大公之量，闢衆正之途，塞邪枉之門，絕陰私之竇，則令名垂萬祀，而社稷、生民、人才、士類，皆得受其福矣，某不勝悚息激切之至。

與韓象雲相公書

　　五典衰朽歸田，承顏娛志，無復當世之志。然于閣下同梓同籍，且辱在知己，少有蒭蕘，不敢不獻也。

　　伏念葉相公已去，閣下獨秉國成，主上冲叡仁聖，明良相遇，千載一時，竊爲閣下慶。然而權奸比周，綱紀廢弛，外夷肆侮，民窮餉詘，此亦非無事之時，可以坐嘯而理也。昔之宰相患于有權，今之宰相患于無權。權而私用之，則權不可有；權而公用之，則權不可無。故權也者，人主與宰相共執之，群臣百職事遵奉，而不敢撓者也。數年以年〔二〕，宰相不自用其權，而爲衆人用；衆人知宰相之無權，而人人思執之。於是乎，權既不在內閣，又不在六部，而在鷙悍而多喙者。非鷙悍多喙之足以撓權也，人衆故也。"千夫撓錐，無不拔焉"，此之謂也。宰相委權于衆人，固不可；爭權于衆人，尤不可。爭之，則必不勝，且招謗而損威。于此有機焉，因其機而制之，則權可立收矣。何也？權在衆人，則衆人之中又有爭執之者，則近日汪文言之事是已。此時儘可措手，而惜乎其坐失之也。文言么麼小輩，其才其位，皆不及唐之王伾，而威權勢力反過之。王伾一敗，而黨與竄逐。朝廷一清，文言雖去，而進文言者，與緣文言而進者，皆安然無事，則國家之憲典，有遜于中唐矣。然天下之事機，無日不來。因其來而應之，則反掌而權歸朝廷，天下可坐理矣。《易》曰："知幾其神乎？"語曰："機事貴密。"惟閣下密之，幸甚。

校勘記

〔一〕"朽"，當作"朽"。

〔二〕"年"，疑當作"來"。

叙

二東造士録叙

直指畢公按部山以東，所至郡國，悉髦士較焉，録其隽者，授之梓以樹前茅，而又出所製義爲之范型。一時縫掖士樂有繩矱，蓋稷下鄒魯間，蒸蒸丕變矣。萊牟越在東海，其聞風興起者，輒有後我之望焉。今歲四月按臨東萊，五月歷登郡。不佞以分藩之役，且承匱兼攝海防，得循職事，代較兩郡及首邑士，且彙李官所遴州縣卷次，第甲乙而受成事焉。公復嘉惠兩郡士，示之程式，又拔其尤者，續刻諸郡後。俾不佞叙其端，以示譙士之意。

某晋鄙竪儒耳，素不嫻於文詞，詎能贊一語以副盛心？唯是日奉鞭弭，周旋左右。公之徽懿休美，可爲法程者，有以仰窺一二，其與諸生闡繹之，諸生其諦聽焉。

夫文章即小技乎？然非佔俾呻吟，窮神畢慮於穎楮尺幅間，未有能臻其妙者。乃公案牘如山，幾務如蝟，從容擘畫，綽有餘暇[一]，縱筆而成，爛若霞錦。且也精深奧衍，典雅純正，有才人文士畢世經年，而不能窺其籬者，則公之蘊籍，可窺一班已。漕運係國家畫命脉，説者謂："以海運濟河之窮，以膠萊易海之險。"其議若築舍也。公循行萊子，涉膠水而東，穆然有深思焉。倭氛告警，竭海内之力，僅能驅之。而登州與日本共一海洋，不恃其不來，恃吾有以備之。故先爲不可勝，以待敵之可勝者，須蚤計也。公一發策一著論，洋洋纚纚，幾數千言，稱引條悉，較若指掌，蓋賈魯結舌而充國斂袂也，斯公之經濟可窺一班已。猶未也，直指衣繡，仗斧而出，驂騑所至，有司望塵奔走，奉若神明，供具極文綺之華，饓饌窮水陸之珍，尤懼不足以當意指。蓋恒人所視，爲最烜赫，最濃艷者也。乃公減騶從，節庖廚，禁迎謁，絕饋遺，屏晏會，一切以簡樸儉素持之。蓋諸葛武侯有言：「淡泊可以明志，寧静可以致遠。」論者謂武侯得聖賢養心法，是以開誠布公，集思廣益，事業人品，巋然於三代之後，皆從「淡泊寧静」中所恢拓也。公之淡泊寧静，足與武侯相伯仲。然武侯以王佐之才，限於一隅，不竟厥施。公當熙明之世，佐景運，翊鴻烈，從淡泊寧静，發舒爲事業，詎可量哉？公之可爲法程，大略如是。《詩》曰：「高山仰止，景行行止。」諸生有景仰之思，尚於養心養德處一儀型之，他日躋通顯，肩弘鉅，庶幾不以烜赫、濃艷自侈縱也。斯公之大有造於諸生者，寧獨經義已哉？

送陳蘇嶺守河南叙

自成周營洛邑，而河南綦稱重地矣。阻九阿而據旋門，背盟津而表伊闕，濚瀍穀而鐔太岯，鎮二室而奠嵩高，河山形勢蓋中天下而握其勝矣。且也壤聯三省，俗雜五方。弘農桃林之野，陸渾陽城之間。逋亡嘯聚，獷悍竊發，重以采榷之役，民勞財殫，時切隱憂，自非良二千石拊循而安輯之，未易爲理矣。天子慎簡才賢，俾守兹土，而余所領度支部陳大夫蘇嶺寔膺命焉。諸曹郎修故事，以贈言請。余於陳君忝一日之長，則無庸戹言爲也，願以質言贈。

蓋余涉歷中外，程功察吏，耳目所睹記最多，而吏治之難，則嘗扼腕而浩嘆矣。即以郡守論，郡大夫縮符而領專城，藉令操縱伸縮，惟大夫所欲爲，則剗煩理錯才易辦也，剔幽燭隱智易周也，布德宣惠恩易舋也，褆躬澡志守易潔也，獨奈何功令煩而禁網密，偵伺多而議論侈耶？郡大夫一人耳，倅貳長令，則待我爲政者也，而撫按藩臬，則又我所待以爲政者也。我所待以爲政者，未嘗一日不詗我；即待我爲政者，又皆詗我者之耳目所旁寄者也。一舉事而窺覘者數十輩，一出令而短長者數十人。即無論妬者忌我，讒者搆我，捷者乘我，巧者陷我；即吾所與上下左右，周旋而共事者皆正人君子矣；而意指殊嚮，則取舍奚必其同方；操趨異途，則是非難軌於一轍。吾將弘解網之恩，而操切者以我爲縱；吾將振拔蠚之威，而長厚者以我爲刻；吾將守坐嘯之理，而精明者以我爲無奇；吾將解膠柱之失，而鎮靜者以我爲多事。一人之身，欲竽瑟同操而方圓異畫，勢之所必不得也。究且跋胡疐尾而左踦右躓，何益於成敗之數耶？於是巧宦之輩，以窺瞰爲迎合，以機術爲彌縫，突梯滑稽，轉圓炙轂，人趨人諾而可否？原無定畫，倏是倏非，而始終自相盭謬，此以投世好而獵聲稱則可耳？而官常政紀將奚屬焉？夫唯倜儻瑰琭，忠誠不二心之士，爲能智周於觀火，而機審於破的；守堅於金石，而信確於四時；桁楊威暴，而恩必厚於善良；濡沫恤窮，而法不貸於豪右。憲度易遵，即奉法循理，而何樂於紛更？奸僞萌滋，則滌垢剔蠹，而無嫌於摘伏。張而弛之，正而奇之，競絿不拘其方，而寬威各適其用。即百詗而百誹，群議而群撓，而中流砥柱，曾不肯一逐於頹波。此其閎材偉抱，足以導窾批却；而勁氣真心，足以激玩起懦。視彼一察以自鳴，與夫毀方而瓦合者，詎可同日語耶？

余蓋每有望於若人，而指不多屈也。陳大夫恢豁弘爽，英敏果毅，儻所稱倜儻瑰琭，忠誠不二心者，非耶？往大夫令南陽，業以循良表著。南陽與洛中接壤耳，移彼以治此，所謂輕車而熟路也。余於大夫知最深而望最厚，是用以質言相譙勸，大夫其厚自奮飭，以無負不佞所期許。異日者上計天廷，使考功氏署曰："河南守，治行第一。"則又曰："治行第一者，司農氏屬郎也。"不佞所賴於光寵者非鮮眇矣。

送薛价屏守南寧叙

往倭奴暴我屬國，蹂躒高句麗之都邑。高句麗君出走，越在郊野，天子使使者慰問之，而薛君以行人持節往。既還報上封事，言："奴倭不逞，而朝鮮弱於兵，安危存亡唯天朝是視。皇上即欲終始保全屬國，非大發兵不可。"時當事者愚於和計，而倭奴狂猘益甚，卒大發兵，乃驅之，悉如薛君言。君子以爲薛君善於使而暗於計也。已而，薛君爲司徒郎，職會計，精覈敏練，則又不啻爲屬國計矣。

邇者奉天子命，出守南寧。南寧，古邕州地，而西粵之陬區也。余曩者總憲兩粵時，計安攘，圖敉寧，未嘗不重守土吏，而輒[二]嘆得人之難也。邕州南躪交趾，東控潯梧，盤麗兩江，合流襟帶，市舶蕃航，輻輳鱗集，儳涎垂於鼎指，而志易於貪泉，得無滋寵賂而玷官常乎？且州邑銅墨之長，土流錯壤，馴悍殊習。即遵度稟憲，罔敢軼越；而羈縻約束，戎心時有。疏節闊目，則召侮誨慢；網密禁嚴，則觖望恣睢。馮盎智高，足爲殷鑒，自非閎材恢略，兼文武而張弛之，難與戢奸宄而靖疆場矣。夫鳶鴟嚇於腐鼠，而鵷鸑過之，則斂翼焉；駑駘躓於修阪，而騏驥歷之，則超步焉。何者？廉污性殊，而長短之材異用也。

薛君寧静淡泊，居常少嗜寡營，即通籍十餘載，而儉素清約，居然一寒士也。一旦都富厚，而輒[三]以膏潤自點，頓易生平，必不然矣。且其人質訥逡逡，退讓君子耳。而一當機宜豪會之際，則又敏若承蜩而銛若利鉏，此豈漫無短長，而緩急不足恃者耶？

南寧遠在海徼，去京師萬里。其父老子弟，常以不得密邇聖化，自比中土蠻獠之民。一旦得廉且才者如薛君爲之守，煦育而拊循之，則含膏飲穌，猶之乎嬉遊乎九重之側而席祍之矣。敉寧安攘，計無有過此者。曩余所慮得人之難者，今竊有厚幸矣。又嘗聞薛君未第時，術者謂：“君貌奇，當有三奇事焉。”已而，君治第得瘞金，鐫刻宛然君之姓字也，人以爲一奇矣。已而，出使朝鮮，賜麟袍玉帶，行人而服上公之服，人以爲再奇矣。獨三奇者，有待也。余以爲獲金偶然耳，出使易服故事也，未足爲君奇。君之奇事，其在爲郡以後乎？漢郡太守有異政，錫袞冕，出則襃帷，一奇也；公卿有闕，則太守治行高第者入補，二奇也；君守南寧，其將獲此異數於主上乎？而又能懋勛樹代，垂功名於竹帛，則君之三奇事，始備是矣。雖然，此他日事也，乃今日之爲郡，則自宜奉法循理，如漢良二千石者，可矣。無庸翹然自試其奇也。

送張同虛守歸德叙

不佞總司農以來，饋餉雜遝，典禮繁殷。蓋凜凜焉日惟匱詘是懼，而一時所與勵勛籌畫，以無至墜失，則惟是子部諸賢寔休賴焉。而張君同虛，則又所稱隽卓粹懿而練敏周慎者也。君守尚書郎逾四載，例得外擢。主爵者擬守歸德，疏名請，不報。未幾，楚民告訌，主上命左司馬往鎮撫之。司馬以楚事急，欲得一二賢豪，與共襄厥事，復疏同虛名上請，又不報。已而，河漕司空氏以河伯爲祟，運道艱澀，瀕河諸郡守不可久虛。乃復申歸德之命，而上始報可。

夫數年以來，主上慎惜名爵，自二千石以上不輕畀人。而獨征倭剿播之役，職兵職餉之吏，惟督撫所需不靳也。楚民圜椎使欲甘心焉，藩王諸大吏坏户而莫敢誰何，斯亦非細故矣。主上既重用左司馬，則亦宜重司馬之所用。胡賢豪如張君者不以畀楚，而以畀豫也？主上若曰："楚民易與耳，急之則聚，緩之則散矣。惟河流西決，環歸德所隸東虞、太丘間，桑麻室廬之地，匯爲巨浸，死徙流亡，殆無虛歲。所以沈灾澹溺，使民無咨苦愁嘆之聲，非良二千石，誰與共此者？"以斯知主上之拯灾殷於拯亂，而同虛之爲豫重於爲楚也。同虛思以廣宣令德而弘邑休業，以無負主上重委，將奚術而可？蓋聞歸德之患，不獨一河爲祟也。商邑之野，稱沃壤焉，沃土民淫，蓋自古記之，而今爲甚矣。袨褕肥澤，以相夸詡，而睚眦釁起，則戈矛隨之。訟師偷伯，保奸匿亡，往往皆是。長令持之稍急，則挾陰事造飛語而反螫矣。

夫侈靡者，耗蠹之源也；健鬬者，亂逆之萌也。訟囂則善良莫保其命，盜逋則主名得逭其罪。而長令者，持禄惜名之念重，則勵精振刷之念輕，以此爲理，是却步而求前耳。興務崇化，戢暴禁奸，使囂陵詬誶之習，轉爲長厚醇懿之風，則太守之職，於斯爲重矣。夫治水者，隄防不設，則橫溢四出，而莫可收拾。苟壅之激之，而下流不疏，則防潰而傷且多。治民猶治水也，法制刑威，所爲遏其衝；而節儉禮讓，所爲疏其流也。先之以節儉而靡敢以侈應矣，導之以禮讓而靡敢以爭應矣。不侈不爭，則盜衰而訟息；盜衰而訟息，則平明之理也。不然者，三尺具在，無有貸焉，其誰不改弦易轍？惟太守是式乎？操是術而往，即海内可易，何有于商邑？環商邑之野皆稱治境，而東虞、太岳一二灾黎，無庸多慮爲矣。行矣張君，其慎所操術，以稱主上所重委。三月而報政，期年而治成。將主上更有所重委，以舒賢豪者之韞抱，無論今日矣。

賀張憲副三膺恩榮叙

夫士君子遭時遇主，躋身脯仕，疏爵分榮，爲先人光寵，詎不顯懿炬赫哉？而要其所以顯懿炬赫者，又不在疏爵分榮以光寵先人爲也。昔人論顯親之孝曰：「立身行道，揚名於後世。」蓋抱負閎則設施裕，建竪偉則譽望隆。此聲與實俱茂，而身與親並顯也。身之不立，道於何行？道之不行，名於何有？即位列台衡，寵貤奕世，且貽所生者辱，安云顯耶？

觀察張公，起家進士，三仕爲令尹，一遷郡丞，俱以卓異奏最，天子下璽書褒寵之。未幾，以二千石擢副憲臺。會儲宮鼎建，覃恩海宇，復以今秋加寵于兩尊人。天恩三錫，龍札十行，豈不爛焉顯親至孝哉？乃公所以顯親者，則固有在矣。公剸歷三十載，澤浹而惠孚，政修而績著，道綦行矣。前後薦剡無慮數十上，而龔黃卓魯之譽，無脛而走四方，名綦揚矣。揆厥所繇，唯是立身爲大爾。夫身亦豈易立者？浮沉滑稽之輩，如脂如韋，且前且却，其不能立，天下公見之，若孑孑以爲義，硜硜以爲信，硃[四]守繩墨，尺寸不敢易。而危加之則移，變駭之輒亂，是竊立之似，而不謂能立。依附氣節，托迹名理，倜然傲倪一世。而欲動于慕芊，神怵于避虎，是冒立之名，而亦不謂能立。《易》曰：「立不易方。」《中庸》曰：「中立不倚。」夫惟不易不倚，而後可言立；亦惟居之方，守之中，而後能不易不倚也。倘所謂立身者，其在是耶？而公得之矣。

不佞交公最洽，知公亦最深。公遠利若膩，遠名若羶。懷琬琰以自珍，集茝蘭而爲佩，其志不可屈也。衆華獨樸，衆競獨恬，掩塵垢以霞騫，挺波流而柱砥，其節不可奪也。梦之愈整，擾之愈暇，齊萬物于寸心，等千古于一瞬，其神不可亂也。是謂居方而守中，不易而不倚，公何以得此耶？嘗聞公之言曰：「天下非大，我非小也。我所大于天下者，無求于天下也。」又曰：「吾可知，而人不我知，不知者之罪也；吾不求人之知，而尤人之不我知，我之過也。」

　　夫世之不能立身者，總以有求于世爾。無求，則世上之物，皆不能卑屈我。而神自定，節自植，志自伸。神定、節植、志伸，而我自大于天下，我大于天下，自能中天下而立矣。且無求者，非一于無求也。無求于世途，必求于本體；無求于勞攘奔馳，必求于寧静澹泊；無求于詭遇倖成，苟且一切之功，必求于搏挽裁成、中和位育之業，豈獨立一身爲競競，且爲天地立心，生民立命？暗修而宦達，厚集而鉅施，道何以不行？道行則勛紀彝鼎，譽流春秋，名何以不揚？道行名揚，而誦貽穀之方，贊發祥之自者，且更千百世而靡極也。其顯親爲何如耶？公即道已行名已揚，然其兆爾。自是洊登樞筦，躬佐隆平，創無前之績，餘不朽之聲，顯懿烜赫以光寵先世者，當不止如今日矣。

賀陳寰宇協守榮擢京營仍留屯津海叙

　　總戎陳寰宇，以射策登丙戌武科進士第一人，海内知名舊矣。不佞往于《武録》中，閲公所對公車策。蓋馳騁于《六韜》、《十三篇》中，而緣飾以六籍百家之語，意其人必古文武吉甫之儔，且恨當吾世而不得一與接譚也。

　　客歲冬，不佞以司農曹治粟津門，而津門則公所分閫地也。于是，公之英姿偉度，雄風大略，夙所寤夢而不可得者，幸快睹之矣。乃徐扣其底裏[五]，則羅武庫于胸中，運風庭于掌上，韜略軼駕于孫吴，文章追踪于班馬，所稱文武吉甫者，豈不信其然耶？至貫虱之射，扛鼎之力，世所嘖嘖奇公者，余則以爲公剩技耳。惟時鯨波不驚，樓船不試，公乃輕裘緩帶，較獵于長林豐草之中，徜徉于漁舟烟水之外，即未嘗一日忘戒乎？而馬騰士飽，且亦無庸事事也。未幾，農祥晨正，土膏聿興，則又尋趙過之余謀，務棄袛之長計。釋戈矛而豐耜，櫜弓矢而畚鍤。于疆于理，瘠鹵成上腴之區；載秭載芟，蓬蒿悉秔稻之所。東作之功伊始，西成之望正殷。乃大司馬以輦轂重地，捍衛宜嚴，期門羽林之士漸就驕弱，不可無虓虎之臣以董率而訓練之。于是詢謀有位，群議僉同，而京營之重，寄首及于公矣。

信邁有期，中朝方喜得人，而舍我稽事，三津之父老不能無觖望也。且先零未困，充國不得去金城；吳會未寧，元凱豈容離襄鄧。今倭奴即幸遠遁，而譯書時布，驕語猶騰，安可一日忘備，則又安可一日無公也？督撫諸公，深惟牖戶之計，遠圖經久之謀，交章懇留，璽書報可，公復以新秩留田津海矣。夫役建卒以開墾，則于民爲不擾；積芻粟以資餉，則于國爲不費。倭奴偵持久之計，則不敢内向而生心；畿輔籍屏藩之托，則無庸外顧而多計。然後知廟堂之上，待公者隆而期公者遠也。雖然將軍之職，無事則議屯田，有事則議戰伐。今天下幸無事已，而無事可常保耶？脱犬羊跳梁于邊塞，狐鼠竊發于萑苻。而登壇授鉞，推轂建牙，以戡禍亂而收眚定，非公其誰也？

且吾聞之，勇將勝人以力，智將勝人以謀，而大將勝人以望。是以方叔樹名于玁狁，而荆蠻來威；子儀著績于中朝，而回紇羅拜。彼其素所懾服者然也。往者范陽訌譟，幾成大變，公以單騎定之，此其威名聞望，詎出方叔、子儀下耶？嗣是而擁旄縣纛，整旅厲甲，以討不庭，而敵王愾，將不煩指顧，而望風喙息。麟閣雲臺之勛，坐收于帷幄樽俎中也，敬盰衡俟之矣。

賀寇□□晋青州郡丞叙

廣平別駕寇公，吾晋榆次人，于不佞有世講之誼。嚮者待罪囧寺圉牧之政，寔嘉賴焉。再越歲，而公以治行高等，擢青州二守。于其行也，屬吏永年令朱君輩，相與修祖餞之舉。而余弟五服，時令威縣，乃走書徵言于不佞。余以梓誼、年誼、共事之誼，不可以辭。

夫公，晋之世家也。一門之内，累葉明德，若大司寇、少司馬、方伯公，皆以直亮端方，鴻謨偉伐，炳績先朝而垂休奕世，其淵源固有自矣。公也襲慶蒙庥，紹芳趾美，纂組仁義，體備中和。其佐郡也，禔躬有金玉之操，敷政無競絿之失。政清務簡，吏肅民懷，循良之迹，未易縷數。惟是職守專司糧稅與牧事耳，兩者皆國家之大計。而邇年以來，軍興旁午，需餉需馬，尤倍于往昔。乃公督理嚴明，多方調劑，貢筐篚于上方，輸儲糈于幕府。飛黄備天閑之選，騕褭充征戰之資。且也寓撫字于催科，去害馬以馭衆。不煩催檄，先諸郡以告襄；無事張皇，咸從容而就緒。惟兹屬邑飲醇醲之澤，而受和平之福者，豈其微哉？寇恂守河内，遷秩當去，父老願借一年，而光武特徇其請。今君行矣，想吏民之情不減于河内，而未敢有借寇之請者。蓋以海邦要地，清戎要秩，天子且托重而恃力焉，非可以畿輔徼惠于聖明也。夷氛告亟，登牟宿重兵，日惴惴惟奴酋之泛海是慮。青齊去登萊雖稍遠，而樂安、壽光、高苑皆濱海而居。塘頭一鎮，尤海舶交集之所。儻奴酋畏登萊島嶼之險，鼓棹而西，則青齊首被其患。

蓋余嘗分藩海右，海上之情形，知之頗稔。然則飭兵奮武，未雨綢繆，郡丞之職守，責任綦重矣。叱馭遄征，以紓主上東顧之憂，政寇君今日事所宜亟圖者，而可以卧轍攀轅，效尋常兒女之情哉？異日者，海氛清肅，奏膚功而膺顯秩，則不佞與諸君，咸有厚覬矣。

壽秦安令郭溪環親家七帙叙

溪環公自垂髫與余同入芹泮，又同鉛槧于大雲之禪室，余復以女妻其仲子。五十餘年交歡如一日也，即金蘭之契不甚于此矣。

公長余二歲，今年壽七十。里中薦紳先生相與稱觴爲賀，以執筆之役屬之不佞，蓋謂知公者莫若余也。余將何以爲公祝？夫褒德頌美，謬稱于所不必有之事，諛也；逞精遝引，祈願于所不可致之福，誕也。夫惟驗之物理，徵之人事，就其生平之履歷，眼前之光景，一揄揚之，則祝之者無愧詞而當之者，有餘榮矣。夫絢爛之華，或朝榮而夕謝；雲霞之彩，每乍聚而倏銷。大羹玄酒，味至淡矣，而天下之至味，皆由此而醞釀；黃鍾大呂，聲至希矣，而天下之元聲，皆于此宣節。以是知穠郁者，衰落之漸也；暗素者，進盛之基也。知此而公之壽，可得而言也。

公方少年時，神采駿發，藻艷霞騫，文章瀟灑飄逸，有翩翩欲仙之意。或謂青雲可唾手也，而偃蹇膠庠者二十餘年，始膺鄉薦，人皆爲公扼腕矣。及其偕計吏，上春官，咸謂鬱抱于平日者，當發舒于一旦。天人射策，長揚奏賦，固優然有餘裕者，乃屢試屢躓，竟以鄉舉謁選，得一邑如斗大，人又爲公扼腕矣。及其宰平山也，摘發有神君之稱，惠和有慈母之頌，咸謂當列薦剡，被徵擢，上之爲臺諫，次不失爲郎署。乃以抗直，開罪于鄉紳之有力者，卒被齮齕而左遷焉，人又爲公扼腕矣。及其再令秦安也，振飭綱紀，舉廢墜久弊之邑，一旦更新，咸謂東隅之失，當有桑榆之收也。乃開府西秦者，即向之齮齕公者也。一之已甚，且復再焉？而公乃浩然歸，人又爲公扼腕矣。

自人視之，則公之所遭，悉逆境也；自公視之，則身之所履，皆坦途也。得失不介于心，是謂知命；欣戚不加于念，是謂樂天。樂天知命則無憂，無憂則心泰，心泰則神完氣厚，而多歷年所，此公之壽所從來矣，而未已也。天之生物，嗇其始，必厚其終；靳於身，必昌於後。由前而觀，雖剝復相尋，而猶在聲希味淡之間；自茲以來，且豐豫層臻，而漸底高朗令終之休，即今璵璠增輝，昆山顯雙璧之美；蚌珠孕瑞，合浦含照乘之光。王晉公所謂“我雖不爲，子孫必有爲之者”，此其兆矣。且祿位名壽，天之所以報有德也。公德尊而位卑，毋言屈也，自此而三槐吐秀，九棘貤封，則位以壽而崇矣；德厚而禄薄，毋言輕也，自此而千鍾致養，五鼎加粲，禄以壽而臚矣；德著而名微，毋言暗也，自此而十行褒美，百世傳芳，則名以壽而彰矣。一壽考而諸福之物可致之，祥靡不畢集，公之壽誠可賀矣，誠可期矣。再十年而耋，二十年而耄，三十年而期頤。當是時也，余得再執簡而爲公祝，則其願望足矣。如曰萬有千歲，如詩人之頌禱，則誕且諛，不敢道也。

壽小山族兄七十有七叙

蓋周雅“九如”之祝，言山者居其五，曰：如山、如阜、如岡、如陵、如南山之壽。夫阜也、岡也、陵也，皆山也，又皆山之小者也。然其亘萬古而常存者，不以大小而有異也。其他如日之升，而中則昃矣；如月之恒，而滿則虧矣；川之流，有時而息；松柏之茂，有時而槁，固不若山之常存而不毁。而詩人之惓惓以山言者，所重固有在也。孔子曰：“仁者樂山，仁者静，仁者壽。”山惟静故壽，而人能静，亦可如山之壽。然静亦難言矣，自非太宇凝定一私不撓者，未易語此。而考亭氏之訓詁，則曰“安于義理，厚重不遷”已耳。果爾，則公之壽，有可得而言者。

公之以“小山”爲別號也，得無有樂山之意乎？仁者主静之學，何可與公言？而第云安于義理，則公亦未嘗無吻合者。在物爲理，處物爲義，體會于子臣弟友之間，流行于日用常行之際，苟不悖于理，即不忝于義。不悖不忝，即不可謂之安，而亦不可謂之不安。公生平厚重人也，願樸而無伎巧，質訥而無浮誕。學書不成，去而爲賈。非其義，纖芥不取；非其道，跬步不由。事親孝，處弟友，教子孫慈而嚴，居鄉黨謙而厚。自少至壯，自壯至老，未嘗睚眦人，而人亦無睚眦之者。此于理有悖乎？于義有怨乎？不怨不悖，即謂之安于義理也。可安于義理，亦庶幾乎仁者之靜，靜故壽，壽則有似于山。

公之以"小山"號也，真樂山之意矣。雖然，山不獨以壽稱，及其廣大，是動植之所育也，靈秀之所鍾也。公之如山也，亦豈獨以壽稱？哲嗣充家，聿臻富有之盛；聞孫振采，式開浚發之祥。則小山公之壽，寧云"卷石之多"已耶？是爲序。

再壽小山兄七十有八序

客歲甲子，族兄小山壽七十有七，里中既以余言爲賀矣。越今歲乙丑，公之壽與歲俱增，則七十八矣。復有爲公賀者，再以執筆之役請，余又何言？無已，則以壽之理言乎？造化之生物也，氣有厚薄，而修短因之。若火傳于薪，薪盡則火熄。理有固然，數所必至，似乎人之不能違也。而伯陽氏之言曰："我命在我，不在于天。"又似乎以人勝天，而天不能制人也。薪之多寡有限，而火之緩急無常。酌損益之機，而調豐嗇之致，則以人勝天之説也。故其言曰："爲道日損。"又曰："事天享帝，莫如嗇。"夫世多求益，而何取于損？世多求豐，而何取于嗇？獨不知損益豐嗇相倚伏，而循環者乎？損其人欲，則天真益矣；嗇其取用，則儲積豐矣。天真益而儲積豐，則壽之理也。夫淫聲美色，伐性之斧斤也；肥甘釀醴，傷生之鴆毒也。紛華靡麗，足以耗元神；恣睢暴戾，足以撟天和，此皆不可不損、不可不嗇者。斧斤去則萌芽滋，鴆毒去則饑膚腴。元神不耗而日增，天和不撟而日溢。夫是之謂益，夫是之謂豐，是之謂倚伏而循環，則常見于公之爲人矣。

失偶二十餘年，曾無姬妾之奉。性不喜飲酒，脱粟蔬糲，布袍緼袅以爲常。終日徜徉于里門，心無城府，行無町畦，與人油油然而不自失也。則舉人生之可損可嗇者，無不損且嗇之。則于人身之宜益宜豐者，且充積而不窮也。益則終無損，豐則終無嗇。無損無嗇，尚有不多歷年者乎？即百歲可臻也。嚮者余爲公祝如南山之壽者，其在兹矣。

壽張沁溪七十有七序

不佞于沁溪爲尊行，而沁溪之生則先余六年，蓋今歲七十有七矣。子姓森列，家累鉅萬，而又享有遐齡，皆人世所羨慕而不可得者。里人艷之，請爲公壽，公不可。親族請，亦不可。諸子孫請，亦不可。其言曰：“盈虛損益，天之道也。儒家以儉爲本，而老氏以嗇爲寶。余，賈人也，不諳于二氏之說，獨以身所經履，自幼至壯，自壯至老，凡所爲經營出納，貿易居積，無非以虛而致盈，以損而致益。用能饒橐蓄，拓田産，苟延歲月，以有今日。方將持儉保嗇，以迓未艾之休，而顧敢侈然自泰，受溢美之詞，犯造物之忌，其何以保福慶訓來世也？”

于是請者慚然沮，不敢復進。有述其言于余者，余曰：“有是哉！沁溪之言，其有達于天道也。”天道惡盈而好謙，《易》卦六十有四，互有吉凶，而惟《謙》則六爻皆吉。蓋謙者，歉也；歉然，不自滿之心也。人視之若有餘，而我視之若不足也。昔人有言：“仕宦至宰相，居家致千金。”古人以千金敵宰相，而況不止于千金也？此亦布衣之極也，而公不自以爲富也。古人以七十爲壽考，而況不止于七十也？亦人世之稀也，而公不自以爲壽也。不自以爲富，則其富將日增；不自以爲壽，則其壽將日進。公所謂“持儉保嗇，以迓未艾之休”者，其在兹乎？其在兹乎？是公之可賀，不獨以其壽而以其謙。以今日之謙，而更致他日之壽，則將來之爲公賀者，未有已也。

諸親友，洎子若孫，復持余言以請。公曰：“草莽小子，雅不敢當，盛舉重以大人之言，其曷敢辭？"于是諸親函幣而進，酒醴既設，兕觥交錯，客起而賦《七月》之詩曰："爲此春酒，以介眉壽。"主人賦《蟋蟀》之章曰："無已太康，職思其居。"猶有瞿瞿之思焉。

壽韓母郭太恭人七十五叙

余客歲北上，行次涿鹿，而太守韓經宇親家將赴青齊，會于傳舍。坐談間，語及太恭人。太守愀然曰："不肖違膝下兩年矣，一麾出守，祇擬過子舍奉百歲觴，爲萱堂祝。不意遼海孔棘，青淄震鄰，畏此簡書，不遑將母。西望太行，懸懸在念也。"余曰："不然。太恭人康強，善匕箸，且朱實綠醽，佳疏鮮錯，北海所饒有。第以板輿迎之，承歡養志，宦邸、家庭復何異乎？"

太守抵任，即戒安車往迎，而兗鄆變起，道路戒嚴，太恭人猶然里居也，今歲七十有五矣。里中姻戚謀舉兕觥，以介眉壽，走書問言于不佞。不佞將何爲言？古之善言福者，莫備于華封之"三祝"，箕疇之"五福"，《天保》之"九如"，詳哉！其言之矣，而其要則歸之有好德。蓋基厚積崇，源深流遠，天人感應之機有必然而不爽者。太恭人毓自儒門，肅雍秉德，爰歸哲士，勤儉宜家。竭敬共于姑嫜，里稱孝婦；敦惠溫于娌姒，門無間言。方贈公下帷發憤，則篝燈佐讀，勉致青雲；迨其倦勤返服，則偕隱鹿門，甘同綠野。和丸訓子，義方特著于庭闈。含飴弄孫，慈愛更殷于嗣服。令子已登賢書，里人猶肆靳侮。老氏舌柔之訓，時闡前聞；張公百忍之規，卒臻後福。持平棘寺，而明允之誨不廢耳提；綰綬海邦，而清慎之書每勤手札。

蓋太恭人之好德，于茲悉備，而太恭人之福履，不于茲而益隆乎？鳳章鸞誥，輝煌奕世之華；桂子蘭孫，馥郁一門之盛。二千石之禄養，自今伊始，躋台鼎以爲榮；億萬年之遐齡，以莫不增，等岡陵而作頌。華封之"三祝"，箕疇之"五福"，《天保》之"九如"，駢集于太恭人之一身，寧獨以壽稱？而諸姻戚之稱觴爲祝者，且歲歲年年，當不止于今日已也。東海有安期棗，食之萬年。太守且覓之函，驛使而進几帨之前。太恭[六]喜且更進一醼，無庸望白雲，歌苞栩矣。

壽蘇母李孺人七帙叙

孺人爲太參公孔鄰之元室。初，太參公令長安，洎給事黃門，孺人兩被恩綸受今封。及太參公揚歷藩臬，未考績，輒遷去，而孺人猶然今稱也。太參公捐館舍，稱未亡人者二十五年，今壽七旬矣。

八月十日，設帨之辰也，伯子諸生光宇，將稱觴膝下，爲孺人壽。乃乞言不佞，以彰懿美。余惟壽，人之所難也；壽而榮，壽而富，壽而有哲嗣，則又難之難也。孺人翟服疏榮于再命，龍章耀彩于五花，不可謂不榮矣。從宦享三品之頌，遺業席千金之産，不可謂不富矣。箕裘丕振于家聲，芹藻蜚聲于黌序，不可謂非哲嗣矣。康祺與諸福駢臻，壽考偕純嘏并錫，此豈造物之有私于孺人，而孺人之有徼于造物耶？則唯是令德所致耳。彼其淑慎柔嘉，工容罕儷，窈宛昭于閫範，比昵絶于燕私，女德綦甚盛矣！而辟洸佐讀，靜好叶琴瑟之音；拮据承顔，孝敬潔筥筐之奉。斯其婦德又何茂也？至于愛而知勞，踵和熊之芳躅；食焉能誨，襲畫荻之懿踪。賢哉！母德又有超于尋常之上者，一德凝承，百祥彙集，理有固然，機所必致耳。而說者又謂大參公中年捐棄，偕老之信未伸；孺人晚歲孀居，齊眉之願未愜，是不能無遺憾者。庸詎知天道不齊之數，不可以恒情窺；而人事感召之機，奚可以常理測。故嗇于前者，必豐于後；靳其始者，必厚其終。孺人之蹇阨，在二十五年之前；孺人之榮祉，當在七十餘齡之後。自是綿綿福履，更迆滋至之休；奕奕書香，益茂方興之祜。萱室衍百年之慶，芝函賁三錫之光，咸于孺人之德必之，此人事亦天道也，敬以是爲孺人祝。

壽張母韓孺人七帙叙

夫壽者，受也，人之所受于天者也。天之生物，氣稟有厚薄，而修短因之。若松柏之與朝菌，龜鶴之與蟪蛄，皆天之所制人不得而與焉。然而孔子之福壽，歸之仁者，歸之大德。而老氏亦曰："我命在我，不在于天。"則是造化之權，有時乎不自用，而爲人用者，又未可專委之氣數也。于是有爲尊生之説者，熊經鳥伸，呼吸吐納，辟穀導引，可以長生久視而白日飛昇，此皆宗老氏之説而近于誕者也。惟是修德引年，祈天永命，此自天人符應之機，有徵應而不爽者，余于韓孺人見之。孺人故省祭公臨渠之配，而諸生報韓、佐韓之母也。毓淑閨門，秉貞中壼，亦婦人耳。惡睹所謂熊經鳥伸，呼吸吐納，辟穀導引之術？而今壽七帙矣，儻亦修德引年，祈天永命，天人感應之機有徵信，而不容誣者乎？

孺人少事舅姑，承顔順志，修瀡甘脆之奉，必躬必潔，人稱其孝。敬共夫君，而貞柔佐之，俾爲良椽〔七〕，爲良賈，没世而有令聞，人稱其順。自爲未亡人，冰霜節凜，閫以内蕭蕭穆穆，人稱其貞。畫荻訓勤，而家興詩禮；和丸訓苦，而業襲箕裘。鳩愛惟均，尤鍾嫠少，人稱其慈。家累數千餘金，而衣不紈綺，食不兼味，人稱其儉。豐腆以待宗戚，匍匐以賙鄰里，寬厚以御臧獲，人稱其惠。

凡此數者，在孺人，直以爲婦職之常，詎有徼福倖生之願？而以此洽人，即以此格天，壽考無疆，固栽培福善之理，可以徵信而不爽者也。自此而耋而耄，而期頤將馴致之，而未可限量矣。自古之祝頌者，曰富，曰壽，曰多男子；孺人富矣，壽矣，而子且克家矣。然孫枝未茂也，孺人得無念乎？自此而益修厥德廣施予，鍾和氣以弘昌後之祥，固孺人之自致。而爲子若婦欲壽其親者，又當集樛木之和，衍螽斯之慶，使雲仍嗣美而天親悅豫，則萬壽無期，尤在孝子之不匱也。敢以此爲孺人祝，且以爲爲子望。

壽竇師母八十叙

余嚮備員囧寺，念家太夫人春秋高，屢疏陳情，乞歸省，弗獲俞旨。既有南廷尉之命，乃得便道入里，斑舞膝下者累月，且促舍人裝南轅矣。而里中竇生如珂詣余，言其叔母趙夫人壽八旬，諸侄若孫稱觴爲賀，屬余有言。余欣然曰：“親其親以及人之親，人情乎？以壽家慈之心壽竇母，固不佞之樂于有言。”矧竇母匪伊異人，則竇先生山泉之配也。

余少從竇先生受《毛氏詩》，日侍函丈下。先生下董帷擁馬帳，昕夕與儕輩切磋鉛槧之業，諸弟子執經問難者環相向也。先生壹意講解指授，不問家人生産，則夫人内助之力也。迨其稱未亡人，二子方弱冠讀父書，諸女未笄，一切衣食婚嫁之費，皆取給于夫人。已而，抱諸孫，含飴和熊，慈而能誨，以故桂郁蘭苗，濟濟森森，咸有成立。則夫人義方之訓，又可考鏡矣。晚年持受慈氏戒，每蔬素焚修，誦經諷偈，蓋深信于福田利果之説，爲子孫長久計者，意更切也。夫人勤儉慈惠之德，終始一致，所謂貞也。貞者婦道也，亦壽道也。《易》曰：“恒其德，貞，婦人吉。”又曰：“安貞之吉，應地無疆。”夫惟貞而後能吉，能恒而無疆之壽臻焉。自兹以往，萬有千歲，皆由此致之。則貞之所貴者，大矣。《易》又曰：“元亨利貞。”夫貞爲四德之終，旋爲四德之始。貞復元，元爲善之長，則其所以苞孕者，弘而昌，遂之盛，生生不已。夫人以貞德持于上，而若子若孫，繩繩振振，列黌宮而騰駿譽，其元之始乎？自是擢峻躋膴，登通顯之衢，而竪俊偉之業，則以亨以利，皆夫人貞德所貽也。行且膺十札之封，受千鍾之養。異日者將庚言以爲夫人祝，固不啻如今日已也。

校勘記

〔一〕"暇"，據文意當作"暇"。

〔二〕"輙"，當作"輒"。

〔三〕同上。

〔四〕"秼"，當作"株"。

〔五〕"裏"，疑應作"裏"。

〔六〕"太恭"後疑脱一字，據前文義當作"太恭人"。

〔七〕"橡"，當作"據"。

記

成湯廟記

里中坪上村，有神廟一區。其正殿三楹，以奉成湯。左室以奉關神，右室以奉子孫神，翼以兩廊。其二門外，左有五道祠，右及兩廊則皆書室也。内有歌臺，外有重門，地勢壞墌，規模弘麗，亦一方之奇搆也。

創始莫考，勝國及我朝，皆重修有記。迨至于今，歷年既久，漸就敝壞。棟宇摧折，墙垣頹圮，幾不可爲棲神所矣。國子生劉用健謀于有衆，圖更新之。衆議僉同，乃屬庠生王爾標、耆民緱汝忠、王爾托董其役。釀金庀材，鳩工舉事，埏埴畚鍤，礲礛圬墍，次第備舉。不數月而告成。經始于某年月日，落成于某年月日。赫然焕然，廟貌一新矣。諸生劉用作、王爾相，偕偫輩二十餘人，謁余請記，以圖不朽。

余曰：“君亦知夫祀典乎？禮聖帝、明王、功臣、烈士，德澤茂弘，英靈昭著者，則有祀成湯以寬仁聖武之德，伐暴救民，功垂奕代，載在祀典。有建廟于鄨師者，有建廟于亳都者，有建廟于汾陰者；然皆天子之祀，非庶人所得祀也。吾鄉濩澤、泫民[一]、析城、沁水，凡數百里間，居民村落，輒有成湯祠，則不知所謂矣。説者謂成湯桑林致禱，六事自責，而甘霖隨澍。桑林故在析城之南，吾鄉之民感仰明德，而尸祝奉之，百世如一日，焉是或然矣。乃關神即正直明威，要難與成湯並列。至子孫神，則婦人女子朝夕而祈禱者，詎可容媟褻于左右也？顧秩祀典禮，不可爲鄉人道耳。余獨取夫書舍之設，大有造于一鄉也。古者鄉有庠，黨有序，群弟子而訓迪之，是以教化風俗美而善人出，塈隆之理，率繇此興。今書舍之設，儻亦先民之遺意乎？歷世以來，父兄知所以教，子弟知所以學，陶鎔于詩書禮樂之訓，而漸染于孝弟忠信之行，風化淳懿，人文蔚起。若劉大司空東星，崛起甲第，位躋上卿；楊學博鉛、王州守汝濂，奮迹賢科，敷宣政教；劉貢士東郊、東津、用行，王貢士爾聘，明經里選，觀光上國。他如素封之貲，盈于里巷；仁讓之習，遍于交衢。其所得學舍之益者，非淺鮮也。即今譽髦之士，彬彬濟濟，殆不乏人。嗣是而後，闡繹前麻，光紹令緒。入廟思敬，每懷顧諟之忱；敬業樂群，用纘日新之學。則富庶之業，可以永延，而大司空諸人之芳緒，行將再振斯廟也。庶其常存而不毀，已敝而復新乎？君輩其以余言爲然否？"

諸生再拜，曰："唯！唯！修廟細事也，緣修廟而念及于風化人文，則惠吾鄉者甚盛，敢不拜受明賜以傳之奕世？"遂書爲記。

又成湯廟記

寶莊之西北里許，有成湯祠一區，正殿三楹，群祠、門廡三十餘楹，規模宏闊，體勢尊嚴，一鄉之人所瞻仰而敬事者也。創建不知何時，然廟額有金承安五年之書。考其時，實宋寧宗慶元六年庚申也，繇宋而元，以至今日，蓋四百餘年矣。我朝正統、嘉靖間，兩次修葺，然物力未充，營謀勿售，終不能堅且久也。數十年來，嘉賴神庥，默相陰佑。一鄉之中人文蔚起，科第聯翩，閭閻充盈，貨財豐積，生計有餘。而善念興起，乃相聚族而謀，曰："吾儕小人，享茲樂利，神實福我，寧可忘報？而廟貌頹傾，瞻視弗肅，享祀雖豐，神其吐之矣。"于是醵金庀材，鳩工趨事。三越歲，而棟宇聿新，垣墻整飭，巍然焕然，非復向之敝陋矣。神靈安妥，人情欣暢，歲時伏臘，奔走饗賽，以答明貺而介景福。蓋將垂之百世無窮也。于是，鄉人問石言于余，以紀歲月。余曰："神明無親，克敬惟親。《詩》曰：'聖敬日躋，昭格遲遲。'"即成湯受球共而式九圍，有外于敬耶？夫敬之一言，雖薦紳章縫之所習聞，猶恐不能持之念慮，又惡可與鄉人道也？唯是一隙之明，可以牖啓；一行之善，可與擴充。即今之慷慨幕[二]義，捐貲赴工，可不謂誠？而苟嗜利忘義，智紿力取，即罄千金以奉神，神弗福也。牲牢博碩，粢醴明潔，可不謂敬？而沉湎崇飲，孝養弗修，即備九鼎以享神，神弗嗜也。舞榭歌臺，籥舞具備，可不謂和？而凶逆暴戾，傲狼恣睢，即宣九奏以樂神，神勿聽也。對越駿奔，趨蹌傴僂，可不謂恭？而驕淫侈肆，暴慢惰逸，即竭百體以禮神，神弗視也。入廟有神，而尸居屋漏亦有神；承祀有神，而出往游衍亦有神。見神于心，則必不敢有佚志；見神于事，則庶幾乎虔共明威，而昭受洪庥。鄉人所以自求多福者，道固此矣。若顧諟之忱，日新之學，以仰追成湯心法之傳者，則于薦紳章縫之士有厚望焉。至于區區報應之說，與夫焚修祈禱之事，則俚俗之常譚，可略而弗論也。

是役也，經始于萬歷戊午，落成于天啓辛酉。費錢若干緡，首事、施財人，勒名于碑陰。

玄帝廟記

明興熙平，二伯餘祀，闓澤豳洽，生齒蕃阜，物力豐盛。十室之邑，皆知崇善饗義而敬共神明。

余里居寶莊，北有隙地。術者謂："位當玄武，宜建玄帝祠。"里中父老，相與僉謀營造之。始創正殿三楹，嗣建角房二楹，兩廊房各三楹，門三楹。又造露臺、供卓，皆以石爲之。經始於嘉靖辛亥，落成於嘉靖甲子，增葺於萬歷癸巳，前後更四十餘年，而後功用大備。里人礱石，屬余記之。

夫作廟以祀神也，神固孔子所不語者，非不欲語，實難言之。至老曇二氏者出，言鬼神者始紛紛矣。其説悠謬玄幻，變怪百出，大都皆其徒杜撰附會，以勸誘愚俗，亦非聃笠所云爾也。儒者病其説之誕而滋世惑，始推本於理氣，而卒歸之不可知。蓋不可知而後謂之神，不可知而欲知之，非妄則鑿。妄與鑿君子不道，兹孔子所爲不語神也。夫神不可知，乃其炳靈赫耀，爲世所崇奉，如玄武云者，將安在也？蓋天地鼓鑄品類，幹〔三〕運玄功，必有神以尸其柄，而列於方隅，顯於星辰者，惟北極爲至尊。玄武者北極之象也，握斗樞而運四時，成歲功照，臨萬宇而亙終古，此其最炳靈赫耀者。若煉形修性，飛昇變化，如傳所云爾者，則不可知，故不可得而言也。或者曰："儒者之譚，謂自天子以至庶人，各有秩祀，無相瀆也。今以編泯〔四〕而崇祠宇，修焚禱，無乃事媚非經歟？"曰："此舉出於鄉人，固未可以儒者之道道也。以儒者之道道鄉人，即吾與若所稱説者，鄉人固駭且異矣。鄉人者，誰不憚尊嚴之象，而惕禍福之論？夫有憚與惕之心，則內不敢有淫思，而外不敢有越行。內無淫思而外無越行，則積善致福之道也。書作善降祥，夫非儒者之言乎？"乃鳩工、首事之人，前後數十輩，則載在石陰矣。

關聖廟記〔五〕

自古英雄之士，樹節烈於當時而垂鴻名于後世者，代不乏人。至于神威顯赫，歷千百世而不磨，盡億兆之人心，咸敬畏而尊奉者，蓋莫如關帝云。

帝當炎漢之末，左右昭烈以弼，成鼎足之業，厥功懋矣。而當時之所以稱帝者，不過曰"萬人敵"耳，曰"勇冠三軍"耳，曰"威振華夏"耳。曰"明燭待旦"，語其節耳；辭曹歸劉，語其忠耳；立功報效，義釋曹瞞，語其信耳。至于帝之神識淵謀，度越千古，自漢以來未有能窺其微者。漢室不綱，群雄割據，當時智勇之士，視强弱爲向背。昭烈雖帝室之冑乎，然伏在草莽，無尺土之階，一命之榮，誰肯委身而事之者？帝傾蓋逆旅，一言契合，千載盟心，間關于顛沛流離之中而不忍去。此豈徒以意氣相期許，如古俠士之儔哉〔六〕！蓋真知夫昭烈〔七〕之才可以有天下，而又真知夫帝室懿親，足以紹高帝、光武之統，而非袁、董、孫、曹僭逆之輩所可比類也。昭烈識孔明于隆中〔八〕，説者以爲古今第一奇事。雲長之識昭烈，何異于昭烈之識孔明〔九〕？何論者不能同類并稱之也？至于徐州之戰，受昭烈妻拏〔一〇〕之託，奔敗之後，何難一死以明志？而委曲歸漢，以全夫婦君臣之義，此豈悻悻小丈夫者之所爲哉！深謀遠慮，又有出常情惻度〔一一〕之外也。及西蜀既平，荊襄是鎮，毅然有廓清中原之志。而東吳造孽，阿蒙掩取，蓋天之不欲祚漢，非智慮有所不逮也〔一二〕。正直剛大之氣，鬱抑而未發者，豈能瞑目于九泉？于是在天之靈，磅薄於宇宙之間，質之若臨，呼之若應，上自天子，下至匹夫，無不敬畏而尸祝之者。前代加以王爵，我神宗復尊以帝號。猗歟休哉！名與天壤俱敝〔一三〕矣。

　　薄海之内，自通都大邑，以至三家之聚，無不廟祀。里中舊有帝神祠，附在佛堂之左，其制狹小，且非專祀也。鄉人張鴻基等倡議，建祠于成湯廟之西。正殿三楹，角室四楹，兩廊十四楹，門五楹，拜亭一座〔一四〕。規制弘敞，體貌森嚴。里中歲時享祀，而瞻仰尊奉之，誠得有所寄于無窮矣。是役也，昉于某年月日，成于某年月日，共費緡錢以若干計〔一五〕。余因記作廟之始末，而并追繹帝之神識淵謀，以闡古今所未發之秘，或亦有鑒于帝心也。

檽山大雲寺經閣記[一六]

檽山，沁之名山也。自麓至巔僅三里許，而獨以名勝稱爲秀異也。山不產他木，惟生柏與松，彌漫茂密，翳日蔽天，穿林而入，清陰滿路，蒼翠之色，歷四時不變，故云秀異也。蘭若一區，在山之陽，靈氣氤氳，每多雲物，朝霞暮靄，變幻千出，故寺以“大雲”名也。棟宇軒豁，法象森嚴，飛閣淩空，璇題耀目，結構之奇，若出天巧，自匪離輪，莫能建也。

寺肇於拓跋魏時，迄今千有餘年，朝代幾更，兵燹屢作，而殿宇從無毀敗，則鬼神所呵護也。三松列植於殿前，皆大十圍，高千尺，玉幹挺生，虬枝旋舞。儼三壽之作朋，知九泉之莫識，則又海内之僅見者也。寺西百餘步，珠泉迸出，注于石窟，清冽甘香，不盈不涸。太華之玉井，虎丘[一七]之惠泉，可仿佛也。疊嶂拱揖，翠屏旋繞，沁流環抱，玉帶縈迴。憑欄遠眺，城郭村疃，俱在目前，宛如圖畫也。積雨初晴，夕陽禽噪，清風徐至，皓月飛來。疏鐘幾杵，鼓天籟以齊鳴；梵號千聲，醒迷機以共覺。衲子彈棋，消遣閑中日月；禪僧入定，鍊磨靜裏乾坤。山中之景況，又超物外，而別有一天也。余里居寶莊，近在山前。自角丱而白首，遊此非一朝矣。佳山勝境，每欲叙述而未遑也。邇者，釋迦殿左右，有經閣[一八]，西南有地藏殿，年久敝壞，寺僧興澤董募化而新之，請余爲記。余既未達於貝經之旨，且弗解於輪回之説，殆無以應其請。姑以耳目所習見，秀異勝迹[一九]，筆之於此，以示後之遊觀者覽焉。其修理殿閣鳩工首事與施財檀越，列在石左，不具論。

祖塋碑記

余先祖自宋以前，世代遼遠，譜牒不存，靡可得而鏡云。元時，有遠祖自陽城匠里徙居沁水之寶莊。厥後，宗支蕃茂，子孫衆多。迨入國朝，始析爲二里，別爲三籍。二里者，曰西曲，曰鹿路北；三籍者，曰民，曰匠，曰軍。大都居西曲者十之九，隸民籍者十之七。

其初有阮家坪墓，凡張姓者共祖之。其次有凹子墓，民與軍者共之，而匠籍者不與焉。又其次有此二墓，民籍者共而軍籍者不與焉。此三墓之始祖，亦不可考。其可考者，惟余七世祖聰，以永樂丁酉發迹鄉科，葬在此墓之左三班内，可誌識。其他可知者，或三四世，或一二世而止耳。夫凡爲人後者，孰無追遠之忱？而傳世率至遺忘，則仁人孝子所隱心而恨者。矧後之視今，猶今視昔，不亟爲之計，則繇兹以後，將愈遠愈失，益無所取證矣。

余父官始謀於族人，礱石爲記。即先世名字，所可識者，刻於石陰，而併其子孫附於下，分支別派，以辨親疏，列名係以昭統緒。且令群族之衆歲時享祭，裨後世得有所考，以興續承之思；得有所守，以隆孝享之儀，一世二世千百世無極已。然積慶貽庥，以垂裕後昆者，先人事也；恢猷闡烈，以光顯宗祖者，後人事也。《詩》曰："無念爾祖，聿修厥德。"凡我族人，均有念祖之忱，可不於修德加之意乎？尚其勤本業以治生，而無即荒淫；崇儉朴以制用，而無事侈靡；敦孝弟之行，而無以下犯上；廣慈恤之澤，而無以尊凌卑；弘任恤之恩，而無以強暴弱；守義命之正，而無以貧懻富；其才而賢者，又當移孝爲忠，蘄於茂勛樹伐，而無以貪進苟禄，貽先人羞。則我祖在天之靈，必且鑒明德之馨，泯怨恫之念，貽靈寵之貺，敷佑啓之仁。昌熾盛大之祥，胤祚壽考之緒，有申錫於無疆者。祚氏之興，其在兹乎，其在兹乎？

校勘記

〔一〕"民"，當作"氏"。

〔二〕"幕"，當作"慕"。

〔三〕"幹"，當作"幹"。

〔四〕"編泯"，疑當作"編泯"。

〔五〕此文又見光緒《沁水縣志》卷十一《藝文》，題曰《西曲里建關帝祠記》。（以下簡稱"《縣志》文"）

〔六〕"如古俠士之儔哉"，《縣志》文作"如古者豪俠之士哉"。

〔七〕"蓋真知夫昭烈"，《縣志》文作"誠"。

〔八〕"昭烈識孔明于隆中"，《縣志》文作"夫昭烈識武侯于隆中"。

〔九〕"雲長之識昭烈，何異于昭烈之識孔明"，《縣志》文作"帝之識昭烈，亦無異于昭烈之識武侯"。

〔一〇〕"妻拏"，《縣志》文作"妻孥"。

〔一一〕"惻度"，《縣志》文作"測度"。

〔一二〕"非智慮有所不逮也"，《縣志》文作"非帝之智慮有所不逮也"。

〔一三〕"俱敝"，《縣志》文作"俱不朽"。

〔一四〕"正殿三楹，角室四楹，兩廊十四楹，門五楹，拜亭一座"，《縣志》文無此二十字。

〔一五〕"是役也，昉于某年月日，成于某年月日，共費緡錢以若干計"，《縣志》文無此二十三字。

〔一六〕此文又見清張銘《檟山志·文辭第六》，題曰《畫廊記》。（以下簡稱"《檟山志》文"）

〔一七〕"虎丘"，《檟山志》文作"錫山"。

〔一八〕"有經閣"，《檟山志》文作"翼以經閣，閣前有畫廊"。

〔一九〕"秀異勝迹"，《檟山志》文作"秀異奇勝之迹"。

説附《募緣疏》

三松説[一]

楛山三松，列植釋迦殿前。中左二株，圍各二丈五尺；左一株差小，然其高皆數尋也。膚理瑩膩如雪，蓋山中萬松皆然，而此其大者耳。山中人習見之，不以爲異也。

余嘗陟岱嶽，中道有五松，柯幹尋常，非有殊異，而説者謂此秦皇所封五大夫也[二]。蜜縣[三]有白松一株，睹者異其色，爲之歌咏，爲之繪圖[四]，以爲寓内第一松矣。抑豈知此山有三松乎[五]？玉骨凌霄，瓊枝插漢。視岱嶽五松，不啻藐小；方之密縣，彼一此三，其數不敵也。然數千年來未有稱其奇者，蓋托根巖寺，岑寂巇嶮，無論車駕所不到，而文人墨客亦罕有涉其境者。安得與泰山、密縣同被榮名也[六]？

余因是而知天下士矣。彼其據高位，履亨途，即一材一能，皆可樹勛名，而垂竹帛。若山林高隱之士，閎才瑰抱老死無聞者，可勝數哉！四皓之才未必劣於三傑，桐江釣叟且超雲臺而上之。若匪高光之世，亦泯泯無聞也[七]，吾于三松乎有感！

姓氏説

按《帝王五運歷年紀》云：“人皇之後，有五姓、四姓、七姓、十二姓，則姓氏所繇肇也。”陸法言引《風俗傳》云：“張、王、李、趙，爲皇帝賜姓。”又云：“周宣王之弟，善爲弓矢，乃賜姓爲張。”及考《六月》之詩曰：“張仲孝友。”夫吉甫伐玁狁，乃宣王初年事。而張仲已爲大臣，主飲至燕，其非宣王弟可知，當以前説爲是。春秋、戰國，見於史册者，有張老、張孟談、張議[八]、張禄，及張良之先五世相韓。漢以後，則張姓繁多，不可勝紀矣。史遊作《急就篇》，不載張姓。唐孔志作《姓氏譜》謂：“張無聞人，不入譜。”然自張文成而後，明德之士代不乏人，而謂張姓無聞人，何也？此皆考究疏略，意見偏謬，不足爲據。嗣是以後，迄於元世，張、王、李、趙、劉，稱五大姓，而張寔爲冠。迨國朝，則氏族繁衍，散處寓内，益爲望姓云。

附：募緣疏

修東海神廟募緣疏

蓋聞玄工布澤，沛膏潤於無方；明德薦馨，儼精靈於有赫。冀神心之感格，必廟貌之崇嚴。猗惟東海，坎德鍾靈，震方奠位。納百川而並匯，儷五岳以稱尊。疏派引潢，浮星辰而浴日月；積流横軸，含島嶼而浸乾坤。施雨興雲，士女享豐年之慶；運舟通楫，賈商資利濟之功。修鯢若陵，繫長竿而慊任公之釣；巨鰲如市，照皎夜而漾隋侯之珠。麗汁成醎，則絳雪晨敷於琪樹；熬波出素，則玄霜夕湛於玉潭。凡兹品錯之彙興，孰非神功之默運。是以虞廷肇祀，特隆秩望之儀；唐室建宫，載舉垣墉之製。肇飛鳥革，□雲漢以爲章；松茂竹苞，奠鰲維而立極。肆惟昭代，益備徽猷。太祖正位號以尊崇，特敕先朝之謬；列聖遺公卿以秩祀，聿垂後嗣之規。瑶簡焕宸章，舞鳳高翔於海屋；珉碑勒寶翰，蟠螭對峙於龍宫。自昔巍然，於今炳若。豈期福地，頓起禍緣？朱鳥兆殃，熒惑先施於鴟吻；赤熛熵虐，衝風遍及於蜃宮。榱桷棟梁，頃刻而成灰燼；門廊殿廡，須臾而化丹丘。棲神像於蓬蓆之中，豈堪對越？展祀禮於瓦礫之內，何以駿奔？行路興咨，商旅裹足。歷朝之創造，有其舉之；今日之經營，何可廢也？乃天高聽遠，發帑既難以叩閽；而廩竭庾空，括藏終成乎築舍。爰茲衆議，特舉募緣。王公慕義，豈吝朽蠹之餘；君子好施，不惜篋蠹之羡。匹夫匹婦，但存喜捨之歡心；一粟一絲，盡是須彌之功德。注瓶罍而資溟渤，誰謂無深？積塵埃而助岱崇，益增其大。鳩工蘂木，畚鍤並用於一時；革故鼎新，經始可成於旬日。曜金璆以爲闕，丹楹刻龍女之羊；次玉石以爲堂，朱栱瞰鮫人之室。畫壁燦黿梁以爭麗，籀銘楷螭駕以駢高。殿宇聿成，神人胥悦。英靈丕應，祥雲擁護神京；顯貺於昭，膏澤常施東土。將使王孫帝子，鞶帶礪於萬年；朱紱青衿，登臕崇於三事。天吳遠遁，檣帆無摧決之虞；蜩象潛踪，閭里享康寧之祚。欲求福利，畚結善緣；謹發虔誠，廣行募化。

校勘記

〔一〕此文又見清光緒《沁水縣志》卷十一《藝文》，題屬《大雲寺三松説》。（以下簡稱“《縣志》文”）

〔二〕“柯幹尋常非有殊異，而説者謂此秦皇所封五大夫也”，《縣志》文作“柯幹尋常無異，人指爲秦封五大夫松也”。

〔三〕“蜜縣”，《縣志》文作“密縣”。

〔四〕“爲之歌咏，爲之繪圖”，《縣志》文作“爲之歌詩繪圖”。

〔五〕“抑豈知此山有三松乎”，《縣志》文作“抑豈知樏山之有三松乎”。

〔六〕“安得與泰山、密縣同被榮名也”，同前作“不與泰山、密縣同，其所托者然也”。

〔七〕“亦泯泯無聞也”，《縣志》文作“其爲老死而無聞一也”。

〔八〕“張議”，當作“張儀”。

言

質　言

　　守己欲嚴，臨不義之財，不可以身爲壑；容人欲寬，御不齊之衆，不可以身爲壑。

　　火上炎，逆氣也，當之者必害；人之怒如火。水下潤，順氣也，遇之者必容；人之忍如水。怒，不獨害物，而且以戕元氣；忍，不獨容物，而且以頤元神。

　　善治身者，增一善，不如減一欲；善治民者，興一利，不如除一害。

　　當天下之大任者，必有定見，有定力，有定守。三者闕一不可。

　　去惡不欲盡，董卓誅，而催[一]汜不可不赦；去惡欲盡，武氏去，而三思不可不誅。一失其當，則有殃身禍國之患。

　　器有餘而識不足者，霍光也；志有餘而才不足者，孔融也；才有餘而氣不足者，崔浩也。

　　並駕而先馳，則同行者忌之矣；並荷而弛肩，則同負者嗤之矣。

　　省慮可以養心，省言可以寡過，省事可以怡神。假嚬笑於左右，則叢神可借；寄耳目於近習，則虎威可借。

　　求已放之心，不若防未萌之欲；追既往之愆，不若慎將來之動。

　　廉潔正直，可以律己，而不可以形人；剛方嚴峻，可以持身，而不可以傲人；謙恭和易，可以處衆，而不可以媚人。

玉厚則貴，器厚則堅，基厚則固。故君子居其厚，不居其薄。

養稂莠而妨嘉禾，非良農；惠奸慝而戕善人，非良吏。

高車駿馬，騁足康莊，不可無銜蹶之虞；樓船畫艇，鼓棹中流，不可無覆溺之慮。

煦煦以爲恩，欲人之德我也；然恩不可以常繼，則德者怨。硜硜以爲諒，欲人之信我也；然諒不可以常執，則信者疑。故小惠、小信，君子不爲。

操無欲上人之心，則所居必安；存不敢先人之心，則其步必穩。

君子見人之善，則羡之稱之，喜其與己同也；小人見人之善，則忌之毀之，惡其與己異也。是以，君子之善日增，小人之惡日積。

聞譽言而喜者，招佞之囮也；聞毀言而怒者，取禍之機也。君子聞譽言而省，苟過其情，方慚愧之不暇，奚以喜？聞毀言而省，苟當其實，方克治之不暇，奚以怒？

朘百姓之膏以肥家，子孫必蕩；輕無辜之命以飾威，鬼神必殛。

拂意事常多，快意事常少。當拂意而憂，則動心忍性，爲進德之基；當快意而喜，則恣情縱欲，爲敗德之緣。

渾然不露圭角，與和光同塵者，作爲須要有別；儼然人望而畏之，與色厲内荏者，氣象自是不同。

以愛憎枉是非，不明之罪小；以勢利枉是非，不公之罪大。

事事可與人言，猶可矯飾而能；念念可與天知，不可勉强而及。故視其所以，觀其所緣。

昔人謂治國易齊家難，以法不可行於家也；然未有不齊家而能治國者。檢身易制心難，以欲不可防於念也；然未有不制心而能簡身者。

漢之謀臣，無如留侯；唐之謀臣，無如鄴侯。然留侯善藏其用，故上不疑下不忌；鄴侯自多其智，故上疑而下忌之。

知雄守雌，知白守黑。魏舒、高允可以語此，故能免禍於亂世。

孔明不死，未必能取關隴；鵬舉不死，未必能復中原。論者每有遺恨，惜其志與才也。

忿易逞，欲易縱。中人之學當以懲忿窒欲爲第一義。餓夫得半菽，不勝其甘，而日食萬錢者，猶云無下箸處；寠夫得半緡，不勝其喜。而田園徧海內者，猶晝夜執牙籌。貧賤之願易盈，而富貴之欲無涯也。然二者易地，則皆然。

儒者之學，定靜安慮；佛氏之學，靜定圓覺。二者語意相似，然儒者先定而後靜，以致知爲入門也；佛氏先靜而後定，以頓悟爲造徑也。

視聽言動，有多少難禁的情欲？子臣弟友，有多少難盡的道理？聖賢只就這裏用工夫，便是下學而上達。非若後人講學，徒托之空言也。

矜己之長，護人之短，不可語涉世；記人之短，棄人之長，不可語奏功。

少思慮，寡嗜欲，節飲食，戒嗔怒，養身之要術；謹言語，慎舉動，祛傲惰，屏刻薄，涉世之良方。

一語欺罔，後雖有忠信之言，人亦疑之矣；一事貪污，後雖有廉潔之行，人亦議之矣。

經史緒言

《大學》“誠意”一節，只“毋自欺”三字已説盡了。“慎獨”即是“毋自欺”，非有兩層事。朱子注云：“然其實與不實，蓋有他人所不及知而己獨知之者，故君子必謹之於此，以審其幾焉。”則是欺慊之後，方纔慎獨矣。豈知既己實矣，即是自慊，何所用慎？既己不實，即是自欺，又何能慎？考亭于此似未參透。

余自幼讀書，便覺其差。萬歷庚戌會試，以此一節命題，程文元魁，俱依朱注，皆不透徹。惟進士王濚直以“慎獨”爲“毋自欺”，方得書旨。此文宜存之，以爲傳注可也。

“格物致知”，是《大學》入門之始。孔子所謂博學、審問、慎思、明辨，此義已了然矣。如考亭所謂“即凡天下之物，莫不因其已知之理而益窮之，以求至乎其極”，則泛而無當矣。天下物理有可知者，有不可知者。其不可知者，雖聖人不能知，亦不必知，何必盡天下物而窮之，以求至其極也？王陽明以格物爲格去己私，則其功又在誠意之後，更爲不通。近世又有云：“格，來也。”謂“萬物皆備於我”，使物來歸於我，便爲格物。鄒南皋亦立此説，又屬穿鑿。

朱子解“天命之謂性”云：“即理也。”其説本於程子。愚謂理者性中所具之物，以理爲性，猶未是。若曰“天命之謂理”，可乎？

朱子解“仁”爲“心之德，愛之理”。心之德，是矣。愛之理，猶未當。愛即理也。愛與理，猶有別乎？

“致中和”，“致”字説得廣，推而極之者，博厚、高明、悠久、“九經”、“三重”皆是。但云“至静之中，無少偏倚”、“應物之處，無少差謬”，覺淺。

“天地位，萬物育”，亦是實事，如歷象授時，封山浚川，驅蛇、龍、虎、豹、犀、象，教稼穡，明人倫，皆是。

斯螽、莎鷄、蟋蟀，原非一物，亦非因時而變。秦晉所在有之。朱注不知何所本。

《唐書》載：常袞爲相，務別賢否，不徇請托，人呼爲沓伯。注云"沓伯，錐柄也"，不知何謂。及讀《小史》云："袞不聽請托，有請托者，即以'沓伯'呼之，言其代人鑽刺也。"其義始明。宋人修《唐書》，截去一句，便自不通。

帝堯壽二百歲，在位五十年，舜攝政十八年，共七十八年。然則即位時，已百二十二歲矣。

武王壽九十三歲，即位十三年伐紂，即大統者九年，然則即諸侯位時已七十一歲。即天子位時八十四歲。又成王十四踐阼，則武王八十歲所生也。成王尚有弟，不知幾人。

漢殺韓信，而田肯致賀。可見諸臣無不欲死信者，不獨高祖忌之也。功高而氣傲，自有取死之道。

王允誅董卓，因殺蔡邕，古今共惜之。及讀《蔡中郎文集》，有《薦董卓爲相國》之疏，則死亦非冤矣。謝弘微雅度冲襟，超邁流俗，宜膺多福。而長鬼遺誅，神明何意？豈封書二函，皆劉裕篡奪之謀，而弘微特與共其秘計耶？

謝混論靈運輩，策其成敗，有若指掌，識鑒昭朗，自宜遠禍，而卒見誅夷。貪權傲物，正自不知耳。

元魏宗臣不乏明德，若飈若澄，皆可以寄維藩之托。而疏忌不用，委任凶邪，宜其亂亡相尋也。

元順處昏亂之朝，而抗直不回，足有史魚之風矣。太后之恣暴，權臣之縱肆，且猶服其正論。魏雖夷風，直道猶未忘也。

元彧避難歸梁，殊被寵禮。迨其欲返，而梁武亦不之強，可謂有君人之度矣。

崔浩才智足比子房，而器不足以居之。至於夢鬼爭義，盡得周公、孔子之術，其説固已謬妄；而立石書史，播揚國醜，衆怨所歸，安得不族滅也？至使崔、盧、郭、柳中原望族，盡被誅夷，亦慘甚矣。崔浩搆害李順，含冤報復，固已見之夢兆矣。至於禁妻佞佛，焚經投溷，抑何甚也？及其被收，大被僇辱，史氏以爲報應之驗，其然豈其然乎？

于謹魏之重臣，史稱其耆年碩德，譽高望重，禮備上庠，功歌司樂，綦盛矣。惟是宇文護之專擅，幾至傾覆魏室，謹寔贊成之，不能無遺議也。

王陽明性極靈，才極高，識見機權，俱非人所能及。蚤年豪放不羈，既而以名節功業自見矣，猶以爲不足超世也。乃欲以道統自任，拈出“良知”兩字，自以爲獨得之見，而學者翕然從之，以爲超程、朱而上之矣。豈知“良知”、“良能”孟子所已言，二者不容偏廢，而致知之學，又從古聖賢道之，豈必以此自異也？至云“無善無惡，性之體；有善有惡，性之用”，分明是告子之説。陽明若當春秋之世能爲管、晏，不能爲孔、顔；當戰國能爲蘇、張、孫、吳，不能爲孟子。陽明之於孔孟，其於“五伯”之“三王”乎？

校勘記

〔一〕“催”，當作“催”。

大司馬張海虹先生文集卷十一

檄

率屬諭民檄

爲肅吏治，正民風，以靖地方事。

照得吏治污隆，風俗善敗，皆民生休戚所關，而地方安危所係也。第飭吏安民，即非可以空言喻，而莫或令之，亦安望其必從也？本道謬膺簡書，句宣茲土。受事以來，適值大祲，拯荒弭盜，日不暇給。幸而天心悔禍，錫祉降康，民喜更生，吏無旁午。然殷憂艱苦之後，當有惕厲儆戒之思；吏治民風，此一更新之會。謹條列數事，願與諸吏民共守之，諸吏民其無土苴餘言，則幸甚。

諭吏八款

一重操守。居官以清白爲第一義，即五尺之童，亦能言之。第財利易以薰心，而乘威勢以求之，其欲又易遂。無論貪夫殉財，即有志之士，始未嘗不勵節，而終多點染也。故有徵收而索加耗者，有起解而扣羨餘者，有理訟而濫科罰者，或減衙役之工食，或短行户之價值，或受僚屬之饋遺，或取吏民之貢獻，或假營造而科索，或借交際而攤派，或指公用而借貸。甚者潛通關節，寵賂滋彰，苞苴一入，黑白頓易，諸如此類，難以縷數。多方括取，非不肥身家而明得意，但小民之口碑難掩，上官之聽睹最公。一登白簡，輕則褫斥，重則逮問，羞士民而辱宗祖。雖孝子慈孫不能爲之諱矣。間有巧於彌縫，工於結納者，亦能欺衆目致通顯；而造物無私，乘除不爽，豈專厚於貪吏之後，不至敗覆乎？亦可思矣。

一公聽斷。不平則鳴，訟人所時有也。伸冤理枉，正有司事。兩造具備，虛公以聽之，當無有不得情者。第無任喜怒，無主先入，無徇請托。事情輕小者，可釋則釋，欲和則和，有應問罪定其輕重，即時畫供。毋令吏書得上下其手，因而挾騙。人命須自己檢驗，無委佐領，無厭穢惡，聽仵作捏報傷痕，一不得實，便成疑獄。盜賊亦須親審，初情既實，後自難移。至於奸詐刁徒，捏詞唆訟，更宜重處，以懲惡俗。

一慎刑獄。夫刑以懲過，不得已而用之。寧輕無重，寧少無多。至夾棍等非常之刑，非重大事情不可輕用。殘肢體，傷性命，非爲民父母者所甘忍也。詳刑要語，不可不覽。監禁囚犯，最宜防範，更宜寬恤。至於牢頭監霸，不但挾制吏卒，凌索衆囚，而越獄反獄，大率皆繇此輩倡之。各州縣查得有此等名色，即宜芟除，毋貽〔一〕後患。

一清案牘。夫文移往來雖細務乎，而政事之修廢，才力之敏鈍，精神之勤惰，皆於此係之。近見各屬比較簿内，遠年難完者無論已，即近日易完者多至廢閣。如某一事曰“見今拘審矣”，某一事曰“見今具招矣”，某一事曰“見今申報矣”。至下次比較，亦復如是。即一二年後，亦復如是。想有司止憑吏書開揭，曾未嘗一寓目也。倘一寓目，將有汗顏而不自安矣。軍徒遣發追贓，難完者固當羈比。若擺站，若的決，原無贓贖，亦三五年不行發落，此何故也？若上司批詞一到，即嗔越訴，多方羅織，不則高閣束之。又有偏護原告，多問罪贖以媚上官者，皆非良有司事也。

一崇實政。夫名與實，若形影然。故猥瑣齷齪、暗涊無聞者無論已，若潔己愛民，奉法循理，興利除害，扶良抑暴，一切以真心實意見之施行，何患乎名譽不彰也？乃智巧之士，内欲行其私，而外欲襲其名，多方粉飾，百計鋪張，非不赫然可喜；而稽其實，有大謬不然者。羊質虎皮，見芊則悦；玉表絮中，一剖無味。誰其掩之，誰其欺之也？曩者荒政初舉，一縣令條議數款，娓娓足聽，然實不能舉行一二，卒以敗去。昔年大祲，人民死亡，地土荒蕪者，不知凡幾。而每開報則云開墾若干，招撫若干，豈不大可異耶？此亦覈名實之一端也。

一正體統。夫居官者事上接下，各有定禮。高則亢，卑則辱，此一恒人能辨之。至於佐領僚屬，相習既久，則狎匿易生，且平日多批詞訟以利贖鍰，彼陰持其事而視我爲易與。我不得不假顏色以徇之，日浸月積，以爲故常。宴飲酬歌，謔浪放縱，勿謂無傷，而叢神已借矣。左右近習，無日不伺我之嚬笑，而我或倚信之寵嬖之，入則造膝附耳，出則左顧右盼，召侮長奸，莫此爲甚。官邪之敗所由來矣，尚其慎之。

一捐嫉忮。夫人之才品，短長大小，較然不可欺也。棟梁榱桶〔二〕，誰得而易置之？彼不自揣量者，既欲以己之長，形人之短；又欲飾己之短，掩人之長。在己則未事而欲居其功，在人則已成而猶談其敗。名位相軋，則多方擠排；聲譽稍前，則百計沮毀。眉睫口吻，跬步動履，罔非機心機事之横發，不知戈矛未施而肺肝已見，此自敗之術也。至若衙役積惡肆暴，鄰封關提問理，庇吝不發，多有因此而成嫌隙者，何其識之淺也？

一篤世職。夫武弁者流，其先世功在盟府，得之甚艱；國家爵及苗裔，酬之甚渥。承先報國，宜何如置念者？而奈何不然也？矢心奉公强自豎立者，不可謂無人，而饕餮窮奇，自甘不類，抑何其多乎？吮軍若狼，逐臭如蠅，傾儕若魺，避難如蝠，甚有覆載所不容，簡編所不載者，諸弁躬自蹈之。且自謂戒案徒懸，食租如故；革汰未久，管事如故，彼畏文網而守淡泊者，徒自苦耳。詎知積惡貫盈，憲典難宥？輕則充戍，重則拔黄，累世簪組，竟於爾身斬之，可不畏哉？以後見任各官，宜厚自檢飭，無負任使，積功累勞，自能邁迹。其空閑者亦當時習射藝，講誦《武經七書》《名將韜略》等篇，往誼克修，謀猷可試，上之人終不爾負。

諭民八款_{令鄉約解諭}

一勤生業。夫天能生人，不能養人。然俱有耳目手足，心思智慮，皆可爲養生之具，而天地間物産財貨，未嘗靳人之恣取，則又皆可爲養生之資。惟老幼殘疾待人而生，若少壯之人，能勤其筋力，運其智能，爲士爲農，爲工爲商，以至掾胥醫卜，漁樵僕隸之輩，高者能致富貴，而下者亦可以足衣食。乃有游惰之徒，不事生産，日夕浪費，以致家業飄零，饑寒迫身，而猶且請謁干求，借貸誆騙，親戚閭里共厭棄之。於是弱者爲乞丐，强者爲盜賊，黠者托緇羽以募化，朝夕乞哀，曾不得一飽。倘遇灾荒，即填溝壑耳。若能守本分，勤生理，雖至愚極蠢，亦必有收而用之者。况其中又有智力過人者，曷不用之謀生，乃甘餓莩也？

一崇行誼。《周禮》“六行”教民，曰：“孝、友、任、恤、姻、睦。”高皇帝聖諭亦曰：“孝順父母，尊敬長上，和睦鄉里，教訓子孫，各安生理，毋作非爲。”夫民間日夕相與，不外父母、兄弟、親戚、鄰里。若父慈子孝，兄友弟恭，鄰里和睦，親戚愛敬，一家如一家，一鄉如一鄉，即此就是太平世界，又何有禍患之足虞？鄉里間有一個好人，行一件好事，誰人不稱讚？便是盜賊凶暴之徒，亦莫不有好惡真心。各里社鄉約若能時時講解勸諭，未必不觸發其良心，改行從善。又須爲鄉約者，自己生平無有過舉，方能勸得人。以後一社之中，若一年無爭訟，三年無盜賊，鄉約准給冠帶，以示獎勸。

一戢豪強。夫豪強有三：倚仗父兄家主之勢，魚肉鄉里，挾制官府，坐受投獻，白佔田產婦女，是爲勢豪；舉放私債，違禁取利，追逼私拷，強準產業，是爲富豪；設盟立會，喇唬行凶，邀截行路，平空打詐，是爲棍豪。三者，皆鄉里所側目，而勢豪爲甚。蓋富豪、棍豪，或告發，或訪拿，猶得以正其罪而懲其惡。惟勢豪，則被害所不敢言，官府所不敢問，惡焰橫張，怨讟滋甚。豈知天道昭彰，報應不爽，勢極則返，惡極必敗？試看富貴之家，良善忠厚者，必福慶延長；播惡貫盈者，一敗塗地，可不畏哉？

一禁刁訟。民間人命、盜賊、負冤被告者，不得不訟。至於些少爭競、曲直易分者，鄉里必有識事人，爲之勸解，自可息忿。有等愚夫不勝悻悻之怒，必欲告訴，一入城市，歇家代書之人，希圖營利，百方唆撥，恐狀不准，必假重情，以聳上聽。狀一准行，即串通衙役，哄誘打點，事未問理，受害已多。一年半載，連牽不已，父母妻子，日夕耽憂，典田賣產，以供盤費，此時懊悔亦已晚矣。又有一等奸民，自恃會說會寫，結連黨與，造捏事端，假充寫遠籍貫，妄告多人。及自關提，賄通差役，合謀打詐，得錢到手，不曰"俱無名籍"，則曰"原告逃走"。問官不察，即爲銷繳，以此得計；旋復又告，不明有司，慎毋任其愚弄也。又有一等奸民，專以唆訟爲利，見兩家富厚，稍有嫌隙，輒爲挑激，初則冷言淡語，以起疑端，積釁已深，便唆告狀，從中攬爲證佐。原被兩家，各倚爲腹心，及自見官，含糊不吐，只憑官斷。此又奸詐之尤，不可不察。凡爾小民，慎無輕聽。

一禁淫賭。夫傷生敗家之事，莫甚於嫖賭。凡富家子弟中才以下者，父兄教訓檢束不嚴，必有棍徒誘引，幫嫖幫賭者，一入圈套，便難脫手，日浸月累，不至家產蕩敗不已也。至于爭鬭起訟，傷生辱親者，又不可勝言。各城市鄉村，有容留流來娼婦，及開場賭博之家，最能招盜敗俗。鄉約人等，即行報官，究懲驅逐。通同隱匿者，一體究罪。

一禁圖賴。人生誰不好生惡死？乃無知小民，一遇鬭訟不勝，或錢債逼迫，輒尋自盡、刎頸、縊項、投井、服毒，自拚一命，爲子孫圖賴之資。甚有錢□凶暴之徒，將自己父母、妻子、老幼、疾病者，毆逼至死，即擡屍入讐家，打毀器物，哄搶財物，尋以人命具告。問官不察，輒行檢驗，及得真情，又憐其人死，不肯反坐，量追葬埋銀兩。彼將謂捨一無用之人，可以報怨，可以得財，將何憚不爲也？以後問官，凡遇人命毆死者，抵威逼者，罪。但係圖賴打搶者，依律從重究治，不許追給埋葬，庶圖賴不行，而刁風可息矣。

一尚儉約。“儉，德之共；侈，惡之大。”此古今名言。濱海之區商賈貿易者絕少，雖有魚鹽，亦無厚利。惟憑力稽食生，須加意節嗇，方可度日。甚有豪侈之家，男子鮮衣怒馬，女人艷妝袨服，里間欣羨，轉相慕傚，飲食宴會，彼此相尚。甚至一年之積不足以供一衣，數月之糧不足以辦一席。婚喪大事，輒揭取錢債，典賣田產，只圖一時華美，不顧將來難過，一遇凶荒便受凍餒。若平日簡省，兩日之用勻爲三日，則一年有半年之積，兩年有一年之積，雖遇灾荒不至窘乏矣。近日兩院有宴會條約，極爲簡便，雖官府鄉紳尚皆遵守。至於民間更宜省便，即一事推之，凡衣服、器用、交際等，一一節省，遵行日久，自可富足矣。

一禁邪術。凡僧、道、尼姑、師婆、巫覡之類，假以誦經祈福，降神驅邪，最能煽惑人心，引誘婦女。若家長不嚴，縱容往來，必致哄取財物，招惹是非，此其小者也。又有白蓮、玄清、無爲等教，燒香喫齋，夜聚曉散，男女混雜，宣淫無忌，極爲可恨。本道前在汝南，訪有妖人張道存，自稱“玄元教主”，妻稱“九天玄女”，其法以手揉人眼目，即見空中紅光，諸神森列；又以盆水令人照面，即見男子冠冕介胄，女人鳳冠霞帔，以此鼓惑衆心。汝南及襄陽等處，從其教者不啻數萬家。每到一處，輒有數百人聽講，晝夜不絶，漸謀不軌。及自訪拿，本犯逃脱，主家縊死，餘衆解散。此中登州昔年亦曾拿獲一起，恐邪術倡行不止，登州爲然。以後鄉約人等，查有聚衆坐會，男女混雜者，即將爲首之人擒送官司究處。亦不許借此騙索良民，違者各從重懲治，勿得輕縱。

校勘記

〔一〕“貼”，當作“貽”。

〔二〕“桶”，當作“楠”。

墓　表

孝廉王性宇墓表

　　孝廉王公，恂恂雅士也，皎皎介士也。閭黨交知，無不愛且敬者。比其歿也，又無不悼且惜者。宜表其墓，以示來兹。

　　按狀，公姓王氏，諱希聖，字思睿，號性宇。先世河北覃懷人，國初徙居沁水之郭璧鎮。高祖雄，曾祖世祺，祖進科。父梅，藩司椽〔一〕；母張氏。生四男，公其長也。

　　公生而丰神秀爽，肌膚凝玉，有潘安、衛玠之姿。自曾祖操賈業，僑寓河南之儀封，父祖因之，未嘗徙業。然皆嗜義樂施，不屑屑纖嗇也。公少敏惠，甫就學，即解書義，人以爲王氏世有令德，其將昌矣。總角還里就試，補邑庠弟子員，下帷攻苦，寒燠不輟。凡七應鄉闈，至丙午始得雋焉。丁未下第歸，益閉户發憤，遂感疾嘔血。荏苒至庚戌春，猶欲北上爲焚舟計，治裝將就道。而前恙復大作，遂不起。方公之來自俊儀也，惟祖母郝氏與之偕，既受室有家矣，乃迎其父若母歸而奉養。父歸而輒病，奉醫藥不懈，及卒，殮葬以禮。當是時也，祖母垂白，母氏嫠居，諸弟煢煢待哺，仰事俯育。數年間，喪葬婚娶，殆無虛歲。公日夕拮据，不遺餘力，函丈談經，資其修脯，而卒不廢舉子業，以臻厥成，其堅忍定志有若此者。事母孝謹，撫諸弟友愛綦篤。弟崇聖、翼聖，皆稱貸爲治生計。淑聖有聲藝林，爲青衿高等，則督誨之力也。

初，父與叔楒未析爨。父歸，遺貲皆爲楒有，絕口不問。後楒子貧，而耕於儀，猶請縣官蠲其賦。族中竄人逃散者數家，所遺徭役，歲代輸以爲常。與人交，謙恭退讓，曾無失禮。利不苟取，語不妄發。至於揚人之善，懷人之德，急人之難，不報人之橫逆，媺行種種，可稱醇懿無類矣。而偉抱未酬，中道殞絕，綆斷簪折，殆不能無憾於孝廉也。

嗟夫！余於孝廉不能無疑於天道焉。篤志勤學，娇修敦行，士之所以植德也；爵位祿養，壽考胤嗣，天之所以眷德也。公之所植者至完且備，而天之予公者，蓋不獲一有焉。胡報應之理，刺謬若此耶！雖然天壤有敝，令名無窮，生寄死歸，獨此爲不朽耳。公之懿行在當年，聲稱在後世，孰謂得於天者不厚耶？彼以窮通壽夭，論者非知天，亦非知公矣。

校勘記

〔一〕"楒"，當作"掾"。

大司馬張海虹先生文集卷十三

墓誌銘

光禄寺署丞原左溪墓誌銘

昔人有言："善樂生者不窶，善逸生者不殖。"夫財利者，人之所以生也，造物者制之。然智者能聚，達者能散。聚而散，散而聚，若水之流行，物之循環。無空匱朽蠹之患，而身用以厚，家用以溫，聞譽彰而福澤遠者若原公，其可志焉。

周文王第十三子〔一〕，封於原，爲原伯，此原得姓之始。公其裔也，諱橋，字克濟，號左溪，世居濩澤之四義里。父某，生二子，公其次也。公生而體貌敦厚，性資警穎。髫年入里塾讀書，知大義，即棄去。曰："丈夫生而桑弧蓬矢，以志四方，何事區區佔畢爲帙中蠹哉？"從父兄賈於唐鄧間，握算精密，計利析秋毫，巨商猾駔相顧錯愕，未敢以角犿易也。已而又棄去，曰："管子以煮海富甲諸侯，今之射利多獲者無如鹽策。擇利取其大，屑屑刀錐計哉？"乃盡携囊中裝，抵歷下，用陶朱、計然之術，經營二十餘年，居積累鉅萬金。已而又棄去，曰："卜式、黃霸皆以入貲補官，致位公卿，彼何人斯？有財者亦若是耳。"乃援例爲光禄寺署丞，冠進賢，服綵衣，名列薦紳，稱榮寵矣。已而又棄去，曰："吾故賈人子，偃蹇縱逸其常態也。一旦傴僂磬折於貴人前，踧踖汗背，支體束縛，若桎梏然，吾何樂此爲哉？"於是歸田里，以賈事付其子。與綱紀之僕日惟督童輩耕耨，課諸孫誦讀。暇則與鄉之耆碩，結社觴咏。時出其所餘，賙族黨，賑饑荒，修祠宇，建橋梁，所費無慮數千金，不怯也。

公性孝友勤儉，周慎謙抑，終其身無姬妾之奉，無華靡之飾，無睚眦之讐，而智計精密，識度弘遠。利所欲取，取必獲若探囊；勢所欲去，去必決若脫屣。殆樂其生而不困者耶？逸其生而不苦者耶？智士耶？達人耶？能用造物而不爲造物用者耶？

公生於嘉靖癸卯八月十六日，卒於萬歷己未四月二十二日，壽七十有七。配李氏，其子女婚配不具載。銘曰：

易重貿遷，史稱貨殖。義以利和，君子是識。持我量衡，豈云纖嗇。亶惟多藏，其麗不億。慕義輸將，用膺華職。厭彼紛囂，冥鴻遠弋。林壑歸休，棲遲燕息。有美於斯，實維我特。內助多方，允矣合德。福必有因，昊天不忒。宜爾子孫，繩繩翼翼。巋然新阡，松楸生色。銘此泉臺，永世無泐。

張沁溪墓誌銘

蓋孔子罕言利，而太史公作《貨殖傳》，則津津乎以利言矣。高賢如端木子，且與陶猗輩同類而共稱之。説者謂爲司馬公憤激之言，而衛子荊之居室，孔子亦嘗善之，何必不言利也？如以利，則吾族人沁溪公者可傳已。

公與余同宗，姓張氏，諱鴻基，號沁溪，世爲沁水西曲里之寶莊人。曾祖某，祖仲道，父永寬，母某氏，以嘉靖戊申三月二十七日生公。公生而癯健，貌若樸顧而內饒心計。數歲時，父之楚遊十餘年不返。家窶甚，母紡績，身力作，爲口食計，里人易之。迨父歸，出橐中百金授公。公携之，賈於汴宋間。五、六年間，有五百金矣。里人駭且忌之，困以徭役。乃入資補椽[二]史，參役長治。然史事非所習，且非所好也，居歲餘棄去。復賈於太康之秋崗集，遴選紀綱之侶，趫健之幹僕，各授以方略，俾之東走齊魯，西走秦晉，南走吳楚粵，以販鬻鹽、鐵、綿布、絲枲之類。所至必獲，獲必倍，蓋二十餘年，而貲累鉅萬矣。向所爲易公者、困公者，率多稱貸於公，公不計也。年近七旬，即謝賈事，以其貲分授於子若孫，營搜丘，歸老焉。居數年，疾卒，時天啓四年十一月初七日也，享年七十有七。

嗚呼！公可稱良賈矣。賈即鶩利哉？而有道焉。勤以生之，儉以守之，直以取之則人不怨，謙以居之則於物無忤而不悖出。兼此四者，寧獨稱良賈？且稱善士矣。銘曰：

志士砥行，誠不以富。達人因時，亦乘乎數。貿遷化居，慕義若赴。爰有多藏，亦孔之固。貽爾子孫，以永厥祚。何以識之，我銘其墓。

張母郭氏墓誌銘

自古承家亢宗之子，雖得其嚴父之訓，而貞柔慈惠之母所爲貽慶鍾祥者，固自不可泯也。余族中壽官公爽，以貲産雄於閭閈，赫然盛矣。冢嗣監生安貞有子二人，卒以淪落。其席休保業，振家聲於不墜者，則仲子諸生安質也。安質之母爲郭孺人，端氏郭綽之女。及笄，歸壽官公，治家嚴。而安貞授室生子矣，子婦實有傲德，孺人覯閔受侮，靡所不至，處之裕如也。春汲、浣渝、中饋之事，靡所不任，勞勤倍常，而處之裕如也。已而，生子安質、安贊，與子婦之子登庸、奮庸，年相頡頏也。子婦之子華溫，而己子敝縕；子婦之子常肆凌侮，而己子不免向隅，處之裕如也。迨其析産，冢嗣擇取美好，而己子僅得中下，處之又裕如也。已而，安貞夫婦卒，壽官公相繼捐館，孺人始得自適，安享子孫之奉矣。而勤儉操作猶若少年時，衣粗疏，飯脫粟，終身如一日也。居恒以惰佚誡子，以侈靡誡諸婦，以故率其教者更相訓飭，而衣冠濟美，資産豐盈，敬守壽官公之業，而益光大之，則孺人之教居多也。晚年，雖失明，亦無所苦，至是以疾

卒。生於嘉靖十九年三月二十日，卒於天啓元年三月初四日，享年八十有二。

嗚呼！孺人四十年以前，逆境也；四十年以後，順境也。處逆境而□懟[三]，處順境而汰侈，即丈夫知道者且猶難之，而況可求之婦人、女子乎？乃孺人柔順儉勤，終始如一，用能毓順貽休，享壽祺而弘胤祚，詎非天道耶？銘曰：

柔順而貞，以象坤也。終溫且惠，以承尊也。怨而不誹，量斯深也。安而忘勞，慮斯殷也。貽厥孫子，裕後昆也。生兮無忝，没斯寧也。志此幽宮，永作徵也。

校勘記

〔一〕“十三子”，據《書·君奭》孔穎達疏當作“十六子”。

〔二〕“橡”，當作“據”。

〔三〕“□懟”，據後文“處順境而汰侈”之對句，“懟”前疑脱一字，疑當作“不懟”。

行　狀

先考封戶部郎中行狀

先公諱官，字懋德，別號華峰。先世陽城匠里人，勝國時，遠祖慶徙沁水之寶莊，遂家焉。代隱田間，未有顯者。至六世祖聰，舉永樂丁酉孝廉。五世祖鸞，高王父騰，廩於邑。曾大父倫，起明經，任山海、盧氏博士，所至以作人有聲，皆祠名宦。大父謙光，亦廩于邑。大母竇氏，生先公。

先公生甫逾齡，大父早世，大母矢死靡忒，守節育之。比七歲，從先博士公宦所。博士公常置之膝，口授經傳，輒朗朗成誦。博士公掀髯喜曰：“吾子不亡矣。”無何，博士公卒于官。先公擗踊號痛，若成人然，扶櫬歸里，間關道路。一孺子護數家口，行道者見之，無不嗟異。營葬畢，即與諸叔析爨，僅瘠田數畝，室一區，蕭然四壁立耳。大母績紙，先公力作，以供朝夕。夜則燃薪呫唔，無間寒暑，茹荼蓼備至矣。

時里中豪目先公弱，數以事相凌。先公憤欲較，大母泣挽之，曰：“而孤也，奈何與有力者爭？”先公跪請曰：“彼凌者，正以我孤也。復以孤自居，凌且無已，將坐爲若魚肉。且以直當曲，何憚爲？”卒與較，豪卒無加于先公。

弱冠入邑庠，益自砥礪。而事育爲累，不得已，俇什一爲生計。嘗嚴冬積雪貿易數百里外，足爲重繭，坐此不能精崇舉子業矣。今上改元，詔生員年四十以上德行著聞者給冠帶，遂膺是典。比不孝通籍，一任行人，再任户部主事，皆封先公如不孝官。會恩加封户部署郎中事主事，同四品服色。

先公起縫掖，三被綸命，稱寵貴矣。顧益退悔，不異寒素。每出不乘輿不張蓋，數十里内嘗徒步，田間耕斂，常親饁之。不孝治粟天津，戒僕迎養，不就也。後跨一騎，遠涉千里，及門方知之。嘗會葬鄰邑，主人戒典客者，盛具以俟。比至，乘一款段，老蒼頭控勒，典客者不内，曰："吾以待太公也。"足迹絶不及公府，邑長吏造盧而請，亦謝不見。《傳》曰："一命而傴，再命而僂，三命循墙而走。"先公近之。

先公淡泊儉約，食無重味，衣必浣濯。至振人之急，則不以有無爲懈。歲戊子、己丑間，荒疫交作，道饉相望，煮糜施藥餌救之，全活頗衆。有傭室者，居三年不售值，一夕逸去。追及于郊，其人伏地請罪。先公曰："吾非以直追若，若出無資，值此凶歲，將不免填溝壑。"給道里費而遣之。先是，嘗出粟貸鄉人，至是盡火其券。有貸金者死，往弔，出券袖中，即其柩前焚之，曰："不貽若孤憂也。"比閭而居，凡貧不能舉火、顛連不能自存者，皆仰給先公。先公亦時時給之不少倦，蓋樂義好施，其天性也。

尤篤于人倫，叔三人，先後即世，皆經紀其喪。一姑患嬖妾，不得於夫，千里迎歸，奉之終身。諸宗人困於徭賦，每代爲輸，歲以爲當。故里中稱敦睦者，必舉先公爲法云。

處鄉黨，和易謙厚，即田父市氓，亦接之以禮。口不言人短長至以不平，質之曲直，片言立剖，無不斂服。環里而處者數百家，不復有訟矣。

每市物不争市價，曰："貧民賴此爲生，刀錐之末，吾何計焉？"一騶人抑衡而給取人物，所獲幾倍，面讓騶人，立還之。

舊居隘阤，或請併鄰以自益。先公曰："吾欲有餘，彼必苦不足。且世與爲鄰，不忍相遠也。"後鄰人感先公義，皆割以相畀，先公悉倍償其值。

嚮時凌先公豪死，子不振，惴惴以前隙爲慮，顧厚待之。居家夙興晏息，事無巨細，皆手自綜理，井井有條。課諸子姓誦讀，日無暇晷。尤以浮糜爲戒，常曰："吾閱世多矣，每見宦門之後，敗不旋踵，無他，逸而不思，侈而無節，驕奢淫佚，階之禍耳。而輩不可不鑒。"子姓輩競競，奉庭訓唯謹，無敢犯者。

先公雖未登仕籍，而明習當官之務。不孝爲行人時，感觸時事，欲有所條上。先公遺書曰："行人以奔走爲職，言非其責也。"比司津餉，則曰："出納慎之哉!"後抵天津，喜曰："吾入境，道無怨言。入室無厚藏，無濫費，而能官矣。"比不孝參藩別省，便道歸。先公戒曰："旬宣之任，非郎署比。當持大體，勿以毛舉鷙擊博能名。"不孝跪受戒。時值先公七帙，膝下百歲之觴，熙然樂也。因遲回不忍去，先公促治裝，曰："王事也，毋以二人爲憂。我尚健匕箸，精力不減壯時。將以來歲春，東行觀爾政。"因遊泰山，謁闕里。還過上谷，察長孫平反幾何狀。歸臥林皋，不復出矣。乃是冬，先公遂搆病，病數日而卒。卒之日，遠近識不識，無不流涕者。

先公生于嘉靖丙申十二月初六日，卒于萬歷丙午十二月初九日，享年七十有一。配霍氏，封安人。

男四：長即不孝，壬辰進士。山東布政司參議。娶李氏，繼竇氏，皆贈安人；繼李氏，封安人。次五美，儒士，娶竇氏，繼王氏。五常，娶霍氏，夫婦皆早卒。五服，邑廩生，娶霍氏。女二：長適儒士楊有慶，次適生員韓蒲。

孫男十人：銓，甲辰進士，保定府推官，娶霍氏。鈴，癸□[一]科舉人，娶劉氏。鈖，娶劉氏。鈴，娶柳氏。鉁，聘孫氏。�，聘楊氏。餘，聘何氏；鑰，聘孫氏，俱業儒。鐉、鎔，俱幼。孫女九人：一適生員常正家，一適生員王蒲徵，一適生員劉韓，一字郭壆，余幼。

曾孫四人：道濬，聘何氏。道濟。道澤。俱銓出。道溥，鈴出。曾孫女二。

將以是年二月初九日葬于牛山之麓，祖塋之前。願徼大君子一言，以光泉壤，謹次先公生平行實如此。

校勘記

〔一〕"癸□"，脱一字，據相關記載當作"癸卯"。

大司馬張海虹先生文集卷十五

祭　文

祭唐太妃文

赫赫懿宗，世守南藩。皇皇顯胤，有開必先。自彼先王，天立厥配。在宛之陽，在淯之涘。宛淯鍾靈，實生太妃。柔嘉貞靜，令德令儀。嘉止有期，鳳占叶吉。百兩于歸，秉德離肅。恪修閫範，敬共無違。明章婦順，家邦是宜。關雎和鳴，樛木逮下。克配莘姜，允追鄧馬。莞簟斯安，熊夢徵祥。休禎茂衍，篤生賢王。賢王之生，甫就口實。順廟上賓，國系孔岌。內難方集，外侮頻興。負扆鎮定，載戢載寧。思疏剪桐，祥膺當璧。克長克君，初心乃適。慎簡儒碩，師保凝丞。左圖右史，以沃王心。王心載啓，聰睿浚發。乃紹丕基，乃光休烈。崇善好禮，敬士下賢。宣慈和惠，義問昭宣。綿綿瓜瓞，振振麟趾。以莫不興，既多受祉。昔也和膽，今也含飴。誨子熙孫，甘苦異宜。一本承祧，四支剖錫。圭黻盈階，冕旒繞膝。純嘏茂膺，壽躋八旬。德厚養隆，宜享千齡。胡不憖遺，倏爾仙逝。賀者未幾，吊者隨至。吁嗟太妃，得全全昌。于萬斯年，德音不忘。某祇役封部，欽仰令淑。何以奠之？生芻一束。眷茲微悃，敢曰馨聞。庶幾昭格，有赫厥靈。

祭檜亭宗室文

惟靈天潢懿派，聖世儒宗。才分八斗，學富九丘。文擬韓柳，書埒王鍾。高談揮麈，江左風流。藩符攸攝，輿論僉同。禮賢敬士，抑暴振縈。東平遐軌，河間遺踪。卓爾大雅，累膺褒崇。物盛生忌，衆妒攸叢。蜮沙影射，蚊陣雷轟。公孫碩膚，辭富遺榮。忘機斂晦，侶彼海鷗。嗟乎！漢有劉向，矢謨抒忠。宋有汝愚，匡輔著功。公胡不偶，偉抱徒空。溘焉長逝，齎志而終。某情關瓜葛，誼重交遊。思公不見，憂心忡忡。薄陳絮酒，用表微悰，願言顧我，神罔時恫。

祭楊冲所房師文

壬辰之歲，先生以司馬郎分較禮闈。不肖某叨在門墻之末，與諸生朝夕樞〔一〕進。覿光睿聆，提訓三月餘。時西夏用兵，先生運籌制勝，劉哱且授首矣。而妒才忌成者，中先生以蓁菲，先生于是拂衣長往。某偕同門諸生，拜送於潞河之濱，自是冥鴻遠舉，先生之懿範不得復親矣。每翔泳之便，輒上起居狀。初聞先生陶情山水，悠然物外矣。嗣聞先生研究釋典，宥然習靜矣。靜則必壽，竊意先生壽考無疆，夙昔未竟之施，必且大展於方來也。乃未幾聞先生病矣，又未幾而聞先生捐館舍矣。嗚呼！先生才雄一代，文高千古，而位不過中郎，壽不滿六旬，彼造物者胡縱之而又胡嗇之也？

先生與某，同以甲寅生，而又同以己卯舉于鄉。先生登第十二年，而某乃出于先生之門。某甫通籍，而先生遂已歸休矣。向使先生不歸，則三十年之勛伐不知何如烜赫。又使先生今日尚存，則年纔七十有一，當此逸賢彙茹之時，又必有安車蒲輪之召。惜乎！先生之不少待也。雖然，先生之著述，宇內珍重，不啻連城之璧，則不朽之業，固已垂之千秋，何必百年壽，三公秩也？某客歲抵金陵，方知主上念先生前勞，詔贈符卿。又以月旦之評，祀先公生於黌宗，則先生亦可少慰於九泉矣。某竊祿三十載，叨冒留棘，皆先生之賜，而庸庸碌碌，靡所建竪，有負於先生之教亦多矣。時以侍養歸里，過滁，去先生之壟僅一舍。爰備絮酒，拜先生於墓道而隴其辭。先生其鑒之否？嗚呼！哲人既遠，我心悲傷。丘木已拱，見之傍徨。

祭銀臺曲先生文

猗惟老師，岱宗孕秀，溟渤鍾靈。醇懿博大，慈惠真誠。沉酣丘索，淹貫典墳。遠紹洙泗，近述伊闉。掞藻爾雅，樹幟藝林。明經偕計，聲震成均。京闈籥俊，南省成名。大庭奏對，宮錦沾恩。帝曰咨汝，往牧沁濱。武城弦誦，單父鳴琴。戴星問俗，暮夜還金。徑[二]輕賦薄，訟簡刑清。芹宮視講，問難盈庭。載色載笑，豈第作人。某也不淑，首被陶甄。爰及多士，郁郁彬彬。政成化溥，卓異蜚聲。帝心簡在，擢拜黃門。赤心頻頻，白簡稜稜。于以獻替，于以糾繩。以補袞闕，以肅臣鄰。屈軼指佞，梧鳳矢音。玉珂風動，金鑰時聽。封章頻奏，焚草避人。倭氛告警，淮海震驚。帝咨岳牧，疇寄干城。僉曰我公，宜秉旄旌。金符玉節，出鎮廣陵。揆文建武，畜衆簡兵。國有金湯，海無鯢鯨。保釐西粵，益沛甘霖。于旬于宣，之翰之屏。峒夷馴服，嶺表歡騰。入尹京兆，畿輔歲星。法行貴近，輦轂澄清。晋陟銀臺，出納絲綸。喉舌是司，敷奏詳明。方擬大拜，拭目樞衡。薏苡謗起，嗟彼讒人。公曰歸哉，軒冕塵輕。漱流枕石，頤養天真。杜門却軌，絕迹公庭。東山遠志，望係蒼生。宜享壽考，以膺蒲輪。天不愁遺，梁木遽傾。士失儀範，國棄典型。孰不有死，惜此芳芬。朝有彝章，褒贈繁駢。光生泉壤，塚卧麒麟。矧有吉嗣，允武允文。箕裘濟美，奕葉克承。公其已矣，雖沒猶生。某眷言高厚，圖報未能。訃聞悲痛，涕泗沾襟。臨風致奠，炙絮是陳。公其不昧，鑒此微忱。

祭給諫張明寰年丈文

嗚呼！顯晦升沉，生死聚散。造物者視爲固然，而人生處此則感慨悲傷，有不能爲情之甚者。蓋余與公同舉壬辰籍，且同出一門也。方其看花長安，入則連袂，出則連鑣，促膝談心，未嘗不喜其遇合之奇也。乃公與豫章陳宇偕俱以才雋讀中秘書，而諸兄弟或守郎署，或司郡縣，蓋漸次分散矣。余獨以使局同在京邸，稍稍相親近，而皇華之役什九在外，亦不能時時聚首也。已而，公與宇偕又同給事黃門，烜赫顯耀，震于一時，則又同門兄弟分彩割艷，所借爲寵光者也。未幾，而公與宇偕又皆以言事去矣。丘園養重，音問邈絶，與公相睽者十五六年。壬子，以宛陽之役會公于大梁里第，歡然道故，不異長安相與時。而察公之顏貌，不無幾微抑鬱之情，蓋用世之心猶勃勃也。乙卯，與公相別，猶然康强無恙。己未，以河北之役復謁公于梁園，而閽人致辭，謂久病不能離床簀矣。迨是歲之春，果爾不起，又與陳宇偕之訃相繼聞矣。嗟夫！同門廿有一人，倏而萍聚，倏而星散。二十九年間，歸泉壤者十三人矣。駒隙難留，百年易盡，豈不知造物者自有定數？而獨于顯晦升沉生死聚散之故，不能不感慨而流涕也。若公之文章事業，議論風裁，蒼生所仰望，而不得被其澤；銓曹所推擢，而不得展其猷。寓内共知而共惜之，無俟某之喋喋也。

祭宮坊劉性宇年丈文

嗚呼！公之生也，其遽然而覺耶？公之死也，其成然而寐耶？未始有始，孰爲之生？倏焉而生，若或始之。未始有終，孰爲之死？忽焉而死，若或終之。有始而必有終者數也，有生而必有死者亦數也。乃終而未嘗不始，何死而不復有生耶？既且有生矣，胡爲而死？既且必死矣，胡爲而生？然有生者有所以生者，完其所以生而後不愧于死；有死者有所以不死者，全其所以不死而後無忝于生。公之生也，孝于親矣，友于弟矣，發迹制科而窺中秘之藏矣。歷金馬玉堂之清華，而擅名著作之林矣。代天子之絲綸而有典有則，垂之千萬祀而不朽矣。如是而生，斯無忝于生；無忝于生，而後可以死。如是而死，斯不愧于死；不愧于死，而又何必于生？故有羨于公之生者，非達生者也；有憾于公之死者，非知死者也。雖然生而有知，斯之謂覺，安知死之獨無知耶？死而無知，斯之謂寐，安知生之獨有知耶？又安知寐之非覺，而覺之非寐耶？生耶？死耶？始耶？終耶？寐耶？覺耶？公當有以自知者，而世之羨公者、憾公者，公且逌然笑之矣。某于公叨附同籍，而又素辱知雅，其愛公豈不深？惜公豈不至？而特恐以未徹生死之故見嗤于公，故不敢爲刺刺慟酸語，而特以造化自然之數爲公告。公以爲然耶，否耶？

祭廷評楊會吾親家文

嗟乎！惟公兩間浩氣，三晉人豪。宏才邃抱，偉概英標。黌宫蚤譽，輈冠時髦。鵬搏九萬，戾彼雲霄。公車屢踖[三]，謁選天曹。筮仕邊邑，威讋天驕。懷綏藩漢，聲震河洮。再令畿輔，任怨任勞。一塵不滓，三尺無撓。戚閹斂迹，春藹帝郊。循良績茂，卓異名高。迨陟廷評，平反尤多。棘林雨止，肺石冤消。南箕貝錦，忽爾相遭。急流勇退，永矢軸蒿。于沁之湄，于山之阿。盤桓松菊，詩酒浩歌。優哉悠哉，其樂陶陶。仁洽姻族，誼重知交。教誨爾子，藝苑楚翹。公年未艾，公德已邵。雅孚月旦，德音孔昭。宜享上壽，以鎮浮澆。倏爾仙逝，鶴馭逍遥。思公不見，惟以永號。獻以澗沚，酹以村醪。神其右止，鑒此大招。

祭學博賈太行親家文

蓋聞朝有直臣，而宮寢享清寧之慶；家有嚴父，而人子著謇諤之風。蓋不知其父觀其子，不知其慈觀其忠，余于公有可想見焉。公起家明經，振鐸黌序。其春風化雨之所施，樲樸菁莪之所造，固自有大過人者。然向者余分藩河北，屢式公之閭而不得一見。則公之徽懿令哲，固難强爲摹擬而稱述也。而嗣君侍御公，則嘗接其風采而欽其聞望者。方其口[四]命柏府，正主上踐祚之初。移宮一舉，訛言煩興，中外震悚，而莫敢發言。侍御君述其所聞以入告，蓋欲主上愛其所親，以鎮危疑安人心而成大孝也。乃主上陰用其言而顯絀其身，則直聲震于寓内矣。此侍御君愛國之忠謨，孰非公義方之庭訓也？侍御君行且賜環顯擢，柄樞衡而樹掀揭之猷，宇内之仰令子而追本原，又將頌公之善教于不衰矣。公固晋人，其親戚、墳墓俱在析城。而賈鳴寰憲長于公，稱叔侄焉。鳴寰，余姻家，則于公有葭蘆之誼也。宦迹飄蓬，不能躬吊。謹耑一介，賫炙絮而往奠，因係之以言云。

祭郭孺人文

吁嗟孺人，令聞孔碩。毓自德門，爰歸望閥。柔嘉正静，以肅以雕。左珩右琚，淑慎爾躬。敬奉姑嫜，承顏順志。内政拮据，以先姊姒。樂機鴻案，丙夜篝燈。雞鳴儆戒，静好瑟琴。相彼哲人，詞壇擅譽。萬里雲霄，冲風奮翼。兩縮邑綬，節著羔羊。誰其佐之？閫德允良。奏最伊邇，襃封可俟。胡不少留？溘焉長逝。夫君萬里，遠在隴西。死生契闊。方何爲期？已矣孺人，蘭摧簪折。暮雲慘黯，肝腸碎裂。有夫筮仕，事業方張。有子玉立，足繼書香。九泉雖杳，恩光行賁。服此寵榮，生死何異？某忝附姻戚，慟悼惟深。何以奠之？絮酒是陳。孺人有知，鑒此明信。恍若來思，胪蠁可聽。

祭兒銓文

嗚呼！慟哉！兒死矣！兒體貌瑰偉，類有福相，一不宜死。兒才優經濟，堪爲國楨，二不宜死。兒職在巡方，非有封疆之責，三不宜死。而今已矣，豈天道耶？國運耶？爾父之積愆耶？嗚呼！有生必有死，死亦人之常耳。況慷慨徇國，烈烈轟轟，義膽忠肝，照耀千古。吾當爲兒幸，又何慟之深也？惟是身衰異域，血染黃沙。高堂倚閭之望，托之夢魂；兒孫終天之恨，寄之風木。興言及此，寧不慟哭流涕也？嗚呼！古今烈丈夫死難者多矣，而惟張巡爲最著。蓋巡與許遠，雖共死睢陽，而許遠有地方之責，巡無地方之責也。今爾雖與兩道共死于遼陽，而兩道有地方之責，爾無地方之責也。爾得與張巡同遊于地下，即九泉且含笑矣。死于道路，甚非人情所欲，而烏鳶螻蟻亦復何異？況奴賊凶殘已甚，殄滅未久，歸葬有期，亦未可知。嗟夫！人之死也，魄歸于地，神氣無所不之也。況爾英烈之氣，當耿耿常存，豈將爲厲鬼以裼奴賊之魄耶？抑化鶴遼陽耶？豈念故鄉而返歸耶？抑思爾父、爾弟、爾子，而一來此地耶？窈兮冥兮，不可得而即兮；恍兮惚兮，彷彿見爾之音容兮。嗚呼！慟哉！

再祭兒銓文

慟哉吾兒！生爾育爾，恩斯勤斯。教爾誨爾，無厭無斁。爾質敦厚，爾貌瑰奇。爾才藻贍，爾志徇齊。蘊藉宏博，詞采陸離。青雲唾手，矯翼天衢。司李上谷，畿甸羽儀。柏臺秉憲，法紀攸持。糾邪扶正，公論是維。明廷獬豸，法署騊駼。兩持繡斧，周爰度諏。貪夫解綬，循吏皈依。逆酋發難，慷慨陳詞。指陳利鈍，如蔡如蓍。皇祖東顧，穆然興咨。廷臣僉議，俾爾視師。來自豫章，省視庭幃。稱觴太母，忭舞怡怡。樂爾妻孥，兄弟既翕。豈不懷戀，畏此簡書。星言夙駕，載驅載馳。榆關既度，飭武宣威。東人咸喜，滅賊有期。遘彼庸臣，誨盜招夷。延彼虎狼，置我堂幃。藥言石計，則具是違。庖不可待，時不及爲。夷虜猝至，遼城被圍。爾守西門，應變出奇。火焚攻具，虜勢靡披。轉至東北，亦復如之。心腹內潰，城壘分劖。開門迎寇，閭巷橫尸。不驚不怛，冠裳自如。逆賊稽首，奴酋怔疑。既至虜庭，山立不移。矢口罵詈，虜魄若褫。和顏誘降，巽語送歸。爾終不可，視死如飴。西望君親，虎拜于于。成仁取義，于今見之。顯親揚名，孰大于茲？帝眷優渥，千古聲施。爾既無憾，我亦何悲？所可慟者，身殞荒裔。經綸未展，事業未舒。家無楨幹，國失憑依。正人弗永，天道何知？嗚呼！世運否泰，神啓其幾。爾死于忠，靈性不迷。懷鄉戀親，生死同之。爾魂必返，爾識不迷。奴酋慘暴，殲滅何時？生民重困，孰拯其危？爾父爾子，欲舉義旗。爲爾復讐，飲血寢皮。爾其默祐，開示幾微。式假夢寐，或附神箕。明以告我，庶悉機宜。于以奠爾，涕泗零洏。

校勘記

〔一〕“幃”，當作“摑”。

〔二〕“徑”，疑當作“徭”。

〔三〕“踖”，當作“躓”。

〔四〕□，漫漶不清，疑當作“拜”。

年　譜

　　夫人生宇宙間，寧惟具有官骸而抱空質以遊也？蓋有所與立者焉。太上者，參三才；次者，備百行；又其次者，亦持一得以成名。故没世不稱，孔子所疾；而隱怪有述，又非其所屑爲。交修于庸德庸言，而快心于無愧無怍，則聖賢之所以播芳懿而垂不朽者，所重固有在己。

　　余生也，資性庸鈍，命運蹇薄，自舞象以後，從事于佔畢鉛槧之業，日夜孜孜，未嘗間輟。而家值貧窶，身嬰病疾，所謂人不堪其憂者，未嘗有怨憫也。三十九歲，始登一第。歷官三十餘年，仕路邅迍，靡有炎炎之勢；才能暗拙，更無赫赫之名。至于今，而七十有一矣。追思往日，愆罪既多，亦何補于伯玉之知非？遙憶將來，精力雖衰，猶勉遵乎武公之抑戒。謹將生平履歷，聊筆于簡，以示不忘。天或假我以年，稍有建竪，尚當俟于後日也。

　　時天啓四年四月念日。

年　譜

甲寅，一歲。

嘉靖三十三年，正月十七日午時生。

庚申，七歲。

入里塾，師族人庠生張昂夫。

辛酉，八歲。

在外祖家，師閻先生讀《孝經》、《大學》。

壬戌，九歲。

從從祖庠生諱謙牧，在陽城孔寨雲峰寺讀書。時陽城衛鄉宦析麓公延從祖至寺，將使子弟受業。既而不果，居數月還。

癸亥，十歲。

從先君在樜山寺讀書。主僧紹統厭之，乃遷於紹宗之室。

甲子，十一歲。

時屯城張大參田南公，延從祖訓其子侄，余亦往從之。有日者精于術，張公令爲余卜，大奇之。因試余，問以書義，余隨口應答，公亦異焉。居數月，歸。是歲，始作文。

乙丑，十二歲。

自高祖以來，有書房一區，堂房三楹，東房四楹，皆僅能容膝。高、曾、祖三世教授生徒之所也。年久頹敝，垣墻坍蹋，不避風雨。余從屯城歸，即居東房之南一間，晝夜坐臥，十年不徙。里人過其居者皆鄙笑之，而余亦不知其陋也。今祠堂，即東房舊基，而西小書房，即堂房舊基。

丁卯，隆慶元年，十四歲。

是歲，始赴童子試。

戊辰，十五岁。

是歲，始從竇先生受《毛詩》。先世自高祖以來俱業《易》，先君以累世未達，乃命余改治《詩》。

己巳，十六歲。

是歲，入邑庠，爲附學生。時文宗袁隨縣令周詩也。

癸酉，萬歷元年，二十歲。

是歲，赴秋試，未中。三場落卷，省城士子傳視之，皆驚服。

甲戌，二十一歲。

　　是時，賈寨陳憲副公子皆有文譽。先君令余往，從之遊。居數月而還，以公子自視高而怠于學，不相入也。

　　乙亥，二十二歲。

　　三月，娶李氏，李莊庠生新香之女。先是，十五歲已納聘，累年以貧，故不能備禮。至是假貸，得五金、紕綿二十件，始成婚焉。

　　丙子，二十三歲。

　　是歲，入秋闈，未中。

　　丁丑，二十四歲。

　　正月二十八日，長男銓生。

　　十一月二十九日，李氏卒。氏早喪父，母孀弟幼，而氏性明達，有丈夫才。未出閨，即與母分理家政，井井有條。既適余，而猶多在母家，代其綜理。夜抱兒臥于炕，火燎其衣，比覺，已及半身矣。乃入水甕，火毒内侵，卒不能救。數日而終，累贈夫人。

　　戊寅，二十五歲。

　　正月，讀書樢山寺。

　　己卯，二十六歲。

　　是歲，舉鄉試第五十四名。主司爲大同府丞蔡公璧，監臨則御史黃公應坤也。是時，未有京考，閱取皆由外簾。

　　十一月，繼取竇氏，庠生竇有容女，即祖母之侄孫女也。

　　十二月初二日，祖母竇氏卒。祖母少年守節，備嘗艱辛，撫育先君及余兄弟輩，慈愛懇篤。余從省城回，至平遙，病臥月許。祖母憂念成疾，竟不起，後累贈夫人。

　　庚辰，二十七歲。

　　是歲，會試，下第。

　　壬午，二十九歲。

十月初二日，次男銓生。

癸未，三十歲。

是歲，會試，下第。

丁亥，三十四歲。

正月，長女采繁生。長適庠生王鴻編，三年卒。

己丑，三十六歲。

是歲，會試，下第。

七月，大病，至次年春方愈。先是，自二十歲以後，即有痞滿之病。自後漸增噯氣吞酸，纏綿不已。雖針灸服藥，終不能愈。雖時時患苦，不廢誦讀。至是，以屢科不第，爲鄉人、縣官所輕慢。遂抑鬱成疾，驚悸痰逆，幾至危殆。臥簀半載，始得少愈。然前吞酸之症，終未除也。每月許，或兩月，即吐痰涎一盂，腹中方快，以此爲常。久之，亦不以爲怪。至四十五六歲，此病方除，前後蓋二十六七年。服藥，諸方不效。以"十味溫膽湯"治驚悸，以吳茱萸治吞酸而後愈，因附錄於此。

庚寅，三十七歲。

正月二十八日，三男鈴生。

辛卯，三十八歲。

是歲，讀書李家坪別墅窑中。

壬辰，三十九歲。

是歲，中會試第一百八十六名。大座師陳玉疊諱于陛、盛鳳崗諱訥，本房座師楊道行諱于庭，職方郎中。廷試三甲第八名。六月，授行人司行人。

癸巳，四十歲。

正月十五日，三弟五常卒。

是歲，差往冊封衡王。

甲午，四十一歲。

正月二十九日，繼妻竇氏卒。氏性淳實慈祥，後贈夫人。六月，繼娶李氏，壽官一鶚女，大司徒瀚之曾孫也。

十二月初四日，長孫道濬生。

乙未，四十二歲。

是歲，差往冊封肅府淳化王。

丙申，四十三歲。

是歲，差往韓府致祭通渭王。

丁酉，四十四歲。

是歲，男銓中本省鄉試。

北京鄉試分考，取十四人。解元徐光啓，本房所取士。一時號爲得人。時首輔張洪陽聞之，欲招致門下，使人道意。卒不往見。

戊戌，四十五歲。

是歲，差往荊府致祭樊山王。

余在使署，凡四差王府，各有金幣方物之饋。止受方物一二，餘俱却之。

行人秩卑祿薄，凡居此官者，皆稱貸爲資費，多者千金，少亦不下三五百金。余爲行人九年，未嘗一有借貸。每入都，携子弟授書蕭寺中。一切徵逐宴會俱謝絶，雖違衆不恤也。

己亥，四十六歲。

是歲，考選，擬授户部江西司主事。

時冢宰缺，左侍郎馮琦管考選事。琦從弟瑗，守澤州，墨甚。有同鄉候考選者，言其狀于考功趙邦清，以告琦。且云：“候考選者所言也。”琦大怒，彼二人者皆恐，詣琦謝未嘗言。琦以爲余言也，憾之。適同鄉有望劣擬南部者，見隙可乘，從中賄購之。遂以余授户曹，而改彼爲御史。

時行人同考選者十三人。考之夕，余夢與十二人同考童生，有人來告云：“公卷當第一，閱卷者竟置末卷。雖然，將來畢竟第一也。”及疏上，彼十二人者，或科，或道，或部屬而清要。余獨計曹，果末也。二十年以來，止黃士吉官至府丞，其餘者非汰黜即物故，而余猶有今日，所謂畢竟第一者耶？乃知造物有前定，不可妄求。

庚子，四十七歲。

考選，疏留中，候命。

辛丑，四十八歲。

四月，命下，到任。管本科，專管草本部奏疏及同僚升遷賀章。

九月，差天津管倉。十一月到任。管倉職司，收放軍儲關防糧斛，惟會計當出納平，則能事畢矣。前此管倉者多索羨餘，而運官每至掛欠。余收受三載，而運官俱有餘米。

癸卯，五十歲。

升本部陝西司員外郎。

是歲，男鉿中本省鄉試。

甲辰，五十一歲。

是歲，男銓中進士。

十一月，差滿回部。三年積羨米四千餘石，從舊例也。

是時，趙司徒刻核，凡管糧官以節省多寡為殿最。遼東管糧郎中王愛報節省二十餘萬，即題優敘，加升二級。余怪之，詢其所以節省者，則曰：“三年內較之前任官，少支二十餘萬，即為節省也。”余笑曰：“前三年，倭事未寧，故費多。後三年，倭事已寧，故費少。安得以此為節省？若天津，三年內較前任亦少支十五六萬，豈可以此為節省乎？”諸同僚咸曰：“既有王涇谷之例，即可開報，亦當優擢。”余曰：“堂翁可欺，而衆人不可欺；即衆人可欺，而此心不可欺。奈何獵取名位，而抱慚衾影乎?"同僚皆嘆服。

是月,升本部貴州司郎中,職掌五鎮邊餉及各鈔關。凡差滿回報者,稽核而殿最之。但日久相沿,俱有最而無殿也。臨清鈔關,舊額八萬兩,緣內監抽稅,商賈稀少,每歲俱不能及。時曾主政某差滿,止報五萬六千有奇。趙司徒大怒,呼余語之,曰:"曾主事虧額甚多,即具疏稿參處。"余回司檢前牘,三年以來,有報五萬八千者,有報五萬四千者,有報五萬三千者,皆趙司徒題准復職者,俱未參論也。曾主政聞堂翁言,恐甚,浼各司郎中,將見堂翁乞免。余次日入署,諸公已集司務廳,將入見矣。余曰:"無庸,我自言之,必不參也。"諸公猶豫,不以爲然。余乃以前三年舊卷袖入,堂翁曰:"疏就否?"余曰:"未也。"堂翁復大怒,曰:"爾不作疏,想必通同作弊耳?"余曰:"止以失額參乎?將別有他事也?"堂翁復怒曰:"渠少二萬餘金,即係侵剋,便當追贓,何必他事?"余曰:"恐此不足以服曾主事之心。"又復大怒曰:"你就説何以不服?"余將前案出諸袖中,曰:"以上三年,皆老先生所題,亦皆不及額者。若以五萬八千較之,則曾主事當參;若以五萬三千、四千較之,則曾主事又過之矣。不參于前而參于今,何以服其心?"堂翁面赬不言者久之,乃曰:"既如此,不參罷。"時同僚皆在屏間竊聽之,及余出,諸公大笑曰:"張公論事有回天之力,豈不信哉?"自此大忤堂翁。而司廳王聘賢,小人也。復從中搆之,以此每加物色,將中以考功法,然卒亦無所得也。

乙巳,五十二歲。

是歲,京察,科道不肖者數人被黜,然皆首相沈一貫之私人也,乃假中旨留之。余與相公一書,極論其失,遂深銜之(書稿見前)。

十月,男銓選保定府推官。

十一月，升山東布政使司參議，分守濟南道。甲辰年冬，已推參議。沈相憾之，留中不發。及是年俸已該升副使，沈相取舊疏發票，計亦巧矣。

丙午，五十三歲。

四月，赴任。七月，入賀。九月，還。

十二月初九日，先君卒于家。十八日，聞訃，即日奔喪。

本道管太山香稅，每年二次淨殿稅銀，除正數外，羨餘五百兩，入布政司公用；又附餘五百兩，爲本道取用。此夙弊也，余俱令作羨餘，入藩司，一毫不取。及余去任後，而附餘復仍舊矣。

丁未，五十四歲。

是歲，守制家居。

戊申，五十五歲。

三月，葬先君。

六月，男鈐卒。遺一子道溥，後亦夭殁。

己酉，五十六歲。

三月，服闋。

庚戌，五十七歲。

三月，起服，赴部。復除山東布政司參議兼僉事，分巡濟南道。

八月，赴任。是月十五日，四男鉿生。

是歲，男銓考選，授浙江道御史。

辛亥，五十八歲。

濟南巡道公費不足，歷年以來，前官交際借用過各屬七百餘金，余皆撙節補還之。

壬子，五十九歲。

四月，升河南按察司副使兼參議，分守汝南道，住札南陽府。

十一月，赴任。

癸丑，六十歲。

是歲，有盜魁張西崗嘯聚百餘人，據南陽、裕州界龍王廟劫掠，遠近州縣皆知而不敢問。余過博望，有耆民十餘人來迎。余詢以民間疾苦，皆欲言而囁嚅。余知不敢言也，乃下輿屏左右，問之，悉得其狀。即檄府州縣，出其不意，密捕之。獲二十七人，置諸法，餘皆解散，一方寧息。

潘大賢者，真陽縣吏也，以事充城旦。乃逃入武當山，遇異人，授以妖術，更姓名爲張道存，傳布其術，誘惑異民。娶泌陽縣民家女，號爲“九天仙女”。在遂平縣民康某家，遠近從教者無慮數千人。男女混雜，夜聚曉散。汝南捕廳緝之，乃逃之湖廣棗陽赤眉山中，百姓從之者益衆。棗陽與唐縣相鄰，其徒黨多南陽人。余密令人往捕之，已獲矣，而其徒數百人劫之去。止獲其妻並妖書數種。余審其妻曰：“爾有何術？呼爲‘九天仙女’？”答曰：“我並無法，只他稱我爲‘九天仙女’，我亦不知。”復問道：“存有何術？”曰：“其法，以手揉人目，即見鬼神往來，我亦不知其故。”即釋之。道存竟不可得，而西方之妖患亦息矣。

甲寅，六十一歲。

桐柏縣有圍山，產礦，利甚厚。世爲豪家張斗南等竊據。縣官陰受其賄，不問也。突有嵩縣礦徒四五百人，來據其上。縣官徐某率鄉兵驅之，其徒挺刃格鬥，鄉兵逃散。礦徒謂縣官曰：“吾欲縛爾，但畏朝廷法耳。”縣官悸，成病，走居襄城。意賊不散，則將逃也。然圍山雖屬桐柏，而東北與泌陽爲鄰。時余在光州陪按院，泌陽李知縣使飛騎來報。余詢其人曰：“賊山中日用飲食何所出？”曰：“山下鄉民日以酒食往賣，且得厚價。”余曰：“此易治耳。”乃給牌三面，仍諭之曰：“爾到縣，前一日出第一牌，向各鄉曉諭：'再不許上山賣酒飯，違者與礦盜同罪。'以第二牌諭山下要路村店曰：'次日，礦徒過此，爾等多備飯食，待之。'次日午時，令典史領三五人上山，呼礦頭謂之曰：'爾等人眾，我亦不來逐爾。但本道已禁山下人，不得賣飯。若再兩日，便當餓死。'仍出第三牌示之，內皆曉諭'安分、保守身家'之言也。"

其人領牌馳去，縣官依其言行之，先禁賣飯者。次日近午，礦徒皆饑，且訝賣飯者不來。稍時，典史至，以其言諭之，且示以牌。其徒相顧錯愕曰："若今日不去，吾輩盡被擒矣。"即時焚舖舍下山而去。行二十餘里至鎮店，居民皆具食待之。礦徒驚曰："爾安知我至而具食也？"其人曰："昨日奉本道老爺牌示，令我輩具食。恐爾等下山饑餒，洩怒于我，焚掠房舍也。"礦徒大驚曰："老爺可謂神算矣，不逐我，不擒我，而又予之食，其恩大矣。"乃厚酬其飯值，東向叩頭而去。予回南陽府，縣官來謁，謂："不動聲色而礦盜解散，地方寧謐，當申報兩院。"余笑而不答。

是歲四月，福藩之國，河南兩院兩司，皆迎於境上。探報者謂："經過地方，兩院迎送，皆道旁一躬，兩司皆跪。"余以為不可："天子祀郊廟、謁陵，百官不過拱立侍迎。親王不尊于天子，而禮反過之，已為不可。況兩司之位不為卑矣，匍匐道旁，士民之瞻視，謂何？"時護送福王，乃洛陽魏少司寇也。余以書予魏公，令啟王，傳免此禮，以成下交之美。魏公不敢啟，余復與藩臬諸公言："吾儕與兩院同班，彼立而我跪，如體統何？"諸公皆搖首，咋舌而不答。余即日移疾，歸南陽。厥後，余分守河北道兼攝河南，以事至洛陽，禮當朝王。典儀者謂："當於殿下拜，兩司皆然。"余謂："臣事君，拜下，禮也。福王雖尊，亦人臣也，此禮必不敢行。"典儀乃啟王，拜於後殿檐前，王從

之。自後兩司朝者，皆遵用此禮而不易。此亦見王之賢，而司寇
愧於典儀矣。

十二月初二日，恭人李氏卒於南陽。

乙卯，六十二歲。

余以李恭人之變，將歸營葬，乃預借入賀之差。二月，歸
里。四月，葬恭人。

六月，繼娶王氏，邑人儒士鳳漸女。

七月，報升山東布政司參政，分守海右道，然河南入賀事未
完。七月，入京。九月，回里。是時，山東大荒，而青、登、萊
為甚，民饑盜起。賊張國柱等攻破安丘縣，劫掠庫藏，東人騷
動。以□亂〔一〕在旦夕，鄉親皆沮余莫往。余曰：“人臣義在報
國，豈可以危亂避之？”遂促裝行。十月抵任。及至青州，饑民
擁道，告無所得食。詢其故，曰：“米價甚貴，每斗一錢六分。
巡道李爺欲平其價，乃拘富民有粟者，令糶每斗價銀八分，日糶
百石，皆為宗室、秀才搶買，小民不得升合。”入城，見里巷蕭
然，市門晝閉。及會巡道，時巡道李涑玉本緯，余同年也。即詢
救荒之策，曰：“弟得策矣。米價涌貴，小民無所得食，皆因富
民藏粟，以希高價耳。近訪得富家十八人，每人令糶粟二百石，
每斗價銀六分。每日糶百石，足以供城中之用矣。”余曰：“城
外若何？”曰：“此弟閉門守城足矣，何暇計城外乎？”余曰：
“尚有可為，未必至此也。兩年荒旱，今秋未播麥種，盼望來年
七八月，尚有十餘月。富民有粟，亦不過為自救之計，豈必盡索
高價乎？況此十八家，止得粟三千六百石，僅可糶一月有奇，此
後更將何如？況每日百石，皆為有力者所取。小民無食，亂可翹
足而待耳，毋謂城中可恃也。”曰：“然則奈何？”余曰：“但去
平價之令，則遠方負販者聞米價貴，皆爭趨而來，價自平矣，在
城在鄉皆可得食。”渠默，猶以余言為非也。時按院趙諱日亨在

青州，次早同往見之。及門，有鄉約數人，遞陳策曰：“凡民間有粟，許鄉約地方，舉報到官，有百石者，令糶五十石，不從者許諸人搶取。”巡道覽策，鼓掌大喜：“此策正合吾意。”余曰：“爾等，奸民也。若依此策，不一月青州大亂矣。民間有粟，誰知其多少？奸人挾舉報之，令恐嚇騙詐，何所不至？少有不遂，即群起而搶之，豈止搶粟？室中所有，何所不搶？‘搶’之一字，禁之惟恐不嚴，而況倡之乎？且爾為鄉約者，皆有身家者。爾能報人，人豈不能報爾？不過十日，爾家先破矣。”諸人皆叩首曰：“小人愚民，見不及此，然此策已投按院矣。”及晚，按院批行本道云：“此策甚善，即行三府通行。”余夜間即具稿，力陳必不可行之狀，此議方息。次日，即檄行所屬郡邑：“毋定米價，販米客商至者，所在官司，不許抽稅。”于是，四方之米多有來者，然亦不能賤也。又聞遼東米價甚賤，而海禁甚嚴。余意欲開海禁，而青、登兩巡道皆不敢當。未幾，兩道皆以安丘之變斥去，余兼攝其事，乃始開禁。而遼東之粟至者甚多，登、萊之米頓減半價矣。又為勸賑之檄，徧行富家，分別旌賞，共得米萬餘石，錢萬餘緡，而民亦賴以少濟焉。

是時，民饑盜起，每日報盜不下十餘件，各州縣官俱請發兵剿捕。余終不發，止令地方官擒之。或問其故，余曰：“民苦無食，所掠不過升斗耳。緩之則散，急之則聚，聚則未易樸[二]滅矣。況承平日久，兵無紀律，騷擾之害，有甚于盜。甚且有戮平民以要功者，安可易言發兵也？”然州縣緝捕不能多獲，而盜賊終不衰止。余思之：“民之為盜，皆貧而有勇者。今雖開廠煮賑，然止老弱癃疾者耳。彼好勇疾貧者，終不免于亂也。”於是，每廠中擇其壯而貧者並賑，一以弭其為盜之心，一以資其御盜之力。行之月餘而盜賊頓息。

丙辰，六十三歲。

　　先是，沂水知縣任光統誤聽奸民之言，申報孟哲、孟樸聚衆數千人爲亂，撫臣錢士完據報奏聞。于是，京師咸謂："東省亂矣。"撫臺被效〔三〕而去，聖上發德州倉米二十萬，帑金二十萬，遣御史過庭訓賑濟。是時，凡升遷東省司道，皆不肯來省城，止有臬司一人，又以余攝藩司事。余以爲西三府近倉者多予之米，東三府遠者多予之金，民皆便之。過賑院又疏，請截留漕米六十萬石，東省平糶，每石價銀七錢。比及漕糧到濟上時，已五月之初矣。西三府麥熟，每石價止五錢。東三府得遼東之粟，亦不甚貴，百姓皆不願漕米。時新撫院李長庚、按院畢懋康皆以既奉明旨，不敢不留，又恐失過院意，府縣官屢言不便，皆不允。余與兩院言："今麥甫熟，而價止五錢，過此則當愈賤矣。漕米價銀七錢，誰肯買之？民不欲買，則當貯之官。迫户部起價，則當强散之小民而追其價，此四十二萬金，何可易辨也？無論將來，此時州縣領米脚價出于何處？一貯一放，弊孔又不勝言。是以濟民者，屬民也。"兩院皆稱其是，而終不肯啓齒。余乃備述其情狀以語，過院慨允，即題免留，而民始不受其害矣。

　　先是，民間鬻子女者甚多，于是轉鬻于徐淮，謂之"販稍"，鄉紳禁之。余曰："民非甚不得已，孰肯輕棄其骨肉？鬻一人可以救兩三人之命，不猶愈于駢死乎？"卒不禁。

　　是歲六月間，秋禾極茂，蝗蟲忽起。官民皆憂蝗，不知所爲。未幾，蝗皆飛而赴海死，遂大稔，民多復業者。前沂水所申報孟哲輩亦還，詣道白其誣，乃捕造言斃之。嗚呼！一流言而使海內稱東省之亂，撫臣不得安其位，禍亦烈矣哉！然亦縣官輕信之失也。

　　初，部議東省救荒有功者，得優叙轉。事既竣，三院皆列薦，銓部亦屢屢向人言，余當內轉，蓋有所求也。余不應，亦終不轉，可以觀世道矣。

是歲秋，蒙陰、高蜜[四]二縣申言，復業小民無麥種，余每縣發贖金一百兩賑之。

當卯辰之冬春，東方蓋岌岌矣。賴聖天子之發粟、發金，各有司之宣力效勞，得以底定。然諸臣或先時而去，或後時而來，其與縣事終始而拮据調停，惟余一人耳。向使後月餘而至，巡道之法不改，則亂；聽州縣之請，發兵捕盜，則亂；不分賑有力者，則盜終不解，亦亂。三者皆弭亂之機，未可與人道也。昔鄭富公守青州，全活流民數萬，每每向人言之。茲役也，分賑弭盜，全活豈止百萬人？然而流離死亡者，亦不能免，方愧職業之有虧，敢向人言哉？

丁巳，六十四歲。

海廟設在萊州，本道主其祀，舊制以仲春、仲秋中旬丁日祀之。余謂：「丁日祭祀孔廟，以文明也；戊日祭社稷，以土屬戊也；中丁祭海神于義何居？」乃更以上旬癸日，蓋癸屬水，而海神亦云癸靈故也。又道臣致祭，拜于堂下。余謂：「海嶽之神，亦與方岳之官等耳。」乃拜于堂上，祀典始正。又海廟遭回禄五年矣，殿宇俱毀，棲神于蓆蓋之中，跪拜于瓦礫[五]之際。余欲新之，乃造《募緣疏》，遣羽流分募于東省，共得數千餘金，亦以贖鍰四百，庀材埏埴，未就緒，而余去矣。後數年，聞工猶未竣也。

戊午，六十五歲。

萊州士風薄惡，鄉紳、舉人強奪田產，淫佔妻女，官府莫敢問。余間擇其甚者，處一二人，惡風少戢，黎庶歡呼，而士紳切齒矣。是歲，藩司缺人，余復署其事，凡五十餘日，收放錢糧五萬餘金，羨金四百餘兩。庫役謂余：「當取。」余不答。又謂：「若不取，當報兩院。」余又不答。乃貯之篋中，以付受代者，備不時之用也。後抵省城，問守藏者：「此銀存否？」已不知所在矣。

建酉初發難，議調登州水兵二千五百名援遼。余時兼攝登州道，前往發兵。軍中聲言：“欲鼓譟。”府縣皆將倉庫屯守，陸營兵馬，皆披堅執銳，以防不虞。余抵登州，府縣官皆言：“兵不可發，發則變生矣。”余詢其故，皆云：“水兵憚往遼東也。”一武弁屏人密稟云：“此非水兵敢爲亂也，此處鄉紳、舉人、生員，皆有詭籍冒糧者，一聞調發，無人應役，故倡此言耳。”余即出示：“援遼兵須年力精壯，武藝精通，方准調發，老幼不堪者俱免發。”營中遂帖然。次日，點選，凡詭冒者，皆稱不堪。余即汰革，另行召選。亦不敢有言，而營伍始清矣。

九月，考滿，授階中大夫，祖父皆贈如其官，祖母贈淑人，母封太淑人，妻李氏、寶氏俱贈淑人。

莒州知州劉昶貪淫不法，余于大計冊內注“不謹”。撫院欲舉卓異，兩司各道令余改考。余終不改，大忤撫院之意。

是歲，東省司道開卓異者六人，而余不得與焉。及考察畢，冢宰趙公，萊州人也。謂人曰：“張公祖之政，當爲天下第一。不舉卓異，公道安在？”乃違衆，獨舉之。

十一月，升河南按察司按察使兼參議，分守河北道。

己未，六十六歲。

四月，赴任。

是時，以援遼之故，部議河南募兵二萬，派之各州縣募，已將完矣。而按臣楊州鶴至，未至省城，即檄行河南道募毛兵五千名，少林寺僧兵五百名，刻期解發。余時帶管河南道，知其必不可行。乃請以河南府、汝州先募足土民，即改爲毛兵，益以南陽一府可足五千之數，先行解發。撫院允行之，而按院謂：“以土兵抵毛兵，非己意也。”遂相齟齬。然兩府一州，募僅足三千耳，乃先發之。而各府之兵，且次第入省候發矣。按院忽變計曰：

"中州疲敝，只發三千足矣，此兵再不必發。"撫院知其暴戾，不可與有言也，乃使司道與言之。余時以發兵在省，同二司往見之。二司皆囁嚅不言，余徐言曰："各府兵將到，何時解發？"曰："已發過三千，河南那得這些兵，只管要發？"余曰："奉旨已久，何以應之？"曰："只說無兵便了，你們大老先生只爲功名，不肯說。我七品小官，定要與他爭此，兵必不發。"辭色俱厲，度其不可復言，乃出。見撫院，道其言，撫院云："兵已招足，無不發之理，還藉重列位，再一言之。"次日，復往見，二司又不言。余曰："各府兵不發，將置之何地？"曰："我要河南府設一營以衛福王，衛輝府設一營以衛潞王。"余曰："設二營，將請旨乎？抑徑設乎？"按院低首不言，久之，曰："要請旨。"余曰："既不解兵以無兵辭，恐朝廷以爲此兵從何來？"又低首不言，久之，曰："這等，着他散了罷。"余曰："各兵，有招完四五月者，有兩三月者，近日皆領工食，即今赴省在道，安家行糧俱領矣。皆係正項錢糧支給，兵一散，此項銀兩何以銷算？"又低首不言，久之，曰："着州縣官賠。"余曰："州縣賠銀，取之家乎？取之民乎？"又低首不言，余曰："中州縉紳，在京者多，招兵散兵，必有言之者，恐不便。"曰："依你說，何如？"余曰："只一解發，足完此局。"按院怒且慚，瞋目不答。余等出。府官入見，曰："河北道專要管閑事。"余聞之，即日回懷慶，而兵亦次第發矣。

庚申，六十七歲。

是時，戶部侍郎李長庚督遼餉于天津。議造車、買牛、買騾，派之北直、山東、河南之河北三府、山西之冀南，每府有一二千隻者，惟河北三府，每府派七千隻。以向在東省忤其意，以此難之也。余謂："三府民力不堪，此牛不必買。就使買之，送至遼東，水草不服，亦必死亡。"兩次回申，終不允。余是年兼攝糧儲道，小灘監兌本色米十五萬石，每石價派銀九錢。而時價招買，止用五錢五分，共剩餘銀五萬有奇。乃議以此銀買牛，不必攤派，而民力稍蘇矣。及買牛解遼，未及半年，死亡俱盡，卒如余言。而各省所費，豈止數萬也？

七月，入賀萬壽聖節，行次衛輝，聞報，升山東布司右布政使。至定州，聞神宗皇帝訃音。二十八日，至京，入臨。八月初一日，光宗皇帝即位。覃恩授通奉大夫，祖父皆贈如其官，祖母贈夫人，母封太夫人，妻李氏、寶氏俱贈夫人。

九月，還里。

各省入賀官，通省府州縣俱送贐儀，及長夫可三五百金。余凡三次入賀，一無所受。

辛酉，天啓元年，六十八歲。

正月二十五日，五男銓生。

三月，赴任。

四月，聞遼陽陷，男巡按御史銓，罵賊不屈，死之。事聞，贈大理寺卿，謚“忠烈”。後加贈兵部尚書，給三代誥命，廕一子錦衣衛指揮僉事，孫道瀋承廕。

五月，升太僕寺卿，管西路事。

余爲藩臬十五年，未嘗取所屬一分紙贖，亦未嘗取行户一物。

壬戌，六十九歲。

七月，升南京大理寺卿。

九月初一日，六男鏞生。

癸亥，七十歲。

五月，請告准回籍終養，加升兵部尚書。

甲子，七十一歲。

乙丑，七十二歲。

十二月二十三日卒。

校勘記

〔一〕“□亂”，底本漫漶。據後文“人臣義在報國，豈可以危亂避之”，當作“危亂”。

〔二〕“樸”，當作“撲”。

〔三〕“效”，當作“効”。

〔四〕“蜜”，當作“密”。

〔五〕“鑠”，當作“礫”。

恤典志表

諭祭文

天啓六年十一月二十四日，皇帝遣山西布政使司右參議韓炳衡，諭祭太子太保、兵部尚書張五典并妻夫人李氏、竇氏曰：

惟爾植性端亮，砥行清貞。將命增重于皇華，持籌深禆乎國計。參藩東魯，懋屏翰之徽猷；分臬中州，竪旬宣之偉績。爰擢圉牧，展采天閑；正位留卿，蜚聲棘寺。盡瘁王事，靖共一本于赤誠；克念母劬，定省一出于孺慕。兼之子銓殉難，猶見父道教忠。大節既與日月爭光，義方亦並乾坤不朽。特晉樞府，用藉鴻猷。倏聞簀遷，良深悼惻。兹加遷而營兆，敕與配以偕藏。靈爽如存，歆兹茂渥。

下葬文曰：惟爾三朝耆碩，八座崇階。本孝以爲匪躬，教忠益徵庭訓。溘焉委化，倏屆掩封。諭祭載頒，爰及爾配。靈其不昧，尚克偕承。

一祭品：一樣二壇，猪一口，羊一腔，饅頭五分，粉湯五分，果子五色，每色五斤，按酒五盤，鳳雞一隻，煠魚一尾，煠骨一塊，酥餅四個，雞湯一分，魚湯一分，降真香一炷，燭一對，重一斤，焚祝紙百張，酒二瓶。

吏部題：原任南京大理寺卿加升兵部尚書張五典，體國純臣，傳家孝子。皇華使節，分星象于益州；玉笋班行，著霜操于民部。河以南山以東，在在蕭僚而貞度；任觀察任岳伯，往往攬彎而澄清。履圂卿則雲錦成群，克襄數馬之盛；濟棘寺則巢鵲呈瑞，盡消肺石之冤。爲公忘私，蓋赤已葵于天子；移忠于孝，孺慕遂戀于北堂。尤可憫者，好爵不縻，方思綵承歡；庭訓有方，先繡衣殉難。捐軀報國，忠魂含笑于九泉；子逝孫亡，垂白空嗟于一室。應邀特典，用慰幽貞。所據贈廕，既經伊母霍氏具奏，前來相應，題請再照。本官原任南京大理寺寺〔一〕，加升兵部尚書，合無准贈太子太保？併及錄廕，照例准給。

奉聖旨：張五典准贈太子太保，廕一子入監讀書。

禮部題：原任南京大理寺卿加升兵部尚書今贈太子太保張五典恤典一節，除贈廕已經吏部議覆外，爲照本官，忠孝傳家，清貞立品。皇華屢效馳驅，粉署兼聞節省。揚歷藩桌，懋句宣董振之徽猷；晋陟清卿，昭淵塞平反之懿績。精誠既靖共于致君，孺慕復勤渠于將母。誠進事退事交盡，而臣道子道俱光者也。況哲胤效死之孤忠，皆顯考貽謀之令德。生前叨眷渥崇階，已進乎樞機；歿後按彝章恤典，宜優于泉壤。例應與祭二壇，造墳安葬。其妻贈夫人李氏、竇氏，准列名並祭，仍同贈淑人李氏，各照例祔葬等因。

奉聖旨：張五典與祭二壇造墳安葬，其妻贈夫人李氏、竇氏列名並祭，仍同贈淑人李氏，各照例祔葬。

工部題：原任南京大理寺卿加升兵部尚書終養張五典，係二品文官，造墳工價，例應全給。爲照本官，褆躬清白，造品粹精。至孝性成，歡每承乎菽水；純忠天植，節惟礪于素絲。其歷藩桌也，惠深兩省，尸祝到處爭先；其躋寺卿也，望重留都，口碑同然起慕。是惟懿行，乃啓後人。虜庭濺血，羨視死之如歸；家訓傳心，知所生之無忝。論勛德，清評允愜，請恤予厚賜洵宜，其妻贈夫人李氏、竇氏，并贈淑人李氏，應准祔葬。及查本部司屬官員，各有差占，不敷委用，行人司手本開送，行人楊時化前來，堪以差委，相應題請，恭候命下。本部照例給批，限咨行兵部應付。本官前去山西布政司，比號相同，着落當該官吏將合用造墳，工價銀兩，照依後開，擬定數目，行屬派辦，徵給喪家。該司仍委堂上官一員，會同本部差官前去造墳處所，依式督理造葬。畢日，備將給過銀兩數目，造冊奏繳，仍具數報部查考等因。

奉聖旨：是計開已故南京大理寺卿加升兵部尚書終養今贈太子太保張五典，該造墳工料銀二百五十兩，夫匠一百五十名，每名出銀一兩，通共該銀四百兩。

明太子太保兵部尚書海虹張公墓表

賜進士出身、光禄大夫、太子太保、禮部尚書兼文淵閣大學士、奉敕知經筵制誥、總裁實録玉牒前起居注、日講官、年家晚生黄立極撰

曩遼陽不守，余同年友見平張公，適以直指按部其地，抗節不屈，罵賊而死。事聞，主上痛悼，贈大理寺卿，謚“忠烈”，尋加贈兵部尚書，給三代誥命，廕一子緹騎，以爲人臣死事之報，稱殊典焉。余謂此非偶然，其來必有所自，則于其尊人兵部尚書、加贈太子太保海虹公之行信之。今公且歿，而其孫道濬即緹騎君，持公所自編《年譜》及行遺，求余表其墓。余惟忠孝世道所關，義不得辭，故許其請。其世系、里閈、婚媾，詳誌銘中，不具論，論其大者。

公諱五典，字和衷，別號海虹。生而穎異絶人，幼與貴家兒共研席，有精日者術，貴家命推其子，皆不許，獨大奇公。貴家隨試以書義，應聲而對，亦大奇之。甫舞象，補弟子員，文譽噪起三晋間矣。隨領己卯[二]鄉薦，年纔逾二十。迨壬辰始成進士，淹留孝秀者若而年，蓋天欲老其才也。廷對後官典客冷局，往有

事藩邸，例以金幣酬，受不署婁。公凡封祭四大藩，一鐶不入也，清聲更嶽嶽薦紳間。

會京兆録士，公應聘，以一經分校，所收皆魁宿士其第一人，則公所物色也，一時推爲得人。考選届期，衆心擬公必居臺省。時有銜之者，止得民部郎，非其公矣。公怡然曰：“人臣起家事主，無地不可報塞，奚必臺省？”益冰蘗自矢，茂勉乃職，目擊時事，意所不可，義形于色。值政府所庇非人，不執其咎，匿而嫁之上。

公投之書，效古人王汝大諫之義，至引李林甫、盧杞、秦檜、賈似道爲規，聞者驚駭，舌撟不下，政府深憾之。會當推少參，留中不發，故迁其期，而仍從山東少參之推，則巧示中之之意也。未久，以外艱歸。服闋，復補前地。第易守而巡，然捐香羡補公費，節省業已不貲。故隨有河南憲副之擢，分守汝南。汝穎，故盜藪，渠魁張西崗聚衆行劫，州縣不敢問。真陽小吏潘大賢，以妖術惑衆，遠邇嚮應，則黄巾之故事也。公設法捕獲，雖間有逸者，而一方靖矣。此輩猶不足慮，礦盜實繁有徒，以四五百人突聚桐柏，令且走避之。所鄰泌陽令以報公，公謂：“盜豈能裹糧負甑而行？不過取給鄉民，而厚其償耳。吾禁其賣，當奈何？”乃給三牌，一牌禁上山賣飯，以驅之去；一牌令備飯要路，以速其行；一牌復諭以安分守身之言。盜果解散，一如公料。而卒不申報，上官以爲功。

及升山東大參，值大荒，淺識者謂：“富民藏稻不售，坐徵高價，宜令以賤值糶其半。不者，闌出無問。”公謂：“昔人麥熟敵至，猶禁芟非主，豈以資敵哉？懼亂耳。一令强糶，何所不至？是誨盜也，必不可行。”乃議不拘定價而商米來，不嚴海禁而遼米到，米稍足用。而賑臺又疏請留漕米六十萬石，令東省平糶價，限七錢。意固甚善，乃米至，而麥已熟矣，止值五錢。舍自有之賤麥，領漕運之貴糧，名利不實害乎？公力請當事，乃得免。其苦心爲民，不徇體面有如此。

至再以憲長涖河南，折按臣力阻發兵之愎，蘇三府多派牛騾之苦，爲地方造福，不一而足。夫國家難任之事，無如凶荒、盜賊。公兩地皆始終其事，咸以正直梗亮之心，運深沉果練之猷，不動聲色，措之安瀾，豈尋常可企及哉？此猶宦迹，人所共知表揚者也，當取其未發者而闡揚之。

方遼事孔亟，忠烈公從江右受監軍命，便道過里，適丁公誕辰。忠烈公意少緩三日行期，稱公膝下觴，公促之曰："疆場勢危，非臣子盡私情之時。"遂即日就道。及聞遼陷，訃報未至，公即痛哭曰："吾兒必不生。"相信若此，素所爲庭訓者，不可知乎？其在同寺及留都，前後四疏乞歸，則實爲母太夫人年近百齡，一日不可失也。惟忠與孝公實全具，宜有忠烈公爲之子。

余叨處揆席，每屈指當世奇節之士，如公橋梓者蓋少。故特表而出之，爲世道風。

明故太子太保兵部尚書海虹張公配夫人
李氏竇氏淑人李氏合葬墓誌銘

賜進士第、資善大夫、南京都察院掌院事右都御史、前奉敕巡撫陝西、太常寺少卿、浙江道監察御史年弟喬應甲撰

天啓乙丑十二月二十三日，兵部尚書張公卒。越明年首夏，予以御史大夫奉命總留臺，便道過里門，爲位以哭其冢。孫司隸公道濬衰毀手行略，長泣乞銘，曰："此先子之治命也，微先生無以不朽先子。"予於公爲同年友，又忠烈公同臺論天下事，爲朝廷摘大奸建大議，同志而相視莫逆也。知公者，宜莫如予，抑又何辭焉？

公諱五典，字和衷，別號海虹。先世陽城匠里人，國初徙沁水，世世力田孝弟。遠祖聰，領永樂丁酉鄉試。聰生鸞，鸞生騰，邑廩生。騰生倫，以山海訓、盧氏諭，兩祀名宦。倫生謙光，爲公祖，邑廩生，累贈大理寺卿。謙光生官，庠生，以公累封戶部郎中，贈山東右布政使，以忠烈公加贈兵部尚書，公父也。丈夫子四人：伯公；次五美，禮部儒士；五常；五服，貢士，威縣令。公少穎敏，體志高亮。十六業成，入庠，攻苦食貧。二十二始委禽，婚李夫人。己卯舉于鄉，偓蹇公車者久之。

壬辰成進士，授行人。册藩封者四，滿九載，考，爲墨吏所搆，授計部郎，督天津餉。稅監棍役，擾市廛者，公屬折之，免運官掛欠，于今爲例。三年積存十六萬餘而不以節省報，同舍郎服其正平得大體。出參藩東省，例有香稅，歲五百金爲常。公且憂歸，概與謝絕，曰："吾何携太山金也。"

壬子，河南盜作，南陽、裕州幾不可問。妖人携"九天玄女"術，曉夜嘯聚，男女爲奸。嵩縣礦徒數百人，據桐柏圍山，官兵持鬬不已。廷議授公節，分守汝南。公除騶從，按轡行其壘，撫安其耆老，徐捕二三首惡，火其書，刑其妖婦，禁奸民。礦徒因緣爲利者，衆散歸農。是役也，稍急名心，治旅以勝之，徐鴻儒之變，不俟充東起矣。

福藩以先皇帝愛子分桐之國，百官境迎道跽，公持天子郊廟百官陪祭禮，止肅立道左。後有事洛陽，又持天子拜下之禮，拜于堂土[三]，二司遂以爲例。

乙卯，東省無歲，盜起安丘，劫掠庫藏，守者有減糶之令，而米價騰涌，城門晝閉。廷議晉公參知守三府，公至急爭而得之，平市價，除海禁，商販四集，遼船泛海，樓櫓相接，復下勸賑之檄，寬捕盜之網，曰："吾赤子亡賴，饑食所迫耳。"擇其貧且壯有力者，與老弱共粥而爲暴者，藉以御暴。先皇帝發帑金、臨德之粟，遣繡使出賑。公衷地里以廣德意，近者給粟，遠者分金，齊民便之。使臣又疏留漕米六十萬，已奉旨報可。而二麥登場，市價減于米價，兩臺司府皆知留漕之以屬民也，而難于奉旨，不敢爭。公獨備述其狀，爲饑民請命使院，再疏免留。後先三年，流民賴公以存活者數百萬計。

建夷作難，登萊水兵檄調東援。公簡其精銳，汰其柔脆者，影役之穴一清。而巨室不無騰怨，且以計册下考，注兩臺之私，臺使衘之，不與卓異之舉。太宰東萊趙公習公久，曰：“張公祖之政，當爲天下第一。”違衆特舉，與三代誥命，祖父皆如公官，改公觀察河南。時開鐵陷亡，軍書旁午，河北三府買牛至二萬餘隻。公移文餉部，略云：“物生水土各宜，梁豫之產，不長于醫巫閭，溝中填委，夫何爲者？”爭之不得。適監兑小灘糧餉，節省剩餘得五萬金，遂買牛足額，民無加派，而軍需以辦。其後，以牛解遼者，未抵榆關，死亡大半，而遼事大壞。公以入賀，拜山東右布政使，光廟覃恩，晉通奉大夫，祖父如公官。屬有遼陽之難，長公殉城死之。今皇帝惻然喟悼，推原所生，晉公太僕寺卿，已晉南大理寺卿。

以太夫人春秋高，屢請歸養。天子許之，加升兵部尚書。公夙夜定省，遂以勞瘁殞。訃聞，上悼公忠孝，特贈太子太保，祭葬、錄廕，稱備典云。

嗚乎！公介守拙宦，徘徊郎署、藩臬三十餘年。初仕使垣俸薄，而征逐好會，非稱貸不足供資斧。公與不佞雅相慕尚，謝一切濫交，門無雜賓客，終身受用，實基于此。資望既隆，聲實日茂，時相耽耽，欲籠致爲用，而不及其門。乙巳之察，欽留臺省，公抗言上書責政府。讀其書，至林甫、杞、檜等言，令人吐舌不能收。當忠烈公遼之役，過里，爲公壽修爵。公叱馭以東，曰：“陛下東顧旰食，豈爲人臣子燕飲時耶？”迨遼陷報至，公舉手長息曰："孺子得死所矣。"嗚乎！忠烈公罵賊殉國，至令逆酋生而羅拜，殁而神明之，伏臘香火與關聖帝君等。逆芳嗾指相戒曰："吾公之子也。"司隸公痛切不共，請兵圖讐，天子嘉予。是父是子，克盡忠孝，夫誰謂"芝無根而醴無源"也？

公生于嘉靖甲寅年正月十七日，卒于天啓乙丑年十二月二十三日，壽七十二歲。元配李氏，生于嘉靖丁巳年正月三十日，卒于萬歷甲丑〔四〕年十一月初九日，累贈夫人。繼竇氏，生于嘉靖乙丑年十一月十六日，卒于萬歷甲午年正月二十九日，累贈夫人。再繼李氏，生于萬歷乙亥年十月二十二日，卒于萬歷甲寅年十二月初二日，累贈淑人。又繼王氏，累封夫人。

生子六：伯銓，即忠烈公，萬歷甲辰進士，任浙江道監察御史，歷巡川、陝，江右監遼軍事，死難。晋贈資善大夫、兵部尚書，謚"忠烈"。娶霍氏，累封夫人，儒士三元女，元配李出。鈴，萬歷癸卯舉人，娶劉氏，貢生用相女，工部尚書莊靖公孫女；鉁，國子生，娶孫氏，兵部左侍郎居相女，俱竇出。鋡，娶王氏，舉人洽女，李出。鋡，聘王氏，貢生維城女；鑰，聘王氏，庠生洋女，俱王出。

女五：長，竇出。適庠生王鴻編。吏部尚書國光孫，長史兆星子。次，李出。適庠生郭壆，泰安縣知縣士英子。次，適庠生馬如蛟，光禄署正世德子。餘王出，幼未字。

孫男七：長，即司隸公道濬，以忠烈公，廕錦衣衛，歷升南堂指揮使，有文武略，事業未可量云。娶何氏，累贈淑人，庠生浩女。繼竇氏，累封淑人，庠生嘉猷女。道濟，恩生，娶賈氏，舉人希雒女，繼竇氏，庠生如珂女。道澤，恩生，娶劉氏，貢生韓女。繼朱氏，代府奉國將軍充鱟女。道法，娶楊氏，大理寺評事瀚女。道澄，娶楊氏，庠生洌女，副使植孫女。道瀼，聘馬氏，庠生騰蛟女。道湜，聘王氏，庠生鴻編女。道濬、道濟、道澤、道法、道澄，皆銓出。道濟，嗣叔鉿。道澤，嗣叔鈐。道瀁、道湜皆鉁出。

孫女四：爲銓出者，一適陝西按察使賈之鳳子庠生益淳，一字河南道監察御史楊新期子蜀才。爲鉁出者，一字青州府知府韓肵仁孫，庠生瑁子萬户，一幼。

曾孫男三：榮，聘于氏，舉人琇女。棻，聘苗氏，户部主事胙土。檠，聘李氏，順天府尹春茂子庠生璞女。俱道濬出也。

卜以天啓六年十二月初四日，葬公，三夫人皆諭祭附焉。

喬應甲曰：夫子不語怪，乃不夢周公若有憾焉。兩楹之奠，呼賜來而與語，則何也？以公之垣衷質行，得遊洙泗之壇，當揖仲弓、伯牛氏齊肩入室，其以七十二而卒。先之日夢配于尼父也，豈偶然耶？公所著《格言》、《質言》、《迂言》、詩文，藏于家。嗚乎！忠孝之節，光裕之休，社稷之烈，公兼備而無憾。如公者，死可以不死，其庶乎！死可矣。銘曰：

爲清吏難，難不苛細。公凜四知，峻而無激。爲循吏難，難不軟熟。公切保赤，辦而無黷。玉樹芝蘭，濟美且賢。無涯之智，結爲大年。黃壚青史，日月常鮮。我忠烈公，正氣無之不滂薄，英魂無處不發皇。公其携手，行霍徜徉。天子且易公名，豐公碑，廣公隧。嗚乎！藉公之餘，以啓祐公孫子。我銘不朽，百世仰止。

校勘記

〔一〕“寺寺”，疑當作“寺卿”。

〔二〕“己卯”，據本書卷十六作者自編《年譜》當作“癸酉”。

〔三〕“堂土”，疑當作“堂上”。

〔四〕“萬歷甲丑”，據《年譜》當作“萬歷丁丑”。

張忠烈公存集

〔明〕張　銓　撰

田同旭　趙建斌　馬　艷　點校

點校説明

《張忠烈公存集》，明代張銓著。

張銓，字宇衡，號見平，張五典之子，山西沁水竇莊人。萬曆三十二年（一六〇四）進士，明年授保定推官。萬曆三十八年擢浙江道御史，出巡西北茶馬。丁內艱，服闋。萬曆三十八年以來，先後巡按浙江、陝西、江西等地，任御史十餘年。

萬曆四十六年戊午，後金（清）兵犯遼東，遼東總兵官張承廕敗歿，經略楊鎬方議四道出師。《明史·忠義·張銓傳》："銓馳奏言：'敵山川險易，我未能悉知，懸軍深入，保無抄絕？且突騎野戰，敵所長，我所短。以短擊長，以勞赴逸，以客當主，非計也。昔臚朐河之戰，五將不還，奈何輕出塞。爲今計，不必徵兵四方，但當就近調募，屯集要害以固吾圍，厚撫北關以樹其敵，多行間諜以攜其黨，然後伺隙而動。若加賦選丁，騷擾天下，恐識者之憂不在遼東。'因請發帑金，補大僚，宥直言，開儲講，先爲自治之本。"又論經略楊鎬非大帥之才，並力薦熊廷弼。

萬曆四十八年夏，張銓復上疏言："自軍興以來，所司創議加賦，畝增銀三釐，未幾至七釐，又未幾至九釐。辟之一身，遼東肩背也，天下腹心也。肩背有患，猶藉腹心之血脉滋灌。若腹心先潰，危亡可立待。竭天下以救遼，遼未必安，而天下已危。今宜聯人心以固根本，豈可朘削無已，驅之使亂。且陛下內廷積金如山，以有用之物，置無用之地，與瓦礫糞土何異。乃發帑之請，叫閽不應，加派之議，朝奏夕可。臣殊不得其解。"

張銓之疏皆軍國大計，悉關宗社安危。時萬曆皇帝被奸佞群小左右，張銓之忠言未被采納。未幾，三路覆師，張銓之言一一左驗，時謂銓有先見云。

熹宗即位，張銓出按遼東。《明史·忠義傳·張銓》：天啓元年八月，後金破瀋陽，張銓守遼陽被圍。"守三日，城破，被執不屈，欲殺之，引頸待刃，乃送歸署。銓衣冠向闕拜，又遙拜父母，遂自經"，年僅四十六歲。"事聞，贈大理卿，再贈兵部尚書，謚忠烈"。光緒《沁水縣志》卷八陳繼儒《忠烈張公傳》亦記：張銓"衣冠向闕拜者八，向家拜者四。遙謝君父畢，遂自經死。東兵走視嘆曰：'忠臣！忠臣！'"

張銓著述較爲豐富，分別作有《國史紀聞》、《春秋集傳》、《〈左〉〈國〉合編》、《慕古錄》（或《鑒古錄》）、《駢牘》等。其子張道濬在《輯〈先忠烈公文集〉後序》中記："先公遺集若干卷，今始授梓，非敢後也，蓋有待云。先公少壯登朝，性喜著述。即持斧遼左，軍旅暇，猶擬觚翰從事。其《周易解》、《四書正訛》、《性學日得》、《〈左〉〈國〉箋注》、《慕古錄》等書，皆失之殉難之日。今存止《春秋集傳》，得錄以進御；已行世之《國史紀聞》，然亦自武廟止，嘉隆來，纂述未竟也。"另外，《清代禁毀書目》著錄有《張忠烈公奏疏》、《張忠烈存集》、《勝遊草》等著，光緒《沁水縣志》著錄有《國史紀聞》、《春秋集（傳）》、《勝遊草》等著。

然而，張銓如此衆多著述，僅知《春秋集傳》十二卷、《國史紀聞》十二卷與《張忠烈公存集》三十五卷等三種存世，其他存佚不詳。

《張忠烈公存集》爲張道濬於崇禎六年（一六三三）至崇禎十五年期間，在流放海寧衛時期，將先父張銓生前著述匯輯刻印而成。其《輯〈先忠烈公文集〉後序》以爲，他所匯輯的張銓生前著述，"奏議止庚申前，得十之六；詩稿止遊覽，得十之四，其散佚尚多”。意即《張忠烈公存集》所匯輯的張銓著述，僅得十之五左右，其他未匯輯到的文稿，存佚則不明。

《張忠烈公存集》爲明末刊本，藏山東省圖書館，後收入《四庫禁毀書叢刊》（1998 年北京出版社影印）。

所謂“存集”者，意即當時存世的文稿。今《張忠烈公存集》僅殘存二十九卷，前五卷闕，卷六至卷八爲“詩”，卷九至卷十收“奏疏”，卷十一至卷十八收“啓”，卷十九至卷二十六收“尺牘”，卷二十七收“叙”，卷二十八收“序”，卷二十九收“傳”，卷三十收“雜著”，卷三十一闕，卷三十二收“《春秋集傳》”，卷三十三收“墓志銘、墓表”，卷三十四收“祭文”，卷三十五收“譜牒”等。

按古人別集編撰體例，卷首當安排至少一篇“序”，卷一爲“賦”，卷二以後爲“詩”，而《張忠烈公存集》前五卷皆闕。竊以爲《張忠烈公存集》前五卷之闕，應屬人爲所造成，卷三十一之闕可能也屬於此類情況，在清朝編撰《四庫全書》時被抽毀，遂使《張忠烈公存集》殘缺不全。《清代禁毀書目》所著録的“《張忠烈公存集》”，已經可以解釋《張忠烈公存集》何以如此殘缺不全。如果綜合考證一下張銓其他著述，或可推測《張忠烈公存集》殘缺部分内容。

張銓著有《駢牘》，據《張忠烈公存集》所收《〈駢牘〉引》，其爲張銓所作“駢驪之文”，正好可以補充《張忠烈公存集》卷一所缺“賦”的部分。光緒《沁水縣志》卷八《人物·文苑》記張銓：“著有《國史紀聞》、《春秋集（傳）》、《勝遊草》行世。”《勝遊草》四卷，萬曆間刻本，存佚不詳。國圖有《勝遊草》四卷存本，作者爲明代孫銓，但記載中孫銓没有《勝遊草》之作。“孫”和“張”繁體字草書相似，《勝遊草》恐即張銓之作。如是，正好可以補充《張忠烈公存集》中卷二至卷五所缺"詩"的部分。《張忠烈公存集》卷三十爲"雜著",卷三十一又闕,卷三十二收《春秋集傳》,那麼卷三十一可能收的是《〈左〉〈國〉合編》(或即《〈左〉〈國〉箋注》)等。如此推測,《張忠烈公存集》尚是"全璧"。當然,這一切純屬"推測",需要到各地圖書館檢索查找張銓其他著述的存佚,才可很好地完成這個繁雜而系統工程。

另外,《張忠烈公存集》卷三十二闕前三十頁,實際是個殘卷。張道濬《進呈〈春秋集傳〉表》稱:"謹繕寫臣父遺書《春秋集傳》,計十五卷,實封進呈。"《明史·藝文志》著録:"《春秋補傳》(《春秋集傳》)十二卷、《國史記聞》十二卷、《鑒古録》六卷。"孔子作《春秋》,以魯國之隱公、桓公、莊公、閔公、僖公、文公、宣公、成公、襄公、昭公、定公、哀公等十二國君爲序,故《春秋集傳》應爲十二卷。但《張忠烈公存集》卷三十二所收《春秋集傳》,僅有"昭公、定公、哀公"等三公集傳。所以,《春秋集傳》也有一個檢索查找原本的重任,方可彌補《張忠烈公存集》"全璧"之缺。

或可以爲張道濬在"彙刻"《張忠烈公存集》時,原本就沒匯輯全其父傳世之作,遂暫存卷數,以待後補。張道濬《輯〈先忠烈公文集〉後序》(張道濬《張司隸初集》作《輯先忠烈公文集後序》)中有語可證:"不肖濬,彙刻先公集待之。倘天不愛道,得復見向所佚稿,庶少釋其痛,爲子之責或可逭乎?嗟乎!濬安能一日忘諸懷也。"

本次整理的《張忠烈公存集》,即用《四庫禁毀書叢刊》影印本爲底本。底本具體殘缺情況如下:書首(即序、總目),第一卷至第五卷,第十一卷第二十七頁,第十二卷第五十三頁至末頁,第二十四卷第三十五頁至末頁,第三十一卷,第三十二卷前三十頁。又,第九卷第二十九頁B面與第三十頁B面重復。

底本殘缺書首目録，僅有各卷首目録。第十一卷至第十八卷原卷首目録作“駢牘”，正文作“啓”，今據正文統一作“啓”。難以辨認的文字則用“□”代替。底本錯誤，及其衍奪舛訛，均予校正，並出校記説明。

原書卷首有“沁水張銓宇衡甫著”字樣，今删去。

詩

五言絕句

小　園

三逕無人到，春風滿綠苔。柴門長日閉，只好待風開。

春　暮

艸色斜侵砌，花香暗入軒。春光看又過，客思共誰言。

春盡見花飛有感

苦恨芳菲節，飄零已若斯。只緣春去早，不是看花遲。

聞　雁

爲客傷春早，端居憶故廬。殷勤南去雁，好寄北來書。

九　日

客館秋風夜，黃花焐眼新。隔籬誰送酒，不見白衣人。

武安道中

往日見山愁，歸來見山喜。客心自不同，青山只如此。

留　別

誰能留夕焰，生怕盡離觴。試問寒溪水，何如別意長。

塞上曲二首

結髮從戎馬，蹉跎鬢已斑。漢皇不好武，長閉玉門關。

其　二

漢兵初入塞，諸將盡封侯。誰念陰山下，沙場骨未收。

俠　者

相逢酒家胡，相邀過劇孟。但看意氣奇，何必知名姓。

筆　山

月映毫有光，雨洗鋒尤紫。千載草白雲，紛紛落如紙。

采蓮曲三首

采采芙蓉花，輕舟蕩江水。不愛蓮葉香，願結蓮心子。

其　二

結伴戲芳塘，荷花十里香。莫教攀折盡，留取藕絲長。

其　三

鼓棹凌波荇，回船避急湍。持將花比貌，歸去待郎看。

江南曲二首

風吹楊柳枝，是妾別君時。楊柳今搖落，妾心那不悲。

其　二

一道秦淮水，茫茫向海流。徒能送行客，不解送歸舟。

獨　坐

明月炤人影，清風吹我襟。静中何限意，相對兩無心。

江　行

江水如碧玉，江聲如素琴。往來江上者，若個是知音。

漢中早春

客裏年華換，春風不解愁。歸心如漢水，日夜向東流。

江行偶憶老杜春水船如天上坐之句用韵率成〔一〕七首

漢水清如鏡，舟行及好春。月明江浦望，不見弄珠人。

其　二

客身一葉舟，客路三千里。欲問客心愁，量取春江水。

其　三

繫纜短籬邊，篷窗起夕烟。一聲歌欸乃，知是釣魚船。

其　四

蒼茫東去路，客子意何如。不待秋風起，扁舟憶鱠魚。

其　五

漢水源通海，銀河故在天。乘槎如可問，欲問斗牛邊。

其　六

咿軋向中流，片帆自搖蕩。平生魏闕心，牢落江湖上。

其　七

孤征意蕭索，苦吟還獨坐。繫楫發浩歌，曲終無人和。

閨　思

高樓臨大道，一上一凄然。緲緲雲山遠，行人若個邊。

春　雪

積散連昏曉，長空滿素華。却疑春去早，二月落梨花。

自君之出矣　九首

自君之出矣，不復試新妝。思君如絳燭，到晚淚成行。

其　二

自君之出矣，不復畫雙蛾。思君如霜艸，朝來憔悴多。

其　三

自君之出矣，不裁合歡扇。思君如車輪，日在天涯轉。

其　四

自君之出矣，不傍青玉案。思君如葛藟，纏綿難得斷。

其　五

自君之出矣，不復理金徽。思君如楊花，飄搖到處飛。

其　六

自君之出矣，不縮同心結。思君如杜鵑，夜夜啼紅血。

其　七

自君之出矣，不和白頭吟。思君如蓮子，其中有苦心。

其　八

自君之出矣，不耐繡鴛鴦。思君如春柳，絲絲漸覺長。

其　九

自君之出矣，不忍上妝樓。思君如流水，悠悠無盡頭。

明〔二〕妃曲

萬里赴龍沙，行行別漢家。獨憐宮裏月，相伴到天涯。

落　花 三首

苦被閒情惱，傷春不自繇。夜來風雨惡，夢裏替花愁。

其　二

花開何太遲，花落何太早。惆悵惜芳魂，殘紅不忍掃。

其　三

莫惜花飛盡，花飛還復開。可憐年少日，一去不重迴。

題　畫

我本深山居，出山成小艸。不似畫中人，長占青山老。

咏　竹

琅琅碧玉枝，春來不改色。自有歲寒姿，那借東風力。

見　雁

客思三秋苦，鄉書一字難。不知南去雁，幾日過行山。

六友吟六首〔三〕

余偶閱駱兩溪《十友吟》，愛其有蕭然塵外之想，署中僅有友五人焉，益以月香主人，共得六友。此六友者，雅致芳標，貞心素質，實可結久要之契，索居無侶，笑傲其間，若無情者之有情也。因作《六友吟》。

蒼髯翁

此翁骨相殊，不比蒲與柳。我髯近亦蒼，與君期白首。

抱節君

君素抗高節，終身秉堅貞。余亦落落者，願結歲寒盟。

冰雪丈人

丈人有高行，不肯近炎熱。以君冰雪心，勵我風霜節。

幽芳處士

幽人抱孤芳，清香常四射。自從與君居，臭味漸相化。

雲華仙

仙子來何處，雲水有深緣。□與君相遇，曾在華山巔。

月香主人

明月淡於水，天香處處浮。對君清夜永，且奏廣寒遊。

不　寐

秋夜凉如水，秋月白于霜。憂來常不寐，豈但爲思鄉。

秋　夜

沉沉更漏長，唧唧秋蟲語。何處最愁人，簾外芭蕉雨。

校勘記

〔一〕"率成"，卷首原目録無。

〔二〕"明"，原作"其"，據卷首原目録改。

〔三〕"六首"，原無，據卷首原目録補。

詩

六言絶句

閒居雜咏八首

門外陶潛碧柳，窗中謝朓青山。造物容吾笑傲，高門長閉柴關。

其　二

花樹香飛蛺蝶，晴沙暖浴鳧鷖。最是流鶯有意，聲聲如向人啼。

其　三

折柳偶來大道，尋花因過前蹊。乘興杳然獨往，不知紅日沉西。

其　四

案上蠹殘斷簡，枝頭鳥汙殘棋。玄晏先生睡足，揮毫且艸新詩。

其　五

疏竹瀟瀟曲逕，玄蟬嘁嘁高柯。昨夜秋風初到，池塘落盡殘荷。

其　六

懶性厭投羈靮，孤蹤愛伴烟霞。世上憑人白眼，尊前且醉黃花。

其　七

籬下香清叢菊，庭前葉舞秋梧。箕踞自傾濁酒，醉來一任狂呼。

其　八

鬒髮俄成白首，滄波還變桑田。轉眼繁華逝矣，獨留春色年年。

長安道四首

俠客連錢寶馬，名姝流水香車。雜沓東郊馳騁，春光先入誰家。

其　二

紫陌三千甲第，青樓十二珠簾。妙舞清歌酣宴，那知良夜厭厭。

其　三

獻賦尚須狗監，封侯亦是阿奴。世上浮沉莫問，牀頭濁酒頻沾。

其　四

公子西園結客，平津東閣延賓。炙手須臾可熱，白頭肝膽如新。

早春山行

天際寒雲獨鳥，湖邊細雨千家。昨夜春風初到，山南開遍梅花。

春　興

小苑烟花何處，高樓歌吹誰家。最好山中春色，誰教留滯天涯。

早　秋

夜月寒吟蟋蟀，曉霜淡落芙蓉。客□朱顏漸改，更堪憔悴西風。

詩

七言絶句

出都潞河舟中二首

玉河南下駕孤航，千里家鄉道路長。何處月明今夜泊，蒹葭夾岸水茫茫。

其　二

遠水長天一色平，悠然四望旅愁輕。如何半日扁舟上，便覺胸中少宦情。

舟中夜坐

孤舟獨坐思依依，水暗沙明月色微。獨有白雲如伴客，夜深猶逐片帆飛。

過豫讓橋二首

朔風燕月滿邢關，烈士千秋去不還。料得復讎遺恨在，至今橋下水常寒。

其　二

臣主誰無國士知，捐軀寧必論恩私。可憐同是爲君死，不死當年請地時。

將謁選前一夕河畔獨坐

落日沙頭坐不歸，波心明月蕩清輝。來朝便是風塵客，何日滄浪枕釣磯。

留别賈孝廉壋坪〔一〕

臨期相向轉相親，濁酒同傾莫厭頻。且向君前拚一醉，明朝便是異鄉人。

寄賈孝廉

雲山萬里在須臾，迢遞行來影漸孤。寄與東風無限恨，不知吹得到君無。

曉發漳源

一夜秋風見曉霜，無邊林葉亂飄黄。獨憐山鳥依巢近，不似征人遠别鄉。

途次口占

家園遠隔萬峰西，回首秋原落日低。山鳥不知人意苦，飛來故向馬前啼。

春　思

山中春色正芳菲，旅客天涯尚未歸。遥想小園人不到，朝來啼鳥見花飛。

秋夜自遣

鬱金美酒鱖魚肥，旅館寒吟静掩扉。張翰當年何意緒，秋風一夜便思歸。

中秋宿新樂公署

幾向秋風嘆別離，忽逢佳節益凄其。不知今夜南樓月，一段清光好炤誰。

九　日

登高何處一沾衣，菊滿東籬尚未歸。自恨不如邊塞雁，年年猶傍太行飛。

宿薊州李秀才園

九日他鄉客興孤，名園斜月滿平蕪。主人三徑門深鎖，爲問黃花竟有無。

夏店公署見菊二首

幾種藂花曲檻邊，寒香帶露倍堪憐。閒庭深鎖無人見，零落秋風又一年。

其　二

九日陶家菊正黃，一樽風雨隔漁陽。歸來蕭瑟秋將盡，此地看花益斷腸。

宿雄縣

旅館寒吟四壁蛩，井梧零落逐西風。三年薄宦天涯意，盡在蕭蕭一夜中。

寒　雁

青山如黛彩雲間，一片飛鴻海上還。多少征人看不轉，春風吹入雁門關。

北　邙

北邙原上列墳塋，千古淒涼對洛城。惟有春風吹碧艸，年年依舊隴頭生。

入函關

風沙日日老紅顏，三十頭顱鬢已斑。誰爲客程難自料，又隨秋色入秦關。

溫　泉　五首

蓮作池塘玉作樓，六宮來往浴龍湫。胡塵一起香塵斷，泉水千年咽不流。

其　二

君王行幸有光輝，馬上笙簫擁玉妃。鼙鼓聲中歌舞散，只今都作綵雲飛。

其　三

溫池浴罷露華寒，牛女橋邊共倚欄。聞説上皇歸蜀日，張徽一曲恨漫漫。

其　　四

玉輦倉皇幸蜀時，千官星散萬民悲。長楊百道無人管，都作胡兒飲馬池。

其　　五

金鋪碧瓦雜蒼苔，第一仙人去不迴。爲問當年宮裏月，夜深清影爲誰來。

又戲題一絕

華清樓閣已成塵，詞客猶然咎太真。自是君王耽佚樂，傾城何必在佳人。

塞上曲四首

磧日無暉塞草黃，匈奴十萬寇漁陽。忽聞夜半前軍發，遙望營頭太白光。

其　　二

落日胡天殺氣來，一時齊上望烽臺。健兒直薄匈奴陣，射殺名王匹馬迴。

其　　三

雲滿沙場月滿城，秋風吹徹暮笳聲。胡兒莫更窺關塞，飛將如今守北平。

其　四

臂上雕弓血戰袍，當場意氣萬人豪。燕支山下常驅馬，青海波心好洗刀。

觀　獵

塞艸如霜兔正肥，白雲不共紫騮飛。彎弓一射雙雕落，笑向胡姬賞酒歸。

夜　雨

月華星彩黯然收，風雨千山動客愁。且自閉關高臥去，恐防龍劍出牀頭。

長安道

楊柳絲絲縮別愁，西山落日爲誰留。玉鞭笑指章臺路，盡捲珠簾十二樓。

俠　者

黃金結客少年場，潛聽鳴雞入建章。腰下吳鈎藏不見，逢人只説是高陽。

白洋泛舟三首〔二〕

獨駕扁舟似五湖，夕陽一片白雲孤。蒹葭秋水明妃鏡，爲問伊人竟有無。

其　二

蘭橈搖曳向中流，蘆荻蕭蕭兩岸秋。車馬如雲爭渡急，有誰堪共李膺舟。

其　三

一派寒溪十里清，滄浪我欲濯長纓。臨流却怕看容鬢，恐有秋風白髮生。

渡易水

蕭蕭易水靜無波，千載猶傳壯士歌。燕市從來多俠客，祇今誰復似荊軻。

鳳翔署中

輕雲旭日雨初晴，枝上鳲鳩三兩聲。閒倚曲欄看修竹，不知身是異鄉人。

三良塚

捐生原是爲綱常，黃鳥何須怨彼蒼。若不從君歸地下，祇今誰復識三良。

靈山見桃花

草歇芳春四月來，靈山始見一花開。不知邊地寒多少，尚有長征人未迴。

隴　山二首

隴水潺湲不住流，可憐征戍幾時休。更多一片關山月，炤盡人間夜夜秋。

其　二

萬里關河繫客心，故園回望白雲深。隴山鸚鵡空能語，不向家人報信音。

端　陽

令節又逢重午日，年年作客在他州。縱教綵縷長千丈，難繫思鄉一段愁。

立　秋

銀河如練火西流，纔別秋來又見秋。一葉梧桐能有幾，却爲添得許多愁。

七　夕

仙路難乘泛海槎，銀河一望思無涯。願分織女機邊錦，來助江生筆上花。

對　月

露下風高大火流，碧天如洗月知秋。愁來倚杖看明月，明月何人解炤愁。

題《望雲思親圖》

駐馬徘徊意慘然，庭幃遥望白雲邊。憑將幾點思親淚，留得唐家二百年。

河州鎮邊樓和解大紳韵

黯淡黄雲塞艸秋，思鄉獨上鎮江樓。無情最是天邊雁，不寄音書過隴頭。

長　城二首

鑿盡窮邊萬疊山，只憂胡馬向函關。誰知未築長城日，已有真人芒碭間。

其　二

青史無勞笑始皇，王公設險壯金湯。長城豈爲秦人築，萬古常留翊漢疆。

河州署内銀木花

誰許名花署内栽，無人到此看花來。曲欄西畔疏檐下，閑逐秋風次第開。

塞上曲三首

廣武城邊柳半黃，祁連山上草如霜。數聲過雁三更月，斷盡征人萬里腸。

其　二

夜夜烽烟海上青，高飛白羽不曾停。將軍盡話封侯事，幾見鳴鞭度虜庭。

其　三

謾説當年馬少游，書生投筆竟封侯。世間多少田園叟，不到沙場也白頭。

老　將

薊北關西四十秋，數奇李廣未封侯。戰袍漬透刀瘢血，説着沙場便淚流。

登岷州署内樓

爽氣朝來萬里秋，思鄉無那强登樓。胡人莫更吹羌笛，一聲西風已白頭。

閨　怨二首

秋深猶自搗寒衣，欲寄征人信使稀。願得此身同落葉，因風吹得到金微。

其　二

漢家西閉玉門關，長鎖征人不放還。一片貞心將化石，門前少却望夫山。

磧石關〔三〕

積石關下黃河流，積石關上白雲秋。惟有關頭一片月，年年常炤戍人愁。

碾伯公署置琴一張感賦

秋風已老籬邊菊，曰歸曰歸歸未卜。坐對瑤琴不忍彈，彈時怕理關山曲。

中　秋

西風蕭索露華寒，深夜孤亭尚倚欄。一樣清光天上月，他鄉不似故鄉看。

遇鄉人

走馬西來不計程，天涯纔見故鄉人。縱然滴□〔四〕思家淚，説到高堂尚滿巾。

九　日二首

歲歲秋來是別離，南園辜負菊花期。不知籬畔當時種，開到西風第幾枝。

其　二

十畝田園已半荒，天涯風雨又重陽。愁來强欲登高去，却恐登高更斷腸。

望崆峒山

蒼翠高凌碧漢間，名山咫尺阻躋攀。軒轅去後無真氣，更有何人問道還。

松林驛

幾處清溪遶石田，數間茅屋起青□〔五〕。□人晝閉柴扉卧，不問輕寒到客邊。

宿鳳縣

鳴鳳山頭落月殘，嘉陵江上北風寒。怪來不作還家夢，應畏千重棧道難。

見新月

碧天如洗彩雲收，新月娟娟素影流。試問嫦娥偏炤處，人間還有幾多愁。

江　行

漳江春水縠紋平，又是扁舟一日程。兩岸青山看不盡，却疑身在畫中行。

江石灘

一葉輕舟下急灘，飛濤蕩漾客心寒。也知江上風波險，可似人間行路難。

四　皓四首

避秦結伴入商山，一局殘棋白日閑。千仞冥鴻那可致，不應蹤迹到人間。

其　二

高皇亦自解憐才，四老何心悞見猜。只說終身不事漢，誰教却爲漢儲來。

其　三

一出能收羽翼功，從龍爭似作飛鴻。如何白首深山客，尚落留侯掌握中。

其　四

自逐紅塵向玉墀，啼猿怨鶴久相疑。不知羽翼安劉後，何日歸山更采芝。

七　夕

徙倚明星夜欲闌，故園回首路漫漫。人間未有銀河隔，却恨經年見面難。

睡　起

翠柏陰陰映草堂，秋風蕭瑟送新涼。半生勞擾紅塵事，不及南窗午夢長。

宮　詞 八首

鏡掩鸞臺粉黛消，傷春暮暮復朝朝。自憐不及金橋柳，猶得君王顧舞腰。

其　二

何處風前奏管弦，銀缸挑盡不成眠。眼看春色能多少，□落殘紅又一年。

其　三

太液芙蓉宛宛香，閑來結伴打鴛鴦。亦知水殿清無暑，自有人同午夢長。

其　四

同輦辭來閉掖庭，昭陽便隔萬重深。大家不省親文墨，空費長門買賦金。

其　　五

凄凄秋色上簾櫳，零落殘荷午夜風。葉滿御溝流不轉，懶將詩句更題紅。

其　　六

金屋螢流夜欲闌，箜篌斜抱露華寒。近來舊譜渾無用，學得新聲不忍彈。

其　　七

環珮珊珊步晚風，梧桐枝上月朦朧。分明聽得笙歌過，又引羊車別院中。

其　　八

銀箭金壺夜漏長，博山消盡水沉香。無因學得行雲雨，夢裏誰能會楚王。

苦　　雨

淅淅輕寒曀曀陰，客懷連日苦淫霖。願留一掬天河水，灑向遼陽洗甲兵。

山　　莊

一帶疏籬映碧流，數椽茅屋隱青丘。主人高卧烟霞裏，傲殺人間萬户侯。

鄱湖感事

烈士丹心炤浪紅，衣冠猶在水晶宮。漢家漫自推蕭相，紀信應居第一功。

曉發皂口驛

日上高舂乍啓扉，長途四牡去騑騑。白雲更比征人懶，戀住峰頭不肯飛。

攸鎮道中

百轉清溪萬疊山，肩輿危磴苦躋攀。登高却笑王陽懦，繞入卭崃便道還。

瓶　梅

江干誰折一枝春，斜插瓶中色尚新。驛使寂寥難借問，無因寄與隴頭人。

山行見梅花盛開

萬峰迴合鎖烟霞，茅屋蕭條三兩家。怪底客愁渾忘却，山村處處有梅花。

除　夕

坐聽更漏客心傷，明日明年是異鄉。何事無情也多恨，炤人銀燭淚成行。

宜春道中

江南春色正芳菲，故國烟花願已違。最是子規知客意，聲聲叫道不如歸。

漫　興

生平踪迹戀烟霞，每見青山便憶家。辜負故園桃李月，東風
閑殺滿庭花。

萬安舟中

一派清江兩岸山，棹歌咿軋下長灘。魚龍寂寞浮鷗遠，只有
孤雲伴客還。

袁州宜春臺在行署之左臺畔有桃李各一株政對軒 窗繁花盛開芬芳可愛予[六]每憑几翫之不忍移目 因賦三絕

夭桃穠李傍仙臺，占斷芳菲次第開。一種天香春不管，暗風
吹入小窗來。

其　二

玉質霞標兩鬥奇，幽崖空自抱芳姿。若非詞客閑相賞，寂寞
東風總不知。

其　三

嬌姿嫩蕊已嫣然，帶露籠烟倍可憐。料得百年應有恨，移根
難近畫欄前。

讀《雲臺集》

詩到晚唐衰颯甚，開元氣格已全無。細評三卷《雲臺集》，
不愧當年鄭鷓鴣。

游洪陽洞至半而返 二首〔七〕

婁葛飛昇不記年，石牀丹竈尚依然。探奇莫謂須臾事，已得浮生半日仙。

<h2 style="text-align:center">其 二</h2>

人生何處覓蓬萊，洞府幽奇此地開。却笑凡身仙骨少，未窮靈境便歸來。

聞遼東三路師敗感憤成絕句 十首

三月遼陽大出師，登壇號令變旌旗。中丞自有平胡策，不道將軍盡數奇。

<h2 style="text-align:center">其 二</h2>

獵獵陰風殺氣多，前軍夜半渡渾河。角聲一起重圍合，戰士如雲盡倒戈。

<h2 style="text-align:center">其 三</h2>

日落轅門促進兵，自言十萬可橫行。至今陰雨沙場夜，猶有將軍叱咤聲。

<h2 style="text-align:center">其 四</h2>

誰遣輕探虎穴中，五千深入氣如虹。若非矢盡援兵絕，破虜應居第一功。

<h2 style="text-align:center">其 五</h2>

數萬鳴弦鏃羽飛，孤軍轉鬥救兵稀。鼓聲不起旌竿折，應悔

陰平計已非。

其　六

雲暗胡天壓漢營，手援枹鼓一身輕。□□〔八〕未有封侯相，錯學終軍浪請纓。

其　七

護軍碧血污英魂，一點丹心萬古存。不見偷生巾幗者，也成燐火焰開原。

其　八

漢兵出塞若雲屯，五道全軍獨一人。不信驃姚有天幸，生來原是衛家親。

其　九

漠漠黃沙掩戌臺，磷磷白骨委蒿萊。深閨只是空相憶，那得遊魂夢裏回。

其　十

裹革曾聞馬伏波，從來烈氣不消磨。匈奴運數終須盡，莫唱遼東浪死歌。

丹　桂

曾伴嫦娥試晚妝，枝枝穠艷斷人腸。便將海底珊瑚較，不及風前有異香。

九　日

短髮愁看鏡裏霜，天涯兩度見重陽。蕭蕭風雨重門閉，不用登高也斷腸。

獨　坐

靉靉寒雲壓樹低，霏霏烟雨望中迷。客愁何處堪消遣，閑倚闌干聽鳥啼。

觀奕圖

偶携柯斧入深山，爲看彈棋忘却還。不信百年纔一局，仙家何必勝人間。

元　宵

一年難得是今宵，孤燭熒熒伴寂寥。記得故園明月下，銀花影裏聽吹簫。

花前獨酌

枝上新紅爛熳開，閑來花下且銜杯。惜花只恐花飛盡，一日看花定幾回。

園中閒步

綠竹陰陰伏檻齊，新花簇簇壓枝低。閒園盡日無人到，只有春禽自在啼。

對鏡見二毛有感

客裏年華幾變更，偶然攬鏡壯心驚。近來白髮無公道，偏向愁人兩鬢生。

睡起口號

簾垂清晝碧窗虚，短榻塵封旋掃除。一枕夢酣天欲午，秋風吹落讀殘書。

即　事

偶簡奚囊改舊題，碧窗紅日忽沉西。高歌一曲無人和，獨立松陰聽鳥啼。

校勘記

〔一〕"墕坪"，卷首原目録無。

〔二〕"三首"卷首原目録無。

〔三〕"磧石關"，據正文當作"積石關"。《大明一統志》卷三十七《河州衛軍民指揮使司》，積石關，在衛城西北一百二十里。

〔四〕□，疑當作"盡"。

〔五〕□，疑當作"烟"。

〔六〕予，卷首原目録作"余"。

〔七〕"二首"，卷首原目録無。

〔八〕□□，字迹漫漶，疑當作"生來"。

奏　疏

直陳救時要務疏

爲直陳救時要務，懇乞聖明采納，以保治安事。

臣衡茅下士，世受國恩，復蒙陛下拔置西臺，居風紀之地，充耳目之司。遭逢若此，即披肝瀝血，何能報聖恩之萬一？顧臣以言爲職者也，有犯勿欺，盡忠入告，此臣修職業而報陛下之分也。今國家之事，蠹壞多端，上自朝廷，下及郡國，當言者不可縷舉。若郊廟之當親也，朝講之當御也，儲宮當早講學，福藩當早之國，瑞王當早成婚，與夫權稅之宜久罷，大寮之宜盡補也。此數者，皆關治亂安危之大計，諸臣言之，已舌敝腸枯，楮竭穎禿，而如水投石，天聽杳然。臣即有言，不能加于諸臣之上。而陛下信新進小臣，豈能逾于在廷耆碩？臣亦不必拾既殘之瀋，補已窮之牘，苟圖塞責。第就目前時事，補偏救弊，關切治理者，條爲數款，上塵睿覽，惟陛下垂聽焉。

一曰振紀綱以維國勢。臣惟國家所以嘗治而不亂者，以紀綱維持之也。而紀綱之振肅，又在人主之一心，故曰："勉勉我王，綱紀四方。"若主心厭怠，則綱解紀弛。在上必有渙散頹靡之象，在下必有凌越畔之思。神氣不張，逆節萌起。國家之亂，恒必繇之。自陛下倦勤以來，要領不挈，提率無紀。積弛成玩，積玩成廢，人人以苟且爲固然，事事以因循爲得計。政不繇舊，浸失創制之初；法不守嘗，漸任低昂之意。循資養望，可獵清華，修

職抱功，未聞實效。上作而下不應，且令而夕不行。習就推委之
頹風，養成觔骸之世界，以致奸邪竊玩，肆志橫行。若代藩廢長
立少，抗辨自恣；緹帥憑借内援，百彈不動。戚畹受辱于奴隸，
狂童鼓譟于郡城。廢弁之妄言朝政，閹餘之擅殺平民。諸如此
類，尚難枚舉。惟紀綱不振，以至于是。若乾剛震肅，國紀森
嚴。上有必行之令，下無不奉之法。孰敢縱恣狂逞，以干三尺
哉？臣望陛下勵精于上，明憲敕法，仍諭内外臣工，各修職業，
謹持法度，毋仍因循苟且之風，則精明之氣立振，奸宄之志潛
消，而國勢尊，治象成矣。

一曰公枚卜以重贊襄。臣聞人主之職在論相，故曰："秉心
宣猶，考慎其相。"蓋重之也。我朝自革中書，以館閣之臣參贊
密勿，内掌機衡之重，外總部院之權，任綦隆矣。初猶詞臣與別
衙門兼用，後漸詞臣什九，別衙門什一，浸尋至今，非詞林無緣
入矣。祖宗之意，豈偏枯若此？考國朝以他途入相者，若楊士
奇、李賢、張璁輩，勛業爛然，豈獨遜于詞臣？今一概格之，使
不得進，而獨授衣鉢于私人，植黨援于揆路，僨轅接踵，台曜不
光，有繇然矣。夫館閣之臣，論思啓沃其所長，而吏治民情或未
習，別衙門官考經據典或不足，而決疑肩鉅則有餘，兩者參互而
用之，以長補短，若左右手之相爲，乃克有濟。今政本孤單，枚
卜之請，且暮可下。望陛下一洗積弊，曠焉更始，博采群議，勿
拘翰林一途，但擇德望著聞可亮天工者，以充其選。想輔臣深維
天下大計，且鑒從前覆轍，必開誠布公，剖破已成之局面，斬斷
後來之扳援，以副主上寤寐良弼之意，則耆碩彙進，而相業日
光矣。

一曰稽章奏以防壅蔽。自陛下静揖深宮，召對久廢。獨恃章
奏一脈，通上下之情，而强半留中，不蒙省發，外間揣摩，橫生
疑議。臣謂主上神明，未必有此。然而章奏出入，左右得操其

鍵，上下兩不相知。疏之入也，封章者第知其入耳。天閣九重，其有入而不入者，誰敢問之？疏之出也，奉旨者第知其出耳。門外萬里，其有出而不出者，誰能知之？煬竈蔽明，含吐任意，陰陽不測，詭秘難窺。萬一有奸人竊弄其間，國家之事去矣，是可不深長慮耶？臣謂宜日令科臣一員于會極門，總類各司奏章，開具數目，實封上達。陛下覽後，批發該科炤驗，則在旁之輩，無所容其奸，而上下之情通矣。

一曰拔淹抑以收人才。臣聞治世賢人在朝，衰世賢人在野。賢人之進退，國祚所繫以安危也。今朝廷之上，耆德英俊，固不乏人，而隱豹潛鱗，尚盈林藪。蓋自陛下吐棄忠言，推仰強項，一時奉公守法、直言極諫之臣，俱蒙嚴譴，錮之林泉，厄之下位，數年于茲矣。此皆祖宗教化培養二百餘年，而後得此仗節死義之士，今一斥不返，賜環無期，使壯者老，老者死，次第凋殘，若秋林之落葉。及今收之，猶可得一半之用，而啓事徒煩，轉圜難必。將以爲其人非耶？則公論共推矣。將以爲其言妄耶？則言者既驗矣。將挫折其氣耶？則困頓之又久矣。且陛下用臣等，將用其言也。未言者且責望于將來，而已效者乃禁錮于既往，臣竊惑之。臣讀《漢史》，至郭泰所云："'人之云亡，邦國殄瘁'，但未知'瞻烏爰止，于誰之屋'耳。"未嘗不廢書三嘆，以爲方今景象，大類斯言。陛下何不從銓曹之請，將廢棄諸臣盡皆起用，使其江湖魏闕之忠，盡爲明聽翼爲之用？而沉鬱結轖之象，轉爲彙征師濟之美？此非獨爲人材計，實爲社稷計也。

一曰重言路以養士氣。臣惟國家之有言路，猶人身之有血脉。血脉壅則身病，言路鬱則國危。嚮者，朝端聚訟，俚言穢語，雜奏君父之前，無人臣禮，非獨陛下厭之，即臣等亦厭之。是言路本重，而諸臣自輕也。故聖諭諄諄，屢以多言爲戒。臣竊謂官既以言名，而不言是謂溺職。陛下既以言官用人，而復禁其多言，何如勿用？蓋言不論多不多，惟論當不當。不當，即一言，已病其多；當，即纍千言，尚患其少。故浮詞、瑣説、細事、隱語，不當言矣。而袞職有闕，軍國大計，何可勿言？背公植黨，阿諛比周，不當言矣。而保護善類，主持公論，何可勿言？伐善妒能，攻擊排擠，不當言矣。而明目張膽，擊奸鋤佞，何可勿言？借事發端，隨人附和，不當言矣。而循職建白，指陳利病，何可勿言？總之，當以用言之法省言，而不當以諱言之意防言。懲妄言，獎忠言，則言者自少，不必禁也。若不問當否，一概禁之，防人之口，甚于防川，恐禁之而愈以棼矣。況天下慷慨敢言之士少，而全軀保妻子之人多，導之使言，尚恐巽懦者緘口，禁之使不言，將令鯁直者灰心，三鼓氣竭之餘，而復抑遏之，士氣從此不振矣。異日，國家有大利害，朝端有大奸雄，誰爲陛下折檻借劍、剖心碎首者哉？臣以爲言路之當重者，此也。

　　一曰息紛爭以釀和德。臣聞極治之世，君子和于朝。而宋臣程顥之規王安石者，曰：“天下事非一家私議，願平心以聽之。”夫心既平矣，何患不和？其不和者，繇不平致之也。日者，士大夫議論分歧，橫生角距，簪紳禮樂之地，幾爲市里譁訴之場。邇雖煩囂已息，風浪漸平，而臣猶有慮者，則以成心之未盡化，勝氣之未盡降也。臣以爲人臣比肩事主，同爲王臣，苟有大奸巨慝，足以亂政而禍國者，不得不盡力相攻。若意見稍乖，何妨互劑？口語小失，寧必吹求？我願獨爲君子，人豈樂爲小人？自以爲正而指人爲邪，非真邪，必不受也；詆人爲非而自以爲自〔一〕，非真是，必不服也。美中有惡，譽其長，何必護其短？惡中有美，指其瑕，何必掩其瑜？一人自有一人之本末，一事自有一事之是非。只宜就事論事，就人論人，何必株連蔓引，推之爲何人之黨，牽之爲何方之脉。要以虚舟應物，易地相觀，勿以附己而加親，勿以異己而力詆，則議論自平，是非自定，何必爲是嘵嘵耶？臣願陛下戒諭大小群工，各捐偏見，盡撤周防，同心爲國，勿分曹偶，則渙小群爲大群，太和在宇宙間矣。臣以爲紛爭之當息者，此也。

一曰杜濫竊以慎名器。臣聞惟名與器，不可假人。故繁纓小物，孔子惜之。乃今名器之濫，甚有可惜者。如奉嘗雜用羽流，殿閣溷居銅臭，此猶曰相沿之舊也。自鬻爵之途日廣，而指揮三品之職，佐二親民之官，皆得操値而取矣。自恩倖之門漸啓，而金吾禁衛之班，蟒玉異等之數，皆可夤緣而得矣。等賜予同爛羊，輕爵秩于敝袴。雖得之者，不足爲榮，而予之者深爲可惜。至恤典原以報德酬功，而從來亦多徇情濫予。生前蒙議，仍竊侈褒；歿後穢彰，更蒙優恤。乞恩乞廕，日見紛紛，不聞寢格。夫朝廷勵世之具，豈臣子市恩之資？及今不爲限制，濫觴何已？臣請敕下該部，遵守舊章，若大臣果功德著聞，在人耳目，方予恤廕，不得一概濫給。大臣物故，止許撫按如例具題，子孫不得陳乞。國用不足，户、工二部當推究耗蠹，催督逋欠，節縮冒濫，不得濫開事例，減値鬻官。至中官品服，自有祖制。不可以掃除賤役，濫予章服；奔走微勞，輕給恩廕。則名器重，而冒竊清，徼倖之途塞矣。

一曰禁僭侈以正風俗。臣惟治先定分，禮取寧儉，所以别上下，防淫溢也。祖宗立法，服舍、器用，皆有定制，載之《會典》，僭逾者律有明禁。不謂奢淫之風，日異月長，犯上無等，恬不知怪，然四方則傚始于京師。今輦轂之下，人懷凌越，俗爭浮侈。武弁貲郎，皆擁肩輿。刑餘小吏，儼然騶唱。庶民之家，僭擬甲第。娼優下賤，雜佩珠玉。男衣紅紫，女服袍帶。至于山人、星卜、吏胥之類，巾服皆無異于縉紳，龍蛇莫辨，□威蕩然。若乃貪墨士夫、膏粱子弟，崇尚淫奢，珍貴奇異。甚至一餐之費，當農人三時之勤；一衣之值，當紅女終年之績；一器之靦，當中人十家之産。下户效尤，糜費漸廣。奸人射利，淫巧日工。若不禁止，長此安窮？臣請敕下該部，申明憲令，頒行天下，仍定冠制，分途別式，不得僭越。又責成五城御史，嚴行禁約，犯者無赦。庶奢淫可挽，四方象之，孰敢不率？此亦移風易俗之一端也。

一曰責實政以核吏治。臣惟吏治之汙隆，民生之休戚係焉。今天下吏治，敝壞已久，以務虛聲而無實政也，然亦縣馭吏者失之。蓋吏之責，在農桑教化；而上之責吏，在簿書筐篋。吏之能，在勁節貞心；而上之望吏，在柔顔媚骨。是以其精神惟用之推訊，才力半竭于趨承。惟望積日累勞，遷擢而去，誰肯真心爲地方計久遠者？此猶就賢者言之耳。至于貪黷有司，尤堪切齒，彼其筮仕初心，原無遠志，不過爲身家耳。故不聞民瘼，止營囊橐。追徵以耗羨爲固然，問斷以贖鍰爲應得。苞苴之入，寧畏四知？摻括之工，肯餘皮骨？一守貪而一郡空，一令貪而一邑空。民窮盜起，職此之縣。及夫事敗，不過降調耳，削籍耳；又重，則提問耳。而贓賄千萬，追者幾何？彼猶得竊其餘貲，誇鄉里而貽子孫，則何貪吏之不可爲也？臣居嘗謂海内空虛，天下之財一歸内帑，一歸中涓，一歸貪吏。今内帑不可問，中涓不可問，貪吏豈亦不可問耶？請申飭懲貪之令，即不能如祖宗律例，數逾千萬者，亦從重典，盡追入官。而又戒虛名，崇實政，獎恬静，抑躁競。如此，而吏治不興，民生不遂，臣不信也。

一曰核欺蔽以固邊防。臣惟國家逼鄰虜穴，寇在門庭，雖貢市日久，虜未生心，而不虞之戒，豈在臨時？今戎事廢弛，將驕卒惰。臣嚮爲理官，往來三輔，見馬僅餘骨，士饑欲死，朽甲鈍戈，不堪擊衛。即火器，中國長技，然亦不過應點一時操演耳。沿邊將領，謀勇出衆者，實鮮其人。中間紈袴錢虜，有不任受甲者，有不能攀鞍者，有訊以扼塞虜情茫然不知置對者，此輩緩急安足恃乎？夫舉一鎮，而他鎮可知也。而遼左更可寒心。遼兵單弱，原不足用，且三面鄰虜，處處孤危。即一秒花猖獗，數擾塞上，遼已不堪矣。倘諸夷蠢動，何以應之？而彼中將吏，猶然習欺罔之故智以掩罪冒功，若近日按臣所發覺者，□可駭異。臣嘗嘆各邊塘報，本未見虜，而曰："堵禦出境。"本無斬獲，而曰："俱被鈎搭。"原以搗巢掩襲，而虛張曰："大舉入寇。"止望虜騎飛塵，而偽報曰："幾萬幾千。"亡鏃遺矢，盡曰："奪獲官馬。"被虜，則曰："失亡。"更可笑者，動曰："虜大敗，慟哭而返。"不知痛哭者，果被創之犬羊耶？抑被虜之男婦耶？此等情態，難欺三尺。總之，將吏圖升賞以欺撫臣，臣圖恩廕以欺陛下。而封疆之破壞，邊民之傷殘，竟不問也。臣請嚴敕邊臣，大修戰守之具，盡破欺蔽之習。若虜人入境，果有虜掠，但具實奏聞，稍寬其罰；隱匿者，定依律治之。庶將吏畏法，而邊境安矣。

以上數款，皆書生嘗談，卑卑無甚高論，且有經諸臣建白者，但芹曝之衷，不能自已。倘陛下鑒其狂愚，采納施行，微塵涓滴，或亦可以仰裨高深。

臣愚不識避忌，不勝戰慄恐懼之至。

萬曆四十年十月十六日題。

請釋賢令疏

為賢令久繫堪憐，懇乞聖恩矜釋，以擴皇仁，以全忠直事。

臣邇當聖壽之辰，隨班嵩祝，忽聞考選已有俞音，滿朝薦、王邦才等皆蒙釋放，一時班行之內，歡聲如雷。以為主上聖明[二]，同符堯舜，恩威之用，良不可測。推此一念，太平可立致矣。未幾，忽又中格，人情大拂。今陛下既下考選，錄用臣等，獨繫逮諸臣尚淹犴狴，豈聖心偶忘之耶？抑未釋然于中，仍欲禁錮之耶？夫朝薦，出萬死一生之計，力扼凶璫，翦除翼虎，爲陛下救此孑遺，保安全陜，即古破柱取奸，據案數佞者，風力氣節，亦不是過。前歲，臣以分較入關，見三秦父老，言及朝薦爲令之賢，被逮之苦，未嘗不吁欷泣下也。陛下幽囚朝薦四年于茲矣，白日在天，覆盆不炤，身親三木，與死爲鄰，凄風苦雨，毒熱嚴寒，人世之慘，業已備嘗。況朝薦二親垂白，懸隔天涯，難慰倚閭之心，空作還鄉之夢。陛下以孝治天下，何忍令爲人子者，至此極耶？臣聞朝薦痛骨驚魂，久攖疾患，萬一抑鬱憂愁，猝有不測，使陛下有殺忠臣之名，書之史册，豈不可惜？且陛下不知梁永之惡則已耳，既洞燭其奸，撤還拘繫，而猶移餘怒于朝薦，久繫圜扉，是陛下是非之心本明而自蔽之也。陛下爲天下主，乃以一闍宦故，下仇小臣，何示人以不廣耶？昔宣宗章皇帝時，内臣劉寧奉差還，道出故城，縣丞陳銘醉而歐之，御史論奏，逮繫至京。宣宗曰：“丞固有罪，然激于一時偏惡，其宥之。”侍臣尚請治銘罪，卒不聽。夫梁永之貪橫，何如劉寧之清謹？數年之暴虐，何如片時之假道？陳銘以使酒而歐無過之中使，何如朝薦以衛民而扼有罪之稅璫？乃宣宗旋逮旋釋，即御史奏之，侍臣言之，尚且不聽。陛下逮朝薦者四年，前後救者無慮數百疏，而堅如轉石，亦豈爲善法祖哉？

　　至同繫王邦才輩，與朝薦事體一同，今正朝審之期，望陛下速沛德音，金雞一赦，纍臣更生，萬世而下，將頌聖德于無窮矣。臣佩服從友之言，願效回天之力。伏惟聖明鑒納。臣不勝悚息待命之至。

　　萬曆四十年十月十七日題。

請福王之國疏[三]

　　爲藩王就國，定[四]有定期。養贍田土，斷難盈數。懇乞聖明深惟久遠至計，以大義割私情，以大信成重典事。

臣接邸報，見福王之國愆期，大小臣工交章力請，明旨定于來春啓行。然諏吉未聞，群情惶惑。忽又有旨，以養贍地土，切責戶部矣。臣于是不能不中夜而思，廢箸而嘆也。夫福王爲陛下愛子，天下臣民孰不知之？今日者遲遲于之國，汲汲于莊田，毋以出就藩邸，遠離膝下，不如此無以寄其愛耶？臣以爲陛下善用愛，政不當如此也。

臣聞石碏有言：“愛子者，教之以義方，弗納于邪。驕、奢、淫、佚，所自邪也。四者之來，寵祿過也。”而賈誼之論封建曰：“力少則易使以義，國小則無邪心。”蓋帝王之子，生長深宮，驕淫易起。欲以嚮義以去邪，惟在抑情以割愛。從古藎臣爲國忠謀，大都若此。今陛下于福王，寵祿亦可謂過矣。寵之過，則驕心易生。驕故偃蹇不奉法，祿之厚則奢願難滿。奢故請乞不遵制，去義即邪之端隱隱已見。當此分封啓宇之時，開國承家之始，陛下正宜示以制度，教以節儉，以杜其漸而防其流。使維城之祚，與國同休，豈非至愛？何區區較量于莊田之多寡耶？且莊田之錫，原非祖制，而莊田之請，又非令聞。

臣攷太祖高皇帝分封秦晉諸王，祿米各止萬石，未聞有土臣[五]之錫，而諸王亦未聞有土田之請。嗣後間或有之，然多不過數千頃而止，亦未有分外請乞者也。惟宣廟時，寧藩驕橫，妄請南昌灌城田，章皇帝遺書引大義責之，竟不與。武廟時，秦王交通閹倖，奏請牧地，廷臣持不可。武宗逼大學士梁儲草敕，中有“不利社稷”等語，上覽而駭之，事竟寢。此皆我朝已事，可考據者。

陛下將何法，而福王宜何從耶？陛下毋亦謂“普天之下莫非王土”，以陛下地與陛下子，群臣安得而執之？不知群臣之所執者，非惟理不可行，亦勢不能行也。海內土田，按籍計之，不過七百餘萬頃。此皆履畝而稅，寧有餘田？今二府遺地已盡，河南撫臣又括諸閒田，尺尺寸寸皆湊補矣。而猶必欲取盈四萬頃之數，勢不能變滄海爲滄田，化砂石爲膏腴，必將取之正額。乃國家財賦所出〔六〕，合天下取給焉，何可減也？

今福王而下，尚有三王，異日皆援例以請，陛下予之耶？不予耶？不予，則同爲陛下之子，何親何疏？予之，則無從取給。若皆撥額田，國家之地有限，而聖子神孫之繩繩振振者無窮，數傳而後，將盡歸于藩府，此可行耶？不可行耶？夫舉朝皆知其不可行，而王尚再三以請。王請而陛下許之，陛下許而群臣又爭之。臣知養贍地，終無足時也。養贍不足，王遂將不之國也。夫王能終不之國也則可，若桐圭之命，難爲戲言，嫌疑之地，不可久處，則與其遲回于異日，不如早決于今日。與其貪必不能得之土地，而怏怏不肯行，不若順必不可逆之人情，而幡幡以就道。蓋道路之口，已自多端，王一日不去，則人心一日不安；人心不安，而王亦不得安。

《傳》曰：“不患貧，而患不安。”奈何不深長思也？況王亨茅土之封，食稅衣稅，積賜予之厚，萬簏千箱，原自不貧，無厭之求，是亦不可以已乎？《易》曰：“天道惡盈。”《詩》曰：“如食宜餾。”老子云：“知止不殆。”王又何不深長思也？

陛下動引潞府爲例。昔漢明帝封諸子地，俱儉于濟南諸王，曰：“我子安得與先帝子並？”陛下自處，奈何居明帝下？況福王府土田較之潞府，數雖少減，而租已過之耶！臣以爲陛下之計過也。說者曰：“此非陛下之意，貴妃之意也。”昔姜氏愛叔段，爲請巖邑，卒以厚敗。趙媼鄰愛長安君，不肯出質，一聞左師燭龍之言，即日戒行。貴妃于二者，將何居焉？果如人言，臣以爲貴妃之計亦過也。說者又曰：“此非王之意，而群小之謀也。”昔梁孝王聽羊勝、公孫詭之流，驕恣不法，幾至亡國。東平、河間樂善親賢，至今稱之。王奈何不聽廷臣之言，而反爲群小所誤？臣以爲王之計，更過也。爲今日計，但宜速渙明綸，定明春之國之期。養贍土田，王再勿請，陛下再勿言。庶貽謀之道光，中外之疑釋，而王亦可長有令聞，鞏盤石之基而不拔矣。

抑臣因是而重有感焉。皇太子與福王孰親？天下與藩國孰重？今東宮輟講八年矣。春秋鼎盛之時，正情情[七]易縱之際，而耳不聞啓沃開陳，目不睹賢士大夫。終日所與處者，皆宦官、宮妾之流；終日所習聞者，皆聲色、貨利之事。即睿質性成，臣不能保其不放佚濡染也。而開講之請，章滿公車，陛下竟置若罔聞，於所應急者而緩，於所應緩者而急，輕重倒置，陛下又何心耶？及今溽暑已退，秋飆正爽，宜速開講筵，以慰中外臣民之望，毋使天下人有以窺陛下之淺深也。

臣奉命在外，諸臣業已抗章，臣亦似可緘口。然謂諸臣已言，而臣遂可不言，則臣不安；逆料陛下之不聽而不言，則臣不敢。不安與不敢交集于心，是以不揣狂瞽，喋喋具陳。懇乞陛下鑒臣朴忠，俯賜采納。臣愚幸甚，社稷幸甚。

萬曆四十一年六月二十五日題。

再請釋賢令罷秦稅疏

爲賢令久繫圜扉，秦民久苦榷稅，懇乞聖明悔過施仁，釋無罪纍臣，罷無名橫斂，以保無疆盛治事。

臣聞民爲邦本，財爲民命，故守位惟仁，聚人惟財。古昔聖王保成業而綿永祚者，未有不以收民心爲急務也。然與人主共治安百姓者，則惟良有司是賴，故長吏有能不愛官、不惜身、捍除大患、保惠元元者，方當尊顯之，嘉勞之，未有反從而幽囚窮辱之者也。良吏而幽囚窮辱，此衰世之象，而亂法之朝。不意聖明之世，有此舉動，臣竊嘆之。

臣拜官之日，即首請釋被逮咸寧令滿朝薦，而皇上未之省也。然臣昔日所陳者，猶據通國之公憤，一時之見聞，而尚未悉朝薦治邑之循績；亦止知逮繫之非辜，征稅之當罷，而尚未睹秦民困苦之情狀。今臣以奉命入秦，目擊秦民之苦，而益思朝薦之賢；思朝薦之賢，而益傷幽囚之枉，敢昧死爲皇上陳之。

臣當渡河之始，秦民扶老携幼，夾道哀呼。問之，則爲朝薦鳴冤者也。臣爲潸然泣下，勉諭之曰："聖天子仁明，當有不測之恩，不久且釋矣。"各欷歔而去。已接司道各官，談及朝薦當日被誣之繇，歷歷如睹。臣于是不能不追恨于梁永之誤皇上，而因嘆皇上之自誤也。夫永當榷稅秦中時，怘然恣睢，擅作威福，而群小附之者，千百爲群，附虎以翼，飞而擇肉。于時關以西，行者不安于途，居者不安于室，農不狎于野，賈不入于市，眳眳以目，莫不思食永之肉而寢其皮，發難只在旦晚間耳。幸朝薦出萬死一生之計，不惜要領，力扼其吭，而秦民稍得安枕。乃惡璫積怨，深怒于朝薦，單詞入而朝薦逮矣，朝薦逮而永始撤矣。向使朝薦不逮，則永必不撤。永不撤，而秦必亂。秦亂而海內之爲秦者，皆將乘釁而起，不知今日域中作何景象。皇上得深居高拱，必〔八〕是朝薦乃有功之臣，非有罪之臣也。無罪而繫之，且繫以數年之久，皇上果何心耶？臣聞匹婦含冤，三年不雨；一夫向隅，滿堂動色。朝薦乃皇上擢之制科，寄以百里之命者，反視之不匹夫匹婦若耶？此臣之所未解也。

朝薦衰親倚閭，望眼欲枯，稚子叫閽，心血盡灑，聞且見者，無不酸心。皇上止孝止慈，錫類之仁，每及臣下，而獨于朝薦父子間，不一動念，又臣之所未解也。霜雪之後，必有陽春；雷霆之威，曾不終日。聖度如天，乃介介怒一小臣，豈帝王之量耶？臣願皇上以雷雨之解，成日月之更，立出朝薦于獄，以慰三秦之望，此今日收人心之大機也。

若秦稅當罷，又不可須臾緩者。蓋海內之稅，惟秦獨多；而海內之民，亦惟秦獨苦。秦地多層巒復嶂，廣谷大川，非有原隰、沃衍之饒也。秦又僻處一隅，舟楫不通，非有富商大賈之往來其間也。西安一府，稍稱繁庶。度隴而西，原野蕭條，烟村寥落，居多板屋、陶穴，食多木食、草根，衣多洞袤、結毳。臣一見之，慘目痛心，食不下咽。而今歲春多零雨，夏又亢旱，冰雹災傷，處處見告，秦民此時苦已極矣。即生且不保，而尚責以稅乎？即正賦且無從〔九〕取辦，而況加以額外之征乎？皇上但知有稅耳，此稅所取，出千苦萬苦，千難萬難，皇上未必知也。市販不足，責之行戶；行戶不足，派之間架；間架不足，剝之驛站；驛站不足，加之丁銀。展轉攀累，皮骨盡空。有因而捐親戚，去墳墓，流徙他鄉者矣；有因而哀原隰，填溝壑，不保軀命者矣；有因而被□〔一〇〕楊，受箠楚，淹斃囹圄者矣。是皇上所視爲日奉歲進而不足者，皆民之敲髓吮血而難完者也；皇上所視爲塵埃涓滴之無機者，皆民之破家殘身而無算者也。夫民窮則易動，民動則難安。語云："鹿死不擇音，挺而走險。"此亦秦民走險之日矣。秦三面鄰虜，兼以回囉雜處其間，民性獷□，好武輕生。萬一不逞之徒因危困之衆，奮臂大呼，臣恐劉六、滿四將復見于今日也，是可不爲寒心哉？昔隋煬洛口廠倉之積，徒爲李密之資。唐德宗貪而無厭，及涇原卒亂，大呼于市，曰："不稅爾間架、陌錢矣。"繇此觀之，即大內之積，尚當早發，而況可剝削民間無已時耶？蓋天下之物，無有積而不散之理。積之愈厚，則散之愈難。發之驟尚速而禍小，醖之久則遲而禍大。使逆取而順施，釀禍者反可得福。若悖入而悖出，則臣有不忍言者矣。夫武帝，漢之中主耳，輪臺一悔，千古以爲美談，皇上可自處武帝下耶？誠慨然渙發德音，下罷稅之詔，以與天下更始，將萬世而下，誦聖明之德于無窮，而國家苞桑之業，亦可維于不墜矣。

臣草疏已竟，忽接邸報，見御史翟鳳翀疏，参錦衣衛百户劉光先，言光先上疏，請開陜西花馬等處鹽池。臣不覺投筆而嘆曰：“有是哉？奸弁之敢于欺皇上也？”花馬池大小鹽池，歲有額課，何得另有鹽場？且涇原一帶，迫與虜鄰，地寒土堉，民不聊生，一聞此言，必擾擾思亂，是又將爲梁永之續也。臣請速斬光先，以杜奸人之言利者。臣憂憤激中，冒昧上請，伏乞聖明裁晉。臣不勝戰悚恐懼之至。

萬曆四十一年六月二十五日題。

糾奸邪肆言亂政疏

爲奸人肆言亂政，熒惑宸聰，釀禍不小，懇乞聖明亟加竄逐，以警群邪，以杜亂萌事。

臣惟自古國家之亂，必繇于小人，而小人之亂人國家，惟無忌憚者最甚。蓋其債盈之氣，敢于發大難之端；其縱橫之口，敢于造反嘗之説；其陰狠之性，敢讐賢屠善而明鼓殺機；其欺罔之奸，敢背公死黨而陰竊國柄。若其計得遂，其言得行，將使是非倒置，忠佞雜揉。日月黯淡，宇宙晦曚。黨錮之禍立興，羅織之獄明起。正人君子迄無噍類，而禍移之國家矣。故《書》嚴震師之防，孔著覆邦之戒。交亂有刺，比于青蠅譖人之譏；投畀豺虎，皆所以杜讒邪之蘗，而弭禍亂之源也。

不意聖明之世，乃有肆無忌憚若户部郎中李樸者，此正奸人之尤，亂國戎首，急當逐諸四夷以禦魑魅矣。臣接邸報，見樸疏，参科道諸臣，平空駕捖，信口汙衊，俚言穢語，刺刺盈篇，似有物以憑之，如呶如吠，若夢若讝，想其熱炎薰心，狂奔氣盡，五官已稿，七竅不靈，故披猖迷憒若此。夫鷗鴉之鳴無好音，豺狼之噬不擇類，此小人天性固然，亦無足怪。然其所言關治亂安危之大機，臣有不容嘿嘿已者。樸之疏曰：“科道官結黨要錢，驅逐正人，紊亂朝政，皆可斬也。"夫科道諸臣亦有何罪？若朴者，乃真可斬耳。臣請熟數□〔一〕非，而皇上試垂聽焉。

夫祖宗朝設□□□□□劾之權，蓋恐堂上有鹿馬之奸，左右有煬竈之□。□臣專擅，小臣營私。故以耳目寄之科道，許其聞風言事，以通上下之情，而撤壅蔽之害。向來擊奸鋤佞，決癰去蠱，何嘗不借科道之力？朴概目之爲結黨徇私，蒙蔽皇上。若此，則科道可以不設矣，是欲去朝廷之耳目也。紊亂祖制，罪之當斬者一。

數年前，皇上猶震怒言官，間加嚴譴。邇來聖度如天，未嘗杖責一人，即觸犯忌諱者，亦且薄罰。朴一則曰"當斬"，一則曰"此輩皆可斬"。是啓皇上殺戮之端，而引之于非道也。虧損聖德，罪之當斬者二。

自皇上深居大内，章奏百入而百不報，皆起于不信臣下之心。抱杞憂者，欲撤疑關，方嘆回天無術。朴乃謂："科道之參要錢，參說事，參結黨，捏造流言者，皆不足信。"將使皇上愈疑言官。即異日者，官邪盛而寵賂彰，黨與成而主勢孤，妖言起而民心惑，有以白簡從事者，皇上必曰："此不足信□。"此皆己貪而糾人貪，己邪而糾人邪者也，否隔之形從此益結不開矣。阻塞言路，罪之當斬者三。

人臣事君，勿欺爲本，有疑于心，不敢入告。朴無風生波，無形生影，謂："科道官交結戚畹、近侍。"何不指交結者何人？謂："挾制内閣、部院。"何不指挾制者何事？謂："各衙門無日不説事，無人不要錢。"何不指説何項事？要何人錢？且既曰"各衙門"，户曹亦在其中矣。朴司錢穀，又爲請托之藪，科道官誰曾向朴關説？何不明指其人？至"宿娼"何事，亦可誣人？"盜賊"何語，亦可出口？皇上之前，敢面謾無禮若此，不敬莫大于是。説謊欺君，罪之當斬者四。

此四罪者，朴已不容于死矣。乃其大罪，尤在"密訪"一語。夫聖主明目達聰，洞洞朗朗，揭日月而行之，猶恐在旁之輩窺伺意旨，竊弄太阿，況可寄以耳目，使之伺察外廷乎？

朴云："托人密訪。"將托何人？昔武周竊命，恐人心不附，始開告密之門，其後周興、來俊臣等，羅織朝臣，屢興大獄，無辜而族者不可縷舉。先朝汪直、劉瑾用事，廣布群小，偵刺縉紳，忠臣直士橫罹荼毒，或荷校，或繫逮，或削籍，纍纍相望，濁亂朝廷，幾危社稷。朴乃欲效之耶？王曰乾何等人？所奏何等事？而朴引之，意欲何爲？此必有力神奸，合謀群小，密結中涓，將下毒手，芟除正人，朴爲效首功，出死力耳。朴陰賊殘忍，即爲周興、來俊臣作奸人鷹犬，爲劉瑾、汪直以屠虐善類，固所饒爲，亦所樂爲。乃皇上何如主，朴何人斯，而敢以此事嘗試耶？言至此，即寸斷朴，尚不足贖其罪矣。

朴言："自大臣至百姓，無不知科道之貪橫，無不罵科道之奸欺。"又言："翁憲祥等數人惡其敗群，頓足長嘆，不敢明言。"皇上試詔問大小臣工及憲祥等，使從實具奏，科道官果皆貪橫耶？皆奸欺耶？皆當一一斬之耶？且朴之所言者，非人之所不敢言與所不能言也。不過爲行勘、年例而發而歸重在東林耳。夫行勘、年例二事，其人各有本末，其事互有是非，諸臣闡發無餘，不須朴饒舌也。若東林聚徒講學，豈非美事？然使其隱居樂道，閉户讀書，不預國家之事，誰得而議之？顧憲成，誠賢者也，乃三書之失，畢竟爲千古難洗之愆。其他若高攀龍、劉元珍輩，直節清風，超超塵表，臣等方望其旦晚賜環，豈反相厄？惟于玉立以押[一二]闈之奸邪，竊道學之名目，翻雲覆雨，暮楚朝燕，攪亂世界，不得一日清寧。此士類之梟獍，東林之蟊賊，諸臣交章攻之，亦何讐于玉立？夫亦爲世道計耳。如曰："玉立方以道學爲名，不必深求。"則孔子不當辨小人儒，孟子不當憂處士橫議矣。玉立久居潞河，自負知囊，嘗爲人入幕畫策。朴前年一疏，人已疑所從來，此疏出而肺肝畢露矣。攻一玉立，便謂難爲講學。以臣所聞，篤志潛修，尚心性命者，東南則有鄒元標，西北則有馮從吾，時方仰之，如泰山、北斗，誰能指摘之耶？

又謂："難爲林下夫。"林下諸賢，不止東吳一隅，屈指海內，以臺諫、郎署廢棄者，蓋不下百餘人，誰非忠清正直之品？若趙南星、王德完、鍾羽正、白所知、龐時雍等數十人，尤爲世所推重，中外望其進用，方若景星慶雲，又誰忍齮齕之耶？朴爲此言，不過借以蓋其奸計耳。從來小人巧于行險者，未有不假途于正者也。一茅蓋頂，呵佛罵祖，惟所欲爲，蓋一見于沈正宗，再見于賀烺，至朴而愈出愈奇矣。臣聞躍冶者謂之不祥之金，自鳴者謂之不祥之器，出位而妄言、無端而發難者謂之不祥之人。人而不祥，乃國家之妖孽也，尚可一日容之哉？皇上即不加誅竄，當速褫其職，斥歸田里，庶可奪群邪之魄，不敢效尤，而國家享清明之福矣。

然臣于此而不能不咎臺省諸臣也。語云："木必先腐也，而後蠹生之；垣必先潰也，而後盜乘之。"使諸臣大道爲公，同心體國，無嫌無疑，相和相濟，小人即欲覘苑枯之枝，分左右之袒，自無隙可入。乃澐澐訿訿，相怨一方，不爭大政，而爭邇言；不爭名節，而爭爵位；不爭義理，而爭意氣。以鉤距揣摩爲精神，以擠陷搏噬爲風力，以怒罵叫號爲敢言，以執拗偏戾爲公是。人不論賢否，所愛則升之九天，所惡則墜之層淵；事不論可否，同己者非亦爲是，異己者是亦爲非。事本微也，而故張之，張之不已，而事外之枝葉煩生矣；意本私也，而公假之，假之不歸，而意中之營壘日固矣。今日言黨，明日言脉，不見黨與脉在何處，盡東西南北皆被株連，而蔓猶未斷也。此曰翻局，彼曰翻案，不知局與案爲何物。舉大小臣工，多遭焚灼，而炎更轉烈也；閱牆之鬪方酣，反借一臂于陌路，同室之戈已慘，更延群盜以分羹。彼小人者，浮動而喜事，幸災而樂禍。平居嘗有攘臂伎癢之心，況示以瑕釁，有不利鷸蚌而收功者哉？諸臣何不自反也？

臣又不能不責備于輔臣也。輔臣佐皇上平章天下，其大者不過辨人材之邪正，議論之是非。然謂之平者，如權衡然，低之、昂之而後平，非無低無昂而自平也。今輔臣主調停之説，游移兩可，曾無把持。不知今日之人情決非調停可安，今日之國事決非調停可了。輔臣獨膺眷顧，受恩不可謂不深，柄政七年，當國不可謂不久。周旋于人情世故之中，邪正是非之辨，不可謂不明且悉。何不舉目前所爭諸事，一一爲皇上陳之？其事是，其事非？其事是非相半？其事是不勝非，非不勝是？孰爲賢，孰爲不肖？孰爲大賢，大不肖？孰爲瑕瑜不相掩？使皇上曉然知天下之情，而行其黜陟賞罰，以成平明之治，豈不休哉？然臣知輔臣必不能辨此，蓋輔臣避權而遠怨者也。臣謂權而私竊之，則不可；權而公用之，不必避也。怨出于君子不可有，怨出于小人不必遠也。輔臣若以天下心辨天下才，處天下事，是非付之宇宙，威福聽之朝廷，忠誠質之天地，亦何遠何避之？下〔一三〕一切封章，束之高閣。忠言無折檻之旌，讒言無郊遂之斥，則邪佞之輩，何所憚而不爲？誠獎忠言誅讒言，彼小人者，敢以要領試皇上之斧鉞哉？且也，名賢久錮之材□〔一四〕，蒲輪不賁于丘園。廊廟空虛，宵小得乘間而逞。若盡起廢棄諸臣，布在要列，衆正盈庭，則陽明盛而陰氣消，魑魅魍魎不敢晝行。即有一二敗□〔一五〕者，亦改步回面之不□〔一六〕矣。此在皇上一轉念間，而竟不省悟，不知所亂者誰之國是，所棄者誰之人才耶？臣奉使在外，僅可藏拙。然見朝庭之上，紀綱不成爲紀綱，議論不成爲議論。每接邸報，輒爲嘆息。感事觸衷，竭其狂瞽。是非毀譽，臣所不知也。臣愚不勝激切待命之至。

萬曆四十二年正月初六日題。

屬番肆掠參處起釁邊將疏

爲屬番肆掠有因，邊將啓釁難貸，懇乞聖明，重加議處，以安孤塞，以飭馬政事。

臣惟祖宗朝設置金牌，招番納馬，而以茶償之。蓋以諸番環處西塞，爲我外藩，所以結羌戎之心，而斷匈奴之臂，制至善，意至遠也。而番人食酥飲酪，以茶爲命，我制之以不得不從之勢，而招之以不得不趨之利。是以諸番二百餘年，謹奉漢法，歲納馬恐後，而國家因得收雲錦之良，資戰陣之用，爲利不小。蓋番之利在得茶，而我之利在得馬。故私茶闌出有禁，恐其竊公家之利也；私馬冒中有禁，恐其侵番戎之利也。載在令甲，法紀森嚴。

朝廷歲遣使臣，奉璽書督察于上，而嚴關隘、禁交通，使私扳冒中之奸，不敢射利而戮法，則惟沿邊將領是賴。邊將即奉公守法，猶恐其左右因緣爲奸利。執意有罔上營私，自捍文網，如西寧副總兵祁德者，臣不容不以白簡從事矣。初，臣奉命入關，正值招中之期，冒暑疾馳，駐札鞏昌，就近調度，見去歲馬尚未完，以爲國家大事，不應悠悠若此。嚴行各道使之如期開中，如期報完。已聞各邊土官多有冒番中馬者，復牌行各道云：“招番中馬，原爲繫番心而固疆圉，非中國無馬而必取于番夷也。訪得本地官豪、勢將、衙役、奸民，往往以不堪老瘦馬匹冒番頂中，各官有爲所蒙蔽而不能覺察者，亦有受其請托而縱使冒中者，虛費茶筐，濫受駑駘，無怪乎官軍領解，斃于道途、槽櫪者，纍纍不絕也。以國家和戎之利，反爲奸人盜竊之資，使番人有馬而不得中，中國得馬而無所用之。阻壞茶法，蠹敝馬政，莫此爲甚。

此後若有仍前冒中者，定炤例問遣，委官參究”等因。通行去後。彼時即有以祁副將每歲冒中為言者，臣密以手扎詢之該道，隨據帶管西寧兵備、莊浪道參政杜詩回報云：“西寧冒番中馬，牢不可破。不獨祁土官一人，而祁為甚。”臣復答之云：“冒中之奸，三尺難假。望速廉其實，若剪得一二大慝，勝于狐鼠輩千百矣。”及臣招商事竣，以七月初巡歷洮岷，見洮岷馬已中完，且皆騰驤之選。而涼州、甘州，次第報竣，餘皆中已過半。臣竊私慶，以為賴道將之力，可早畢事，借手以報簡書矣。

忽于本月初四日，接祁德塘報，據南川守備羅一貴塘報：卑職于六月十二日到任，本日據夜不收報稱：隆卜、雙善二族番人，搶去田家寨居民蔡宧等牛二十隻，射傷蔡應其等四名。十五日，又搶陳考、夕二馬三匹，仍將陳考、夕二射死。卑職因係納馬屬番，隨差通丁李得成，並銷爾加族番賞爾加和尚。傳諭去後，隨據二族回稱：我係朝廷敕旨中馬西番，洪武至今，並未壞事，因何把我中馬賞賜都革了？將我七年的馬，何人頂中賞賜？何人關領？反將我百户腿打折？告天天高，都茶老爺又遠，無人與我作主。只是壞爾地方，先年殺了守備，也罷了，等語。卑職領兵防護間，前番于二十二日，仍復搶居民牛八十隻。卑職統兵禦堵奪回，當陣射死番賊七名。各番倚山險峻，滾放礌石，潛藏深林，暗射官兵，射死家人一名，軍丁三名，官馬七十二匹。卑職臂中二箭，番眾兵寡，難以追逐，請兵剿除，等因到臣。先是奔阿巴匝族番人射殺武生蔡尚用，搶掠官馬，臣已批該道嚴查，至是復又見告。臣疑漢過不先，屬番未必。一旦猖狂若此，且執有詞矣。隨批逆番屢次犯搶，射傷守備，射死官兵，罪大惡極，不可不興問罪之師。但既係中馬屬番，何故革去賞物？啓釁有因，使賊得以借口。西寧兵備道速查明報。

至本月二十六日，據該道稟稱，查得隆卜、雙善二族，每年原中茶馬一百四十匹，賞段二疋，茶十篚，銀牌十面。去年，因中苑馬五百匹，二族止中馬六匹，各番爭攘，通事張旦零將伊百戶推倒，跌折一腿，各番惱恨，騎馬徑去，以後絕迹，不入西寧。屢屢刁搶其二族應中馬匹，俱係西寧祁副將家人頂中賞，即隨馬關領。今年二月初十日，搶去民婦張氏牛二隻，又搶民人西滅驢二頭。送與守備番文一紙，內云："祁副將節年不容我中馬，賞亦不容我番子。有錢的著中馬，我□[一七]錢，不著我中馬，我故壞你地方。有一日大那顏來到，那是我主。如今説與你知。"隨經守備譯送，祁副將隱匿不報。此啟釁之繇也。等[一八]因到臣。

臣撫案嘆曰："此弁冒番中馬，事果不虛，糾之晚矣。"夫雙善、隆卜，二小醜耳。世受國家豢養之恩，輒爾背逆，敢與官兵爲難，法在不赦。乃所以致之者，誰歟？祁德協守西寧，膺撫夷之責，顧不能廉以律身，嚴乃馭下。通事打折夷足，而不能問；家僮冒中番馬，而不能禁；番人屢掠邊境，而不能禦，則將安用彼將哉？且番即無道，猶願撫臣及臣爲之主，是尚知有天朝之尊也。而德乃隱匿番文不報，釀禍愈深，以致決裂。人臣欺罔，莫大于是。且自火酋盤據西海以來，窺伺內地之謀，未嘗須臾忘也。甘寧、河洮之間，處處有剝膚之患，尤幸諸番爲我藩籬，通彼聲息，虜中一動一靜，我得預知而爲之備。我以中馬繫番之心，而因使諸番保我之塞。番即畏虜，暗與交通，而猶未敢顯然逆我顏行者，固懷撫賞之恩，實貪易茶之利也。若革其賞，絕其茶，則番人失望，不爲我用矣。不爲我用，必爲虜用。番歷年中馬，邊疆之險易，道里之遠近，盡在胸中。若爲虜嚮導，誘之入犯，西邊寧得安枕哉？言至此，而祁德之罪，不可勝誅矣。

參炤得協守西寧副總兵祁德，身膺重寄，念切私圖。冒番中馬，已難解瓜李之疑；啟釁携羌，又自撤藩籬之固。馭下無律，罔上不忠，所當重處以戒邊將之徇私啟釁者也。伏乞敕下兵部，將祁德重加議處。至于冒番中馬家人，臣已行該道，查實姓名，據法論罪。逆番既稱悔罪，容臣等酌議處置另題。

萬曆四十二年七月二十七日題。

條議馬政疏

爲巡歷既竣，聞見頗真，謹陳末議，以裨牧政事。

臣至愚不肖，叨奉簡書，巡視茶馬。受事以來，日夜飲冰，雖不敢不竭股肱之力以圖稱塞，而知識有限，端委難尋。于是廣詢博訪，窮利弊之原，講變通之術，以佐臣之所不逮，至于今胸中稍覺洞然，而臣已弛于負擔矣。然法有敝而當更，情有隱而未達者，皆臣未盡之職而未了之心也，敢不一一爲陛下陳之？

夫臣之差，以茶馬爲名，則觀于茶法之通塞，馬政之修廢，而臣之職業見矣。自湖茶復行已來，商賈樂趨，業已疏通無礙。而臣于去歲招商之時，多方鼓舞，一時人情踴躍，報引兩倍原額，不患于易馬之無資矣。惟馬政大壞極敝，已非一朝。臣雖與寺監各官極力振刷，而蕃息之盛未臻，虧損之報日益。在臣督責雖嚴，徒下紛紜之檄，在各官拮据良苦，未收尺寸之功。非法令難行，而窮于刑之無可加也；非人情易玩，而苦于力之不能辦也。譬之久病之人，元氣虛竭，非需以歲時，漸次滋息，豈能驟起？今日之牧事，若不通其窮，寬其力，與之以生養休息，即令張萬歲、王毛仲復出，亦難收雲錦之效也。除臣可以徑行者，若革積穀之科罰，通餘駒之頂補，禁包攬以實圉牧，揀群馬以裕孳生，皆已嚴行苑馬寺，不啻三令而五申之。其有法當通變，不敢擅更；恩當上請，不敢私市者，謹條爲四議，上呈睿覽。

一寬課駒。夫牧馬之盈虧，係于孳息之多寡。而孳生之繁衍，繇于馬力之有餘。舊例三年兩駒，法至嚴密，其爲裕課計，意非不善。然馬以一年生駒，必以一年乳哺。前駒未成，後駒復至，定鈎勤則騾病，生駒密則駒病。況定矣，而未必育。即生矣，而未必成。而爲一切之法以繩之，可乎？蓋四年而二駒者，馬之嘗也；三年而二駒者，馬之偶也。今不以嘗者定制，使人寬然有餘，而顧以偶者爲制，使人局促無地，大非情矣。考《會典》所載，洪武二十八年定，凡補領或孳生三歲課駒，每二年納駒一匹。永樂二十二年，令民養官馬者，二歲納駒一匹。成化元年，令孳生馬，每三年納一駒。三年奏准，復二年納一駒。典制昭昭可考。今陝西苑馬之例，獨與《會典》不同，無所考據，不知起自何時。説者爲始乎先臣楊一清。然考弘治十七年一清奏《請增買種馬疏》內，又有兩年一駒之説，是又非自一清始也。夫使三年兩課，果可嘗行，則今日之馬，固宜生生日積，雲錦成群。而自三十四年起，虧欠課駒三千九百有奇，其生而倒死、及死而賠補者，尚不在內，此其效亦可睹矣。蓋馬之難于三年兩駒也，形氣生化之難強，此物理之所易知也。牧軍之累于三年兩駒也，鬻妻買子之堪憐，此人情之所最苦也。比較之苦于三年兩駒也，剜肉錐髓以不前，此官法之所難行也。法久則敝，事變乃通，而尚爲膠柱之鼓，刻舟之求，操必不可行之法，以驅必不能從之牧，而使之日貧日累，日逃日亡，果孰得而孰失哉？臣以爲宜以《會典》爲准，仍復四年兩駒之例，其有例外多生者，亦炤餘駒處之。庶乎馬力有餘，則孳生必盛。而人力有餘，則芻牧亦勤。法有急之而愈病，寬之而反通者，此議是也。伏候聖裁。

　一清牧地。夫蓄養之道，在求牧與芻。芻牧不足，而求馬之蕃息，必不得之數也。查得弘治十七年，都御史楊一清查出，七監牧地一十二萬八千四百七十三頃有奇，其牧馬草場，高山陡澗四萬一千六百二十餘頃，尚不在內。乃今《賦役冊》所載，僅僅三萬一千七百九十九頃有奇，其餘竟屬烏有，即曰山地以二折一，坡地以三折二，故其數縮于前，然三分其數而約算之，亦纔得地四萬七千有奇而已。仍該八萬之數，竟歸何所乎？先是，嘉靖、隆慶間，御史劉侖、王相等亦曾疏請清理，而委任不專，後竟草草結局，迄于今而原額日削矣。蓋嘗細究其故，緣牧地雜于藩封、郡縣之間，有爲王府占據者，有爲豪右吞并者，有爲牧軍轉賣者，有爲佃户霸種者。即以武安一監言之，初設監時，原額荒地二千九百六十六頃五十四畝有奇，今《册》載，川坡山折地實止二千一百五十頃六十六畝，減去凡三分之一。其中有坐落長武縣四十八頃有零，竟被彼處佃户曹湖等占據，朦朧丈入縣籍，今雖清出，尚不肯退還。坐落鎮原縣四十頃餘，亦被該縣民張應奉等占種。其他如楚、肅兩府，牧軍陳第、馬恩等，固原川民李柄、楊廷宰等占據者，尚有數千頃，或已斷明而仍占，或經告爭而未明，或認租糧而不納，諸如此類，尚難盡查。夫軍以養馬，而地所以養軍也。牧地日削，則牧軍日貧，牧軍愈貧，則牧馬愈耗，及今不爲清丈，將來牧事愈不可爲。雖自其父祖以來，侵占既久，視爲故業，一旦欲取之喉中，似于人情不便。然彼種無糧之地，嘗享其利，而使軍牧無地之馬，日受其害，不平謂何？且原非其業，久假不歸，非奪其所有，亦還其所本無耳。臣請專責接差茶臣，轉委苑馬寺卿，會同固原、關西兩道，凡與各監相鄰藩府、州縣、軍衛田地，一切清丈，各查原額，使盈者不致占于額外，縮者不致損于額中，即王府、宗室及鄉紳侵據者，俱盡法清出，勿爲浮議所摇，勿爲奸民所阻。而又于行法之中，稍爲通融之：令其侵買者，或成業難割，不妨量令認餉以示寬；或願爲受廛，更可分養馬匹以廣牧。如此，則既順人情，易伸國法，于事體當無窒礙，何牧地之不可清也？牧地清而芻牧自贍，芻牧贍而蕃息自易矣。伏候聖裁。

一酌賠補。夫考牧之政，生必報數，死必責償者，法之嘗也。而化育之理，生未必盡成，死不能終免者，亦物之嘗也。蓋使馬之死者，果盡騰壯之時，芻牧無法所致，責以賠補本色，亦復何辭？然未有成馬而死者，有齒已長而死者，死之因不一，而賠補之法則一，非政之平也。且各軍困守圈牧，既難經營以治生，又無月餉以糊口，所恃者惟此牧地耳。然設監之地，必係磽确閑廢之田，風高雨少，寒早燠遲，得天之偏；層巒深壑，礧石浮沙，得地之偏；土曠人稀，農多糞少，得人事之偏。即豐年所入，尚不足供人馬之食。況荒歉頻仍，十室九空，芻牧不贍，倒失必多；倒失既多，賠補益苦，前欠未完，後課復至，即敲骨剝髓，亦不能足。監官嚴刑逼之，不勝箠楚之苦，則賒取客馬，每匹定價銀十八兩，即竭二三年之力，尚不能償，而況倒失者又相繼乎？此賠補之難完也。據該寺條議，欲炤騎操馬匹事例，追納樁銀，然苑馬欲其蕃息，若盡納銀而不補馬，則馬日耗減，何以備緩急之用？況操卒有衝鋒對敵之時，而牧軍特安坐牧養；操卒每月有朋合之納，而牧軍居嘗無徵，此不可比而同也。惟當于賠補之中，稍廣法內之惠。查得弘治九年，有大馬一匹，徵銀五兩，駒一匹，徵銀三兩之例。正德三年，有兒馬追銀七兩，騍馬五兩之例。弘治之例，則載在《會典》者也；正德之例，則載在《馬政誌》者也。誠斟酌于先今之例，而稍為變通，孳生馬三歲至十歲者，茶易馬一年至六年者，仍炤近例賠補。本色駒二歲以下，追銀三兩。馬十歲以上，茶馬六年以上者，追銀五兩。馬十四歲以上，茶馬十年以上者，追銀三兩。駒未及歲者，追銀一兩五錢。如此，則在牧軍既不苦于本色之難求，在監官亦不苦于追徵之費力，而苑馬寺積貯餘銀，亦可備買馬之用。變法而法在，行法而仁存，此事理之無礙者也。伏候聖裁。

　　一議俵兌。夫苑監之政，原以資戰征之用，故群內之馬圖孳蕃，群外之馬備俵給，其來久矣。群內盡俵，則閑厩虛，而無以壯戎備之盛；群外不俵，則牧力困，而無以疏重牧之苦。嘉靖三十五年，議准陝西苑馬寺孳養馬匹，每年准給固原、延綏、寧夏三鎮馬二千匹，內一千五百匹專給固原，五百匹延、寧二鎮分年輪給，載在《會典》可考也。後因營軍嫌牧馬不堪，牧軍苦養馬無地，始改爲固鎮官軍徑赴茶司親領二千匹，歲以爲嘗。自萬曆十八年起，積今二十餘年，不俵矣。惟陝西參將營尚有俵給，然每次不過一百五十匹，乃三茶司歲額之給；牧孳養者，則千二百九十匹。出數如彼其少，入數如此其多。日增一日，年增一年，于是一丁而養三四匹者有之，一户而養二三十匹者有之。舊制，群內騍馬，每匹給地三頃一十六畝八分；群內兒馬及群外兒、騍馬半[一九]之；其群內騍駒、群外餘駒，三歲成馬者，亦給如兒馬之數。今地不加增，而馬日漸益。查七監有馬無地軍，每監一二百名不等。夫無地而責之養馬，已自不堪。養馬而生則責之孳息，死則責之賠補，更爲偏苦。且世間無二十餘年不死之馬。新者日積而日老，舊者漸老而漸斃。以有用之馬，置無用之地，豈不可惜？則俵給之規當復也。但查各鎮自給茶馬之外，用銀買者亦少。惟延鎮歲買馬，大約用樁朋銀三萬餘兩。甘凉亦兩次買馬，用萬餘金。蓋此兩處，年來有剿伐之役，是以損馬獨多；而靖虜新增營堡，亦議添馬一百四十匹。至于固原軍士，與各監雜處，亦樂于近兌，而憚于遠領。合無將七監牧馬，每歲額外俵給榆林鎮三百匹，令該鎮差官自領，應用草料，炤例增派。兌給固原鎮二百匹，即于河州茶司應給固原鎮馬內，除二百匹給甘凉。一通融間，不惟苑馬不至積耗，且可省兩鎮七十餘金。總之，皆國家之財也。若後來種馬缺少，即便停俵、停兌。其靖虜道，俟修堡完日，先炤數俵給苑馬一百四十匹，後不爲例。俟缺馬之日，許該道臨時請詳，量數多寡撥給。至于應俵馬匹，皆要四歲以上、十歲以下者，該寺官預先點驗注定。七監中量馬多寡，分爲二班，輪流撥俵，不得偏私。又軍士多揀擇騍馬，不願兒馬。騍馬以裕孳生，若俵多而種馬有虧，必以兒七騍三搭配。不然該寺預計應俵之數，擇堪俵者，先扇之以待，亦一便也。此法行，則馬不積于無用，而空憐駿骨之收；人不苦于重役，而稍有息肩之日。恤牧之法，計無便于此者。伏候聖裁。

萬曆四十二年九月初一日題。

校勘記

〔一〕"自"，疑當作"是"。

〔二〕"明"字下，原衍一"明"字，徑刪。

〔三〕此文又見清光緒《沁水縣志》卷十一《藝文》。

〔四〕"定"，疑當作"宜"。

〔五〕"土臣"，當作"土田"。

〔六〕"乃國家財賦所出"，前應有"正額"二字。

〔七〕"情情"，當作"性情"。

〔八〕"必"，原作"火"，據文意改。

〔九〕"從"，原作"徙"，據文意改。

〔一〇〕□，字迹漫漶，疑當作"桁"。

〔一一〕□，字迹漫漶，疑當作"其"。

〔一二〕"押"，疑當作"捽"。

〔一三〕按此下原重"之心"至"目前"半頁，原文因此少半頁。

〔一四〕□，字迹漫漶，疑當作"蓺"。

〔一五〕□，字迹漫漶，疑當作"事"。

〔一六〕□，疑當作"暇"。

〔一七〕□，字迹漫漶，疑當作"無"。

〔一八〕"等"，原作"第"，據文意改。

〔一九〕"半"，原作"牛"，據文意改。

張忠烈公存集卷十

奏　疏

請罷湖税疏

爲江右疊罹水灾，湖税亟宜報罷，懇乞聖明涣發德音，以紓民困事。

臣昔年跧伏田間，從邸報中見江省大水，撫按告灾，皇上特留税銀賑恤，則舉手加額曰：“聖天子明見萬里，軫念元元若此。”比臣今歲奉命來按兹土，初抵潯陽，淫淋浹旬，即臣公署之内，浸爲行潦，而市衢隴畝間，其爲奔流積水沉淪衝決者，不知其幾矣。

亡何，而奉新諸縣報灾踵至。批行該道查勘間，臣繇南康巡歷饒州，入鄱陽之境。湖水泛溢，道路以舟，凡三十餘里，皆從圩塍間渡。民居水中，架木而棲，懸釜而爨，啼號之慘，耳不忍聞。見臣舟經過，扶老携幼，拿小舟簇擁籲訴。臣呼而問之，則云：“此地數年來，連被水灾，下達鄱湖，上達安仁，三百餘里，一帶瀰漫。往年川水來遲，尚收早禾。今歲春雨太多，暴水驟至，夏麥將成，稻秧初佈，盡被湮没，哀哀小民，何以爲生？”臣曰：“爾等棲息水面，與魚鼈爲鄰。若再添一二尺，將盡漂流，何不速去此土，逃生他鄉？”則又泣訴曰：“小民生長於斯，去將焉往？且出無路資必道殣，等死耳，與其死于異鄉，不如死于故土。”臣聞之，而爲欷歔泣下也。隨即牌行九江道賑恤去後。顧此臣所目擊耳，其所不見者尚多也。此饒陽一郡耳，其餘十二郡，尚不知何狀也。

夫江右土故磽埆，又無富商大賈，百姓惟以力田治生，一遇災傷，束手無策。臣等非不多方拯救，而倉庫如洗，無米之炊，巧婦所難。請蠲、請折，尚待勘明具奏。爲今救荒急策，獨有罷湖口稅，百姓即得蘇生矣。

蓋湖口爲江右咽喉，上通荊蜀，下接三吳。商舶之所往來，百貨之聚集。往未抽稅之前，賈客如雲，帆檣銜尾；有無交通，物無踊貴。及既設[一]稅廠，商旅裹足，民日困弊。蓋有繇然，何則？江右地狹民稠，即豐年所獲，尚不足供本地之用，一切皆仰[二]給楚中。今轉鬻不至，米價日騰，是外者不入也。本地所產竹木、陶、柏，皆粗惡之物，然猶借四方來鬻者，稍圖尺寸之利。今賈客不來，欲售無主，是內者不出也。外不入，內不出，表涸中乾，餅罍交竭，欲民無困得乎？然而，憂猶不止[三]此也。語云："獸窮則攫，民窮則亂。"今江湖亡命，烏合嘯聚，出沒剽[四]掠者，實繁有徒。臣入境兩月來，而見告者屢矣。萬一不逞之徒，乘饑荒之際，煽惑愚民，垂涎利窟，則徵榷之鐺，且將爲大盜之積。念及于此，而可不爲寒心耶？湖稅之罷，蓋不容一日緩者也。

抑臣于此而更有感焉。皇上二十餘年榷探所入者，蓋已罄山海之藏矣。其積之也，蓋將有以用之。昨遼左告急，發帑之請，僅得十萬，猶且有吝心。皇上留此將何用耶？財于天地則泉府，而于人生則血脉也。水壅而潰，傷人必多。血脉滯結，必爲瘡痍、爲痞癥，終有性命之患。故財積之久，則釀禍愈深；攘之多則悖出必捷。洛口敖倉，徒爲李密之資；瓊林大盈，祇速奉天之狩。將來之禍，臣蓋有不忍言矣。皇上儻思及此，則不惟江右之稅當罷，而天下皆當罷。不惟未徵之財勿貪，即已積之財當速發，又何俟臣言之畢耶？乃臣在江右，則言江右。目擊灾民困苦，爲請命于皇上，獨有先罷湖稅一策爾。

伏惟聖慈鑒矚，慨發仁恩，以救此方之民。臣愚幸甚，地方幸甚。臣無任懇切望澤之至。

萬曆四十六年六月初七日題。

論遼事疏

爲天人交警，亂萌已著，懇乞聖明亟圖消弭之策，以保治安事。

臣聞國家禍亂之作，必有〔五〕其萌，不徵于天，則徵于人。其徵於天者，必先告以災異，而後降以鞠訩。其徵于人者，或發難于一隅，而動搖乎率土。稽之往事，歷歷不爽。自非見端知委，杜釁防微，未有不至于覆敗潰裂者也。臣觀邇年以來，災變疊至，如牛妖、人怪、渡鼠、飛蝗，史所不數書之異，與古所不經見之蘖，駢集一時。而都城之內，往年風折門鍵矣，今年河水變血矣。咫尺宸居，豈宜有此？明明上天，顯以象告，有識之士，莫不寒心，而陛下恬然不以爲意，臣愚不得其解。豈不以內外諸臣，歲歲告災，日日言亂，而天保之茀祿彌長，全盛之山河不改，遂謂天道遠而無徵，人言繆而不驗歟？不知災屢見而應未彰者，天之所以愛陛下也；亂已成而端未發者，又天之所以驕陛下也。陛下狃其愛而狃其驕，曾不能修德修刑，知危知懼，則愛者將轉而爲怒，驕者將變而爲罰，挽回無及，而國家之事去矣，陛下尚可泄泄已耶？

若夫奴酋者，我之屬夷，世受豢養之恩，而戎索約之者也。一旦狡焉躪入，攻陷撫順，總兵張承胤提師捄援，隻騎不返，羽書告急，京師戒嚴。陛下赫然震怒，下詔征討。在廷諸臣，共奮請纓之志，同矢借箸之籌，議兵議餉，議人議法，亦既不遺餘畫矣，臣復何能贊一詞？顧臣所憂者，不在外夷，而在內地；不在邊疆，而在朝廷；不憂奴酋爲中國患，而恐中國之患或因奴酋而起也。何則？奴即黠悍，然當陷城覆軍之後，不能乘破竹之勢，長驅而窺關門，此其伎倆亦可概見。況有北關犄其後，彼能無覆巢破卵之虞？即或秋高再舉，亦不過攻掠沿邊城堡爾，似不足深患也。惟以一小醜，而欲徵天下之兵，與之爭一旦之命于疆場之外，此則臣之所大恐耳。

《兵法》曰："知己知彼，百戰百勝。不知己不知彼，百戰而百敗。"今陛下聽鼙鼓而思將師，選舉謀勇之臣，經略則起楊鎬矣，廢將則起李如柏、杜松、劉綎、柴國柱輩矣。此數人者，不知能制奴酋之死命否耶？奴酋控弦之士名曰六七萬，實亦不下三四萬，皆人人堪戰。我兵可與博鬬者，不過諸將家丁，而諸將家丁多者不過數百人，此外則部議挑選、召募、調發者也。挑選之兵，臣嚮爲保定刑官，往來三輔間，屢從校閱之後，熟知其習玩惰靡，不堪臨敵。召募所致，皆素未荷戈之徒，所謂驅市人而戰者。古今能用市人者，獨淮陰侯一人，今之爲淮陰者，誰耶？至調發之兵，未必慣戰。就使堪用，而近者千餘里，遠者五六千里，比及至遼，已困頓不支。語曰："三鼓氣竭。"況強弩〔六〕之末乎？且用兵者，必兵與將相習，若指臂之相使，而後可取勝。今以五合六聚之衆，而聽一人之指麾，耳目不習，心志不通，使之用命克敵，勢必不能。如必待訓練齊一而後用之，則曠日持久，師老財匱，又非計之得也。此臣之爲中國自料者也，而料敵則更難焉。

夫大師出塞，必期剿滅，非徒以虛聲恐喝之也。然而山川之險易，能熟諳乎？部落之聚散，能盡窮乎？懸軍而入，能無憂後繼乎？出境而運，能無憂抄絕乎？且夫突騎如飛，縱橫野戰者，夷之所長，而我之所短也。以短擊長，以勞赴逸，以客當主，無一可者，故曰難也。世宗肅皇帝時，虜屢入雲中、上谷間，殺掠不可勝計，甚至胡騎直薄都城，而不聞伸撻伐之議者，亦度不能制其命爾。且以文皇帝之神武，兵精將勇，而臚朐河之戰，五將不返，全軍殲焉，則出塞之役，奈何可輕言之也？夫封疆失事，主憂臣辱，滅此朝食，臣亦與諸臣同心，而持議若此者，臣非獨懦也。天下事謀其始，當圖其終；發其端，當窮其變。不在倖勝于一擲，而在決策于萬全。爲今日計，臣以爲且不必徵兵各省，騷動天下。但就近調發召募之衆，益以遼兵。俟經略至日，分佈諸將屯集要害，修復城堡，多製火器，練習營伍，且以固吾圉而厚撫北關以堅其敵，多行間諜以潰其黨。然後用計以圖之，乘隙而報之，期于一創犬羊，以伸中國之威，雪撫順之恥已耳。若夫絶幕空庭之事，言之可聽，而行之實難，臣不敢從臾也。

說者謂，國家西平哱南、珍播，東掃島夷，易于拉朽。以聖天子之靈，將士之力，何有于蕞爾之奴？臣以爲非可概論也。哱賊叛據孤城，楊酋死守一嶠，若釜魚檻獸，大兵四面蹙之，何慮不克？倭亦倦而思歸，非我實能破走之也。若奴之兵力，既非倭比，而雄據東偏，勾連北虜，又非哱與播比。且三方之役，失亡士馬，靡費金錢，不可勝計。今止議兵十萬，議餉三百萬耳。尚且搽括難足，户、兵二部束手無策，不知此兵、此餉果遂足了此役耶？萬一不足，兵又于何處調補？餉又于何處那借耶？兩敵相當，無兵無餉，得中止耶？勢必將加賦、選丁，動搖天下。臣所憂大患因此而起者，政謂此也。

雖然，此較量于利害之間，而非制勝之本也。語曰："天子有道，守在四夷。"又曰："能治其國家，誰敢侮之？"陛下則誠有道之主也，而今之國家治耶？不治耶？陛下深居高拱，置天下于度外，即邊疆大事，亦且有留中不報者。而内帑山積，尚惜朽蠹之餘易戰士之命，則誰肯爲陛下出死力者？東宮輟講，幾更寒暑，而屢請屢格，終不舉行。皇長孫英茂之年，正宜出就外傅，陶養睿質，而曾不置念，貽謀燕翼根本之計，謂何以致？政本單虛，閣臣以一木支廈，而枚卜之不行如故也。九列晨星，強半代署，而大寮之不補如故也。臺省空虛，守候諸臣，困頓旅邸，而考選之不下如故也。漢廷有一汲黯，而淮南寢謀。宋相司馬光，而契丹相戒不敢入寇。則今日禦侮之方，用人非第一義耶？臣又聞，昔人有云：「平居無直言敢諫之臣，則臨難無仗義死節之士。」若臺臣劉光復者，忠貫白日，名高折檻，而尚使之幽囚圄圄之中，又何以激天下豪傑之氣哉？此臣所謂「不在邊疆而在朝廷者」也。

陛下試深察天人之變，亟維社稷之計，□〔七〕德省咎，行政聽言於臣，所謂儲講、枚卜諸事，一旦慨俞，宸衷一轉，天心助順，神氣自張。奴酋小醜，叩關請罪之不暇，尚敢逆我顏行哉？臣愚不識忌諱，杞憂切念，冒昧陳言。伏惟聖明采擇，并敕下部覆議施行。臣不勝戰慄待命之至。

萬曆四十六年六月初七日題。

再論遼事疏〔八〕

為奴酋罪在必討，廟算當出萬全，謹抒末議，以備聖明采擇事。

臣頃者「天人交警」一疏中言遼事不宜輕戰，非諱戰也。蓋謂戰非難，戰而勝為難〔九〕。必先勝而後可戰，若戰而不勝，不如無戰。此臣愚鰓鰓過計也。然亦意奴已還巢，或俟秋高再舉。近接邸報，又見其突入衝邊，攻陷三堡，勾連北虜，所在告急，全遼之勢，岌岌將危。夫遼危則薊危，薊危則京師危。此時撻伐之議不再計而決矣。顧戰危事未易言也。必選能戰之將，練敢戰之兵，備堪戰之器，而後可以戰。語曰：「將不知兵，以卒予敵。」今所用李如柏、杜松、劉綎諸人，雖皆身經行陣，累立戰功。然止遏小醜，未當大敵。奴酋狡橫多智，老於用兵，此亦勁敵，未可輕也。不知諸將中，誰可當奴酋者，宜令經略楊鎬分別上請，孰堪前鋒，孰堪中權爲翼，使各領一軍，總聽經略指麾。其偏裨以下，必選有膽略慣戰者充之，或取之廢棄，或拔之營伍，無拘常格，便宜題補。見任將領，若紈綺子弟，文墨書生及庸懦昏愚者，亟宜汰斥。更宜敕諭兵部移文各省，招募材勇，果有驍雄出衆、智略過人者，聽本部官司驗實，量行資遣，于軍前效用。四海之大，豈無赳赳干城伏在林莽？必有窺左足而應者，此亦選將之一策也。然而，有能之將，無制之兵，亦不可戰。今之兵，可謂無制之極矣。平居操演，原同兒戲，坐作進退，尚不成行，及遇虜入寇，不過遙爲聲援，相離數里，早已箚營，前挑壕塹，預放鎗炮，使虜不蹂躪便爲上策。迨其出邊已遠，方敢追躡，拾取餘簇、疲馬以報擄獲。敢有覿面衝鋒、以一矢相加遺者耶？即如近日援遼之兵，曾經挑選，然出關者如赴湯火，在道者已多逃亡。此輩未遇虜而膽已裂，一當行陣，非抱首而奔，即俛首受刃耳。所謂有兵之名，無兵之實，即幾千幾萬，將焉用之？徒費國家金錢耳。近見經略議，調選延綏諸路家丁，似爲得策。今各邊無事，且以援遼爲急，仍宜懸厚格募敢死士，若得數百人，便可當脆卒數千之用。至練兵無他奇術，惟在信賞必罰，法令嚴明，使士知進生退死，寧死敵而不死法，自然如山之不可撼矣。若中國長技所恃以制虜者，惟在火器。蓋以我之戈矛，遇虜之騎射，固十不當一。以虜之騎射，遇我之火器，亦百不當一。使撫順諸堡火器夙備，連發不斷，夷必不能陷城。爲今日計，勿惜小費，多置火藥、火器，即本地不產硝磺，第委官于近畿收買，倍高其值，商人〔一〇〕趨利如鶩，數百萬可以猝致。火器具備，教習得法，戰可以摧敵之鋒，守可以堅我之壘。善用兵者，以長擊短，政此之謂也。乃其大要，又在明功罪，重事權，何則？今日之將驕卒惰而不可用者，繇于法令不行；而法令不行，繇于事權不重。權輕法玩，則經略不能制大將，大將不能制偏裨，偏裨不能制卒伍，此敗道也。況杜松輩，皆以宿將並起，勢不相下，不有以制馭之，非軋而爭能則妬而潰事，不可不慮。臣愚謂必得天語嚴切責成楊鎬，使之約束諸將，如臨敵不用命者，偏裨以下以軍法從事，大將即奪其軍，列狀奏請，如是既可作其敵愾之心，又可抑其跋扈之氣。即有崛强不可使者，不敢不俛首奉法矣。昔李光弼與僕固懷恩同爲大帥，河陽之戰，懷恩少却，光弼即命取其首，懷恩死戰，卒能破賊。經略初出關門，亦旌旂變色之時，再假以陛下威靈，行法益易，將士用命，未有不克捷者。倘其用法偏私，則臣等操白簡以議其後，必不使軍中之法行而朝廷之法不行也。顧後來之法令宜明，而目前之功罪尤宜核。目前不核則人無勸懲，法終不行。張承胤身爲大將，不量而進，喪師辱國，一身之死，豈能贖萬人之命？而其子猶妄請優恤，曾未聞覆軍之將得徼褒贈之恩也。梁汝貴、頗廷相突圍而出，見失主將，復陷陣以死，一腔忠勇，甘蹈白刃，宜加優恤。其陣傷而死者次之，如全未受傷者，非臨陣處後，即見敗先逃，當亟斬之轅門，以爲不忠不勇者之戒。李維翰身任封疆之重，平時既設防不周，有事又束手無策，縱不逮治，亦當鐫職。乃明旨僅令回籍聽勘，則何以正失事之罪，示將來之鑒乎？總之，功罪明而後法令可行，法令行而後將士用命，克敵取勝，必繇于此。如使循姑息之故習，守邊疆之舊套，玩而無威，亂而不可使，即將卒如雲，亦何益于勝敗之數哉？

臣遠在數千里外，邊疆事宜不能盡悉，亦據邸報所傳者，以臆度若此，一得之愚，知無裨于盈廷之議，然亦區區杞人之憂也。至于急糧餉以備轉輸，修險要以防侵越，簡京營以固根本，則公車之章已滿，無俟臣之贅矣。如果臣言可采，伏乞敕下該部覆議施行。臣愚不勝激切待命之至。

萬曆四十六年六月二十六日題。

糾劾[一]橫宗鼓譟疏

爲橫宗借事鼓譟，凌辱憲臣，大傷法體，懇乞聖明立賜乾斷，重加懲創，以肅紀綱，以杜亂萌事。

臣奉命巡按江藩，入境之初，咨訪地方利害，即知省城諸宗驕縱不法，實繁有徒。呼朋引類，橫行市井。管理不能約束，有司莫敢呵問。已有尾大不掉之形，漸成養癰必潰之勢。臣于是嚴行禁約，諭令自新，拿其黨惡市棍夏國登等數十人，悉置之法。仍令司道不時訪挐，剪其羽翼。

比臣今歲正月內，巡歷吉安，按察司又揭報惡宗統高、謀祿及黨棍李二等事迹。方在究治間，突聞省宗有變，鼓譟臬司，即行牌布政司禁戢，并查訪首惡去後。隨據按察司署印副使魏濬呈：爲諸宗無端鼓譟，恃衆擁入憲司，大肆凌脅，有傷憲體事。職蒙委署司印，本月十七日投文時，一人高聲喊鬧而入，門役不能止。職見其戴舊氈小帽，衣舊布袍，口中嚷嚷，不知所言何事。索狀無有，旁觀錯愕，意必市井刁悍，因叱責之。始言係是宗室，遽命止杖。詢之，則云："父被二庶宗打倒在地，倉卒口急，不能詳語。是我自錯，但乞作主。"職差二役，隨往拘審，久之未到。至未時分，乍聞宗衆聚集，街巷誼嚷。細訪之，始知告者其名謀坒，而所告者，則多燩、多粍也。于是惟知處誼鬧藐法之告人，豈期有破帽舊衣之宗室？職生平行法平恕，恥爲苛礉，此際情境，本宗自知最明，故當衆嚷之。時與其父若兄，挺身勸解，返被毆擊，諸宗遂沿街鳴鑼集衆，擁至按察司大門，內外譁呼不止，向晚闌入司堂，擊鼓誼囂，橫口肆詈，打坏公座。吏書、衙役及守宿官兵，四散走匿。更鳴時分，尚不肯退。兩府管理親來戒諭，亦被訶詈而去。巡、學二道委曹同知，親至堂上諭解。既而撫臺命中軍官執牌曉諭，方以漸引去。竊思謀坒之來，既不以宗室自表，本道之處亦豈因宗室生憎？推原其故，因職近詳庶宗統高父子送府墩鎖，又訪幫惡李二等，發張推官廉實，呈詳本院行究，諸宗忿恨，適與事會，鼓浪乘風，一揚百沸，遂不可止。竊炤江省久苦橫宗，至此已極。無親王之統拑，分屬不專；多從逆之餘魂，種性難改。攫金乎市、禦人于途者，往往見告，道路側目，士紳掩户。即宗室中之賢達善良者，亦每遭其齮齕，何論凡庶？職備員臬寮，見署司印，秉法制橫，乃其職分。今處一橫行屢犯之羽翼，遽懷怨毒。治一褻衣無别之宗人，輒與大難。將使法紀盡淪于地，宗焰上熏于天，勢日益張，安所底止？事出駴異。密詢，係爵宗數輩鼓倡，孽庶繼以號呼，其間宗親、僕從、幫協、市棍，實繁有徒。雖釁起謀坒，自知悔過，退藏斂迹，然囂凌之聲，徹于都邑，法紀之地變爲鬨場，將來司憲者，何以秉持三尺？可容蔑憲干紀一至于此？理合據實呈報等因。該臣批，謀坒青衣小帽，突入公庭，不通名字，倉卒之際，何繇辨其爲爵宗？即受朴責，亦所自取。而諸宗乃敢鳴鑼糾衆，數百爲群，鼓譟狂逞，打毁公座。憲司何地？可容此輩橫肆也？法紀凌夷于斯極矣。閱詳令人髮指，該司即嚴查首惡數人，五日内速報本官。隨即具文乞休，臣兩批慰留，乃本司以憲體已傷，誼不受辱，遂將司道印送巡南道，移駐境上。布、按二司訪實倡首各宗爵名，開報到臣。

該臣看得，國家之所恃以立者，惟此紀綱法度，固不可以懿親廢，不得以强橫撓者也。而按察司號爲外臺，又紀綱法度所自出，戢暴抑奸，于是焉在。必有凛然不可犯之法，而後禁令易行；必有截然不可褻之體，而後彈壓始重。若以一事之微，一時之誤，而强宗悍衆，遂得以凌轢而詬誶之，則紀綱法度蕩然無存，所關于國家治亂之幾者非小也。謀坔以褻衣投愬，口期期不了。該司未詢來歷，叱而責之，蓋亦懲刀太過，無心之失。在謀坔已自認錯矣，諸宗有何傷心之痛？而鳴鑼集衆，至數百人。□□讙譁，填街塞巷。闖入臬司，鳴鼓公堂，打毀公座，橫嘗狂逞，管理勸之，而反被辱，府官解之，而不能止，及撫臣遣中軍執牌傳諭，始漸次解散。至次日，而仍聚衆狂謀，口不擇音，如此景象，真同夷虜，豈清平之世所宜有哉？

雖衆號數百，難以盡法繩之。然一呼百應，倡首有人；攘臂當先，稱雄有人；平日肆毒于市井，而此時咆哮于公庭，乘隙洩忿有人。問："誰鳴鑼？"則弋陽王府輔國中尉統鉥也。問："誰出帖？"則樂安王府奉國將軍謀墱也。問："誰召號？"則建安王府奉國將軍多鯨、宜春王府庶宗謀坔也。有以魏濬爲當斬、又打毀管理肩輿者，爲宜春王府奉國中尉謀殼。有沿街遶署呼名大罵者，爲樂安王府鎮國中尉統鏷。有翻倒公案率衆打毀者，爲石城王府鎮國中尉謀壜、瑞昌王府奉國中尉議渡。其餘鼓煽狂逞，則樂安等王府庶宗謀越、謀趰、謀鷳、謀寶、謀塩、謀暚、統鑻、統正、統祥、統鎔、議湛、鳳哥等，此輩綽號"海龍王"、"五閻王"、"鐵布衫"、"鐵掃箒"之類，皆平時著名惡宗，南昌之人恨不得食其肉，而寢其皮者，是皆罪之魁也。

蓋各宗生成豢養之習，既逸居而無教，自恃天潢之派，又橫目而誰何。平時作奸犯科，各懷不逞之志；一旦乘機借隙，遂發大難之端。千人成群，兩日方解。金鼓騰于通衢，誼譁環于公署。憲司何地，可容蹂躪？憲臣何官，可使凌辱？履霜有戒，長此安窮？及今不一大創，恐逆濠之變再起于江藩，而楚宗之亂又見于今日也。

伏乞皇上敕下部院，將爵宗謀墱等，庶宗謀越等，查例從重議處，以正國家之法，而杜將來之禍。其僕從、市棍，容臣等徑行拿究。若各府管理，是鄉所選擇，而使令之鈐束諸宗者也。乃既不能禁約于平時，又不能解紛于倉卒，則用管理何爲？臣以爲均當罰治，内宜春府管理拱李，久患癱瘓；弋陽府管理多燦，年逾八旬，老病奄奄，望輕人玩，速當更易，別選賢者代之。多燐、多芅違例謀封，逼兄出結，且肆歐辱，釀此大變，亦宜併懲。

至副使魏濬，真品清修，久孚輿論，三年考績，又有成勞。偶爾事出無心，變生意外，受侮既多，拂衣遂決。在本官愛惜名節，因不難翛然長往。然惡宗一謀而去一秉憲之臣，若發蒙振落，則益長其囂凌之心，而後來者將倒三尺而授之矣。臣以爲本官當循資升調，未宜徑予休致，非爲濬一人惜，爲國家之紀綱惜也。

抑臣猶有□憂焉。蓋江右宗藩，今日之事驟發而變小，異日之事遲發而禍大，則以宗禄之難繼故爾。查江省秋糧，内止禄銀九萬六千一百四十餘兩，嗣後節將各項改抵禄銀五萬六千七百七十餘兩，總計之止一十五萬有奇。今歲支至二十萬六千七百六十餘兩，浮額者幾六萬矣。鄉來藩司東那西借，勉强支持，至于今而那無可那，借無可借。去歲年終，應散兩季禄糧，藩司卒無以應，諸宗環門號擁，已有變徵。過此以往，名封日益，歲禄漸增，而帑藏已竭，既無天降之財；貧瘠之土，斷無加派之理。至于無所措處，諸宗貧困無聊，急不能待，其勢必至于釀亂搆禍，決裂難收。爲今日計，思患預防，獨有限禄一法，可以善後。

臣查十八年間，經科臣萬象春條陳，禮臣于慎行議覆，此法已行于周藩矣，豈獨不可行于江右耶？請斷自今歲宗禄爲額，以後即有加封，總于數内通融均給。而臣等再查有可以抵禄者，湊補足數，則哀多益寡，在藩司既不苦于無米之炊，而挹彼注兹，在諸宗亦相安于有限之數，順導均平之欲，逆銷爭奪之萌，法無便于此者。若以爲祿額有定，而生息無窮，宗支日益繁衍，則宗祿日益削薄，非以廣朝廷親親之仁。臣謂此不足慮也。蓋今日封爵之多，非盡螽斯、麟趾之繁庶也。其以冒濫得者，往往有之。同宗以□害無關，亦相容隱。若祿額一定，多一人之封，則減一分之數。倘有花生、傳生之輩，朦朧請封者，諸宗恐分其利，必不相容，將群起而攻之矣。如此則冒濫難，竊封爵自少，又何虞于削薄耶？然而清冒濫之原，又在復名封之制。查得《宗藩要例》，凡報生、請名、請封，俱繇長史、教授結勘，明白申報。巡撫衙門轉行，布政司覆勘無碍，按季類奏，法至詳且善也。自萬曆三十二年，禮部條陳簡便之法，止用報生一結，而報生之結，又單以五宗爲據。夫五宗亦何可據也？有以賄而求者，有以情而暱者，有以勢而挾者，且彼各爲其子孫異日之地，互相容隱，誰得而問之？而王府書據，惟利是視，□□有暗結具奏、併五宗亦不知者，禮臣第知爲簡便爾，豈知流弊至此極乎？

夫奪撫臣之事權，而專予之王府，以藩司爲不足信，而取信于五宗，臣未可其可也。據其初意，不過謂多一結則多一事，爲諸宗惜費耳。然使其冒濫一奉國中尉，則歲支六十餘金。等而上之，至鎮國將軍，則歲支二百五十餘金。此視所費，孰重孰輕，孰多孰寡？人謂禮臣不識大體者，此類是也。

臣查江省三藩，萬曆九年間，總計將軍、中尉、夫淑人六百三位。至今三十餘年，而食祿之宗，幾一千八百位，豈盡皆應封之人耶？蓋繇稽查之目疏，保結之法廢。院司無報生之案，名封無覆勘之人。是以年月任其那移，生死惟其代頂，或嫡生殤而以庶生代之，庶生殤而以婢生、花生代之。又或匿已殤之子而待將來之胎，甚或以乞養之兒而亂天潢之派，諸如此類，尚難盡舉。

臣自抵江藩，屢見揭告如此，則封爵安得不多？歲祿安能繼也？部議以爲止責成五宗，如有虛冒者，將本宗降級，五宗罰革禄糧。然自行之數年以來，豈無虛冒？何嘗見參罰降革一人耶？又以爲可省府役誆騙、部役揗索之弊。然臣聞誆騙、揗索，日甚一日，何嘗見省耶？臣以爲宜復舊制，凡報生、請名、請封者，仍令長史、教授取兩鄰收生人等保結，縣巡撫衙門題請，而當請名封之年，必縣布政司親驗其年歲，果與報生相符，然後呈詳撫臣具奏，則欺隱無路，□〔一二〕濫必清，是亦補偏救敝之一術也。

此二議者，皆窮則變通之時，亦防微杜患之策，臣故因悍宗之變而并及之。至于庶宗犯法，與齊民一體究擬，明例具在，而江藩向格不行，遂養成桀鷔，無所忌憚。一以三尺繩之，則群譁而起，法未行而體已傷，必得明旨申飭，有司方可奉行。而奸生、花生、傳生、乞養之輩，亦溷名宗室，呂牛莫辨，螟蛉亂真，豈不汙玉牒而辱天潢？臣以爲宜通行各藩查實，盡令復其本姓，不許溷稱庶宗。而江藩從逆子孫，亦宜削其屬籍，隸于齊民，所謂非其類者鋤而去之，稂莠除而禾嘉自茂，亦宗藩中守法循理者所深願也。

如果臣言可采，伏乞敕下該部覆議施行。臣愚不勝悚息待命之至。

奉聖旨：該部院知道。

萬曆四十六年□月□日題。

糾駁經略疏〔一三〕

爲遼將死事不同，臣疏持議非刻，謹再剖明，以質公論，以祈聖鑒事。

頃接邸報，見遼東經略楊鎬《報清河亡失疏》中有云："以張承胤之死，已蒙賜恤者，尚有臺臣之駁。"其言蓋指臣也。臣先是疏論遼事，內有"張承胤喪師辱國，不宜褒贈"之語，臣何讐于承胤哉？蓋引《春秋》之義，以責覆軍之將爾。而鎬遂借臣言，併欲没鄒儲賢、張斾死節之忠，則臣實不得其解。

蓋死一也，而所以死者不同：有力屈而死者，有潰敗而死者，有慷慨仗義而死者，有窮蹙喪元而死者，有死而繫綱常之重者，有死而貽社稷之羞者。承胤于此數者，何居乎？

承胤不知奴之佯遁以誘我，而輕進取敗，是謂無謀。猝與敵遇，方始分營，行列錯亂，敵遂得而乘之，是謂無法。古尚有張空拳冒白刃者，承胤率數千之衆，不能竭力死戰，而束手待斃，是謂無勇。然則承胤之死，亦何足惜？所惜者，以無辜卒旅而委之鋒鏑。至今白骨成丘，殘兵泣遼水者，伊誰之咎也？臣請借往事爲喻。趙括長平之役，其母請免從坐，則是敗軍之將，法且戮及其家，未聞優恤也。好水川之敗，任福揮四刃鐵簡力戰而死，而韓琦自表貶秩，不聞爲福請恤也。承胤之子，何以獨異于趙括之母？而爲鎬者，豈以韓琦爲不足法乎？

大凡論功罪者，必以朱子《綱目》爲準。《綱目》書死之例有三：曰死之，曰戰死，曰敗没。死之者，予之也；戰死者，功罪半也；敗没，則直貶之爾。若承胤者，固當在“敗没”之例者也；執此以定功罪，則承胤之死，宜恤乎？不宜恤乎？總之，臣只以“喪師辱國”四字，定承胤之案，恐千萬世而下不能易也。若張斾果以力戰而死，鄒儲賢果以罵賊而死，即羅士信洺水之忠，顏杲卿嘗山之節，詎能過之？而鎬妄引臣言，責以不能全城之過，則謬甚矣。

鎬，智人也，豈不辨此？然而爲此言者，臣知之矣。鎬蓋欲加臣以掩抑死節之名，謂上負聖主褒忠之典，而下解將士效命之心，因臣之一言起也。夫臣不嘗謂梁汝貴、頗廷相之當優恤乎？臣何嘗過責于死節者乎？至謂已蒙優恤，臣尚駁之，則臣發疏之時，固不知已有明旨也。且使臣言不謬，則以是非之公，佐聖明刑賞之用，亦職分當然，何遂當緘口結舌哉？鎬之詞若無意而暗伏深機，知二臣之節必録，而故謬其辭，怒臣言之相左，而陽引爲證，其用術亦巧矣！而所以加臣者，亦至矣。臣實饒舌以自取此，若鎬果能制奴酋之死命，則臣方且翹首摧陷之功，以爲社稷稱慶，鎬又何必介介于臣言哉？然而臣自用臣議，鎬自用鎬法。坐營[一四]敗死，而歸咎身肥；援將逗遛，而及于寬政。鎬之用法如此，又何怪以臣言爲非也？鎬方受事行間，肩荷重任，國家安危實倚賴之，臣亦何敢求多于鎬？但鎬不當自恃其智，以機鋒中臣。臣不得不爲剖析，若鎬借臣言而圖爲脱卸之地，則臣罪滋大，臣從此絶口不談遼事矣。臣無任悚息待命之至。

萬曆四十六年九月二十九日題。

遼師潰敗陳備禦之策疏[一五]

爲遼師潰敗，國勢可虞，敬陳備禦之策，懇乞聖明采擇，以固根本，以保萬年治安事。

自奴酋發難，舉國張皇，興師動衆，至竭天下之力，與争一旦之命，臣曾言其不可，亦自謂迂而無當也，乃今不幸而驗矣。楊鎬本大言無實之徒，杜松一匹夫疾視之勇。而廟堂之上，信之爲韓、白，倚之若長城，若謂非此兩人不能辦賊，而今竟何如？

方鎬之初出關也，臣見其舉動鹵莽，心竊訝之。數月來，坐費金錢，一籌莫展，僅僅以掩襲虛報首功。臣尚意兵事尚密，或者鎬計畫已定，俟時而發。即鎬亦自謂機難預泄，似乎意思深長者。及得分路進兵之報，臣乃撫案而嘆曰：“鎬不知兵，亦至此乎？”夫兵分四道，聲息弗通，捄援不及，一敗也。懸軍深入，兵無後繼，易于抄絶，二敗也。山林險阻，易進難退，不諳地形，三敗也。身不臨戎，而委之監軍，道將頡頏，難施節制，四敗也。兼此四敗，不待兩敵相當，而已知其無幸矣。杜松自往送死，失一匹夫，有同腐鼠，亦何足惜？獨惜以數萬生靈之命，而付之一擲，楊鎬誤國之罪，可勝誅哉？嚮惟賞罰不明，祀覆軍之張承胤，寬失事之李維翰，是以人心不振，法令不行，致有今日。若不斬楊鎬，則東事尚未可知也。明旨乃止令策勵供職，而鎬尚請盡發四鎮大將出關。天下事豈堪再誤哉？議者或謂：臨敵易將，兵家所忌，卒無可代鎬者耳。如必求不世之略，若留侯、忠武固誠難其人，若但求才智過人、可以御諸將、安邊境者，恐自不乏。原任兵部尚書田樂，臣未識其面，然臣嘗巡歷西塞，見其恢廓松山及西寧戰功，有古名將方略。如其精力未衰，方叔壯猷，尚可當閫外之寄。而原按遼東御史熊廷弼，才略無雙，策遼事于數年前，如持左券，若用之遼，輕車熟路，尤易見功。諸將中若甘肅總兵李懷信者，姿貌魁秀，膽智沉雄，結髮從戎，屢經血戰。臣向在臨洮，與談兵事，察其可用，曾與科臣趙興邦言之，科臣亦以爲然，臣謂懷信可當一面也。此皆舉臣所知耳。在廷諸臣識鑒百倍于臣者，不知幾何。皇上詔令各舉所知，必有應者。豈祖宗培養二百餘年，而無可備緩急之用者哉？

　　然此猶爲遼言也。今日之事，憂不獨在遼，而在京師；計不獨在守封疆，而在固根本。使奴無大志，僅僅攻掠遼左，但敕諸臣固守勿戰，保無他虞。若其乘勝擣虛，直窺關門，則人心動搖，患且不測。蓋從山海達京師，無名山大川之限，虜騎可以長驅。京師守備，無一可恃。若不早計預圖，至臨時束手，則天下事去矣。臣謹陳備禦數款：

　　一曰簡京營。京軍名雖數萬，冒糧買閑者居多。其在營者，又皆厮養市傭，無論脆弱，不堪〔一六〕臨陣，即荷戈登陣，亦不可使。請敕京營嚴查，缺者補，弱者汰，別招精壯充之。

　　一曰募死士。燕趙古稱豪窟，豈無擊筑屠狗之流？即長安惡少，什伯爲群，不急收用之，一旦有事，且將內亂。宜募爲一軍，優其月餼，與家丁等，分統以謀勇之將，時嘗閱校，以備衝擊之用。

一曰嚴門禁。奴多奸細，宜備非常。九門請各用兵部官一員管鑰，御史一員巡視。移駐信地，免其朝參入署。仍多撥官軍，防禦譏察[一七]，即隸于巡視臺臣。皇城禁地，尤宜加謹。嘗以科臣一員宿直，官兵旗校，盡皆精簡，勿容內臣占役。罷內市，停大工，禁行人，以防奸宄出入。

一曰修城池。京城百雉，可恃無恐。或有樓堞損壞者，亟宜修葺。往歲挑塹之役，工未及半，且聞狹而可越，速當倍浚深闊，以壯金湯。

一曰備器械。臣嚮見京營兵應操者，手持白梃，身無片甲。即內庫兵仗，久已朽鈍。其各省解運弓箭、腰刀，內臣索足鋪墊，一概濫收，聞無一堪用者。宜速下該部，開局打造。不如式者，以軍法繩之。火器、火藥，尤為緊要，不妨多置。其餘一切城守之具，皆當夙辦，以備不虞。

一曰調邊兵。京兵即募，未便練習。且人情久玩，驟用實難。宜于宣大、延綏、甘肅諸鎮，各調精兵數千，入衛畿內。真保各營，亦量簡赴京。至則與新軍相雜，分駐各門，以備戰守。

凡此皆書生嘗談，亦杞人過慮。然寧使備而不用，毋使用而後備。

至近京一帶，城池、關隘，皆當急為修築。挑選民兵，置造器具，不可少緩。而急下招選之詔，以致林藪之才；大破拘攣之格，以開豪傑之路，又今日第一義也，然其本則在皇上一念之轉移爾。聖心一轉，而臨御召對，發帑用人，則神氣立張，兵自精，餉自足，天下事不足慮也。聖心不轉，而叩閽不報，請帑不報，補大寮、用言官不報，則神氣終索，即日言備，日言守，天下事不可為也。

臣度皇上之心，毋亦以奴方在遠，諸臣故以此恐喝要求，遂執之彌堅耶。安禄山起漁陽，曾幾何時而遂破潼關，玄宗倉皇入蜀。若非靈武之留，兩京幾不可復。宋家議論未定，金兵已過汴河；靖康南渡，中原遂淪于左袵。此非萬世之烱鑒哉？

夫以金甌無缺之天下，一隅小警，臣何敢爲此不祥之言？然以天時、人事觀之，必當有變，若不在外，亦必在内。而皇上悠悠泄泄，略不動心。縱不爲四海蒼生計，獨不爲九廟神靈計耶？縱不爲萬年社稷計，獨不爲皇上一身計耶？

言至此，皇上當憬然悔惕，不俟臣詞之畢矣。若遼事決裂至此，收拾敗局，爲力倍難；再差一着，滿盤盡亂。臣計李如柏所統及馬林敗卒，與川兵尚可五六萬，遼兵或仍有一二萬，戰雖不足，守猶可支。但當謹守各城，且固吾圉。若以捄敗之急着，再舉僥勝之忿兵，更議調發，騷動天下，臣恐變不在奴，而在蕭墙之内也。是在當事諸臣慎圖之。臣奉命在遠，一腔熱血，恨不得碎首玉堦，敢竭其區區之愚如此。詞甚危，而情甚迫。伏祈聖明留神省覽，采納施行。臣愚不勝戰慄待命之至。

萬曆四十七年四月初三日題。

請更招兵疏

聞遼事雖已決裂，根本不可動搖，懇乞聖明，速更招兵之令，以安人心，以杜亂萌事。

臣接邸報，見兵部《遼事危急》一疏，請於北直隸及山東、河南、山西、陝西四省，招兵入衛京師，竊嘆以爲失策。無何，而奉有俞旨矣。聖意淵深，慮京兵單弱，召募勇敢，以備緩急，此自先事預防之計。然臣以爲今日之患，不在無兵而在無人。即如邇者，遼兵數萬不爲不多，而一敗塗地，則以用之非其人也。且兵取之營衛，則調發易辦；而取之郡縣，則騷擾難堪。北方風氣剛强，雖多驍果，然亦惟沿邊郡邑與虜鄰者，習聞戰伐，膽氣粗壯，可以即戎。若腹裏百姓，耳不聞金鼓之音，目不辨旌旗之色，小有寇警，猶恇怯不前，況敢當大敵乎？雖其中任俠輕生、願效死疆場者，未必無人，然止可聽之自投，不可強之赴難。今部議每州縣定四十名，即取數甚少，而徵發之命一下，報選拘捉，□無安家。以荷鋤負畚之夫，使之赴湯蹈火，斷不敢前。有司束於功令，勢必催迫上道，小民畏死，非聚而拒捕，即逃而爲盜。此時草澤奸雄，乘興而動，鼓造訛言，扇惑衆志，恐大難之端將從此起矣。二萬兵濟何事？而搖動半壁天下，何勿思之甚耶？夫國家營衛，棋布星列，未嘗無兵也，其人亦未必盡不可用也，顧簡練何如爾。誠令拔十得三，統以材勇之官，給裝遣發，猶簡而易集。如以營兵各有防守，衛餘多係老弱，恐抽簡不足，計必出於召募。臣請差科臣或部臣，分往各省募之，毋拘定數，願應者聽，不願勿強。既可得驍敢之士，又可免騷動之虞，法莫便於此者。臣前疏“招選”之説，意蓋若此耳。

　　至京營之兵，三尺豎子亦知難用。然平日既竭民力以養之，而有事又用民命以代之。朝廷歲糜餉百萬，豢此輩何用乎？臣以爲，亦緣立法未善，統馭非人所致也。勛臣生長貴近，既不知兵，諸將又多以平常者内轉，望輕法廢，威令不行，積習相沿，驟難振作。宜敕兵部擇其庸懦者，盡行汰革，別推就近有才勇者補之。至協理大臣有任甚重，薛三才清謹有餘，經略不足。嚮者東事初起，三才倉皇失措，用非其人，致釀今日之敗，尚可付以緩急大事哉？大抵今時之弊在推諉縮朒之風成，而擔當認事之人少；顧惜體面之意勝，而急公忘私之誼微；拘文牽俗之議多，而破調更弦之力怯。大臣游優循默，以鎮静之名蓋其規避之實；小臣流連徵逐，以養交之念奪其憂國之心。泄泄沓沓，痿痺之證已成。而皇上又外距中堅，略不省悟。緣今之道，無變今之俗，恐解瓦之形，便在目前，何用紛紛召外兵乎？臣愚不識忌諱，敢竭肝膽。伏乞聖明裁督，敕下該部施行。臣不勝悚息待命之至。

萬曆四十七年四月十三日題。

請振國勢杜亂萌疏

爲朝政日弛，宸衷未轉，懇乞聖明急奮乾剛，以振國勢，以杜亂萌事。

臣惟國家之治亂繫於紀綱之存亡，而紀綱之振始繫於主心之勤怠。主心勤則精神奮而綱紀畢張，無論臣民奉法，即外夷小醜不敢起窺關之志，此治象也。主心怠則精神萎而綱紀盡隳，無論戎狄生心，即悍卒強臣且將有逆節之萌，此亂徵也。

試觀今日之國家，治耶？亂耶？今日之紀綱，振耶？弛耶？而皇上之心，勵精耶？倦勤耶？皇上深居日久，身既與天下不相習，而天下亦若與身不相關。視天下事，無可一理；視天下人，無一可信。下見爲急，而上偏見爲緩；下爭之彌力，而上持之彌堅。是以國家無事不廢弛，無人不淹滯。而目前急務，又無大於枚卜、考選者。枚卜之請，閣臣叩閽月餘，而後得報，斯已奇矣。及廷推已上，又復杳然。即云“考慎其相”，不應若此之遲疑也，考選諸臣困頓已極。嚮云陸續點用，而箴未□〔一八〕下矣；嚮俟冊封差遣，而今又改期矣。不知皇上何以厭薄言官，抑扼諸臣，亦至此也。

夫輔弼者，皇上之股肱，而言官耳目也。無股肱、耳目則不成爲人，無輔弼、言官而得成爲朝廷耶？皇上試一思之，贊襄者，誰之機務？補捄者，誰之闕失？扶翼而安全者，誰之社稷？人民而可若有若無置之也？若今日之紀綱，則廢弛之極矣。宣府不急徵調，而反搆脫巾之呼；楚兵中道潰歸，而竟廢司馬之法。此則皇上何以號□〔一九〕天下耶？至如李如楨，雖縣金吾策遣，然以總兵出，則總兵也。總兵而行總兵之禮，非屈也，朝廷之法也。如楨井底之蛙，妄自尊大，過山海則不見總督，抵遼陽則不禮經略，是其目中已無二臣矣。夫其輕二臣，非輕二臣也，輕朝廷也。何物紈袴之子，敢萌跋扈之心，豈謂尚方之劍不利耶？夫將雖以謀勇爲先，然必忠而有禮，始可事上而御下。如楨之謀勇，臣未之聞，乃無禮不忠如此，豈勝推轂之選乎？萬一臨敵之時，行其傲上護前之意，令之而不從，招之而不應，則杜松之覆轍又將見矣，可不爲寒心哉？且用如楨爲遼帥者，以繫遼人之望，而緩奴酋之入也。臣以欲剿奴酋必不當用李氏，用李氏而奴終不可破滅，恐其緩挾之以爲重，而急與之爲市也。欲安遼土亦不當用李氏，用李氏而遼終不得安輯，恐遼人惟知有李氏，而李氏不知有朝廷也。今雖名將難得，若如楨兄弟者，自不乏人，何必專在其一門耶？

抑臣于是而嘆用人之難也。即如劉相，本一書生，無他奇略，而過情之口，附溢虛名，遂蒙特拔，是以軍旅爲戲矣。相自量甚明，已具疏控辭，或猶疑其委避，然實非疆場之任，臣亦不敢爲勸駕也。

臣巡歷在外，職業未修，何樂饒舌？連接邸報，見夷難未靖，而聖心已寧；國威未張，而國法先廢。治亂之機，關係不小，是以鰓鰓竭其狂愚，伏乞聖鑒采納施行。臣不勝悚息待命之至。

萬曆四十七年七月初七日題。

請減派疏

爲民窮已極，加賦無已，懇乞聖明深維根本至計，亟命減派，以恤民生，以杜亂萌事。

臣惟自古國家之亂，或起于戎狄，或起于叛逆，或起于盜賊，然必有所緣起。亂所緣起，不過曰："民窮財盡而已。"今日之象，毋乃類是。國家自有奴患以來，軍興煩費，司農束手，不得不履畝加賦者，勢也。然亦當斟酌輕重之間，務留不盡之意。乃叁釐未已而七釐，七釐又未已而九釐矣。夫此羸者民也，其何以堪？皇上固不知域中貧困之極也，豈諸臣亦不知耶？若曰：“畝加貳釐，不過取民錙銖。”不思小民一錢不得，即關生死，朝廷以爲錙銖，閭閻以爲性命矣。又若曰：“有田者多富民，辦納亦易。”不思天下富民少而貧民多，貧者將重困而立斃，富者亦重累而立貧矣。蓋田地止此利藪，民間止此物力。正額尚苦，況于加徵？加徵已難，況于增益？遼餉雖可勉完，額賦必多逋欠。有司即多方催徵，而肉已盡剜，皮難屢剥，如民力之難辦何？是朝廷雖有加賦之名，而未得濟邊之實。小民未見急公之義，而徒聞訕上之聲。亦何利而爲此無益之求以買傷心之怨耶？在諸臣之議，曰：“遼用兵十八萬，歲費餉肆百萬。自加派外，別無策耳。”然以七釐計之，亦以足額，而況有捐助，有扣留，有平糶，有搜括事例？銖銖而積之，孰非可以佐軍興者，奈何又索之田畝也？即謂爲兵、工二部分派而加，臣不知爲已往耶？爲將來耶？如爲已往，則兵已足矣，安家器仗可無議矣。如爲將來，則調發召募，將何時止也？若調發召募目前可止，此一百二十萬金錢解之兩部，何處歸著耶？且今日既可累三而九，異日必將繇釐而分，長此安窮？誰階之厲？臣以爲即不能減于七釐之內，斷不可溢于七□〔二〇〕之外。毋謂既往不咎，成命難反，而爭分寸之間，失四海之心也。臣非不知遼事方急，遼危則京師危，京師危則天下危，即竭天下之力以爲遼，亦不足惜。顧遼，肩背也；天下，腹心也。肩背有患，猶借腹心之血脉滋灌，未便傷生。若腹心先潰，則危亡可立而待。臣恐竭天下以爲遼，遼未必安，而天下先危，不可不深長思也。

蓋今天下病極矣，水旱頻仍，呻吟未起，而重以轉運之難，苦徵調之驛騷，牛車之括取，況地畝之加編又日益也。百姓膏髓已空，竄匿無路，必不肯坐而待死；不肯坐而待死，必出于萬死一生之計。一人倡則衆人應□〔二一〕，一方倡則四方應之。恐斬木揭竿將起于潢澤，而赤眉、黃巾之輩再見於中原矣。

爲今日計，第一在收拾人心以固根本，豈可復〔二二〕朘削無已，驅之使爲亂耶？臣竊謂諸臣之爲國謀者非也，乃皇上之自爲謀更非矣。皇上積金過斗，以有用之物置無用之地，與瓦礫糞土何殊？而發帑之請，叫閽不報；加派之議，朝奏夕可。臣殊不知其解，豈財爲皇上之財，而民非皇上之民耶？夫有人而後有財，若民散矣，財誰與守？今〔二三〕日人欲之，而皇上不與；恐異日與之，而人不欲也。今日屢叩不應，而臣下之情窮；恐異日一呼不應，而皇上之勢孤也。此數百萬朽蠹，可懷袖而携局鑰而守否耶？臣有所不忍言矣。

伏乞皇上軫念民生，熟維國計，敕下户部，將加派田畝酌量減免，併乞慨發帑金，轉給遼餉。則民心聯而元氣固，士氣奮而神氣張，外患内憂立刻消弭，宗社無疆之祚，若泰山而四維之矣。臣愚不識忌諱，無任激切待命之至。

萬曆四十八年四月初六日題。

恭慰聖懷疏

爲恭慰聖懷事。

臣接邸報，知中宮皇后於四月六日上仙，不勝哀痛。除俟報訃使臣至日成服哭臨外，合先奏慰，以伸下情。

伏以大行皇后承天作配。儷日爲明。嗣周室之徽音，著虞嬪之至德。理陰教而刑萬國，端表儀以率六宮。《關雎》正風化之原，《樛木》廣惠慈之澤。莫不持載，方期厚地之無疆；忽爾升遐，不識彼蒼之何意？椒塗晝扃，儼鳳質以猶存；繐帳宵懸，悵鸞輧之不返。哀纏率土，痛切遏音。

恭惟陛下，情篤好述，恩隆儷極。索嚮時之佩劍，契闊不忘；撫今日之危弦，摧催在抱。其爲愴惻，豈易寬紓？但修短之緣，在人生從來有數；而骨肉之變，惟上聖爲能忘情。豈以社稷之身，過爲壼闈之痛？所願發而中節，庶幾哀而不傷。勉抑存殁之思，用慰臣民之望。且母后侍皇上，四紀八禩，永無間於令聞；而陛下於國家，一日萬機，多有資於内助。追念無成代終之德，宜廑視亡如存之懷。思盛服以賀直臣，諫容止輦；想脱簪而箴宴起，聲惕聞雞。恩勤推啓後之謀，寵昵却當尊之座。則恩禮始終不貳，而幽冥玄感潛通。中宫未盡之心，可以無憾；陛下從厚之諭，不爲空文矣。

臣羈栖江介，阻隔宫庭。莫伸日下之攀號，徒隕風前之涕泗。敢陳哀憫，上瀆宸聰。伏乞睿顏俯垂省覽。臣不勝悲愴瞻慕之至。

萬曆四十八年六月初二日題。

恭慰聖體疏

爲聖體違和，臣心憂惕，謹推究病原，并陳救藥良方，懇乞睿鑒茹納，保身保民，以延無疆之休事。

頃接邸報，見聖躬不寧，命醫胗視。又宣召輔臣從哲於御榻前，面諭諄切。臣驚惶無地，羈悽在遠，不得與諸臣百叩天閽，恭候萬安，葵藿之衷，何能自已？臣生平多病，頗習方書，雖無見垣之職，曾睹折肱之驗。敢以瞑眩之藥，爲皇上陳之。

臣惟人主之病，與嘗人異。嘗人以一身爲身，而人主以天下爲身；嘗人病則一人之病，安則一人之安也；人主病則天下之病，安則天下之安也。而皇上之所以致病者，亦與嘗人異。嘗人病繇於好動，而皇上病繇於好靜；嘗人病成於過勞，而皇上病成於過逸。何則？人之一身，止精神血氣四者爲充周，即□天地而運四海，亦此物耳。精神，用則有，不用則無；血氣，疏通則有餘，底滯則不足。故曰："户樞不敗，流水不腐。"此养生之善喻，即治世之良方也。以臣觀皇上之病，大約起於鬱積於否，成於虛。請直言而無諱可乎？

臣所謂鬱者，何也？自皇上静攝以來，陽明之象絶少，陰凝之氣獨多，方寸結轖，堅固不開，是謂神鬱。聞聲而聲復稀微，代言而言多恍惚，膈嗌礙塞，呼息纏屬，是謂氣鬱。茹之而不能消，積之而不能運，腐穢填滿，横據腕腹，是謂食鬱。百脉之滋榮無色，四體之灌注不周，衝逆憤盈，玄黄交戰，是謂血鬱。此四鬱，遂生三否。亢而不降，遏而難升，有上下不交之否；陽反居外，陰顧居内，有邪正不勝之否；膏屯不流，情隔不達，有朝野不通之否。而繇此三否，乃成兩虛。才能凋殘於摧抑，命脉戕伐於剥削，是處有空竭之患，無時非愁嘆之聲，而元氣虛矣。剛强化爲嘽緩，偃息養成縮朒，終日昏昏嘿嘿之間，大家泄泄沓沓之習，而神氣虛矣。夫人，惟無虛也。虛則病，無所不虛則無所不病，是以痿痺而不能舉，怯懦而不敢任，而股肱病；前有奸而不見，下有謗而不聞，而耳目病；中乾而外瘠，液銷而肉脱，而形體病；逆而不可使，令而不必從，而指臂病；養癰成潰決之勢，邪氣中要害之間，而肩背病。至於徧體痛瘝，滿目瘍痏，關節毛髮之間，無處而不病。

夫治於未病者，上也。治於既病者，次也。病已成矣，尚且諱病而忌醫，不急求所以救之之方，浸假而往，將毋使倉公望而却走耶？臣以爲此不難愈也。知病之所繇起，則知病之所繇止；得所以致病之根，則得所以去病之術。今日對證之藥，不過在通其鬱耳。鬱通，則否自除；否除，則本自實；本實，則病自無。

皇上誠與大臣通，簡賢任德，委信不疑，則三事九列，共效勸勸，而股肱振奮矣。皇上誠與言官通，舉直旌忠，諫行言聽，則補闕抉壅，纘瑱不蔽，而耳目聰明矣。皇上誠與庶民通，散財罷稅，履畝停征，則膏液流滋，民生潤澤，而形體充盈矣。皇上誠與將士通，信賞必罰，霆疾風行，則威靈震疊，爭先用命，而指臂順從矣。皇上誠與邊圉通，旁求異能，兼舉群策，則禦侮多材，厥愠可珍，而肩背平復矣。若乃存堯舜猶病之心，懷周文如傷之視，繹《大易》治蠱之義，修子輿蓄艾之方，又何痾瘵之難軫？瘍痏之難除哉？

　　蓋天下事，一鬱則無所不鬱，一通則無所不通。皇上既與群臣通，則大臣自與小臣通，百官自與萬民通，宮與府通，朝與邊通，乖心戾氣、陰暗踜蹬之象，一切盡化，而和平之福可立臻矣。雖然，臣所能言者，病之情形，治病之方術也。若和藥餌操匕箸而進之上，則非臣之所能也，更願皇上之擇醫焉。

　　今夫閭巷千金之家，主人有患，必遍走四方，博求名醫者，不敢以性命嘗試於庸醫之手也。豈以九五之尊，四海之富，而可嘗試乎？今日之病將入膏肓，非國手不能以一匕奏效。若委命于二三庸醫，攻補不諳其宜，緩急不中其節。中無定見，隨人轉移。今日進一方，且嘗試之，不效，而明日又更一方，又不效，而又更所以治病之方，皆是增病之術，一番誤用必有一番損傷，元氣幾何，堪此消折？至其治藥不暇，安能治病哉？臣故願皇上之亟擇醫也。抑更有進於此者，人情疾病，必呼天，呼父母，百方頌禱。皇上居天位，爲天之子。天，皇上父母也。語曰："父母惟其疾之憂。"天心仁愛，皇上宜保護而安全之，豈忍使聖躬之不寧而今若此者，毋亦欽若順承之道實闕，有以干天之怒歟？明明在上，居高鑒卑，視聽惟民。皇上欲回天意，在先得人心。誠下尺一之詔，省躬罪己，發政施仁，則四海臣民，必歡呼祝誦，爲皇上祈無疆之壽。未有合四海之歡呼祝誦，升聞于天，而上帝不降祥者也。純嘏爾嘗，不卜可知。

昔宋景一小國之君耳，善言一發，而熒惑徙舍。況皇上爲天地神明之主，感格又最易易者乎？臣不惟願皇上通于臣民，且願通于天也。臣職在補救，不敢效婦寺之小忠，而妄效法弼之針砭。語云：“良藥苦口而利于病，忠言逆耳而利于行。”臣之言雖非忠言，或庶幾于苦口之藥乎？伏乞皇上鑒而納之。臣愚不識忌諱，不勝悚息待命之至。

萬曆四十八年五月十二日題。

奏報遼危情形請督撫移鎮疏

爲川將死戰堪憐，援兵赴救不力，謹據實奏聞，伏乞聖明恤忠魂，治懦帥，以明功罪事。

據左監軍道高出稟：據川營督哨千總廖正權稟報，于本月十三日辰時，發兵至瀋陽應援，于午時至渾河橋南。總兵陳策、童仲揆[二四]傳令言：“瀋陽已被劫，各兵撤回。”黃山守營土兵漢把頭目不肯聽傳回營，各言：“有進無退，必要廝殺。”又奉經略差官令旗催督，因即扯遇渾河橋北札營，五營官兵隨同札營。陳策、童仲揆、戚金帶各將官張名世、周敦吉、吳文傑、周世祿、鄧子龍、袁見龍、秦邦屏於河南。賀總兵營盤內，浙兵三千，各將官家丁共二千於內札營。河北土川兵遇陣對敵達子，分五路：一路緣猪耳山，一路水下頭截橋。連打五陣，達子已敗，斬級二千餘。其後，又換步馬。達子對前敵猪耳山一路，順河下來，放箭截後尾。川土兵見此，齊心向前，仍又殺退，後被圍困中心。橋北川土兵各亡大半，周參將在內。次就圍着三總兵營盤。一枝緣白塔鋪截殘兵，一枝緣猪耳山札營。三總兵營，初聞炮響三陣，後不知動靜。至酉時，復響。達子衝趕，小的後營已攻破，將官不知存亡。

又據副總兵朱萬良、姜弼塘報：十三日辰時，瀋陽失陷，具禀馳報外，本職等陳兵渾河迤南。多賊漫野，從大路之西土臺子，半已渡河。本職等率衆馳擊，在陣斬獲首級五顆，達馬四匹。正在相拒間，忽報川兵渡河北進，狡賊望見步兵，復添多賊，兩河分股撲衝。本職等慮，恐川兵不保，撤據河之兵，拚死赴救。時未轉刻，而川兵營亂。隨有前賊迎我前軍，四面衝砍，我兵勢孤力疲，死戰突出重圍，收兵回營。所有傷亡士馬，察明另報。惟是我衆因以瀋陽失陷，有失人心，戰氣俱撤。而孤軍西據東救，力竭無效等因。各到臣。

臣初聞瀋陽失陷，即與經臣議，遣令箭急撤川兵還守。不意差官未至，而川浙兵將已敗覆矣。臣細詢其潰卒，當瀋陽圍急，陳、童二將尚在遲疑，是以臣前有“結營自固”之語。禆將周敦吉等欲直前薄賊，謂：“與瀋陽兵內外夾擊，可以成功。”即士卒亦踴躍爭先，阻之不聽。及知瀋陽已陷，諸將益忿激，曰：“我輩不能殺賊捄瀋，在此三年何爲？”石柱司秦邦屏遂先率兵渡河，諸營繼進，止留浙兵三千餘，兩大將與戚金、張名世在河南札營。兵既渡，營陣未就，而虜以鐵騎四面撲攻，諸軍奮勇搏戰，殺賊落馬者二三千人。賊却[二五]而復前，如是者三。後虜益衆，諸軍饑疲不支，遂被衝散。吳文傑、周敦吉、秦邦屏皆戰死。周世祿從西北殺出，不知去向。鄧子龍、袁見龍奪橋南奔，走入浙營，賊追及，圍之數重。初用火器擊打，賊死者甚衆。後火藥已盡，復接戰，良久，乃敗。而大將、禆將一時俱没矣。

當川土兵渡河時，朱萬良、姜弼之兵去渾河不過數里，觀望不敢邃進。及賊圍浙兵，兩將方□兵而前，一與賊遇，即披靡不支，東西分散，而賊乃得專攻浙營。其塘報之語，非情實也。臣初疑南兵難用，後北巡經過其營，按轡徐觀，見其部伍整齊，器械完備，而諸禆將周敦吉等，皆慷慨激烈，願一當虜以報朝廷。

臣竊壯之，私與諸臣議，謂："以此步卒，翼以騎兵，盡我全力扼賊咽喉，可使不得出穴，而後版筑之役可興。"乃今已矣。其亡歸殘卒，有以首功來獻者，臣即時炤例給賞，乃痛哭階前，願不領賞，但願爲主復仇。臣亦爲流涕不已。此亦足見諸將之得士心，而士卒果有忠勇之氣也。使將士皆若此，何憂逆奴哉？

自奴狂逞以來，敗衄接踵，從未聞血戰一場。今諸將以萬餘當虜數萬，殺數千人，雖衆寡不敵，力屈而死，其烈烈英氣，尚當爲厲鬼殺賊，足以愧偷生巾幗之輩。此不待覆勘，亟宜從優褒錄，以鼓士氣者也。

先諸將未戰没時，曾具呈於臣，求調川土兵五萬，願獨以步軍滅奴。臣以爲未可再調，寢之。今川浙土兵守營及敗陣逃回，約尚有萬餘人，可成一軍。然已是中下之駟，勢既孤單，又無將領統之，誰爲督勵？則川兵之調，似不容已，雖遠汲不救近渴，然今大勢已失，用兵方始，則此着不可緩也。若朱萬良、姜弼畏奴如虎，臨敵趑趄，胡馬一嘶，棄曳相踵。雖兵止萬計，衆寡強弱之勢，自不相當。然既不能解瀋陽之圍，又不能捄南兵之覆，則將焉用彼將哉？按法而議，自當治以逗遛之罪，姑念其兵單士靡，不能抗強敵之鋒；且遼之戰將死云略盡，用人之際，暫寬使過之條，所當削職，令立功自贖者也。

再炤經略袁應泰，忠心爲國，竭力籌邊，死生既已早忘，利害詎能逆睹？但既任疆場之重寄，宜效安攘之成謀。而一日之間，失堅城，覆偏師，殺名將，死者暴骨于原野，生者逃竄于四方，遼陽有纍卵之危，士民切瞻烏之懼，則有不得辭其責者。蓋平日手口拮据，亦多綢繆牖户之計，而臨事耳目隔絶，未見發縱指使之功，月旦恐不相假，桑榆猶或可收。此在皇上酌衆論而獨斷之也。

賊尚盤據瀋陽，遼陽以北，居民逃走一空，烽火斷絶，胡騎充斥。已撤奉集、威寧之兵，併力守遼；而敗卒亦稍稍漸集，粗可布置。但遼城二十餘里，城守實難。一時人情惶惑，爭思南徙。臣以爲一舉足，則遼非國家之有，恐不能以丸泥封山海，但當竭力固守，保此危疆。與經臣諸道，日登埤環塹，預戰守之具，安撫城中，率屬將士，人心稍寧。惟恐賊出別計，深有可虞。此時宜使撫臣薛國用帶河西之兵，移駐海州，督臣文球帶山海之兵，移駐廣寧，以張應援之勢，捄阽危之急。而山東水兵從海道直抵蓋州，通州團練民兵速遣出關，更發内帑數百萬，以佐軍需。

臣身在焚溺中，情勢迫切，語多不倫。伏乞皇上留神，此關係天下安危，不止三韓已也。臣愚不勝悚息跂望之至。

奉聖旨：覽奏，川浙兵將戰歿，奉集各兵撤回遼陽，勢益危急。該鎮文武各官，協力守禦，撫安人心，務保無虞。陣亡川浙將，血戰捐軀，不必待勘，着即加襃録，各將一體優恤。守營併收集各兵，立營團練，候另調本土將官統領。朱萬良等臨陣退縮，着先革去職衘，戴罪立功。袁應泰矢心憚力，調度不前，仍着策勵任事山海。蓋緊要地方，集兵設防，其督撫移駐事宜，該部作速議奏。

天啓元年三月十四日題。

校勘記

〔一〕“設”，原作“説”，據文意改。

〔二〕“仰”，原作“抑”，據文意改。

〔三〕“止”，原作“正”，據文意改。

〔四〕“剽”，原作“標”，據文意改。

〔五〕“必有”，原作“必其”，據文意改。

〔六〕“弩”，原作“努”，徑改。

〔七〕□，疑當作“修”。

〔八〕此文又見明董其昌《神廟留中奏疏彙要·兵部》卷三。

〔九〕“爲難”，原作“非難”，據《奏疏彙要》改。

〔一〇〕“商人”，原作“傷人”，據《奏疏彙要》改。

〔一一〕“糾劾”，原作“糾效”，據卷首原目録改。

〔一二〕□，疑當作“冒”。

〔一三〕此文又見明董其昌《神廟留中奏疏彙要·兵部》卷三。

〔一四〕“坐營”，原作“生營”，據《奏疏彙要》改。

〔一五〕此文又見清光緒《沁水縣志》卷十一《藝文》，題作《策遼事疏》。底本卷首原目録作“遼事潰敗敬備禦疏”。

〔一六〕“閑者居多。其在營者，又皆厮養市傭，無論脆弱，不堪”二十字，底本闕，據清光緒《沁水縣志》補。

〔一七〕“譏察”，字迹漫漶，據清光緒《沁水縣志》辨識。

〔一八〕□，疑當作“之”。

〔一九〕□，疑當作“令”。

〔二〇〕□，據前文當作“釐”。

〔二一〕□，據後文當作“之”。

〔二二〕“復”，原作“腹”，據文意改。

〔二三〕“今”，原作“分”，據後文改。

〔二四〕“揆”，原作“悞”，據《明史》卷二百七十一《童仲揆傳》改。

〔二五〕“却”，原作“劫”，據文意改。

張忠烈公存集卷十一

啓[一]

答瀋王

恭惟殿下，胄本神明，德全睿哲。居然大雅，陋鄴下之摛詞；允矣好修，邁東平之樂善。茂衍本支之慶，屹爲盤石之宗。撫唐叔之遺風，卜年卜世；篤周親之顯德，令望令聞。忘勢即古之賢王，下交不吝；維城實今之宗子，與國同休。某密邇桐封，久欽玉範。曳裾無幸，楚筵[二]之醴空聞；授簡非才，梁苑之詞未賦。頃叨簡命，濫厠一員。鶼在梁而濡翼，凜矣冰兢；馬立伏以無聲，赧焉尸素。猥承慈眷，遠損貺頒。珍實充庭，驚睹七襄之爛；衮章盈楮，榮逾一字之褒。登拜顏歡，省循汗漬。有心可鏤，永矢沒齒之盟；無德不酬，願祝千秋之祉。

答秦王

恭惟殿下，磐石大宗，珪璋令範。居本支千億之長，穆穆宜王；撫河山百二之雄，泱泱望國。親賢樂善，卓爾不群；說禮敦詩，居然大雅。其在于古，邈哉忘勢之高風；若求之今，屹然維城之良翰。某猥承策遣，幸入提封。磧塞馳驅，及門之長裾未曳；瑤函鄭重，充庭之珍貺先頒。感激難名，稱塞無地。

答韓王

維城令望，夙推磐石之宗；下士高風，過損兼金之貺。省躬難稱，拜手爲榮。恭惟殿下：大雅不群，爲善最樂。多聞博學，早工鄴苑之詞；忘勢好賢，嘗設楚筵之醴。雍肅交孚於宮廟，穆皇協譽於邦家。某久慕東平之懿範，未睹鬚眉；偶來西土以觀風，得通姓字。征軺□駐，命使遙頒。既折節以下交，且承筐而加璧。珠璣落咳，揮尺牘之琳琅；雲漢爲章，賁一言於華袞。

答肅王

恭惟殿下，珪璋令望，藩翰大宗。振秀披華，筆扛龍文之鼎；抽玄啓秘，枕藏鴻寶之書。汰汰鳳冠於群封，穆穆重光於奕葉。某方馳驄馭，未覲玉階。忽來飛翰之頒，更損投瓊之貺。撫心增感，揣分奚勝。入疆而勞使臣，已荷騈蕃之寵；授簡而遊上國，還陪清宴之光。

上益王

雲漢爲章，侈百朋而委貺；瓊瑤未報，馳一介以宣忱。下逮已優，上交非諂。恭惟殿下：璿源衍秀，麟社分祥。玉質金相，穆穆宜王之度；江襟湖帶，汰汰大國之風。客引八公，不羨淮南[三]叢桂；書藏萬卷，寧論鄴架牙籤？卓然磐石之宗，允矣維城之望。某北鄙豎儒，西臺末隊。濫忝乘驄之使，幸居賜履之封。授簡非才，敢擬遊梁之賦？長裾可曳，忘思解乘之招。何意入疆，即煩折節。一言華袞，增氣色於征人；十襲玄黃，爛光華于旅服。有懷難斁，無德不酬。明信可羞，敢采溪毛而荐□？高深不擇，望恢睿度以兼容。

答益王[四]

天潢疏派，式推磐石之宗；王牒垂芳，丕著惟藩之望。瑤函遠逮，瓊宇遙瞻。恭惟殿下：祥鍾虹渚，秀毓珠躔。建國表諸藩，七葉桐圭承帝邑；維城誦宗子，一方茆土鞏皇輿。永膺姬祐之鰲圖，茂衍虞封之麟趾。某濫竽聰使，謬按鴻都。戴斗有懷，深仰龍光之氣；停驂未幾，遙承鳳藻之題。

答益王

恭惟殿下，胄本神明，性全仁厚。親賢下士，有姬公吐握之風；好學自修，如衛武磋磨之力。陋彼淮南之鴻烈，耻談鄴下之浮華。磐石久重於周宗，玉牒有光於漢册。某弨彄觀風，幸睹泱泱之大國；游園侍宴，喜聞秩秩之德音。辱寵遇之有加，承蕃錫之無已。交也以道，知意重于百朋；却之不恭，謹登嘉于九頃。

答益王

恭惟殿下，頎昂令望，嚴翼純衷。撫七葉之桐封，屹然磐石；翊萬年之寶曆，允矣維城。好善親賢，惟率繇之祖訓；敦詩說禮，能丕振其家聲。信穆穆以宜王，真雍雍乎大雅。某夙瞻睿範，久沐宏施。頃弨彄于鄰封，更題緘于遠道。亟問亟饋，極知折節之虛懷；贈物贈言，自愧徽恩之過量。

答益王

樵薪盛典，謬承綱紀之司；海嶽隆情，特枉瓊瑶之貺。省循知愧，登拜爲榮。恭惟殿下，仙源疏派，雲漢爲章。親賢樂善，吐握勤姬旦之思；好客憐才，醴酒設楚元之席。凡此賓興之彦，孰非養育之功。某頗攻鉛槧，愧乏鑑衡。爲國求賢，雖抱殷殷之意；因人成事，難逃碌碌之譏。自職分之當然，何注存之已甚。奎章麗日，珍寶充庭。敬百拜以登嘉，肅八行而陳謝。

答益王

西園良夜，曾陪飛蓋之歡；南浦春江，忽枉題緘之訊。叨承逾分，登拜懷慚。恭惟殿下：式金式玉，令望令聞。好賢有如緇衣，下士嘗爲吐哺。即以謭劣，屢辱優隆。珍奇頻出於雲笥，問饋亟頒於霜署。雙南失重，九鼎難堪。雖却之不恭，已饜小人之腹；乃施于不報，難圖大德之酬。

答益王

入國觀風，快睹泱泱之盛；出疆先導，疊頒纍纍之施。拜手何堪，捫心自愧。恭惟殿下：卓爾不群，謙以自牧。古訓是式，每敦禮以說詩；世德作求，惟親賢而樂善。某夙詢宗牒，久仰令聞；頃奉簡書，得依睿範。蘭亭桂殿，追飛蓋於西園；玉露瓊華，灑雲章於東壁。驂騑載道，翰札重宣。授簡無能，未就遊梁之賦；加飡有貺，頓增行李之光。祇有藏之難忘，蓋亦不知所報。

別益王

攬轡而遊上國，湛露恩濃；歸闕而報簡書，瞻雲戀切。肅將明信，仰答崇深。恭惟殿下：虛懷好善，折節延賢。唱和風騷，友建安之六子；編摩鴻烈，集淮上之八公。士輕千里而來，名擅諸藩之望。如某者，才非授簡，任忝乘驄。載馳載驅，咏皇皇者華之叶；以遊以豫，觀泱泱大國之風。醴設瓊筵，曾接兔園飛蓋；珠揮玉管，屢煩雁使銜書。玄黃頒在笥之珍，華袞賁征途之色。感懷無斁，報稱莫緣。兹當嚴駕以出疆，用敢削箋而告別。采芹采藻，殊慚沼泮之微忱；式玉式金，徒想穆皇之令範。

答筠溪王

恭惟殿下，麟趾疏祥，桐圭襲慶。文成七步，才名追鄴下之芳；門引八公，賓從秩平臺之盛。惟爲善之最樂，卓爾不群；且忘勢之可風，居然大雅。國人于焉矜式，公族賴以主盟。某謬辱簡書，觀風大國。欲通姓字，方靳阻于未同；乃損瓊瑤，荷先施之特異。謹受章而完璧，即附使以宣心。

上方中涵老師相公從哲[五]

魁三成象，具瞻台斗之光；吹萬同恩，私淑門墻之澤。積懷有素，削牘告虔。恭惟某官，文明中正，蕭括閎深。知覺先民，伊尹任天下之重；經綸蓋世，武侯真王佐之才。進思盡忠，有謨猷必告於後；事惟以道，非仁義不陳于前。自參密勿以來，久著弼諧之益。鎮群嚚於蝄蜽沸羹之後，時靡有爭；扶正氣于摧殘剥落之餘，陽方漸長。豈惟陳力？殆欲嘔心。連斗杓以平四時，妙成功於無迹；仰璇穹而鍊五色，補造化於不言。肆今國步之多艱，又值天心之告變。夷氛甚惡，民怨滋生。風雨飄颻，有大廈將傾之勢；膏肓沉痼，亦越人却走之時。賴一柱以擎天，且三年而畜艾。自有撤桑之計，以免厝火之憂。九廟奠安，萬靈悦懌。某北鄙豎儒，西臺末隊。淵源有自，得因尹公而遊孺子之門；吐握不遺，曾偕嚴助而入公孫之閣。自涸牛馬，幾閱春秋。馭叱王陽，徒有懷而靡及；書投光範，敢無因以至前。蓋亦桃李之知春，妄比涓潦之宗海。愧青蘋之采采，用下非葢；想赤舃之几几，居高不擇。

賀沈銘縝相公漼

顯涣制麻，榮躋台衮。聖人作而萬物睹，會雲龍風虎之期；

王者出而名世興，孚舟楫鹽梅之契。慶歸宗社，歡動華夷。恭惟
某官：直方而大，清任以和。知覺先民，見唐虞於寤寐之際；經
綸蓋世，失蕭曹于指顧之間。當學焉而後臣，必行可而斯仕。值
乾坤正位之日，乃君臣相得之時。詢諸大夫，國人皆曰可也；簡
在昊天，上帝實式憑之。考卜宣猷，宅揆爰立。千里趨追鋒之
召，九重廑側席之思。鼎有足以承乾，匹三成象；鈞無垠而播
物，吹萬同恩。蓋國家內外并急，專待非嘗之人；而台臺經緯兼
資，正是救時之相。豈如十事之要主？行將一德以格天。尼父用
而反侵疆，却敵于壇坫之上；留侯入而借前箸，折衝在帷幄之
中。社稷從此安矣，黎民亦有利哉。某側聞盛舉，頓忭歡悰。空
持賀廈之私，實阻掃門之役。陰陽調而萬物理，仁觀大政之新；
元首明而股肱良，擬獻中興之頌。

答吳曙谷相公道南

赤舄几几，夙仰休容之度；瑤函縶縶，特頒優渥之施。誼篤
下交，感懷內結。恭惟某官：格心大學，經世宏猷。曰咈曰吁，
矢虞廷之匡弼；無偏無黨，履周道之蕩平。桑土綢繆，豫國計于
將陰之候；斗杓斟酌，回元氣于既剝之餘。一人獨鑒純忠，四海
具瞻膚碩。頃緣苫塊，暫解機衡。惟良相嘗係明君之思，而忠臣
必求孝子之門。想甫御夫祥琴，定遄歸于揆席。某濫膺策遣，于
役名邦。咫尺台光，謁未通乎半刺；駢蕃鼎實，貺乃侈於盈筐。
愧無德以堪，祇有心可勒。片言華袞，謹當什襲而藏；一物珍
奇，有過百朋之賜。

賀趙吉亭冢宰煥

伏審光奉蒲輪，召還銓部。德尊望重，久殷四海之瞻；地近
班高，特領六官之長。人雖求舊，命乃維新。恭惟某官：剛健以

中，直方而大。三朝耆碩，天子望而改容；一代典刑，人倫式爲師表。在昔統均之日，適當異議之興。衆口如川，屹立折狂瀾之倒；長安似奕，片言定當局之爭。闢荆棘爲蕩平，息蝌蟒而寂靜。忌攖多口，身潔先幾。雲本無心，任卷舒而自得；水流不競，付得失於何知？翟公之門徑蕭條，洛社之耆英聚集。五千載飄搖風雨，羨靈光之獨存；億萬人瞻仰星雲，嘆碩果之不食。惟天明聖，念國老成。騰焉東海之濱，久矣南陽之臥。渙頒芝簡，環賜鈞衡。安石起自稽山，蒼生惬望；巨源再居選部，墨綏彈冠。況當三載計吏之時，正是百辟觀刑之日。明昭式序，使大臣莫不法而小臣莫不廉；陰用抑扶，俾小人有所畏而君子有所恃。薪無前積，結約之直氣陡伸；艾必先鋤，囂競之私群終渙。坐致官方之振飭，重觀王道之清夷。某遄聽郵傳，深懷碩慶。顧皇華僕僕，方載驅原隰之車；而赤舄几几，莫繇聽星辰之履。蕭裁蕪牘，聊布歡悰。聖主得賢臣，已擬續王褒之頌；一人扶衆正，更將和石介之詩。

賀周敬松冢宰嘉謨

光奉王綸，峻躋天部。德隆望偉，允惟百辟之刑；地重權尊，兼總六曹之長。耆英柄用，海宇歡呼。恭惟某官：明允篤誠，含宏光大。世莫不爲瑞也，祥麟威鳳之表儀；人皆望而仰之，太山喬嶽之氣象。修名早立，直節挺持。麾不去而招難來，衆皆醉而已獨醒。歷中外者四紀，即兒童走卒，盡皆知名；繫安危於一身，在大夫國人，群然推戴。遂繇簡注，特笔銓衡。官以天名，惟天工其克亮；部爲吏統，乃吏治之繇清。若鏡之空，若水之平，夙負人倫之鑒；如茅斯拔，如距斯脫，預知世道之亨。疏滯振淹，仕路絕積薪之嘆；抉疑啟錮，進賢無轉石之艱。豈循佑甫之停年？將續巨源之啟事。蓋人才凋落之際，顒需雨露之栽培；而吏道穢雜之時，又待風雷之盪滌。標指方樹，流品已分。在廷服舉措之公，斯世荷清明之福。爲天喉舌，方統百官而均萬□；非帝股肱，將奠四維而安九鼎。某遙聞曳履，喜切彈冠。江汜羈棲，致阻趨蹌之末隊；雲霄翹望，徒瞻吐握之虛襟。敢貢蕪詞，用旌賀悃。

與張誠宇司農問達

北斗崇嚴，時望五雲於天表；南州羈泊，久馳四牡於江皋。雖迹遠而神親，亦心疏而儀簡。暫紓鞅掌，謹削緘封。恭惟某官：氣涵剛大，行道中庸。珥筆飛瀾，吐納渭水、秦川之秀；振衣抗節，睥睨終南、華岳之奇。自箸羽以登朝，久蜚聲而震世。漢庭補袞，凜然謇愕之風；楚國擁篲，籍甚安攘之譽。載諗卿貳，乃陟司徒。文昌聯八座之班，去天尺五；邦計總九州之賦，掌國倉儲。惟理財必先用人，肆得君乃可籌國。按圖而窮方域，既戶口錢穀之周知；借箸而酌泉流，自內外公私之兼利。坐享陳陳相因之積，足應嗷嗷待哺之求。萬室其盈，炊不憂于無米；三軍盡飽，籌何用于量沙。劉大夫之心計不勞，蕭相國之功名堪並。蓋本"絜矩"二字，雖平天下以有餘；而用《周禮》一書，於經國計乎何有？某夙侍下風，久瞻台曜。皇皇弭轡，嘆踪迹之揆違；草草濡毫，愧情文之闊略。所恃寸衷明信，雖溪澗以堪羞；更知大度包荒，即涓埃而不擇。

賀王霽宇司馬象乾

煥號彤廷，晋籌樞府。尚書乃帝之喉舌，僅次三公；司馬爲王之股肱，特顓九伐。謀于衆口，在大夫國人皆曰賢；簡在一人，若諸夏蠻夷罔不服。慶歸社稷，喜溢紳裾。恭惟某官：器兼文武，道備天人。生齊魯禮樂之鄉，近接聖人之統；負伊周經濟之略，真爲帝者之師。自陟名纏，休有華問。泊乎蜀播功成，克靖西南半壁；肆及薊遼節制，屹立東北長城。銷夷氛於樽俎之間，玩戎寇在股掌之上。逆則用討，講驃姚出塞之圖；順乃能柔，收魏絳和戎之利。遂使塵斷胡天，烟清漢月。漁陽塞上，不聞羯鼓之聲；細柳營中，閑老沙場之客。虜功懋矣，鞏三輔以奠皇圖；簡命隆哉，統六師而平邦國。召韓范于閫外，揆注宸衷；得頗牧于禁中，允孚人望。當此文恬武嬉[六]之日，仁看内安外攘之猷。復三代講試之規，以仁義勝節制，而節制勝技擊；申六月出師之法，使士卒畏將帥，而將帥畏朝廷。精神折千里之衝，威望落四夷之膽。馬若飲于窟下，只可折箠以笞之；兵不弄於池中，何須傳檄而定也？飛書插羽，永無赤白之馳；介祉錫圭，行有丹青之勒。某幸忝夙屬，快睹新編。依廈有年，賀敢後於燕雀；承筐不腆，獻薄采夫蘋蘩。惟願早上星辰，仁聽漢宫之履；更期即爲霖雨，和調商鼎之羹。

賀黄梓山司馬嘉善

天子之守在四夷，時方有道；司馬之權顓九伐，政出無私。合夷夏以宴然，郡簪紳而仰止。恭惟某官：猷兼文武，身繫安危。量納百川，擴斷斷休休之雅度；節凌五嶽，挺磊磊落落之孤標。績在邊疆，已著綢戶撤桑之遠畫；心存社稷，時陳徙薪曲突之深謀。折衝銷千里之氛，舞羽弼兩階之化。即令邊郡無事，孰非運籌帷帳之功；就使遼事方艱，止須折箠鞭笞之力。予曰禦侮，且兼疏附之親；王之爪牙，更寄心腹之托。帝方簡在，民所具瞻。某久荷生成，更蒙優渥。自西秦奉使，駕言四牡以旋歸；而北斗遙瞻，徒望五雲之縹緲。近聞曳履於星辰，不覺彈冠於江沱。薄陳一介，用候九如。自慚蘋藻之微忱，所恃海天之大茹。

答郭青螺司馬子章

受一廛而爲氓，夙被仁人之澤；駕四牡而于役，幸覯大國之風。辱翰貺之先施，戴高深而志感。恭惟某官：世所具瞻，國之元老。文詞法先進，綽有永叔之遺風；事業紹家勛，足繼汾陽之偉烈。功成身退，迹隱名高。洛下閑居，司馬之年未老；隆中抱膝，臥龍之意嘗深。即囂然處畎畝之中，實屹然負巖廊之望。明主嘗虛側席，老成豈久懸草？況嚮時撫定西南，曾已制幄中之勝；而今日用兵東北，政宜叩囊底之餘。即欲從赤[七]松以遊，終當爲蒼生而起。某舊廁編民，竊廕甘棠之蔽芾；新承簡命，方驅維駱以咨諏。式閭之敬，未將題緘之訊；先志瑤華，奪目筐實充庭。學書未成，快睹虞卿之著作；懷璧爲罪，敢因趙使以完歸。尚需行部之期，顒展踵門之請。據鞍草謝，泚筆神馳。

慰孫藍石老師總憲瑋

避世先幾，抗章勇退。惟大臣之道，不可則止；而聖人之行，歸潔其身。況茲黨與交攻之時，兼是訛言□□之會。林柯不靜，擇枝無息羽之安；風浪難平，望渡有褰裳之戒。自匪善懷其堅白，孰能早脫於磷淄。恭惟某官：抱用行舍藏之具，豎禮進義退之標。等富貴於浮雲，何當一盼？砥節操如介石，豈易三公？邇以執法之無私，遂致浮言之惎及。巧成萋菲，貝錦之織未停；傷比弋繳，冥鴻之飛已遠。叩閽不報，拜表輒行。望紫氣於函關，識真人之將隱；指白駒於空谷，嘆嘉客之難留。長孺不容，朝廷虛無人矣；晋公一去，社稷將何賴焉？雖則人語之曉曉，還是天心之夢夢。雪消見晛，終無不散之雲烟；風捲重陰，會見大明之宇宙。商山有約，雖暫從赤松而遊；謝墅難安，終當爲蒼生而起。停觀蒲召，早應枚求。某遙聽錦旋，未能弩道。望門墙之數仞，空想春風；采潤沚之一毛，敢將冬曝。

賀許少微總憲弘綱

渙頒特簡，晋領中臺。握九伐之權，已見威馳異域；爲萬邦之憲，更聞風凜寰中。國有龍光，朝皆燕喜。恭惟某官：尹任夷清，房謀杜斷。品比千尋之壁，仰之而彌見其高；器同萬斛之舟，用也而尚虛其半。允文允武，式表巖瞻；之紀之綱，聿新憲度。棲烏府裏，知夜語之無聲；列柏臺前，見歲寒之不改。將使賢者進而不肖者退，仕路一清；行看大臣法而小臣廉，朝端丕變。某行役西土，快睹新綸。庇借二天，幸有門墻之覆廕；身懸兩地，恨無羽翮以翻飛。

賀李旭山總憲誌

渙綸楓陛，統憲柏臺。權壓諸司，兼總六曹之務；班崇獨坐，式標百辟之刑。國有龍光，人胥鼓舞。恭惟某官：德自天生，材優王佐。備四時之氣，人偏挹其清風；存三代之心，身獨留夫直道。凜矣歲寒之不改，巍然喬木之可依。弼教明刑，衆已服皋陶之直；秉憲貞度，上獨稱李勉之賢。乃自秋官，特移臺院。五年虛左，頓生榮戟之光；二載兼官，益振紀綱之肅。從此小廉大法，在廷之氣象一新；行且黜幽陟明，舉世之人心競奮。某夙蒙庇廕，倍切歡悰。情同繞樹之烏，願依劍舄；身類因風之絮，阻隔江天。

賀方中涵老師[八]少宰從哲

簡在帝心，晋居天部。惟聖主求賢若渴，特於掄選[九]，持[一〇]衡鑑之司；乃大臣事君以人，遂臑較士，總銓綜之任。君子得興，善類彈冠。恭惟某官：道匯三才，目營四海。掞天文

藻，獨擅承明著作之庭；弼聖嘉謨，夙見廟廈論思之地。進不攖
情於緌冕，處帷獨樂乎詩書。風雨數椽，李相庭惟旋馬；蓬蒿三
徑，翟公門可張羅。縉紳之注望彌隆，繾綣之眷知有素。乃因典
試，特起司銓。汝作鹽梅，本急需於調鼎；衆推冰鑑，乃暫借於
持衡。永叔知貢舉，而茚軋一新，文體頓還大雅；山公在天曹，
而啓事日上，人才盡列當途。豈但軼裴馬之蹤，行且接夔龍之
武。某夙托門牆，信淵源之有自；今違山斗，苦瞻望之徒勞。情
深舞忭于鴻逵，地隔趨趨於燕賀。

賀史聯岳少宰繼偲

漢廷考卜，將登宅揆之尊；周典明昭，先寄銓綜之重。時維
燕喜，國有龍光。恭惟某官：道匯三才，性苞九德。明光射策，
卿雲符太史之占；天禄抽書，藜火叩老人之杖。司雍樂育，多士
之集如雲；秉察澄清，大奸之去似距。以斯嫉惡之嚴，遂犯群邪
之忌。箕雖有舌，璧本無瑕。宜衆正之交推，爲一人所特簡。如
弦斯直，蓋百折以不回；匪石之貞，必三辭而後進。山公再居選
部，真軼裴馬之名；伊尹實維阿衡，行接揆龍〔一〕之武。某北鄙
豎儒，西臺下品。以家君曾附驥尾，締交忝比塤篪；是孺子欲御
龍門，仰止有同山斗。遙瞻赤舄，迴隔青霄。敬削牘以起居，敢
承筐而唐突。

賀李孟白津運少司農長庚

光膺帝簡，特總軍儲。統十五道之轉輸，繫數萬人之命脈。
新綸一渙，衆志交孚。竊惟自奴酋有寇邊之患，而聖朝興問罪之
師。志欲吞胡，亦曰滅此而朝食；糧徒資敵，反至師老而費財。
海內騷然，民力竭矣。況三十鍾而致一石，運事維艱；且二百萬
而括九州，人心更渙。自匪濟時之略，難操經國之籌。故古來足

兵，必繇足食；而今日議法，乃先議人。恭惟某官：文武憲邦，經綸蓋代。起家民部，既戶口錢穀之周知；更歷外藩，又道里山川之熟習。以上卿之尊貴，奉特命之威靈。自下令於流水之源，知部餉若屯雲之集。馬騰士餉，夜籌何用量沙；轂擊肩摩，轉舌寧須流馬。此日爲三軍司命，他年當第一元功。某遜聽郵傳，遙爲國慶。青蘋采采，聊申燕雀之微忱；赤舄几几，伏望海天之大茹。

賀周心銘戎政少司馬_盤

五材之用重戎兵，法嚴克詰；九伐之權歸司馬，威用張皇。況屬羽衛之森嚴，尤賴壯猷之彈壓。詔書初下，紳弁交歡。恭惟某官：洵智且仁，允文乃武。胸吞雲夢，落珠玉於毫端；手挽銀河，洗甲兵於塞上。屯田充國，十策中羌虜之膏肓；經略韓公，一人破西賊之心膽。酒泉張掖，不聞胡騎腥塵；大宛月支，盡受漢家戎索。昆夷喙矣，邊境晏然。姓名久識於番酋，勛烈已標於麟閣。遂膺帝簡，特領京戎。號令一施，將十二營旌旗立變；指麾若定，使數萬衆戈甲生輝。再見六花八陣之圖，重識三令五申之法。王靈丕振，神氣斯張。蓋臣爲社稷而生，原負運籌之略；而君有股肱之托，可無撫髀之思？干羽行格於兩階，烽烟盡消於萬里。某梓里小生，柏臺後進。昔見浣綸北闕，喜切彈冠；兹來問[一二]俗三秦，情深賀廈。戔戔束帛，僅同野獻之忱；采采溪[一三]毛，敢作王公之薦。

答周心銘戎政少司馬[一四]

詔還節鎮，晋總戎兵。不勝彈冠，情有同於賀廈；何勞飛札，報反侈于投瓊。感切大來，愧成虛性。恭惟某官：身係安危，器兼文武。居朝廷而持議論，獨標謇謇之忠；安邊境以立功名，共仰桓桓之績。惟國家承平日久，致京營武備久隳。鐵騎數千，半入私家之籍；金錢百萬，多充內寺之囊。鼓且不揚，寧問交綏之用；鶴何能戰，將貽噬臍之憂。嚮令督理之得人，未必廢弛之至此。乃者聖主聽鼙而思帥，群公推轂以升賢。特下璽書，召司戎族。嫖騎數年出塞，韜略久熟于胸中；臨淮一旦登壇，旌旆丕新于帳下。昔李文達之陳直戰，已爲膠柱而難行；若于蕭愍之練團營，尚有成規之可考。佇看雄略，爰變軍容。某仰社稷之龍光，竊鄉邦之燕喜。薄言一介，殊慚沼沚之微；鄭重七襄，反辱瓊瑤之貺。捫心自悚，拜手何堪？

答周心銘戎政少司馬〔一五〕

千乘啓行，玉節動雲霄之色；百朋寵錫，瑤□分□□之光。忽拜隆施，反慚虛往。恭惟某官：韓范等夷，管蕭亞匹。埋輪望重，姓名夙著于寰區；秉鉞功高，心膽嘗寒于胡虜。八年保塞，久經沙磧風霜；一旦還朝，復近蓬萊殿閣。晋公凱奏，宜歸闕之有期；定遠功成，且入關之未老。司馬用而驚聞夷夏，重看今日宣傳；李勉入而始成朝廷，尚憚舊時丰裁。君命召不俟駕矣，豈就道之遲遲？虜未滅無以家爲，何故鄉之戀戀？某遙聞振旅，未遂歌驪。薄陳祖道之涓埃，翻辱報章之腆渥。感當次骨，謝未宣心。伏願曳履星辰，早慰紫宸之眷；幸勿留心山水，遂尋黃石之盟。

賀崔振峰少司馬 景榮

渙頒內召，晋貳中樞。惟司馬掌九伐之威，華夷共憚；而夏官居六卿之重，文武具瞻。既岳牧之同推，宜纖旒之獨簡。邦家有慶，紳弁交歡。恭惟某官：性裕經綸，心涵宇宙。善謀善斷，集房杜之偏長；用守用攻，妙韓范之方略。自朔方秉鉞兩河，絶胡馬之長驅；惟靈夏韜戈四鎮，免漢兵之騷動。欃槍盡掃，桴鼓希闊。功在封疆，帝若曰子有禦侮；生爲社稷，人皆謂王之爪牙。肆膺眷知，召還樞筦。候吏争傳其歸袞，宸衷方切于憑軒。蓋以獮狁于襄，正吉甫歸鎬之會；而遼陽多事，須留侯借箸之謀。誠欲安夏而攘夷，豈云重内而輕外？佇觀石畫，仰贊皇猷。收千里折衝之功，致舞羽兩階之化。旅嘗之駿業，在此行矣；台□之崇階，若有待焉。某聞命自天，彈冠累日。肅顒牛馬之走，敬致燕雀之忱。

賀陳松石南少司農所學

萬邦爲憲，夙崇秉鉞之勛；九扈顒司，新簡持籌之任。瞻依孔邇，歡忭惟均。恭惟某官：卓識際天，大猷經世。吞八九雲夢，浩蕩無垠；具數萬甲兵，韜涵莫測。荐更郎守，藩臬所至有稱；兼司禮樂，軍農無施不可。自開節府，益暢鴻猷。内順外威，邊塞絶風烟之警；小廉大法，閭閻無愁嘆之聲。使晋國天下莫强，知漢廷無出其右。惟豐鎬乃國家根本，而儲積繫兵食樞機。況羽書狎至之秋，又瓶罍交罄之日。非大經濟，疇能足國而兼足民；乃扈纘旒，先問治人而後治法。渙頒天語，晋貳地卿。寵命維新，已近文昌之座；兼銜如舊，仍操風憲之權。事雖主於理財，秩實尊於計相。贏縮均輸熟算，何勞馬上之鞭？户口錢穀周知，□□□中之倉。夷吾居江左，皆稱留後得人；蕭相運關中，何患軍前乏食？行且有鈞衡之拜，豈久煩金穀之司？某沐恩有素，聞命若驚。歌彼鱒魴，嘆袞衣之信宿；駕言駒駱，苦蓬迹之綏遲。毋能卧轍以遮留，祇用削箋而稱賀。戔戔束帛，聊紓野曝之殷勤；孑孑干旄，遥想仙塵之縹緲。

答陳松石南少司農

緇衣好切，薄言一介之將；赤舄情殷，遠辱兼金之詢。大來何幸，虛往真慚。恭惟某官：九德在躬，萬邦爲憲。恩流威暢，日兼冬夏以皆宜；文令武齊，才裕經綸而不倚。撫唐虞之故土，續懋康侯；鎮豐鎬之舊京，權尊亞相。邊無羽檄，已靜西北之風塵；時急輪征，更領東南之財藪。旆麾戀戀，光留三晉雲山；劍珮珊珊，色借六朝烟水。行繇卿貳，晋陟公孤。豈獨戶口錢穀之周知，將見舟楫鹽梅之兼濟。某彈冠有慶，臥轍無因。聊紓燕雀之忱，反餌瓊瑤之報。解推澤渥，豈徒鼎肉之頌；蓋載恩深，願續甘棠之頌。

答衛桐陽南少司馬一鳳

榮膺特簡，晋貳留樞。賀廈有懷，忱僅同於燕雀；投桃自愧，報反侈於瓊瑤。何幸大來，真誠虛往。恭惟某官：天生名世，王之藎臣。直道不回，矯矯千尋之幹；處躬自厚，汪汪萬頃之波。經緯素裕於胸中，韜略如指之掌上。繇郡守藩宣而開府，所至澄清；自左右大夫而國人，同聲推譽。惟留都乃國之根本，王氣嘗新；而本兵爲王之爪牙，卿材獨重。遂繇憲府，陟貳夏官。得頗牧於禁中，政須借箸；寄夔龍於鳩署，暫與觀兵。想龍蟠虎踞之都，金湯增壯；肆豹變鷹揚之士，組練一新。國有人焉，時之慶矣。某忝依鄰里，又附同舟。喜極彈冠，自視恒情百倍；薄言束帛，何勞厚報七襄。感永結於中心，謝難宣於寸管。

賀饒映垣南少司馬元暉

推轂盈廷，筦樞特簡。臥龍治蜀，宣昭綏定之功；司馬居留，克詰張皇之烈。維揚我武，允穆師言。恭惟某官：才稱人傑，孕匡廬彭蠡之精靈；品擅國華，飛干將莫邪之光彩。杜武庫之韜涵莫測，李文饒之經略非嘗。蓋左之右之以咸宜，是治內治外而兼濟。一琴入蜀，清澄錦水之波；五月渡瀘，威掃僰林之瘴。安南人之反側，寬西顧之焦勞。化洽風行，勛高賞懋。惟留都肇基王迹，日月雙懸；而聖主注意時危，文武並重。乃紀殿邦之績，畀忝宥府之謀。總七德以臨戎，想七較之旌旗變色；統六師而講武，知六朝之山水生輝。得丈人以師貞，用真儒而無敵。周邦咸喜，王國有光。雖信宿遮留，尚繫蠶叢魚鳧之望；而威靈宸疊，已徹龍蟠虎踞之區。暫領坼父之爪牙，且司尚書之喉舌。五兵載戢，三錫頻來。某叨承鳧廳，快睹新綸。薄言采藻之忱，用識彈冠之慶。置夷吾於江左，已增天塹之雄；還吉甫於鎬京，尚受王明之祉。

與羅柱宇南少司空

元老居留，社稷倚安危之寄；名邦問俗，斗山厪瞻注之私。眷懷折節之交，已後題緘之訊。恭惟某官：直大以方，智仁且勇。節標嶽立，匡廬削五老之峰；才沛川流，彭蠡倒三江之浪。自登華籍，休有令聞。巨源啓事，知綜叙之清通；山甫納言，惟出入之明允。迨分節鉞，坐鎮陪京。練水西數萬甲兵，風雲八面；壯鍾阜千年王氣，日月雙懸。是簡在於宸衷，遂晉階于起部。班崇嘗伯，地近文昌。疇若予工，既交推于曰岳；克熙帝載，將正席於三台。某本以西晉豎儒，謬荷南州策遣。入疆而訪名賢之躅，未有儀刑；馮軾而過長者之廬，于焉矜式。顧以塵途之鞅掌，未遑濡牘以披心。先辱隆施，彌增厚報。謹馳一介，上候九如。劍浦烟雲，想像斗間之紫氣；金陵佳麗，遙瞻天外之青山。

迎徐海石副院兆魁〔一六〕

上顧鄰初老師宮詹起元

口中管樂〔一七〕，笑舉世之莫知。在承明著作之廬，無出其右者；彼名世治平之佐，舍此其誰哉？然以守道之貞，每懷難進之意。玉堂金馬，久辭五色蓬萊；鍾阜石頭，且訪六朝烟水。墅穿謝屐，蒼生伫望于東山；巖起商霖，丹詔屢馳於北闕。注看考卜，用翊熙明。某身在陶鎔，心依皈附。天高地厚，感成我之德，同生我之恩；日居月諸，愧國士之遇，無國士之報。昔年闕隘，曾候起居。方從西塞而歸，突有北堂之變。棘人坦坦，友麋鹿於楸梧；桑者閑閑，伴耕樵於丘隴。情因禮廢，迹與□疏。雖以函丈之尊，亦缺題緘之造。克誠有罪，□也□誅。頃來江右以觀風，幸與吴門而接壤。皇華問道，□苦駪征；采芑北山，每憂鞅掌。澄清無效，羞登孟博之車；險阻備經，空叱王陽之馭。出同小草，顒冀玄造之栽培；往涉大川，尚望迷津之指點。庶可因而報主，以不負於吾師。敬削素箋，用披丹悃。大江東去，滔滔願赴於朝宗；明月西來，皎皎光分於容炤。伏願攻寬鳴鼓，雖後至□猶矜；誠鑒束脩，於來者而不拒。楊玄草就，早應□掌於國人；陸莊未荒，敢不酬恩於知己。其（下缺）

與韓象雲宫詹爌

五雲天上，久殷台斗之瞻；一介江干，敢薦溪毛之悃。物輕意篤，迹遠神親。恭惟某官：學爲帝師，才優王佐。完三光五嶽未分之氣，獨擅精靈；讀九丘八索以來之書，全抽奥秘。詞翰變西昆之體，大雅重還；道德仍東魯之風，先民可作。方絲綸於北掖，旋羽翼乎東宫。出入銅龍，矢啓沃論思之益；雍容金馬，養弼諧調變之猷。扶日重輪，不數商山之黄綺；擎天一柱，伫偕虞室之皋夔。某世譜後生，鄉邦下品。殷勤自叙，敢同北海之前稱；躑躅徒勞，猶恨荆州之未識。肅通魚素，上候鴻禧。想赤舄之休休，不遺葑菲；異青蘋之采采，得備釜錡。

校勘記

〔一〕"啓"，底本卷十一至卷十八卷首目録均作"駢牘"，正文皆作"啓"，後不再出校。

〔二〕"楚筵"，字迹漫漶，參考後文《答韓王》辨補。

〔三〕"淮南"，原作"懷南"，按此用淮南八公典，因改。

〔四〕"王"後，卷首原目録有小字"六"。按本書卷首目録中凡一題多篇者均標注篇數，不再重出篇名，此後不再一一出校。

〔五〕"從哲"，據卷首原目録補。按原本正文題下小注人名均無，各卷均同，統一據卷首目録補，下不一一出校。

〔六〕"嬉"，原作"禧"，按語出韓愈《平淮西碑文表》，因改。

〔七〕"赤"，字迹漫漶，參考後文《慰孫藍石老師總憲》辨補。

〔八〕"老師"，卷首原目録無。

〔九〕"掄選"，字迹漫漶，參考明楊士奇《歷代名臣奏議》卷一百三十五辨識。

〔一〇〕"持"，字迹漫漶，參考明畢自嚴《石隱園藏稿》卷八辨識。

〔一一〕"揆龍"，應作"夔龍"，均舜臣。

〔一二〕"問"，字迹漫漶，參考後文《與羅柱宇南少司空》辨識。

〔一三〕"采采溪"，字迹漫漶，參考卷十二《與包大瀛豫撫》辨識。

〔一四〕卷首原目録無此篇題目。

〔一五〕卷首原目録無此篇題目。

〔一六〕"迎徐海石副院兆魁"，底本闕第二十七頁，無文。此標題據卷首原目録補。

〔一七〕"口中管樂"四字前，底本闕第二十七頁，無文。標題"上顧鄰初老師官詹起元"據卷首原目録補。

啓

上吳節庵老師宣大總制崇禮

文武萬邦之憲，盡清邊塞之風烟；斗山一代之師，偏渥門墻之雨露。況是受廛之列，彌深依厦之私。采菲肅將，翹雲躑躅。恭惟某官：尹任夷清，房謀杜斷。左宜右有，才投之萬應而難窮；規圓矩方，塞守之終身而不弛。□在宸眷，專寄封疆。蓋獫狁舊號天驕，於四夷獨爲桀驁；而宣雲夙稱斗絕，視九塞猶係安危。自四十年互市以來，不見兵革久矣；而數十萬控弦之衆，豈能戎索約之？狼子野心，方且跋胡而疐尾；胡雛側目，又將饞食而飽揚。賴有帷幄之妙籌，獨執橐裘之要領。緩之而急，急之而緩，示以不測之機權；或離而合，或合而離，搆其可乘之釁隙。使之狺狺於投骨，方尋幕內之戈；若或悻悻以當輪，直搗陰山之穴。既可取魏絳和戎之利，又何難嫖姚出塞之功？有萊公在北門，國無憂矣；微管仲而左袵，功莫大焉。彤弓之賜予方新，麟閣之形圖不朽。某愧以駑駘，辱蒙陶鑄。立朝無垠坻之固，詎云桃李成陰？攬轡乏澄清之功，敢謂藜藿不采？獨是寸心凜凜，自不敢負君，并不敢負師；顧此四牡騑騑，周爰咨諏[一]，且周爰咨度。倘簡書之不辱，庶鞭策之可加。

答涂鏡源老師宣大總制宗濬

龍門夙御，恩深桃李之蹊；雁使遙傳，寵溢瓊瑤之貺。雖雨露不擇乎物，豈弟子可得之師？拜手何堪，抵心有湞。恭惟某官：覺在斯民之先，身任天下之重。文經武緯，投以左右而兼宜；嶽峙淵涵，望之高深而難測。自居諫諍之地，久標謇諤之名。正色立朝，使君子得所恃，而小人有所畏；忠言悟主，使朝廷受其益，而天下蒙其休。迨仗鉞以臨邊，益紓猷而懋績。揚威榆塞，西賊之心膽嘗寒；移節宣雲，北門之鎖鑰愈壯。貳而懷，服而舍，玩夷酋於股掌之間；來則拒，去不追，鞏封疆於磐石之固。使之狺狺於投骨，自有不測之機權；即欲蠢蠢而揚鞭，絶無可乘之瑕隙。是以呼韓稽首，盡格塞外之氊裘；閼氏請盟，世受漢家之戎索。周得上策，漢得中策，參之者獨有我朝；房則善謀，杜則善斷，兼之者實惟夫子。何用五餌三表，別試陰謀；將使四塞九邊，盡欽顯望。昆夷駬矣，曰有禦侮之臣；疆圉宴然，盡是折衝之力。炳旂常之日月，終尋帶礪之盟；上劍履於星辰，跻正公孤之席。某夙蒙陶鑄，忝屬編氓。庇受一廛，成我者又且生我；迹羈千里，相望兮未能相從。每耿耿以有懷，奈蹙蹙而靡騁。頃徼天幸，濫厠台員。步亦步而趨亦趨，鮑桓之丰裁且在；聞所聞而見所見，范韓之威望赫然。雖小技之易窮，混竽自愧；乃高山之可仰，指轍何迷？方圓削牘而上陳，忽枉函箋之下逮。袞褒榮於片語，況爛矣雲錦之章；珍眤侈於百朋，顧缺然桃李之報。謹因還使，肅布謝悰。惟天一方兮，此日企旌麾於塞上；是我之師也，何時奉杖履於朝端？

答馬□□宣大總制

受一廛而爲氓，夙荷生成之大德；輕千里而命使，仰欽吐握之高風。拜手歡愉，省躬跼蹐。恭惟某官：一代詰人，百年名世。峨眉雪霽，霞標峙天半之孤峰；錦水波明，灝氣倒峽中之巨浪。文推國匠，掩楊馬之風騷；學爲帝師，駕夔龍之事業。踐中外者數載，憲文武於萬邦。履近星辰，任隆鎖鑰。雖天子有道，守在四夷；而价人維藩，控茲三晉。軍中殺氣，揚范老之先聲；塞外降王，憚萊公之宿望。笞中行之背，喙徙天驕；飲月支之頭，威馳絕域。兵戈盡洗，手挽銀河；草木皆春，坐銷金甲。雁門關外秋風，斷塞馬之嘶；狼胥峰頭白日，懸漢軍之幟。即胡雛長嘯，未敢跳梁；而闕氏請盟，永矢忠順。遂使國家四十年款市，要約愈堅；空朔數千里山河，綢繆益固。維時尚父鷹揚[二]之烈，何以加焉？若彼嫖姚麟閣之功，方斯蔑矣。有安社稷之臣，豈止封疆之任？固將簡屏翰崇勛，卜鹽梅重寄者也。某西鄙豎儒，編氓下戶。安攘偉望，自兒童久已知名；生聚洪恩，與父老共相依戴。顧以風塵鞅掌，未能奉赤舄以周旋；且也榮戟尊嚴，不敢削素褫而唐突。何期高誼，不吝下交。墮雙鯉於雲中，箋橫綺錦；分百朋於笥內，寵溢瓊瑤。想怙恃於生平，方謂有天足庇；乃禮遇之若此，真是無骨可刊。

賀崔振峰宣大總制景榮

憲府策勛，炳旂嘗之日月；彤庭錫命，煥綸綍於雲□。燕喜非嘗，龍光有赫。恭惟某官：王之藎臣，國之儒□。朔方仗鉞，赫赫南仲之威靈；西夏提師，隱隱范公之兵甲。寄封疆於千里，爲保障者三年。胡馬不嘶，窟□鮮青烟之警；漢兵盡僂，邊頭無白羽之飛。予曰有禦侮之臣，帝實鑒忠勤之績。乃因奏最，爰發褒綸。秩晋巍[三]階，鄰孤卿而荷寵；賞延奕世，列監冑以觀光。蓋允武允文，勛代原獨隆於當代；而懋功懋賞，恩□□□盛於一時。從此三錫九錫而益恭，且將大書特書而未已。某欣逢盛事，喜倍恒情。燕賀有懷，薄采溪毛而獻悃；鳧飛無術，謹憑尺素以宣心。

答王霽宇薊遼總制_{象乾}

恭惟某官，一代具瞻，百年名世。登泰山則天下小，巖巖萬仞之標；惟滄海爲百谷王，汪汪千頃之量。文經武緯，左有右宜。社稷恃以奠安，寰海望爲霖雨。履曳星辰，已特顓乎九伐；手扶日月，行晋陟於三台。某樗櫟散材，缶盂小器。操刀未割，慚非碩鼠之神明；持斧何能，敢望埋輪之丰采。幸參柏署，總屬鈞陶。酌水□源，久盟心於飲德；湌花圖報，思借手於投环。祇以風塵僕僕，未遑一介之修；何期注矚殷殷，又損百朋之貺。

賀黄梓山固原總制晋階廕子_{嘉善}

恭惟某官，師貞丈人，壯猷元老。胸藏萬甲，折衝揚千里之聲；謀出九天，指顧制諸酋之命。嚮者玁狁匪茹，邊鄙不寧。馬飲長城，臂斷漢家之索；旗梟可汗，髮衝壯士之冠。乃遣將以出師，爰設奇而破虜。移□□□，一戰而血漬沙場；震霆摧枯，屢駕而塵清大漠。謀奇發縱，捷奏犁庭。曾無亡矢遺鏃之勞，已收執訊獲□之效。匡王定國，既雪耻而除凶；告廟郊天，遂論功而行賞。絲綸赫奕，恩數駢蕃。陟樞筦之巍階，掌兵戎之大事。王欲玉汝，既特進以公孤；官世金吾，且施及於孫子。是以有慶矣，侈覺報於彤弓；又何以予之，頒珍藏於文綺。蓋功懋懋賞，原國家激勸之賞；而得全全昌，極人臣寵榮之盛。固將三錫九錫而未已，豈止一命再命以益恭。吉語遥傳，塗歌互應。某情深躍忭，□阻摳趨。敬將燕雀之忱，蕭顒牛馬之走。伏願威□□域，平三十六國而帶礪重盟；位極上台，歷二十四考而箕裘永振。

答黄梓山固原總制

威彰薄伐，勛昭日月之旂；寵錫殊恩，地近星辰之□。喜申燕賀，愧辱鴻施。恭惟某官：忠誠許國，文武憲邦。兵富胸中，不數龍圖老子；名聞域外，何論燕頷虎頭。先事綢繆，計畫每周戶牖；當場發縱，指揮悉中□□。肆□□之□□，□□開□□□。疾如風雨，□□□□。夷氛妙若鬼神，目中曾無驕虜。一鼓而朱輪□□，數駕而紫塞烟清。露布飛馳，共道天顏有喜；雲章□發，遙知輿論同歡。彤弓既饗於一朝，錦冑且延之奕世。蓋外威內順，原數年未有之功；而君禮臣忠，極一時相得之盛。某侈觀受祉，竊效彈冠。四牡驅馳，未踵戟門而稱賀；一函潦略，何煩鼎貺之遙頌。真虛往而實歸，使心慚而顏泚。

賀劉定宇固原總制 敏寬

煥頒綸簡，晉總節□。一新文武之具瞻，頃蕭華夷之氣色。恭惟某官：天賦壯猷，世推神略。左宜右有，才投之萬變而不窮；外攘內安，用效之一隅而未盡。吾儒稱爲大勇，天子鑒乃精忠。特移憲府之庵，兼總制臺之鉞。鎮九邊之要害，王國視以安危；撫全陝之輿圖，夷酋盡歸控馭。息烽烟於萬里，何須西閉玉關；固鎖鑰於三陲，不用東封函谷。慶延社稷，歡動紳纓。某忽聞得輿，深切彈冠。燕雀依人，自有情而賀厦；匏瓜終繫，苦無術以飛翵。薄將束帛之忱，用寫登堂之悃。

與許少微兩廣總制 弘綱

秉憲西臺，夙仰風猷之肅；建牙南國，遙依北斗之星。荷垂注之殷優，激感懷其倍切。恭惟某官：補天巨手，貫日貞心。爲諫官則能言，爲大臣則能行，不負生平之學；在朝廷則重內，在封疆則重外，真稱社稷之臣。嚮者朋黨之論繁興，若重陰之蔽日；於時忠直之臣被逐，如隕籜之從風。即以憂國之老成，亦引潔身之大義。小群既渙，泰道斯亨。起之於湖山嘯傲之中，人惟求舊；畀之以嶺海勠勤之寄，命乃維新。總兩粵而撫安，統百蠻而節制。聲靈赫耀，威德馳流。海不揚波，偃鯨鯢其若徙；山皆消瘴，賁草木以知榮。何須試下瀨之樓船，自可標勒功之銅柱。某猥以駑庸，曾承約束。僅隨旅進之次，仰跂清光；何意稠人之中，偏徼□達。有心可許，每懷知己之恩；無德不酬，況沐先施之惠。薄挹沼沚，敢報瓊瑤。五嶺雲深，徒望天南之紫氣；三台星朗，仁看斗北之丹綸。

答許少微兩廣總制

西臺竊祿，夙蒙覆露之恩；南國省方，近接炤臨之宇。寸忱未展，大賚先施。恭惟某官：尹任夷清，房謀杜斷[四]。孤標屹立，掩雲漢以凌霄；雅量渟泓，擴滄溟而□□。執正論於舉國若狂之日，聲息沸騰；持獨醒於衆人皆醉之時，氣消吹亂。令嚴彰癉，使大臣無不法，而小臣無不廉；權妙抑扶，俾宵人有所畏，而君子有所恃。迴瀾既倒，見晛[五]將霾。祇因黑白之太分，遂致雌黃之驟起。箕雖有舌，信哆侈以難窮；雲本無心，任卷舒而自得。天心既定，人望爭歸。爰馳北闕之蒲輪，特起東山之謝傅。征南幕府，威生斧鉞之光；橫海樓船，氣奪鯨鯢之魄。風情粵徼，百蠻之瘴癘全消；日麗庚關，五嶺之蒢苻頓絕。真文武萬邦之憲，當東南半壁之天。寵已錫乎彤弓，勛仁圖於麟閣。某幸以駑庸，得承約束。烏棲柏署，曾依劍珮之崇階；駱駕江藩，又附節苑之鄰壤。入疆伊始，削牘未遑。忽來飛騎之臨，特枉兼金之訊。數行雲錦，榮逾華袞之褒；什襲玄黃，寵過瓊瑤之錫。循躬汗漬，拜手魂搖。

與王太蒙總河佐

雲漢爲章，侈百朋而委貺；瓊瑤難報，馳一介以宣忱。先施之道未能，後至之誅何逭？撫躬汗漬，拜使□□。恭惟某官：名蓋八紘，目營四海。得聖之任耻，嘗□□納溝；當世之平溺，尚思於繇己。若濟川汝作舟楫，久虛丞弼之階；惟轉運必始漕河，先試經營之績。集分黃導淮之群策，循繇汶達濟之成規。智用不爭，行所無事。遂使馮夷順軌，合九派以安瀾；海若效靈，納百川而善受。秋風瓠子，無窮璧馬之沉；春水桃花，不皎蛟龍之浪。西北之咽喉無梗，東南之輸輓如雲。功逾平江，勞齊鄧國。河渠可紀，將徵太史之書；帶礪堪盟，行有玄圭之錫。某共濟無緣，朝宗有願。冰心一片，猶聞玉壺之清；膏澤百年，尚睹甘棠之芾。一函未奏，九鼎先頒。嘘吸細流，固知滄溟之善下；汪洋巨浸，真使河伯之難前。薄言澗藻之微，敬祝波鱗而上。酌西江之〔六〕水，難酬〔七〕大德之洪深；望東欲之雲，徒結微衷之躑躅。

答王憲葵總漕_紀

　　恭惟某官，性裕經綸，氣全剛大。招不來而麾不去，人稱社稷之臣；醉獨醒而濁獨清，世鮮公忠之匹。寅清典禮，望媲夔龍；畿輔建牙，勛高鎖鑰。宜交推於廷權，乃特簡於宸衷。維茲環鳳之區，實繫興龍之地。千年王氣，式龍擁護之權；百萬軍儲，更重轉漕之任。顧江南民力竭矣，方瘝嘆於斗箕；而遼左兵事騷然，又目蒿於庚癸。賴資長策，宏濟時艱。酌恩惠以兼施，合公私而兩利。舳艫銜尾，競萬艘以雲飛；秔稻連翩，委千倉而露積。蓋足兵先於足食，而安內始可安邊。彼斗筲小器，方拮据以難前；乃霹靂大才，遂咄嗟而立辦。民之慶也，國有人焉。當此注意安危之時，正煩整頓乾坤之手。仼膺綸綍，便上星辰。某樗櫟散材，鄉鄰凡子。惟桑梓之必恭，況山斗之可仰。嚮也嚶鳴出谷，謬托契於忌年；已而萍迹因風，遂分携於異地。三年陰伏，一札全疏。茲策遣於豫章，幸比鄰於淮海。周爰軼掌，未先一介之馳；鄭重投瓊，忽枉百朋之貺。長者之賜侈矣，禮以隆折節之謙；君子之交淡如，意尚溢承筐之表。

與王憲葵總漕

三晉莫强，謀帥簡詩書之望；萬邦爲憲，居留資文武之才。惟北斗以南一人，卓然名世；是大江之北千里，屹若長城。社稷有光，桑榆增氣。恭惟某官：明允篤誠，宏深蕭括。摩霄峻節，壓行霍之嵯峨；滙海宏襟，隘河汾之浩瀚。自躋膴仕，休有令聞。惟江淮當天下之中，而轉漕關國家之命。遂膺宸簡，特借總麾。統數道之徵輸，作一方之保障。四百萬軍儲輻輳，盡歸京洛千倉；幾千年王氣鬱葱，嘗護芒碭五色。蕭相國給軍無匱，應居第一之功；劉子安轉運多奇，自是無雙之智。彤弓旅矢以錫西伯，原在豐芑之鄉；圭瓚秬鬯而似召公，必於江漢之滸。某斗筲下器，鄉里小生。聆藹藹之德音，言猶在耳；想几几之碩範，誼豈忘心？頓辱嘉訊之殷優，彌激私衷之感結。薄言一介，上候九如。積寸念以迴環，匪曰報也；望周行之指示，庶其謂之。

與王憲葵總漕

高山可仰，夙殷嚮往之私；台斗非遥，久缺起居之敬。蕭裁鯉素，仰候鴻禧。恭惟某官：氣備四時，身兼九德。人皆知爲瑞也，祥麟威鳳之表儀；國所恃以安焉，浴日補天之經濟。處衆則不隨不激，得聖人之任，兼得聖人之和；持己而無伐無矜，有大臣之才，且有大臣之量。踐更中外，懋著□名。濟變匡時，固已失蕭曹指顧之下；調元贊化，還看參伊吕伯仲之間。淮揚之節鉞久淹，楓陛之絲綸遄召。簪紳屬望，社稷憑依。某猥以塞庸，夙承眄睞。勞人草草，頓疏一介之將；束帛戔戔，用候九如之履。

與樊昌南晉撫謨

恭惟某官，品冠人倫，才優王佐。嶙峋勁節，卑太華之三峰；浩蕩宏襟，隘黃流之九曲。含香清譽，夙冠仙曹；借箸訏謨，咸推武庫。迨憑熊而出守，甘棠留勿剪之思；及建隼以臨邊，尺劍倚長城之寄。肆膺宸眷，載錫彤弓。權假專征，丕振戎麾之號令；班崇獨坐，聿新憲府之威儀。穹廬仰息以歸心，紳弁承風而衹志。蓋才本萬邦爲憲，允文允武，久著赫聲；而國惟三晉莫强，以攘以安，式資宏略。已奠金湯於永固，特鄰鼎鉉以平躋。某願受一廛，幸遂小人之懷土；駕言四牡，偶來大國以觀風。遠道馳驅，尚逡巡於燕賀；隆儀珍重，乃駢錫乎瑤函。一言之褒重于衮，何期雲錦之來投？七襄之報不成章，安意溪毛之可荐。

答樊昌南晉撫

恭惟某官，名世人豪，殿邦偉望。爲憲惟周之吉甫，運籌若漢之留侯。錫弓矢以專征，予曰禦侮；用詩書而謀帥，王之好仇。五部名王，盡仰冠裳之化；四封生齒，同霑雨露之恩。是特簡於帝心，用晉貳乎司馬。掌九伐之柄，將弼干羽於垂裳；鄰八座之班，會上星辰而曳履。衆心所屬，人望攸歸。某自顧朽材，久依大造。風塵薄宦，無能伸好於淄衣；榮戟巍階，未敢漫投夫素簡。頃徹台庇，濫備諫員。若小牘之當輪，深憂覆轍；豈寒蟬之抱葉，可望好音。方省己而懷慚，敢洟顏而受賀。極知不棄，曲垂臨炤之光；顧念何修，可答蓋容之造。

與徐雅池晉撫紹吉

紫禁渙綸，丹霄授鉞。天生名世，原爲社稷之臣；帝倚長城，特簡詩書之帥。八鸞止至，四履欣然。恭惟某官：宏深肅括，明允篤誠。生本不凡，鍾玉疊錦江之秀氣；文推大雅，若相如子雲之善鳴。四牡皇華，屢秉雲霄之節；九天閶闔，能回日月之光。世每聆離離梧鳳之音，衆共仰巖巖泰山之象。聲名遠暢，物望攸歸。衆口交推，一人獨簡。撫唐虞之故土，總侯伯之專征。惟天子曰有禦侮之臣，在晉陽真爲保障之任。之綱之紀，吏民共仰三章；爲翰爲屏，廊廟亦馮九鼎。威靈震疊，早開行霍之雲；丰采澄清，已徹河汾之水。三關增壯，從今盡絕烽烟；四郡同歡，此日新沾膏雨。某通家兩世，穎籍一塵。聞命自天，竊彈冠而忘慶；羈身異地，欲賀廈以無從。薄陳沼沚之微，用紓燕雀之悃。

與吳繼疏晉撫弘度

一塵衡宇，夙沾湛露之膏；四牡皇華，幸近臥雲之榻。眷懷明德，肅布微悰。恭惟某官：名高北斗，望冠南州。世篤忠貞，若鄭桓之有嗣武；家傳經術，如韋相之得玄成。夙掌絲綸，池上之鳳毛猶在；曾持衡鑑，關中之駿足全收。司銓軼裴馬之芳，典樂接夔龍之武。迨專節鉞，益著勛名。衆推却穀之詩書，獨任晉陽之保障。三關塵靜，偃鼓角以不驚；四郡風清，胥室家而相慶。偶以尊鱸之動念，遂尋松菊以歸來。道固善於卷懷，時則需夫幹濟。逢萌北海，雖掛玄武之冠；安石東山，實繫蒼生之望。佇看蒲召，即下楓宸。某舊列編氓，渥承覆露。依萬間之棟宇，願授淄衣；歌九罭之鱒魴，未親赤舄。頃入仁人之里，願事大夫之賢。謹削牘起居，敢承筐唐突。我之懷矣，徒勞翹首以馳思；何以界之，尚須長跽而請教。

與文受寰雲撫球

恭惟某官，識蘊高明，氣全剛大。卿材讓美，敦却穀之詩

書；韜略夙嫻，富仲淹之兵甲。譽望積孚於中外，風猷益著於邊
郵。惟獫狁舊號天驕，而雲朔夙稱斗絕。天限南北，國倚藩屏。
自四十年款貢以來，久已恃安而忘戰；而數十萬控弦之衆，每思
饑食而飽揚。夫惟文武之謀猷，能執夷酋之要領。扣關有使，不
聞胡馬之驕；約部無譁，盡受漢家之索。真四夷之爲守，故三晉
以莫強。禦侮才難，豈匹干城之佐；和戎利大，宜□金石之音。
寵已錫夫彤弓，功尚圖於麟閣。某分受一廛，身羈千里。江鴻繫
帛，曾傳佳信於青旻；代馬嘶風，久結勞思於紫塞。肅將菲菲，
仰溷尊嚴。知采采之非恭，恃茲明信；諒休休之不擇，總在
涵容。

與劉斗陽薊撫 日梧

恭惟某官，王國龍光，人倫師表。兼吉甫之文武，敦君實之
忠貞。自開府於薊門，久宣威於漁塞。乘風伺月，邊塵不聳夫狼
烟；臥鼓櫜弓，戰士久閑於虎帳。予曰禦侮，國有長城。即以遼
警之震鄰，羽書狎至；賴有壯猷之經遠，戶牖周防。主上寬東顧
之憂，朝士倚北門之重。安危所寄，社稷是憑。某通李有年，識
荆無路。頃以出山之小草，偶來大國以觀風。事大夫之賢，于焉
矜式；辱長者之惠，曾不遐遺。薄言一介之微，愧彼七襄之報。

答劉斗陽薊撫

才疏攬轡，幸觀大國之風；寵溢題緘，特枉兼金之訊。省循
知愧，登拜爲榮。恭惟某官：天生名世，人所具瞻。器受萬鍾用
也，而尚虛其半；剛經百鍊試之，則所向無前。維薊鎮爲東虜藩
籬，地控三陲之塞；而開府乃北門鎖鑰，身當萬里之城。是惟文
武全才，可屬緩急大事。議招議討，夷酋在股掌之間；足食足
兵，封疆若磐石之固。頃以建奴之犯順，遂至畿輔之震鄰。唇亡

而齒則寒，既奮征誅於驕虜；枝披而本先撥，又勤撫恤於勞民。固雖徵發之驛騷，未見閭閻之愁嘆。豈獨一方恃爲屏翰，實則四海倚以安危。某仰斗久殷，披雲未遂。賦皇華於周道，方在咨詢；望紫氣於青霄，徒懷躑躅。未先一介，反辱百朋。感則惟有骨可刊，藏之而願言勿斁。

與孫藍石畿撫瑋代〔八〕

揆留帝簡，寵峻朝階。統三輔以建牙，之剛之紀；奄四封而賜履，爲翰爲屏。何幸受成，敢言共濟。恭惟某官：一代具瞻，萬邦爲憲。占叶渭水，誕符王輔之期；書授圯橋，學契帝師之略。經文緯武，國步視以安危；移孝作忠，人倫仰爲師表。道孚天下之望，忠結主上之知。洊歷清華，久疏優渥。惟王畿作鎮，控大勢以殿邦；而价人維藩，寄重權於分陝。式予鉅範，大冕宏施。調化瑟以宜民，兢紱不觭；握玄鑑而察吏，澄汰無遺。山川兵食之周知，不數文饒之略；水旱灾傷而必奏，何勞鄭監之圖？塞警全消，穹廬膽落；海波不蕩，島嶼風清。六年安撫，倚腹心爲干城；千里邦畿，奠股肱於□□。績時書之大府，眷日注於重瞳。身上鳳池，行曳星辰之履；名圖麟閣，且申帶礪之盟。某幸佐下風，欣依大厦。愧澄清之未效，每切儀刑；嘆啓處之不遑，遂疏問訊。輶軒初駕，棨戟遥瞻。乃辱先施，惠加後進。珍百朋而均重，藻五色以摛華。誼薄雲天，藏深肝膽。

與韓晶宇畿輔濬

紫禁涣綸，丹霄受鉞。以一時之人傑，撫千里之王畿。漢詔初馳，周邦咸喜。恭惟某官：參天偉幹，浴日精忠。負昌黎山斗之名，具稚圭經濟之略。嚮以真御史柱殿中之法，人欽范轡之澄清；既聞名廷尉持天下之平，自卜於門之高大。遂繇推轂，特畀建牙。簡文武以憲邦，用詩書而謀帥。襟黃河而枕恒嶽，形勝甲於域中；左山海而右宣雲，阨要通乎塞外。況奴氛未靖，漸欲窺關；而虜孽爭强，陰將啓釁。綢繆桑土，全資未雨之先謀；樽俎折衝，獨賴運籌之妙算。旌麾甫蒞，號令維新。變將驕卒惰之風，修柔遠能邇之政。皇圖鞏固，措三輔於覆盂；戎醜宵奔，聞一韓而破膽。民之模矣，國有利焉。某遞聽郵傳，深懷燕喜。碧幢青幕，遥□□府之威儀；簾雨棟雲，猶想乘驄之丰采。肅陳筐筐，唐突轅門。

與陳蠡源操江<small>道亨</small>

涣綸北闕，秉鉞南都。王氣千年，夙重豐鎬之地；長江萬里，式隆鎖鑰之權。寵服惟新，傳聞胥慶。恭惟某官：斗牛間氣，舟楫長才。標仲舉之君宗，具瞻一代；兼吉甫之文武，爲憲萬邦。盛名早著於登朝，素望積孚於臕仕。繇曹郎而方岳，所至交稱；自大夫而國人，同聲延譽。惟陪京爲國家根本，而中丞乃社稷干城。爰自廷[九]推，膺兹特簡。防嚴天塹，控吳越而制江淮；守重居留，擁舟師而護陸寢。撫龍蟠虎踞之勝，奮鷹揚豹變之威。責草木以皆兵，倔鯨鯢其若徙。眷焉南傾，不須觀靺鞈之師；赫矣先聲，早已壯樓船之氣。仁看鴻代，即上麟圖。某幸觀大國之風，更竊鄰光之炤。有懷燕賀，私彈貢禹之冠；奈阻駉征，政叱王陽之馭。薄言芹獻，唐突槐階。南浦西山，徒望天邊之紫氣；石頭鍾阜，久俟江上之朱麾。

答陳蠡源操江

秉鉞居留，萬里壯金湯之勢；題緘訊遠，十行垂琬琰之光。拜手知榮，省躬增報。恭惟某官：山斗具瞻，文武爲憲。峋嶙勁節，迥凌五老之峰；浩蕩宏才，倒瀉三江之浪。自登華貫，休有令聞。惟金陵爲國家鼎奠之基，式隆鎖鑰；而長江乃東南天塹之險，必慎隄防。遂簡文武之猷，特寄安危之任。連吴帶楚，自越達淮。畫鷁千航，盡焕帆檣之色；水犀萬甲，一新組練之容。賁草木以皆兵，偃鯨鯢其若徙。鷹揚豹變，壯猷陡起風雲；虎踞龍蟠，王氣長懸日月。已受彤弓之錫，行圖麟閣之勳。某仰斗有年，班荆無分。交緣孔李，敢自馭乎通家；才謝鮑桓，謬觀風於大國。何期遝注，疊辱隆施。雲漢爲章，真一言之逾衮；瓊瑤難報，惟十襲以爲珍。

與劉華石淮撫

續懋錫圭，纘禹平成之烈；寵優晋秩，繼皋明允之司。功在國家，歡同紳綏。恭惟某官：量納百川，目營四海。道濟天下之溺，引手無難；覺在斯民之先，納溝是耻。暫以作楫之材，出駕司空之權。決排疏瀹，智以無事爲神；謀度諏詢，策用不争爲上。隱金椎于堤堰，□□利涉，且思利漕；沉玉璧於泥沙，但知防川，何知防口？肆收功于砥柱，乃大障其狂瀾。九曲安流，不起桃花之浪；八年底載，何煩瓠子之歌。特簡楓宸，升華棘寺。且暫于休沐，紓四乘之勞；將即下徵書，正六卿之位。某〔一〇〕觀風大國，景仰台階。鞅掌邊塵，久缺魚書之訊；盱衡淮海，徒縈雲樹之思。謹憑尺一以宣心，敬采溪毛而薦信。

答劉華石淮撫

誤辱簡書，於役大國。方行李一介以往，歌《皇華》四牡之章；乃使者千里而來，荷錫我百朋之貺。捫心自悚，拜手何堪。恭惟某官：無器可名，有容乃大。生原降嶽，即居名嶽之鄉；才本濟川，因借浚川之用。民艱盡拯，深切繇己之心；河伯效靈，真是回天之力。功已收於白馬，報將侈於玄圭。某容容處後，碌碌無奇。竊禄中臺，深抱續貂之愧；觀風西塞，謬膺攬轡之行。從不識相馬之天機，恐難得和戎之要領。念茲擔負，凛矣冰兢。乃辱隆情，遠煩華札。雖則維桑與梓，用意良殷；然而投瓊及瑶，念惠已甚。

餞崔瑞軒秦撫

抗章勇退，優詔辭榮。體國忠貞，久篤匪躬之誼；保身明哲，還高止足之風。簪紱聳觀，閭里相慶。恭惟某官：履道直方，抱身修潔。不可則止，懷難進易退之心；與時偕藏，標衆濁獨清之慨。乃者縈情于藥餌，忽焉動念于鄉園。歸去來兮，世上之浮名安羨；身將隱矣，人間之榮寵何知？主恩特予以還山，道體從容而休沐。白駒皎皎，難羈如玉之人；綠野閑閑，喜遂歸田之樂。三秦父老，爭卧轍以遮留；一介使臣，欲叩閽而無力。蓋功成名遂，身退乃天道之自然；而見可知難，先幾得聖人之家法。鴻方高舉，又何慕於弋人；鷗已忘機，自不驚夫漁父。東山小草，寧來安石之譏；北海清風，再見伯夷之節。詎肯辱身而降志，自能激懦以廉頑。求之古今，寔爲希曠。然而甘棠蔽芾，召伯之澤方新；洛下閑居，司馬之年未老。暫歸繡衮，佇聽蒲輪。雖欲從赤松以遊，終當爲蒼生而起。某遥聞趣駕，莫遂歌驪。想旌斾之悠悠，徒殷躑躅；望雲山之渺渺，祇切翹馳。薄言一介之將，聊代百壺之餞。

迎李瞻宇秦撫 起元

擁麾分陝，增氣色于山河；仗鉞入關，肅風聲于草木。歡騰四履，號渙十連。恭惟某官：性樞神縱，王略天成。才同芒刃解批，更十九年而不缺；器若虛舟容納，受千萬斛而有餘。民望允孚，帝心獨簡。惟關之中，天府國也，須資文武之猷；而陝以西，周公主之，遂授翰屏之寄。綸音寵被，鸞輅儼臨。氣滿函關，護仙塵而縹緲；雲開華岳，迎神劍以飛揚。凡在駢巘，于胥鼓舞。某自愧守株，無能負弩。謹馳介使，肅候前旌。

賀李瞻宇秦撫

三秦屏翰，安危仗出群之才；四塞河山，鎖鑰□非嘗之任。歡騰將吏，氣肅風雷。恭惟某官：器兼文武，望重華夷。品立千尋，仰焉而莫窺其際；剛經百鍊，試之則所向無前。輶軒幾半于城中，籌畫猶多于塞上。惟茲分陝之任，爰須禦侮之材。既兼四岳以疇次，遂自九重而授鉞。綸音北下，羨寵命之從天；旌節西來，聽歡聲之動地。紀綱振肅，一新憲府之科條；神氣奮揚，重整轅門之號令。偉矣一方保障，屹然萬里長城。某謬辱簡書，幸同封壤。聞絳騶之至止，不勝彈冠；悵匏迹之遠羈，無能飛舄。薄致芹藻之獻，聊申燕雀之忱。

答李龍峰秦撫_楠

周分二陝，凤稱天府之區；漢重三秦，特簡節旄之寄。軒車至止，紳弁歡如。威靈早震于遐荒，羌虜寢陸梁之計；德澤行淪於下土，間閻還安輯之休。雖云杼軸其空，久苦誅求之剜肉；自有經綸在手，立起捐瘠於納溝。民之莫矣，如關內之久安；國有人焉，見周邦之咸喜。某幸附同舟，叨陪□□。歌皇華於蜀道，阻御龍門；望紫氣於函關，遥依燕厦。何期輕鮮，反辱崇隆。龍藻巧眩於七襄，珍品重逾於九鼎。蓋念維桑與梓之誼，禮意倍爾綢繆；而誦投桃報玖之章，循省終焉跼蹐。

答李龍峰秦撫

情殷賀厦，肅將燕雀之忱；惠損承筐，鄭重瓊瑶之報。大來何幸，虛往還慚。仰某官：才裕經綸，器兼文武。峻比千尋之壁，仰之彌高；貞同百鍊之剛，撓而愈勁。試范韓於塞上，久富甲兵；得頗牧於禁中，新加節鉞。□□大國，美哉百二河山；赫赫新聲，屹矣三秦保障。□謂安石不起，當如蒼生何？今日司馬復用，名聞外國矣。某舟托長年，幸免褰裳之懼；績分貧女，顓資鄰壁之光。聞擁戟以來臨，自彈冠而志喜。迹違趨謁，遙馳一介以披衷；禮篤綢繆，反辱多儀而枉訊。愧滋浹背，感結鐫心。

答周心銘甘撫_盤

恭惟某官：當代夔龍，西邊韓范。犁庭剪醜，陋驃姚出塞之圖；保境安民，收充國屯田之利。膚功懋著，燕□光昭。當萬里之長城，受九重之特簡。絲綸新錫，已總羽魏貔貅；節鉞暫留，尚作玉關鎖鑰。某梓里後進，柏府備員。方有事於三秦，幸受成於四履。路車未駕，猶得瞻繡袞之光；駱馬初維，忽已拜瓊瑤之賜。感當銘胸，拜則欣顏。

餞周心銘甘撫

伏聞某官：振旅西陲，還轅北闕。六年安撫，山川應變旌旄；萬姓遮留，父老共攀茵轍。軍中貔虎劍戟，與塞日爭輝；關外羌胡笳管，共邊風並慘。雖中朝得一□老，六師之神氣方張；而遠塞失一長城，萬里之烟塵恐動。某仰仙塵之東下，喜切彈冠；望真氣之西來，願深負弩。謹陳澗藻，用佐傳餐。

賀荆籲吾甘撫_{州土}

漢家開五郡，用離羌虜之交；聖世重三陲，特簡節旄之寄。歡騰將史，威肅華夷。恭惟某官：道直以方，器弘而毅。名高龍臥，抱管樂之才猷；氣奮鷹揚，富范韓之經略。嚮擁麾於河外，曾蹀血於窮荒。拓千里封疆，豈止閉關保境？驅百年戎馬，真同絕幕空庭。膚功久契於重瞳，寵命顒需夫推轂。邇者眷焉西顧，曰予禦侮之臣；遂爾起自東山，畀以專征之任。酒泉列郡，夙欽定遠之威名；罕开諸酋，復聽營平之撫馭。舊時父老，迎劍舄以歡呼；新闢山河，識軍容而震疊。窟無飲馬，虜將遠徙於聞風；帳有鐃歌，士豈久疲於暴露。瀚海之青烟盡斷，玉門之白羽不飛。真當萬里之城，允爲百辟之憲。某謬辱觀風之使，幸同賜履之封。榮戟遥瞻，竊彈冠而志慶；匏瓜終繫，難飛舄以將忧。薄陳溪澗之微，仰祈海天之茹。

答荆籲吾甘撫

行邊修使職，虛慚鞅掌之勞；飛翰訊征人，重辱騈藩之貺。有懷欲慶，無德不酬。恭惟某官：明允篤誠，閎深蕭括。汪汪千頃之量，澄之不濁，而撓之不清 [一]；矯矯百鍊之剛，招之不來，而麾之不去。折衝帷幄，妙借前箸；指畫山川，較如聚米。聲靈赫濯，草木亦憚威名；神采奮揚，風霆倍爲震疊。是以諸羌弭服，鴟鴞懷我以韶音；雖則海虜跳梁，犬羊亦馴其桀性。譯通萬里，漫言定遠功名；烽靜三陲，詎止營平方略。某奉將簡命，來入封疆。聽載道之歌聲，隱然韓范；歷沿邊之城壘，屹若金湯。重譯來庭，未羨有魏絳和戎之利；乘黃在野，慚無九方相馬之神。徒使邊境驛騷，受一介行李之累；每懷王事靡鹽，愧四牡皇華之章。且踽踽而靡寧，何温存之屢及。逆之磧石，餽之湟中，餞之廣武，使命相望以辱臨；錫以錦綺，飲以壺觴，授以餐餉，腆睨有加而無已。顧兹優渥，即肝膽皆鏤刻之私；奈此涓微，愧桃李非瓊瑶之報。

答荆籲吾甘撫

恭惟某官：韓范才猷，夔龍品望。旌麾威聳，壯河西五郡之金湯；帷幄謀神，握塞外群胡之要領。烟銷青海，何須絕幕空庭；甲洗銀河，只見韜弓臥鼓。求之於古，惟文武吉甫之儔；其在於今，鮮將相衛公之匹。某謬膺策遣，幸共封疆。驅馬西來，見壁壘旌旗之生色；憑車四望，覽山川風物之殊觀。未服諸羌，徒羨營平之故略；欲通絕域，難尋博望之仙槎。方稱塞之未能，豈注存之敢望。何期隆渥，曾不遺遺。雲錦陸離，賁及風塵之倦客；瓊華鄭重，損來筐篚之珍藏。

賀楊楚石榆撫應聘

竊惟靈夏之封疆，實繫華夷之界限。自昔分爭之世，多爲割據之區。洎[一二]乎我朝，亦稱多事。孽宗煽亂，曾動破斧之師；逆卒弄兵，幾釀屠城之禍。迨干戈之既定，已財力之交空。休養數年，仍苦瘡痍未起；逼鄰二虜，更憂烽火時傳。自非經緯之才，曷致輯寧之效？恭惟某官：席前借箸，早收發縱之功；掌上談兵，臏有折衝之略。特膺宸簡，晋總師干。錫弓矢以專征，予曰禦侮；用詩書而謀師，王之好仇。命南仲城方，再賦《出車》之咏；界韓公分陝，重聞破膽之謠。赫赫明威，已動山河之色；堂堂薄伐，行清沙漠之塵。寧論燕頷之封，終入麟臺之畫。某幸因攬轡，得倚同舟。紫氣秦關，遙仰斗光於幕府；皇華周道，阻修燕賀於轅門。

與楊楚石榆撫

恭惟某官：名世真才，殿邦碩望。甲兵數萬，胸中藏范老之奇；韜略三篇，圯下受黃公之秘。用詩書而謀帥，錫弓矢以專征。手挽銀河，欲洗妖氛於塞上；氣吞羯虜，嘗興鐃鼓于師中。飲月支之頭，馳聞異域；斷匈奴之臂，擬絕天驕。漫言西閉玉門，直净烽烟於萬里；何用東封函谷，已堅保障於三秦。功名久著旟嘗，姓字行標麟閣。某仰斗有年，同舟此日。奉長者之教，冀指迷津；荷先施之頒，過叨腆貺。載馳關隴，未能上謁轅門；薄采藻芹，敢用將忱雁使。

答張誠宇楚撫問達

恭惟某官：高標拂漢，卑華嶽之二峰；雅量涯涘，隘洪流之九曲。掖垣珥筆，非仁義不陳於前；楚國擁麾，有膏澤必流之下。已紀旟嘗之日月，將上劍履於星辰。某樗櫟散材，斗筲小器。鷦在梁而濡翼，凛矣冰兢；馬立仗以無聲，靦焉尸素。豈期庸品，誤辱簡書。萬篋龍團，恐難筦和戎之利；千群駿足，詎易辨在埛之良。方拜命而永懷，敢泚顏而受賀。

答董誼臺楚撫漢儒

秉鉞而撫湖湘，懋著經營之績；抽簪而娛泉石，獨高恬退之風。方仰霄漢之難攀，詎意瓊琚之遠逮。恭惟某官：人本猶龍，名真過斗。水剸陸解，批秒握內之揮裁；武緯文經，杼軸極胸中之變化。譽望積乎於鵷序，勛猷夙決於楓宸。何知妒口之多端，遂致傳聲之易□。經成市□，方將湼其白而磷其堅；志決宜鴻，竟能進以禮而退以義。身將隱矣，寧憂衆口之難調；止或尼之，且待天心之自定。暫卧東山之奕墅，仔觀北國之蒲輪。某誼切同舟，情殷歧路。望楚雲於天際，難伸折柳之情；來衡雁於隴頭，忽往兼金之訊。惠則渥矣，拜竊泚然。

賀梁醇宇楚撫見龍

恭惟某官：忠結主知，道崇人望。吞八九雲夢，胸中□變化之奇；具數萬甲兵，掌上運折衝之略。正議定群囂於一是，娉修矯衆濁以孤清。衡鑑無私，舊識山公之啓；出納惟允，新傳吉甫之詩。簡在宸衷，晋居憲府。畫山川而賜履，盡三湘七澤之區；錫弓矢以專征，兼五侯九伯之任。之綱之紀，吏民共仰三章；爲翰爲屏，社稷亦逢九鼎。威靈震叠，早開衡岳之雲；風采澄清，已徹漢江之水。某猥緣夙雅，幸借鄰光。聞命自天，竊彈冠而有慶；羈身異地，欲賀廈以無從。

答徐海石楚撫兆魁

恭惟某官：天子諍臣，正人執友。自昔西臺露簡，久標謇諤之聲；于今南國擁麾，益展安攘之略。在朝廷則重內，在封疆則重外，古爲社稷之臣；爲諫官則能言，爲大臣則能行，時鮮公忠之匹。之屏之翰，允維百辟之刑；作楫作霖，佇膺九重之眷。某嚮于旅邸，幸一披雲。直道而行，亦惟從夫先進；高山可仰，頗自信於生平。久承鄰壁之光，聊致野人之獻。何期輕鮮，反辱崇隆。

答衛桐陽郹撫一鳳

恭惟某官：轉旋偉略，經緯長才。望久屬於樞衡，任先隆乎節鉞。提封千里，據江漢之上游；控制三藩，扼楚秦之要害。聲靈赫濯，綱紀森嚴。吏披拂於清風，民瞻依乎化日。之屏之翰，已作憲於萬邦；爲龍爲光，將平躋乎八座。某久深仰斗，每思先進之從；今附同舟，幸有長年之托。征車初駐，未遑削牘以將忱；飛騎忽來，已荷函笺而損貺。先施渥矣，高誼殷然。

與包大瀛豫撫〔一三〕見捷

恭惟某官：補袞精忠，自矢心懸赤日；立朝正色，人欣笑比黃河。一時仰若斗山，四海待爲霖雨。爰孚特簡，晋撫名邦。佩玉鳴鸞，涖止動江山之色；杖鳩騎竹，來俟慰旄稚之心。憲度維新，知小廉而大法；新猷丕振，自綱舉而目張。十三郡共盱福星，億萬人同歌良翰。某誼托同舟，情殷依厦。羈棲江畔，苦無術以鳧飛；盱望台光，祇有心於燕賀。戔戔束帛，敬已肅於未將；采采溪毛，量想容於不擇。

與包大瀛豫撫

九重授鉞，漢庭推特簡之榮；千里建牙，江國仰先聲之烈。軒車至止，會弁歡如。恭惟某官：掞天文藻，陋楊馬之風騷；經國訏謨，軼賈晁之奏對。珠探驪頷，曾聞威觸雷霆；鳳播梧音，夙仰名爭日月。方賜環之無幾，已推轂之紛如。惟兹江右名區，特屬宸衷簡在。星分翼軫，映劍珮之寒芒；雲擁衡廬，拂旌旄之紫氣。八鸞清道，初嘐嘐以來臨；萬户傾心，已欣欣而相告。某得拜下風，幸葭蓬之有托；願從先進，知型鑄之不遺。肅將采恂之微，用展豫鳴之悃。

與包大瀛豫撫

恭惟某官：王國龍光，人倫師表。剛經百鍊，試之則所向無前；器受萬鍾，用也而尚虚其半。一封排閶闔，何知虎豹當關；三載動風雷，共羨蛟龍起陸。既特揆於皇鑒，旋授鉞於丹階。撫吳楚之封疆，決決大國；控江湖之形勝，隱隱長城。戒令初頒，蓋已風行而草偃；紀綱頓肅，自將吏習而民安。某夙仰高蹤，叨陪下乘。維舸江介，煩委睨之頻仍；策蹇周原，苦驍征之鞅掌。披雲未卜，采藻先陳。無德不酬，徒内慚於報李；有懷難盡，尚顒待於班荆。

答包大瀛豫撫

仗鉞蒞南州，萬里風雲連斗極；題緘來北道，十行琬琰貴江皋。眷高誼以色飛，感先施而汗浹。恭惟某官：性裕經綸，氣全剛大。石渠珥筆，賦成擲地之聲；瑣闥封章，語有回天之力。立仗耻伏駒之蹢躅，批鱗折危檻之峋嶙。人瞻鳴鳳於梧岡，天起臥龍於雷雨。洊綦冏寺，晋拜中丞。錫弓矢以專征，權壓諸司之貴；畫山川而賜履，班聯五等之崇。蓋惟允武而允文，是宜爲屏而爲翰。某濫承策遣，幸共封疆。想旄戟之初臨，心殷負弩；奈駑駘之乍弭，思澀濡毫。猥辱隆情，特頒華札。亟問亟饋，煩雁使之頻仍；載笑載言，阻龍門於咫尺。

答包大瀛豫撫

恭惟某官：一代具瞻，萬邦爲憲。直節挺千尋之壁，仰之彌高；虛襟弘萬頃之波，容而益大。漢庭推轂，凤聞補浴之猷；江國建牙，丕著翰屏之望。旌麾甫駐，吏民爭欲承風；符采一新，山川亦爲動色。如某駑劣，承乏省方。喜陪劍履之光華，幸執鞭弭於封域。周行在望，引迷資南指之車；彼岸難躋，共濟倚長年之檝。凤緣良厚，遇合真奇。客路孤航，尚淹留於江浦；波心雙鯉，已傳致夫瑤函。藻五色以摛華，珍雙南而均重。

答包大瀛豫撫

伏念某樸樕散材，瓴甋小器。西臺逐隊，慚無立伏之聲；南國省方，愧乏登車之志。拜命而有懷靡及，諏詢謀度，未通宣達之宜；入疆而欲見施行，緑崇剛柔，詎得張弛之竅。刀未操而難割，足方駕而已疲。惟望提携，敢云勝任。恭惟某官：琅玕披腹，煉五色以補天；經緯生心，奠六鰲而負地。名宣宇宙，忠感風雷。頃渙北闕之新綸，來撫南昌之故郡。一星入部，光搖牛斗之墟；十乘啓行，氣壓匡廬之峻。風行大戒，百僚之聽睹維新；露灑前驅，萬姓之謳吟恐後。豈期塵迹，獲躡□蹤。蒹葭形穢，自欣倚玉之榮；蘭蕴香清，敢托斷金之利。雖芝眉之孔邇，奈鞅掌於周原。想一榻塵封，徒望西山氣爽；乃十行霞爛，忽隨南浦雲飛。拜鼎貺之駢蕃，知鍾情之優渥。有懷難述，聊抒謝於荒箋；無德不酬，當疌忱於蕭使。

答包大瀛豫撫

伏念某操刀未割，攬轡非才。駕駒駱以咨諏，每懷靡及；歷隰原而跋涉，豈敢告勞？已閲潯陽，載移星渚。民風吏治，曾無振肅之能；名山大川，徒極遊觀之勝。素餐良愧，負乘堪憂。恭惟某官：誼凌匡嶽，量匯蠡湖。念鞅掌之征人，頻頻特訊；侈承筐之異品，纍纍多儀。信小往而大來，兼情深而文至。雖據得隴望蜀之願，已足饜心；而誦投桃報瓊之章，能無汗煩。不恭是懼，就拜爲榮。藏之中心，莫喻懷思之悃；願以異日，庸紓酬德之忱。

與錢浩川虔撫_桓

建牙望重，具瞻安攘之助；攬轡才疏，全賴提携之益。先施已渥，不腆是將。恭惟某官：身肩宇宙，名震華夷。允武允文，雅負巖廊之具；善謀善斷，妙持帷幄之策。節鉞坐鎮乎四藩，氛祲永清於千里。鴻勛懋竪，固將銘日月之旂；簡命重申，行且曳星辰之履。某叨役巡省，幸共封疆。甫入江湄，即荷授餐加璧之雅；薄陳沼沚，有愧投桃報李之章。

賀錢浩川虔撫

恭惟某官：鍾鼎元功，斗山偉望。三千奏牘，抗正氣以批鱗；數萬甲兵，運神機于指掌。自膺宸眷，來總戎麾。兼文武以訏謀，酌寬嚴而敷政。天清日霽，嶺南之瘴癘全消；雨潤風噓，江右之疲癃盡起。日成月要歲會，歷幕府之星霜；王功圖勛民庸，紀太嘗之典籍。惟啓猷之懋著，宜思數之隆頒。何以予之新章，服于玄袞；是有慶矣侈宴，報于彤弓。朝野聳觀，吏民舞蹈。某茲聞新命，倍切歡悰。肅陳絲縷之微，用展燕雀之賀。伏願勛懋賞懋，歷二十四考于槐階；大書特書，光百千萬年之竹簡。

餞錢浩川虔撫

秉鉞而控名藩，懋著安攘之績；抽簪而返初服，堅尋泉石之盟。道有攀轅，人歌歸袞。恭惟某官：抱文經武緯之略，植禮進義退之標。珥筆西臺，天下想聞丰采；擁麾南國，諸藩共載恩威。祇因蒿目而憂時，以致嘔心而違豫。抗章勇退，引義辭榮。惟聖人歸潔其身，而君子不俟終日。霖方濟旱，忽捲霧以龍潛；德政覽輝，乃翔雲而鳳翥。隱矣周柱史，杳紫氣以難攀；賢哉疏大夫，悵白駒之莫縶。士女爭遮茵轂，山川猶戀旌旄。名遂功成，暫學留侯之辟穀；道高望重，終起謝傅於徵書。某世譜分華，同舟托濟。以數年之依庇，忽歧路之分携。九罭鱒魴，嘆公歸之不復；一枝楊柳，縮別意于無窮。薄言一介之將，有愧兼金之賸。

迎周春臺虔撫應秋

天方授楚，建牙須文武之材；陝以分周，節鎮倚安危之寄。新綸一渙，逖履交歡。恭惟某官：略不世出，韵自天成。兼十亂之才，人獨推乎姬旦；備四時之氣，世偏挹其春風。蚤稱國士一人，既宰王畿[一四]百里。瑤徽有韵，清傳宓子之聲；水鏡無波，炤入山公之啓。迨司三禮，自足一夔。維此虔州，夙稱重地。跨足據楚，三江蟠襟帶之雄；連粵引閩，五嶺控藩垣之勝。巍然開府，屹若長城。爰簡社稷之臣，用作詩書之帥。得武安于中禁，若有待焉；置文成于上游，豈無意者？惟緩急可當大事，故弓矢獨界專征。無兢惟人，有虔秉鉞。幾百年蠻烟瘴雨，將望氣以全消；方十里金城湯池，因建戟而增壯。星輝斧戟，光搖翼軫之墟；霆動旌旄，勢撼衡廬之峻。若此先聲之赫赫，宜乎喜色而欣欣。某鄉當未達，已仰高風。自愧雕蟲，曾引斤於大匠；更欣附驥，得接羽于仲方。回想流光，屢更寒暑居諸之變；堪憐踪迹，竟是東西南北之人。雖曰半面未同，實則寸心久結。何竟攬轡之將歸，幸值擁麾之至止。仰巾簪而幾墜，豈止彈冠？捲詩書以欲狂，便思削牘。知都門之尚發，于錦里乎趨迎。儀以將心，拜而送使。所祈十乘啓行，早慰髦倪之望；或者四騑未駕，猶瞻劍舄之光。

與周春臺虔撫

攬轡非才，未奏澄清之效；請纓無志，豈堪軍旅之司。荷獎率之殷優，增駑庸之踟躕。敬披微悃，用答鴻施。恭惟某官：才裕經綸，志安社稷。抱將相之兼局，應笑隨陸無武，絳灌無文；計夷夏之大防，嘗思《天保》治內，《采薇》治外。頃以奴酋之犯順，致煩天討之張皇。將懦兵驕，未見破虜平胡之策；主憂臣辱，宜激懷忠倡義之心。想夫感事而撫膺，必期滅此而朝食。如某者生無俠骨，識謝智囊。未逢黃石一編，可度龍沙萬里。倘蒙策遣，謬界護軍。劍及于堂，履及于室，敢不聞召而即行？左屬櫜鞬，右執鞭弭，蓋亦因人而成事。過辱同讎之誼，遠煩大賑之頒。挾纊投醪，已勒濃恩於肺腑；采芹挹沚，敢將芻報於涓埃。

答周春臺虔撫

某夙欽先進，邇厠下風。四牡皇華，徒竭周咨之力；三年株守，祇懷素食之慚。幸托大廈以護身，得畢長途之輓掌。弛于擔負，方圖棲息于林阿；畏此簡書，又使馳驅於戎馬。念一身天南塞北，真同柳絮因風；思兩地斗仰雲瞻，頗似征鴻戀侶。方擬修辭而告別，忽承損貺以先施。敦繾綣于送歸，絕勝陽關三疊；侈光華於行色，真逾寶劍千金。感之惟有骨可刊，報也而永言勿斁。

賀吳本如蜀撫用先

大廷推轂，式隆專席之權；重地建牙，特借殿邦之略。既疇咨於四岳，將爲憲於萬方。凡有識知，於胥鼓舞。竊惟西蜀之地形，原號中華之天府。屏翰繫非嘗之任，安危仗出群之才。從文翁化導以來，夙嫺禮樂；迨武侯經略而後，丕著聲靈。趙清獻之綏懷有方，張乖崖之鎮定不擾。光於史冊，流入傳聞。其在于今，益異夫舊。自播酋倡亂，原野之膏血猶腥；及隴士尋兵，庾藏之朽蠹若掃。采木之征輸末已，猙夷之猖獗方張。邊境騷然，誰諭馬卿之檄；民力竭矣，難形鄭監之圖。必須經綸拯濟之猷，始收平定安輯之效。恭惟某官：洪深蕭括，明允篤誠。敦却穀之詩書，兼吉甫之文武。才同利刃，更十九年而若發於新；器比虛舟，容千萬斛而尚餘其半。久孚民望，特簡帝心。錫弓矢以專征，建旌麾而作鎮。威名震疊，同劍閣之巍峨；符采輝煌，助錦江之澄麗。一琴伴鶴，墨夫解綬以潛逃；五月渡瀘，醜類問名而嚮化。南人不復反矣，西蜀亦有利哉。某奉使秦蜀之間，幸在封疆之內。若鳴鳩乳燕之棲檐棟，庶幾依廈而安；托長年三老以涉江湖，敢謂同舟而濟。遙聞蒞止，不勝欣然。望蜀道青天，恨乏鳧飛之術；逢隴頭驛使，聊將燕賀之忱。耿戔戔之束帛，敬在未將；猥喋喋以陳詞，喜能盡喻。

與饒映垣蜀撫_{元暉}

青天蜀道，遙欽秉鉞之光；明月章江，近式鳴珂之里。感先施之甚渥，於後至乎何誅。恭惟某官：翊運真才，補天妙手。兼吉甫之文武，敦却縠之詩書。劍閣嵯峨，簜聲靈其倍肅；錦江澄湛，流膏澤以弭長。略可籌邊，不假長卿之檄；心堪告夜，獨攜清獻之琴。諸夷奉漢法之尊嚴，四路仰明威之震疊。自昔武侯治蜀，爲三代以後一人；及夫文定鎮川，亦百年之中僅見。有如盛美，真可匹休。安危仗出群之才，予曰禦侮；社稷屬非嘗之任，人望爲霖。某世譜小生，受廛編户。緇衣有願，未御元禮之門；烏府非才，濫策王陽之馭。識荊未卜，飛翰先投。無德不酬，誦瓊瑤而自愧；有懷欲獻，未沼沚以非恭。

與李玄白梁撫_{養正}

秉鉞有虔，據天下中原之會；承筐不腆，紓生平仰止之私。儀在物先，情因詞達。恭惟某官：參天植幹，匯海横襟。扛百斛之龍文，强哉其矯；振九苞之鳳翼，焕乎有章。自襆被而爲望郎，每橐橐以上啓事。時稱水鏡，人比山公。久結明主之知，是有重臣之任。嵩高而咏良翰，繼彼甫申；洛水以作師徒，保兹家室。星臨是福，雨澍成甘。八郡之文飭武修，兩河之民安物阜。蓋披海内之輿圖，莫如中土；而較諸藩之節鉞，獨數明公。將寵錫夫彤弓，且策勳於彝鼎。某心殷仰斗，緣阻登龍。雖赤烏之前，素無介紹；而淄衣之好，豈昧生平。敢曰未同而言，詎有無因而至。伏望恕其造次，收之于藏納之中；加以矜容，亮之於形迹之外。其爲感激，曷言名？

答李玄白梁撫

忱宣一介，方紓景仰之衷；寵錫百朋，忽枉駢蕃之貺。開緘愉快，拜手悚惶。恭惟某官：仙李盤根，白星誕命。才同芒刃，更十九年而若發于新；器比虛舟，容千萬斛而尚餘其半。撫輿圖之要會，敷經緯之宏猷。威邕恩流，遠來近悅。即加以師旅，因以饑饉，人懷修救修備之憂；而居有積倉，行有裹糧，自裕足食足兵之策。兩河倚爲覆載，九鼎視以安危。暫勞屏翰之功，旋策公孤之命。某交疏先達，雖未御元禮之車；志慕名流，久已羡山公之啓。頃者一函之唐突，蓋亦積歲之勤拳。豈謂芹將，乃煩瓊報。永以爲好，敢再咏乎風人；却之不恭，謹三肅夫使者。吮毫以謝，鏤骨勿諼。

與李孟白齊撫 長庚

高山可仰，遙瞻東嶽之雲；大德難酬，薄挹西江之水。物輕意篤，迹遠情親。恭惟某官：人本猶龍，才能張楚。驅馳風雅，踐屈宋之騷壇；經緯乾坤，兼絳隨之器局。自登華於郎署，迄更歷乎藩宣。居則愛而去則思，是處有垂棠之廕；聞者慕而見者敬，何人無御李之榮？緜赫赫之具瞻，撫泱泱之大國。周齊之封，五百山川，獨甲于區中；鄒魯之士，三千禮樂，全收于域內。屬二東之告困，厪百計以周援。起自溝中，莫之枕上。偃潢池之兵甲，固已賣刀佩犢，賣劍佩牛；復闕里之弦歌，且聞變齊至魯，變魯至道。膚功可紀，將賡泮水之章；寵錫非嘗，定侈彤弓之貺。某辱知有素，對晤無因。身在南州，悵遠覊於異地；人非北海，敢自叙乎通家？荷嘉惠之駢蕃，激微衷其蘊結。薄言沼沚，仰答瓊瑤。念芹曝之久懸，匪曰報也；想滄溟之不擇，庶其鑒之。

答李孟白齊撫

　　恭惟某官：瑞應金鑾，根盤仙李。胸吞雲夢，瀉爲筆下之風騷；手挽銀河，散作人間之霖雨。譽收物望，忠恝主心。畫山川而賜履，若岱之高海之深，同歸震叠；秉節鉞以專征，即親如姬賢如呂，莫並尊崇。屬有饑饉師旅之加，曲盡撫綏安集之術。呼箕呼斗，束人不困於七捄；佩犢佩牛，海國無憂於潢澤。豈獨一方之屏翰，誠關四宇之安危。允推社稷之臣，宜正樞衡之席。某雖疏半面，曾受一塵。召伯垂棠，凤被仁人之澤；通家稱李，敢締長者之交。跧伏山中，懷好音於空谷；駕言江右，馳信使於遐天。不遠千里而來，錫我百朋之貺。殷殷雅意，情居翰墨之先；縈縈多儀，惠侈瓊瑤之重。感之鏤骨，報有矢心。

與王岵雲齊撫在晋

　　涣綸北闕，開府東方。召伯巡宣，想甘棠之蔽芾；魯公啓宇，羨節鉞之尊崇。凡在知交，于胥鼓舞。恭惟某官：受天間氣，爲世具瞻。笙鶴雲間，嶽嶺之風標如見；鳳麟文苑，弇州之聲價堪齊。自染翰以侍君王，絲綸焕彩；及投璧而授河伯，汶泗安瀾。楚材盡拔於荆南，霸氣重恢于越國。星臨是福，光騰翼軫之區；雨澍成甘，澤溢彭蠡之潤。繇治行之第一，爲岳牧所交推。克當上心，乃睠東顧。畫山川而賜履，畀弓矢以專征。江左夷吾，復入青齊之域；北門平仲，今居鄒魯之邦。知大東小東之無憂，將一變再變而至道。顧以震鄰有警，至使徵發無停。唇亡而齒則寒，事誠急矣；皮去而毛安附，患更甚焉。吾恐季孫之憂，不在顓臾；人謂桓公之才，能攘夷秋。即加以師旅，因之饑饉，自可使有勇知方之民；若左執鞭弭，右屬櫜鞬，必能收摧陷廓清之績。蓋緩急可當大事，無逾明公；而社稷安以爲悦，又懷素志。此一人所倚毗，而中國以重輕者也。某世譜分華，同舟借庇。省燕嘗紫，猶餘去日之香；列柏稱青，共勵歲寒之節。感先施之過胹，于後至乎何誅。愧此涓涓，聊酌西江之水；望兮渺渺，遥瞻東嶽之雲。

答王岵雲齊撫

惠兹南國，久留棠樹之思；保彼東方，新秉戎麾之重。睽違異地，問訊遥天。感簪履之不遺，恍笑言之伊邇。恭惟某官：身兼九德，氣備四時。經以文緯以武，抱不世之兼才；居則愛去則思，敷宜民之大德。頃以旬宜而上最，特加節鉞於雄藩。錫弓矢以專征，畫山川而賜履。昔周公封魯，太公封齊，疆域全歸于宇下；肆岱宗若礪，滄海若帶，形勝獨甲于區中。屬以遼警之震鄰，又聞天災之洊至。民危易動，時難方殷。然而大旱爲霖，澤隨車而是雨；先聲奪氣，威破膽以如雷。固知赫赫之于襄，已見欣欣而相告。予曰有禦侮，主上釋宵旰之憂；民其無戙離，大東絶匕捄之嘆。固將一變而至道，徐俟三年之有成。某世譜分華，杖履宜從夫先進；同舟共濟，風濤幸托於長年。自解珮于江干，屢盰衡于雲表。勞勞軫掌，未將一介之將；纍纍投瓊，忽枉百朋之訊。心乎愛矣，情文自別于尋嘗；久而敬之，嚴事敢弛于終始。

答劉石閭越撫一焜

恭惟某官：命世宏猷，殿邦偉望。持衡銓部，軼裴馬之清名；典禮容臺，接夒龍之芳躅。肆建牙於東越，益馳譽於中朝。秉七德以臨戎，霜威凜若；按六條而察吏，風紀森然。海不揚波，島息鯨鯢之浪；民皆安堵，澤無鴻雁之歌。豈獨兩浙之福星，實炳三階之泰曜。某世譜後生，臺班下品。俁膚策遣，巡行文獻之名區；過辱記存，惠逮瓊瑤之大貺。

答王斗溟閩撫士昌

恭惟某官：殿邦經略，名世品流。體國忠貞，濟美有同二鄭；傳家經術，高文真邁三蘇。風居獻納之司，曾補聖明之闕。九關虎豹，叩閶闔以難通；十載風霜，視潮陽爲倍苦。既下賜環之召，端繇前席之思。明主知人，舉皋陶而不仁斯遠；士師執法，得定國而民自無冤。宜人望之攸歸，爲帝心所特簡。維八閩當東南要口，而中丞須文武兼才。授斧鉞於雲中，人歌良翰；建旌麾於海上，國有長城。軒輊甫臨，庬倪交慶。舉周典明昭之政，布漢廷寬大之條。解墨綬以潛逃，猶憚批鱗之丰采；偃赤丸而斂迹，頓還佩犢之淳風。南粵請成，委蠻琛而畢貢；東夷喙息，靜島浪以安瀾。新聲已屆於先庚，虜績自操夫左券。某北鄙豎儒，西臺庸品。鵷班碌碌，慚無立仗之聲；驄馬行行，遽有登車之志。入其疆而問小民之苦，方在周咨；居是邦而事大夫之賢，政圖請益。祇因鞅掌，未暇濡毫。何期高誼之優，特枉兼金之訊。一言華衮爛然，雲漢爲章；十襲玄黃侈矣，瓊瑤難報。竊撫心而自愧，矢沒齒以難忘。

答黃與參閩撫承玄

誼托同舟，未挹清風之穆；惠來遠道，忽投明月之光。情篤雲霄，感深肝膈。恭惟某官：品值千尋，量弘萬頃。調高白雪，軼揚馬之風騷；慶襲黃裳，振韋平之事業。譽望夙孚於海內，功名更著於關西。席已久移，表正具瞻之地；棠猶勿剪，纏綿去後之思。某共事一方，暌踪異境。徒勞寤寐，難瞻紫氣臨關；過辱綢繆，忽睹梅花到隴。函封雲錦，榮逾一字之褒；篋貯瓊瑤，愧乏七襄之報。

答陳匡左粵撫

登車無效，仰慚孟博之風；秉鉞有虔，佇奏文淵之績。惟江海之善下，致瓊玖之先施。拜而若驚，服之無斁。恭惟某官：胸匯三才，目營千古。出風入雅，踐屈宋之騷壇；右有左宜，兼范韓之器局。自留曹而行省，居則愛去則思；歷郎署而藩宣，位彌高望彌重。遂繇推轂，特簡建牙。蓋斗以南一人，皆指爲卿雲景曜；而粵之西千里，盡銷夫瘴雨蠻烟。豈惟俗變于炎方，將使威行乎海外。某憒憒無能，硜硜不達。想埋輪之家法，不能舍狐狸而問豺狼；聽持斧之民謠，真是來雷霆而去敗鼓。幸近高賢之里，干旄未忾于浚郊；乃辱長者之交，筐篚忽羅于偃室。受素書而長跽，拜嘉貺以汗顏。雖曰却之不恭，蓋恐懷而爲罪。黃鍾大呂，喜得聞希世之音；白雪陽春，愧莫效巴人之和。削箋陳謝，含臆難申。

與陳匡左粵撫

恭惟某官：恬然道味，閱濁世以難淄；穆爾清風，鼓群生而善入。持己若圓規方矩，太丘之表望彌尊；濟世則武緯文經，曲逆之出奇不測。夙摻保釐之重，新加節制之嚴。五嶺烟雲，望霜威而自斂；百蠻瘴癘，迎旭焰以争開。尚未延見吏民，已先聲之赫赫；曾亦傳聞道路，皆喜色而欣欣。想下車咨度之初，即開府功成之日。詎止風行廉法，蓋將績著攘安。斷藤之勛業重新，標柱之聲名堪駕。譯重白雉餘威，應訖遐方歌咏。彤弓殊錫，終膺懋賞。某逖聽郵傳，深爲國慶。瓠瓜苦繫，難申晋謁之忱；筐篚蕭將，用展豫鳴之悃。

答陳匡左粵撫

恭惟某官：斗山師世，文武憲邦。涵萬斛之經綸，兼擅房謀

杜斷；振千秋之風雅，寧論宋艷班香？人望洋而難測其源，時欽
寶而莫名其器。洊更中外，懋著勛名。遂從藩翰之良，特簡詩書
之帥。撫綏西粵，控制南荒。漲海炎天，一轉清和之日月；箐林
嵐嶺，重開黯淡之雲烟。政已孚於先庚，頒即騰於大戒。稍恢經
略，自使[一五]

答張鳳皋黔撫鶴鳴[一六]

校勘記

〔一〕此句前當缺一字。

〔二〕"鷹揚"，原作"臅揚"，據《詩·大雅·大明》改。

〔三〕"巍"，原作"魏"，據文意改。

〔四〕"杜斷"，原不清，據文意補。

〔五〕"睍"，原作"睨"，據文意改。

〔六〕"之"，原缺，依上下對句補。

〔七〕"酬"下原衍一"酬"字，徑刪。

〔八〕"代"，卷首原目録無。

〔九〕"廷"，原作"延"，據文意改。

〔一〇〕"某"，原作"其"，據文意改。

〔一一〕按：此二句依文意當作"澄之不清，而撓之不濁"。

〔一二〕"洎"，原作"泊"，據文意改。

〔一三〕"撫"，卷首原目録無。

〔一四〕"畿"，原作"幾"，據文意改。

〔一五〕以下底本闕頁無文。

〔一六〕以下底本闕頁無文，標題據底本卷首原目録補。

啓

答許仰亭銀臺

恭惟某官：剛健以中，直方而大。岣嶙植節，匡廬削五老之峰；浩瀚儲才，彭蠡倒三江之浪。自登華貫，休有令聞。惟龍汝作納言，帝心簡在；若甫王之喉舌，人望攸歸。暫爾居留，坐鎮鎬京之重地；行將入闕，洊鄰鼎鉉之崇班。某仰斗有年，識荊此日。奉長者之教，藏之而何日忘之？尊大夫之賢，事也而敢云友也。風塵勞攘，別來之問訊全疏；雲翰淋漓，遠至之情文倍篤。感當鐫骨，謝未披心。

賀鄒南皋廷尉元標

綸宣北闕，詔起東山。當聖主中興之時，正名世見行之日。在廷交慶，薄海同歡。恭惟某官：道覺民先，才優王佐。精神通百世而上，見唐虞寤寐之間；人物是三代以前，參伊呂伯仲之際。養其剛大，歷艱難險阻而不移；休乎中庸，凡頗詖滛邪之盡黜。世皆知爲瑞也，若景星之麗天；士□□而宗之，同眾流之歸海。言動樹人倫之法則，出處關天下之安危。雲本無心，任卷舒而自得；龍惟有德，合潛見以皆宜。茲天欲平治之期，乃聖作物睹之會。人惟求舊，務急親賢。眾論僉同，啓事首推乎耆碩；大君有命，蒲輪先賁于文江。簪敢共切彈冠，山川亦爲動色。舉皋陶而化群枉，暫持法紀之平；相尼父而反侵疆，行建安攘之力。

某忽睹郵傳，頓生舞蹈。聖賢相得，擬將續頌于王褒；社稷有靈，還願圖形于傅説。

與韓晶宇廷尉_潘

五雲天上，久殷台斗之瞻；一介江干，敢薦溪毛之悃。迹遐心邇，楮短情長。恭惟某官：氣全剛大，行道中庸。巨手補天，時鍊媧皇之五石；驚濤振海，難摇鰲背之三山。當舉國之洶洶，獨一人之諤諤。蘭臺執法，若行父見無禮則誅之；棘寺升華，舉皋陶而不仁者遠矣。將使刑期盡措，豈惟民自不冤。某舊綴班行，今承步武。高山可仰，徒厪巖石之思；前事足師，止效邯鄲之迹。肅裁尺素，止訊起居。敬已先於未將，量或容於不擇。

答朱玉槎容卿_{世守}

恭惟某官：屹然介石，穆如清風。生道義節氣之鄉，具聖賢豪傑之學。秉銓綜叙，裴馬同聲。典禮寅清，夔龍方駕。暫爾請休沐之暇，恬然高難進之風。薪已積前，鉞當遍授。某碌碌無能，硜硜不達。偶以出山之小草，幸來問俗于名邦。望長者之廬，于焉矜式；叙通家之誼，欲踐殷勤。猥承翰貺之先施，深荷情文之篤摯。

與姚震宇同卿_鏞

太微麗天，光映江淮之境；卿士惟月，特專同牧之司。被寵命之維新，羨錦遊之足樂。情深賀廈，敬肅承筐。恭惟某官：斗下雙龍，桐陽一鳳。驊騮開路，騁汗血于天衢；鷹隼凌秋，擊霜威于雲表。自攬巡方之轡，丕揚貞肅之風。蜀道秦關，已著澄清之化；維揚淮海，更飲震疊之聲。國人群然而賢之，在廷無出其右者。遂膺宸簡，特晉同卿。心秉寒淵，會見三千騄牡；牧成雲錦，總歸十二天閑。導屬車之清塵，嘗夾五龍之舜馭；訪遊仙之奇迹，肯隨八駿于周王。千金不市于燕臺，一過應空于冀[一]野。蓋自昔冏伯之命，惟用正人；而于今出車之時，亟資馬政。自是驂騑載道，大張薄伐之威；且使閭巷成群，重觀數馬之富。徐展御民輔世之略，以佐馳王驟帝之猷。超乘當先，繁錫方始。

答姚震宇冏卿

一函燕賀，慶甫烏于彈冠；千里魚傳，情更殷于墮履。室邇人邇，薄往厚來。恭惟某官：道直以方，器弘而毅。韵非倍調，鏗然黃鍾大吕之音；品絕塵流，巍爾太山喬嶽之象。在蘭臺爲真御史，珥筆生螭陛之風；入冏寺則名公卿，振佩玉龍盤之氣。今日五花雲錦，且咏駉駉在野之章；異時八翼丹霄，行看翩翩傅天之采。晉有人矣，國亦利哉。某鄉里小生，班行末隊。維與桑梓，每懷借廕之思；若塤與篪，敢謂同聲之應。鴬遷有喜，莎振不禁。薄言采藻之微，過損兼金之貺。永以爲好，報乃侈于瓊瑶；懷哉難忘，感當鎸于肺腑。

與徐正宇冏卿_鑒

知己恩深，未有涓埃之報；同人誼篤，疊承優渥之施。循省難堪，感懷曷已？恭惟某官：直方而大，純粹以精。匣內雙龍，射斗牛而吐氣；袖中五色，補造化而不言。標南州孺子之清風，人爭爲友；裁東魯諸生之狂簡，士慶得師。是曰天子之諍臣，實亦斯文之盟主。秉心淵塞，暫膺圉牧之司；馬國龍光，即寄節旄之任。某曾忝屬吏，于役名邦。方奏一函，荐微忱于浥露；乃煩再命，損寵貺之駢蕃。豈薄往以厚來，真有加而無已。雖維桑與梓之誼，不吝稠隆；而誦設桃報瓊之章，能無靦洊。

答陳遹庵給諫

恭惟某官：道韵欲仙，才名過斗。完光嶽未分之氣，豈但鍾匡廬彭蠡之精靈；讀丘索以來之書，不獨窺鹿洞鵝湖之妙義。行標月旦，仲舉爲一世所宗；思捷風雲，孔璋稱七人之雋。播皇皇者華之咏，銜命于宣；聽離離其鳴之音，覽輝斯下。固已上啓事而待金馬，行將捧天書而拜瑣闥。聖朝之闕事方多，顒資補袞；君子之道長有日，佇俟彈冠。某有願執鞭，無緣倒屣。居是邦也，雅知事大夫之賢；過而式焉，未得近高人之里。乃承綣注，加惠頻仍。七襄爛兮，簡枯腸而難報；百朋侈矣，量滿腹之莫容。

答晏懷泉給諫鳴春

恭惟某官：世所具瞻，邦之司直。節標獨立，矢喊喊之梧音；議折盈廷，定哅哅之鼎沸。有嘉謀則入告，見無禮而必誅。共謂天子有爭臣，自得從繩之益；即今聖朝多闕事，全資補袞之功。望積著於六垣，位行躋乎九列。某憒憒無能，庸庸匪比。偶以出山之小草，幸來大國以觀風。事大夫之賢，徒聞聲而寄慕；辱長者之惠，乃損眡以先施。藻五色以摛華，珍百朋而均重。感之無斁，懷哉難忘。

與劉泰階山西直指惟忠

北闕渙綸，補袞仗糾繩之益；西方代狩，乘驄欽震疊之威。簪被聳觀，編氓加額。恭惟某官：道直如弦，名高過斗。琅玕披腹，煉五色以補天；經緯填胸，冀六鰲而負地。特受繢旒之眷，拔居綱紀之司。鳳凰鳴而梧桐以生，虎豹藏而藜藿不采。蓋治亂安危之大計，惟宰相能行，諫官能言；而正直忠厚以立朝，使君子有恃，小人有畏。行行且止，已聞丰采於都亭；皇皇者華，將見澄清于郡國。霜飛玉斧，威搖三晉之雲山；手挽銀河，澤沛九天之雨露。豈特士民將吏，共凛風猷；將使草木昆蟲，均沾德化。想先聲之赫赫，應喜色而欣欣。某名厠班行，幸兼葭之有倚；身歸覆庇，惟桑梓之必恭。薄言澗藻之微，用烏兕觥之悃。

與江完素河東直指日彩

恭惟某官：龍見從王，鳳鳴儀世。忠貞自許，有古人謵謵之風；夙夜在公，真王臣蹇蹇之節。問當道先及于豺狼，逐無禮豈寬夫鳥雀。行行且止，都城屏息于□驄；皇皇者華，山岳動搖於繡斧。惟兹鹽政，關于軍儲。暫借調羹[二]之手，不須煮東海之波；重揮解慍之弦，復見奏南薰之曲。從此國課陳陳而積，將使賈客熙熙而來。萬姓同歡，三藩交慶。某幸厠班行，更蒙覆庇。想法星之臨炤，久切瞻依；望真氣之陡來，益殷蹦躅。

與徐正宇督學直指

二天席庇，夙蒙國士之知；一介宣忱，遥致野人之獻。有身可許，無德不酬。恭惟某官：南州間氣，北斗崇標。空萬馬之群，步騙燕臺蹀躞；折五鹿之角，名爭朱檻[三]峋嶙。志慨登車，獨攬范君之轡；途喧避乘，人欽鮑氏之驄。丰采卓冠於蘭臺，忠赤獨傾於楓陛。惟盛世重樞薪之化，而留都屬豐鎬之鄉。肆簡宗工，特煩較閱。引郢斤而斲削，振木鐸以琳琅。課實祛玄，江左之風流頓洗；披華啓秀，兩京之大雅重還。蓋聖主壽考作人，正文運中天之日；而君子英才樂育，當教行化雨之時。豈獨續鄒魯之弦歌，將盡收淮吳之麟鳳。某冀野豎儒，燕畿舊吏。自涸牛馬之走，久隔清光；一隨麋鹿而遊，愈殊音問。邇以出山之小草，幸來大國以觀風。未式德廬，徒望斗間之紫氣；嘗懸封樹，難眷座右之清塵。□積緒之迴環，式濡毫而唐突。承筐無實，數取餂於未將；盤荐有孚，量或容於不擇。

答龍紫海兩淮直指_{遇奇}

四牡將歸，聊薦歌驪之悃；雙魚忽至，過煩報玖之忱。何意大來，番成虛往。恭惟某官：明允篤誠，洪深肅甘。養以剛大，扛萬斛之龍文；煥爲文章，振九苞之鳳彩。立朝正色，挺然砥柱於中流；謀國深心，灼矣徙薪之先見。人需霖雨，世仰斗山。惟鹽筴之虧盈，關軍儲之血脉。剔數十年之積弊，弦一解而遂調；畫千百世之芳規，泉嘗流而不壅。綱紀一新于四省，經綸小試其一斑。此日巡方天下，仰范滂之丰裁；他時入直朝廷，得李勉而尊嚴。某幸以同心，兼之共濟。遙聞瓜代，寧無戀戀之情；不謂芹將，反辱纍纍之貺。

與毛孺初漕運直指_{一鷺}

彤輪策命，領東南財賦之邦；繡斧巡行，總軍國轉輸之任。新猷一渙，衆志交孚。恭惟某官：道濟九州，目營四海。身如砥柱，任洪濤巨浪以難搖；器比虛舟，即萬斛千鍾而兼受。矯矯棲烏之府，雝雝鳴鳳之音。國人群然而賢之，在廷無出其右者。惟國家之命脉，以漕運爲咽喉。四百萬軍儲，合楚豫越吳之物力；三千里運道，會江淮河濟以交通。雖法久而弊生，必人存而政舉。是資風采，特遣紀綱。赫濯先聲，知河伯江靈之效順；調劑妙用，自民生國計之兼優。合萬艘以雲飛，委千倉而露積。於此行也，亦有利哉。某既厠雁行，又聯鵷序。江南冀北，久殷對月之思；楚水吳山，徒結因風之恨。喜聞特簡，誼在同舟。便折屐以欲狂，且彈冠而志慶。謹頒萍使，代布雀私。

與畢東郊陝西直指懋康

烏府聯班，陪從喜參乎振鷺；皇華策遣，省方幸次於花驄。仰後武之難攀，感先施之下逮。五衷久勒，一介初馳。恭惟某官：王國龍光，人倫山斗。立朝以正直忠厚爲本，操無偏無黨之心；修身惟聖賢豪傑自期，養至大至剛之氣。補主闕而避人焚草，豈曰過則歸君？憂民溺而引手納溝，直似推之繇己。埋輪都亭之下，先問豺狼；登車攬轡而來，盡清狐鼠。觀風問俗，則咨諏咨謀咨詢咨度，不憚車轍馬迹之勞；發政施仁，則不競不絿不剛不柔，已收吏習民安之效。黃河渭水，盡洗濯於教化風聲；華岳南山，亦震疊於紀綱法度。實係具瞻四海，豈徒大造三秦。某晉鄙堅儒，燕都舊吏。誦漢史二天之語，夙荷幷幪；咏《周詩》四牡之章，今承約束。光分鄰燭，竊餘炤以生輝；濟共同舟，賴長年之可托。函關初入，華札頻頒。纍纍多儀，授飡而加璧，不是過失；區區不腆，投瓊而報李，此之謂乎？

與畢東郊陝西直指

國家之利在和戎，專資茶馬；使臣之職惟分陝，兼控川湖。必有經國之才，始副簡書之托。如某者樗散無奇，斗量何算？識非伯樂，豈能相上駟之天機？材謝張騫，料難得西夷之要領。雖龍團萬篋，摘山之利無窮；而駿足千群，在埛之良難致。顧茲菲負，每切冰兢。恭惟某官：世所儀刑，邦之司直。批驪龍而抗疏，力欲回天；駕驄馬以觀風，問先當道。籌邊憂國，畫成百世訏謨；察吏安民，灑盡一腔心血。總出其餘緒，皆爲南指之車；而奉以周旋，可作西秦之鑑。豈獨嘉惠於後進，庶幾共濟於同舟。

贐畢東郊陝西直指

三秦問俗，隨車流雨露之膏；四牡歸期，反旆動河山之色。士民望失，紳弁心摧。恭惟某官：道直以方，氣剛而大。有謨入告，時矢曲突之忠；無禮必誅，每見尚方之請。蘭臺執法，正士望而彈冠；繡斧觀風，墨夫聞之解綬。所至即問民疾苦，不殊召伯之巡行；有言皆係國安危，寧讓賈生之通達？利規百世，福造一方。兹已及夫瓜期，式遄歸乎驂駕。雲開華岳，隨錦旆以飛揚；氣滿函關，護仙塵而縹緲。想扳轅臥轍，定環載道之遮留；奈折柳歌鸝，莫遂臨岐之飲餞。薄言一介，用代百壺。渭北江南，只有盱衡而凝盼；天長海闊，惟祈努力以加湌。

迎龍紫海陝西直指

皇華周道，喜陪法從以驅馳；紫氣函關，遙望仙塵之至止。無因負弩，有幸合簪。恭惟某官：靈鍾人傑，品擅國華。見龍在田，抱雲行雨施之經濟；同人于野，擴海涵地負之襟期。昌言寧憚於批鱗，介節豈同夫□□？爰膺帝簡，代狩秦藩。持斧而望風[四]，暴公子之威名著矣；登車而澄清有日，范使君之意氣慨然。黔首觀德以杖鳩，墨夫聞名而解綬。氣蒸華岳，霏拂載道之清風；濤捲黃河，灑漉隨車之膏雨。某蘭室舊交，柏臺新契。自珮聲之南去，每軫臨岐；思馬首之西來，有如望歲。忽聞彌節，深切彈冠。奈迹繫隴頭，自恨簿書之鞅掌；使心懸渭曲，徒瞻雲樹之蒼茫。薄言一介之將，聊寫三春之思。

與姚震宇茶馬直指

柏署聯班，托質慚依乎玉樹；楓宸拜命，省方幸後於花驄。仰止可欽，俯循自悚。恭惟某官：世所具瞻，邦之司直。有嘉謀則入告，凜矣藥石之可師；見無禮而必誅，隱然藜藋之不采。攬轡足搖山岳，埋輪先問豺狼。撫定西南夷，何用長卿之策？揀窮中上駟，寧須大宛之求？三省共仰聲靈，四方將爲則傚。某識本憧憧，材原碌碌。續貂堪哂，馬立仗〔五〕以無聲；持斧何能，犢當轅而恐覆。猥徼天幸，得步仙踪。大道爲公，想舊政爲新政之告；周行在邇，惟前事即後事之師。敢曰望丰裁以相方，庶幾守畫一而勿失。

迎黄武皋茶馬直指彦士

國家之利在和戎，獨資茶馬；簡書之任專分陝，兼控川湖。自非經緯之才，曷繫華夷之望。遥聞策遣，深切歡愉。恭惟某官：天驥神資，金莖沆氣。澄不清而撓不濁，汪汪叔度之冲襟；麾不去而招不來，矯矯長孺之直節。賦皇皇者華之咏，早驅周道以咨諏；播行行且止之謡，衆望桓驄而屏息。殿中執法，峨冠偏指凶邪；袖裏彈文，抗簡獨先權貴。隱然藜藋之不采，凜矣松柏之後凋。時稱真御史，乃骨鯁之臣；上謂子大夫，宜封疆之任。惟氐羌散居塞外，爲我藩籬；而茶馬互易國中，繫其命脉。爰膺寵命，特借巡行。利盡摘山，立致月團萬艘；功收市駿，行看雲錦千群。番酋爭貢葡萄，宛馬總肥苜蓿。自有范使君之丰采，何言班定遠之功名。某駑足難鞭，朽株無用。心劳叱馭，空持漢使之旌旄；謀乏籌邊，未得夷情之要領。瓜期已過，正懷抱蔓之羞；擔負難承，久切息肩之願。何期相代，得獲同心。喜極彈貢禹之冠，望切盱張衡之目。清風易水，□已驅使者之車；紫氣函關，願早度真人之駕。

答錢梅谷湖廣直指春

策遣分馳，久悵重雲之隔；函書遠訊，忽來明月之投。木桃何意於瓊瑤，玉案乃酬夫菲菲。恭惟某官：學本家傳，才真國器。西臺丰采，挺然寒柏之後凋；南國巡行，芾矣甘棠之勿剪。氣吞夢澤，山川亦憚霜威；澤瀉銀河，草木同沾露潤。蓋埋輪之勁節，自昔有聞；而攬轡之風猷，於今再見者也。某幸附同舟，眷懷異地。戔戔束帛，方戒使以將忱；纍纍承筐，乃緘題而分惠。

與俞淳初廣西直指_誨

恭惟某官：素節崇嚴，貞心淵塞。犯雷霆於天上，曾批經尺之麟；逐鳥雀於秋空，獨奮凌風之羽。聲高嶽嶽，爭朱檻之嶙峋；威避行行，騁桓驄而蹀躞。代一人而巡狩，志四海之澄清。雨潤風噓，席布通宣之德；山搖岳動，總欽震疊之靈。已知綱紀之聿新，自見朝廷之增重。歸闕在邇，受祉必多。某幸綴班行，忝同臭味。嚶鳴出谷，曾敦伐木之交；萍迹隨流，徒切停雲之望。豈期高誼，不裁遐遺。感雅注之殷優，肺腸可鏤；恃□表之明信，蘋藻堪羞。庶其鑒之，知意在玄黃之表；匪曰報也，願永堅金石之盟。

答徐若谷四川直指_{良彥}

弭節分疆，異地悵星河之隔；題緘遠訊，同春沾琬琰之施。拜惠知榮，開函若覿。恭惟某官：偉幹參天，晶光射斗。名高月旦，真是南州孺子之風；志在澄清，豈止西蜀文翁之化。誅佞請尚方之劍，觀風埋當道之輪。巫峽嵯峨，應讓威靈聳峻；錦江明麗，可如衡鑑虛平。三巴共仰風稜，四牡何勞咨度。某幸陪後履，且托同舟。瞻紫氣於天邊，方見一星入蜀；笑紅塵於馬上，俄驚雙鯉來秦。想戀戀故人，遂枉兼金之訊；奈悠悠遠道，徒深倚玉之思。

與吳北[六]陽四川直指之皞

蜀道青天，萬里壯澄清之志；吳江白露，三秋縈離索之思。厪瘝寐以眷懷，題緘封而問訊。先施有腆，後至何誅。恭惟某官：荊璧連城，楚材禎國。郢中高調，掩屈宋之風騷；柱後直聲，軼鮑桓之丰采。補衮龍于楓陛，謇謇昌言；矢鳴鳳於梧崗，雝雝振響。惟西蜀據地形之險，而直指代天子之巡。駕四牡以駪征，皇華帶露；驅五丁而開道，丹嶂飛烟。埋輪都市之□，□已先問豺狼，後問狐狸；叱馭邛崍之阪，誠哉陽爲孝子，尊爲忠臣。錦水波明，光映繡衣之彩；巫山雲捲，遙欽霜斧之威。人依携鶴之清風，治敷臥龍之大德。西夷冠帶，何更傳司馬之文；東魯弦歌，將再睹文翁之化。蓋自登車之始，已嶽動而山搖；迄今按部之時，自風行而草偃。民之莫矣，國有利焉。某吹叶塤篪，班聯鵷鷺。交敦伐木，久結嚶嚶求友之情；貺損兼金，深感戀戀故人之誼。薄言沼沚，仰答瓊瑶。遠道懷人，徒寄愁心於明月；好音惠我，顒需佳信於長風。

答楊佅南河東直指州鶴

束帛肅將，用展豫鳴之悃；函書遠逮，猥叨鼎貺之施。虛往自慚，大來何幸。恭惟某官：直氣凌霄，丹忠貫日。有謨入告，真同藥石之陳；無禮必誅，豈遜鷹鸇之擊。長孺在廷，而淮南謀寢，偉哉社稷之臣；敬輿一疏，而臺閣風生，凜矣逢干之匹。觀風驅四牡，諏謀詢度之周咨；約法御三藩，絿競剛柔之不觭。民胥鼓舞，帝自簡揆。某一廛席庇，既竊潤於天河；兩地同舟，更分輝於鄰燭。薄將下悃，反辱多儀。藏之而何日忘之，止有肝腸可鏤；報也而永爲好也，愧無瓊玖還投。

與陳中素江西直指 于廷

花驄按部，吏民共仰風猷；繡袞還鄉，閭里欣瞻晝錦。前徽已邈，後思方殷。恭惟某官：道蘊閎深，氣全剛大。文九苞而振羽梧崗，矢嘽嘽之音；威一角以觸邪楓陛，著稜稜之節。凜矣藜藿之不采，挺然松柏之後凋。出代天巡，萬里沐澄清之化；歸稱家慶，一堂紓燕喜之懷。仁簡命之重申，將登車之伊邁。某幸接清塵，仰師成憲。駕駘難策，惟依造父之馳驅；躑躅不前，賴有邯鄲之步武。自旋旌節，遂隔山河。腸一日而九迴，每切悠悠之思；目千里而四望，難禁渺渺之懷。

與陳中素江西直指

恭惟玉節榮旋，仙航遄發。花明繡斧，襲一路之香風；日麗袞衣，映千層之錦浪。鳧鷖爭隨畫舫，魚龍應避震威。夾岸歡呼，集紳纓之趨附；隨車慰遣，擁髦稚之遮留。某乍親芝宇，即唱驪歌。搖曳心旌，同揚舟之泛泛；離迷客路，望雲樹之茫茫。東歸之赤舄難攀，西來之好音時踐。

與陳中素江西直指

恭惟花驄鳳駕，繡袞言旋。雲擁旌旄，到處動山川之色；霜明劍珮，逢人欽斧鉞之光。早解攬於江皋，已停驂於珂里。徑存松菊，迎晝錦以滋榮；膝遶芝蘭，舞班衣而稱慶。其爲豫樂，豈可形容。某片時晤對，止餘沚浦之清芬；千里懷思，徒望吳門之真氣。

迎劉耳陽江西直指 蘭

太微麗天，執法凜中台之象；荊揚分域，省方觀南國之風。

郵筒初傳，彈冠稱慶。恭惟某官：嵩嶽降神，河圖授道。氣全剛大，扛百斛之龍文；聲播雝喈，振九苞之鳳彩。當群情之鼎沸，獨中立而砥持。正色昌言，既恥轅下駒之局促；平心易氣，又消殿上虎之紛爭。言路視以重輕，人倫望爲模楷。惟此豫章之地，夙稱文獻之邦。特借澄清，于胥震疊。霜風南指，威搖匡嶽之雲；霖雨西來，潤溢彭湖之浪。民偯後至，吏惕先聲。某攬轡無能，伐檀有洴。瓜期已過，嘗懷抱蔓之羞；擔負難承，急切息肩之望。忽聞佳信，倍激歡悰。自有夙緣，每作簸揚之糠粃；庶無罪悔，全資覆匿於瑾瑜。薄言燕雀之忱，兼代弩矢之役。綸音渙發，想已下於丹霄；繡斧星馳，祇遙瞻乎紫氣。

與張憲松河南直指至發

立朝廷而正色，夙高折檻之聲；代天子以省方，丕著埋輪之望。新猷一渙，衆志交孚。恭惟某官：諤諤昌言，世景鳴陽之鳳；稜稜風采，人謠避路之驄。批淵底之蒼鱗，寧虞濤浪；隱山中之白額，不采藜藿。獨是孤持，靜挽蜩螗世界；周行自履，恥尋荆棘歧途。諫草流傳，已貴國門之紙；彈文數出，頓生臺閣之風。一人鑒乃精忠，百辟推爲司直。肆膺特遣，代狩中原。駕四牡以觀風，秉六條而察吏。繡衣持斧，不羨暴公子之威名；攬轡登車，臏有范使君之雅志。威靈震疊，氣搖嵩岳雲開；法紀澄清，化徹黃河色變。赤子無戴盆而泣，墨夫將解綬以逃。八郡風流，兩河雷動。某遙依雲樹，遐望旌幢。匏迹堪憐，獨抱因風之恨；芹忱可獻，聊傾懷玉之私。

答楊仾南河南直指

折梅逢驛使，方紓燕雀之忱；剖鯉得素書，忽狂琅玕之贈。投桃有愧，加璧何堪。恭惟某官：胸蟠二酉，背負六鼇。鳳凰鳴而蒼梧以生，德輝有爛；虎豹藏而藜藿不采，威望隱然。見無禮則必誅，有嘉謨而入告。羽方集菀，翩翩矯翼以凌風；流正噴瀾，矹矹孤標而砥柱。邦之司直，民所具瞻。頃來代狩于中原，益著登車之丰采。雲開嵩室，嶽靈欽震疊之威；色變黃流，河伯象澄清之指。雖以兵荒之交警，自知經濟之餘閑。某幸聯桂籍，久習蘭薰。嚶其鳴矣，用敦伐木之情；賁然來思，反辱投瓊之貺。

答陳中素山東直指

攬轡風清，猶仰高賢之躅；題緘誼篤，特煩長者之施。拜手若驚，省躬何幸。恭惟某官：德抱清貞，氣全剛大。凌雲聳秀，情高岱嶽之峰；浴日飛瀾，量闊滄溟之水。峨冠執法，一時丰采無倫；持斧省方，到處澄清有頌。興嗟于東楚，飛芻輓餉勞民；憯嘆于積薪。[七]且聞旱魃之降殃，以致平原之若赭。民心易動，天意難知。然□膏澤汪洋，德隨車而是雨；威靈赫濯，聲轉轂以如雷。將使彫枯盡起于溝中，濤浪不驚于海外。天災不能困，而夷醜不敢窺也。某仰止有年，景行如昨。典型在望，庶幾蕭規而曹隨；聲氣相求，敢云壎唱而篪和。天長地闊，江山頓隔于東西；物煥星移，歲月俄更大寒暑。深懷耿耿，遠道漫漫。忽來飛翰之投，重以報瓊之貺。開函而如承色笑，意溢情真；訊使而備悉起居，室遠人邇。嚶其鳴矣于喬木，可知求友之殷；我所思兮在太山，徒切側身之望。

答陳中素山東直指

某幸承後武，得踵前徽。雖間別之日長，乃儀刑之時切。奈遙遙雲樹，瞻晤無緣；而僕僕風塵，起居亦缺。乃勞返注，深感高情。自昔禮義之鄉，必稱鄒魯；於今山海之勝，猶數青齊。盡歸統轄之中，益邑經綸之略。即加以師旅，因以饑饉，自知撫定之有方；若後問狐狸，先問豺狼，特是澄清之餘事。有如潰潰，徒爾悠悠。羇棲有類于匏瓜，素食空慚乎稼穡。不意空堂之上，屬以軍旅之司。闕下請纓，雖有封疆之志；席前借箸，□無帷幄之籌？所望共濟之同心，不吝周行之示我。尚需拜命，容再乞言。

與郭振龍直指

觀大國之風，澄清未效；感長者之誼，寵渥先施。矢肺腑以勿諼，誦瓊瑤而難報。謹馳介使，聊布微忱。恭惟某官：道秉直方，養全剛大。完光嶽未分之氣，靈孕乾坤；迴江河既倒之瀾，力肩宇宙。忠危厝火，時上流涕痛哭之書；智豫徙薪，豈等爛額焦頭之客。自盈廷之聚訟，迄時局之更移。嘗獨立以獨言，豈人趨而人若。驚濤振海，難搖鰲背之三山；巨力補天，每鍊媧皇之五石。蓋留都本清議之地，而正人居獻納之司。蓋惟言路之光，實繫朝廷之重。某叨承簡命，于役名邦。事賢友仁，實切斗山之仰；安民察吏，虛窮夙夜之勞。即啓處之不遑，于素飱乎何補？頃煩邅訊，彌激私衷。無德不酬，聊酌西江之水；有音可惠，仍祈南指之車。

答鄒瀘水直指德泳

恭惟某官：南州間氣，北斗崇標。家學淵源，陋韋經之呫嗶；朝端慷慨，爭朱檻之峋嶙。排虎豹於九關，歷□霜者廿載。忠過汲黯，臥更久於淮陽；才比賈生，席未前於宣室。道光身絀，迹隱名高。聖主不畢世而怒忠臣，鳴鳳豈嘗棲於枳棘；天心倘一朝而開霽色，臥龍當立起於風雷。此實舉國之公心，豈獨一人之私願。某憒憒無能，硜硜不達。偶以出山之小草，幸來大國以觀風。事大夫之賢，於焉矜式；辱長者之惠，頓爾先施。既儀物之豐隆，且情文之篤摯。庭充筐筐，亦知却之不恭；投以瓊瑶，又恐懷而爲罪。敢因藺使，謹用趙歸。若披先哲之格言，已足發蒙啓錮；而得鴻儒之製作，又如拱璧藏珠。九頓以承，八行附謝。

答鄒瀘水直指

某雖在各天，久殷仰斗。曾披諫草，已欽陸賈之雄文；及入蘭臺，又接鮑桓之後武。顧以登龍之無路，即欲窺豹而弗艣。頃者攬轡名邦，停驂德里。因過廬而式段，得設榻以延徐。道氣温如，飲醇醪而自醉；和風穆若，羨桃李之不言。得事大夫之賢，自謂生平之慶。何期高誼，更辱隆情。出先哲翰墨之珍，揮大雅風騷之緒。數行一軸，價重揚金；八韵七言，聲高郢雪。玩之不能去手，藏之何日忘心。念無德以不酬，豈有唱而莫和？塵餘倦眼，怕臨殘燭以揮毫；澀久枯腸，强對墨池而抽繭。聊裁短句，奉答好音。所愧下雪之調卑，恐見大巫而神盡。鷺洲返棹，早回雪夜之舟；文水開筵，難坐春風之席。

答丘鍾扈直指兆麟

恭惟某官：人傑鍾靈，國華擅品。生而爲瑞，應聖作以徵祥；鳴必於陽，覽德輝而振采。編摩簡册，讀窮丘索以來之書；鼓吹風騷，洗盡漢唐而下之語。方陳詩於四國，賦彼皇華；忽簡命於中臺，光兹烏府。法星初耀，芒寒翼軫之區；隱豹猶藏，威懾藿藜之采。入則無法家拂士，久懷憂國之心；出而矢讜論忠言，顒待補天之手。某神交有素，覿晤無緣。簸而揚之，愧糠秕之居前；入而化焉，幸芝蘭之在邇。羨君駟馬，莫艣弩矢以前驅；錫我百朋，反辱瓊瑶之遠逮。心乎愛矣，眷雅誼綢繆；何以堪之，增微衷之踟蹰。

賀新選省中

伏聞啓事，榮選掖垣。茅茹彙升，深愜彈冠之望；鵷鷺簫羽，更縈倚玉之思。於國有光，同時交慶。恭惟某官：氣剛而大，道直以方。鵬奮九天，摶扶搖而上者；鳳翔[八]千仞，覽德輝而下之。國人群然曰賢，在廷無出其右。遂從異籌，特立上□。□知天子有爭臣，木從繩而必直；自此聖朝無闕事，幸未起而先焚。況當議論之多岐，又是紛囂之乍定。龍戰於野，餘碧血以猶腥；隼集在墉，驚朱弦而未定。所賴昌言之諤諤，共扶王道之平平。某幸忝雁序，快睹鶯遷。入則有拂士法家，極言路一時之選；徐而觀忠言直諫，舉明主三代之隆。肅奏賀箋，薄將菲物。酌西江之水，愧此涓涓；瞻北闕之雲，勞思怛怛。

賀新選臺中

渙號楓宸，升華烏府。司存獻納，宏紆補袞之忠；時際彙征，頓愜彈冠之望。有識交慶，不謀同詞。竊惟本朝之建置，最重諫官；今日之艱屯，無如言路。曙星落落，僅三五之熹微；元氣奄奄，繫絲毫之斷續。鯤龍未醒，雖批逆以不驚；猛虎方嗔，欲扣關而難達。人心結轄，世道晦冥。用才同轉石之艱，式序有積薪之嘆。雖大夫國人皆曰可，尚爾遲回；即法家拂士之盡無，何憂孤立？直弄印者七載，方轉圓于一朝。想應天意之亨通，始得聖心之開霽。君子得輿，正士伸眉。恭惟某官：氣全剛大，道履直方。鵬運九霄，擊扶搖以上者；鳳翔千仞，覽德輝而下之。允爲社稷之臣，特重紀綱之地。拔茅連茹，羨諸公袞袞之升；獨立敢言，聽一人諤諤之論。聖朝多闕事，顒有待于匡扶；明主可忠言，更亟須于啓牖。況以夷奴之犯順，兼之灾沴之頻仍。論事勢即外寧而內憂，料禍變恐速小而遲大。全賴曲突徙薪之計，以杜土崩瓦解之虞。蓋將維九鼎之安，何止免四郊之耻。某夙缺芳問，快睹榮除。幸厠駕鷺之班，得遂兼葭之倚。得賢有慶，擬續頌于漢臣；求友同聲，願賡歌乎《周雅》。

與候命臺中

慚鴻箮羽，近依日月之光；振鷺聯班，遥切斗山之仰。彈冠有慶，束帛用將。恭惟某官：肩扶巨力，搏桄宏猷。奠三神海上之山，補五色天邊之石。夙以經綸之望，拔居耳目之司。待詔金門，尚結樓梧之響；題銜烏府，已生列柏之香。天子有爭臣，衆共推其骨鯁；聖朝多闕事，尚有待于糾繩。雖弄印者久之，知焕綸其可矣。某久欽譽問，幸厠班行。慚糠秕之居前，簸揚堪哂；喜兼葭之有倚，形穢何妨？心隨南浦之雲，懷哉渺渺；手挹西江之水，愧矣涓涓。

答章〔九〕仲山吏部光岳

駕彼四牡，觀泱泱大國之風；錫我百朋，荷戀戀故人之誼。開緘色喜，拜手神揺。恭惟某官：直擬朱弦，清涵玉鑑。出風入雅，共推小陸之能文；方矩圓規，皆謂季方之難弟。自升華于水部，旋標譽于天曹。澄汰品流，盡塞群邪之竇；彙征茅茹，宏開衆正之途。士彈貢禹之冠，人頌山公之啓。想平衡在手，即稱量天下以無私；若皎月當空，縱炤徹人倫而愈朗。此時裴馬，異日夔龍。某幸因雁譜，得識芝眉。想伯氏之吹塤，同聲已遠；羡仙郎之襆被，世籍有光。

答涂溪如吏部國鼎

恭惟某官：世道羽儀，人倫師表。節標千仞，凌塵壒以霞騫；氣備四時，含中和而玉潤。啓事著山公之望，程才推水鑑之明。真軼裴馬之踪，仁接虁龍之武。某久懷仰斗，未獲識荊。嘗聞居是邦而事賢，詎有過其閭而不式。顧叱王陽之馭，啓處不遑；而御元禮之門，次且未果。

答葉明生吏部

百里弦歌，懋著分符之績；三銓衡鑑，超躋啓事之班。方遥注于斗山，乃枉投夫翰札。謙撝已甚，跼蹐難安。恭惟某官：量涵萬品，鑒徹九流。雙鳧初飛，奏牛刀于雞肋；一琴自伴，懸范甀于魚塵。畏壘何私，家爲尸而户爲祝；甘棠勿剪，居則愛而去則思。惟騰譽於口碑，宜晉階於天部。廉平範物，應追宣伯之蹤；雅操繩時，豈議巨源之美。從知賢者進而不肖退，仕路一清；當使大臣法而小臣廉，官常不紊。何論當年之裴馬，即爲異日之虁龍。某有懷慕藺，無路識韓。采歌咏於民謡，樂聞遺愛；訪循良之政迹，恨不同時。豈期盛德之冲虚，猶厪後來之存注。題緘鄭重，固難還刺以璧歸；拜使悚皇，聊假濡毫而荊請。

答錢泰宇户部

恭惟某官：材惟人傑，品擅國華。近聖人之居，尋源有自；生王者之世，應運非嘗。姿千仞以孤騫，器萬鍾而大受。漢庭起草，名高題柱之班；計部持籌，望重含香之署。當邊儲告匱之日，正戍卒待哺之秋。獨能酌盈以濟虚，豈至捉襟而露肘。粟紅貫朽，何須萬斛量沙；士飽馬騰，不數三軍挾纊。日見京坻之積，永無庚癸之呼。某久懷仰斗，今幸同舟。甫入關門，即荷授飱加璧之雅；薄陳沼沚，有愧投桃報李之章。

賀湯暗生户部〔一〇〕

恭惟某官：人本猶龍，望原過斗。金相玉質，標國瑞于名家；夕秀朝華，挨天范于菽苑。縮銅章而出牧，績奏牛刀；列粉署以分曹，香浮雞舌。爰從妙簡，特借邊儲。惟兹數萬之金錢，實係三軍之命脈。民力竭矣，豈能剜肉以醫瘡？官廩蕭然，每至捉襟而露肘。坐看長策，立濟時艱。酌盈虛以灌輸，炊何憂于無米；合公私而贍潤，匕不嘆于有抹。士飽馬騰，威生戊己之較；醪投纓挾，患銷庚癸之呼。元氣固而神氣益張，懋功隆而懋賞且至。某既聯世講，又借同舟。紫氣函關，幸得挽東來之駕；朱麾隴坂，恨莫攀西去之塵。

賀劉情宇户部[一]

恭惟某官：瀛海人龍，燕臺神駿。孝友擅季方之譽，才名標小陸之奇。早射策於巍科，旋割符於邊郡。爰從最考，晋秩版曹。舉于魚鹽，夙諳管仲父理財之策；權乎取予，衆推劉大夫心計之工。惟此潯關，夙稱利藪。控荆吴之要會，賈客摩肩；匯江漢之巨流，舳艫銜尾。法存抑末，例有征商。況當司農告絀之秋，益借諸道榷輸之利。遂膺特簡，來領分司。譏而不征，難難後先王之舊；取之有制，已預知德政之新。蓋當行旅蕭然，寬一分即受一分之賜；而幸仁人蒞止，早一日則沾一日之恩。聞諸道途，皆欣欣然喜色相告；傳於遠邇，自熙熙然爲利而來。某夙忝世譜，今托同舟。望真氣之陡臨，匡廬色動；想清標之遠映，彭蠡波明。匏繫征人，莫遂披雲之願；芹將介使，聊紓賀厦之忱。

與劉情宇户部

司榷南州，九派溢江湖之潤；還轅北闕，重霄依日月之光。幸托同舟，恨分歧路。恭惟某官：筆落星辰，才雄河漢。領國家財賦之計，洞晰源流；分司農征催之權，盡除煩擾。澄江似練，堪比使君之清；畫舫如雲，不問關津之禁。酌上下相通之脈，既以利國且以利民；當公私交匭之時，寧知額內安知額外。蓋寬一分則受一分之賜，已聞近悅而遠來；而留一日則沾一日之恩，猶願舊政而新告。某經年依附，一旦分携。望紫氣於雲間，莫挽真人之駕；想錦帆於江上，難隨博望之槎。感夙誼之綢繆，眷前期之綿邈。酌九江之水，聊當清酒百壺；修尺一之詞，用代陽關三疊。

答劉情宇戶部

恭惟某官：靈鍾五嶽之精，身備四時之氣。文壇載筆，才名遠駕。應徐泉府持籌，心計耻談桑孔。新領榷關之命，寵開解網之仁。一片冰心，清徹魚龍之窟；千帆雲影，歡騰江漢之聲。聞商至以如歸，知國儲之攸齊。某猥緣攬轡，得倚同舟。旌節初臨，殊切彈冠之慶；風塵遠隔，未紓傾蓋之私。

答劉情宇戶部

四牡將歸，未賦清風之誦；雙魚忽至，先來明月之投。誼篤臨岐，情逾伐木。恭惟某官：方絜玉尺，清貯冰壺。領□□□□之□，□□□□；□□□□□□□，□□如歸。擊汰揚舲，榜聲與謳歌并起；浴鳧飛鷺，宦情同烟水俱閑。近悅遠來，衆方思夫借寇；月會歲計，期忽迫于及瓜。雖則前事作後事之師，守而勿失；尚須舊政爲新政之告，惠及無疆。某幸共封圻，夙同聲氣。廬岳峰頭時有雁，雖頻來逸少之書；潯陽江上不通潮，竟阻泛子猷之棹。誰期離別，又在須臾。尚未折楊柳一枝，逢人驛路；乃反辱瓊華五色，貽我江皋。如玉案之難酬，想木瓜之可咏。

答翁桃槎戶部

新恩隆重，幸叨兩世之榮；雅誼殷優，過辱百朋之貺。感懷莫喻，抱悚殊深。恭惟某官：心弘涵茹，交篤應求。道在兼成，視有美皆己之美；善能錫類，每因親及人之親。伏念家君，無適俗韵，乏巧宦才。自通朝籍者三紀，每苦前薪；忽膺簡命于一朝，得移右轄。敢云濡翼，實切循墻。猥厪鴻德之周遻，特枉瓊箋而賜賀。以其子并念其父，古道猶存；信乎友可順乎親，微生何幸。但未奉鯉庭之對，敢當鼎實之頌？謹百拜以受言，肅三辭而完璧。

答翁桃槎户部

駕四牡以省方，未奏澄清之效；行三軍而誰與，謬當紀覈之司。聞簡命以若驚，辱瑶函而增愧。蓋自邊臣不戒，以致醜虜生心。蠢爾何知，敢逞當輪之背；狡焉犯順，久勤破斧之師。中外戒嚴，神人共憤。伏乞某請纓無志，學劍不成。突焰未興，曾妄獻徙薪之計；席籌難借，豈能參入幄之謀。縱膂力之方剛，奈軍旅之未學。何期詔旨，俾往視師。智豈陳平，足護出關衆將；才非衛瓘，可監入蜀諸軍。雖碌碌因人，自有權操指縱；而明明飭憲，亦當法肅行營。志既切于枕戈，慮更深于負乘。維今聖主中興之日，正是匈奴運盡之時。元首明哉，安内自能攘外；昆夷駾矣，服德甚于畏威。玄菟之羽檄不飛，肅慎之楛矢且至。恭惟某官：匡國真忠，籌邊遠略。兼吉甫之文武，敦却縠之詩書。義激同讎，欲静烽烟於塞上；情殷篤舊，先加湌璧于江干。醽醁可以推恩，車馬頓爲生色。振揚愚懦，敢不着祖逖之鞭；指授神機，尚俟叩黄公之略。

答鄒匪石南兵部_{惟璉}

伏念某登車無志，攬轡非才。咏皇皇原隰之章，末盡觀風之職；想孑孑干旄之誼，嘗懷問道之心。方叱馭以周咨，忽及瓜而望代。聞之在昔，每云搖山岳而問豺狼；自反厥躬，真是來雷霆而去敗鼓。雖勞輗掌，終愧素湌。難逃有道之鑒觀，敢辱過情之許可。恭惟某官：南州間氣，北斗高名。珠燦星羅，蟠胸中之武庫；風翻日動，飛筆下之文瀾。碣石談天，奧閫獨推鄒子；漢廷題柱，風流誰似田郎？誠哉廊廟之珍，蔚矣龍光之望。某久仰光華，未同踪迹。居是邦也，幸得事賢而友仁；國有人焉，所當式廬而設榻。祇以風塵之勞攘，遂成問饋之疏慵。忽荷先施，益增厚報。交以道義，雖曰却之不恭；投之瓊瑤，又恐懷而為罪。

與李心白中翰成名

恭惟某官：仙李盤根，白星誕瑞。吞雲夢者八九，浩蕩無垠；擊溟海而三千，扶搖直上。身依鰲禁，真三神海上之山；恩沐鳳池，羨一佛人間之世。此日紫薇省裏，推敲金戞玉文章；他時屈軼墀前，看補袞批鱗事業。誠社稷之倚毗，而海宇所具瞻也。某鹿鹿散才，魚魚末品。看花一日，曾追蹀躞于曲江；苦李三年，自嘆羇棲于上谷。祇奔馳于牛馬，忽荏苒乎居諸。萍迹久淹，徒切因風之恨；瓜期已過，深懷抱蔓之羞。所望引手於雲霄，或不失足于泥塹。敬因冊使，薄貢芹私。縹緲五雲，此際斷張衡之目；離岐兩地，何時御李膺之舟。

校勘記

〔一〕"冀"，原作"驥"，據文意改。

〔二〕"羹"，原作"羡"，據文意改。

〔三〕"檻"，底本字迹漫漶，參考後文《與俞淳初廣西直指》辨識。

〔四〕依句格，此下當缺二字。

〔五〕"伏"，原作"伏"，據文意改。

〔六〕"北"，卷首原目錄作"伯"。

〔七〕依句格，此下當缺一句。

〔八〕"九天，搏扶摇以上者；鳳翔"，底本字迹漫漶，參考後文《賀新選臺中》辨識。

〔九〕"章"，原作"張"，據卷首原目録改。

〔一〇〕底本卷首原目録無此篇篇題。

〔一一〕底本卷首原目録無此篇篇題。

啓

答趙鳴宇方伯彦

受一廛而爲氓，尚昔甘棠之廕；輕千里而命使，忽來明月之投。禮篤下交，感深内省。恭惟某官：瑞世鳳麟，濟時舟楫。文經武緯，既左有以右宜；規圓矩方，豈前跋而後疐。歷登膴仕，休有令聞。先保章而後繭絲，吏有羔羊之節；以催科而寓撫字，民無鴻雁之歌。甘棠蔽芾於郊原，膏雨沾濡乎禾黍。維兹三晉，均戴二天。某夙篤緇衣之好，蓋嘗仰切夫巖瞻；親承陰雨之膏，豈獨與沾乎河潤？結中心而莫喻，誓没齒以難諼。兹者守株除目，濫同北郭之竽；索米長安，尚乏東方之俸。介于難進難退之際，已固苦於樊籠；置爲可有可無之人，衆亦厭如龐贅。乃辱過注，曾不遐遺。遠煩瑶簡之頒，更枉兼金之訊。有薪如桂，有米如珠，應過憐乎羈客；投瑶報桃，投玖報李，翻倒愧於風人。簡括枯腸，蕭裁短楮。臨南風而惆悵，望眼迷離；仰北斗以瞻依，心旌摇曳。

賀閔曾泉方伯洪學

歲德在晋，會逢熙豫之辰；价人維藩，特借保釐之重。瞻依孔邇，舞蹈不知。恭惟某官：朗識造微，太猷經遠。一生清節，行己在顔冉之間；奕代徽聲，家世出袁楊之上。洊更中行，懋著勳名。日冬夏以咸宜，歲穀玉而並濟。頃從外臺之長，擢居右相之司。移南國之甘棠，垂陰并翼；酌西江之波瀾，滲漉河汾。細侯之竹馬爭迎，尹鐸之繭絲安問？薇花正茂，風生行省之香；隼旗初臨，氣壓山河之勝。堂吟蟋蟀，知復見乎《唐風》；國有龍光，將嗣歌于《周雅》。某夙世有緣，徼天之幸。駕四牡而于役，濟托同舟；受一廛而為氓，庇歸大廈。聞旌麾之蒞止，若燕雀之相依。薄貢箋私，庸抒賀悃。捲西山之雨，猶聞玉佩珊珊；嘶代北之風，徒望雲峰緲緲。

答閔曾泉方伯

恩受一廛，已愜小人之願；惠來千里，特煩長者之施。拜手若驚，捫心有靦。恭惟某官：身兼九德，氣備四時。撓不濁而澄不清，汪洋莫測；左之宜而右之有，經緯無端。人飲德而不知其功，世欽寶而難名其器。聲宏實懋，居愛去思。何茲三晉之民，獨有二天之戴。星臨是福，光偏爛於井參；雨澍成甘，潤倍滋於汾沁。之綱之紀，來甸來宣。使唐虞仁讓之風，于今再見；將山河表裏之勝，視昔加強。信价人之維藩，保釐氓庶；慶君子之得輿，膺受王明。某自慚薄劣，得共周旋。濟托長年，幸脫波濤之險；庇依大廈，知無風雨之侵。既遂懷土之私，復枉兼金之訊。賜出長者，却之即曰不恭；如于匹夫，政恐懷而為罪。

答沈何山方伯演

兩世尋盟，分誼本同猶子；同舟共濟，風濤幸托長年。受廛之願已違，仰斗之心彌切。題函遠訊，拜手深慚。恭惟某官：心涵造化，性裕經綸。世德齊桓武之芳，科名壓郊祁之雋。渾渾噩噩，先秦兩漢之文章；矗矗巖巖，太山喬嶽之氣象。踐更郎署，望重兩都；出任藩宣，風清一路。憂民慮切，痛嘗抱于納溝；謀國心長，計每先于曲突。屬以封疆之多事，畀之保障乎一方。騎竹并州，道路之欣欣已久；遷鶯閩海，雲霓之盼盼成虛。豈其輕北而重南？奈何奪彼以予此。人皆觖望，我獨彈冠。某世譜小生，朝班後進。才疏攬轡，敢云孟博之澄清；心切執鞭，久慕荊川之丰采。偶來巡省，幸得周旋。所賴左提而右攜，庶無前跋而後疐。心乎愛矣，知收之肝膽之中；儼然覘之，更溢于玄黃之外。有衷可結，無德以堪。

答沈何山方伯

甘棠勿剪，纏綿去後之思；尺素遙傳，感激平生之誼。開緘如覿，拜使為歡。恭惟某官：氣韵欲仙，時名過斗。網羅千古，讀窮丘索以來之書；陶鑄聖賢，恥為漢唐而下之品。籌國則如指諸掌，惜民而若納于溝。自郎署以及藩宣，去則思而居則愛；從國人而至大夫，聞者慕而見者欽。西江之閭澤猶新，閩海之徽聲更戀。紫薇省署，香浮北嶺之雲烟；丹螱樓臺，氣壓南溟之瘴癘。暫爾巡宣于四國，行將燮理于三台。某自昔攬轡以遊，幸得同舟而濟。周旋綦履，已知德盛而禮恭；采納蒭蕘，更見道高而心下。自分歧路，久曳心旌。情在遠以不遺，既有加而無已。尊者之賜必拜，雖曰卻之不恭；小人之腹易盈，又恐貪以獲戾。

與周鶴岣憲長<small>戀相</small>

金城千里，聿彰守塞之勛；水國一方，深切懷人之感。有思何遠，無德不酬。恭惟某官：性裕中和，器兼文武。昌言諤諤，睹鳴鳳之在梧；丰采稜稜，凛乘驄之避路。自移關隘，益著聲靈。洞悉羌虜之情形，妙制柔威之方略。雖敦詩書，說禮樂，不改儒者之風；而安邊境，立功名，足奪武夫之氣。烟消青海，波靜黃河。已宣譽於封疆，行斥華於廊廟。某幸同聲氣，謬托生平。嚮也西塞周旋，所賴左提右攜之力；兹焉南州策遣，益切事賢友人之思。奈隴樹秦雲，徒吟解句；而螺川鷺渚，空式干廬。殷然杼軸之思，命此昆侖之使。尋源萬里，寄驛一枝。采彼蘋蘩，庶鑒予之明信；眷焉金玉，尚惠我以好音。

答楊致吾憲長邦憲

恭惟某官：道韵清夷，情峰卓犖。寸衷耿耿，心傾日以嘗丹；百尺亭亭，節凌雲而挺秀。左宜右有，蓋兵刑錢穀之周知；經武衡文，凡楚蜀燕雲之徧歷。人皆欽囑，國所憑依。維夜郎萬里之天，繫輿圖一方之險。民生之艱危不易，全憑德澤維持；苗衆之叛服無嘗，獨恃紀綱彈壓。惟憲典嚴而貳懷服舍，故從來之反側全安；且吏治肅而大法小廉，雖頻歲之凶危不害。澄清已效，牙節將加。某曠違已久，寤寐徒勞。六彎入疆，失候人之夙戒；七襄飛札，煩信使之遙臨。曾無乘韋之先，敢拜兼金之訊。

答林中漢憲長

某病毀餘生，疏迂下品。蓬蒿三徑，久尋松菊之盟；閶闔九天，已斷鵷鷺之夢。豈期承乏，復忝巡方。遂迫在澗之幽人，還作出山之小草。皇華載咏，凰駕於征。風送舳艫，夜泛湘波之月；星分翼軫，曉瞻匡嶽之雲。蓋將攬彎以入吳，亦欲剌舟而訪戴。顧簡書可畏，敢曰遲遲吾行；即芝宇非遙，徒有悠悠我思。盈盈積水，隔仙珮於星河；歷歷晴川，望清塵於江樹。方擬停雲之賦，忽來剖鯉之函。導之喦疆，禮已加於在昔；交於外境，誼更篤夫先施。非君子之至斯，授餐顏赧；恐匹夫之爲罪，懷璧心搖。

答談中約大參自省

青雲携我，曾追天驥之塵；明月投人，忽枉江魚之訊。開緘色動，拜手心搖。恭惟某官：玉質金相，文經武緯。奏鳴琴于單父，心在冰壺；上啓事于山公，人稱水鏡。即此郞陽之重地，獨當江漢之上游。特簡旬宣，專資彈壓。還勞求於鴻雁，民無佩犢之風；倡節儉于羔羊，吏有懸魚之守。憩多召樹，口有羊碑。某結契既深，睽離亦久。渚瀾汀沚，懷思空結於佳人；簾雨棟雲，凝佇徒哦于高閣。何期雅注，曾不退遺。七襄爛兮，既淋漓于楮墨；百朋侈矣，更珍重于玄黃。感之誠無德以堪，藏也而非言可述。敢因蹇使，敬用趙歸。

與南二太學憲_{居益}

學較爲教化之原，聿先模楷；文章乃經世之業，必重鑑衡。惟盛名久著于士林，是妙選首膺夫帝簡。斯文何幸，後學交歡。恭惟某官：望揭斗山，才雄河漢。完三光五岳之氣，獨擅精華；讀九丘八索之書，全抽奧秘。筆非秋而垂露，文異海以生珠。頃從治郡之良，特借作師之任。關西夫子，方振鐸以琳琅；冀北人文，將聞風而鼓舞。家傳經術，何須楊子玄篇；門有生徒，不用馬融絳帳。伯樂顧而凡馬盡空，牝牡驪黃安問？大臣過而群材胥集，梗楠杞梓俱收。學有本源，獨闡濂洛以來之正脉；詞歸大雅，盡洗成弘而後之頹風。四科之陶鑄方新，三晉之英才盡育。某感鄉邦之被化，知有德有造之兼成；幸子弟之得師，將不中不才之丕變。彈冠有慶，欣輸燕雀之忱；飛舄無因，苦恨匏瓜之繫。謹馳介使，并荐溪毛。鑒此未將，冀苹菲或收于下體；量存不擇，知山海無棄于微塵。

與梁懸藜憲副_{應澤}

受一塵而爲岷，下里沐天河之潤；驅四牡而於役，重霄瞻北斗之光。戴高厚以難名，眷瞻依其倍切。恭惟某官：品重鼎彝，氣分光嶽。含香粉署，凤高題柱之名；剖竹專城，懋著襄帷之績。迨任旬宣之寄，益弘安輯之猷。調寬猛以平施，冬日可愛而夏日可畏；酌民財以兼利，薰風之穆而時風之和。濊濊河汾，難擬流膏之渥；峨峨行霍，僅同巖石之瞻。已合三晋而同休，將膺一人之特簡。某籍忝編户，身荷鴻私。維桑梓之必恭，況受仁人之利；想父母之孔邇，彌深赤子之依。謹削牘以起居，併承筐而唐突。

答陶元暉憲副_{朗先}

問海上之征鴻，方將繫帛；剖江心之雙鯉，忽枉題緘。感不遐遺，愧當殊錫。恭惟某官：人龍品望，天驥風神。探禹穴之奇，胸蟠二酉；奏漢庭之賦，價重三都。爲郎標題柱之聲，出守敷襄帷之化。爰從宸簡，移鎮海邦。萑葦全清，潢澤無憂于佩犢；濩薪息愫，憚人不嘆于匕捄。雖當邊警之震鄰，征輪正急；然以大猷之經遠，調發何難？不特息鯨鯢之波，且將奪犬馬之魄。二東提福，百辟傾心。某因緣世誼，敦篤神交。一介區區，未寫中心之好；七襄爛爛，乃煩外境之施。報真侈于瓊瑤，感當鐫之肺腑。

答饒業明憲副_{元暉}

才疏攬轡，澄清未效南州；寵溢承筐，問訊特來北道。感兹隆誼，愧彼先施。恭惟某官：朗識鑒微，大猷經遠。躋聲名于元凱，異表白眉；騰光焰于斗牛，奇覘紫氣。爲望郎而襆被，進憲使以擁麾。淮海維揚，據天下襟喉之會；芒碭豐沛，屬聖朝湯沐之鄉。惟重地必需重臣，若鉅才何難鉅任？威其有赫，雷破柱以不驚；澤以無心，雨隨車而成潤。整軍經武，鞞鞍一新；闢野勸耕，汙萊盡治。縱鯨鯢弗靖，當不驚白馬之濤；即鴻雁未安，亦何慮黃巾之變。屹乎保障，允矣翰屏。某夙承後武，久應同聲。觀大國之風，席曾未暖；過高賢之駕，榻乃虛懸。何辱記存，致煩問饋。百朋之錫侈矣，七襄之報缺如。

答饒業明憲副

十行訊遠，氣分蘭菡之香；一介將忱，報愧瓊瑤之重。先施甚渥，後至何誅。恭惟某官：祥鍾靈傑，運翊休明。繞電凌霜，龍劍飛芒而射斗；翻風動日，豫章挺幹以干霄。自歷華躔，猗有休問。惟江之北，千里王氣所鍾；而斗以南，一人帝心獨簡。予曰禦侮，國有藩屏。賣劍易牛，兵不憂于潢澤；撤桑繆戶，謀已豫于陰晴。控天塹之上游，淮海金湯益壯；據地形之最勝，芒碭氣色彌新。以斯經緯之才，仁有節旄之授。某辱交有素，拜貺猶鮮。敢將采藻之忱，用抒纏綿之思。報也而永爲好也，敢云酬惠於錯刀；懷哉而何日歸哉，尚想論文于杯酒。

答盧建臺憲[一]副惟屏

千里懷人，悵阻重雲之隔；十行訊遠，忽來明月之投。瓊玖爲珍，木桃自愧。恭惟某官：文濤振海，情嶽干雲。出本神奇，遂空千群之驥足；養以剛大，能扛百斛之龍文。飛鳬標仙令之聲，題柱起望郎之譽。迨分藩翰，益著風猷。隨左右而咸宜，豐年之玉而荒年之穀；酌寬猛以交濟，冬日可愛而夏日可威。甘棠已植於兩河，霖雨將濡於四海。某生同桑梓，誼結芝蘭。自岐路之分携，歷數年之契闊。嚶其鳴矣，方敦伐木之情；儼然命之，重損兼金之貺。室遠人邇，式懷好音；薄往厚來，敢忘大德？

答詹起鵬憲副

恭惟某官：北斗崇標，南州間氣。含香清望，風流不數田郎；借箸訏謀，兵甲爭推范老。遂從特簡，出領名藩。浩渺洞庭之波，盡作隨車膏雨；蒼茫雲夢之澤，皆披鼓物雄風。不須吊古以懷沙，行且競南而張楚。某因□鳳尾，得比雁行。把臂論交，夙結斷金之契；嚶鳴求友，久虛伐木之情。偶以小草而出山，得於大邦而問俗。干旄孑孑，尚未造請於浚郊；瓊玖纍纍，早已先施於偃室。

答王□□憲副

某年少棄繻，曾負請纓之志；生平跨馬，嘗懷撫髀之思。自聞小醜之跳梁，致使大軍之覆没。髮嘗上指，劍每宵鳴。蓋亦屢疏以陳言，直欲滅此而朝食。不期當事，謬畀監軍。禀重任以若驚，雖切循牆之懼；幸長□之可效，頓萌投袂之心。想螳背之何能，擬龍庭之盡掃。猥承指誨，遠示輿形。無勞聚米畫山川，忽已三韓掌上；但一披圖計兵食，了然諸虜目中。借此前籌，用期後效。軍旅之事未學，敢云千里以折衝；胡虜之運將衰，誓使隻[二]輪之不返。義懍所激，誇誕自慚。惟望鑒原，恕其率爾。

與傅咨伯郡守_{淑訓}

明庭射策，上林分桂籍之華；嚴郡剖符，下里沐銀河之潤。敢言倡和，彌篤瞻依。恭惟某官：至德無名，大材不器。學窮元始，搜九丘八索之藏；生禀精靈，萃七澤三湘之秀。郢曲高而國中寡和；荆璧重而海內爭傳。弱冠登朝，應千年之夢卜；一麾出守，符百里之星占。棠陰遍植於東郊，去思綿結；膏雨倏加於西鄙，來暮歡騰。眷惟桑梓之丘，盡屬卵翼[三]之物。轉曜靈而普炤，群分負日之暄；決溟渤以流仁，各滿飲河之量。固已家尸而戶祝，何殊雷動以風行。虞典陟明，知虛班於銓署；漢家增秩，定首及於潁川。某四境編氓，二天怙恃。因叨升斗之禄，羈靮天涯；敢奉咫尺之書，唐突階砌。迎已後於竹馬，罰豈逭於蒲鞭。唯是燕賀高堂，或假捲簾之顧眄；且念鶯鳴喬木，載徵伐木之恩私。鑒斯沼沚之忱，容以江海之度。感戢無既，跂望良殷。

答王漕河別駕

楚材擅美，式揚江漢之靈；周俊登庸，出贊郊圻之化。功高疏浚，譽起澄清。恭惟某官：吐鳳文名，解牛才略。蘭滋湘澤，香流九畹之芳；璞剖荊岩，價賈百城之重。器堪作楫，久虛夢卜之招；才本濟川，暫試虞工之任。惟津海爲神京門户，而漕河乃天下咽喉。千里來同，盡東南供獻之國；九河合派，擅西北川澤之繞。往河伯蕩淫，曾泛桃花之浪；致海濱沮洳，幾成魚窟之鄉。帝曰警予，君斯拜命。行所無事，妙通脉絡之宜；逸而有成，盡塞奔騰之竇。波濤偃恬，循順軌以朝宗；秔稻聯翩，望安流而會集。勳斯茂矣，寵豈後乎？某幸托鄰封，獲承懿範。兩地而情深企仰，久慕芝眉；一見則歡若生平，遂投蘭味。何期優渥，過辱宏施。燦爛函章，與七襄而爭麗；繽紛庭實，視九鼎以加隆。

賀楊念庭糧馬別駕

疏榮玉陛，題輿分幾何之猷；竊禄金臺，合簪結寅恭之雅。昔切高山之仰，今欣大厦之依。恭惟某官：南州間氣，北斗高名。亮節表喬嶽之岣嶸，靈心澈重淵而映炤。惟此股肱重郡，是簡經緯長才。綸除方下于九天，舞忭已騰之三輔。方今民力已竭，長聞葭楚之悲吟；漫道馬群其空，未見桃花之蹀躞。仁觀妙手，大闌新猷。埛牧如雲，不必千金市駿骨；催科不擾，寧憂二月賣新絲？是誠一路之福星，豈獨甘城之師表。某爲儒未就，作吏無能。喜名德之來臨，庶周行之可望。祇緣奔馳牛馬，未遑一介以先驅；何期錯落瑤瓊，忽自五雲而下擲。感之刻骨，愧且汗顏。謹布意于穎君，代歡迎之竹馬。

與王賓吾州守所用

名高五馬，專城膺簡命之榮；庇受一廛，下里沐天河之潤。瞻依孔邇，歡忭惟均。恭惟某官：中原間氣，北斗崇標。扻藻天庭，直軼盧楊之詞調；分符閩海，早揚卓魯之循聲。何期濩澤之僻區，得借寇君而移守。衣餘五袴，已聞來何其暮之謠；麥秀兩岐，將有樂不可安之咏。某分列編氓，身羈關塞。欣欣相告，未得關竹馬之迎；采采欲陳，敢自比野芹之獻。

答何□□縣令篪

棠陰垂愛，去思騰尸祝之聲；河潤流仁，孔邇繫瞻依之望。無能報德，有愧施恩。恭惟某官：名世非嘗，全才不器。生當京洛，獨窺羲畫于先天；策媲治安，可屈漢庭之前席。爰從簡命，暫試花封。游刃有餘，四顧而全牛立解；膠柱不鼓，一變而化瑟均調。酌寬猛之微機，冬日可愛而夏日可畏；弘解阜之大德，薰風之穆而時風之和。一片冰心，可對洛陽親友；千家碑口，獨起晉國循良。方喜歌廉，俄驚借寇。無以公歸，嘆遵鴻之不復；誰爲吾主，奈臥轍以難留。凡屬霑恩，莫不觸望。況如某者，雖列編氓，實同臭味。分庭抗禮，何殊設榻以待徐生；折節下交，有同倒屣之迎王粲。百年知己，二載交歡。自隔封疆，遂成河漢。追思舊日，夢魂與夜月齊飛；回首故園，歸雁并行雲俱杳。忽來雙鯉，可抵萬金。既得蘧伯之音，又拜鮑叔之惠。瓊瑤投我，施之不以爲恩；肝膽銘君，藏之莫知所報。肅陳寸楮，敬寫縷衷。輯玉來同，望旌旄之至止；授餐適館，負弩矢以先馳。

答王□□縣令夢庚

身受一廛，情均怙恃；心懸千里，望隔關河。自飛去雙鳧，久結清霄之夢；何傳來一札，翻投明月之珠。延蓬使以色驚，發瓊函而汗漬。竊惟敝邑，如斗一城，彈丸四壤。山川盤繞，野無可耕之田；草木凋枯，民鮮取材之藪。兼以頻年饑饉，遂致滿目蕭條。皮骨僅存，欲醫瘡而無肉；室家不保，雖泣血以誰呼？人已厭其餘生，天也憐其將斃。恭遇某官：德盎如春，澤時若雨。下車即咨詢疾苦，臨堂而軫念艱難。赤子無知，若置而加諸膝上；匹夫向隅，如推而納之溝中。是以膏液嘗流，薰和廣被。花封夜靜，門無里胥之經過；茆屋春長，家有妻孥之相慶。眷茲瘠土，頓是樂郊。某分列編氓，生歸覆載。萬家桑梓，均倚廕於垂雲；三徑蓬蒿，偏沾濡於湛露。感則刻之肺腑，報未效夫涓埃。反辱優隆，遠加溫渥。百朋寶貺，特分冰蘗之餘；尺幅素箋，愧匪瓊瑤之報。

與董仁[四]庵縣令之表

符分百里，山城依仙舄之光；身受一廛，下里沐天河之潤。戴均怙恃，情切歡呼。恭惟某官：秀擢金莖，清涵玉鑑。廣川家學，奧獨探乎天人；魯國儒風，用夙嫻于禮樂。蚤擅屠龍之技，遂騰薦鶚之書。暫寄青氈，旋司赤社。星所臨而是福，幽遐盡耀于光明；雨隨澍以成甘，原隰均沾夫膏澤。奏牛刀於雞肋，遊刃有餘；揮玉軫于瑤琴，清音自遠。萬家棠樹，何須問潘岳之花；一片冰心，不必置任棠之水。來何其暮，重聞五袴之歌；樂不可支，行見兩岐之瑞。某分列編氓，心歸覆翼。羈于異域，未先騎竹之兒童；躋彼公堂，已後稱觥之父老。即瞻依之孔邇，奈道路之阻修。薄言芹藻之微，庸展燕雀之悃。

答王蒽嶽長垣令洽

一奉徵書，久淹旅邸。天心未卜，空憂轉石之堅；人事日非，莫問守株之苦。蹙蹙若無枝之鳥，何處依棲；悠悠如不繫之舟，終焉漂泊。羨人裘馬，腰下之組未懸；笑我頭顱，鬢間之絲已見。精魄坐銷於俛仰，姓名虛溷於風塵。金馬婆娑，尚乏東方之倅；玉階寥杳，徒瞻北闕之光。米如珠，薪若桂，釜甑塵飛；棋度日，酒爲年，居諸電迅。若此旅懷之落莫，豈堪秋意之蕭森？强欲登高，羞落參軍之帽；無人送酒，閑關處士之門。計客裹之九秋已過，想天邊之三徑全荒。孤雲繫故國之心，叢菊開他鄉之淚。不有綈袍之戀戀，何來華札之殷殷？投我瓊瑤，鮑叔之惠侈矣；銘諸肺腑，王孫之報云哉。

答翟凌玄任丘令鳳翀

漢庭射策，同出師門；周甸分猷，幸依鄰壁。芝眉久隔，方深寤寐之思；鯉素遙傳，足慰浮沉之想。開函色喜，拜手神馳。恭惟某官：列宿儲精，兩儀毓秀。生當勝地，居齊魯禮義之邦；學有真傳，接孔顏道德之統。登太山而天下小，高標一代之雄；惟滄海爲百谷王，俯納群流之潤。文九苞而爰止，藹藹吉人；音八變以成風，泱泱大國。擊水起圖南之翼，長鳴空冀北之群。簡在宸衷，符分鉅邑。一琴隨鶴，猶聞宓子之聲；滿縣栽花，不讓潘郎之韵。烹小鮮而不擾，批大窾[五]以有餘。潢池渤海之區，無不賣劍佩牛，賣刀佩犢；畏壘庚桑之化，行且尸而祝之，社而稷之。不獨漢代之循良，實亦虞廷之爲翼也。某才不逮人，年方及立。看花上苑，附驥尾以蠅馳；倚玉燕臺，登龍門而雀躍。自分佩帶，嘗曳心旌何期；理郡以來，乃得同舟而濟。所望開其盲瞶，示我周行。迷指周車，免起臨岐之嘆；焰懸秦鏡，少開對面之疑。即片言重於九鼎，況多儀錫我百朋。揣分難堪，捫心莫報。謹易箋而完璧，肅托穎以宣情。伏冀汪涵，俯寬罪戾。歸鴻縹杳，此時將問訊之音；春樹蒼茫，何日把論文之酒？

答吳星海廣文道長

嚮切斗瞻，班荊未遂；邇徼天幸，倚玉交歡。奈宦海萍逢，合離無定；使岐途星散，去住難憑。歷時序之悠悠，縈浮沉而泛泛。恭惟某官：靈鍾人傑，品擅國華。豫章之幹干霄，豐城之光射斗。辨河飛瀑，屈鄒衍之談天；學海匯流，陋張華之博物。擊三千而鯤化，指百里以鴞飛。一片冰心，漫置任棠之水；四郊棠廡，誰言潘岳之花。爲厭五斗之折腰，聊借一氈而振鐸。馬融絳帳，門庭負笈之徒；楊子玄亭，客有問奇之士。綜百家之同異，抉千載之幽微。鄒魯之教大行，燕趙之風一變。金歸爐冶，士固喜于得師；石受磨礱[六]，余亦欣于益友。接紫芝之眉宇，自覺親依；挹叔度之襟懷，頓消鄙吝。方幸盍簪之雅，不殊傾蓋之交。忽聽遷鶯，遽難縶馬。塵浮仙蓋，渡易水以遄征；風擁星軺，別金臺而遄發。身依禁闕，佩聲日上雲霄；化敷圓橋，泮水時沾雨露。從茲履坦，漸見升華。某自遠清風，載離溽暑。星馳邊塞，王陽之馭不停；日近長安，孔璋之書未達。離迷望眼，斷鴻隨野樹交橫；搖曳心旌，秋色與長天共遠。竭來華札，忽墮層雲。不忘少原之簪，情殷念舊；尚合延平之劍，氣篤相求。誦麗藻之翩翩，拜珍奇之纍纍。感鎸肝膽，報乏瓊琚。因遴使之言旋，托穎君而申謝。三秋賦別，嘗懷采玉之悲；四望懸恩，欲斷張衡之目。

答沐國公[七]

恭惟某官：忠貞許國，帶礪傳家。勛載金符，翊社稷萬年之運；威標銅柱，撑西南半壁之天。爵冠五等以獨隆，禮視百僚而殊絶。於臣稱世，與國同休。某久企英風，遠居異境。欲通姓字，交有阻于未同；忽枉瓊瑤，量自宏於不擇。恐懷璧之爲罪，敢借繭歸；惟感德以難諼，容將李報。

答豐城侯

恭惟臺下，帶礪名家，簪纓華胄。勛在王室，久聞召虎之光前；品重人倫，共道西平之有後。于臣稱世，巍然喬木之存；與國同休，倬矣丹書之誓。頃以松楸之念，暫輟鵷豹之班。擁傳還鄉，人誇晝錦；鳴鸞歸闕，友誦清風。某未先一介之將，反辱百朋之貺。懷璧是懼，敢因後以完歸；感德難忘，敬勒箋而布謝。

答劉□□總戎

請纓繫虜，威名久著于遐荒。撫髀思賢，簡拔特縣於中禁。人欽元老，國有長城。恭惟麾下：氣擁玄雲，忠貫白日。六韜變化，師中推長子之貞；三略神奇，圯下受老人之秘。揚威島嶼，曾聞弓掛扶桑；撫定西南，共道名標銅柱。天生爲社稷，安危獨繫一身；帝倚作爪牙，緩急可當大事。邇以邊人不戒，遂使奴虜生心。突掩關門，如入無人之境；盡俘士女，同爲異域之囚。比赴援以窮追，更喪師而辱國。五千深入，嘆李都護之不歸；十萬橫行，惟霍〔八〕驃姚爲可使。王赫斯怒，聽鼛鼓而思將帥之臣；衆皆曰賢，授節鉞而起熊羆之佐。君命召不俟駕矣，豈就道之遲遲？虜未滅無以家爲，何故鄉之戀戀？先聲奪氣，已寒醜虜之心；一鼓成擒，定掃降奴之幕。佇見邊馳露布，預知功上麟圖。某久慕雄名，未親德範。想恂恂大樹之度，徒望旌麾；誦依依楊柳之章，未能祖餞。乃勞飛騎，遠辱長箋。橫槊賦詩，已露英風於筆陣；據鞍草檄，更覘猛氣於戎行。

答柴總戎

充國之在金城，氐羌坐困；定遠之通西域，夷虜來王。嘗聞麾下之英名，不讓古人之方略。久懷大樹，今幸同舟。方初駐乎征軺，乃叠勞乎飛騎。品兼水陸，惠侈玄黃。謹中心而藏，感授餐加璧之雅；誰借手以獻，爲椎牛享士之資。雖曰不恭，庶其無較。

答張參戎

功著北邊，保障重燕山之險；望隆南斗，澄清息桂海之波。側仰英風，眷懷明德。恭惟某官：胸藏黃石，氣擁玄雲。持一劍以答君，心惟許國；散萬金而酬士，義不爲家。惟茲閫外之建牙，實出禁中之拊髀。伏波銅柱，重標五嶺之勛；下瀨弋船，遙奪百蠻之氣。山無鳴鏑，卒可囊弓。周有虎臣，樹廓清于江海；漢開麟閣，旌功伐于旂嘗。應知庭剖虎符，會見肘懸鵲印。某分淺班荆，未睹緩帶輕裘之度；心期傾蓋，徒企乘風破浪之姿。猥辱先施，殊欽高誼。溫詞過于故舊，珍品來自遠方。

答潘內監

某技不逮人，暗難通務。臺班逐隊，幸參鵷鷺於中朝；都下埋輪，未問豺狼於當道。謬辱簡書之寄，來觀江國之風。攬轡登車，殊愧范使君之丰采；繡衣持斧，徒襲暴公子之威名。憂稱塞之未能，幸提携之在望。恭惟門下：誠結主知，才優國計。雲門閶闔，螭頭日近天顏；露濕旌旗，魚鑰時聽宮漏。逮專司于江右，益篤志于公家。征之去尚待來年，曾上章而請罷，何殊鄭監傳圖？陶以寡不可爲國，肯日益以求工，有類江南花石。既爲民而造福，自得天以延禧。某初入封疆，未遑削牘。荷翰貺之遠加，更情文之兼至。省躬自歉，登拜爲慚。

與潘内監

恭惟門下，珥貂貴近，乘鶴清高。日侍袞龍，五色載御爐佳氣；口銜丹鳳，十行承天語傳宣。督陶政于江藩，碧玉金星，奇麗極尚方之奉；總権關於河泊，彩帆畫鷁，委輸供内府之藏。曾請稅以捄荒，何止萬民全活；議去征而爲國，還期千載流芳。某忝竊巡方，幸同封壤。嚮曾聞内外一體之義，惟在同心；即今值商民交困之秋，尚思共濟。甫入疆而繫艇，即命使以投瓊。無德不酬，敢謂隋珠之報；有懷可致，庶幾趙璧之完。

答張真人

秉籙清都，凤仰赤松於霞表；銜書遠道，忽來青鳥於江干。拜手何堪，感懷無既。恭惟門下：真氣誕生，仙源疏派。本支綿衍，歷漢宋以彌昌；世代宗崇，兼天人之位號。家傳舊物，惟餘一劍龍精；帝授靈符，皆是數書鳥迹。雲邊雞犬，人間別有蓬萊；洞口烟霞，方外自成宇宙。一麈白羽，招風雨於握中；半幅丹砂，走雷霆於筆陣。碧冠鳳詔，已膺寵渥於王朝；絳節鸞笙，行見飄飄於天路。某混濁凡胎，塵埃俗物。五千《道德》，不逢柱下之青牛；三册《陰符》，欲訪橋邊之黄石。揭來大國，得望龍盤虎踞之奇；未躡仙巖，遐想鶴舞鸞翔之勝。何期信使，早已飛章。一札輝煌，已作費囊之佩；兼金鄭重，用爲趙璧之完。

校勘記

〔一〕“憲”，據卷首原目録補。

〔二〕“隻”，原作“雙”，據文意改。

〔三〕“卵翼”，原作“卯翼”，據文意改。

〔四〕"仁"，卷首原目録作"二"。

〔五〕"大窾"，原作"大竅"，據《莊子·養生主》改。

〔六〕"礁"，原作"隴"，據文意改。

〔七〕"沐國公"，底本卷首原目録作"黔國公"。

〔八〕"霍"，原作"雲"，據文意改。

啓

與王府元旦

王正啓序，帝震乘權。淑氣方新，盡轉幽陰之景；繁禧伊始，肇開純嘏之祥。恭惟殿下：心通三極，體備四時。地迎紫宸，信得春之獨早；枝分玉牒，知卜曆之偏長。當此青陽獻歲之辰，正是碧殿凝和之會。銀旛綵勝，仗簇東郊；柏酒辛盤，筵開北海。想宮內之和風穆穆[一]，樂化日之舒遲；抑國人之喜色欣欣，幸吾王之遊豫。某快逢佳節，遙祝鴻庥。躋彼公堂，未遂稱觴之願；於以沼沚，敬將獻曝之忱。伏乞海涵，可勝雀忭。

答王府元旦

天迴北斗，春先到於王門；氣轉東皇，光特分於仙苑。愧無善頌，辱及隆施。恭惟殿下：法天行健，與國同休。慶襲璇源，默應璇璣之運；寵分玉牒，益調玉燭之和。宜茲獻歲之辰，愈懋迎陽之祉。乃承睿注，遠逮瓊華。細綺輕羅，侈出在笥之服；辛盤柏酒，遙分內殿之春。謹九頓以登嘉，肅八行而陳謝。伏願益養元和，聿綏新祿。堯天之日舒以長，永歌亨泰；魯侯之福昌而熾，願祝岡陵。

與相公元旦

天地方交，日月啓三陽之泰；君臣相悅，明良協一德之符。

既燮理之宏多，宜休徵之萃集。恭惟某官：心涵三極，道濟八
埏。握斗柄以平四時，陽不愆而陰不伏；代天工而理萬類，民以
皞而物以熙。轉一氣於洪鈞，改太和之宇宙。履端方屆，純嘏畢
來。紫禁春融，先□鳳池之色；蒼精瑞藹，偏生綸閣之華。肇茲
三百六旬待旦，法天之行健；從此二十四考成功，與歲而更新。
某欣值佳辰，彌增結戀。羈棲遠道，難稱柏葉之觴；搜簡枯腸，
未就椒花之頌。念東風之桃李，發生長賴於陽和；望北極之星
辰，旋轉嘗依於台曜。

與督撫元旦

皇建有極，綿萬曆四十二禩之太平；王次於春，開周正三百
六旬之正朔。履端伊始，介祉方新。恭惟某官：道匯三才，身備
四氣。調太虛之元軸，陰不伏而陽不愆；措斯世于春臺，民嘗熙
而物嘗阜。茲者斗柄回寅，青旗出震。乾坤旋轉，覺和風之融
融；日月光華，見卿雲之爛爛。普天偕樂，更紓後樂襟懷；一世
皆春，大廑同春意興。柳條梅蘂，總足關情；竹節桃符，何須隨
俗？福履若陽之方盛，寧言如阜如川；成功與歲而更新，何止計
時計月。某際此芳辰，眷懷台斗。奈浮沉萍迹，難稱柏葉之觴；
而搜簡枯腸，未就椒花之頌。

與督撫元旦

天迴北斗，蒼穹生萬象之華；春滿南州，憲府集百靈之祜。
履端伊始，長發其祥。恭惟某官：心涵造化，德體長人。健法乾
行，每謀新而除舊；和如春靄，獨排凜以進暄。以茲秉鉞之初，
適會改杓之次。萬年卜曆，又當四十八禩之太平；四國承風，且
仰三百六旬之新政。乘陽氣而布令，遵夏正以授時。知幽遐奧
渫，咸耀於光明；將草木群生，皆有以自樂。柳條梅蘂，應舒茂

對之高懷；柏葉椒花，共侈迎年之佳事。某欣逢令節，遥祝純禧。謹將一介之微，用佐五辛之荐。伏願有俶令終，其旋元吉。轉洪鈞于一氣，熙熙登老氏之臺；贊泰階之六符，奕奕過周家之曆。

答督撫元旦

天地之交曰泰，陽德方亨；日月之首曰元，夏時肇建。同春有慶，大賚先頒。恭惟某官：心涵太始，體備元和。昭回萃萬象之精華，文爲經而武爲緯；慘舒調兩儀之化育，物以皞而民以熙。舉三秦并囿於春臺，宜百順攸同於福履。消除氛祲，辟邪何假於桃芰；醖釀陽和，燕飲顧宜夫柏葉。某自憐蓬迹，莫舉椒觴。何期偕樂之仁，遠逮分甘之睨。感則額手，謝未披心。化國之日舒以長，已快睹六符之象；君子之福昌而熾，願早協一德之交。

答督撫元旦

璇衡轉象，頓回宇宙之春；榮戟分輝，大煥江山之色。履端伊始，泰道方亨。恭惟某官：行如天健，德與日新。總百福之原，天獨隆以戩穀；備四時之氣，人偏挹其和風。兹者三微啓運，萬象昭回。幕府樓臺，想春光之駘蕩；轅門簫鼓，知勝事之喧闐。辟邪無假於桃芰，燕豈惟宜夫柏葉。君子之福昌而熾，有俶令終；化國之日舒以長，無物不樂。某欣逢佳節，遥跂清光。驛使一枝，方寄嶺梅之信；江波雙鯉，忽傳尺素之書。

答督撫元旦

紫氣臨關，適值迎春之候；青陽布令，恰符頒政之初。天時人事偕新，世道民生共泰。仰惟某官，德孕天和，心通太始。被温綸於北闕，泰協天地之交；洒甘液於西秦，澤成雷雨之解。扶杖共欣漢詔，吹枯不假鄒生。值獻歲之方新，知履祥之有淑。某椒花有頌，甫馳驛使以將忱；柏葉分甘，忽枉雲箋而損惠。

答直指元旦

恭惟某官：心通三極，化贊兩儀。日居月諸，行健法天之不已；星移物換，成功與歲而更新。茲值桃葦之辰，益戀松椿之祉。如某者宦遊驚物候之新，孤迹結鄉關之思。枯腸簡盡，椒花之賦難成；殘燭燒窮，柏葉之樽堪擲。猥承高雅，不我遐遺。辛盤分推食之仁，蘭簡寫同春之誼。賁嶺雲而生色，煦霜署以知温。無德能名，有衷可鏤。章江綿邈，此心同流水之長；滕閣清虛，何日坐春風之側？

答鈔關元旦

玄律告終，青陽載啓。梅催寒盡，迎淑氣以飛香；柳帶春來，映晴光而吐秀。對此融融之景，能無脉脉之思。辱惠瑤函，祇承佳貺。持將貰酒，足忝柏葉之觴；欲贈報章，奈乏椒花之筆。

復司道元旦

天迴北斗，春滿南州。新宇宙之風光，麗江山之物色。眷茲佳節，注及同人。焕乎有章，映卿雲而競爛；藹然在念，賁霜署以知温。感之難忘，懷哉曷已。所願與物同熙，乘陽行令。政比春風之穆，民遊化日之長。其為提攜，尤深慰藉。

答督撫上元

良霄三五，天開佳勝之辰；斗酒十千，人醉太平之月。萬山燈火，鬪子夜之風光；九陌笙歌，喧午橋之士女。彩色與天光並爛，晴雲逐香霧同飛。眷兹佳景，空負賞心。宦邸蕭條，獨有琴書爲伴；旅情寥落，誰將簫管同遊？何意高情，忽承偕樂。散銀花於小院，巧奪天工；酌玉斝於寒齋，温生春意。深幸續卜夜之歡，所愧乏投瓊之報。

與王府端陽

蕤賓應律，炎后司衡。日方中以向離，適象昭融之祉；陽得令而居夏，還舒茂對之懷。樂事駢臻，良辰燕喜。恭惟殿下：襲萬年之慶，備四時之和。揮玉調弦，鼓薰風而解愠；範金象鼎，懸夏日以祛邪。值兹重午之辰，益迓方申之眷。浴盤有警，何須九畹之蘭；卜世無疆，久蓄三年之艾。榴花炤夜，想西園之宴方酣；薄酒如澠，知北海之樽嘗滿。某欣逢令節，未曳長裾。三沐三薰，聊采溪毛而荐信；一絲一縷，願膺遐祉以徵年。

與王府端陽

天數有五，惟離位之居中；日象爲陽，在大夏而得令。節應亨通之候，福叶昌熾之占。恭惟殿下：皇穆無間，昭明有融。南風之薰，應朱弦而阜物；夏日可畏，苦炎景之麗天。雖罔逸于遊觀，亦乘時而茂對。乃者律屬蕤賓，辰逢重午。梅霖乍歇，徹玉宇以生涼；榴火爭飛，映丹罳而炫采。梟厨凤戒，殽分漢殿之羞；蒲酒盈樽，座設楚筵之體。萬靈呵護，辟兵無假于丹砂；百禄駢臻，續命何須夫綵縷。惟有浴蘭紉蕙，懷南國之佳人；且須切玉包金，引西園之上客。某味同菖歜，迹比匏瓜。攀叢桂於淮南，莫問綠雲高躅；泛龍槎於旴水，難依銀渚仙標。

與王府端陽

炎后司衡，蕤賓應律。蕢開五葉，良辰喜值天中；艾結千門，樂事喧傳王國。恭惟殿下：德與時增，福如陽盛。芳原遠播，何須新沐蘭湯；愠已咸舒，不待重揮玉軫。吳羅蜀扇，賜出尚方；羌笛秦箏，宴開清邸。天和方盎，觴浮九節之蒲；鶴算無疆，命續五絲之縷。某遙羈匏迹，悵隔醴筵。敬將一介之忱，用祝千秋之祉。

答王府端陽

炎景方長，薰風應候。冀開五葉，天時正值天中；艾結千門，人事歡同人意。辱頒大賚，深荷鴻施。恭惟殿下：度弘寬裕，福備昭融。風動朱弦，卓物每思夫解愠；雲飛彩鷁，懷賢獨切於投沙。西園之飲宴方酣，北海之樽罍嘗滿。乃懷偕樂，遠暢隆儀。接賓札之輝煌，不假辟兵之籙；藏珍綺而披服，何須續命之絲。

與督撫端陽

日麗中天，重午炳離明之象；風清西塞，三秦協泰定之符。慶與時臻，道因陽□。恭惟某官：夏鼎辨奸，虞弦解愠。艾三年而預畜，久□醫國之方；絲五色以嘗縈，自得延年之術。蘭湯新浴，艾虎高懸。羽扇一揮，用蔽元規之污；龍舟競渡，還招屈子之魂。手握靈符，民物之氛祲盡辟；心涵造化，陰陽之沴伏全消。某快睹昌辰，知延茂祉。匏瓜空繫，難稱北海之觴；蒲黍蕭將，聊效東方之獻。

答督撫端陽

節臨重午，陽司大夏之衡；訊往兼金，惠拜同人之貺。頻沾寵渥，倍切歡悰。恭惟某官：焀並離明，行維亨吉。納群生於壽域，人懷續命之絲；奠四塞於覆盆，家執辟兵之契。虞弦解愠，重看薰入南風；夏鼎袪邪，無復妖呈白日。畜艾久思醫國，沐蘭快睹彈冠。當此燕喜之辰，乃辱瑤函之賜。包金切玉，幸分九子之甘；細綺輕羅，莫致七襄之報。

答督撫端陽

時臨地臘，序應中天。艾結千門，燕喜同歡于競渡；蘭滋九畹，沐芳新睹夫振衣。眷念同人，乃來大賚。恭惟某官：文明離炳，德澤解融。贊翊玄功，陽不愆而陰不伏；煦濡庶類，民若皡而物若熙。醫國豫畜艾之方，戀主結傾葵之悰。兵銷不試，何須配辟兵之符；財裕無窮，不用鼓阜財之曲。值茲令節，益邑宏禧。蒲葉浮樽，載集清閒之宴；榴花焰席，應舒茂對之懷。猥辱解推，特頒翰貺。輕羅細綺，既佩拂乎薰風；切玉包金，且分甘于珍品。感深刊骨，報未成章。天一方未得相從，徒挹蘭分而難近；夏之日有懷獨永，更隨綵縷以娛長。

與直指端陽

日逢夏午，普揚離焰之輝；節屆天中，茂衍亨嘉之祉。化因道洽，慶以時行。恭惟某官：忠傾葵赤，節紉蘭芳。銷氛祲於無餘，不借揮麈之羽；握靈根於既固，何須續命之絲。愠盡解於南薰，澤遍流於西土。會逢佳節，益邑弘襟。焰夜榴花，偏映投醪之席；迎風艾葉，獨光列戟之門。雖君子與民同之，惟賢者而後樂此。某自慚蚑迹，莫獻蒲樽。切玉包金，敢擬芳筵之荐；采蘋烹藻，聊將野曝之忱。

與王府中秋

秋色平分，好景全歸上國；月華普焰，清光偏在王家。欣值良宵，益膺多福。恭惟殿下：秀毓銀潢，清涵玉鑑。揮毫作賦，平臺多翰墨之英；秉燭夜遊，西院集簪裾之盛。想瓊樓玉宇，高處寒多；況桂殿冰輪，飛來香滿。轉盈盈之皓魄，水洗山河；降冉冉之素娥，雲流環珮。危欄遍倚，聽千家砧杵之聲；良夜歡娛，奏一曲霓裳之調。賞心樂事，天上人間。某四牡方馳，未奉南樓之宴；千秋有願，聊陳北海之觴。

答王府中秋

秋色平分，月華正滿。一年佳景，天當澄爽之期；午夜清光，人慶團圞之炤。獨此塵鞅之勞擾，其如風氣之蕭森。關山淚落于胡笳，庭樹情憐夫烏鵲。悲秋作賦，徒軫騷客之離憂；望月銜杯，殊乏謫仙之雅況。乃承殿下垂情偕樂，遠逮宏施。瑤札翩翩，信自兔華擷下；香風習習，知隨桂魄飛來。想宴樂于西園，徒有夢魂得到；望清輝於北斗，恨無羽翼相從。

與督撫中秋

桂闕香浮，獨麗一年之景；轅門瑞靄，遙分兩地之光。節慶良宵，忱將下悃。恭惟某官：靈涵玉宇，炤普金天。造品崇隆，高出塵埃世界；積功圓滿，補完缺陷山河。搗盡玄霜，自得長年之藥；移來丹桂，還看奕葉之華。福如月以嘗盈，文似秋而垂實。碧天涼夜，應開北海之樽；皓魄重輪，益暢南樓之興。某得挹末光，幸分鄰壁。澄輝在望，真同近水樓臺；清影堪依，自比遶枝烏鵲。僭通雙鯉，敬佐一觴。太平有象，喜家家户户同樂今宵；景福無疆，願歲歲年年嘗如此日。

與督撫中秋

玉律司中，金風薦爽。香生桂殿，平分天地之秋；光滿瑤臺，普運華夷之炤。欣逢佳節，遙挹清輝。恭惟某官：氣凛秋空，心瑩月朗。綢繆牖戶，補完缺陷之河山；掃蕩烽烟，成就清明之宇宙。每乘時而行令，還對景以舒懷。值此良宵，彌增佳眖。挹蟾光而遠眺，興不減於庾樓；擷兔穎以揮毫，調應工於謝賦。莫問廣寒宮裏，自飄飄欲挾飛仙；不須天柱峰頭，已矯矯俯凌塵世。某幸分餘炤，恨隔重雲。北斗遙瞻，蓬迹若淹於邊塞；南枝空遶，烏棲恨阻於檐枝。薄將斷瓠之微忱，聊佐飛觴之宴樂。

答督撫中秋

天涯節序，又逢搖落之期；塞上風光，共仰廓清之烈。多儀賁錫，令節同歡。恭惟某官：心徹冰壺，手調玉燭。虛涵萬象，納山河於靈臺一寸之中；明炤群生，攝民物於寶鑑千層之內。喜值良宵，益舒佳眖。桂宮虛敞，方升東海之輝；憲府清涼，正集南樓之宴。樂願同□一世，福永卜于千秋。某作客經年，逢秋兩度。金風蕭颯，重生宋玉之悲；玉魄團圞，再識嫦娥之面。政懷梁月，忽捐瓊瑤。分沆瀣於仙盤，頓消病肺；竊廣寒之靈藥，願駐修齡。

答鈔關中秋

秋氣凄清，月華圓滿。憑欄望遠，遙思逸興庾樓；把酒問天，自悵孤吟滕閣。想吾廬三徑，空欲乘風；嘆烏鵲一枝，何能振翼。似此旅懷之落落，其如良夜之厭厭。辱損雲箋，惠來冰署。況又授湌而加璧，真是投桃以報瓊。流影入懷，願寄愁思於明月；分輝炤壁，還期佳信於清風。草草勒詞，殷殷致謝。

與王府重九

序屬三秋，節逢九日。霜飛紫塞，輕寒不入深宮；菊滿芳平臺多翰墨之英；秉燭夜遊，西院集簪裾之盛。想瓊樓玉宇，高處寒多；況桂殿冰輪，飛來香滿。轉盈盈之皓魄，水洗山河；降冉冉之素娥，雲流環珮。危欄遍倚，聽千家砧杵之聲；良夜歡娛，奏一曲霓裳之調。賞心樂事，天上人間。某四牡方馳，未奉南樓之宴；千秋有願，聊陳北海之觴。

答王府中秋

秋色平分，月華正滿。一年佳景，天當澄爽之期；午夜清光，人慶團圞之炤。獨此塵鞅之勞擾，其如風氣之蕭森。關山淚落于胡笳，庭樹情憐夫烏鵲。悲秋作賦，徒軫騷客之離憂；望月銜杯，殊乏謫仙之雅況。乃承殿下垂情偕樂，遠逮宏施。瑤札翩翩，信自兔華擷下；香風習習，知隨桂魄飛來。想宴樂于西園，徒有夢魂得到；望清輝於北斗，恨無羽翼相從。

與督撫中秋

桂闕香浮，獨麗一年之景；轅門瑞靄，遙分兩地之光。節慶良宵，忱將下悃。恭惟某官：靈涵玉宇，炤普金天。造品崇隆，高出塵埃世界；積功圓滿，補完缺陷山河。搗盡玄霜，自得長年之藥；移來丹桂，還看奕葉之華。福如月以嘗盈，文似秋而垂實。碧天涼夜，應開北海之樽；皓魄重輪，益暢南樓之興。某得挹末光，幸分鄰壁。澄輝在望，真同近水樓臺；清影堪依，自比遶枝烏鵲。僭通雙鯉，敬佐一觴。太平有象，喜家家户户同樂今宵；景福無疆，願歲歲年年嘗如此日。

與督撫中秋

玉律司中，金風薦爽。香生桂殿，平分天地之秋；光滿瑤臺，普運華夷之炤。欣逢佳節，遙把清輝。恭惟某官：氣凜秋空，心瑩月朗。綢繆牖户，補完缺陷之河山；掃蕩烽烟，成就清明之宇宙。每乘時而行令，還對景以舒懷。值此良宵，彌增佳覜。挹蟾光而遠眺，興不減於庾樓；攈兔穎以揮毫，調應工於謝賦。莫問廣寒宫裏，自飄飄欲挾飛仙；不須天柱峰頭，已矯矯俯凌塵世。某幸分餘炤，悵隔重雲。北斗遥瞻，蓬迹若淹於邊塞；南枝空遠，烏棲恨阻於檐枝。薄將斷瓠之微忱，聊佐飛觴之宴樂。

答督撫中秋

天涯節序，又逢摇落之期；塞上風光，共仰廓清之烈。多儀貫錫，令節同歡。恭惟某官：心徹冰壺，手調玉燭。虚涵萬象，納山河於靈臺一寸之中；明炤群生，攝民物於寶鑑千層之内。喜值良宵，益舒佳覜。桂宫虚敞，方升東海之輝；憲府清凉，正集南樓之宴。樂願同□一世，福永卜于千秋。某作客經年，逢秋兩度。金風蕭颯，重生宋玉之悲；玉魄團圞，再識嫦娥之面。政懷梁月，忽損瓊瑶。分沆瀣於仙盤，頓消病肺；竊廣寒之靈藥，願駐修齡。

答鈔關中秋

秋氣凄清，月華圓滿。憑欄望遠，遥思逸興庾樓；把酒問天，自悵孤吟滕閣。想吾廬三徑，空欲乘風；嘆烏鵲一枝，何能振翼。似此旅懷之落落，其如良夜之厭厭。辱損雲箋，惠來冰署。況又授飡而加璧，真是投桃以報瓊。流影入懷，願寄愁思於明月；分輝炤壁，還期佳信於清風。草草勒詞，殷殷致謝。

與王府重九

序屬三秋，節逢九日。霜飛紫塞，輕寒不入深宫；菊滿芳平臺多翰墨之英；秉燭夜遊，西院集簪裾之盛。想瓊樓玉宇，高處寒多；況桂殿冰輪，飛來香滿。轉盈盈之皓魄，水洗山河；降冉冉之素娥，雲流環珮。危欄遍倚，聽千家砧杵之聲；良夜歡娛，奏一曲霓裳之調。賞心樂事，天上人間。某四牡方馳，未奉南樓之宴；千秋有願，聊陳北海之觴。

答王府中秋

秋色平分，月華正滿。一年佳景，天當澄爽之期；午夜清光，人慶團圞之炤。獨此塵鞅之勞擾，其如風氣之蕭森。關山淚落于胡笳，庭樹情憐夫烏鵲。悲秋作賦，徒軫騷客之離憂；望月銜杯，殊乏謫仙之雅況。乃承殿下垂情偕樂，遠逮宏施。瑤札翩翩，信自兔華擷下；香風習習，知隨桂魄飛來。想宴樂于西園，徒有夢魂得到；望清輝於北斗，恨無羽翼相從。

與督撫中秋

桂闕香浮，獨麗一年之景；轅門瑞靄，遙分兩地之光。節慶良宵，忱將下悃。恭惟某官：靈涵玉宇，炤普金天。造品崇隆，高出塵埃世界；積功圓滿，補完缺陷山河。搗盡玄霜，自得長年之藥；移來丹桂，還看奕葉之華。福如月以嘗盈，文似秋而垂實。碧天涼夜，應開北海之樽；皓魄重輪，益暢南樓之興。某得挹末光，幸分鄰壁。澄輝在望，真同近水樓臺；清影堪依，自比遶枝烏鵲。僭通雙鯉，敬佐一觴。太平有象，喜家家戶戶同樂今宵；景福無疆，願歲歲年年嘗如此日。

與督撫中秋

玉律司中，金風薦爽。香生桂殿，平分天地之秋；光滿瑤臺，普運華夷之炤。欣逢佳節，遙挹清輝。恭惟某官：氣凜秋空，心瑩月朗。綢繆牖户，補完缺陷之河山；掃蕩烽烟，成就清明之宇宙。每乘時而行令，還對景以舒懷。值此良宵，彌增佳覜。挹蟾光而遠眺，興不減於庾樓；擷兔穎以揮毫，調應工於謝賦。莫問廣寒宮裏，自飄飄欲挾飛仙；不須天柱峰頭，已矯矯俯凌塵世。某幸分餘焰，恨隔重雲。北斗遥瞻，蓬迹若淹於邊塞；南枝空遠，烏棲恨阻於檐枝。薄將斷瓠之微忱，聊佐飛觴之宴樂。

答督撫中秋

天涯節序，又逢摇落之期；塞上風光，共仰廓清之烈。多儀賁錫，令節同歡。恭惟某官：心徹冰壺，手調玉燭。虛涵萬象，納山河於靈臺一寸之中；明焴群生，攝民物於寶鑑千層之内。喜值良宵，益舒佳覜。桂宮虛敞，方升東海之輝；憲府清凉，正集南樓之宴。樂願同□一世，福永卜于千秋。某作客經年，逢秋兩度。金風蕭颯，重生宋玉之悲；玉魄團圞，再識嫦娥之面。政懷梁月，忽損瓊瑶。分沆瀣於仙盤，頓消病肺；竊廣寒之靈藥，願駐修齡。

答鈔關中秋

秋氣凄清，月華圓滿。憑欄望遠，遥思逸興庾樓；把酒問天，自悵孤吟滕閣。想吾廬三徑，空欲乘風；嘆烏鵲一枝，何能振翼。似此旅懷之落落，其如良夜之厭厭。辱損雲箋，惠來冰署。況又授飱而加璧，真是投桃以報瓊。流影入懷，願寄愁思於明月；分輝焴壁，還期佳信於清風。草草勒詞，殷殷致謝。

與王府重九

序屬三秋，節逢九日。霜飛紫塞，輕寒不入深宮；菊滿芳

圍，佳景偏歸上國。何期飛翰，遠及征人。恭惟殿下：斂時五
福，慶合千秋。飲沆瀣於金莖，不用濃醅綠蟻；挺葳蕤於玉葉，
何須爛熳黃花。賓客如雲，豈少龍山之落帽；車旌相望，應追滕
閣之鳴鸞。將國人相告以欣然，惟賢者而後能樂此。某乍違睿
範，未捧□□。□承珍賜之從天，至使蹐窮而無地。登高望遠，
徒瞻佳氣於瓊樓；拜手陳詞，願祝繁禧於玉履。

與督撫重九

序屬杪秋，日逢重九。霜前白雁，衝寒吹以遄征；籬下黃
花，殿群芳而擢秀。天開佳節，人慶良辰。恭惟某官：清澄玉
露，峻挺金莖。采菊陶園，偏愛南山佳氣；賜茱漢殿，先承北闕
恩光。當此九扈咸登，懷抱益舒於偕樂；況值四郊無壘，登臨豈
假以銷憂。遠追颷館之勝遊，再續龍山之佳會。賓筵方秩，羞談
落帽風流；氛祲全銷，何用佩囊仙術。某羈迹異鄉，眷言遐念。
顧茲搖落，獨深杜老之悲秋；酌波行潦，敢效江州之送酒。

答督撫重九

兌秋告暮，商律迎寒。日月如流，節序俄驚吹帽；驅馳良
苦，風霜尚未授衣。對素景以興懷，撫芳辰而增慨。籬邊菊老，
空憐思發花前；天外鴻飛，自嘆人歸雁後。芄野之長征未已，龍
山之高會成虛。送酒何人，豈有白衣剝啄；插茱無意，任從烏帽
欹斜。乃承某官，樂與人同，賜從天降。殷殷雅惠，較湛露以尤
濃；燁燁瑤華，視芳英而倍燦。受當百拜，敢云還璧而留食；懷
切三秋，只有登高而望遠。

與王府長至

天開於子，喜圭景之迎長；道長乎陽，卜璇宮之介祉。蓋大

來乘夫剥極，復其見天地之心；而有俶啓于令終，益乃如岡陵之象。葆天和既閉關而養息，憂民事還望景以占年。絲縷初增，閑玩五紋之刺繡；吹嘘乍暖，微調六管之浮灰。美矣芳辰，休哉豫慶。某芹曝初將夫獻□，瑶函忽逮以承筐。感則同冬日之溫，報未致秋毫之末。

答王府長至

恭惟殿下：中含元氣，復見天心。采絢銀潢，倬彼魯雲之瑞；光融璇室，熙然趙日之溫。值圭景之迎長，政鴻禧之洊至。葭飛鄒律，調鳳筒以嘘和；雪滿梁園，攄兔毫而攄賦。哀時之對，與國同休。某獻曝方陳，投瓊遽逮。寒灰乍泠，喜逢睿藻之如春；襪綫難長，幸借宮紋之半刺。感而百頓，謝附一言。伏願德比陽剛，惜寸陰於禹晷；福如日至，綿百禄於周宗。

與督撫長至

周正應候，軒紀得天。曉奏觀臺，蒼籙紀五雲之瑞；□回宮壁，洪鈞轉一氣之和。是維介人，克膺繁祉。恭惟某官：識參元化，體備中和。德如冬日之溫，道見天心之復。扶持善類，使陽氣之嘗亨；遏塞宵人，俾陰邪之盡伏。值此迎長之景，可知開泰之徵。某方修獻履，忽枉承筐。質比枯荄，屢費吹嘘之力；心同弱綫，嘗牽絲縷之衷。惟願斡旋回宇宙之春，不假鄒生之律；感召致禎祥之慶，嘗符太史之占。

答督撫長至

圭表測長，轉淑光於亞歲；璇臺占瑞，書嘉采於五雲。遥知百禄之遒，會于一陽之復。恭惟某官：才蓋八紘，道涵三統。觀乾坤之會，既獨復以亨陽；握臨泰之機，更朋來而引物。遠寄梅花之信，真同葭管之春。某添窮愁之一綫，冷獨閉關；拜蕃錫之兼函，溫如挾纊。

復司道長至

三正肇始，七日開元。時占陽德之亨，復啓天心之泰。際斯嘉節，宜有繁禧。某心比寒灰，處同幽谷。瞻天北極，無從瑞紀五雲；滯迹南州，祇有愁添一綫。聊自閉關而偃息，可能吹律以生和。忽逢驛使之梅，陡動葭筒之黍。詞同春暖，情與景長。

校勘記

〔一〕“穆穆”，字迹漫漶，參考後文《復司道元旦》、卷十二《答黃與參閩撫》辨識。

啓

壽益王

天潢疏派，共推磐石之宗；皇覽揆初，茂衍靈椿之□。歡均纓弁，慶集宮庭。恭惟殿下：地重親賢，德隆藩翰。漢皇孫子，龍種自與人殊；周室本支，麟趾知爲國瑞。丕膺純嘏，誕降嘉辰。暐燁祥光，瞻南極老人之宵見；鬱葱佳氣，繞西園公子之夜遊。擘麟脯以爲饎，欲借麻姑之爪；待蟠桃之結實，還陪王母之觴。聽華封之祝有三，多多益善；翼今皇之曆維萬，永永無疆。蓋惟宜君而宜王，是以得名而得壽。某遥趿璇題，阻陪珠履。獻南山之頌，象取臺萊；佐北海之樽，忱將蘋藻。

壽益王

恭惟殿下，發祥帝胄，疏派仙源。克明克類克君，備配命凝休之德；去太去奢去甚，握長生久視之根。福與年而俱增，如川方至；壽始升而未艾，若月之恒。頃當朱芾之辰，愈衍箕疇之祉。椿榮南國，從知八百歲爲春，八百歲爲秋；桃薦西池，應是三千年而花，三千年而實。人歌以遊而以豫，天錫俾熾以俾昌。某欣逢嶽誕，敬采溪毛。愧此涓忱，莫效千齡之祝；恭承嘉惠，過煩九鼎之頌。沐銀漢之恩波，魚鳧起舞；舐金丹之寶氣，雞犬欲仙。

壽方中涵相公從哲

五百年而名世，有開合德之符；八千歲以爲秋，願馨長生之祝。壽曜高懸於南極，祥輝近映於北辰。樂事駢闐，歡聲環匝。恭惟某官：稟天地中和之氣，膺聖賢亨泰之期。非仁義則不陳，孚一德一心之契；安社稷以爲悅，圖卜年卜世之休。正帝眷之方隆，宜天心之助順。時維華誕，序應長庚。方啓中秋之令旦，正天人鼎盛之時；況逢聖作之昌期，尤君臣泰交之會。階符同耀，拱宸極以嘗尊；神岳比崇，鎮坤維而益固。祿壽名備人間之完福，齒德爵稱天下之達尊。某猥以周咨，羈於江介。望公孫之賓閣，莫遂稱觴；歌史克之頌詩，祇陳削牘。壽命長矣，茀祿康矣，百僚矢召奭之音；元首明哉，股肱良哉，千載賡皋陶之什。

壽李旭山總憲誌

鴻禧天錫，箕疇協五福之占；鶴算日升，華祝效千齡之頌。簪紳喜溢，黎庶歡騰。恭惟某官：神降生申，精符應昴。手扶日月，奠萬曆之靈長；氣轉乾坤，躋八荒於仁壽。望崇曳履，慶集懸弧。南極呈祥，紫氣映霜天而曉燦；西池獻瑞，青鸞帶日影以朝飛。惟大德必得壽而得名，肆天錫且俾昌而俾福。某幸值華辰，喜同燕賀。驅馳遠道，難稱祈祝之觴；濡削素箋，敬寫瞻依之臆。伏願益養元和，永綏後祿。作朋三壽，鼎鉉調燮，克綿寶籙億千；隸籍群仙，蓬島遨游，嘗住瓊樓十二。

壽劉定宇固原總制

仗鉞策勳，身繫安危之重；懸弧紀瑞，時迎福履之初。合萬姓以同歡，祝千秋而未已。恭惟某官：扶輿間氣，河岳精靈。學鳳貫乎天人，才兼綜乎文武。齒德爵稱天下之達尊，祿名壽備人間之完福。維茲穀旦，實應郊媒。豪傑信非偶然，必五百年而始出；春秋豈曰儵爾，將八千歲以爲期。駐顏無假于丹砂，過道何求于具茨。九宮山下，敞群仙荐壽之筵；五色雲中，擁王母傳書之使。曰耄曰耋曰期頤，自今伊始；如岡如陵如川至，以莫不增。順乾坤之紀以方長，佐日月之光而未艾。某自慚羈旅，未側賓筵。敬羞澗藻之微，用代兕觥之祝。伏願壽國壽民，茂衍千齡之遐祉；卜年卜世，永翊萬曆之靈長。

壽李龍峰秦撫楠

恭惟某官，靈鍾降嶽，瑞集懸弧。八百歲以爲春，式衍莊生之頌；三千年而結實，重來王母之書。既得位以得名，將壽民而壽國。某遥羈叱馭，莫遂稱觴。仰南極之祥輝，身遊壽域；望西方之佳氣，情繫賓筵。薄將溪澗之毛，用代岡陵之祝。作朋佐命，長依日月之光；舐鼎得仙，深切雲霄之望。

壽錢浩川虞撫桓

天開於子，祥符望景之占；嶽降生申，瑞紀揆初之慶。祝千秋而未艾，合萬姓以同歡。恭惟某官：體備中和，運逢亨泰。手扶日月，翊萬曆之靈長；氣轉洪鈞，躋八荒於壽域。既得名而得位，且俾壽以俾臧。茲惟懸矢之長，政是飛葭之候。影移蒼陸，舒化日於虞階；氣應黄鍾，襲融風於蓬島。某會逢華誕，倍切歡悰。敢稱北海之觴，用效南山之祝。登龍沙而引眺，擬共拍洪崖之肩；擘麟脯以爲羞，或可借麻姑之爪。預除塵榻，仰候先旌。

壽彭嵩螺四川直指端吾

塵清攬轡，肅風紀於西川；瑞集懸弧，現祥光於南極。人心胥悦，天佑彌隆。恭惟某官：質本星精，身參元化。五百年而會合，誕鍾嵩岳之神；八千歲爲春秋，迥邁彭籛之算。屆茲穀旦，適值挩初。日方中以向離，喜□昭明之象；陽得令而居夏，政符鼎盛之年。將俾熾以俾昌，且壽民而壽國。丹砂玄牝，何須求永命之方；蓬島瑤池，久矣注長生之籙。某身羈匏繫，恨難稱北海之觴；筆謝花生，愧莫效南山之頌。薄言沼沚，代禱岡陵。絲繁綵縷，願一絲一歲以徵年；祝比封人，敢三祝三多而獻壽。

壽吉獻丹甘肅直指人

天地之大德曰生，用造萬靈之命；人世之至樂者壽，宜居五福之先。肆直挩初，必徵荐祉。恭惟某官：扶輿間氣，宇宙完人。知性知天，抱立命修身之學；去太去甚，握長生久視之根。正春秋鼎盛之時，佐日月中天之運。詩嘉未老，方任四國之經營；莊咏大年，初啓八千之歲月。羨南極老人之再見，想西王使者之重來。樂只萬年，且壽民而壽國；華封三祝，祈多福以多男。看他時鼎鉉作朋，皤皤稱黃髮之老；迨百歲崆峒同道，飄飄與赤松而遊。某欣逢穀旦，莫奉瑤觴。敢借不腆之將，用祝無疆之壽。淮南雞犬，得沾餚鼎之餘榮；海上蓬萊，願與添籌之勝會。

答吉獻丹回壽

壽域宏開，方效無疆之祝；瑤函寵貺，猥承有爛之施。餚鼎分榮，投桃翻愧。恭惟某官：生鍾間氣，道契真源。爲國龍光，已播萬年之頌；躋民仁壽，願登三代之隆。喜逢弧矢之辰，益茂椿松之祉。如川如阜，慶人世之得全；俾熾俾昌，知天錫以難老。某迹羈叱馭，情阻摳衣。酌彼行潦，愧乏祈年之大斗；投來腆貺，遙分益算之仙丹。

答督撫賀生

歲月浮生，愧韶華之虛度；雲霄高誼，荷鼎貺之遙頒。百朋未喻豐隆，一介敢云稱塞。恭惟某官：德體一元，心周萬彙。躋斯民於壽域，熙熙登老氏之臺；翊國祚於靈長，奕奕過周家之曆。凡在生成之下，俱無夭札之虞。即以小年，亦歸大造。顧念某人本蓬樞桑戶，生而弧矢空懸；質同樗散蒲輕，惜矣斧斤自伐。年垂不惑，猶然汶汶無聞；日已向中，尚爾悠悠不學。鄙哉亦何足算，壯也已不如人。逢茲初度之辰，轉切後艱之懼。猥承慈注，軫及微生。華札輝煌，不數鸞書寶錄；精鏐璀璨，何須玉粒丹砂。感惟有骨可刊，佩則沒齒無斁。

答督撫賀生

伏念某駢枝剩物，擁腫微材。生也懸弧，空有四方之志；少而不學，枉虛初日之光。將四十以無聞，嘆半生之漫度。犬馬之齒已長，回憐隙裏青春；蒲柳之質先凋，早見鏡中白髮。況倚門腸斷，憂劉日之西斜；陟岵心驚，指狄雲而北望。當此揆初之候，益增旅客之思。恭惟某官：德盛好生，至人育物。人莫不欲壽，普其錫壽之思；愛之欲其生，畀以嘉生之貺。光分瑤札，疑從青鳥銜來；寵益精鏐，不數丹砂鍊出。感當次骨，謝不宣心。投之以瓊瑤，尚有稽於李報；生我者藥石，更跂望乎周行。

答督撫賀生

某潦倒浮生，支離棄物。蹉跎老大，愧無一事如人；荏苒居諸，真是半生虛度。朝來攬鏡，憐潘令之頭顱；靜裏撫膺，嘆劉郎之髀肉。百年鼎鼎，其如歲月難留；四牡駪駪，奈此風塵易老。況白雲在望，徒勞陟岵之□；而青鳥難逢，莫問瑤池之信。

揆初將屆，旅思彌增。推大德之好生，眷雌辰而損貺。錫之金簡，何殊寶籙雲符；飲以瓊漿，不數丹砂火棗。陳人增色，霜署知溫。從此未盡之年，總是感恩之日。

答鈔關賀生

王正啓序，皇覽揆初。計男子懸弧之辰，逾古人強仕之日。歲華冉冉，曾一瞬之難留；少壯悠悠，嘆半生之易擲。蹉跎白髮，引鏡而脉脉自憐；荏苒青春，撫髀而潸潸出涕。況百憂之交集，致五內之如焚。藥餌關心，已厭風塵之苦；林泉入夢，將尋猿鶴之盟。倘偷安於大塊之勞，或久全其不才之質。詎意好生之大德，及於虛度之小年。錫以駢蓄，曲爲引翼。躋之於壽，固已窺君子之心；愛之欲生，敢不拜仁人之賜。

復司道賀生

不佞大塊勞人，兩間剩物。空懸弧矢，經營未效於四方；枉費居諸，荏苒已迫於中歲。笑瓠堅之無用，枵爾形骸；愧樗散之苟全，偃然視息。二毛增感，每虞蒲鬢先秋；百病交侵，未有松徵入夢。嘆百年有幾，空憐少壯悠悠；四十無聞，真是浮生碌碌。生時逢初度，益動深懷。猥辱好生之仁，遠惠引年之貺。瑤華鄭重，已足當續命之符；珍錯繽紛，恐愈增美疢之疾。

謝　婚

恭惟盟契百年，好諧二姓。長絲久繫，特煩柯斧之求；喬木可依，喜遂蔦蘿之托。天作之合，人定厥祥。蘋蘩有賴於宗祧，琴瑟式調於淑女。知令愛賦姿婉娈，自符鳴鳳之占；奈小兒稟性顓蒙，未卜乘龍之器。重荷千金之諾，愧無雙璧之儀。依依有爛之光，遙瞻燕喜；耿耿未將之敬，肅荐芹私。

啓

行取謝王霽宇制院象乾

竊念某西鄙豎儒，南輔下吏。仕而後學，方抱懼于操刀；少不如人，敢妄期于脫穎？勞雖鞅掌，祇泊泊于風塵；拙自守株，亦悠悠于歲月。誠恐匏瓜于繫，空成抱蔓之羞；所冀升斗堪憐，能解固鱗之厄。不有雲霄之引手，寧生羽翼以翻飛？伏遇某官：生成大德，吐握定懷。賞善如驚，旌片言于堂下；使人以器，收三語於幕中。自惟爨後之餘，亦備藥籠之選。取材不棄，飾朽斷以丹鉛；澤物無心，滋枯荄之雨露。遂使庸庸之下品，得參濟濟以同升。還念致身之自，敢忘成吾之恩？惟求無玷於官箴，或不仰慚乎知遇。顧今人情愈變，時事日非。天聽彌高，真若雷霆鬼神之莫測；民心難保，時有水旱盜賊之深憂。廟堂聚訟之夫，漸成蜀洛牛李之釁；山林隱逸之彥，高標顧厨俊及之名。看此時當局如弈棋，方爭持于黑白；恐他年在野有龍戰，將貽禍于玄黃。念茲耿耿而有懷，奈此區區其何補？惟明公精忠勁節，舉朝推社稷之臣；願及時秉軸握衡，天下荷清平之賜。某嘗得趨承劍履，近山斗之光華；參畫箸籌，佐蒭蕘之末議。則所爲瘝瘵矢之，而且暮遇之者也。薄陳一介，上候九如。愧沼沚之微，難言明信；祈海天之大，不却涓埃。

行取謝王柱石撫院國

五百年有名世，身繫天下之安危；方千里惟王畿，任重朝廷之屏翰。仰澄清之憲度，察吏惟明；何吐握之休容，使人以器？濫膺徵選，總屬裁培。額手難承，嘔心曷罄。恭惟某官：道直以方，氣剛而大。出風之雅，昭回日月之文章；左有右宜，整頓乾坤之事業。自司執法，大著風猷。雖與累累若若之儔比肩而事主，實抱蹇蹇諤諤之節獨立而敢言。耻君不及堯舜，非道不陳於前；許身自比伊周，在廷無出其右。共知藜藿之不采，熟如松柏之後凋。蓋招之不來而麾之不去，古惟社稷之臣；乃衆醉獨醒而衆濁獨清，今鮮公忠之匹。踐更藩臬者幾省，每留南國之棠；恐優林壑來數年，不見東山之履迹。久協輿望，特簡帝心。謂畿南乃天子股肱，爲九牧四方之極；而河北又京師戶牖，統三關六郡之雄。非重臣節鉞難加，必明公鎖鑰乃可。其自渤海以外，宣雲以內，皆屬紀綱；凡若一命而上，方岳而下，總歸震疊。入境即問民疾苦，置赤子襁抱之中；下車先察吏貪廉，使墨夫解綬而去。議兵議餉，心以謀國而嘗丹；請賑請蠲，髮爲憂民而半白。遂使郊圻之地，屹如磐石之安。尋榮誓誥於丹書，終流芳徽於青簡。某駑足難鞭，鉛刀鮮割。刑名未學，徒紊亂乎三章；簿領空勞，亦虛繫乎五斗。方懼千夫譴黜，乃徵惠於生成。借絢飾于溝中，忘其朽斷；賞枯音於爨後，被以宮弦。遂使樸樕之散材，得同如茅而彙進。想大人篤憐材之意，豈誠責報於將來；而下吏思致身之繇，敢不歸恩于此日？飡花有素，願同黃雀之投環；適館無因，徒切緇衣之受粲。謹齋心而跂牘，敢沐手以承筐。

謝孫藍石撫院薦瑋

紀綱三輔，殿邦篤屏翰之助；衡鑑百僚，式序昭激揚之典。葑菲不遺乎下體，吹噓直徹於重霄。感切鏤心，報矢銜結。恭惟某官：忠孝自天，文武爲憲。靈鍾渭水，熊羆符王輔之占；瑞出藍田，璠璵擅國華之品。兼德言功之不朽，集清和任之大成。三代後人傑，共推殊絶；百年間名世，誰與匹儔？自弱冠而從王，久蜚聲於膴仕。丹心補袞，精誠結主上之知；正色立朝，丰采係時流之望。惟天子規方千里以爲甸服，而國家專制一面是維重臣。爰自建牙開府以來，大恢安内攘外之略。網開三面，流寬大之恩膏；鏡揕千層，察貪廉之流品。修備修救，即頻年水旱，無蕭蕭之飛鴻；足食足兵，使千里封疆，如屹屹之盤石。積日上之大府，眷自注于重瞳。謂國家多事之時，值海内空虛之日。官廩蕭然，無陳陳相因之積；民力竭矣，有嗷嗷待哺之憂。特晉憲臺，筦司邦計。蓋明主理財謂必先用人，獨簡經綸之手；而大人以薦賢乃可事主，衆拔茅茹之倫。得之詢精察之餘[一]，辨其才品節操之異。一時俊譽，盡入剡章。雖王畿風化之原，人知砥礪；而漢廷得人爲盛，吏獨循良。如某者朽鈍微才，斗筲小器，濫膺刑名之任，實非聽斷之才。每懼僨轅，敢希推轂。孰意畢離沛澤，不遺灌木之叢；箕好噓仁，遍及青蘋之細。寵以華袞，置之簸揚。蓋聞吐握延攬之懷，逢人說項；抑亦鼓舞豪傑[二]之意，致士從愧。獨慚穢質，非玉樹之琳瑯；自愧塵心，無玉壺之瑩潔。雌黃莫辨，詎云犀炤重淵？蹀躞不前，敢望驥騰天路？惟有勉竭駑鈍，可酬國士之知；或者少建功名，無負作人之意。一趨一步，當仰止於高山；成始成終，總歸功於大造。身非黄雀，報恩敢後于投環？心類烏衣，識主自欣于依厦。敬贐一介，薄貢微芹。伏乞鑒沼沚之衷，勿麾諸門墻之外。身懸兩地，望函關紫氣以神馳；心繫二天，想渭水晴光而意結。

謝方冲涵按院薦[三]大美

澄清三輔，風猷凛肅冰霜；衡鑑百僚，品藻高懸日月。荶采不遺夫下體，袞褒直徹於重霄。知遇若斯，報稱何地？恭惟某官：知覺先民，文武憲世。凌雲聳巘，陋小魯之巖瞻；涯海飛瀾，鍾全吳之靈氣。是以鯤鱗擊水，盪溟渤者三千；鵬翼垂天，決扶搖乎九萬。洎乎三章佐理，法星懸江漢之濱；四面祝仁，化日映桃花之浦。釋之持平不倚，于公平反無冤。簡在帝心，晉司執法。瑞呈梧嶺，載調丹鳳之聲；寶索珠淵，時探驪龍之額。諤諤袖中之草，峨峨柱後之冠。補衮丹忱，天日同其洞朗；埋輪丰采，風霆避此威稜。累代天巡，幾環海甸。周原攬轡，花驄帶雨露以遝馳；焚草封章，白簡凜風霜而迅激。凡匡廬、彭蠡、雲夢、湘江，總震叠于紀綱法度；若嵩嶽、洪河、燕山、易水，盡洗濯于教化風聲。顧謂安民必先知人，明析廉懦公邪之品；猶以薦賢乃可事主，特拔監司守令之才。吹送即使上天，品題便成佳士。思皇豪俊，盡入搜羅。而且憐才無方，取人以器。津噓葭管，發暖甲於枯荄；材備藥籠，收餘功于敗鼓。遂使駑駘下駟，反爲糠秕先揚。形穢自憐，豈是謝家玉樹；胎凡不類，敢方漢苑金莖。瓶筲小器，虛擬八斗之才；瓦鑠微軀，自愧雙南之許。蓋大人菶葳必采，不遺小善之抽揚；而孺子蟠朽無奇，恐負洪鈞之陶冶。成吾等于生我，並乾坤俱大于難名；知恩敢不酬恩，即頂踵可捐而何惜？顧念株守無能，祇切循墻之□；即今瓜期已及，恐貽抱蔓之羞。所望益篤沾濡，終加鞭策。使蟞蟇駑趾，望千里以飆馳；呴沫纖鱗，指三津而騰躍。庶頑材鈍質，永歸大造錘爐；而結實成陰，長作公門桃李。身非黃雀，投環敢後於飡花？心似烏衣，識主自欣於依厦。拜馳介使，唐突台階。伏願鑒涓滴之微忱，勿麾諸門墻之外；自茲戴高深之厚德，永結於肝膽之中。

謝黃雲蛟關院薦吉士

繡斧行邊，簡閱作六師之氣；彤輪報命，激揚提百□之衡。拔茹恩深，循墻愧切。恭惟某官：乾坤真氣，海嶽精靈。經文緯武之才，萬邦爲憲；出將入相之望，一代具瞻。埋輪震懾於當途，花驄且止；攬轡澄清乎四海，白簡時飛。柏署名高，楓宸寄重。惟此三關鼎峙，原擁護於神京；邇來四面震鄰，嘗竊虞夫驕虜。故聖世有大搜之舉，而明公膺代狩之行。節出烏臺，塞上霜威凌草木；令嚴虎旅，軍中殺氣遶旌旂。凡介士如雲，猛將如雨，盡在發縱指使之中；肆行山若礪，滄海若帶，永無震驚沸騰之患。膚功殿國，真當萬里之城；優□酬勛，行正三台之座。顧謂安邊境立功名，豈惟介胄；而敦詩書説禮樂，亦富甲兵。況内寧可弭外憂，皆有桑土綢繆之責；且安民必先察吏，寧無繭絲保障之分。懸金鏡於當空，持玉衡而論最。累百而不當一，非濫剡章；於衆中拔其尤，亟爲推轂。何期葑菲之下體，更作糠秕之先揚。過辱品題，曲加栽植。片言識之堂下，幸逢特達之知；今日請處囊中，或有毫末之見。親生我誰其成我，怙恃同恩；人一天予獨二天，穹窿并戴。顧念蹩躠千里，足方縮以難前；仰惟翱翔九霄，手可引而下濟。冀終駿惠，大賚鴻施。提携嘗示以周行，鞭策不遺於駑駕。此日覆瑕掩垢，無非大冶錘爐；他年結實成陰，亦是公門桃李。敬修尺一，用答高深。愧沼沚之微忱，瑤瓊之永好。

考滿與陳廉崖吏科_{治則}

珥筆螭頭，丹宬賴糾繩之益；提衡鷺序，朝紳凜封駁之嚴。極知揭日之無私，妄冀垂雲之可庇。恭惟某官：定國訏謨，補天忠藎。恥君不及堯舜，非道不陳于前；致身自比伊周，在廷無出其右。折五鹿之角，諤諤有聲；空萬馬之群，矯矯獨步。邦之司直，民所具瞻。共知天子有爭臣，木從繩而自直；從此聖朝無闕事，草木起而先焚。某小智間間，短才碌碌。三年沉陸，穎未脱于囊中；一念哀矜，冤或含于盆下。似此不蟄不鳴之品，寧有計月計歲之勞？方救過之不暇，豈課功之敢望。恐干幽黜，貽玷清

流。伏乞垂卵翼[四]之宏仁，寬瑕疵之積愆。中山之簣未起，或
宥其既往之愆；澠池之翼可期，姑責之以將來之效。蓋苦李無盤
根之固，專跂望于栽培；而匏瓜懷抱蔓之羞，待轉移于吹息。若
克還故物，不同漢渚之簪；則矢報洪恩，敢後華陰之雀？

考滿與袁六休吏部

六察辨官，藻鑒仰日星之炤；三年報政，栽培希雨露之恩。
愧五技之已窮，幸二天之可庇。恭惟某官：才優王佐，品絕人
倫。龍見在田，沛商霖而應運；鳳巢于閣，輝虞日以來儀。人擬
連城炤乘之珍，士切太山北斗之仰。兼以清規月映，虛涵不夜之
城；朗識冰融，重攝見垣之鏡。是來帝簡，晉秩天曹。而求賢無
方，使人以器；拔幽疏滯，汰佞登良。朝興連茹之歌，野跂彈冠
之望。清通簡要，已駕裴馬之名；明聽翼爲，將接夔龍之武。某
西鄙豎儒，右輔下吏。雖家君拔援霄漢，得附驥尾以驕驤；而孺
子沉辱泥途，空望龍門之巉嶄。箋屢濡而踟躕，心永結以迴環。
茲當三載之報瓜，敢修一介之行李。竊念某才不周務，識未通
方。折獄謝磔鼠之神明，當機鮮斷蛟之鋒利。祇是奔馳牛馬，嘆
空度乎居諸；雖復鞅掌簿書，亦何益于殿最？知難逃于幽察，輒
預跂乎明慈。伏乞擴乾坤大造之恩，恢山海兼容之量。覆瑕含
垢，潤朽噓枯。中山之簣未盈，或曲原其既往；澠池之翼可鼓，
且姑試以將來。令得洗濯于清流，側聽錘爐于大冶。若乃水鏡靈
臺，偏施炤矚；山公閱啓，謬辱篇題。使九折羊腸，不永虞于陰
雨；一官雞肋，得早脫於牽纏。雖化印無能感德，自深于食稻；
而投環有願報恩，敢後于飡花。

考滿與趙體衡太史乞文[五]用光

天庭搽藻，絲綸摘五色之華；玉陛疏仁，雨露沐九天之寵。

祈片言之華衮，作奕世之瓊瑶。額手傴承，齋心跂潰。恭惟某官：體備天人，名揭日月。道接真儒之統，會一言主敬之傳；學爲王者之師，陋半部太平之對。灝氣擬龍門之飛瀑，高標齊砥柱之凌霄。自入金馬之門，盡壓石渠之彦。夜來蓮炬，平分閬闔清輝；朝罷香烟，滿載蓬萊佳氣。篇章鼓吹曹劉，製作衙官班馬。擅三長于史局，爛矣日星；羅八駿于文衡，森然桃李。北門視草，暫煩珥筆之司；東閣和梅，行正宣麻之拜。某桑梓後進，樗櫟下材。久縈如斗之瞻，竟阻及門之刺。兹當下吏報政之期，適值明公代言之日。遭逢何幸，舞忭殊深。愧乏小善之抽揚，敢乞明章之赫奕。出匠心之獨造，爲天語之傳宣。洒珠玉于詞鋒，輝生寶軸；落烟雲于筆陣，彩溢瑶函。使傳諸後世，對揚天子之休；將戴之終身，永荷仁人之賜。

答喻秉吾司理賀考選致和

某樗櫟散才，瓶筲小器。操刀未割，愧無礫鼠之神明；持斧何能，敢望埋輪之丰采？蓋爲臣不易，而爲諫諍之臣更不易；涉世最難，而涉險巇之世尤至難。進則却步于債轅，退又驚心于負乘。憶昔備經險阻，不勝前跋後疐之憂；即今幸脱風波，誰非左提右携之力。顧担方釋而負彌艱，途本修而力未逮。猶望周行好我，不改同舟共濟之時；庶幾明哲保身，得免入朝見嫉之患。

答喻秉吾司理賀考滿

某才不通方，識未周務。五詞莫辨，謝礫鼠之神明；一割自慚，匪斷蛟之利器。祇是奔馳牛馬，嘆虚度乎居諸；雖復鞅掌簿書，竟何益於殿最？乃者三年報政，已自阻于修途；不意兩院奏留，使復還其故物。瓦全何幸？冰懼滋深。蓋素奉教于君子，發蒙振怠，每示我以周行；而陰受賜于仁人，覆垢匿瑕，真培予如大造。是以不蜚不鳴之下品，亦有計日計歲之微勞。從此一階而升，盡屬九鼎之力。不報明德，有如皇天。乃辱注惠之殷殷，更投瓊瑤之纍纍。益增佩戢，愈結心藏。謹拜新璋之書，敢貪鮑叔之惠。伏念苦李無言，自少盤根之固；而戍瓜已過，恐懷抱蔓之羞。惟望大開秦鏡，時指南車。庶明公惠顧舊好，有同漢渚之簪；而不佞克全始終，不類梁田之甌。

答喻秉吾司理賀聘考

折獄無能，已愧明刑之任；知人不易，豈堪較士之衡？何意禮聘之遠來，或恐虛聲之悞動。夫三秦為豪傑之藪，代有聞人；而大比即弓旌之遺，厥惟盛典。是以廟堂敦遣，特重主司；郡國徵求，廣延參較。要亦集衆耳衆目之用，以羅有馮有翼之英。為王國求棟梁，非為私門植桃李也。某識慚水鏡，才謝春花。久已敝帚乎詞章，豈足持衡于莪院？暗中摸索，要難識佳士于語言文字之間；皮裏推求，詎意相天機于牝牡驪黃之外？即令舉十而得一，亦可附以人事君之誼；倘能選衆而拔尤，庶不虛薦賢為國之心。惟虞結網之疏，使有遺珠之嘆。負茲任使，空往奔馳。乃承雅意之殷優，遠錫瑤華之繾綣。感當何似，報且無章。置對案之匆匆，率揮毫之草草。聊鳴謝意，伏乞炤原。何時四馬驂騑，望金臺而遄發；又是三秋隔別，想玉宇以神馳。

校勘記

〔一〕按此句依句格當缺一字。

〔二〕“傑”字原無，此據句格、文意補。

〔三〕“謝方冲涵按院薦”，原作“謝方冲含薦按院”，據卷首原目錄改。

〔四〕“卵翼”，原作“卯翼”，據文意改。

〔五〕“乞文”，原闕，據卷首原目錄補。

啓

送益王試録

千里分茅，茂衍親賢之澤；三年登俊，宏開新橐之途。幸盛典之有成，仰作人之無斁。恭惟殿下：玉質金相，周情孔思。禮元若元，筵設穆生之醴；摛詞逾建，籤分鄴架之書。惟此泱泱之大國，實生濟濟之多才。韞璞荆山，俟玉人之琱琢；鬖麟文囿，待虞者之網羅。蓋養之數年，而合之一日，豈曰無待而興？即取之王國，而貢之天朝，不過借手以獻。況因人成事，何關主者之權？而爲國求賢，本自人臣之誼。濫厠紀綱之任，敢居搜簡之功？謹循成例，籍奉賢書。袞鉞片言，尚有須於大雅；日星數語，庶足範乎斯文。

送閣〔一〕院試録

竊惟選舉重賢，科網敢疏於麟鳳？文章關氣，運瀾已倒於江河。若會際風雲，似可侈一時之盛；非望如山斗，要難起八代之衰。惟聖主壽考以作人，肆大人觀文而成化。休哉無斁，煥乎有章。廟堂操鼓鑄之權，如矢示鵠；縫掖被陶甄之澤，若草從風。家傳闕里之書，人抱荆山之璧。頃海内屬當大比，而江西更號多才。猥以諛庸，濫叨綱紀。合内外而愍飭，殫宵旦以拮据。士肅規條，吏循法守。雖文自歸主者，祇惟碌碌因人；而事則有司存，敢不兢兢奉職？關嚴扃鑰，早盡塞乎旁途；材別良楛，幸未收乎廣鼎。闈初徹棘，士若蒸雲。藉其名以貢者一百人，録其文而獻者二十首。譽髦濟濟，庶幾拔乎衆尤；文質彬彬，蓋亦從乎先進。既告成事，敢奏賢書。遵新令以衡文，或可寬茁軋之罰；率舊章而舉事，亦惟憑新櫼之功。

送督撫試録

天網宏開，共佽得人之盛；洪鈞陶鑄，全歸大造之恩。曠典欣逢，膚公堪紀。恭惟某官：文武憲世，知覺先民。秉鉞有虔，敦詩書而説禮樂；作人無斁，歌樸械而咏菁莪。凡此十三郡之英才，同沾化育；即今一百人之選舉，總屬陶埏。借鵬鶚以天風，方能翀漢；起蛟龍於雷雨，始得騰霄。誰云較閲之能，實則栽培之效。如某者濫承綱紀，愧乏搜羅。事則有司存，雖亦兢兢奉職；文自歸主者，終於碌碌因人。荷寵錫之先施，覺涊顏其已甚。薄陳菲物，并奏賢書。七襄之報不成章，徒勞杼柚；片言之重逾于鼎，敢借品題。

出闈答督撫

櫼薪盛典，謬膺綱紀之司；海嶽隆情，特枉瓊瑶之訊。捫心知愧，拜手爲榮。恭惟某官：文章宗匠，山斗具瞻。説禮敦詩，著雍容之雅度；憐才好士，擴吐握之虛懷。合敝鄉之英才，歷經年之教育。祥金就範，總入太古之陶鎔；叢桂生香，盡是春風之長養。思皇多士，利見大人。兹者運際風雲，三年而當大比；榜開龍虎，一日而舉百人。以兹得士之多，方見作人之效。囿群麟鳳，始憑虞者之張羅；林植杞楠，徐候匠人之柯斧。卞和識玉，含輝終屬於荆岩；象罔得珠，毓秀應歸之赤水。揆厥所自，敢貪天工？猥承獎借之優，兼損駢蕃之眖。顏則有泚，神且爲驚。

迎正主考

天網泓開，羅鳳麟於澤國；文星遠映，煥奎璧於雲霄。干旄賁載道之輝，衿綏切彈冠之慶。與聞盛典，趺覿休光。恭惟某官：百年明世，一代宗工。書籯藏胸，貯分籤之萬卷；筆花入夢，擅授簡之三長。賦擲地以成聲，文蒸霞而有爛。纂天禄較讐之業，光吹藜烟；供承明侍從之班，寵分蓮炬。徵文考讞，已勞數載之編摩；□俊登良，特簡名藩之較閱。思皇多士，利見大人。天風借而健鶚爭飛；化雨滋而潛蛟起舞。況歲德在午，□明正炳於南方；而節序逢秋，寶實荐登於西府。會當大比，可曰愆期。培養於四十餘年，見壽考作人之□；待試者五千餘士，聽文章司命之權。提玉尺以裁量，引朱繩而削約。黜浮歸雅，知苗秕之全祛；損文用忠，想成弘之再見。蓋地靈人傑，江右原甲於區中；而天寶物華，鑒別須逢乎識者。豐城之光射斗，司空遇而干莫兼收；豫章之幹翻風，大匠過而杞楠畢采。將使賓興之彥，蔚爲社稷之禎。盡翠爾所知之公，成以人事君之誼。士之慶也，國有光焉。某偶因攬轡而來，得與瑣闈之役。簾分內外，雖皆爲主以求賢；卷判墨朱，不過因人而成事。頃聖明持如不得已之意，而臣子處無可奈何之時。雖補牘以有言，恐扣閽之無力。忽聞渙號，不覺解顏。想紫氣霏霏，政望匡廬而南指；此素心耿耿，已共章江而北流。謹修竽牘以遥迎，代負弩矢之前導。伏願星言夙駕，慰雲霓天外之思，卜吉入闈，收龍虎榜中之俊。

迎副主考

鳳鳴在梧，覽德輝於北闕；奎光射斗，炤文彩於南州。士慶遭逢，人爭瞻仰。恭惟某官：朝廷直諫，天下文章。因事納忠，每效批麟之益；避人焚草，不邀折檻之□。履周道以如夷，在漢廷而無右。掖垣封事，久居侍從之班；棘院掄材，特重提衡之任。惟大江之西萬里，夙號雄藩；而如雲之士五千，實多名彥。摩娑待試，皆求當於主司；剪拂爭憐，獨欲伸於知已。預聞藻鑑，必善甄裁。羅麟鳳於郊原，寧使網疏一目？望斗牛之光怪，自能劍識雙龍。當盡收澤國之杞楠，斷不羨公門之桃李。念此行也，功莫大焉。

迎兩主考

使節下楓宸，萬里風雲干氣象；文星臨棘院，九霄奎壁煥章光。攬六轡以如絲，頓八紘而結網。朝隆盛典，士幸奇逢。恭惟某官：品重圭璋，望崇山斗。披華振秀，掞文藻於天庭；出雅入風，蜚英聲於詞苑。羨子虛大人之賦，人主恨不同時；聽陽春白雪之歌，國中誠然寡和。歲當比士，上意作人。暫輟侍從之班，特借掄材之寄。輶軒歷南紀，先聲搖五老之峰；文章出上台，彩色奪三江之秀。遙遙郵傳，側聞車馬之音；濟濟簪裾，望接芝蘭之氣。某與叨共事，彌切馳神。知傳導之停驂，當望塵而擁篲。蕭陳肴俎，恭迓干旌。捲滕閣之珠簾，拄笏望西山之爽；掃陳公之封榻，開樽盡南道之歡。示我周行，先賦呦呦鳴鹿；于焉嘉客，坐聽嘒嘒和鸞。

請主考

高懸日月，瑣闈操司命之權；玄感風雲，開榜慶得人之盛。與聞大典，樂觀厥成。恭惟某官：文起八代，鑒徹九流。北斗垂光，久繫士林之望；南州啓泰，特提文苑之衡。合一國之英才，歷兼旬之程較。若探玄珠，象罔得詬離之後；如求神驥，天機相滅沒之間。披層砂以揀金，集衆狐而取腋。況流風靡矣，亦唐文三變之迹；而異說紛如，非漢代一尊之制。力還大雅，必道中庸。更朝暮以拔尤，袪茁軋而歸正。筆端造化，點無假于朱衣；眼底星辰，迷豈窮于五色。遂使操觚之彥，皆成入穀之名。色動江山，聲喧道路。羅而致之几席，爭看髦士彬彬；録而上之朝廷，堪咏吉人藹藹。三年而逢曠典，稽古者固侈殊榮；一日而得百人，進賢者必蒙上賞。某職襄共事，誼荷同心。當肩鑰之方嚴，豈笑言之可假。簾分内外，地隔天淵。雖有朝夕繼見之報，實缺杯酒論文之會。兹者鹿鳴已賦，鶴蓋方閒。欲選□以開筵，擬登高而命酌。菊英未落，好尋彭澤黃花；劍色猶橫，堪眺豐城紫氣。逢人江上，須傾袁紹之杯；待客齋中，早掃陳蕃之榻。伏冀龍光，可勝鳲俟。

餞主考

銜天命以羅才，多士慶風雲之會；奏賢書而歸闕，重霄依日月之光。會秩離筵，情深投轄。恭惟某官：學際天人，道先知覺。月旦操人倫之鑒，文章爲士類之宗。頃辭駕鷺之班，來頓鳳鄰之網。暗中物色，一過而凡馬皆空；信手投綸，舉釣而六鼇兼致。豫章合抱之材，盡充國棟；豐獄沉埋之劍，始出人間。時欽衡鑑之精，士慶遭逢之盛。鹿鳴方賦，鸞馭言旋。干旌生載道之光，自使山輝川媚；車馬識歸裝之重，無非天寶物華。某幸奉周旋，眷兹岐路。鴻飛遵渚，難留信宿之袞衣；驪唱陽關，願駐飄飄之鶴蓋。行厨夙戒，啓牘敬陳。倘許停驂，當先擁篲。

請孫藍石倉場瑋

彙征天路雲霄，沾噓拂之恩；仰止龍門山斗，切扳□之願。敬卜自公之暇，肅申用下之忱。恭惟某官：道備天人，德全忠孝。熊罷應卜，祥符渭水之靈；日月高擎，望表華峰之峻。光[二]文允武，俾内寧外順，既經緯之咸宜；之紀之綱，使大法小廉，見風猷之丕振。社稷倚為鼎呂，寰海望若卿雲。而乃憐才勤于三握，擴公旦之虛懷；旌善賞及片言，懸叔向之朗鑑。葑菲無以下體，滄海不擇細流。某蟠木無先容之資，駑足非遠到之器。自蒙甄拔，即脫泥塗。恩同天高地厚以難酬，感歷日居月諸而倍切。茲者玉律司秋，金飆薦爽。井梧凝露，流灝氣於涼霄；月桂含華，浮瑞香於素宇。蕭虔諏吉，選勝開筵。盛集簪裾，蹌蹌濟濟，敢云揖讓以相先；恭迎劍舄，步步趨趨，庶幾儀刑之不遠。載色載笑，微玉趾以來臨；一藻一芹，恃溪毛之可薦。謹齋心而鵠俟，顒傾耳于鶯鳴。永戴鴻私，用光燕喜。

請李龍峰中丞楠

仗鉞撫三秦，丕著作屏之望；驅車歌四牡，幸投傾蓋之歡。廁近龍光，敢修燕豈。恭惟某官：名高過斗，道直如弦。敦卻縠之詩書，富龍圖之兵甲。某忝依梓里，生平願識荊州；欣御龍門，此日得親元禮。匪致殷勤於樽俎，何繇傾寫乎胸懷。爰借公餘，別開小宴。采南山之薇蕨，味儉盤飧；酌北斗之桂漿，情深杯酒。德音藹藹，聆若玉之玄言；威儀抑抑，式如金之雅度。庶其謂矣，願邀一顧之榮；儼然臨之，敬拜百朋之錫。

請包大瀛中丞見捷

方舟共濟，久依山斗之光；傾蓋論交，新入芝蘭之室。欣逢嘉會，敬秩初筵。恭惟某官：自牧以謙，同人於野。嚶鳴求友，道每篤于先施；設榻延賢，禮過隆于折節。士□片言之重，人爭半席之榮。何幸庸流得承下履，聞風寄慕千里；有若比肩覿面談心，百年定於片刻。芟卜自公之暇，取稱不腆之觴。選勝開筵，簾捲西山之雨；披襟命酌，樽浮北海之春。正水天一色之時，看霞鶩齊飛之景。雙龍氣紫，引遐眺於張華；一笑河清，接溫顏於

包老。謹諏吉旦，夙戒庖人。咳唾九天，跂聆，霏霏屑玉；驪驂
四牡，仁□嘵嘵鳴鸞。倘許班荆，當先擁篲。

請包大瀛中丞

關門盛典，謬膺綱紀之司；設榻高情，特辱招賢之寵。既歌
醉飽，敢講獻酬。恭惟某官：山斗繫望，雲漢爲章。秘閣抽書，
叩太乙老人之杖；瑣闈封事，邁洛陽年少之才。迨秉鉞以有虔，
益作人而無斁。大江之西萬里，同在陶甄；待試之士五千，總歸
樂育。如某者頗攻鉛槧，愧乏[三]鑑衡。爲國求賢，雖抱殷殷之
意；因人成事，難逃碌碌之譏。自職分之當然，何注存之已甚。
華筵載秩，勝地相邀。飛鶩落霞，再見王生之賦；鳴鸞佩玉，重
招帝子之靈。即當洗爵而勸酬，奈此入簾之相逼。謹擬撤棘之
暇，肅修酌醴之歡。緩佳會之期，必有以也；寬後時之罰，庶其
謂之。預跂龍光，不勝雀躍。

請包大瀛中丞

錫弓矢以專征，獨總戎麾之令；聽鼙鼓而思帥，廣求杙杕之
才。式憑秉鉞之威靈，勉效鬭闑之較閱。簪纓胥奮，介冑同歡。
恭惟某官：知仁且勇，發強而剛。抱攘夷安夏之猷，嘗思《天
保》治内《采薇》治外；兼出將入相之具，每笑隨陸無武絳灌
無文。號令森嚴，四壘旌旗變色；聲靈赫濯，三江草木皆兵。頃
當搜簡之期，謬忝紀綱之任。群千五百之精鋭，合十三郡之材
官。三試拔尤，一旬竣事。弓開明月，雖少穿楊飲羽之奇；劍倚
長虹，豈無投筆請纓之彥。籍而獻之闕下，予曰有禦侮之才；羅
而致於轅門，或亦備干撖之選。鷹揚已賦，燕喜當陳。謹選勝以
開筵，敢先期而請命。釋兵杯酒，坫壇修揖讓之威儀；借箸席
前，樽俎聆折衝之雄略。倘蒙移玉，當早拜塵。

請包大瀛中丞

追陪劍舃，久依瓊玉之光；靮掌風塵，將隔星河之影。□□載秩，別意方長。恭惟某官：範世襟期，炤人肝膈。動不逾矩，允惟百辟之刑；語則成爻，盡是六經之訓。乍瞻丰采，若披霧以睹青天；徐叩衷藏，真望洋而觀滄海。猥以愚蒙之陋，得承提誨之殷。自夏徂冬，匪朝伊夕。嚶鳴出谷，方欣喬木之棲；弱羽隨陽，又悵重雲之阻。前期綿杳，告別須臾。肅陳樽俎于公餘，邀惠干旄之蒞止。意不在酒，敢云卜夜之歡；贈惟以言，尚借周行之示。伏祈左顧，翹望前驅。

請錢浩川中丞 桓

世譜分華，曾躐龍門之峻；同舟共濟，□依象服之光。初入封疆，願承色笑。恭惟某官：天生名世，人所共瞻。抱安攘之宏猷，文爲經而武爲緯；敷撫綏之大德，吏則畏而民則懷。據四省之要衝，屹一方之屏翰。某幸緣攬轡，得待擁麾。星麗月華，近借一輪之彩；蠅依驥尾，遐追千里之塵。茲來南土以觀風，欲卜西園之嘉會。分庭抗禮，敢云玉帛以相先；進履執綏，庶假傳疊而展敬。行厨夙戒，削牘先陳。賁然來思，冀枉干旄之孑孑；惠而好我，還傾玉屑之霏霏。伏乞龍光，可勝鵠俟。

請吉獻丹直指 〔四〕

北闕銜恩，同奉簡書而代狩；西陲問俗，幸陪法馭以周旋。慶集合簪，懷深投轄。恭惟某官：民所具瞻，邦之司直。維天子命，志在當世之澄清；爲學者師，身任斯文之盟主。繡斧儼臨於關右，旌旄初駐於隴西。天上光芒，法星與文星並燦；人間歌頌，髦士同介士齊歡。某濫竿茶馬，幸共封疆。交契芝蘭，入室久投臭味；生同桑梓，他鄉倍覺情親。敬卜公餘，用申私款。采溪毛而列俎，酌澗水以烹茶。揮麈尾清談，聊遣思鄉之況；聽羌音疊奏，先揚出塞之聲。伏冀龍光，不勝雀忭。

請吉獻丹直指

恭惟法駕，計日西巡。方欣並轡之遊，忽軫臨岐之悵。言思後晤，未卜前期。即今若不盡歡，此去空勞相憶。想自公之多暇，擬選勝以開筵。酌醴焚魚，愧乏盤飱之獻；吹笙鼓瑟，聊紓燕樂之懷。已成[五]行厨，預聞司馭。惠而好我，知移玉趾以龍光；賁然來思，跂望鸞鑣而鵠俟。

請錢泰宇餉部

含香望重，夙縈傾蓋之思；倚玉情深，喜遂合簪之願。非接殷勤於杯酒，曷傾懷抱於立談。敢卜公餘，聊陳私悃。采南山之薇蕨，味薄盤飱；酌北海之樽罍，敬將獻酢。霏霏玉屑，聆揮麈之清風；噦噦鸞音，望揚旌之采色。伏祈命駕，可勝跂瞻。

陝西別啓

伏念某櫪下駑駘，溝中朽斷。謬入皇華之道，深懷負乘之憂。策乏一籌，漫道通商而裕國；和兼五利，詎賢柔遠以安邊。巴山之雀舌成虛，大宛之龍媒難致。霜蹄盡老，空嘶秋露兼葭；駿骨堪憐，孰飽春風苜蓿。已竭黔驢五技，未收駃騠三千。畏此簡書，恐貽羞于隕越；弛于擔負，總微惠于提携。竊鄰壁以分輝，附長年而共濟。迷標南指，免掩涕于窮途；期促東歸，悵分踪于岐路。遙煩寵賜，大賚征雲。茲當返轡以出疆，乃敢削箋而告別。涓埃不映，愧難報乎瓊瑤；明信可陳，或不遺夫葑菲。盱衡劍履，徒縈仰斗之懷；回首關河，殊切停雲之思。

江西別啓

　　三年于役，久懷依厦之私；四牡將歸，倍切臨岐之感。龍光漸遠，鵠望殊殷。恭惟某官：神情淵穆，德量休容。恢乎蓋載之宏，無人不在其含育；沛若江河之決，小善亦與之抽揚。如某者材同樗散，器比筲微。偶來觀江國之風，嘗恐負簡書之托。迷方未辨，標指獨賴于南車；涉岸無涯，嚮往惟瞻夫北斗。若匪雲霄引手，左提而右挈；幾于狼狽卸肩，前跋而後疐。眷懷明德，服膺中藏。茲當嚴駕而出疆，又辱題緘而饋贐。心乎愛矣，感歌驪脫劍之殷優；何以報之，愧酬潦羞毛之輕鮮。猥憑明信，唐突崇嚴。江月嶺雲，別後之夢魂嘗繞；塞鴻河鯉，異時之音信可通。

校勘記

〔一〕“閣”，底本卷首原目錄作“各”。

〔二〕“光”，疑當作“允”。

〔三〕“乏”，原作“之”，據文意改。

〔四〕“直指”，卷首原目錄作“中丞”。

〔五〕“成”，疑當作“戒”。

尺　牘

與臺省諸公

吾輩職司言路，在内則規朝政而操風議，在外則銜王命而效馳驅。雖各殫心力，同期報主。然内之所條畫而陳與夫抨彈而擊者，皆治亂安危之要務，賢奸邪正之大關。使言聽諫行，固社稷之福。即不然，留此一段議論於天地間，猶可撐宇宙也。若弟奉使天末，碌碌無所知長[一]，且偏差止司一事，即竭耳目手足之力，其譽幾何？徒勞攘于風霜跋涉之中，磨勘乎薄書移會之細。事固有勞而罔效者，此之謂矣。

與張華東給諫延登

接邸報，見"無黨"一疏，切中世俗膏肓，可謂當今藥石。使人人持此論，操此心，何憂議論不消，風波不息耶？無奈好事者之不肯相安也。爾日長安景氣何如？疏逖之人，聽聞易誤，惟老年伯教之。

與孫拱陽侍御居相

報代役還，接老年伯手札，甚慰懸企。入夏以來，想道履清適，法馭按部，始於何方？三輔故多豪猾，而宮莊牧地及勳貴貂璫莊田佈滿，其奴僕子弟，憑借威焰，魚肉小民，莫敢誰何，獨畏白簡彈文耳。前見老年伯先問豺狼，特參稅使，此輩聞之，自當落膽斂手矣。朝中議論,近亦紛紛,多而無當。誠如台諭,安得渙小群爲大群,不失同心共濟之誼乎?

與李素我侍御凌雲

邸報中讀大疏,極切時弊,真通達體國之言。視邇言是,爭者何如也?邇來朝議益復紛紛,同室之戈,相尋不已。非獨言路一變,恐禍且移之國家。憂心如焚,補救無術。年丈深識虛心,何以挽回之?

答〔二〕錢梅谷侍御春

一芹將意,又辱瓊報,祇切汗顏。然千里損貺,不敢不拜也。詢之使者,知年丈按部,將周三湘七澤,澄清之餘,當別是一番景象矣。世事如棋,長安新局日變,誠如來教,顧此時多指亂視,黑白不分,旁觀雖明,當局目眩,即有國手,亦不能終此敗局。須收拾殘枰,從新起手。正正堂堂,勿用陰謀,勿縣詭道。要在使我無一敗著,彼攻瑕翻局者,將不戰自屈,何用紛爭無已時乎?一得之愚,年丈以爲然否?

與吉獻丹侍御人

長安議論,近復紛紛。同室之中,忍相剚刃。玄黃之傷,將自此始。《詩》云:“載胥及溺。”今日之謂也。我輩幸出是非場中,可免林木之禍。然見世局若此,國事日非,獨瘝瘝言,每增慨歎。

答楊伾南侍御州鶴

時事日非,穴中之鬥,相爭不了,叫號嫚罵,無復人禮。不意于我輩同咨中,見此怪物,來教所謂黑白不分,陰陽亂亂者,誠可永嘆。惟天日不見，魑魅横行。若主上斧斷霆擊，小人且將變爲寒蟬矣。憂心如焚，莫能救藥，爲之奈何？

與周句蔥侍御師旦

邇來時局大變，想邸報中盡皆載之。向日翻雲覆雨之徒，其伎倆遂已盡露。而隨聲附和者，又如醉如狂，載號載呶。若火方焰，更益之薪；若鬭方酣，更借之刃。使其氣焰不可嚮邇，而刈除不遺餘力，則議論安得不沸騰？殺機安得不狠毒也？究將使正人君子俱禍以燼，而國家之事不可言矣。一念至此，憂心如醒。以托在肺腑，敢向年兄道之。

與趙懷東侍御綾

別來忽忽二載餘矣。永懷高誼，夢寐以之。獨恨天各一方，無羽翮以相從耳。年丈以何時抵留都？南台，公論所出，而年丈又以公明正直居之，屹然爲中流砥柱，善類恃以無恐矣。北台省又起戈矛，同室之鬭，弟竊羞之，但恐爭而不已，不免有玄黄之傷耳。向者同心之約，弟願與年丈始終守之。愚拙如弟，斷不能隨人附和，受人指使也。奉使入奏，驅馳良苦。想長安聚首時光景，何可再得？人生如大海浮萍，豈不信然？

與李燦岩〔三〕侍御吉星

邇來朝事益不堪言。玄黄之傷，乃在同室，誰生厲階？不能不致疑于諸君子也。老公祖所云："'激'之一字致之。"真可爲當今對症之藥。蓋天下事莫不壞於"激"而成于"和"。激則過，過則偏。有偏黨必有忿爭，有忿爭必有攻擊，有攻擊必有構陷，有構陷必有敗傷。勢所必然，古今一軌。使皆能捐去成心，共敦大雅，言當輒止，事過即休。和詩人伐木之鳴，引藺相避車之誼。亦何至紛紛藉藉無已時耶？甚可惜者，國家人才能有幾何？而東牽西掛，幾無完人。淡語微詞，輒欲驅逐；老成屏謝，臺諫摧殘。恐將來有空國之禍，憂在社稷者方大耳。嗟夫，生盛明之世，受主上之知，不同心竭力，共矢爲國之忠，而爭意氣之私見，護朋黨之私人，剗除異己，爐亂朝政，豈人臣之節、丈夫之度耶？弟不能爲諸君子望矣。自揣迂謬，必不諧時。且晚得代，將偃仰王屋山下，漱石枕流，以畢初願。惟恃老公祖砥柱中流，首唱和德，爲衆正嚆[四]矢爾。辱教之及，輒布肺腸。

與李涵初侍御微儀

邇一函奉訊，想輒記室，聞首道印務借重年丈，西臺綱紀當煥然一新。公論不明，讒言接踵。邇李朴一疏，尤可駭異，弟讀之，髮竪眦裂，恨不即請尚方加此奸之頸。潦草彈文無復論，年丈得無哂之乎？弟去都五千里而遙，比奏至日，想年丈及台省諸兄擊奸之章，公車已不勝收。然區區忠憤，不敢以在遠而委之不聞也。

答董誼臺中丞漢儒

國事日非，衆言淆亂。悠悠世情，寧能人諭而戶説之哉？臺下品望素隆，浮言何損？即不辯亦自洞然。況大疏中，剖析分明，皆絶不相涉者。盜嫂竊金，古今一轍，又何怪焉？某濫厠臺班，容容無所建白。寒蟬之誚，自知難免。然目睹凌轢訾譔之形，攻擊排躋之害，國體言路所傷實多，是以寧爲緘默，不敢隨聲而附和也。日者區區兩疏，亦知天聽甚高，叩閽難報。乃一片血誠，不能自已。方愧拾人唾餘，有如塞白，臺下何譽之過耶？

與錢梅谷侍御春

繡斧按部三湘七澤之間，計車轍馬迹且半矣。所至澄清，寧顧問哉？盈庭議論，又復紛紛。不意雁行之好，遂尋同室之戈。寤言思之，每懷永嘆。但恐交戰不已，定有玄黄之傷，爲之奈何？

答楊弱水侍御鶴

弟雅性木强，不能隨俗比周，依人進趨。而老年丈直節孤標，亭亭千仞，屹然砥柱中流，是以弟慕之敬之，直仰爲儀刑，匪止謬托肝膽已也。如蘭之契，千里同室，又何必結佩聯鑣，始爲快乎？向來諸宵人爐亂朝政，欲盡驅異己，獨據要津，扼天下之吭而使之屏息。惟命我同心二三兄弟，雖日夜疚心疾首，思折五鹿之角，奈燎之方揚，寧或滅之？今幸社稷有靈，衆正吐氣，是非黑白漸已分明。但小人之計甚深，交甚密；而君子之黨甚散，意甚疏。恐一旦伺釁而動，禍且不測。邇日未即發難者，坐慣於李民部一疏爾。異時之事，責在我輩，將誰諉焉？

答張憲松侍御至發

國事至今日，乃否泰一大機關。所幸衆正協力，讜論滿朝，即有力神奸猶不敢顯試辣手，然其心豈須臾忘郢哉？鷹犬輩當先效力，逢人搏噬，伎倆固有限也。但啓主上不信言官之心，異日中外交構，局勢一成，將有不測之禍，乃大可憂者耳。前者小疏，不過從老年丈昌言後，效一臂之力，豈足爲輕重哉？我輩持論雖正，而交甚淡，防甚疏，事至則言，事過則已。彼其之子方朝夕密謀，伺隙而動，恐正終不能勝邪。況敢言如年丈輩者，皆已次第出都，彼視弟等，若發蒙振落耳。憂心如焚，何以捄之？休沐之念，實出本懷，若萬不得請，亦當勉赴闕庭，竭區區以報聖恩也。

與賈鳴寰儀部

別諭，言言肝膈，非親家不肯爲此言，弟非于親家，不得聞此言。把玩再四，感刺心骨。然弟竊有區區之懇，敢以瀝白。

弟自思叨蒙聖恩，拔置言路。拜官以來，容容碌碌，曾無一言及于時事。似乎首鼠兩端，偷保祿位，足以感激公憤，遂上此疏。止知爲朝廷擊奸邪，爲國家明公論，遑念及他？前小札中所云有人不喜者，亦以意見之不同爾。不虞其遂疑弟爲指刺，爲有嫌也。弟疏見在，末後一段，包者自廣，豈偏指一人？且言官論事，必有嫌疑始假公以濟私，待人亦太淺矣。蓋弟所指干李諸奸，中其隱痛，遂不覺徵色發聲。所云"爭爵位"一語，非其本心也。

又曰弟"信人挑激"。是何言歟？夫挑激人者，必詭秘狙詐之流；受人挑激者，必莽撞愚魯之甚者也。弟平日與人寡交，在都門日，自董昆星、楊弱水、周句葱、李涵初三五人外，有經年不一面者。自信頗不比匪人。親家視弟，豈受人挑激者否耶？況弟除日得報，元日草疏。數千里外，即善挑激者，必不能飛至。而弟亦無順風耳也。弟即至不肖，亦且有鬚眉，稱人間男子，又得列侍從之班，奈何一人當路，便禁弟不得出聲耶？

來教云："立朝之日少，居鄉之日多。待親戚亦自不同。"此見親家用意忠厚之至。弟竊以爲親戚之間，若相傾相軋，此惡俗妒腸，非人所爲。如論國家之事，則不得雷同回互，何也？先公而後私，固有所重也。不然誰無年家，誰無親戚？若皆爲年家、親戚，誰更爲主上者？議論兩岐，稍涉一邊，便似左袒。是矣，顧天下無兩是之理，擇其可者，亦自不妨。親家但看今日議論不清，病根從何而起；攻擊不已，綫索從何而操？故攻潞河，攻東林者，未必皆君子。然而其心無所爲，其言公也。護潞河，護東林者，未必皆小人。然而其心有所爲，其言私也。公私之間，是非了然，天下清議誰能掩之？

若行勘、年例二事，小疏中"互有是非"一語，原自不偏。初時原云："廷弼可以無勘，而瑋勘之，此瑋之過也。乃交攻醜詆，使瑋不得安其位而去，則言者之過也。年例可以緩推，而煥推之，此煥之過也。乃交攻醜詆，使煥不得安其位而去，亦言者之過也。"臨發寫時，始删去此數語。以渭南知己而孫年伯亦攻冢宰者故耳。親家即此便見弟之論偏與不偏，弟之意薄與不薄矣。惟是弟生有傲骨，恥向人籬落間寄身，脚根底做人。快口直腸，未□爲時局中人側目。然弟惟有守此拙性，是非付之清議，得失付之造物耳。如使弟寒蟬自抱，望影占風，苟且功名，循資遷擢，雖三公九卿，弟亦視之若乞墦登壟，羞而不爲也。

直布胸臆，不覺瑣娓，恃愛若此，惟親家亮之原之。

與韋崧翹給諫蕃

方今言路日輕，清議如綫。然使二三君子秉心無競，協和共濟，國家之事尚在可爲。年丈真修真品，人望所歸，必有一段大力主持，以爲衆正嚆矢，邦之司直，舍年丈其誰哉？

與龍紫海侍御遇奇

弟前見朝議紛紛，大臣相率徑去，國體凌夷，人情騰沸，欲上"振紀綱、省議論"一疏。腹稿已成，再三思之，長安群吻方囂，而疏遠之人從旁解紛，不能息争，于似佐鬬已矣。俟其興盡自息耳。

與龍紫海侍御

役還，接手教，備見相念之殷，感切肺腑。邸報至，知榮代，吳年丈已得旨，喜爲鼓掌。年丈方欲移旌，而□者即下，機相符合，信不偶然，天下事何非數也。我輩次弟出疆，獨獻丹丈一人落後，其鬱懷如何消遣？南來不肯鰠華，後晤之期，又未可知。奈何連日炎蒸逼人，無處可避，因想山中，謖謖松風，潺潺澗水，枕石漱流光景，不覺神飛。秋來得代，且當偃卧林壑，不令張季鷹笑人。都中因起廢一事，又至大哄，國體言路傷辱已甚。弟以爲此時且當放寬一着，激則恐聖心愈疑，異日反難效力。劉掌科一疏而及三人，爭端將又從此起。一層浪息，一層復興，何日是清净世界耶？慨嘆，慨嘆。

校勘記

〔一〕"知長"，疑當作"短長"。參閲卷二十《答郭振龍侍御》。

〔二〕"答"，作"與"。

〔三〕"岩"，卷首原目録作"崖"。

〔四〕"哄"，原作"蒿"，據文意改。後同。

尺　牘

遼　事

答文受寰憲副^球

不佞入關未久，門下即有嵩祝之行。竊計春初旋軫，尚得一布腹心。政凝望間，而遼左之新綸下矣。覿面之思，又不勝彈冠之喜。匪獨爲知交私忭，實爲社稷稱慶也。

方今國家事莫急于遼，而亦莫難于爲遼。遼數年前尚無恙也，何一旦危急至此哉？蓋受病□深，須時而發。而年來又數易撫鎮，迄無成功。譬之尫弱之夫，剋期求起。今日更一醫，明日更一醫；凉燠之劑，互投雜進。病未必愈，而元氣愈傷，直至深入膏肓，有秦越人望之走爾。夫遼，以孤懸一鎮，四面受虜，計兵兵微，計餉餉拙。即良平之智，韓白之勇，無所藉資，亦安能空拳以搏敵？而論者猶侈口狼望之助，抵掌伊吾之烈，豈不謬哉？所論言之則可聽，試之則必敗者也。

今主上敕廷臣會議，百凡君子必有訏謨。然恐築舍盈庭，終無石算，趙營平有言："兵難逾度，百聞不如一見。"門下一人三韓，虜情盡在目中。以平日經緯之猷，酌臨時事機之會。伐謀伐交，議戰議守，自有長策。蠢爾諸酋，將屈首受戎索之不暇，寧敢飲馬塞下也？遼之復振，將在此行。不佞所爲社稷慶者此爾，區區何能佐末議耶？

與武夷懿憲副 文達

客歲，役車出上谷，過辱延款，登樓夜酌，出郊追餞。雅誼高情，不數平原十日也。既抵錦鄉，得聞新命。與張誠宇、韓太素對語，同謂必是遼左。及接仕譜，竟如所料，主爵者可謂知人善任矣。方今遼事岌岌，奴酋連合西夷騷動邊境，疲勞我師，志不在小。此酋窺伺遼土之心，蓄之數年，而未敢即動者，以北關爲梗，恐議其後也。若合四夷之力以攻北關，北關必不能支。無北關則開原危，開原危而全遼皆危，畿〔一〕輔有剝膚之憂矣。邇見張振海疏，凜凜以兵食爲憂。無兵無食，固遼今日大患，而尤患無人。有人，則兵與食不足慮也。門下數萬甲兵胸中素具，離兩虜之交，保全遼之命者，自有奇謀雄略，奴兒小醜只折馬箠笞之耳。

與黃梓山司馬 嘉善

謹啓：奴酋，一小夷耳。螳臂當輪，狡焉狂逞。台臺叩囊底之餘，自足取之。愚者千慮，何當芻蕘之采？而一腔熱血，常懷杞人之憂，不敢不聞之掌記。

夫今之論遼事紛紛，大約主戰者什七，主守者什三。然戰守原無定局，而亦不相離。能守而後可戰，能戰而後可守。但戰者夷之所長，而守者我之所易。則今日之事，當先議守而後議戰。守雖不能制敵，尚可自完，而徐規進取。若以不練之兵，輕試一戰。萬一有失，則邊疆之事去矣。此在老成謀國，深慮而熟處之，無搖惑于衆口可也。

蓋論事者大約有二：賢者恥封疆之辱，憤發而矢出塞之謀；不肖者規徼倖之功，摭拾而覬處囊之利，多紙上之空談，少行間之實用。台臺朗鑒高懸，自有以辨之。

若夫無兵無餉，誠難措手。而愚之所憂，仍在無人。度遼諸將，非不夙冒英名，矯矯自負。然以近日舉動觀之，誰爲今之韓白者？若秉鉞者無曲逆之謹，擁麾者鮮嫖姚之略，即甲士如雲，儲餉若阜，祇以藉寇兵而資盜糧爾。此在台臺深念之，且不欲盡言也。

至于調發川兵，尤爲失策。數千里赴敵，兵家所忌；而南人未嘗見虜，恐柔脆不支。且以一卒之安家行糧計之，從蜀至遼，當費數金。若調三四萬人，未得其一臂之用，已費三四十萬金矣。何不用此于北邊，募敢死士乎？而況調發之動搖，道途之騷擾，意外之變不可不慮也。

區區之見，要惟毋動爲大耳。在遠言內，似乎饒舌，亦恃台臺夙昔之愛，推誠相與，輒敢布其狂愚。

答江完素侍御日采

遼師不戒，又失開原。恐奴酋得志，益輕中國。萬一乘勝長驅，爲患不小。徵發之煩，方自今始。竭天下以救危遼，終必至以遼而危天下。日見大疏，述召募之擾，誠哉至言，定復有訏謨讜論，以紓國家之急也。

與趙澹含給諫興邦

前報代使入都，一函奉候，想塵記室。遼事告急，老年丈運籌帷幄，自有勝算。愚者千慮，豈足仰佐末議？但一腔憤議，不能自已，具在前後兩小疏中。

弟始謂奴無大志，且可從容圖之。乃今勢已岌岌矣，而無兵無餉，即韓白之勇，良平之智，抑將奈何？況新起諸將，弟即不能盡識，如杜松、柴國柱、官秉忠、劉鋌者，或親見其人，或熟聞其素，似不能制奴酋之命也。弟爲理官四載，繼役秦中，往來塞上，閱人多矣，無一可屬大事者。獨甘肅總兵李懷信，廉勇素著，沉毅有謀，視柴國柱、杜松不啻倍之；且束髮從戎，身經戰陣，嚮在延鎮曾以寡敵衆，摧破虜鋒。其年力方剛，麾下又多壯士，足當緩急之用。甘虜最弱，不足爲患，不如且移之援遼。

弟又思山海以西，直抵京師，無險可恃，又無屯□重兵，永平、薊州止一守備，兵不滿千，皆脆弱難用。薊鎮即有沿邊數萬之衆，又須分以防虜。愚意以爲，薊州宜另設總兵一員，爲京師之衛，稍分薊兵或班軍及兵營隸之，以備不虞，不知可否？此皆小疏所未及者，敢以并聞。

疆場之事，倏忽變更，而弟在數千里外，遙度妄談，知必無當。然亦區區樸誠，雖在外，不敢忘國事也。

與李涵初侍御 徵儀

物換星移，歲華又易。天涯兄弟，南北相望，軸杼之思，如何可言？聖曆彌長，振古未有。第天下事日就廢弛，而可憂者更在遼左。徵兵徵餉，竭海內之力以爲遼。而遼之當事者，未見畫一策，出一奇，規進取之計，但循習故套，糜費金錢，師老財費，不知後來何以繼之？

弟度經略必不敢出兵，所報師期，徒以虛聲掩飾，就使出兵，必不能濟。前日之舉，以數千人襲一寨，博六十餘級，以報首功，伎倆亦止此耳。況諸將中無一可恃者，杜松本匹夫之勇，又桀傲難使，而劉鋌之狡，李如柏之懲，總非鬭將，且權侔力均，勢不相下，進退不一，心志不同。爭功妒能之意多，而決勝捄敗之力少。以兵家所大忌，以李郭名將，而尚因九節度潰于湘州，況不及昔人萬萬者乎？至于兵力單弱，暴露疲勞，難以赴敵，又不足論矣。

年丈所云賄虜求和者，料之最審。但奴酋黠甚，恐諸人落其術中，將來決裂難收，此國家安危繫之，非細事也。

弟在遠無所睹聞，徒以臆決，恐不悉其情實。年丈忠心謀國，妙籌在握，幸不時爲主上陳之。

與趙澹含給諫

頃接手札，千里如面談也。計事期迫，日望新命。近得邸報，乃知明旨。以遼事久借運籌，主上神明，知人善任，信非臣下所及。遐方聞之，無不稱慶。

奴氛不靜，徵兵徵餉，竭海內之力以援遼。而遼之當事者尚借口川兵未集，虛擬師期，兵老財匱，且有清人河上之憂。然而出師之說，亦未易言也。兵不難于戰，難于戰而必勝；師不難于出，難于出而善返。聞奴巢去邊六七百里，其中山溪阨隘，林木叢薈，車不得方軌，騎不得成行，大兵必難徑進。奴薄險以邀我，伏莽以襲我，皆兵家所忌。而我師又卒未訓練，將不同心，紀律不嚴，號令不一，恐首尾不相揪，彼此不相顧，必無幸矣。

老年丈所云：「奴入，而我無以備奴；我出，而奴有以備我。」真不易之談。而使之計定後戰，尤萬全之策，善之善者也。此舉關係甚重，萬一有失，不惟禍在封疆，且憂在社稷，惟老年丈從中主持之。

與徐玄扈宮坊光啓

客冬，辱老年丈枉道數百里，臨奠先慈之壠，此誼當于古人中求之。山村雞黍，輆褻貴客。至今思之，汗淫淫下。接邸報，知年丈乞歸未得，已入長安矣。當繇往年運河冰結，停舟津門耶？若爾，則以迂道相過，遂滯歸程，益令弟感激難言矣。

弟以首夏抵江右，殫力拮据，苟完三府。顧以疏庸之才，當繁劇之地，恐不能勝其任而愉快也，年丈何以策之？遼左告急，廟堂之上紛紛言戰。弟以爲戰不難，難于戰之必勝耳。目前無堪戰之兵，無能戰之將，而以數萬不教之衆，付之暴虎馮河之輩，徼倖于一擲，萬一有失，善後更難。遼危則薊危，國家之事去矣。

小疏亦杞人之憂，不識有當于蒭蕘之議否？

與文受寰總制

雲中爲三晉北門，自款貢以來，百姓久不見兵革。然狼子野心，豈能終保？老公祖威靈赫奕，震驚遐荒，塞外諸酋自當弭首懾心，長奉戎索，豈獨臨邊郡邑永無驛騷？其自并冀以南，得帖然安枕者，皆明德之賜也。遼氛不凈，徵調方煩，緩急何嘗以一方而動諸鎮？似非長策，僅可暫一行之耳。神京右臂，顓倚宣雲之謀，當事者抑未之思乎？

答劉斗陽中丞曰梧

奴酋犯順、薊，亦實有戒心。然而征繕供億，無一非爲遼者，是薊先遼受患也。遼一日不静，則薊一日不得寧。萬一兵連不解，騷敝難堪，恐門庭之寇未除，而腹心之變先起矣。

答李夢白中丞長庚

遼事告急，登萊震鄰。徵兵轉餉，議者亦大張皇。所賴應變弘略，調劑苦心。兵發而無譁，餉停而不運，不至以邊隅之警，釀內地之憂，豈獨二東受福？功在國家，非小也。家君不過禀仰石畫，效宣布之勞，豈敢貪天工哉？然以家君之質悃，勤于修職，拙于取名，動不合于時格，乃獨爲台鑒所賞識，屢推荐于當途，此真所謂一人知己矣。

答沈泰垣中丞微价

奴酋發難，逆我顏行。撫順之敗，至于舉國張皇，公車章滿。惟台臺卓識深慮，洞悉機宜。而一得之愚，亦暗符瞻言之哲，然非當事者所樂聞也。彼人是哉？誰爲聽之？顧以今日觀之，徵兵而兵何在？議剿而剿何策？虜急則急，便欲以動天下之衆，與小醜争；虜緩則緩，姑且幸一日之安，泄泄從事。邇者邊報寂然，不識經略作何舉動。萬一墮狡酋術中，春風一動，胡馬重來，安危之機，決于一戰，恐事有不可料者。廟堂之上，奈何不深思而預策之也？妖星疊出，顯以象言。杞人之憂，日甚一日。台臺乃心王室，獨居深念，將無同乎？恃托臭味，敢布腹心。

答吴北陽侍御之皞

別日以久，思日以積。而山川隔絶，晨風不借，飛翰□從。邇弭鬮南州，日圖一介問訊，奈塵鞅勞頓，啓處不遑。想蜀道青天，年丈叱王陽之馭，當不減江上征人。顧猶念天涯兄弟，枉札損貺。巫峽峰高，寧足方此隆誼哉？勒在腑隔，豈其敢諼？遼師不戒，徵發四出。廟算乏策，輕聽一人之言，調西南萬衆，千里赴敵，兵家所忌，況幾及萬里乎？就使到遼，亦濟何事？而迫遣騒動，且恐有意外之變，不能不費年丈處置爾。

答王岵雲中丞在晋

遼氛不静，徵發四出，海内騒然，而東省更甚。蓋東省于京師則肩臂，而于遼則輔車也。調兵轉餉，内以衛京師，而外以援遼。遼事一日不寧，則東省一日不得休息。聞旱魃爲虐，赤地千里，東人何辜，疊遭厄運？而中州亦無歲，二省乃國家之腹心咽喉，關係最重。誠恐小民饑寒迫身，加以軍興之擾，盜賊群起，根本動搖，則天下之事去矣。語云：“莫患其外，且備其內。”此亦備內之時也。老年伯深識遠猷，綏和安輯，自有固結人心之術。桑土綢繆，寧俟陰雨之日乎？江右雖素號弱國，可免調遣。然加派之苦，民已不堪。正額日虧，內帑如洗。每與藩臬諸公相對攢眉，束手無策，未嘗不嘆先見之明，與夫濟時之妙也。還念并州，何以策□？

與熊芝岡侍御廷弼

癸丑歲，一候起居，迄今五易春秋矣。耿耿有懷，徒勞杼軸。台臺雲臥已久，而棘寺之請，尚爾中格，然亦有遲之數月，而渙之一朝者。主上不測之恩，固非旦夕所能定也。遼事敗壞，亦至于此。台臺在事時，奴酋帖然弭伏，豈敢逆我顏行？一旦猖蹶，遂不可制。蓋繇邊臣處置失宜，駕馭無法。彼謂中國無人，乃敢肆其狡謀耳。今即徵兵選將，先後出關。乃觀經略舉動，似終不能辦賊。而廟堂之上，輕以疆場之事付之，萬一有失，再難收拾，噬臍其何及乎？台臺熟悉東事，定有訏謀，不審計將安出也？

與商等軒給諫周祚

遼事告急，覆陷相踵。乃主上若以無事處之，悠悠忽忽，不知所屆。杞憂熬恤，率土同心。而嘉謨入告，未見報可。已當風雨飄搖之時，尚絀桑土綢繆之策，國家事有臣子所不忍言者矣。

答孫百六侍御之益

東事日急，聖心日緩。兵雖漸集，而堪用者少；餉已不繼，而設處甚艱。廟堂之上，泄泄沓沓，苟幸目前無事，且偷燕雀之安。塞草一青，胡馬將動。疆場之事不知所終，恐噬臍亦無及也。

答王虞石侍御<small>九叙</small>

遼事之敗，不待今日，而廟堂之上，仍復悠悠。議論多而實用寡，任用濫而鑒擇疏，征調煩而防制略，恐將來之事，尚在可慮。且看新經略出關作何動舉。勝負之算，固不在兩敵相當之日也。

與李祝垣侍御<small>嵩</small>

邇來國事益不堪言。遼氛稍緩，聖心愈怠。凡百君子亦皆悠悠忽忽，偷視廇之安，忘剝膚之戒。從來即甚衰微之世，未有如此景象。且徵發不已，海內騷然。但言增兵，而不言汰無用之兵；但言加餉，而不言省無名之餉；但知竭天下以爲遼左，而不顧因遼左以危天下；但爲苟且朝夕之計，而不思經畫長久之圖。其勢不至于魚爛鳥驚，鼎沸土崩不已也。嗟嗟瞻烏之嘆，豈獨昔人？此新亭一掬淚，不知于何處洒乎？

答郭振龍侍御<small>一鶚</small>

弟于役名邦，碌碌無短長之效。素餐抱愧，昕夕靡寧。今瓜期過矣，而代者杳如。秋風又動，鄉思撩人。吾家季鷹遺風可躡，不久亦將上章請沐，不使北山猿鶴久怨勞人也。

遼事初起，舉國倉皇，輕言撻伐，用非其人，致釀今日之敗。然至今日而猶無石畫，終日議兵議餉，而不議所以制勝之方，徒以徵發騷擾海內，恐國家之憂，尚有大于遼者也。杞人亦覺饒舌，但此一寸血誠不能自已耳。

答劉總戎綖

東事告急，麾下朝拜召而夕就道，忠于勤王，勇于赴闕，即古名將，豈能過之？閱條議萬餘言，無非石畫，知虜已在目中矣。但奴酋屢勝，宜有驕心，而遄乃按兵不動，豈真慴伏？或者欲致我老我，如鷙鳥猛獸[二]之技，不可不防。前旄已出關，臨敵制勝，自有長策，不佞無能贊一畫。遄策貴鄉諸武士，以先勝後戰之指，亦願以此佐末議耳。

與趙懷東侍御紱

弟別年丈七年所矣。憶昔燕市追游，便如夢寐人生，歡會那可嘗得。但此寸心往來，時如覿面。古人云：“千里比肩。”良非虛也。年丈留臺，聲望表表一時。蓋不獨直道清風，為時欽仰，夫亦真實心信于士大夫，自無人不飲醇爾。遼左潰敗，國家震驚，盈庭之議，幾同畫餅。往見年丈大疏，先得我心。奈當事者褢如充耳何，彼人是哉？我輩徒有杞人之憂耳。經略起自田間，意其才必有過人者，乃出關舉動張皇，不愜人意，恐終不能了此。而近以張承胤之恤，且以機鋒加弟，則其識量又可概見。國家安危在伊仔肩，亦可寒心也。弟自入江右，眠食安穩，但以年來積憂積勞，精血頓損，二毛種種，引鏡自[三]憐，誦張曲江：“宿昔青雲志，蹉跎白髮年”之句，不覺為之慨然。年丈遄想起居佳適，仍望加餐自愛。

與劉方瀛侍御廷元

年丈入朝，西臺生色。讀遼事大疏，精忠讜論，冠絕一時。方遼之初發難也，舉國張皇，爭議撻伐。弟謬以為不可，且料出關諸人不能辦賊，而當事者不謂然也。決裂至此，誰執其咎？經略本不知兵，肩此大臣，豈有四路進兵能不覆敗者？乃猶諉罪于杜松，而援街亭好水川故事以自解，何其大言不慚[四]耶？弟草疏時，尚未見此報，不然，必拈出此一段形容，使自愧死。今日若不另用一番人，而猶使此輩收敗局，遼事終不可爲也。李如柏之憊，馬林、官秉忠輩之庸，長安自當知之。若柴國柱者，亦僅偏裨之才，且有跋扈之氣，難于駕馭，必不可重任。眼中落落，獨見一李懷信，有謂王威堪用者，弟未識其人，不敢輕信也。弟在遠，見邸報不全，小疏潦草，知多未當。然亦有暗合大疏者，如引靈武與靖康事，此與年丈"僉壬南幸"之語正同。但臣子且不敢明言，而修近京關隘，但未便指居庸、紫荆耳。"楊低南城蘆溝橋"一語，意亦深長。敝省爲京師右臂，緩急可濟，不知當事者亦爲之備否？凡此皆我輩所不忍言，然亦惟可向年丈言之也。

與龍紫海侍御遇奇

途次拜翰貺之辱，潦略附謝。入疆以來，百冗如蝟。□馬久不報，懷歉殊深。弟素性疏懶，兼以山居日久，□焉自放。乍理薄書，憒憒莫辨，手目亂營。一月之內，僅了數案，拙人之效，亦可見于此矣。年丈素愛我者，何以振之？

奴酋躙入遼左，突陷孤城，大將提捄援之師，纔一交鋒，全軍覆没，遼事已不可爲。遼危則薊危，而天下事有臣子不忍言者矣。即今京師戒嚴，徵兵選將之議，盈于公車，政恐議論多而主持少，終成畫餅，竟亦何益？

且興師十萬，日費千金。今司農束手，而發帑之請，主上猶有吝心。其他若"補大僚"、"催考選"諸疏，依然停閣，嗟嗟！如此景象，可不爲寒心哉？

我輩受國厚恩，邊疆多事，正宜效一臂之力。奈奉使在外，即志切請纓，謀矢曲突，亦付之無可奈何而已。杞人之憂，年丈以爲然否？

與田雙南侍御生金

潯陽使還，得年丈手札，如面晤也。法駕行部，想先聲所至，江山震疊，而吏民之承風仰德，不待言已。豐鎬王氣，不將增而壯耶？頃從邸報中讀遼事大疏，洞切事情，其于經略，不以糾而以諷，更見忠厚正直之至，覺弟之參駁，稍露形迹矣。然而今日之事，政未盡言。邇來邊報寂若，其中必有機彀，或者陰與爲市，而圖苟且結局，徼倖不戰之功。萬一墮狡奴術中，誤國之罪，此輩之肉〔五〕其足食乎？

與徐玄扈宮詹光啓

嚮從包撫臺奏使得老年丈手札，嗣無顓役入都，久未裁報，歉歉。年丈以經濟長才，膺簡閱新命。讀大疏，區畫精密，胸中具有成筭，將使棘門兒戲之軍，皆成河陽變色之壘。以此卒戰，一可當百，何憂逆奴哉？然弟竊有所慮者，則以事權之不專也，錢糧之不敷也，召募之難遽集也，工料之難猝辦也，造作之難應手也。有一于此，事便難就，功便難成，而況兼之乎？今日人掣吾肘，而異日吾藉人口，從來真心任事之難，蓋如此矣。

年丈後兩疏，已洞悉端委，而竟無應者，且奈之何？年丈既已爲舉朝推轂，膺主上特簡，一肩鐵擔，斷無住手之理。然就今日事勢觀之，所需錢糧工料，不惟目前難必，即遲以歲月，亦必不能如意。弟以爲年丈當再一酌之，物料且取之近地，簡選且□之見兵，衣甲、器械且造其中等。待行之稍有次第，而後漸漸推廣，庶乎取材易而見效速。不然日復一日，人既痛痒不相關，而我名與實兩無着，此局何時結耶？弟于年丈誼則伯仲，情逾骨肉，不敢不竭其愚。

答賈鳴寰大參之鳳

遼餉轉運，半倚津門。親家以長才肩此重任，三軍之命實倚賴之。年來造船、募卒、儲粟、括金，千頭萬緒，亦千難萬苦。非親家計畫周詳，綜理微密，蓋未易辦此也。功在封疆，譽在廊廟，某且慶之仰之。但當事者不深維長久之計，且屯且守，坐困此酋，而十八萬之師拱守而仰給內地。毋論蛟宮蜃島，風濤險惡，不可屢試于不測之途，就使舳艫無恙，往來如織，而海內民力竭矣，飛輓豈能嘗繼？萬一有方千里水旱之灾，此百萬之糧，何處收買？三韓將士將坐而待斃乎？抑不肯坐而待斃乎？此事督餉當力爭之，奈何其首鼠也？總之，今天下時勢，悠悠忽忽，言事者非有公忠爲國之心，任事者又無真實濟世之品，惟有聽天數之或剝或復，國事之自成自敗而已。流泉興嘆于胥溺，瞻烏預憂夫爰止，深計之士能不撫膺太息哉？

與李夢白中丞長庚

一聞新命，即圖遣賀，勞人鞅掌，不遑起居，坐成疏節，知汪度必相原也。遼氛不靖，饋餉艱難。老公祖膺茲特簡，總督軍儲，任重權尊，令行流水，當使飛輓如雲，肩摩轂擊，士馬起飽騰之色，軍中無脫巾之虞矣。然海內之民力已竭，而遼事之結局難期。歲額加增，久則難繼。催科太急，民且生心，恐根本之憂方大耳。且兵必有定數，而後餉可有定額。今當事者但言處餉，不言核兵。數月之間，已靡費金錢三百萬，而又日日招兵加餉，奈何竭天下之膏脂，填無底之壑，而老公祖亦安能獨任經營之勞，以供泥沙之用乎？局外之人，本不宜饒舌，亦恃老公祖夙愛，敢竭區區之愚爾。

與李載心給諫_{若珪}

國家多事，言路空虛。讜議忠謀，回天障海，惟老年丈是賴。誦大疏，諤諤昌言，砭泄沓之膏肓，刺頹詖之心髓，真可謂捄時藥石。凡百君子，當人書一通，置之座右，提醒羞惡之心也。東事結局，政未易言。當事者不思長久之計，但爲苟且之圖。耗斁海內以事一隅，恐外患未寧，內憂先起。而邇尚有持標本之論者，世豈有剜心腹以醫肩背，而人得無恙者乎？千慮之愚，偶與遠猷符合，但爲時所不喜聞耳。

答沈何山方伯_演

別來忽逾三時，每想道範清談，玉溫珠錯，恍然若侍下風，不知有楚山越水之隔也。晉民無福，得一仁人，又爲閩中奪去。然以愚見論之，老年伯經濟宏才，政當用之西北多事之際，奈何遽轉移耶？

遼師必敗，不待智者知之。而經略敢于以封疆徼倖，可恨也，尤可嘆也。善後之策，難更百倍。廟堂之上，發言盈廷，苦不得其要領，安得如老年伯訏謀遠猷，以靖夷氛而安社稷乎？天時、人事，湊合一時，不出今歲，必當有變。恐奴未必爲大患，而大患或因奴以起也。杞人日夜疚心，寢不安席，但恐猝然有不虞之警，天下事不可爲耳。

答周句葱侍御_{師旦}

遼事杞憂，人多笑爲迂闊。然以近事觀之，則出塞之舉，果未易言。但又轉籌之，竭天下之力以爲遼，而遼之當事者，悠悠歲月，不敢以一矢加虜。師老財匱，必將有變，恐患不在外而在內也。近聞有賄夷求媾之說，想智盡力屈，必出此下策。果爾，則誤國之罪不容于誅矣。

答陳松石中丞所學

方東事之初起也，發言盈廷。愚者千慮，舉國笑以爲狂，乃不幸而驗。然封疆之事，已什去八九矣。今奴已破北關，無復內顧，益得以全力圖我。倘果如諜言，乘我無備，以大軍向遼瀋，而別以輕騎斷三岔河，則兩城入虎口中矣。河東失，則東西諸城不攻而潰，破竹之勢既成，恐一丸不能封山海。奴若更連西虜，分入薊門，雖有智者不能爲謀矣。

答楊伍南侍御州鶴

自李氏鎮遼以來，養癰蓄毒，一旦潰裂，遂不可支。今河東半壁已去八九，一遼陽孤城，朝不保夕。倘奴以大兵壓遼陽，而以輕兵襲海蓋，則海蓋必不能守。又倘以正兵圍遼陽，而以奇兵斷三岔河，并遼陽亦不可守。河東失，則河西如破竹矣，一丸豈能封山海乎？惟苟幸奴不即來，我可乘而修備。至來春援兵大集，事猶可爲。但恐奴未肯歇手耳。

與楊弱水侍御鶴

遼事決裂至此，中外惟仗一經略爲長城，而人不同心，事不應手。今塞草已青，胡騎將逼，尚苦無兵無餉，不知寇迫遼陽何以待之？萬一蹉跎，大事去矣。而一二謀國者，止持腐爛之談，循拘攣之格，曾無有長才定力，聽涫築舍，視亂多指。如此景氣，看來有"載胥及溺"耳。

答丘鍾扈侍御兆麟

遼事初起，杞人有言，舉國笑以爲狂，豈意不幸而驗也？今遼尚未靖，而爲遼者已窮；遼之害未已，則害之因遼而起者，又且難測。而紛紛之議，苦不得其要領，天下何時得安耶？感開誠之雅，竊敢深談，不知有當否也？

答汪靜峰總制_{應蛟}

國家自有夷患以來，老師親履山海，選將徵兵，繕城〔六〕搜乘，所以爲遼者至矣，而尚不免悠悠之口。天下事旁觀易而當局難，夫兵機在兩陣之前，而遙制于千里之外，雖鞭之長，能及腹乎？況當事者專恣雄行，違衆用獨。始既不與同謀，終安得爲分過也？今老師已得請而歸，浮雲世事，自可付是非毀譽于度外。然夷虜交訌之日，一旦自撤萬里長城，深惜廟堂之算左矣。

答韓晶宇中丞_濬

今之恒山上谷，古之馮翊扶風也。内以擁護王居，外以聯絡侯服。朝廷所托重恃力者，自不與他郡國等。卜有警急，徵發必先。況以逆奴之荐食，烽火徹于甘泉。京師戒嚴，人情搖惑，非借三輔之衛，何以奠九鼎之安乎？聞台臺自受鉞以來，選將搜卒，繕城治兵，先事豫備之防，殆無遺策。以天之靈，社稷之福，萬萬無己巳、庚戌之事。即或變出不虞，有郤侯在近畿，知可"談笑靜胡沙"矣。惟是朝政日益廢弛，人心日益渙散，政恐國家之憂不在疆場，而在根本之地也。台臺以爲然否？

與房素中侍御_{壯麗}

當東事方棘，某憂憤激切，至于終夜不寝。已得遼差之報，即勃然投袂而起，身雖在江右，而心已馳玄菟、樂浪之間矣。

上顧鄰初老師[七]宮詹起元

自客歲奏記函丈，星且將週。豫章望金陵，一葦可航；而一介之遣，遲遲至今，疏慢之罪，真擢髮難贖矣。老師格君大學，濟世弘猷，舟楫霖雨之望，海内久已傾心。頃者，夢卜肇舉，師言允協，亦謂夕推轂而朝宣麻，乃久覆金甌，猶然弄印。主上如不得已之心，信非臣子所能測也。某黽勉及瓜，簡書未報，又有遼左之役。奴氛日惡，軍實全虛，封疆之事十去八九。此時欲結既涣之人心，而振久衰之士氣，即才略過人者，尚難以設謀而計效，況庸庸如某者乎？然主憂臣辱，誼不敢辭，當竭駑鈍以效經營耳。

與衛桐陽司寇一鳳

留都王業所基，雖國家根本之地，急資彈壓，然以今内訌外潰之時，主上憂勞，群心惶惑，必得老成持重、識量過人如台臺者，後可以静鎮物情，戡定時變。想追鋒之召，即在旦晚間耳。某鞅掌經年，黽勉竣事，積勞委頓，倦鳥思林，政欲上章請沐。而當事者又以遼差相苦，奴氛日惡，玄菟、樂浪之境，半染腥羶，巡方之使，是亦可省。若爲視師而往監護諸軍，則戰守之事業有經略主之，是又爲附疣枝拇也。意欲控辭，恐涉規避。人臣之誼，事不辭難。東西南北，惟天子使，只須待命而行耳。

與鄒南皋廷尉元標

春初側聆誨言，忽忽數月。蒹葭秋水，瞻望一方。迹遠心邇，朝夕若杖屨之下也。朝家多事，扶危轉否，豈伊異人？龍德在田，蒼生引領。而當事者猶不能破拘攣之格，伸名世之用，豈天真未欲平治耶？遼事已成敗局，即付之國手，善後猶難。而在

廷諸君謬相委屬，侏儒負鼎，仔肩曷易？人臣之義，事不避難，
又不敢預陳控辭，但恐潰潰不能辦賊，有悮封疆耳。

與王虞石侍御九叙

于邸報中，見老年丈陳情大疏，懇懇款款，即翩雛苞栩之
歌，無以過之。今幸代者有人，南陔之思，一旦罄遂，何快如
之？弟與年丈同時入境，而不得同時受代。想主上不以遼差經界
庸人，故留中不發耳。然遼事敗壞至此，將吏軍民皆畏奴而不畏
法，即經略持尚方三尺，尚不能制，又何有于惠文彈治耶？弟自
揣往亦無濟，有如贅疣。但以人臣之誼，事不辭難，只得束裝待
命，不敢萌規避之私。年丈累疏策遼，洞于觀火，想尚有秘策神
機，望授迷人，以爲指南也。

答魏蒼水憲副澄

奴□匪茹，殘破三韓，且耽耽窺我海運，彼雖不能遠離巢
穴，遽涉波濤，然無恃其不來，恃吾有以待之。況青、登、萊一
帶，旱魃爲虐，赤地千里。又恐季孫之憂，不在顓臾；桑土綢
繆，自有長策。惟望鋒車亟發，以慰東人之望也。弟本非用世之
才，妄談時事。臆而幸中，當事者遽以遼差界之。雖監軍之責，
不過紀核功罪，用兵方略非所與聞。然同舟禦寇，利害共之，豈
得袖手？而遼則處處破壞，事事疏虞，人人畏怯，時時欺蔽。欲
以收既敗之局，破久錮之習，振已涣之心，折方張之虜，此豈一
庸人所能任哉？但不敢不竭區區，以報主上耳。

與潘澄源侍御澄

某江右之役，黽勉及瓜，軭掌爲勞，形神交瘁，亦圖早晚得
代，棲息林泉。不意當事者又以遼差相苦。夷氛甚惡，覆軍陷

城，勢如破竹。北關奴之勁敵，而二寨之剋，曾不終日。況我軍喪敗之餘，人人膽落，驅羊格虎，其能有濟哉？三韓之危，有如朝露。而薊門之虜，亦蠢蠢思動，兵單備弱，左支右吾，即智者莫知爲計矣。兼以北方大旱，齊魯梁趙之間，赤地若掃，流移滿目。而徵發騷然，人無寧處。危民易動，恐腹心之患，且起于草澤之中也。即以祖宗之靈，社稷之福，萬萬無土崩瓦解之虞，然以天時、人事觀之，似非宴然無事之日。如此景象，不至于大壞極敝不已，瞻烏之嘆，寧獨昔人哉？年丈忠心義氣，素切憂時。雖然衰經之中，當亦不忘國恤將，何以爲挽回豫備之策也？

答韓晶宇中丞潛

遼事偶爾弋獲，不謂遂有視師之擬也。昔卿子冠軍能策武信之敗，及自將捄趙，一奇莫展，觀望不前。天下事，旁觀易而當局難。自昔以言失人，類若斯矣，況某之庸庸者哉？雖戰守之事，自有主者，監軍之職，不過在較簿書核功罪，然同舟遇寇，利害共之，安得緘口袖手，退處于寬閑之地？則是役誠難之矣。才力既不能勝，分誼又不敢避。中心杼軸，莫知所裁。主上允而不發，毋亦懸以待能者乎？豫章故非用武之國，材官、俠少鐵中錚錚者，間亦有之，然多文弱，僅能操弓持矢耳。黄掾頗有志向，願效軍前，若幕府需人，便當遣往。蔡術士者老矣，聞台檄物色之，猶有據鞍顧盼之意，但未深叩其藏，不敢遽引薦也。

答劉石閭中丞一焜

某周爰大國，已再歷秋霜。而悠悠忽忽，止疲精于簿書塵鞅間，至于官方之汙廉，民生之休瘁，關切大利害者，曾不得其要領，有負地方多矣。輾駕將旋，微軀久憊，方思伴松筠而友麇鹿，苟遂幽閑，遼之役真夢魂所不及也。奴氛日惡，以北關之勁，而一鼓夷滅，曾不崇朝。遼之將吏鼠思泣血，遼之士民鶴唳皆兵，惟以一走爲上策。人心如此，軍情如此，寧待交綏而後決哉？且經略握尚方劍，誅殺自如，猶不能定，又何有于文吏繩墨也？某此行知必無濟，乃主上猶弄甲久之，意愚而無當于聖心，懸以待能者耳。

答駱沆瀣侍御<small>駁曾</small>

東事急矣，開鐵既陷，遼瀋孤懸，破竹之勢，恐非住手時也。經略膽氣，誠足辦賊，然兵微餉絀，徒手搏虎，能有濟乎？若某智術淺短，才不逮人。而當事者輕以此役相畀，辭恐涉于規避，往又不能仔肩。進退維谷，莫知所裁。昔人云："肥者應客。"今班行之內，英傑如雲，而使于車載斗量之輩，奴酋聞之，不將益輕中國耶？然而主憂臣辱，敢不勉厲有竭力以效劻勷耳？

與房素中侍御

某積勞委頓，倦羽思還。惟望弛于負擔，棲息林莽。不意謬承噓拔，題改遼差。封疆多事，主憂臣辱，政同仇戮力之時誼，豈敢以病請？但從江右至敝鄉，幾四千里，敝鄉至山海半之。此後天寒晷短，跋涉甚難。而某復有太母在堂，望九老人，三年離別，過家之日，便□絕裾，又恐有稽王程。前題差疏，既免候代，則某□□册完，亦無所事事。淹留境上，虛費光陰。倘仗台鼎于催疏中，或得"沿途候命"一語，下札催促，則某可報命遄發，公義私情得以兩盡。感戴明德，當銜結矢之矣。

校勘記

〔一〕"畿"，原作"機"，據文意改。

〔二〕"戮"，原作"戰"，據文意改。

〔三〕"自"，原作"目"，據文意改。

〔四〕"慚"，原作"漸"，據文意改。

〔五〕"肉"，原作"内"，據文意改。

〔六〕"繕城"，字迹漫漶，據後文《答韓晶宇中丞》辨識。

〔七〕"老師"，卷首原目録無。

張忠烈公存集卷二十一

尺　牘

西巡公事

茶馬報代

某材質駑鈍，承乏茶馬之役，夙夜冰兢，深懼不稱任使，爲簡書辱。銜命而西，已于仲春之朔，入關受事矣。顧念三藩遼闊，馬腹難鞭，百務芬糾，鉛刀鮮割。況年來茶法雖已疏通，馬政猶然廢敝。若難收圉牧之良，亦虛失和戎之利。某雖勉圖自效，不敢告勞。而智力淺短，終虞困踣。若台臺矜其愚蒙，時賜督誨，使某得禀仰驅馳，不至隕越，造就洪恩，直與高厚並矣。

送閣部院揭帖

職入境三月，例有論刺。雖大計之後，澄汰無遺，然有其舉之莫敢廢也。謹循往例，糾劾三人，具揭呈覽。皆據道府之開報，采士民之公平，職不敢以一毫私意參于其間。大約三秦吏治，法令雖密，而循良實鮮，總繇鄉貢多甲科甲少耳。夫秦當稅璫肆虐之後，民窮入骨，而邊方更甚。職度隴而西，目睹原野蕭條之狀，小民憔悴之形，爲之食不下咽。即得良有司以撫治之，猶恐有離散之憂，況長吏之非其人乎？小疏中亦曾言及，爲秦民請命，是在台臺主持耳。

復固原道

承教官評領悉，三篆兼攝，諸務旁午，未免勞神。然八面宏才，到手自無難事，非盤根錯節，何繇別利器乎？前所議，業遣一力相促，三令中用一緩二，已在不疑。門下衡鑑在握，主持素定，何須反決之府廳？府廳各爲其屬，彼此觀望，互相推委，然容不肖之吏，以博長厚之名，不佞亦爲各官不取也。筆札往來，動輒經旬，坐廢時日。若事果可已，不佞何瑣瑣苛求？惟是往例具存，簡書可畏，兩府可以無人復門下，門下可以無人復不佞，而不佞敢以無人復主上耶？

復[一]鳳翔韓司理

日者望教之殷，目幾欲穿，已遣一力相促，得來文鞹然喜曰："庶其有以復我也。"啓之，又是空函，大失所望。夫不佞非苛求于兩令也。聞之道路，采之衆口，一一相符，而後乃物色。今門下亦云："其才不足矣。"盗發而不能制，賦逋而不能徵矣，兩人本色業已盡露。催科拙者猶或可原，若養寇殃民，尚可一日容耶？凡論官評者，雖先守而後才，然縣令縮尺一符，寄百里之命，才安可無也？無控馭之才，則傍多社鼠；無辯析之才，則獄有覆盆；無撫綏之才，則民憂星散；無剖斷之才，則事苦絲棼。以此籌之，才可少乎？不可少才者，必至以一邑而有數官，其害反更甚焉，此不佞歷察之而不爽者也。今日之事，已在不疑，望速廉一人實迹以示，慎毋略其大而徒拾其瑣瑣者也。不佞篋中非少此物，但不從道府廳開報而用之非法耳。數日之內，顒俟報音。

復苑馬寺

牧事處處留心，囙政修舉可跂而俟也。細閱馬册，惟安定、開城二監，較前季稍增，餘五監皆失原額，共計減馬二百七十四匹。夫一季之內，有倒死者，即有孳生者、買補者，豈有死而無生，有缺而無補耶？將生者之未盡報，而補者之未力追耶？牧馬以圖蕃息也，縱不能溢之額外，而乃至虧之額中，則各監官之不肯實心任事可知已。門下再與該道言，若同心共濟，不以秦越相視，天下事無不可爲者。

復苑馬寺

積穀原議，亦備賑一法，但牧卒窮已入骨，補馬且不能，尚可分外加罰乎？非門下體恤貧卒，不佞亦不得聞，此後將愈不可支矣。課駒、議官二款，必須題請。今日所急者，在先補騍馬。騍馬不補，駒從何來？如騍馬尚在者，自當炤嘗追駒，惟少寬之可耳。有騍馬已死，駒又不補，而仍種群內地者，則奸牧之詭避，亦爲可恨，須清察一番。果力不能補，將群外有力者易之，亦無不可。雖各軍樂群外而畏群內，亦不能顧其私也。前者查代牧一節，不知有頭緒否？此事行之已久，各監習爲固然，有一人而代三五人者，皆有所利而爲之，及今不一懲創，牧事終不可爲。此必馬政官精核之，方得情委，如委之各監，仍前虛應故事矣。所察倒死馬數，幸速見教，便于草疏也。

復關西道

前聞諸宗之變，心亦疑之。意韓藩即孱弱，不能鉗制，未必披猖至此。得來教，乃知其故。從來奸人煽亂藩國，未有不始微而後至決裂也。然王既曲諱其失，亦不必盡發其隱，此惡須徐剪之耳。所獲各宗，若呈內有名，空皮胎之類，即屬首惡，據此結局，事亦易了。如窮究黨與，恐生意外之變。操縱緩急，門下當自有妙用也。題否事在撫按，不佞不得主之。顧愚見以各宗雖聚衆搶掠，然止及一人，而未及士民；又隨解散逃匿，未大僨張。況事起有因，指授者又不可問。先勘而後題，似爲妥耳。

復關西道

亂宗已處分得宜，而劉相賓之死，尤快公憤。聞韓藩幼冲，政歸宫闈，此惡居中用事，蠱惑百端，宗民多罹其害，今日不除，將來必亂人國。孽厚怨深，鬼神固宜殛之，就其暴殞獄中，體色變異，死于毒無疑。然本惡挾親藩之寵，訊時又未拷掠，斷不肯倉卒自裁，是必有人致之。此一段隱情，亦須早爲勘明。不然後日終牽纏不了，且恐久而難明也。韓藩惑于左右之説，以一奴隸故，妄聳天聽，終歸一勘，此不足慮，徒以彰其失德耳。融熠迹似脱禍，陰實煽搆諸宗，甘心于謨垉兄弟，蓋亦嫉忌念深，不思其後，及事已决裂，乃欲湔洗，豈可得乎？且其平生皆僞竊賢名，傾與一書記聯姻，又何無行誼之甚也？會題撫按爲政，想朝夕上奏，不使單詞先入，王心無主，政諸宗觀釁之時，惟門下静以鎮之。

復莊浪道

門下真心强力，執三尺不少假借，固知不便于奸人，然奸人不便，善良之福也，群小蜚語，何足介意？倘有骫法作奸，如前所云者，自宜盡法繩之。若剪得一二巨憝，甚于狐鼠千百矣，惟門下留意焉。

答荆籲吾中丞

嚮聞祁弁冒番中馬，已托該道密察，尚未見報，今果敗露矣。小醜掠我畜牧，傷我官兵，法誠難赦。然使漢過不先，彼素受豢養之恩，安敢猖狂若此？祁弁之罪擢髮寧足數哉？隱匿番文，又屬欺罔。大疏參糾，至明至當。事關職掌，亦當有小疏繼老年伯之後，嗣容請教。番果悔罪，何足辱兵？只須以犬羊待之耳。

答荆籲吾中丞

火酋盤據西海，日益強盛，漸有輕中國之心，所未即顯，然爲逆者，非區區歲賞足餌其欲，蓋利于交通内地，與邊民爲市耳。然而狼子野心，豈能終保？燕雀處堂，可爲深慮，此亦綢繆牖户之日矣。大疏洞悉虜情，徹盡始末，所議六款，皆目前要務，後日永圖。法云："不恃其不來，恃吾有以待之。"正此之謂也。虜若渝盟，則西寧首當其害。而西寧兵力單虛，難備緩急之用。況衆寡而力分，顧此失彼，首尾牽制，即禦堵且不足，況責以斬馘驅除乎？虜衆號二萬，其勝兵亦我[二]數千。我之六千人，堪戰者慮不過數百耳。以數百當數千，勢必不敵。即有別路應援，而虜之倏來倏去，疾如風雨，又恐緩不及事。萬一釁起兵連，其憂方大。某之愚見，謂虜即掠番，未敢明與我抗，姑宜以術羈縻之。雖狄夷無狀，以謾語試我，犬羊之性何足深較？俟我兵已精，餉已足，險已盡修，然後明正其罪，聲言絶之，以戰以守，可惟吾爲欲爲耳。蒭蕘之見，智者擇焉，惟老年伯察而裁之。

復西寧道

湟中邊事日弛矣，而火酋耽耽内視，未肯俛首受羈索也。雖年來以款羈縻，苟幸目前無事，然亦只不入西寧，境上，甘涼、洮河之間，蓋無歲不被其踩躪，是有款之名，而無款之實矣。但酋方強盛，而我將士久不習兵。即中國長技所借以禦虜者，一無可恃，勢不能制其死命，不得不姑以款餌之。然後訓士卒，繕亭塿，治甲兵，以伺其釁，此虜不足慮也。來教所云："不忽虜，亦不畏虜。修內治以扞外患，務令可恃者嘗在我。"禦戎上策，莫過于此。湟中邊事，行將大振，跂予望之。

復崔副將

逆番造孽已盈，問罪之師似不可緩。將軍能獨斷行之，足見桓桓之概。顧不知賊縛我哨丁，意欲何爲？果爲海虜用命，斷我聲息乎？抑志在擄掠人馬乎？塞外屹嶇，林木茂密，賊又據險待我；主客勞逸之勢不同，我兵出易而入難，圖易而攻難，皆不可不慮。若欲剿之，須出其不意，疾雷不及掩耳，方可得志也。且大兵一出，必覆其巢穴，夷其種落，永絕後患方可。不然，徒取數級之功，貪一戰之利，恐師還後，賊復猖獗，逞螳臂以圖報復，邊疆方自此多事耳，惟將軍熟思而審處之。

復李參戎

兩地共事，抑何奇也。蘆塘雖鄰虜，年來無警，猶易防禦。聞彼處多閒田，可引水灌之。若能開墾屯種，爲功大矣。門下實心任事，知必辦此，但在行之有次第耳。

復安綿道

建昌之役乃始竣事，門下久在師中，芟平群醜，真可勞苦而功高矣。諸夷散漫嶺箐，窮兵搜之，亦未易殲其種類，且既已覆巢破卵，一二未殄者，不過偷餘息于岩洞間，寧敢復出爲患？必欲盡之，恐傷好生之仁也。

復李龍峰中丞

詔使且至秦府，禮官開呈儀注。某不能無疑，隨察《會典》，此迎詔嘗儀爾。然禮以義起，吉凶不同，有不可執一而拘者。夫今所頒之詔，乃大行皇太后上謚詔也。及察"上謚頒詔禮儀"：上皆素冠、素服，百官亦烏帽、素服、角帶行禮。朝廷如此，則在外可推。況梓宮未殯，主上必無御朝受賀之禮，爲臣子者乃以朝服舞蹈行之，可乎？此所謂非禮之禮也。區區愚見，謂宜具素服迎接行禮，在內頒詔儀。

復[三]李龍峰中丞

昨承台翰，適欲遣使請教，時方據案，匆匆遂以原札呈覽，未得另復，與尊指雖稍有異同，然疑而未安之心則一也。再簡邸報，禮部所題百官易服後，仍素服朝參，直至聖母殯祔後方從吉。則此時以朝服迎詔，仍覺未妥。古人有云：禮非天造地設，從人情而起。情既不安，則舊制似未可拘也。此中向來沿習成例，不過一稟之秦府，彼典儀官止知抄謄舊牘耳。臺下欲不嵩呼舞蹈，此可破膠柱之陋。愚意欲併朝服不用，亦推廣臺下之意耳。

校勘記

〔一〕"復"，原作"與"，據卷首原目錄改。

〔二〕"我"，似當作"有"。

〔三〕"復"，原作"與"，據卷首目錄改。

張忠烈公存集卷二十二

尺　牘

南巡公事

江右報代

壬子一别，六易歲華。懷企之思，徒有懸結。某病毁餘生，踆伏田間，自甘屏棄。不意承乏江右之役，簡書可畏，不得不勉强出山，畢臣子急公之義。已于首夏望後，入潯陽受代矣。顧念江藩名域，幅員寥遠。况值灾眚[一]頻仍之後，榷税紛擾之餘，民貧賦逋，法玩風澆，即才力兼人者，尚難施整頓之方，收輯寧之效，有如駑劣，何以勝任而愉快乎？倘台臺惠顧凤雅，錫之指南，使得奉以周旋，不至隕越，是所北望而焚祝者也。

答益王

大藩世有哲王以樂善循禮，爲宗盟之望。而邇來漸覺紛紛，緣諸郡藩不嫻《祖訓》，而左右或導之爲非，是以驕縱乃爾。殿下龍驤虎步，高下在心，王章家法，凛如斧鉞，誰敢奸之？若以家庭叔侄之分，便可越禮妄行，不秉約束，則朝廷之令亦不行于諸藩矣。今日萌芽雖露，幸未大張。殿下宣諭以禮法，使之自改玉改行，恪遵王度。如其護前不悛，以規爲瑱，至于過失彰聞，有干憲典，則執法者將操白簡以議，其後恐爲望國之累不小也。

答益王

　　大藩世有不殖令聞，重以鬱攸之變，帑藏空虛，國費浩繁，至于稱貸以濟，某非不知也。況清江、建昌二稅，乃前王所辭以昭德，聖主所賜以篤親者，又曷敢有靳焉？但遼餉告急，明旨留稅，概云：一年解部，則司農將按籍而取。似不容減于數內。復念殿下心在王室，誼切急公，尚且捐金助餉，則土木之費不妨少緩。是以與稅監往復，將二稅暫解戶部，俟他年補足，總不失十年之額，非敢扣除此一歲也。蓋留稅之請，在廷幾穎脫唇焦，始得俞允，恐此恩不可再徼。而遼士枵腹荷戈，日呼庚癸，多一分即得一分之用。此五千餘金，亦可濟萬眾十日之餉，是皆殿下之明貺也。若營建之需，只是遞遲一年，當與該監再議，于此後每年量抵，俟盈十年而止，則公私兩盡矣。

答益王

　　寢園禁地，林木陰森，乃先王靈旗出遊之所，何物奸民，敢尋柯斧？自宜以重法繩之。但恐愚民無知，世習大藩仁厚之澤，蒭蕘往焉，采樵誤犯，而守祠者或有他腸，故張其事，以激霆怒爾。以睿哲如神，左右斷不敢飾說以欺聽。然人心難測，門外千里，萬一有之，恐傷殿下之明也。事已付之有司，一勘便決，更祈詳察。幸甚。

答益王

　　"宗祿"一事，至煩睿諭者再，即下所司議之矣，俟相見更爲敦促。夫祿糧，其小者也。以大藩之崇禮修睦，世有令聞，而一二郡爵，敢于逆上下之分，違鈐束之條，凌夷之端，漸豈可長？宜殿下之力持之也。然宗親之屬，從來難處。縱之則驕蹇易生，制之又怨望易起。恩法之間，在殿下斟酌行之耳。

答淮王

展觀丹罖，荷錫清晏，又叠分上庖之惠，感何可言？承札諭領悉，此非獨殿下家事。蓋天地綱嘗，朝廷紀法所關，不得以私情曲護者也。殿下試回想，劫營竊寶之時，成何世界？彼于鞠育之恩，枕席之愛，已自斬然。而殿下顧不忍呴呴戀戀之私，殊不可解。子弄父兵，已犯無將，履霜當戒，況堅冰已至乎？至若傾城煽處，實維屬階。天下固多美婦人，何必獨溺一俳優也？事已上聞，皆當席藁待罪。聞嘗洪尚出入宮中，肆爲無忌，而首惡之翊銘，亦疏放未理，則何以服諸宗之心，而塞悠悠之口耶？頃撫臺委來商榷，某以殿下邇知悔悟，明嫡庶，遠嫌疑，庶幾有反正之漸，且須待之。如殿下翻然更始，還正嫡于同闈，斥寵孽于外邸，割私昵之愛，治翼惡之奸，正名定分，修身齊家，無壞高皇帝之家法，不負聖天子之恩寵，某等方稱頌之不暇，又何求焉？若私愛溺衷，堅執不返，非獨某等有言，内而科部亦自不能嘿嘿。自貽伊悔，恐不能彌縫其後也。仰見虛懷，敢以忠告，非獨執法之臣宜爾，實爲殿下國體宗胤計，惟殿下熟籌之，翊鋼等不法，即當檄所司治之。

答淮王

伏承令諭具悉，迫切至情，敢不仰體？惟是已奉明旨，豈能反汗？而天語嚴切，孰敢冒昧上請？且此事發端，原出殿下令旨，有司乃敢轉聞司院，按臣乃敢具奏天庭，今殿下盡反初心，委之群小，則令旨寶文具在，誰能竊之而誰敢假之？且殿下所護惜者，父子之私情也。而人臣所執者，朝廷之明旨，祖宗之憲典也。殿下即欲任情撓法，其敢抗朝廷之旨，違祖宗之憲乎？如

"越關具奏"一語，或殿下急不暇擇，然試度能得之主上乎？不能得之主上乎？恐又添一重過舉，再博一番嚴旨，無益有損，竊爲殿下慮之，是不惟不宜形之口，且不可萌之念也。況嘗洪怙寵肆惡，已無人禮。殿下試一迴想，擁衆劫宮之時，其心何所不至，于殿下父子之恩已絕矣。即無明旨，猶當以國法斷決，奈何猶溺呴呴私愛，不能遽割，使梟獍伏于几席，啓子弄父兵之漸乎？古人云："小不忍則亂大謀。"願殿下熟思之。區區之愚，不敢不直，非獨人臣執法之誼，亦以爲殿下萬年國祚計也。

答淮王

殿下變起宮闈，上徹天聽。主上以大義範懿親，不得不伸國法。禍水一除，亂原永塞。讀大疏引咎責躬，情詞懇切。是天啓睿衷，一朝開悟，誠社稷無疆之福也。

與政府

江右諸宗，懷不逞之心久矣。頃稍稍以法繩之，遂借事發難，蜂起鴟張。雖旋即解散，而紀綱體統業已大傷。及今不一重創，將來之變更有甚于此者。事情顛末，具在小揭中，不敢一語隱諱，亦不敢一語虛張。老師瞻言萬里，一經清覽，便見諸宗強橫凌囂之狀，隱隱有大難之端，必絀情伸法而後可以戢逆志，杜亂萌也。至限宗祿之額，復名封之制，尤江藩今日急務。清源防患，無以易此。不然冒濫日多，嘗祿不繼，財竭而無以應其求則必爭，人衆而無以制其欲則必亂。至于爭與亂而後圖之，斧柯之尋，爲力倍難矣。伏乞老師鑒察主持，以振國法而肅宗政，紓民力而銷禍萌，豈獨江省受無疆之福，即宗藩亦得沐均安之慶矣。

與禮部禮科

謹啓：江右宗藩，驕橫不奉法，其來久矣。頃者借事發難，突爾披猖，雖暫譁即定，而躝臬司，辱憲使，紀綱法度業已蕩然。蓋繇某望輕力薄，不能彈壓，故決裂至此。蔾藿不采，深愧斯言。然而諸宗習驕縱之風，處凌囂之地，又無鈐束之親藩，捍而難馴，紛而不可戢，橫流必決，亂蜂肆螫，蓋勢之所必至也。及今不一大創，尤而效之，長此安窮，將來之患更有不可言者。事情顛末，具在小揭中，無一語隱飾，亦無一人誣罔。伏望鼎力主持，從重議處，禁錮降革，庶足示懲。若以天潢之派，稍從寬政，則益長其驕橫之心，更不知有朝廷之法矣。至于“限宗禄”、“復舊制”二議，自知越俎，然宗禄之額不限，名封之制不復，則冒濫日多。冒濫多，則宗禄愈不給；禄不給，而大難必因之起。捄江右今日燃眉之急，與異日潰癰之患，計不得不出于此，非敢爲紛更之説也。若請封之期，藩司親驗，此則一得之愚。蓋諸宗多以庶代嫡，以幼代長，無從辨之。顧册內之造報可假，而當身之年貌不可假，一經驗視，真僞立辯，似于簡而易行。即外府宗室，無越城赴省之理，本地自有道府可驗，不猶愈于紙上之空文乎？區區臆見，自比蒭蕘，統惟裁酌。

與孫鑑湖宗伯

自去歲一函奉候，疏節至今，瞻戀之情，鬱積未展。方今海内困絀，首在邊儲，次即宗禄。而宗禄之困絀，又無如江右爲甚。蓋在他省或行限禄之制，衰多而益寡，或有壓放之規，積後以償前。是于不足之中，猶有補湊之法。惟江右禄無定制，宗日加封，以今歲出入之數衡之，溢額者幾五萬矣。而各宗按季支領，須臾不能待。應之稍緩，即群然而譁鼓噪之變，習爲固然，真三尺所不能禁也。向來藩司皆多方那借，以捄一時。然司帑非不竭之藏，無點金之手，至于今而搜括盡矣，計無復之矣。目前冬季將終，秋祿未給，諸宗環門呼籲者，驅之復集，不知將來又作何狀。若不行限祿之法，過此愈不可知，直至極窘極困之日，不測之變必因之而起，是可不爲蚤計哉？前貴部曾條議及此，未奉俞旨，或因他事不便于宵人，有從中阻格之者。兹因謀堅勘疏併申前請。伏乞老年伯鼎力主持，據揭題覆，斷在必行，以貽江右百世之利，造福于瘠土者無量矣。

送大計册

三載計吏，國家大典。台臺空鑑衡平，主持于上，凡百有位，何一不在炤臨中？區區暗汶，亦何足以佐末議？然而功令森然，敢不祗承，屬内諸吏，亦既耳而目之，輒程量殿最，妄加品題，除穢迹顯著、法在必汰者，具疏以聞外，餘備列册揭，仰呈台覽。極知巧吏多端，愚衷易眩，其遺于聞見之外與淆于臧否之中者，必多未當。不明之罰，無所逃罪，然亦恃朗鑒高懸，日月之明，自有以燭爝火之不及也。

答陳信吾憲副

自揣憒憒，蚤負大邦。拮据雖窮，纖毫無益。"慮囚"一節，心所未安，亦必再四推敲，以求生死無憾。是以諸郡讞獄，平反頗多，但恐有屈抑之冤，非敢博寬大之名也。伏蒙許可過情，毋亦愛之深，不覺譽之溢乎？

答鄒南皋廷尉

運卒僉報之苦，湖關抽税之害，言之可爲流涕。仁人君子痌瘝切身，蓋不止爲桑梓計也，況有地方之責者，坐視納溝而不一引乎？何以副簡書之托，謝素湌之誚哉？承教運事諸議，已纖悉無遺。今日所急者，先在清軍民之籍，定貧富之等。籍清，則扳害不及于貧民；等定，則挨運不煩于僉擾。十年一造，按册了然，民間無名之費，弁役無涯之求，盡可杜絶，此治本第一清源之義也。至于運船官造，是亦一便。如台教，責成役匠，損壞者令之陪補，自不敢以苟且塞責。顧此輩小人，止顧目前，遑恤其後。且凡物繇官造者，畢竟不及民間。而衙役之乾没，召買之騷擾，交領之需求，皆所不免。況五年間，時異勢殊，官或遷移，匠或死徙，則又無從而問之，是不可不深長慮也。惟"津貼"一説最善，而可以久行。在舊軍固利其贏，即新軍亦省其費，即當檄所司議之。

答李懋明侍御

別六載而始晤，晤一夕而復別。離合之感，豈能自裁？然而聯席清譚，通宵不倦，況又高人滿座，勝會奇逢，則一夕真可當千秋矣。別來簿書鞅掌，未及報謝，復承手札，戀戀故人，高誼殷渥，章江寧足較淺深哉？運卒之苦，至于破家亡身，捐親戚，棄墳墓，聞之可爲流涕。及今不一更弦，久之不惟累民，且恐壞運。鄒南老見教諸議，已悉委曲，俟再與諸司商之。來教所云："必先恤軍困，而後可除民害。"此不易之論也。湖税分收，既可禁暴征之害，又可脱風波之險。一轉移間，利賴無窮，可不再計而決者。但此事犯手，卒難變更。昔年税監曾疏請差官，已有明旨。後兩院持之，竟未奉命。且逼逐其差役，不容停泊，于時費許多調停，方得寧貼，然其心未嘗須臾忘郢也。移之南昌，政湊其計，若復執前旨爲詞，則無以塞其口矣。容弟至省相機而行，倘可爲民除害，敢愛區區？

答豐城鄉紳

承諭兌運事，弁卒之橫，解戶之苦，可爲痛恨，可爲憫惻。不意門外萬里，有所不聞不見也。當交兌時，某每見各官，既諄諄戒諭："斷勿使溢於額外。"間有逾八十石者，即切責之。而糧道及各郡倅，亦以爲今歲較他歲少減，奈何貴邑溢數至此，豈道府乃面謾耶？抑亦未之察耶？來教謂："炤楚中例定爲八十石。"固是。但今止依七十八石，成規猶爾，私加勒索，若明加至八十石，浸假而往，便將執以爲例，而私加者又日增矣。楚中事宜可謂詳悉，此中禁約條款，不啻倍之。未開兌，先即榜示通衢，蓋亦三令五申，而無奈習俗之悍也，奉行之不力也。總之，不惟其法惟其人，若監兌者，必躬必親，勿厭煩瑣，則衛弁自不敢需求，運軍自不敢橫暴矣。官收官解，行之已久，閭省如一，貴邑何獨不然？須治其一二梗法者，與民更始也。

答安福鄉紳

錢糧未輸之官，則百姓之責也。若已輸而運發，則解官之責也。解官失銀，自當問之解官，于百姓何與？若復攤派民間，則凡部運者皆可托水火、盜賊，私侵官物，待民陪補，陪窮黎民之腦髓，充奸吏之囊橐，世間無此法也。貴邑加徵之議，未見申文，萬無此理。瘠土貧民，遼餉加派，已自不堪，又何代貪尉苦償耶？

答南昌鄉紳

相之言佶佐非將軍子也，纚纚可聽，亦謂非其種者，鋤而去之，豈意其有他腸耶？鳥之雌雄，通國有口，相一人安能掩之？即令二子有呂牛之疑，彼褓抱中物，真爲將種，更不得指爲假也。一脉固在，若敖其不餒矣。干戈琴弧，彼亦焉得據之？一二逆奴，容驗實付之于理。

答鄒南皋廷尉

先生一字不輕假人，一言不輕許人，海内誰不知之？劉將軍家事，其假借與否，某未之知。但伐國不問仁人，而先生自愛其鼎，肯徇悠悠之口哉？此事初起甚細，一有司可了。無奈二三大老持之甚急，致一郡中，袒分左右，情如水火。以不干己事，傷士大夫之和氣，某輩亦難措手。惟俟公論自定，聽後來之處分而已。執法之咎，但有自反。

與陳中素侍御

江右之事，日異月非。官民已盡成蕭索之形，而上下相習爲處堂之娛。某即憂心如焚，日思振起，然候代之人，亦皆五日京兆視之，令之而不從，呼之而不應，不知將來流弊，伊于胡底？大抵今天下處處空虛，事事玩愒，不獨一江右爲然，而江右更甚耳。

與王岵雲中丞

江右自老年伯去後，事勢日益不同。加賦未充，正額反縮。目下宗禄逼手，而藩司苦無以應之，不知將來作何處置。至于核兵而單弱大半，修備而器仗全無。當此脊脊多事之日，豈可爲燕雀處堂之娛？而有司漫不經心，即下令簡除，祇以虛文塞責，且有經月不應者，真無法莫如江右也。

校勘記

〔一〕"眚"，原作"青"，據文意改。

尺 牘

西巡應酬

與孫藍石總憲

役車過仙里，得侍几杖，猥辱老師折節先施，開筵命酌，側聆誨言，不覺夜漏過半，真可謂醉酒飽德矣。老師所論時事，皆極公極平，仰見太虛之衷，有如皎日。彼以小人之腹度君子之心者，多見其不知量也。天下事總被此輩壞，却分曹立偶，各恣胸臆。己本爲黨，而反指人爲黨；自己爲黨，而又欲人之入其黨。一言不合，便視若仇讐；一言偶合，便借爲口實。不合則拒之，使不得入；而合又挽之，使不得出。究將使舉朝之人無不點汙，無不傷殘。"載胥及溺"，此之謂也。誰生厲階，至今爲梗？不能無恨于作俑者爾。老師碩德重望，中外具瞻。悠悠之談，何能磨涅？少俟浪靜風恬，蒲輪自當首及也。

與許少微副院

接邸報，見台臺爲南臺誣詆，慨嘆者久之。夫台臺生平譽望，立朝事業，海內士大夫無不傾心信服，而不免爲人揶揄。含沙者不擇影，何足怪也？從古聖賢豪傑，抱至德而受詬侮者，亦自不少。以今觀之，賢自賢，佞自佞，一時悠悠之議，曾足爲有無否耶？主上眷注方殷，台臺當爲國勉留。若必以決去爲高，猶□介意于浮言，職知休容之度，斷不如是也。狂瞽之言，惟台臺采擇焉。

與黃梓山總制

接邸報，見大疏請告，果玉體稍違和耶？社稷倚重之身，天地神明實護呵之，想不須藥餌扶持也。主上寵眷方殷，海内瞻注正切。三陲重地，萬里長城。遽欲從赤松而遊，恐不可得。惟爲國自珍，以慰群望。

答黃梓山總制

聞玉體小違和耳，不俟枚生《七發》，當已霍然。三陲重地，安危係于一人。元老壯猷，素爲夷夏所信服。折衝千里，屹然長城。廟堂之上，安肯令范老去西邊耶？即大疏下部，主爵者必懇留也。

與黃梓山總制

不佞某嚮以大疏雖下，主爵者必申借寇之請，接邸報，果見綸音慰留矣。某彈冠之喜，百倍恒情。蓋上爲社稷，下爲封疆，不獨一人之私慶也。玉體想平，秋風將動，胡馬欲嘶，祈蚤臨轅門，以慰軍民之望。

答黃梓山總制

聞旌麾已指靈池。元老臨邊，胡奴膽落，當遠徙穹廬，尋穴不得矣，寧敢飲馬長城下耶？

與崔瑞軒中丞

不佞某疏庸無似，承乏此役，所恃托在同舟。奉令承教，可幸無罪。乃入關之始，老公祖即已厭薄蝸角，決志鴻冥。近接邸報，見已得旨。此雖主上優逸老成，不欲久苦以封疆之事。然而三秦父老，其肯令袞東歸也？倘可爲秦民請命，暫借寇君，不佞即駕，獨不能叫天閽耶？

答崔瑞軒中丞

常人榮宦之念濃，則得失之情重。謝事之意急，則邊疆之計緩。悻悻見面，不勝怨天尤人；悠悠杜門，遑恤廢時失事。台臺于名利之場，視之甚淡，而于國家之事，視之獨急。居一日，即計邊塞一日之安危；留一時，即圖軍民一時之利害。此所謂公爾忘私，匪躬蹇蹇者也。不佞竊敬之服之，奈何以"棄婦""逐僕"自喻哉？

答崔瑞軒中丞

今天下士大夫之患，在于操浮薄之議而不核真，博寬大之名而不任怨。是以軟美依阿、周旋世故者，譽言日至，而實心任事，不避嫌怨之人，且當起而議之，悠悠世情，可爲永嘆。老公祖直道清修，有耳目者無不聞見，而流傳之口，猶至失真，耳食之悞人至此，然于老公祖生平自無損也。語云："松柏之茂寒而後凋，薑桂之性老而愈辣。"不佞以爲老公祖似之。雨雪雖黯，見睍自消。暫返谷駒，終須蒲詔，寧得久臥東山耶？不佞幸託同舟，未得瞻對，生平仰止之私，終成寤寐，是亦緣之薄也。

與劉定宇中丞

鄉聞台臺爲今之韓范也，讀《圖説》一書，虜情邊計，較若指掌，即借箸而籌、聚米而談者，寧有加耶？至于畫戰、守、款三策，而歸于以戰制款，以守用戰，此尤百世不易之論，不獨可施之一隅、一時已也。從來任事難，言事易。豪傑之才，安邊境以立功名者，不知費幾許心力，經幾許艱危。而文墨議論之臣，操三尺管，從傍而齮齕之，呶呶不已。夫以余肅敏修築之功，王威寧出塞之捷，而當時亦不免忌者之口，又何疑于今日耶？然而議者自議，任者自任。台臺鴻勛茂績，固不因此少損，而銳志實心，亦豈因此少隳也？若夫"驅逐余黨"之説，乃一種陰險小人造爲此語，以搆鬭西北之人，而欲收漁人之利。台臺光明譽大，當不爲其所惑。恃在桑梓，敢以實告，惟朗炤垂譽焉。

答劉定宇中丞

古來立功固難，功成而享之尤不易。蓋必真豪傑，始能破庸人之格，樹創建之奇。而傍觀不解事人，乃操文墨而議其後；妬前搆禍者，又從而齮齕之，何憂市虎不成，慈母之杼不投也？台臺嚮在湟中，振積弱之卒，創方張之虜，三捷之勛，至今父老争侈談之。火酋雖稱桀驁，乃數年來不敢入西寧塞，非台臺餘威震懾之耶？某生也晚，不知當日議者如何相厄，然以十三逃卒而掩數百首功，不平甚矣。套虜嚮來驕横，無歲不思闖邊。自節鉞一臨，而小入小創，大入大創。若摧枯振蘀，一洗腥風。昔日偏試之湟中者，今乃盡展之榆塞。然昔以功而獲浮議，今以功而受殊恩，國家所以酬報勛代，自有時也。

答[一]崔振峰中丞

哱賊之亂，關陝震摇。魏碻老倉卒應變，運籌指授，已困賊穽中，功垂成而就逮。遂使勘定之略未彰，褒酬之數尚缺，此志士所以腐心，公論爲之鬱邑也。台臺采之衆論，述其生平，寫當日全城夷叛之苦心，雪後來獲譴沉冤之隱痛。纏纏千言，無非實録。主上覽之，未有不測然動念者。追録元勛，在此一舉。上以增聖德之光，下以愜通國之願，所係良非渺也。鹽池更府佐一節，費不加益，而事便什倍。此政通變之權宜，何嫌更張耶？捧誦兩揭，敬服至言。

答荊籲吾中丞

家嚴幸附驥尾，得稱雁行，祗以拙不善宦，通籍以來，浮沉中外者，逾二十年。髩間之絲滿矣，而尚有積薪之嘆。是以交情間闊，萬事疏庸。雖素所契慕懷想，如老年伯者，亦未嘗通尺一起居也。老年伯惠念同裯，損札下問，戀戀故人高誼，驅今古矣，感當何如？家音有便，即當白知家君，不敢虛乘注之盛心也。

與李龍峰中丞

往者徒景清風，未親道範。天作之合，得近大君子之光。生平仰止，一朝頓慰。某每嘆俗流世壞，士大夫相習浮華軟熟之態，以悅耳目而逢時好，顧安得如《羔羊》所稱節儉正直者，砥柱狂瀾，今見臺下乃真其人也。使處廟堂，楊綰丰裁，庶幾再見。今日用之三秦，即異日用之天下者耳。

答李龍峰中丞

行李久淹，尚稽修別。先辱寵貺，感當何如？詩道至微，未易窺測。某既乏才調，又鮮師承。偶有題咏，不過信口妄吟，若蛙鳴蟬噪，自洩其天，而不自知其音之戛戛啾啾也。伏承過譽，誦之溙然。大作的是詩家老手，結搆開合，法律精嚴，豈初學所敢望？更祈盡出新題，以爲迷人指南。

答[二]吳本如中丞

策塞南來，曾無澄濯之功，止有驛騷之擾。每一思之，食不下咽。乃辱鼎貺頻加，出疆未已，益重饕餮之罪矣。

與王壺嶺中丞

臺下爲國家鎖鑰北門，護安陵寢，勞積而功高。主上是以有節鉞之授，都人咸喜，戎有良翰。乃薊門之席未暖，而中山之篋已盈。悠悠之談，三至投杼，若是乎獨立之寡與，而偶俗之易容也。

上顧鄰初老師宮坊

嚮待詔都門，兩枉翰札。及太師母之變，某謹隨諸生後，申奠唁之私，托楊生代獻。嗣無便羽，缺焉起居。春秋迅疾，計此時，老師已從吉矣。讀禮之中，純誠靜篤，想道履安適，益過嚮時。老師山斗之望，海内士紳均切仰止。即今傾險翻覆之世，吹求齮齕，幾無完人，而談及老師，無不心服者，乃知公道尚在人間也。某譾劣無似，忝辱門墻。夙夜兢兢，惟恐隕墮，有負甄拔深恩。顧昔之言官易，而今之言官難。昔之言官，忠而見忤，即獲罪，主上未必譴斥；今之言官，直而見疑，一犯時議，且群起而逐之矣。黨與已成，排擊不已。緘口而容容，既非孤立，又磽磽易缺，涉世之末流，其難如此。某今奉使在外，且可付囂争于不聞。一意循職自盡，獨是才薄而任重，心長而力短，耳目隘而智識昏，兼此三者，又恐不能副簡書也，老師何以策誨之？謹馳一介，上候九如。

與孫愷陽宮坊

別來兩度星霜，不止三秋之隔矣。寤寐爲勞，何能縮地？老年丈差期已過，尚未入都，豈厭紫陌風沙，且遂閒園之適乎？玉樹森森，環遶膝下。年丈日授經史，耳聽咿唔，其樂何如？次兄春濤點額，想不欲先長兄着鞭，故以六月息耳。

與馮少墟符司〔三〕

山斗之念久矣。于役大國，得遂披雲，生平良慰。方今林下即多賢乎？然以不佞某所聞，真品真修，正己正物，不操月旦之評，不修標榜之譽，海內無識與不識，無不心服而推尊者，東南則南皋公，西北則臺下耳。乃主上不徵之廟廊之上，使馮翊聖德，光輔太平，標領士類，而厄之衡門、泌水之間，閉戶著書，銷磨歲月，天心良不可測也。某輩碌碌，反忝竊大官，入操風議，出效經營。是何異舍騏驥而駕駑駘，棄珠玉而抱瓦礫哉？真令人愧死矣。

答馮少墟符司〔四〕

學患不講，講學又患不真，不真反不如不講之為愈也。年來海內講學者，無慮數十家。然若老公祖與南皋先生之真者，實未多見。此非某阿私所好，蓋海內士大夫之公論也。小疏因時事并及之，蓋心悅誠服之言，豈足為老公祖重？而老公祖亦豈以人言為重者耶？翌日之約，顓領提撕，以開迷竅。虛往實歸，庶關中此行為不虛耳。公田助資，方愧不腆，又何當齒及也？

與李心白給諫

別來兩易歲華，有懷如結。年丈矯矯孤標，政當出入風議，衡決盈庭，而乃見色遽舉，曾不終日。遂使白駒有空谷之嗟，冥鴻絕池潢之顧。司直之任，更屬何人？然而暫遂龍潛，終伸鳳羽，卷舒之道，固哲人所以應時也。視蓄意金丸，饜腸腐鼠者，奚啻天淵哉？二三兄弟，屈指幾人？鵬池既抱疴于首陽，震夷又抽簪于林壑，懷東已南祝垣未起，獻丹且津津泉石之味矣。弟旦晚息肩，亦將請沐，臥烟霞而友鹿豕，不欲上長安道也。合也星聚，分也蓬飛。人生會散，良不可測，言之惘然。年丈歸來情況想佳，賢郎日益穎秀，晴窗一帙，其樂何如？幸有便羽，抒此積懷，戔伯箋戔，忘其爲菲。

與[五]龍紫海侍御

連朝雨，甚可人。千萬斛春愁，得天公洗盡，逐東流去矣。午睡抛書，聊堪自適。

與龍紫海侍御

別來不覺再旬，回念聚首光景，何可復得？不經別之苦，真不知合之歡也。古人以離群索居爲大患，弟愧處零落，不聞提誨，閒居寡營，漸成懶僻，不覺有蓬之心矣。時賜德音，砭我病骨，非年丈誰望焉？

與龍紫海侍御

聞憲節駐華州，聲靈新焕，震動關西。天外三峰，寧得獨稱雄峻耶？弟駑鈍下材，荷兹重寄，若小犢當輪，債轅之懼，日夕凛然。有年丈與獻丹丈，東西相望，驅策而扶掖之，若左造父而右王良，即走邛崍九折坂中，亦當昂首而疾馳也。但願年丈勿謂其不可提携，而棄之如遺耳。

答龍紫海侍御

入漢荷授餐之惠，中心感刻。雖未獲與年丈登國士壇，飛觴大嚼，亦猶引滿投醪也。旌節遂東，追攀無路。悠悠我思，漢之廣矣。不腆之將，以犒從者，敢云桃李相報乎？

與吉獻丹侍御

華誕屆期，箕疇斂福。弟遠羈異地，不得滿酌瑤觴，歌紫芝黃竹，爲年丈壽。躑躅徬徨，其曷能已？惟願益養天和，永綏繁祉，黃髮作朋，以壽民壽國耳。爰采南澗之毛，以代東方之獻。

與吉獻丹侍御

連日病甚，不能捉筆。今晨始勉搆一律，奉和大雅。但下里之詞，不堪與陽春白雪并奏耳，聊以供噴案何如？

答吉獻丹侍御

和歌深愧效顰捧心之醜，實未嘗以溺自炤也。夫邯鄲學步者，三年尚失之，而弟欲得之一旦，能乎？惟進而教之。

答吉獻丹侍御

兄也西指，弟又東行。若雁行中斷，相背而飛，漸看漸遠，還隔萬重雲矣。春意撩人，異鄉旅況，益復蕭索。幸釋担有期，屈指歸程，又不覺回愁作喜也。弟當以春半入省，了此一案，便駐華州候代。想我兩人報命，亦不相遠，頤望轔轔之音耳。

答彭嵩螺侍御

不佞某駑暗無似，幸附同舟。秦蜀雖遙，德音時逮，不啻朝夕左右，承色笑而步高蹤也。冬半當入閩中，滿擬紫氣南來，可于棧閣江漢之間，傾蓋晤語。接手札，知取道巫峽，輕帆東指，交臂而失，恨也何如？國事日非，盈庭莫決，中外方矯首跂足，望正人入都主持清議，何得有長林豐草之思乎？台臺且欲優游，不向長安道上，則歇後庸流便當早返山中之駕矣。

答楊弱水侍御

都門無旬不會，無會不促膝談心，尚有日隔之恨，乃今天南地北矣。望風懷想，對月凝思，悠悠我心，揚舟泛泛，即平子《四愁》，未足喻也。秋初，曾遣一介起居，計程尚未入越。忽接華札，飛墮雲間。披誦周環，喜心倒極。詢知來使，知道體安和，行部已半。貴差原自寬簡，而又以批導之手當之，益恢恢乎其有餘地。昔人謂："只須遊西湖，便可了公事。"今日當爲年丈咏也。吳越間故多佳山水，綵艦花驄所指，盡收貯年丈肺腑間。沉曠悠深之致，當益清遠，形之聲歌，又是一種異調矣。弟差事專務簡，頗亦相同。但道阻且長，隴坂蜀門之險，羌戎雜處之地，皆須經歷，車馬之疲勞，不若帆航之輕適；風沙之凋鑠，不若水國之逍遙，想像行旌飄飄然其仙也。

答徐若谷侍御

"蜀道之難，難于上青天。"信使往還，非數旬不達。而又奔走塵坌，轍不暫停。是以改歲以來，杳焉聞問，非敢自處于疏闊也。

與熊芝岡侍御

初入關，而臺下即有被勘之事矣。每見邸報一番，扼腕一番，幾欲上章爲臺下訟冤。顧念諸人布網方密，待人自投，若以身試之，便爲羅織，無益于事，而徒攖傍射之鋒，是以含忍至今。然而清夜捫心，竊自愧矣。夫荆之去，于臺下何與？梅氏之案，于湯霍林何與？批駁自批駁，審録自審録，學差于按差何與？而强捏傅合，攻者攻，證者證，殺人媚人，遂成"莫須有"之事。然則所爲勘者，公乎？私乎？有意乎？無意乎？一人之主張乎？抑衆人之逼迫乎？噫，亦大謬矣。夫索獄詞于千里之外，集事單于數人之手，前發而後應，一倡而群和，此必非一朝一夕之謀也。其起禍之原，受指之人，臺下當自了了，可使不佞聞其顛末否？臺下按遼時，建多少奇謀，做多少實事，乃一經妬口，盡成罪案，能不令志士腐心，英雄短氣乎？無論其他，即上谷庫藏一節，以發奸者，反謂染指，何顛倒之甚也？今歲去者去，轉者轉，公論亦似稍明，但恐異日奸人反借爲口實耳。

與周句葱侍御

憶昔聚首長安，無月不二三會，無會不促膝談心，尚恨日隔之疏。自年丈有風木之哀，抱慟而南，弟遂寥落無侶，即冠蓋如雲，未知肝膽向誰是也。日月既邁，想大事已襄，篤孝純衷，居廬以來，帶圍自當漸減。然守身爲大，勉抑至情，以珍道體，或亦老年伯九京之意耶？弟奉使西秦，以春暮入關。遙從隴坂，側望江漢，美人一方，脉脉之思，不禁獨往，但恨無羽翼以奮飛耳。

與李涵初侍御

別來日久，積緒日長。薊北漢南，隔越數千里，恨無羽翼相從也。年丈按轡三關，山川扼塞，士馬勁摩，芻餉虛實，盡在目中。而臨淮所至軍容立變，想三輔神氣倍奮，往事年虜不聞一騎闖邊，皆先聲破其膽也。弟往來西塞，歷涉與年丈同，而胸中漫無所見，自慚此行爲虛矣。朝議日益紛囂，每見邸報，便爲慨嘆，何時風恬浪静，得睹清明世界乎？日月甚駛，忽將及瓜。想年丈此時業已報滿，不知更可握手長安道上否也？

與吳見陶侍御

自西牡分馳，忽忽數月。緬懷高雅，時結心胸。老公祖綉斧所臨，山河動色，豈獨雲中、上谷間沐恩惕法，千里澄清，即敝邑僻在南陬，猶然伏處宇下，竊天河之潤者也。封事未就，中外有杞人之憂。嚮大疏切中機宜，已玩此酋于股掌之上矣。蓋今日之事，不當計虜之款與不款，惟當計我之可款與不可款。我誠足以制虜，則款亦可，不款亦可。我不以禦虜，則急而求款固不可，輕言絕款尤不可。簡時練兵，飾壖修器，此在老公祖自有石畫訏謀，非不佞弟所能佐末議也。

答錢梅谷侍御

綉斧按部岳州已竣，且向長沙，臨洞庭而吊湘君，涉汨羅而懷屈子，觸景攄心，揮毫成韵，想奚囊不勝收矣。郢中白雪，獨不使巴人一聽耶？

答趙乾所選部

老年伯直道清風，宜爲鄉黨尊禮，而遭際顧如此其難，則非情理所測。至于困苦之累，乃天所以磨練英豪，從古聖賢無不從此中得力。若不經困苦，則素位安命之學，亦無從見也。不小絀者不大伸，不極困者不遽亨，可謂造物無意耶？

與郭天谷選部

別來忽已經年，緬懷芝宇，寤寐爲勞。年丈標節稜稜，若天外三峰，可仰而不可即。入銓以來，門清似水，道直如弦，不問〔六〕可知，顧不免受人揶揄，微刺顯攻，無端波及，此自世局搆陷活奪，公道尚在人間，于年丈曾何損焉？

與錢泰宇餉部

年來幸附同舟，屢承高雅。即未得晤對清光，而神已脉脉契合矣。榮宦之場，競逐如鶩，自非蟬脫泥滓、欫屍殭途者，誰能灑然解脫？臺下偶觸家難，便動蓴鱸之思。且謝塵網，休沐家園，此便高人數等，豈區區俗子所敢望耶？岐路將遠，後晤難期。遥望行塵，神爲飛越。

答錢泰宇餉部

嚮辱翰教，使者還，即附一函修候，屈指又月餘矣。弟家居將及三月，而僕僕應酬，曾無頃刻之暇。積勞之軀，幾至委頓。衒命而西，業已渡河受代，駐朝邑，便當西入鞏昌。此差地雖遼闊，事務頗簡，懶疏之人，政與相宜。惟是一身塊處，形影相親。兀坐署中，懷抱良苦。雖勉自排遣，而旅況鄉思，遽難割斷。只借漢史、唐詩，以開豁胸襟耳。

與李震陽駕部

弟仲春入關受代矣。此差空轄三藩，雖稱遼闊，而職掌所關，止茶馬一事，別難越俎。簿書頗簡，儘可藏拙。惟秦關紫塞，蜀道青天，頗有馳驅之苦。然得攬山川之勝，以開擴眼界，洗發胸襟，弟生平有志四方，不敢憚勞也。

與吳澄宇水部

門下品望高華，定當膺交戰之選，乃僅僅得一水部，殊不可解。然以今空言無補。天聽杳然，而攻擊囂爭待無虛日，臺省之地，且爲風濤不測之場，固不若部曹之可以展布宏猷，爲國家做實事也。

復黃與參藩司

聞畢計後，暫返仙里。膝下斑衣，故鄉晝錦，真人間最樂事也。但藩務棼糾，自非庖技，未必肯然中解，而一時諸道，又落落若晨星。門下即戀戀庭闈，不得不割情命駕，國爾忘家，門下自許素矣，且盱衡望之。

復祁念東肅州道

門下封疆勞積，發縱功高。頻摧驕虜之鋒，大破西人之膽。國有茂賞以酬虜勛，彤弓之錫將在旦暮。張掖、酒泉之間，寧得久淹旌節哉？不佞愛莫助之，豈敢貪天工也？

復龍君御西寧道

門下拂衣而去，武陵深處，一江春水，千樹桃花，嘯歌笑傲其間，視邊塞風塵苦樂，何啻霄壤？竊爲門下羡之。俟水落石出，公論昭明。乃爲門下勸東山之駕耳。

復王藎亭洮岷道

門下飄然高舉，若鴻翔霄漢，可望而不可即矣。腐鼠功名，寧足當一盼哉？羡之，羡之。不佞自抵關中，即染小恙，時有蓴鱸之思。聞門下東還，鄉心愈切，畏此簡書，不得如願，奈何咫尺清塵，難一握手，跂予望之，曷維其已？

復杜友白莊浪道

天下實心任事之人，必不愜于流俗之口，不以爲迂則以爲刻。甚者惡其形，已且從而萋菲之。然吾人處世，所可信者理，所自信者心耳。若上有益于國家，下有益于軍民，即獨力擔當，更無撓阻。悠悠之談，何足計乎？

復隴右道

接手教，知已抵涇陽，從此遂爲岐路分携矣，可勝悵然。門下此行無邊受屈，顧夫己氏方齮齕不休，不得不爲見色之舉，以絶弋者之慕。迨風恬浪静，雲破月來，乃門下康莊萬里之日也。東山之屐，豈能久淹安石耶？

復王□□安綿道

建昌之役，門下運籌發縱，指授方略，兩月數捷，計賊已喪膽矣。西南安枕，屈指可待。得報甚喜，不佞雖不必與聞局外，然使賊平有日，保甍諸府可免徵發，亦痛癢相關之情也。

復王□□安綿道

建昌之役，不三月，而覆巢殲魁，收蕩平之績，發縱方略，神且捷矣。至罷兵止殺，猶見好生之仁，所全者更多也。

復焦郡倅

夙托世譜，今倚同舟，良自慶幸。門下以强項剛腸，不肯向閹人折腰，遂逢聖怒，淹抑至此。忠義之士無不腐心，而當事者畏首畏尾，竟不肯破格一推，使鳳凰有枳棘之棲，騏驥困轅櫪之厄，不平爲何？然數無不復，忠必見信，想日月回光，風雲迅起，亦只在咫尺間，慎無動元亮之私也。

復臨洮陳司理

門下幸脱洮塞，又入夜郎，政如方渡惡洋，復泊窮島也。然而險阻備嘗，昔人所責，居夷何陋，聖有格言，想門下安焉若素，處之坦如矣。揚名顯親，孝之大者。博一命之封，可當五鼎之養。門下報最事，又容可已乎？文已批司，回日，即當駐上考也。

與韓經宇進士

春闈聞捷音，喜極，持如意起舞。吾邑數年來，結轖沉埋之氣，得門下一洗發之，心[七]流行巇，亦爲生色，而托在桑梓葭莩者，分榮剖采，不須言矣。夏間奏使入都，曾附一函奉訊，時干旄已出國門，遂至相左。錦里晝游，人間樂事；花前月下，一壺一觴；林畔溪頭，以風以濯，無不足以發舒豪興，暢叙高情。而悠閒靜適之中，亦可研究經世大業，驅馳鞅掌之人，想此光景，真若塵界之望十洲三島也。所幸已及瓜期，還轅有日，猶得聚首鄉園，追尋夙好，把袂躐大雲峰頭，浮白大嚼，白眼望青天耳。

復三原令

場屋一事，因一人而波及衆人，關節有無，長安自有公論，斷不至玉石不分也。太翁與家君共事久，立朝勁節，傳家義方，不佞知之最熟。是父是子，豈苟且以就功名者哉？

與曹春元暹

不親筆研者數年，目幾不能辯雌黄矣。大篇妄以臆批評，極知無當，恃有一日之雅，輒忘其僭。竊比于他山之石，何如？

校勘記

〔一〕“答”，卷首原目録作“與”。

〔二〕“答”，卷首原目録作“與”。

〔三〕“符司”，原無，據卷首原目録補。

〔四〕“符司”，原無，據卷首原目録補。

〔五〕“與”，卷首原目録作“答”。

〔六〕“問”，原作“門”，據文意改。

〔七〕“心”，似當作“沁”。

尺　牘

南巡應酬

答益王

臨汝去瑶階咫尺爾。官守羈束，不得單車上謁，續西園勝遊，徒懷躑躅。辱殿下委注，勞人飛帛叠錫，使者冠蓋，相望于途。不意古賢忘勢高風，于今再見，鄴下、梁園安足道也？

與孫藍石總憲

嚮者大邦之役，得一侍几杖，提誨諄諄，言猶在耳。甫入里門，即有北堂之變，跧伏三載，木石與居，遂不能一介申候，懸結如何？老師介石之貞，見色高舉，而猶不免悠悠之口，可爲扼悒。然而白衣蒼狗，變幻何嘗，自達者視之了不相涉。且從古聖賢豪傑，建大功，立大名，而被譏彈者何限，究竟公道自在人間，善毁者固不能損其實也。渭曲終南，儘有佳致，磻溪之釣，商山之棋，老師且以自適，怡養精神。天變外患，湊集一時，國家行且多事，當大任，樹奇勛，非老師不可耳。某承乏江右，自夏徂冬，亦殫力拮据，恐玷門墻，而心長力短，終不能有所建竪，老師尚鞭策之。

與李旭山總憲

頃自郵傳，恭聞憲命。西臺風紀重地，彈壓百僚。而台臺品望，一世具瞻，真所謂爵足配德，位以人重者矣。主上雖刓印者久之，而綸音忽渙，乃知國有老成，簡在帝心者素也。

與吳節庵總制

自劍舄臨邊，威德遐馳，聲靈赫濯，塞外諸胡無不弭首以受戎索。封疆安堵，桴鼓不驚，使主上無西顧之憂，北門鎖鑰，真今日之萊公矣。三晉之民得安居樂業，室家相慶，而無愁嘆聲者，皆老師之賜也，敢不拜承？

與包大瀛中丞

不佞某材質迂疏，本非用世之具。兼以跧伏日久，精骨頹弛，遂成田野散人。嚮來文法規條，盡歸恍惚。乍肩重負，日懼僨轅。幸台臺臨炤此邦，儀刑在望，景行行止，可俾不迷。而入疆之日，即步後塵，是亦天假之緣，信非偶也。羈泊境上，遙望斗光，恨不旦暮覿晤，慰生平嚮往之私。而周爰伊始，不獲如願，抑且奈何？

答錢浩川中丞

虔南之役，正台臺上章請沐，杜門謝客之時，顧煩倒屣，已逾恒格。且鼓枻江干，遠承飲餞，其所以惠勞人者至矣。然以世譜小生，僭越無等，敦一時共事之情，略兩世締講之誼。此自老年伯謙抑下濟，假借權宜，乃循省鄙衷，凜然芒負，不將為知禮者姍笑耶？

與錢浩川中丞

接郵報，知已泛五湖之舟矣。高節清風，令人羨嘆。但此邦之人，久沐恩膏，乍失怙戴，歌袞衣而祈信宿者，當不減周公歸東日也。某方依提誨，一旦分攜，感夙愛之殷優，思前期之綿邈，此時此念，躑躅彷徨，有不能爲情之甚。彩鷁過南浦，一杯江上，殷勤渭城，自是宿願。又以覊泊臨汝，恨無羽翼，可以奮飛，但翹首望雲間紫氣耳。

答王太蒙中丞

台臺五年江右，撫綏安集，仁澤淪洽，民之思之，蓋不啻周人之于召伯也。某于役兹土，采聽風謠，益切嚮往。顧去來先後，恨不同時，無能望山斗之光，未識荊州，亦生平大不慊意事矣。國家重務，惟在河防。台臺經營疏塞，夙具上策。既遠陵寢之害，又通轉漕之利，使主上無南顧之憂，功豈在平江後哉？伏承翰訊，先施之誼，真薄秋旻。中心藏之，曷其有極？

答文受寰中丞

雲中迫與虜鄰，雖年來封貢無恙，而狼子野心，終非豢養之物，識者每懷隱憂。老公祖宏猷遠略，虜在目中，此直可玩之股掌間耳。南昌理少年而老于吏事，爲治行高等，不佞某甚倚重之。嚮不知爲東床佳選，真快壻也。

答饒映垣中丞

嚮老公祖炤臨敝鄉，德洋恩溥。三晉之民尸而祝之，若甘棠之于召伯也。秉鉞西川，威靈遐暨。蠶叢魚鳧之境，吏法民安。而西南諸夷，弭首而奉繩索，無有譁者，又何用傳司馬之檄，尋渡瀘之師耶？屏翰之勛，眞可爲百辟憲矣。某疏迂無似，承乏名邦，一切憒憒，政憂灾沴之後，拯捄爲難。幸雨暘以時，百室既盈，農夫稱慶。皇華之使，采聽風謠，庶可借手，以報簡書。惟是奧漘之隱未通，窟穴之奸難破，即竭力嘔心，是圖是究，而耳目蔽塞，堂階之下不見不聞，終不得其要領。老公祖倘垂念世誼舊氓，示問周行，俾奉以從事，豈獨一人拜賜，十三郡之衆，均荷仁人之利矣。

與饒映垣中丞

客冬，一介奏記，今尚未返，信乎蜀道之難也。老公祖以文武兼才，鎮西南半壁。蠻叢魚鳧之境，固已威震風清，想文饒、清獻之烈，不得獨擅千古也。頃見援遼大疏，搜簡鼓舞，無非壯猷。以仁義之師，兼節制之用，惠挾投醪，士爭超距，計必能敵王愾而靜夷氛矣。貴鄉去歲頗稔，幸少菑荐，惟加賦瘠土，累此孑遺。然軍興告急，不得不應。邇有惡宗之變，雖小譁即定，然此輩終爲會城大患，恐薄處不足以自創。奈何，奈何？某黽勉鞅掌，幸及瓜期，而于地方，無毫髮利益。靜言思之，素餐爲愧。

答王憲葵中丞

某疏迂鄙僿，碌碌無足比數。乃獨爲台臺刮目，許結忘年之契。終以後進，次且不敢顏行長者，而嚮來開誠指誨，藹藹德音，則未嘗不寤寐思服也。一別台顏，忽忽六載。中間即一相聞問，悠悠之思，豈尺一所能殫耶？

與李龍峰中丞

秦之役，幸廁同舟，沐愛宏多，勒在肺腑。北堂之變，遠辱唁奠，高誼眞過古人。跧伏山廬，缺焉稱謝，時切懸懸。台臺清風直道，夐絶一時，而不免于悠悠之口。指膝夷爲驕跖，侔曾史于檮杌，是非顛倒，亦至于此，令人扼腕詫嘆。是必含沙之輩，蜚語中傷，豺虎亦不食其餘矣。然而竊金盜嫂，千古一轍，究竟公論自在人間，浮雲安能掩白日哉？某三年林壑，殊覺優閑。小草出山，實乖大願。春明便及瓜期，當早問南園三徑耳。

與韓晶宇中丞

畿南重地，王居所恃爲馮翊焉。遼警震鄰，一特簡台臺而授鉞，主上真知人善任，得頗牧于禁中矣。旌節初臨易水，恒山莫不震叠。而況文武將吏，有不洗心易聽，以奉威靈者乎？某嚮理上谷時，每上謁轅門，手板倒持，汗流浹背。蓋今日而遐想尊嚴，猶若在棨戟之下也。夷氛未靖，徵調方煩。燕趙原多豪士，今即無屠狗擊筑之流，然探丸説劍、任俠輕生者，尚不乏人。台臺求材無方，一長必録，想五陵、三河諸年少，必將聞風而趨幕下矣。某瓜期已過，代者杳然。弛于負擔，不知何日？南土炎熱，真是以日爲年也。

答臧九岩中丞

老年伯開府朔方，赫赫于襄，將繼《出車》之咏，即西人膽寒之謡，尚不足爲今日頌也。賀蘭山頭一片石，久矣待奇勲勒銘矣。

與王岵雲中丞

從來肩宏濟變，必須非常之才。蓋盤根錯節之區，排難解紛之日，斷非拘攣淺薄者所能勝任而愉快也。二東北連燕趙，拱衛神京，而與三韓僅隔，一衣帶水，震鄰之驚，豈不曰戒？蓋在平日爲弦誦禮義之鄉，而在今日爲丘賦徵發之地矣。廟堂之上，知非文武具備，若老年伯者，不可肩節鉞之任。是以同聲推轂，不謀而協；而朝奏夕可，則主上神明，又出人意慮之表也。聞報之日，折屐彈冠，非止爲世誼夙知慶，蓋爲社稷封疆慶矣。

答王岵雲中丞

自去秋一函奉候，疏節至今，雖南北風烟，音塵隔絶，然夙夜寸衷，感提携之舊德，仰震叠之新猷，未嘗不馳神于岱宗、濟水之間也。三韓不靖，二東驛騷。既懷唇齒之憂，又切心腹之患。每于邸報中讀大疏，深識遠猷，忠謀至計，灑灑數千言，晰利害如列眉，策安危于指掌。而得請者半，中格者半。下急上緩，外急内緩，封疆急而朝廷緩。如此泄泄悠悠之景，將舉一副山河盡壞之而不惜，天下事尚何言哉？老年伯統青齊强盛之域，當畿[一]輔肘腋之地，萬一國家有事，所賴于翼衛匡扶者，任獨重而勢獨急也。社稷安危實憑式之，豈特綏靖一方已耶？倥傯徵調之時，不忘遄注，拜緘之餘，感動肺腑。

與姚羅浮銀臺

恭惟台臺，名世夔龍，人倫山斗。徽聲駿望，朝野具瞻。某即未拜下風，親承色笑，然以家君依光使署，某接迹蘭臺，叙孔李之通家，步鮑桓之後武，仰止之私，蓋已積有歲時，而竟未奉咫尺之書，陳嚮往之愫，則以抱思未同，不敢唐突長者耳。主上靜攝日久，天閽嚴邃，虎豹當關。一綫元氣未至斷絶者，獨恃有喉舌之司，疏上下流通之脉，不至殄行。而項日連讀大疏，憂深慮遠，義正詞嚴，明紀綱而重名器，真是捄時之針砭，障流之砥柱，匡濟宏猷，此其一班矣。踐更樞筦，奠安廟社，跂予望之。某攬轡非才，憂天無力，坐傷留滯，畏此簡書。倘旦晚弛于負擔，將遂卜築巖阿，未知何時奉劍舄之光也？

與周元汀銀臺

恭惟某官，蹇諤精忠，經綸大手。山斗之望，久已焯燿朝端。暫居喉舌之司，行膺節鉞之任。安攘宏猷，補洛鉅業，且將次第見之施行矣。

與鄒南皋廷尉

蓋不佞某自束髮而即知海内有大君子也，私心嚮往，恨不旦暮遇之，即執鞭納履，所欣欣焉。而南北各天，山川間阻，美人一方，徒增懄嘆。兹者，天假之緣，觀風大國，得一望龍卧之廬，展此宿愫。乃周爰伊始，尚遠浚郊，耿耿有懷，顏未覯而神先赴矣。恭惟臺下：直道真修，人倫師表。海内識與不識，無不仰若斗山。久宜踐陟公孤，弼亮帝載。而啓事空陳，賜環未卜。使白駒有如玉之嗟，黃髮無作朋之望。碩果不食，野渡虛橫，此不敢問之主上者也。自古天生豪傑，必有所以用之。乃豐其德而厄其遇，逸之以傳經講道之樂，而不予之以乘時澤物之權。使爲木鐸，不使爲霖雨，併不敢問之造物者也。然而大紬終伸，久潛必見。即今國家多事，天啓宸衷，深維社稷至計，必登簡名碩，以圖安攘。安車蒲輪，當首指豫章之境矣。且盱衡俟之。

答鄒南皋廷尉

鷺州一夕春風中，三十年仰止之私，頓然大暢，自幸此行爲不虛矣。曉漏頻催，征帆相迫。匆匆告別，未得深叩至論，醒此沉迷，又切悵惘。抵臨江來，簿書鞅掌，尚稽報謝。伏承台翰，知不鄙夷，更拜佳刻之貺，嘉惠後學，曠若發蒙，敢當終身誦之。某根器既薄，且生長僻陋。雖聞家庭詩禮之訓，奈無師友陶礪之功，少壯悠悠，佚遊放蕩，精神耗磨，歲月蹉跎。至于今，稍知警省，已成四十無聞之人矣。中夜思之，徒有慨嘆。莊誦語録，若化功造物，處處天機，不俟面命耳提，而無盡之藏，宛在心目方寸中。一竅忽聞，精心體會，尚須細細服膺也。

答鄒南皋廷尉

小疏蕪謬，借祈名筆，一言華袞，先生不鄙而俞之，感激無地。連日欲遣力跪請，恐未脱稿，不敢唐突。乃承命使遠頒，悚反殊甚。開函捧讀，五色陸離，光燭雲表，藏之篋笥，即天球洛鼎，寧足與較輕重耶？至于獎借太過，期望太至，某何人斯，其敢當此？然不敢不竭駑鈍以副知己也。遼左之役，亦大艱難，硬着肩頭，請事斯語。前承賜淮上新刻，以性道發爲文章，諸體俱備，可謂兼總條貫，金聲而玉振之。復得龍紫海致所刻先生語録，反覆玩味，幾忘寢食。從來講學者，不落于虛則執于滯。先生第就日用之實地，發性命之精微。目前指點，徹上徹下，活活潑潑，而以仁貫之，直接洙泗之真脉，可俟百世而不惑矣。小疏自不足觀，亦欲就正有道，俟刻完當奉上也。

上顧鄰初老師宮詹

客歲一函奉候，反辱老師瓊報，併賜鴻刻，焚盥捧讀，諸體俱備，衆美兼該，真可集文苑之大成，擅不朽之神技。無論近時作者，莫敢比肩，即與蘇長公並驅爭先，有韵之文，彼且瞠乎後已，匪侫匪侫。頃客從南都來，詢老師起居甚悉。但聞玉趾尚未大健，不能無藥[二]，正弟子之憂。某即不習方書，然以臆度之，老師患此已久，其根猝未易除，只當徐補，不當急攻。當滋血舒筋，不當燥濕瀉火。蓋精血壯盛，則火濕自除。若攻補兼施，恐未能見效也。不知老師以爲然否？見老師集中近作頗多，尊體未平，筆研應酬，或可少謝，雖變化已誠，不煩擬議，然濡毫染〔三〕，未免少費心思。況老師一身，四海具瞻，異日參贊天工，平章軍國，兼宏任鉅，猶賴全力全神。此時且須頤養，以儲搏垸大用也。備數藥籠，敢竭苦口，惟老師鑒之。

與楊昆阜宮詹

自夏徂秋，想起居家□，無煩區區私念。天上仙班，日近蓬萊五色，固已別是人間。即退食，從容挂笏，望西山爽氣，亦大快事。視四牡征人，相隔萬重雲矣。

與孫愷陽宮坊

曠逢顏教，且將一紀。懷念殷切，甚于調饑。鱗羽稀疏，久缺問訊。接邸報，知劍履還朝矣。銅龍金馬，出入委蛇。依日月之光華，占蓬萊之佳氣。此雖人臣之榮遇，而不足爲老年丈重也。老年丈濟世宏猷，格心大學，力能負地，手可補天。異日建名世之勳，輔中興之運，乃某之預爲年丈期者爾。邇日，國事益不堪言，上下成委頓之風，大小習模稜之態，神氣不揚，何以威遠？且徵發無已，海內騷然，行齎居送，戶怨家咨，恐民窮盜起，不得復太平光景，奈何？某羈泊江右，三易歲華，積鬱積勞，方在壯年，遽有二毛之感。自審已不復能效馳驅，早晚亦將返駕山中，終不使吾家季鷹笑人碌碌，未知瞻奉色笑，仍在何時也？

答朱月樵給諫

長安中一侍顏教，荏苒七載，懸企之私，匪言可宣。憶昔大奸煽亂，宵喙爭鳴，驅逐異己，易于振籜。老年伯屹立中流，獨持正論。雖不免于同室之戈，然而狂瀾終砥，一紙清議，不至竟斬于簧舌之輩者，皆老年伯之功也。中外士紳，日跂超拜，而新命尚稽，聖心真不可測。即今國家多事，幹濟匡扶，亟大邦之役，百爾茫昧。頃歷貴郡，咫尺珂里，切欲一拜下風，長跽請教，而鞅掌未遑，式閭之懷，止在杼柚，反辱台翰下睨，感戢如何？

與李念塘給諫

臺下道直如弦，中立不倚，而竟不勝黨同伐異之口，世情翻覆，何所不至？能不令人邑邑？雲臥已久，啓事尚稽。方今國家多事，匡濟需人，豈可使社稷之臣，長占烟霞之樂乎？

與李心白給諫

乙卯，豚兒還自會城，極道老年丈渥愛。不奉德音，又三載矣。山川相阻，日月如流，人生那堪此離別也？年丈直道清修，爲時側目。鴻飛冥冥，不免弋人之手。然大丈夫豎立，固不爭內外得失間。從來皎皎亭亭、留芳史册者，豈屬容容多福之輩耶？想遠觀如年丈，必不以此介意矣。弟跧伏山中，已成懶散，不意承乏江右之役。南中毒熱，甚不相宜。回想清溪白石間，真羲皇上人。勉了此差，便當高臥烟霞，不問長安弈棋也。

答周澨西給諫

頃奴尚鷙伏，未即窺關，而又有母后大變，凶咎之集，湊合此時。主上召對輔臣，數年曠典，而未見有嘉謨入告，啓悟聖明，可惜虛千載一時也。

與楊浴陽給諫

秦之役，幸托同舟，借益非渺。跧伏山廬，遠煩訊睨，感懷高誼，何日忘之？恭喜榮選掖垣，正人嚮用，有識之士無不彈冠，而况有一日之雅者哉？國步未夷，交訌不絕。朝廷之舌戰方息，而邊塞之兵戰又始。力屈財殫，徵調煩興。恐季孫之憂，不在顓臾。惟望新命早涣，賴宏猷碩畫，以弘安攘之略耳。

與劉貞一侍御

老公祖以宗社大計，挺身廷争，致蒙嚴譴。白日麗空，覆盆不炤。不謂聖度如天，乃不能容一忠直之臣也？歲前聞金雞消息，頃又寂然，豈有中阻之者耶？然轉圜有機，德音當旦晚涣發矣。棘圜纍室之中，鬱蒸凄苦，信難爲情。而患難之來，素位自定。昔東坡就逮，賦詩自如；文清下獄，讀《易》不輟。老公祖守道之貞，觀化之達，自不在兩公下，知不以無益之憂思，累不動之心性也。某忝列言路，不能叩閽爲老公祖訟冤，徒自愧耳。

與房素中侍御

不肖某瓜期將及，三郡未了，計春半可完矣。班行落落，敢遽望代。然新咨諸公，或旦夕可徼俞旨，而在籍諸道長，尚不乏人。仰仗台鼎，速賜題差，早一日即一日之恩也。南北風氣不宜，台臺嚮在吳下，定熟知之。某自入江右，即苦炎濕。邐抵虔南，遂爲濕所侵，腰膝痛楚，不能俯仰。今幸小愈，尚未暢然。誠恐痺土受傷，爲患更劇，惟早脱此地，庶無後憂。而更有一段苦情，不得不控。某褓中失怙，鞠于太母，恩斯勤斯，視諸父昆弟，倍憐愛焉，政昔人所謂"非祖母無以有今日者也"。今太母春秋八十有六矣，報劉日短，夙夜在懷。而遊于天涯，門閭望切，身無羽翼，可以翻飛。台臺錫類宏慈，當必爲之惻然矣。

與徐海石侍御

壬子冬，曾于旅進之次，一奉顏色，未久即有隴蜀之役，間闊至今。台臺直道剛腸，力肩宇宙。憶昔大奸煽亂，舉國若狂之時，幾于白日無光，狂瀾不返。而台臺主持清議，爲衆正前矛，竟能袪邪破黨，收摧陷廓清之效，旋轉世道之功，書之史册，當爲千古快談，微獨一時嘉賴已也。天惠楚國，即[四]鉞炤臨，三湘七澤之間，無不拂仁風而遊化日。況澄清餘澤，甘棠蔚然，豈惟士女見休，即山川亦當生色矣。

答徐海石侍御

嚮一函修候，草草戒行，反辱裁答，真投桃而報瓊矣。遼餉告急，加賦之議，主計者良非得已。然即今海内空虛，所在帑藏如洗，而江右更稱匱乏，無以應之，只得徵而後解耳。劉貞一公祖，久繫圄中，白日在天，覆盆不炤。歲前已有金雞消息，後竟留中。想聖明意轉，不久即釋，亦曾遣力候之。喬徹我年伯，客秋曾一相通，起居甚適，高誼敦篤，故交如此，不意古道于今日見之。鄒瀘水邇過安福，始得一面，清穆若令人意消。熊太和久已杜門謝客，但相聞問耳。

與陳素中侍御

江干一別，遂隔天涯。即夢遶清塵，神馳珂里，亦時時如側下風，而覿晤莫繇，耿耿此懷，徒勞杼軸。老公祖弭節錦鄉，堂開燕喜，廷接蘭交，襟懷當何如豈快？但東人望切雲霓，而榮命旦晚且下，恐席未及暖，又當命駕北征也。不佞某自違台教，無可與言。然芳規具存，惟有守而勿失，可勉謬鼇。如學書小生，摹臨法帖，點點畫畫，不離原本，便是能手，寧敢自作聰明耶？

與韓晶宇侍御

恭惟台臺，直道危言，一時山斗。主清議之盟，提人倫之鑑。扶培澄汰，折邪焰之方張，迴狂瀾於既倒，功在世道，不特一時稱服已也。某嚮續班行，久瞻山斗，顧以出處不齊，未奉顔色，不識荆州，真生平大恨矣。頃于役江右，得睹澄清遺化。前徽未遠，芳軌具存。即不敢謂蕭規曹隨，亦庶幾率繇舊章，不至隕越，以辱簡書，則所夙夜而凛凛者。

與馮禮亭侍御

龍卧已久，日望劍珮歸朝，反聞駕入春明，而喜可知已。方今國步多艱，宸衷未悟。戎醜在疆，賢才居厄。内有空虛之實，外成削弱之形。方蹶之天，莫知所届。矢謇諤之謨，規治安之策，以補捄聖明而維持泰運，非台臺其誰望乎？

答方魯岳侍御

臺下道直品隆，清譽滿都人士口，豈直稜稜丰節，領袖西臺，龍光廟社，群目且交注之。荆鍾陽蛇影生疑，政可發有識者一笑，于重望何損焉？想此公必爲人所惎，非其本懷也。中原重地，正資彈壓。繡斧一臨，嵩河動色，安得遽返王陽之馭耶？

與胡小山侍御

老年丈按部吴越，日麗霜清，丰裁赫赫。計瓜代有期，入朝風議，以振言路奄奄之色，是弟所盱衡而望者。如弟庸駑，蹩蹙不前。出山小草，翻悔負三徑松菊矣。

與胡小山侍御

江浙接壤，鱗鴻非不可問也。而年來止一布尺書，王事靱掌，交疏禮廢，顧痞痟私衷，何時不在吴山越水間耶？老年丈已得代榮歸矣。霜旌西指，巫峽雲開，雖鼓盆之慟猶新，而題柱之懷已暢，此羈泊之人所跂羨而不可遽得者也。國方多事，政賴訏謀，想錦遊不久，必駕鋒車，歸闕長安。議論漸尋同室之戈，恐有乘釁而起，收漁人之利者。□□□□，間不容髮。是在老年丈早入，而銷蜀洛之萌耳。

與王襟海侍御

巡方之請，十九不報，即報亦遲之數月。而老父母借重關中，朝奏夕可，此固主上注意三秦，實老父母精誠之結于上心者素也。前見大疏陳情，似難絕裾。然而陽爲孝子，尊爲君臣，並行不悖，此是君家故事，寧必以朝夕萊衣爲孺慕耶？入關以來，聲靈震疊，光動天外三峰，而風行草偃，不待言已。弟尚有并州之思，不能爲關西父老色喜也。

與彭天承侍御

以不肖之廁在雁行，而長安僕僕塵鞅，竟未能時相過從，劇談肝膽。蓋稽生之懶，久已成癖，非敢自外于金蘭也。祇今回想，始悔佳會之難嘗，良時之虛擲。然而千里比肩，神交有道，豈在蹤迹間論疏密哉？老年丈勁節孤標，爲時山斗。入則矢讜直之謨，出則恢澄清之烈。三湘七澤之間，被潤澤而大豐美，不知幾千萬姓矣。如弟碌碌，識暗才疏。銜命而來，一籌未展，每懼辱簡書而玷班行。年丈肯不分緒餘，以振弟之不逮耶？

答彭天承侍御

伏惟老年丈勁節高標，邦之司直。省方南楚，恩湛威馳。誦佳刻數種，風霜三寸，爲國爲民，一片熱腸盡皆灑出，澄清丰采，蓋將使孟博遜美，不獨爲一時前矛也。

答崔抑庵侍御

大邦之役，以駢拇而兼拘攣，于地方無爬搔櫛比之益。遺穢自慚，敢當齒芬之及也。別來六載，積緒千端。晨風不借，缺焉聞問。閩江壤如繡錯，瞻望斗光，如日夕履駒之下。頃一介起居，計程始達，而飛翰陡來，不約而符，真所謂千里有神，契合非偶也。菲劣肩重，終懷一躓。方望高明提翼，反問道于盲耶？

答毛孺初侍御

楚吳相接，一水可航，而官守羈束，不得鼓剡溪之棹。遙望清光，杳然河漢，悵結如何？老年丈新聲赫濯，霆運風馳。想諸部糧糈，舳艫銜尾，將次第近淮揚矣。軍儲百萬，京師命脉所關。遼警戒嚴，足食尤急。年丈一身，真國家安危所托重也。濟川巨手，用以理漕，只須咄叱而辦耳。

與林劍石侍御

棲烏之府，落落曙星。日望榮命煥發，以爲班行光寵也。頃接邸報，始得俞旨，彈壓之慶匪可喻。方今天下大勢，已岌岌如朝露之危。而宸衷日錮，朝政日弛。大家悠悠泛泛，若無柁之舟，任□泊于黑風白浪中，而莫爲之計。獨有言路一脉，可效拯捄之功。以宏猷卓識，籌于靜觀之餘，而發于持滿之後。諤諤昌言，且傾耳鳴陽之矣。中都爲祖宗湯沐重地，特簡巡行，淮海、維陽共瞻法曜，埋輪風采，昔人寧得擅美耶？某羈泊江右，三易歲華，勞與鬱兼，日覺委頓。轉盼秋風又起，季鷹之思，恐不能自裁也。

與吳北陽侍御

巫峽、匡廬，遙遙相望，即欲問波間雙鯉，而長江不向西流，獨有寄愁心明月，流影到三巴耳。且喜年丈得代，聞已移節夔州，想新使君當以秋初入境。年丈揚帆東下，朝辭白帝，暮抵江陵。不旬日，可達仙鄉。脫塵鞅而遂錦遊，此人生至樂也。某與年丈先後受事，而獨不得沐主上一視之恩。覊棲江介，有似瓠瓜，勞與鬱兼，日覺委頓。秋風一起，當效吾家季鷹，翻然長往耳。

與駱沇澮侍御

去歲一布尺書，忽忽半載。每憶兼葭倚玉時，未嘗不神馳吳山越水間也。老年丈較閱不停，得毋過勞。然一經品題，便成佳士，作人之化益宏。遼師潰敗，損威辱國。杞人方切隱憂，而廟堂之上，舌戰又起，得毋予奸人以隙耶？年丈何以爲銷弭之策也？弟瓜期已過，代者尚遙。閩中日月，益難消遣。年丈所謂手一編自適者，又非疏懶之人所能矣。

答駱沇澮侍御

國步多艱，政賴遠猷宏略，籌畫安攘。奈何一夕秋風，便動扁舟之興，板輿入里，着屐登山，亦自人生快事，乃恝然置朝廷事于度外，非弟之所望于年丈者也。然聞已出疆，無計挽留矣。暫時休沐，必當爲蒼生蚤出。烟霞即善媚人，豈能久伴英雄哉？臨別惓惓，遠加訊貺。年丈高誼，何可于情中求之？

與駱沇澮侍御

老年丈奉潘輿而歸，膝下綵衣，陶陶樂也。古云：“不以三公易一日。”年丈真其人哉！貴鄉故多佳山水，足以佐助吟嘯，發舒性靈。年丈與棋朋酒伴，優游偃仰其間，俗情日遠，佳興愈豪。遊戲翰墨之場，奚囊當不勝貯，休文不得獨擅千秋矣。弟生平懶散，亦有烟霞之癖。簿書鞅掌，便欲發狂大叫。況左弭右囊，驅馳戎馬之間耶？主上弄印久之，想知其不可，懸以待能者。弟亦將幅巾還山，繼年丈高蹤矣。

答劉芳[五]瀛侍御

嚮一函馳訊，聊布闊悰。何至遠厪裁答？投桃報瓊，是之謂已。老年丈得代錦旋，羈懷一朝洒脫，湖山烟水，雖足以滌暢靈襟，然而封疆多事，班行寥落，籌帷幄而執廷議，豈伊異人？此非年丈安枕時也。趨駕入朝，跂予望之。時事孔棘，二三兄弟，政宜同心協力，共濟艱虞。乃議論少不合，而便相爾戈矛，隱隱有室中之禍。涕泣而道，非我輩之責乎？弟戢掌周咨，忽已半載。心長力短，碌碌無尺寸樹。每憶孟博登車之語，愧汗便淫淫浹背也。江右藩臬，一時稱盛，而大計搜索，又難其人。蓋他時嘗苦才少，此時又苦才多矣。新建恂恂，誠如台諭。不知其弟視其師，肯以衆人遇之哉？

與翟凌軒侍御

與年丈別來，星霜六易矣。天涯兄弟，南北相望，楚水齊山，總成離況，恨無羽翼可以翻飛。年丈力排閶闔，指斥閹邪。杜鹿門之奸萌，抉煬竈之秘局。主上不察而加以嚴譴，忠罪信疑，言之短氣。雖則身去名高，究竟與長沙湖海，光映史册。然聖明之朝，而屢聞斥逐直諫，則非臣子所忍談也。今外患方殷，天心默啓，且晚賜環，計入聽長樂鐘聲，爲時不遠矣。弟跧伏山廬，一竿自適。承乏豫章之役，戢掌爲勞，而心長力短，尺寸寡效，無足爲年丈道者。

與熊極峰侍御

報代役還，接手札，如面談也。巡方之遣，次第得旨，而獨于年丈若有靳焉。毋亦以邊疆告急，國步多艱，帷幄運籌，政資奇碩。主上固使之出入風議，而不使之周爰咨諏乎？

與張藐姑侍御

接手教，知新納麗人。錦帳鴛鴦，春睡正穩，亦念及天涯孤客，欹枕恨更長否耶？季雨春捷，國家得一吉人，聞之甚喜。太階內留，推挽之力在吾丈與崢西耳。遼事敗壞至此，人心搖動，根本可虞，扼腕悞國之輩，恨不得即借上方也。弟瓜期已過，尚無代者。不審何時得返家園。憂國懷鄉，回環方寸，潘郎雙鬢，非復曩時，朝來攬鏡，但形影自相憐耳。爲我致意如姬，有髯丈夫者，再拜稱賀。一粲。

與傅見俞侍御

台臺亮節宏猷，爲時山斗，不肖所願得而執鞭者也。蹤迹未同，神交空切。大邦之役，幸得講設榻式閭之禮，輒敢以姓字仰溷典籤。留臺乃清議所出，嚮來擊奸鋤佞，補闕弼違，功在社稷者居多。即今調護摧抑，使是非邪正較然不爽者，亦二三君子實嘉賴之。而台臺以邦之司直，標領人倫，豈獨言路龍光？固知朝廷借九鼎之重矣。

與趙懷東侍御

小役返自白下，得手札，如面談也。年丈中立不倚，直道而行，此政所謂萬人必往者，何虞孤立耶？邇者，星變示異，占驗甚惡，此中無精象緯者，不知南都之議何如？大抵國家承平日久，蠹孽滋多，而聖上又履滿倦勤，日益弛廢，海內處處空虛，元氣、神氣兩俱受傷，患不在外，必生於內，但恐如嚴樂所憂者爾。補捄之策，談者亦穎禿唇焦，其如宸衷不轉何？我輩杞憂均切，匡救消弭，未審將何出也？弟耳目壅塞，信心行意，恐不爲清議所與，借庇奉教，或可免於罪戾。不敢求有譽，但求無咎耳。

與孫瀟湘侍御

一別芝眉，不覺七易裘葛。嚶鳴空切，把臂無緣。江南暮雲之思，徒亂人方寸爾。留臺原清議所出，而老年丈矯矯風節，砥柱狂瀾，使如綫之直氣，不絕于燼亂之口者，皆昌言謇謇之力也。弟跧伏山廬，懶散成癖，與世相違，不意有豫章之役，鞅掌良苦，尺寸靡效，終不知稅駕何所？奴氛甚惡，而妖星示異，適當此時，國家事有杞人所不能料者。年丈定有消弭豫防之策，入告宸闈，使泄泄憲憲者，不至有焦頭爛額之苦也。

答葉明生銓[六]部

臺下人倫冠冕，王國龍光，不佞私心嚮慕久矣。于役江右，又得問甘棠遺迹于父老之口。竊嘆龔黃治行，何代無之？但不遇綜核名實之時，黃金璽書遂成千古快談爾。榮晋天曹，又爲仕路稱慶。知臺下異日必以治汝水者，繩天下長吏，不使鸞鳳之儔，絀于鷹鸇之下也。華翰謙冲，過自貶損，豈所敢當？然又不敢返也。

答楊雲門水部

疊辱鼎翰，知不遐遺。惟是一字之謙，所不敢當。雖高誼篤于念舊，而鄙衷跼蹐甚矣。門下之材品治行，固當□瑣闥之選，即次者亦不失蘭臺。而當事者僅以鳩曹相處，反覆思之，不得其故。豈謠啄之口頓能操顛倒之權乎？然居今之世，風波翻覆，言路實爲畏途。況加以主上厭薄台省，疾諫如仇，未用者既痼之不進不退之間，已用者又視爲可有可無之物。有言責者殊愧素餐，固不若郎署清曹，可以修職而見功，隨事以竭忱也。

答王岵雲方伯

共事半載，提誨宏多。一旦分攜，百凡茫昧，不敢謂失左右手，政如盲人中途去導，悵悵乎東西易面而無從也。

答王岵雲方伯

別後兩接手札，皆惓惓爲地方計，乃知真實心任天下事者，無一念不爲國家，無一刻不爲百姓，不以在事而拮据，去後而委謝也。江右無財無法，信如來教。然能理財于無財之時而財不匱，行法于無法之日而法不撓，非大經濟、大識力，亦安能作無米之炊，解不調之瑟哉？私心嘆服，不啻若口出矣。

答沈何山廉憲

共事五閱月，周旋二郡。面聆提誨，若扣洪鐘，使蒙瞶之質，得聞所未聞，良用自慶。惟是以世譜後生，處非其據，僭越非分，則凛然芒負在懷矣。天惠西鄙，借重憲臺，三晉吏民從此得睹澄清之化，而一廛席庇，瞻依之念，又百倍于恒情。惟願旌旄早指太行，以慰并竹馬之迎爾。況邇者東氛未净，妖星示異。國家之事，政未有寧。晉當京師右臂，徵發擁衛，於他省獨急。老年伯訏謀淵遠，嘗懷衣袽之憂，不可不速駕北[七]首，以豫先事之防也。

與詹起鵬大參

里中辱手翰，役還，即附一函，想塵記室。弟已于首夏望後，抵潯陽受事矣。顧瞻山川，泱泱大國。北鄙傖人，胸襟頓豁如許。不知周爰遍歷，更當何如？初入封疆，兀坐一署，無可與談，吏治民情，褎如充耳。年丈既過聽而謬以爲可使，倘更不鄙而以爲可教，周行示我，敢不百拜承之？

與馮抑庵憲副

別年丈不覺數年，流光如電，宦迹如蓬。回想蕭寺過從，聚首談心時，何可復得？能不令人邑邑？年丈擁麾南服，控制上游，雖江右亦借鄰光，實風馬牛不相及也。榮菭時，郵筒一札，殊不自安。曾托詹起鵬道意，想必奉聞。岳陽洞庭之勝，爲海内大觀。而年丈收之襟帶間，吞吐靈氣，洗瀹壯懷，便當俯凌塵世，與鐵笛道人翱翔八極，此處雖有彭蠡汪洋，終是小巫望大巫耳。弟生平懶散，獨有山水之癖，而苦爲塵鞅束縛，蹙蹙不得騁。及瓜望代，政圖放情登涉，爲向平之遊，而又有封疆之役，苦甚矣。久思裁訊，適有便羽，敬修尺一，奉問起居。

與岳石梁憲副

嚮從丘令處得老年伯手札，即附一函報謝，乃台旌已南，竟爾空返，殊用悵然。老年伯直節孤標，亭亭霞表，當舉國若狂之日，而堅持獨是，力障奔流。雖不免忌者下石，然以今觀之，炎炎者終何如哉？閩海古人才淵藪，老年伯又文章宗匠。伯樂過冀，良驥一空。英俊如雲，想盡歸法炤。即不羨秋來桃李，而思皇多士，蔚爲王楨，能不爲國家得人慶耶？某三載幽棲，自甘衡泌。不意承乏此役，力短心慵，拮据無效，密邇錯壤，竊被鄰光。老年伯何以誨之？使不爲簡書辱也。

與劉蘿經[八]憲副

干旌過潯陽，東道主人夙戒郵厨，具一樽曠然亭上，定謂良晤可期，而年丈不肯惠然揚帆北岸。元禮仙舟，可望而不可即，盈盈一水，真若絳河，衹有伊人一方之嘆耳。鷁首西返，欲再尋前約，而駪駪靡及。周爰方始，不能久駐江皋，過[九]此又不知何時可披襟也。

答黄貞父憲副

再接手教，知遁思不可挽矣。鴻飛冥冥，弋者安慕？介石之操，自非腐鼠所能易也。惟是宇内方脊脊多事，而中流之楫，寘諸河干，可爲慨嘆。若一方陡失福曜，猶其小者耳。

答項聽所憲副

一睹丰采，歡若生平。雖不敢謂逢人説項，亦庶幾莫逆于心矣。主計事不審，鑠金之口，得行其説，皎皎受污，令人慨嘆。然而升沉命也，誰能竊造物之柄哉？方今國家事，匡濟需才，豪傑建竪，政在此日。溪山烟雨，豈足英雄駐足之地也？

答張西江憲副

久懷結襪之私，未申式廬之請。使席嘗虚左，榻但塵封，夫亦自愧于浚郊素絲矣。虞卿著書，應滿篋笥。而游戲之餘，不忘時菽。想螢餘萬卷，見獵生心，固將窮一代之體，爲不朽之傳也。藏之名山，定爲世寶，豈必俟後世之子雲、皇甫之齒頰哉？佳公子翩翩，足稱象賢矣。

與李斗冲太守

客舟過治郡，昏夜洪濤中，辱年丈命檝枉顧，授餐加璧，此誼令人鎸膈難忘。惟是王程催迫，帆影如飛，不能一睹赤壁山光，坡仙有靈，不將胡盧磯上耶？既抵潯陽，望匡廬千仞，朝夕雲霞，宇内奇觀，收之几席。因想赤壁之勝，恐不過此，差足自快。及繇南康渡彭蠡，茫茫萬頃，益豁塵襟。名邦山水之奇如此，是宜降靈毓秀，高賢碩德，項背相望也。

與韓經宇廷評

自接好音，又更時序。懸結之思，如何可言？榮除後，即宜遣賀。祇以鞅掌征途，不遑啓處，遂成疏節，想汪襟必見原也。貴衙門舊以不與考選，視中行稍遜。然以今之時勢觀之，一番考選，六年沉閣，總計前俸，已逾十載，若循資[一○]遷轉，可近藩臬之長矣。況讞決參駁，持天下之平，四方民命，操之掌腕。于公在廷尉，下無冤民，高門遺慶，又足爲仁人賀也。

與韓經宇廷評

役還，接手札，知臺下失孟光也。結腸之痛，如何可言？然夙緣有數，盡則難留。望勉抑至情，借鼓盆生自解。不則客邸悲傷，恐鐵石心腸，亦不能堪。顧言自愛。

與廉奎宇廷評[一]

答李有懷宜都令

與趙□衡

與張滄西公子

校勘記

〔一〕"幾"，原作"幾"，據文意改。

〔二〕"藥"，原作"樂"，據文意改。

〔三〕"染"下，似缺一"翰"字。

〔四〕"即"，疑當作"節"。

〔五〕"芳"，卷首原目錄作"方"。

〔六〕"銓"，卷首原目錄作"選"。

〔七〕"北"，原作"比"，據文意改。

〔八〕"經"，卷首原目錄作"徑"。

〔九〕"過"，原作"遇"，據文意改。

〔一〇〕"資"，原作"咨"，據文意改。

〔一一〕此下原闕失，以下數題，均據原卷首目錄錄存。

張忠烈公存集卷二十五

尺　牘

桑　梓

與楊伍南鹽院

敝邑彈丸之土，地瘠民貧，老公祖所知也。舊額歲納鹽六千引，高平則止納五千八百引，陽城止納五千二百引。

夫以敝邑與兩縣相提而論，其户口之數，貧富之形，不能當高平十之三，陽城十之五，而納引反多，其故殊不可解。且必有鹽而後有引，敝邑山野，貧民食鹽者少。自停止運發，商人絶迹，止有肩挑背負之徒，皆向翼城轉販。此輩貲錢不多，或止買五、七十斤，不足一引；或二、三人共買一引，零星市賣。鹽完，而引自攜之去矣。是以敝邑之引，皆責之牙行賠買。本地無引，必向别縣尋求。往歲，價止五分一二，年來貴至八分，甚且一錢矣，計每歲當用六百金，而勾攝催督之費尚不與焉。

敝邑雖有四集，端氏一鎮，猶有交易，其餘止三家之市耳。牙儈一報到官，如赴湯火，追引之日，田產妻孥俱不可保。倒懸之害，弟目擊心傷久矣。

今幸老公祖炤臨在上，洞悉民隱。敝邑小民介弟控訴，倘老公祖憫念貧邑，量從減免，此敝邑百世之利，銜結之感，子孫以之。又察陳公祖鹽政條約，内云："澤州浮額引一萬七千八百五十張，今減去二千三百五十引。”是敝州尚有浮額引一萬五千五百餘也，若再蒙豁免，於異日《鹽政疏》中一爲説明，此更不煩別議。又破格之恩，所覬望於老公祖者也。

與閔曾泉方伯

三晉故稱瘠土，小民雖纖嗇勤苦，尚不饜藜藿之腹。又以天不假易，饑饉薦臻，一二孑遺，不知近作何狀。然有仁人在上，惠恤而勞來之，知不至流移轉徙也。

頃者，征調煩興，已不堪命。而派牛一節，尤爲可嘆。不論地之遠近，府之大小，而概派四千。如汾、潞兩府，一邑便當出五百餘頭，即盡括閭閻之畜，擇其能任重致遠者，尚恐不足。且小民以力耕爲生，顓倚此物爲命。去牛二頭，則百畝之田曠而不耕，總計三府當荒田六七十萬。磽瘠之區，田寧有幾耶？此在老公祖與撫臺公祖主持力爭，以救此一方民也。若加派田畝，必且倍增。敝省田少丁多，是以徭與賦幾等，而田之饒者什三，磽者什七，有歲之所入，尚不足償耕耨之費者。故百姓多棄本逐末，糊其口于四方，甚至素封之家或無尺寸之土，而貧民爲山田所累，推以予人亦不可得，再若加增，勢必至于逃竄，正額亦反虧矣。愚妄謂當斟酌于丁糧之間，上中二則每丁稍加一二，可抵田畝之半。蓋此皆殷實之家，取其分毫，即當貧民之銖兩，出之既不吝，取之亦不難。就使富者有田，亦可哀此以補彼也。部疏原有隨處斟酌之説，或亦可通融乎？蒭蕘之見，自知無稗于高深，然痛癢相關，不敢不竭其愚。

與王衷宇西寧道

《薛文清公集》嚮無善本，不佞欲重梓之，而篋中未曾携來，不知門下處有否？如無，或可于吾鄉覓得一部，須求《全集》

方好。不佞景行前哲，欲彰其美而廣其傳，想門下同道同心，當共成此舉也。

答王衷宇西寧道

文清先生《讀書二録》并《文集》已借重貴司重梓矣。委官執事，更煩門下督之，總期精工，以垂不朽，不求速與惜費也。嚮見先生仍有《從政録》及《吾學》運司刻本，頗全。既欲重新，必須盡括，而其家藏先生之《誌》、《表》及《吾學編》之《傳》，皆當冠于其首，方成全書。惟再一博求，始終成此盛舉，亦桑梓之光也。如一時便難即得，恐妨工日，且將《讀書録》先刊，餘次第續之未晚。先生詩文中間，有一二可删者，然小生後學，何敢輕議？寧可全載之，總名曰《薛文清公全集》，可乎？集中有脱落差訛處，煩一留神。爲此一事，僕僕往還，恃在愛雅，且爲吾鄉先生表章，門下必不厭其瑣瑣也。

與黃輿參南京兆

薛文清公爲我朝理學第一人，乃其著述多散佚不傳，即傳者又無善本。不佞近始廣搜博訪，緝爲《全書》刊之。關中僻處一隅，其行不遠，是亦猶之不傳也。金陵爲載籍之藪，海内學者皆取給焉。倘借寵靈，發刊坊間，仍以名筆弁其首，則必貴國門之紙。表章前哲，嘉惠後學，臺下功在斯道，且與天壤不朽矣。奉致二部，一供清覽，一付書肆，祈臺下留意焉。

尺　牘

節　令

答龍紫海元旦

天涯春色，又早逼人。宦遊驚物候，想彼此同之也。老年丈乘春布令，定有一番新雨露，沾被商民。如弟者，歲華虛度，漸見二毛。老大無聞，惕焉增慨，政所謂“愁思看春不當春”也。柏酒辛盤，都無意味。得瑤華遠逮，如坐春風。不覺鬱懷盡開，欣欣動眉宇矣。

答徐思健元旦

斗杓迴次，歲籥更新。春風鼓豈，和氣融熙。即草木群生，昭蘇於光天化日之下者，咸有以自樂。獨有宦遊人，偏驚物候新。孤栖旅邸，形影相憐，柏酒辛盤，都無意味，但不勝歲華虛度之感耳。伏承台臺注念同春，寵加溫札。寒霜之署，頓覺煦煦。

復司道元旦

物華星移，因維改歲。風塵荏苒，日月蹉跎。梅蕊柳條，總足動宦游之感。猥辱雅注，知不遐遺。天涯旅館，獨有寒燈。柏酒辛盤，都無意味。其敢貪腆洗之惠也。

答楊伍南端陽

東西相望，有若參辰。他鄉令節，亦不得同舟競渡，傾倒蒲觴。耿耿縈懷，與五色絲俱長矣。聞驄駕西來，將與龍紫海年兄會於陰晉，共躅太華峰頭。宇宙奇觀，收之襟帶。弟恨無羽翼相從，窺玉井十丈蓮，看仙人六博處也。

答徐思健端陽

駐潯陽月餘，披拂清風，沁入肺腑。瀕行，零雨瀟瀟，遠勞郊餞。感此高誼，何刻忘之？星渚去江州一舍，便若□□□□□□□□□□□□□□□□□□□波競渡，彩鷁争飛。而台下簫鼓樓船，滿泛蒲樽，其樂當何如也？不佞兀坐孤署，那問蘭湯？懷人夏日，祇有愁縈綵縷耳。

答崔振峰中秋

恭惟瑶臺光滿，桂殿香飄，此正人月雙清之會。況四郊無壘，烽静烟清，羗管胡笳，亦爲入耳之好音矣。台臺值此佳景，登樓酣宴，賓從雲從，其樂何如？某行役遠塞，孤影自憐。有舉頭望月，低頭思鄉耳。猥辱高誼，曾不遐遺，翰貺遥頒，殊慰岑寂。

答吉獻丹中秋

三五良宵，中秋獨勝。此時此夜，無不携樽邀客，共賞清輝。而我輩獨塊處一室，形影相憐。且天各一方，不得把臂登樓，共相歡豈。雖有愁心寄明月，又恐隨風飛不到也。

答錢浩川中秋

秋色平分，月華圓滿，好景此夜稱最。台臺虛衷朗映，對此良宵，益添佳況。南州旅客，無能同遶枝之鵲，依依宇下也，可勝悵然。不腆芹私，佐庾樓一觴之獻。

與劉環江中秋

三五良宵，中秋獨勝。江州佳地，庾樓風味猶存。曠然亭上，憑欄長嘯，把酒問嫦娥，此時豪興，可挾飛仙，其樂何如？天涯旅客，最怕驚秋。況逢佳節，思鄉益劇，徒有宗土之悲，無復坡仙之況，惟愁明月炤人孤影爾。咫尺清光，杳焉河鼓。不腆一觴，以佐華筵。

與包大瀛中秋

天涯節序，又值中秋。遙望洪都，空嘆千里共明月也。

復司道重九

序屬杪秋，節逢重九。龍山高會，落帽風流，昔人談爲盛事。不佞獨在異鄉爲異客，對此佳節，懷抱良苦，無論登高難望，即茱萸、黃菊，目中亦無此景色也。

復司道長至

葭灰應律，圭景迎長。道占陽德之亨，復見天心之泰。此薄海所同歡，而一時之交慶也。惟是天象垂異，彗犯斗樞，太史之占，恐非嘉瑞。政所謂"愁隨一綫長"耳。

叙〔一〕

《孔聖家語》叙

昔吾夫子抱神聖之德，生衰周之季，明王不作，道尼弗行，乃彰教立言，垂訓萬世。遐想其時，與諸弟子講論于洙泗之濱，以及週環列國，君公諮議，卿大夫詢謀，聲律語爻，應難殫述，今之傳而信者，獨《論語》二十篇，與《學》、《庸》所記，不過千百之什一爾，豈足盡聖人之言哉？

《家語》一書，秦火之餘，出自孔壁，説者謂爲孔鮒所藏。其間析三才之理，類萬物之情，明帝王之德，通鬼神之蘊，考禮、樂、刑、政之原，究齊治均平之略，大無不包，細罔弗具，此非夫子不能言，又非親炙夫子者，不能記之詳且切也。世儒邊見淺識，暗於大通，往往執《論語》與相較量，以彼之簡，疑此之繁，以彼之純，摘此之駁。嗟夫，何敢於侮聖言耶？夫聖人之道如天，曜爲日月，燦爲星辰，爛爲雲霞，皆天之章也。潤以雨露，威以霜霰，鼓以風雷，皆天之澤也。執寸管以窺天，不足以盡天；執一端以論聖，豈足以盡聖哉？雖間有一二語意不倫，或記者之錯雜，或後人之舛訛，然信其可信，而存其所疑可也。因其所疑，而并疑其可信，則謬也。今夫清廟明堂之上，商周法物，瑚、璉、彝、簠，充庭羅列，而或以贗鼎參焉，可以其僞者，而并疑其真者耶？

自學術之壞，狂愚詭僻之流，多沉溺于佛老之説，入室操戈，固不足道，即號爲知學者，于宋儒語録，片言隻字，俚語唾餘，無不信之若蓍蔡，奉之若神明。而獨于此書，鮮有發明表章之者，亦何異舍鈞天而聽土缶，棄膾炙而嗜羹藜？斯不亦惑之甚哉？余不忍大聖之格言，反不得與諸子異端併行於世也，因重梓之，而僭叙其端，以告諸同志者。

《國史紀聞》叙〔二〕

夫有一代之興，必有一代之史，所以述世紀迹，彰往信來也。古者有左右史，朝夕人主之前，記言記動，媺惡必書。春秋時，若晋之董狐、齊之太史氏，直書無隱，不畏强禦，猶有三代之遺焉。秦漢而下，稱良史者，必推龍門、扶風二家，皆世習其業，纂集舊聞，爲力頗易。然而是非之公，已不能愜當世之口，則信乎史之難已。降是，史失其職，非諛則誣，著述愈煩，直道愈晦。惟涑水、紫陽，可接麟經之脉。炎宋以後，史益蕪穢，觀者病之。

我太祖高皇帝建國之初，倥傯戎馬，即設"起居注"，又命史臣直書，傳信後來。太公至正之心，同符三代，度越季世遠矣。歷代相沿，珥筆之官，寖失初意，虛負編摩之名，未見經注〔三〕之實。即纂修實録，藏在天府，外廷之臣，無繇得窺，是以野史雜出。自國初，以迄嘉、隆，無慮數十家。然或誕而失真，或略而不備，或錯亂而無章。惟先臣鄭曉《吾學編》，事核言簡，鑒裁精密，庶幾乎一代之良。惟時有避忌，"方技"、"佞幸"諸傳，廢而不録，未免有掛漏之憾。而體非編年，於兼總條貫之義，猶若謙讓未遑焉。

臣生長僻鄉，目不睹金匱石室之藏，耳不聆鴻儒耆碩之論。徵文徵獻，無所取衷。庚戌歲，以上谷理官被徵，候命闕下。閒居無事，因得討論國朝舊章。悉取諸書，置之几案，參較異同，披沙揀金，聚狐擇腋，更歷寒暑，始竣。雖識鑒未當，謭淺少文，而是是非非，不敢違匹夫匹婦之公。其於聖祖、神宗〔四〕之睿謨鴻烈，懿德豐功，頗能揚厲其萬一。至國家之大經大法，名臣之嘉謀嘉猷，以及夫政事之張弛，人品之邪正，民生之休瘁，世道之淳澆，土宇之畋章〔五〕侵削，亦皆識其梗概。手錄成帙，藏之篋笥，以備遺忘。名之曰《國史紀聞》者，蓋得之傳述，而不敢遽以〔六〕爲信也。語云："百聞不如一見。"倘諸臣以聞惎臣，而併使臣以聞惎後人，則臣懼滋甚。若夫兼擅三長，網羅百氏，勒成一代之信史，崇俟〔七〕夫後之作者，是編也，幸比於不賢之識小，以備采擇，此則區區纂集之意乎〔八〕。

《春秋集傳》叙

《春秋》一書，吾孔夫子手自筆削，明一王之法，垂萬世之憲者也。蓋自周轍既東，王綱解紐，三辰失位，四海沸騰。亂賊接迹於天下，夷狄交擴於中辰。冠履倒置，禽獸逼人。孔子傷周道之凌夷，憫生民之陷溺，欲以扶翼而捄援之。而生不逢時，所如不合。潛龍終厄于用晦，鳴鳳致嘆于德衰。生平憲章、夢寐之心鬱焉未展，乃始假魯史之文，寄用行之志，明天道，秩人紀，治亂討逆，賞功錄善，片言隻語，衮鉞炳然，使千古之綱嘗右義，不決裂于篡弑之黨，而盜竊于奸譎之雄。其憂深，其慮遠，其事重，其義微，故曰："知我者，其惟《春秋》乎？罪我者，其惟《春秋》乎？"維時及門之士，游、夏以文學著稱，亦不能爲一詞之贊。獨《左氏》旁采國史，依經作傳，一事之本末，一人之始終，罔不具備。然後讀經者，綱目條貫，洞然無疑，是其有功于聖經，不可泯也。惟其工于修詞，而短於闡義，是以來後世誣艷浮誇之譏。降而《公》、《穀》，義稍精矣，然穿鑿之病，實始濫觴。漢季二家盛行，《左氏》稍絀。自杜預推崇，

《左氏》始伸于《公》、《穀》之上。唐時習《春秋》者，凡三十餘家，若啖、趙諸人，亦多所發明。迨至宋儒，傳習愈衆，離岐愈多，其病大約有二：拘于例者，強引經以就例，不顧牽合之非；泥于義者，強執義以解經，而不覺穿鑿之謬。

夫聖人因魯史而作《春秋》，筆則筆，削則削，若權衡之稱物，隨時低昂，何嘗預設一例哉？作者本無例，而解者自爲例，且一事而異例，一例而異用，至例所不能通，則曰："美惡不嫌同辭。"斯不亦謬之甚耶？若夫義曰"竊取"，蓋以裁自聖心，非復舊史之筆。然聖人立言，明白正大，若揭日月而行之，即間有微詞，其義自顯，豈留不解之疑以待射覆？而泥于"竊取"一言，遂以爲別有幽深奧秘，隱而不發之旨。于是，揣摩于字句之間，傅會于比擬之似，摹索于情理之窮。以己之意妄窺聖人之意，而必強聖人之意曲合于己之意，求之彌深，失之彌遠。人謂《春秋》至胡傳而其義大明。余謂至胡傳，而其義轉晦也。蓋宋儒識見，未必勝古人，而議論專好排擠古人，往往以迂闊刻核之談，濟其執滯偏拗之見，不獨《春秋》一傳也，而《春秋》尤甚。

余再三閱之，竊有所不安于心，因取諸家之説，參證聖經，存其合者，而去其離者，間有諸説未備者，以己意附益之。千慮一得，各抒所見，不敢故作異同也。

或曰："子之論固然矣，毋乃非王制乎？"余曰："此所爲善遵王制也。文皇帝命諸臣纂集《大全》，原未廢諸家之説，而獨用胡氏。用胡氏而盡廢諸家，乃末流之失，非祖制也。且胡氏不過兼采古人之長，而棄其短。余亦棄胡傳之短，而采其長。胡氏好于衆人所同，而故爲異。余亦反其異而復歸于同，何不可者？宋儒，儒也；漢唐之儒，亦儒也。漢唐之後，有宋儒，而漢唐遂絀，豈宋儒之後更無儒哉？今日不正，異日必有正之者。與其正于異日，而誚今日無人，不若正于今日，以俟後之君子也。夫學者，學孔子之道耳。今耳食之徒，敢于悖孔子，而不敢悖胡氏，不知于聖朝尊崇表章之意謂何？胡傳之謬不可勝摘，其大者，若改正朔，去時令，貶天王，削侯爵，此與孔子從周不倍之義，合耶，否耶？恐孔子在天之神，亦必有愀然不安者。余求信經耳，何必信傳？知我罪我，固有孔子之家法在也。"

《左國合編》叙

《左氏》，史之祖也。其序事簡而核，其取材富而宏，其立義微而彰，其修詞婉而藻。自秦漢以下，子長、孟堅諸人，稱良史者，咸推遜焉。

《國語》，或疑非左氏書，然觀其具體，選言奧博雅麗，非丘明不能作也。後世文士好輕詆古人，摘其瑣細，輕肆譏彈，試令珥筆抽思，竭一生之力，尚不能窺二書堂奧，即高者，不過叔敖之優孟耳，談何容易哉？

降而《戰國》，智辯之才競，而縱橫之説興。雖其詐僞、傾側、滑稽、恢詭，爲有道所羞稱，然而談言微中，出奇無窮，或累説而轉敗局，或片語而定危機，用以排難解紛，紓忠應變，亦何可少也？或曰：此邪説橫議，生心害政，以學術殺後世者，烏可爲揚其波？嗟夫，書何能悮人？顧善讀與不善讀耳。善讀之，取瑜而去瑕，茹芳而吐穢，簡編〔九〕所載，孰非實益？不善讀之，則武城亦篡弒之藉，而鄭衛皆導淫之聲，豈獨縱橫之説，能壞人心術哉？即與《左》、《國》併傳，庸何傷？

三書盛行已久，臬司故有《國語》、《國策》二刻，余益以《左傳》，命曰《左國合編》，聊書數言於首，與好古者共評之。

《慕古録》叙

子輿氏有言："誦其詩，讀其書，不知其人可乎？"夫士生千百世之下，而欲與千百以上之賢人、君子，若睹面而攄心，並時而程業，非詳考其生平，亦胡以得精神於寥霩之表，參符契于絶牘之間哉？余不敏，于書鮮所窺測，顧獨好觀史傳。每憑几開卷，讀古人之嘉言、善行，可法可則者，則勃然興；其神謀秘畫、投機合窾、巧發奇中者，則歡然喜；或情與事相觭，意與時相違，若隱若含，若合若離者，則沉然思；又或忠而獲罪、信而見疑，志之不得伸、功之不得遂，甚且身之不得完也，則慨然嘆而灑然泣。要以摹往古之神，參天下之變，挈已成之矩，作後起之法而已。頃奉簡書，巡行秦、蜀，篋中諸史，止攜唐應侯[一〇]《左編》一種。簿書之暇，間一閲之，病其搜取夾雜，簡帙太多，且有煩而無次，略而失情者。于是，爲之稍加删定，芟復補遺，正訛去謬，一以諸史原本爲準。又擇其中之人品殊絶、才智異等，行誼勛業，醇備而炳烺者，凡百餘人，別録一册，以便披覽。恐其久而漫滅也，遂付之梓，名之曰《慕古録》。

慕之云者，有志而未逮焉者也。夫狂者嘐嘐然，曰古之人，古之人，極其所至，曾不足當古人什一，而尼父獨亟稱之，取其志耳。故曰：有爲者亦若是。士不古人之志，而誰志哉？語不云乎："取法于上，僅得其中；取法于中，將至于下。"今夫射與弈，小萩也。然試執學射弈者，而告之曰：爾且爲羿與秋也，雖不能至，亦必欣然慕之。豈士君子而出萩人下哉？若謂我不能學古人，是自誣也；謂古人不可學，并誣古人矣。

是編也，遡漢唐以及昭代，其間名臣俊彥，雖撥亂保治不同勢，持議策勛不一軌。然上之則名世之儁，次亦一時之傑也。若理學之儒，覺民而衍脉，獨行之士，抗節而維風，又立身根本，稽古所先，以及將兵治賦之才，布德宣慈之長，皆擇其尤以爲軌，則經世之全局庶幾備矣。有志慕古者，倘亦以余言爲不謬乎？若曰：余以渺然末學而高論古人，若是乎不知量也，則知罪固聽之矣。

《青丘先生詩選》叙

詩莫盛于李唐。唐之後，莫盛于我明。而明詩之盛，則季迪高先生爲倡首。先生生胡元之季，值大雅久湮之餘，天創草昧，爲力倍艱。而能遡流探源，迴瀾振靡，起二代之衰，成一家之體，可不謂豪傑之士哉？蓋天降時雨，山川出雲，文明之運，有開必先，故先生崛起其間，以鳴太和之盛，而倡正始之音也。同時若徐、楊、林、袁輩，雖聲名相亞，而造詣自殊。厥後吟道日廣，弘、正而後，卓然以大家自命者，極其材力所至，取精用物，有過無不及焉，然終不能駕先生而上者，何也？詩者，發于性情者也。情之所至，聲亦至焉。或觸境而攄興，或因物而賦形，要以出於自然，而流於不得已，乃天真之爛熳。若強境以就意，強情以傳聲，嘔心搯胃，琱刻摹擬，即人巧極天工錯，而君子不貴者，謂其非自然之音也。

先生詩諸體具備，大者千言，小者數語，總皆出於性情之自然，而無摹擬琱刻之病。其感遇，則可噫可吁；其暢懷，則可歌可咏；其紀事，則可諷可規；其酬和，則可思可述。不襲古而亦不離于古，不廢法而亦不束於法。縱橫宕軼，溫醇俊朗，巧思妙語，錯出不窮。若五音合而成聲，而不拘拘于一代之體，此先生所以難及也。

余嘗謂：“詩有三品。不求工而工者，上也；求工而後工者，次也；又其次，則求工而不能工矣。”先生之品，其中上之間乎？即以追開元、大曆之遺響可也。余雅好先生詩，近始得其全集，總二千餘首。然考先生自選《缶鳴集》，纔三百篇，即後有增益，當不若此之富。或得之散佚、删落之餘，是以昆山片瑕，間亦有之，要不足爲大雅病也。因重梓之，以公之可與言詩者。

《常明卿集》叙

天地間，精華靈異之氣，必鍾爲豪邁倜儻之人。抒其才情，發爲文章，用能點綴三才，杼軸萬品，以鳴一代之盛，是非數數于世也。

我朝自太祖肇造函夏，再闢乾坤，聖作物睹，豪傑挺出。高季迪、林子羽輩，首倡正始之音，一洗宋元陋習，侵假而至成弘之世，道化醇濃，風氣穆物。醞釀既久，發洩愈奇。于是，北地崛起，立幟登壇，而信陽執鞭，弭於中原，與之頡頏。維時歷下、儀封、杜鄠諸君子相與羽翼之，倡喁唱于，風雅之道，于斯爲盛。

而吾邑有常明卿先生者，繼諸君而起，文采風流，輝映當代。天不假年，方駕而稅，書香弗嗣，生平著述多散落弗收，今所傳者，乃開州王公濟所輯，不過什之一二爾。余生也晚，去先生幾一甲子。然流風未遠，里中父老尚能言之。大抵先生負不世之才，而有出世之韵，嘐嘐慕古，俯視一世。其爲文略不經思，興到筆隨，腕節飛動，嬉笑怒罵，皆可成章。乃今披其遺文而讀之，其冲淡玄遠，則彭澤之遺韵也；其奔放豪逸，則青蓮之高調也；其渾雅整嚴，則少陵之法律也。又似嘔心而出，無不與古人合者，豈所謂天授非人力耶？嚮使加之永年，極其所至，當與何、李顏行，彼何奪之速也？蓋精華靈異之氣，造物者每閟惜之，不欲發洩太盡。故從古才人多中道夭折，于先生又何憾焉？然而先生亦足以不朽矣。

先生遺文，其傳弗廣，余因覆梓之，而以數語弁其首，蓋亦高山仰止之意云。

《中丞包大瀛疏草》叙

人臣出身事主，殫精白而抒謀猷，獨有言行兩端。自昔稱天下事，惟諫官得而言，宰相得而行，則言行何容易也？國家設立言官，省臺並重，然直指巡方郡國，什七在外。朝夕人主左右，珥筆匡拾，陳媺糾慝，惟掖垣爲政。

宋時，每以使相持節安撫，今中丞即其任也。秉鉞專制一方，境以内，無所不得爲；而境以外，又無所不得言。權任之重，幾與宰執垺。夫人臣，入而居禁闥，出而擁節旄；欲言得言，欲行得行，豈非奇遇哉？然而處此綦難已。世有能言而不得言，能行而不得行者，絀於時也。亦有得言而不能言，得行而不能行者，則非絀於時，絀於道也。若得言矣且能言，得行矣且能行，聲與實符，後與前符，自非大識力大涵養者不能，余於中丞包公見之。

公弱冠登朝，繇庶嘗給事瑣闥，在禮言禮，在户言户，在兵言兵，封事無虛旬，多人所不能言與人所不敢言。其大者，如議度支，議邊事，纚纚數千言，條晰利害，規度方略，計謀石畫，淋漓楮墨。而論倭奴不宜封，楊酉不宜赦，□〔一〕幾審勢，明見萬里，事後一如所言。維時諸閹方張，浸竊威福。公首疏即糾用事大璫，而爭權采，抨擊奸人，連十餘疏，規切無所避忌，主上至漸積不能容。今取公諸疏讀之，可泣可歡，可悲可憤。聖天子神明，慮無惻然不動念者。其後礦停税減，諸惡璫漸次罷去，謂非公言之效哉？公今來撫豫章，嚮之言而未行，與夫蘊而未言者，一一見之施行。若肅藩政章軌儀，如言禮時；定税則核催征，如言户時；簡士伍戒干揪，如言兵時。而蛟變有疏，水灾有疏，諷刺時事，箴劘主德，忠言讜論，勤勤拳拳，無異在瑣闥時。世人善處錞而口實越俎，謂言時自言，行時自行耳。如公在外不忘内，在遠不忘近，真實心憂國愛君者，豈易及耶？

今天下大患，政在不真。自浮囂剿拾之説煩，而無真議論；

自塗飾巧卸之術勝，而無真事功。人人欲言而未必人人能言，人人欲行而未必人人能行。蓋自謂能言者多不能言，自謂能行者多不能行；而真能言能行者，必其自謂不能言行者也。公冲襟淵邃，道韵恬夷；名愈高而心愈下，位愈崇而德愈光；退然若不自勝，而執理堅貞；賁育難奪，片語不肯輕發。而是非公案，衮鉞不移。蓋繇品真識真，是以發之爲真議論，措之爲真事業，豈與挾持浮說、苟且就功名者，同日語耶？公行入而九列三事矣，繇公之言，用公之行，即以之平章軍國，恢恢乎有餘地也。從來名諫官，必爲名執政，余且幾幾望之。

公在瑣闥時，諫草流傳，已令國門紙貴。掌記復合公撫江諸疏梓行，而余儹弁數言首簡。若公之鴻猷懋烈，勒鍾鼎而光簡册，異日自有史臣載筆記之，無借區區謏陋爲矣。

《鄉試序齒録》叙

歲戊午，江右當大比士。余不佞忝綱紀之役，宵旦惥飭，仰副聖天子遴才至意。比徹棘，得雋者百人，皆斌斌譽髦，王國之禎，既籍而獻之天庭矣。諸士循故事，修世講，以齒雁行，乞言爲導。余自惟鄙陋，無以塞諸士之請。

已思今日之舉，敦同好也，毋亦與晰同之義乎？夫言同者，莫精於《易》，《易》之言“同”也，“於門”、“於郊”，同之象不一，而惟同“於野”者爲大，故曰：“同聲相應，同氣相求。”夫一求一應，同之致也，是所以通天下之志者也。乃又云“和而不同”，豈與說《易》之指相刺謬乎？蓋所謂不同者，途轍也，議論也。而未始不同者，心也，理也。爾諸士有百其人，而無百其心？即有百其心，而無百其理？原自同也。不必同之，而後同者也。且夫人有五倫，兄弟、朋友各處一焉，故兄弟曰“同氣”，朋友曰“同道”。雖天合人合，殊而總歸於同，蓋合而後同，同而後成爲兄弟、朋友。諸士今日固以朋友而兼兄弟，天人合焉者也。同之義可不講歟？夫同與不同，相去霄壤矣。同則嚶鳴之和，不則鬩牆之鬬也；同則斷金之雅，不則玄黃之傷也。同之至，爲千里比肩，四海一室；而不同之至，至于凶終釁末，蹀血操戈，諸士宜何擇焉？

夫諸士嚮者，名不出膠庠，迹不逾里閈，所友者一鄉之士耳。今且聚十三郡之俊，合簪而締世好，則儼然國士矣。進之挾策明廷，將與天下士把臂而論交，則友之道愈廣，而稱伯仲者愈多，不患無同群，而患無同心；不患世無可同，而患我不能同。夫同也者，將居則論道德，而出則贊功業者也。古之以道德同者，若周、程、游、楊諸人，縷縷可指，而莫如七十子之心服；其以功業同者，宋之韓范，漢之魏丙爲最著，而莫如唐堯之元愷，此同之極則也。若乃《無衣》之咏，慨焉同仇；《北風》之什，願言同歸。則夷狄患難，亦無不可同已。

諸士從此以往，涉歷之途漸遠，致用之具漸殊。即出處不同境，巨細不同營，難易不同局，甚至于升沉夷險不同遇，然而所以立德建功，行素位而篤應求者，則不可不同也。然而同亦有辨焉，晏子之告景公，歐陽永叔之論朋黨，其說可覆而參也。若夫老氏之同塵，鄉願之同流，則又似之而非者。故夫能異而後能同，文明中正，不流不倚，乃《易》所謂"於野"之同，而吾夫子"和而不同"之指也。諸士其勉之，不佞無可爲諸士益者矣。

《觀風録》叙

夫文，亦難言矣哉！文者，變化日新之物也，而有不變者存。其變者，格也，詞也，若江河之日下，而不可返也；而其不變者，神理也，若元氣之流行，而莫之能離也。使無不變者以行於遞變之中，則此物爲腐臭久矣，何以能日新哉？故曰："朝華既披，夕秀始振。"惟有根荄之生意，脉脉在枝葉間，而後可披，可振也。

我朝之制義，蓋若李唐之詩。唐詩繇初盛而中晚，亦其世變使然，説者以爲愈巧而愈遠。制義至今，亦戞戞乎元和之音矣。然詩人賦物寫情，不過極其意興所至，以己之口，傳己之神，猶且變而愈遠。若制義，則以我之心，代聖賢之心；而又以我之筆，代我之心。卜度於脣吻之間，而欲宛肖於千百世之上。此非有神理嘿會，入精出微，而屑屑於詞格間，爭勝而鬭巧，其能合耶？又何怪愈變而愈下耶？

余於此道憒憒，童而習之，至今茫如也，然不能文而獨喜談文。頃攬轡南州，輪蹄所至，必進髦士，而較之於尺幅中，觀其以心口之參商，傳聖賢之精髓，其合者尚多，是於遞變中猶能存不變之意，非以枯寂爲平淡，恢詭爲神奇，愈巧愈遠，如世俗所謂日新者也。從此神而明之，極變化之致，而還大雅之風，又何慮江河之難返哉？若乃穠纖殊態，疏密殊致，輕重緩急殊節，則鶴長鳧短，余固不能齊之，但取其不變者而已矣。

《擬觀風録》序

余奉簡書按三輔，凡車轍馬迹所至，察吏省方之暇，進譽髦而較之，拔其菽之尤者貯篋中。既竣事，彙而成帙，將付諸梓以風學宮。覆閲之，而有概于中也，曰：神矣哉，化之移人乎？何者？天下固未有不鼓而自舞，不轉而自動，不摶埴〔一二〕而自成者。凡習之成，而必有爲之先者以開之，開而後入，入而後受，受而後相漸相靡，以底于成。特夫入之無形，受之者不知耳。不觀之風乎？夫起於青蘋之末，不於於徐徐乎？倏而變也，飄如忽如，噴如噓如，颯颯然莫知其所往，颲颲然莫知其所届也。而吹萬之類，當之仆矣，觸之鳴矣，乘之起而迎之躍矣。若是乎風之于物神也，而於人亦然。夫人與人積而成世，人與人習而成風。五方異習，風能一之；七情殊好，風能同之。然獨惟高而倡、順而呼者，感綦捷而應綦神，其沁入在肌膚脉髓之中，其轉移在精神靈竅之中。而況夫言者，心之聲也；文，又言之華也。一唱而百和，上喁而下于，有不熙然成風者耶？

往者成弘之際，風化翔洽矣。一時修詞之士，群趨爾雅，勿詭於正。一變而爲嘉隆，雖開奔軼爛熳之竇，未越繩墨尺矱之中，即故步稍失，本質尚在也。延至今，而文弊極矣。理不足而粉澤以詞，才不足而浮游於氣，識不足而附會以臆，見養不足而摭拾夫陳言。非不藻如春花，辦若飛涛，而探其神情，索之立盡。方且自謂瑰奇，建鼓而行之，而世亦從風而靡。狂瀾之既倒也，其誰障之？余蓋有思憂焉，非憂文也，蔽陷離窮，生於心而害於政，昔人所謂文章關世運者爲可憂耳。而以今觀諸士之文，抑何不靡于時好耶？雖修短疏密不一其制，濃淡甘苦不一其情，緩急浮沉不一其節，而大都詞求根于理，氣求傅於才，識不落于旁岐，養不窮於剿襲。成弘之正脉，猶有一綫之存者。

夫諸士生長燕趙，固昔所稱奇士窟也。碣石之談天，易水之悲歌，酒市之擊筑，其遺風尚在，固宜祖而效之。乃不以洸洋虛誕而以簡質，不以婉鬱飛揚而以和平，豈諸士能遊方之外？是有所風之也。邇者，天子釐正文體，黜詭抑浮，以返先進之故，而諸士環列甸服之内，沐教最先，一變至道，斯如桴鼓。故曰："化之移人，神矣哉。"而余猶有幸矣。余職在觀方者也。昔者，先王[一三]采風謠以贊化理，于是有皇華之使，四牡騑騑，周爰咨諏，陳詩而觀之，以察夫民俗之淳澆，治理之湮暢，然後能宣序民隱，而助流風化。今之文，非詩也流乎？今之直指，非古之皇華使者乎？余觀諸生之無佻言也，即知民之無澆俗，而國之無湮化也。俗美化流，民淳士愨，余攬轡而還，可借手以報簡書矣。

《平反錄》引

刑者，聖人不得已而用之者也。以殺止殺，非以殺妨生也。故三刺、三宥，兢兢慎之，惟恐殺一不辜，干天地之和，而傷一體之意，何嘗以必殺爲心哉？後世刑名家，暗於大道，往往以鉤距爲明察，以擊斷爲威嚴，深文巧比，鍛鍊周內，以快其意，而桁楊棘木之間，不得其死者多矣。夫飛鳥依而生憐，投兔急而先脫。人之於物，猶惻惻矜之，而況與我同類者，忍視其無罪而就死地，此豈人之情耶？蓋聖人以法用法，而後人多以意用法。古之時，罪疑惟輕，而今之時，罪疑惟重。此獄日煩，刑日虐，而覆盆之下多冤民也。

余自少時讀《酷吏傳》，至"畫地刻木"之語，輒潸然出涕。故自爲上谷理官，不避嫌怨，多所平反。今茲來按豫章，於慮囚一節，矢公矢慎。凡獄詞隱伏不彰、牽比不協者，必反覆推求，甚至對案忘飡，就枕忘寐，得其情而始覺暢然。嘗聞之："求其生而不得，而後死之，則生與死俱無憾。"我思古人實獲我心矣。

或曰："子，法官也，執之而已。何必切切求生哉？"余曰："是不然。夫所謂執者，執以理，非執以意也。死而故生之，生而故死之，皆以意執者也。余任理而不敢任意。之死之生，皆其可死可生者。即間有一二委曲矜全，亦其可以死可以無死，以附於寧失不經之指，敢爲惠於法之內耶？吾家釋之，固所稱能執者。其言曰：法者，天下之平，不容少有低昂。余亦惟求平而已。烏乎執，烏乎不執？讞詞具在，其於聖人不得已之意，敢謂當焉？要以哀矜勿喜，以遂此區區不忍之心。如必武健嚴酷，後爲勝其任而愉快，則余謝不敏矣。”

《駢牘》引

駢驪之文，非大雅也。六朝濫觴，李唐導流，宋元衍派，浸淫至今，而浮靡極矣。然而巧心浚發，變化日新，才情聲調，各有所極。朝華既披，夕秀乃振，寧敢笑前人之未工哉？余腹無書簏，筆鮮花生，雅不慣此，乃稱謝應酬，又不能洗脫時套，勉強爲之。抽黃偶白，比調諧聲，嘔心良苦。久之，稍稍盈帙。因見兒輩不解音律，表箋之體，概乎未聞。欲使取法於近，以爲入門，遂付之梓。然余於此有三愧焉：稱功頌德，近於獻諛，一也；字櫛句比，似乎雕蟲，二也；學步效顰，類於剽襲，三也。有此三愧者，寧敢質之大力？亦藏諸篋笥，使兒輩傳之弈世云爾。

校勘記

〔一〕“叙”，底本卷首原目錄“叙”均作“序”。後文不再出校。

〔二〕此文又見於張銓《國史紀聞序》。

〔三〕“經注”，張銓《國史紀聞序》作“紀注”。

〔四〕“聖祖神宗”，張銓《國史紀聞序》作“二祖列聖”。

〔五〕“畈章”，張銓《國史紀聞序》作“版章”。

〔六〕“遽以”，張銓《國史紀聞序》作“據以”。

〔七〕“崇俟”，張銓《國史紀聞序》作“崇侯”。

〔八〕“此則……”句，張銓《國史紀聞序》文末有“皆萬曆四十八年横孟夏中旬，巡按江西監察御史臣張銓謹識”。

〔九〕“編”，原作“偏”，據文意改。

〔一〇〕“唐應侯”，疑當作“唐應德”。《左編》，明唐順之著。唐順之，字應德，一字義修，號荆川。武進（今屬江蘇常州）人，嘉靖八年會試進士第一。

〔一一〕□，疑當作“揆”。

〔一二〕“摶埦”，原作“摶婉”，據文意改。

〔一三〕“王”，原作“生”，據文意改。

叙 [一]

賀包大瀛中丞奏績恩榮序

大中丞包公撫豫章之二年，以前同寺勞積三載考，司勛氏上其最。天子下璽書褒美，榮及所生。公拜稽首，對揚王休。不佞某以巡行之役，竊附同舟，感公誼至篤，欣逢盛美，能微一言，以展私慶？

嘗聞人臣之事君也，事英主難，事中主易。而余以爲事中主似易而實難，事英主似難而易，何也？中主明斷不足，隨臣下爲短長，唯唯否否，順固無違，逆亦罔拂，此所以易也。然慭寘之耳，不繹于心，使獻替無所關其忠，納牖無所施其術，浸假而釜鬻煬灶之奸，得倒用進退忠邪之柄，則易而難矣。英主太阿獨握，勇自任而喜護前，片言不當，則呵謫隨之，此所謂難也。然每行其恩威，不測之權，顛頓豪傑，明吐而陰茹之，深含而迅發之。是以折檻批鱗之臣，往往始迕而終合，小绌而大伸，則難而易矣。夫主上神明天縱，固不世之英主也。而公之事主上，則所謂始迕而終合，小绌而大伸者也。

公初繇中秘給事瑣闥，所條上封事，皆關切天下大計。會奸人以言利得幸，榷采四出，公引義力爭，致干嚴譴，沉湛外服者數年，及賜環歸闕，五載三遷，遂秉節鉞，乃知嚮主上亦心知公言之當，特不勝一時之私。迄今礦罷稅減，諸惡瑠毒噬海内者，次第撤還，寘之于法，是亦陰用公言之驗也。且二十年來，以言獲罪，無慮百餘人，復聽長樂鍾聲者纔數人，而以秉鉞出者，公與閩撫而兩耳。公於主上可不謂奇遇哉？

稽古名賢，若唐之昌黎，宋之眉山，皆曾遭遷謫。而公文章勳業，炤映千古。然眉山旋起旋躓，得君未久，昌黎迴翔陪貳，亦未嘗專制一方，若公今日之權任也。我朝王文成公，起謫籍絫郎署京卿，開府虔南，其事政與公類。文成平逆剿寇，功在江右不朽。今固非文成時，然諸宗驕蹇不奉法，彭蠡、章貢之間，出沒波濤者，實繁有徒。且自遼左兵興以來，徵求竭澤，小民皇皇旦夕，莫必其命，凡此皆亂之芽蘖也。而衒鬻則久弛矣，繭絲則日密矣，干掫則不戒矣，是又大異文成時。自公下車以來，無日不考官方而董正之，問彤瘵而噢沫之，取令甲而申儆之，討軍實而搜簡之，剔蠹賊而芟刈之。而又淡泊以訓廉，寬大以廣惠，定靜以鎮囂，精嚴以核實。是以恩浹而威馳，綱張而目理，宗稟于範，吏循其職，民安其生，兵實於伍。雖以災沴頻仍之後，徵發驛騷之時，而民不生心，不逞之徒不敢窺覦而動者，皆公綏静彈壓之功也。蓋文成治亂於既亂，而公治亂於未亂。治亂於既亂者，其功顯赫於一時，而治亂於未亂者，其功陰受於異日。公與文成易地則皆然也。雖然，此不足盡公之用也。公光明剛介似韓，疏通朗暢似蘇，經緯幹局又似王。鴻猷駿烈，自當追迹三公，炤映不朽。廷推公司寇久，上方注嚮公，且夕且有一新命。絫此而秉權當軸，將用公之未盡者，以答英主始終知遇之恩，矢補浴之精忠，紓安攘之宏略，翼奠社稷泰山而四維之。不佞某非但爲江右慶，且將爲天下慶矣。請以今日之言爲左券。

送王翼庭太守入覲序

上谷爲朝廷股肱郡，天子所注意什伯他郡也。先是，除一守主爵者，疏數易，輒刊印弗肯予。及上谷守缺，疏翼庭公請，則朝上而夕報可。一時都人士謂天子重上谷因重守，重守因重用公也。公乘傳而往，未期而政大治，民大和，循異之煩，無翼而蜚。都人士又謂天子能用公，而公能用上谷也。會天子開明堂覲群后，公以甸服之長，率他郡國人修歲事，車馬有行色矣。其僚有二三君謀爲贈言，以不佞知公之深也，授不佞以簡，所陳述公德政，縷縷千餘言。不佞覽既竟，而有感于古今之吏治也。

昔漢宣帝有言："與我共治安百姓者，其惟良二千石乎？"故每除守令，必親引見，察其才否。治理有[二]效，輒以璽書勞勉，增秩賜金。故一時良吏，若潁川、渤海輩，亘百世鮮與侶，至今談者率慨慕元康、神爵間。蓋宣帝惟綜核名實，固得人若此之盛也。

我國家澄清吏治，明試考言，三載黜陟之典，固符虞廷，于名實之辨，未嘗不詳且嚴，而人心巧偽，功令漸格。上以實求，而下以名應；下以名應，而上又誤以實收。夫名，天下所共射也。況上谷懸之，則下的視之。故一時浮佻虛憍之輩，喜爲名以覆實，又詭爲實以市名。精神不用之緩懷而用之塗飾，才力不竭于振勵而竭于周旋。其譽日益起，家日益肥，而民日益病且怨，至民病且怨，豈人主所與共治安百姓意哉？

翼庭公，尚實不尚名者也。其立志貴淡泊而賤濃華，其持論依切近而簿浮游，其接物先簡質而後邊幅，其敷治崇精敏而黜虛恢。自起家射策，三仕爲令尹，兩任曹郎，惟一心營職，下振百姓之急，而上敬公家之務。其懿鑠在人耳目者不具論，論其爲守。其爲守善政，亦未易殫述，論其大者。公始拜命，值旱魃爲虐，如焚如炎，襜帷及境，即齋沐步禱，歷二旬不怠，竟致甘霖，民以方之太守雨。已飛蝗蔽天，轉歷他郡縣，所至野無青草。公下令瘞捕，即群然鼓翼去。崔莘之澤，有弄兵者，若而人囉者莫敢問。公以計獲其魁，餘黨悉靖。每視事，自朝至昃，必躬必親，吏胥抱案立，莫敢仰視。一二作奸者，望風遠徙。他若崇文學，振貧困，出冤抑，恤郵傳，却筐篚，蠲逋賦，一一以實心爲質實政，載而行之。蓋自公抵上谷，而民得父母，士得師。二十城之長，承風濯滌，而百千萬億之衆，含沫而泳流。即以程之漢龔、黃、張、趙諸君子，彼猶各具一節，寬嚴不相濟，疏密不相通，公獨無不具也，無不宜也，是可軼而上之矣。然漢循吏多爵至關內侯，久遂得拜公卿。今九閽嚴邃，引見就問且成闊典，而况可望賜金增爵之事哉？然天子甚明聖，日月之光可回于頃刻。昔齊威王，霸主之雄耳，三年不蜚鳴，一旦烹阿，封即墨，遂表東海。邇主上從天官氏請，申飭計典，視嚮有加，是將循名而責實，舉一以勸百，與天下士大夫曠焉更始，行且闢延英，召入覲守令，問治狀，必首及翼庭公。異時，黃金璽書貴相望上谷間，更幾載而內召爲公卿，如漢所以待潁川黃者，不佞拭目俟之矣。

送王鍾嵩太守入覲序

鍾嵩王公守上谷之三月，滌煩去苛，解網流膏，教穆而政和，民熙而吏飭，章甫之歌播溢遠邇。會國家大計群吏，公且以介圭入覲，其僚二三君將爲祖道致詞，而屬不佞以言。所稱述公德政不能縷指，不佞于公非有傾蓋之交也，而不佞知公之素，則非自今日治郡，與夫二三君之稱述也。

往者，權相柄國，群小炎赴，與一二正人冰炭不相能，欲螫之而無其隙。會妖書事起，謂借此可一網盡之，羅織萬端，緹騎之卒日環諸正人之垣，覘察陰事，將傅會成“莫須有”之獄。此時，諸君子危如朝露，而一二宵人，又以危詞恐喝治獄者，司寇[三]氏視人鼻息，莫敢語。時則有以曹郎明目張膽、仗大義力爭之者。群小之計阻，獄遂不成，而諸正人姑免當門之鋤。不佞聞而誼之，急欲識其人，久而知爲公也，時公已厜守常州矣。余則慨然嘆曰：“以若而人，不令諷議朝廷之上，主持公論，砥柱清流，乃以銅符之長行哉？”已聞公至常，而常之大姓、巨奸斂手奉約束，其單赤則呴而沫之，若置諸懷。及公以讀禮歸，而常人至今有甘棠之思。越今三載，而公後補上谷。余知上谷之民有嘉賴也。

蓋人臣之出身事主也，患富貴之心太重，而利害之心太明。重富貴則必急身家，明利害則必生趨避。是以剛腸柔于綽約，百練化爲繞指，百結私人之援，而不一憂國之急，百計身圖之便，而不一念百姓之勞。入而參國政、建大議，必不能力排盈庭，中立不倚，出而守一官一職，必且柔昧畏懦，朘百姓以生，而不能以身爲百姓請命，國家亦奚賴若人？而若人亦何益于殿最之數哉？當妖獄之起也，詞連官府，聖意且不測。全軀保妻子之臣，皆踧肭引避，令公而稍着身家之念，懷趨避之私，亦將首鼠兩端，以倖容容之福。公獨犯柄臣之鋒，折群小之焰，力絀衆議，保全正人，賁育之勇方之茂矣。此其胸中寧知有富貴利害者哉？吾固知公之能爲郡也，必鋤奸惡而護善良，剖疑枉而釋冤滯，且必先百姓之急，而後身圖。苟有大利大害，固將以去就爲民力爭之也。

今守上谷甫三月耳，而上谷之民，業已途歌而巷謳，家尸而戶祝，何收效若此之捷哉？蓋太公之治齊也，三月而報政。尼父拂相三月，即誅少正卯，墮二都，定夾谷之盟。異人作用，固非可以尋嘗測者。就公定妖獄觀之，其作用當不在古人下，治郡，其一節耳。然予終日爲端正如公，不使諷議廟堂之上，而乃用以治郡也。昔汲長孺在漢庭所稱招不來而厜不去者，方其面駁張湯，與爭論無近渾邪王事，不以丞相、御史、大夫少絀，而以此卒出守淮揚，其事政與公類。然長孺臥護淮揚十年不召，公今且近天子之光，則視長孺不爲不遇矣。方今公道大明，雨雪見晛，宵人誅鋤且盡[四]，萬一天子勤思往事，問嚮者阿曹郎決大獄者，必且留公廟堂，主持國是，砥柱清流。公且大樹社稷臣之業，已比于尚父、宣尼，可跂而待也。

不佞珥筆承明，且爲公鋪張其盛，今兹治郡之德政，若二三君所稱述者，區區寧足爲公頌哉？

贈楊念庭別駕致政序

蓋今之登仕路者，刻核之聲炫則廉平之理微，狡飭之政行則悃愊之效左，婥婀之習煽則方正之途阨。上操此以殿最，下乘此以升沉，十不逾二三焉，敝也極矣。余不佞理上谷，甫越歲，而念庭楊公來倅是郡。念庭與余同梓里，生平修潔自好，且通達世務，有經緯才，是余所爲金蘭契之，而韋弦佩之者也。既受事則夙夜拮据，加意窮民，治身廉約如寒士，惜民費如其家。之郡無半年，分部視廉，雖窮鄉僻聚，必躬詣之。且減省騶從，不食民一芋一粟，兩造質于前，袁者袁，辟者辟，不移晷而立決。他如給軍餉而禁侵漁者，審屯編而蘇凋瘵，飭俵解而清馬政，其釐舉嘉績，隸首唯數。至茹蘗之操，懸魚之介，尤表表在人耳目者。大都外不靳赫赫而務周惠於下，內不靳皎皎而務軌正于身，不纖趨以市媚，不詭遇以干時，不周容以徇俗。視寵利名爵，超若萍寄澹如也。所稱廉平悃愊，方正不阿，非公其人耶？

方盻衡公入晉郎署，出副省臬，庶足酬公夙抱；而公一旦蓴鱸思動，欲拂衣歸。余與守王公、丞高公相與慰藉挽留，公逌然曰：“仕途如海，何時是岸？猶龍氏不曰‘知足不辱，知止不殆’乎？吾以爲不足，則三公五侯，尚不可止。吾以爲足，則尺組□通，便可以止。況今日之仕宦者，儇巧日甚，蹊徑日多，譬彼逐鹿，高才捷足乃先得之。若內無金、張之援，外無王、貢之交，即行如曾、史，廉如夷、繇，政事如龔、黃、卓、魯，終不能超乘而登，不免沉淪偃塞以没世耳。以吾朴衷直腸〔五〕，自度不能爲世人之爲審矣。乃馳馳逐逐，顛倒戲場，真同嚼蠟，有何意味？況頭顱種種，日昃之光，爲時幾何？人生適志耳。吾鄉固饒佳山水，龍門、王屋、翠微、石樓、潙汭，諸名勝在焉。縣思懸車里舍，鳩杖逍遥，挹薰風之餘韵，訪采薇〔六〕之故墟，追綠野之勝遊，尋介山之高隱，何處不可自得？奚必戀戀此腰下組，若雉之居樊，以身爲桎梏哉？"余聞公言，與兩公相顧爽然自失，乃知公視一官，不啻鴻鷀之於腐鼠，余之所爲慰藉挽留者，見地固不超也。昔人云："相逢盡道休官去，林下何曾見一人？"乃今於念庭公見之，斯不與世情相萬哉？公行矣。余銓次公之行，與公之言，以見公之遇于世，及公之所以處遇者，而始終不嘆于今之世也。若值公道大明之日，公以其廉平悃愊方正者行之，何遂不爲夔、龍，而爲巢、許哉？噫！公而巢、許也，是亦可愧夫婻阿狡飾以取高位者云。

賀任學博膺臺獎序

任先生訓余邑近六載，前後膺勞書無慮數四，而余以宦邸未聞。今歲以津門之役過里，適制府獎先生之檄至。邑諸士徵賀言於予，且致先生意，若將要余言爲重者。余言何能重先生，先生固自有重者矣。夫天下莫重於學較，弘道德之路，倍禮法之源，以善俗而成材，所關至閎鉅也。

國初，文明宣蔚，廣勵學宫，司庠者必重其選，諸博士亦能自重，砥行以樹範，彰軌以維風，故於時俗蓁隆，材蓁茂，而諸博士往往以異等峻崇峻嗣。後文教雖漸翔洽，而學官之任則漸輕。士起家明經者，率授博士，然一遷再遷，則亦博士已耳。下因上之輕而遂失其重，上因下之不自重而益輕之。上下交輕，而博士至有不可爲者。除書一下，則曰："此以鳴助老我，餼升斗糊我口爾。"虞不得於長吏，而陰螫之也。則屈體下之，甚睨意旨，而奔走焉。其高者不過以佔僆技誨弟子員，至砥行彰範、善倍成材之道，幾弁髦之矣。果爾，則博士安得不輕？博士而上之人，又安能以博士爲重？當世而有自重以重於人者，余蓋盱衡望焉，乃近得之先生。

先生貌若不勝衣，言呐呐不出口，而矩步規旋，介不可易，是謂德重。他博士歲時束修，稍不當意，輒誰呵之，甚則夏楚加焉。先生載邑載笑，無暴容，無疾言，是謂禮重。諸生中有匱者走先生貸俸錢，無少吝也，負亦無所問，是謂義重。然先生非空挾此三重也，能令人重，而且能重人。往邑長吏戾於情，司教者野于禮，相與爭得失，至以訴詈相加遺。而先生中立其衝，兩而無所罣。當其爭時，士氣不無少激矣。夫士最患激，激則氣盛而召尤，結黨以啓釁尤，釁尤則輕士者至。卒賴先生鎮定之，雍雍雅化，先生用重者弭人之輕，復用以成士之重，善俗成材倔兼之矣。昔郭林宗以德行淑世，故雖當黨錮之變，爲時指名，而竟不及禍。王仲淹曙于不爭之旨，即楊越公之暴，亦爲解顏，何者？誠重之也。此兩人同以成就後學傳之，同晉產也。先生其有高山景行之思乎？視今之縻廩餼、事趨承、訓佔僆者，直相萬矣。予獨嘆自重若先生，爲世所重若先生，而竟未必有殊庸峻擢，若國初所爲重博士者，豈獨先生之數奇，仰亦世變使然也？雖然，太原、河汾所爲當世重，爲後世重者，政不必有殊庸峻秩也。先生益茂厥修，踵有道之芳踪，纘龍門之緒業，將後世之重先生者，不在兩公下。而先生之所挾爲重者，且不以臺使者之獎擢爲有無，又安所藉余言爲也？

壽韓仁居大尹七十序

夫古今所重，無如壽矣。《書》稱"考終"，《詩》咏"難老"，孔言"仁壽"，孟昭"達尊"，廣成著"長生"之訣，莊生托"大年"之喻，皆以明保合天合，頤養性命，善尊生之計，而完不壞之真，故足嘉也。況隱德與齒隆，命繇道立，斂祉福於箕疇，膺祝頌於《周雅》者耶？

公少負瑰材，長騰鴻譽，洞該《墳》、《典》，漁獵百家。攄思則雲爛霞蒸，挾藻則錦橫珠散。然而道與時違，才爲命絀。荆璞有屢刖之悲，鹽車無一顧之遇。乃舉明經，載膺邑宰。牛刀暫試，迎刃有餘。占惠政于烹鮮，驗學優于製錦。素絲著羊羔之節，蒼氓懷慈母之恩。既而蟬脱樊籠，鴻翔□漢。希掛冠于北海，羨石隱于東山。采菊陶園，垂竿嚴瀨。一丘一壑，且弦且歌。追竹林之逸風，集香山之佳會。貽穀有方，象賢克顯。獻策金馬之門，致身青雲之上。沐恩波于鳳沼，舞班彩于鯉庭。完祉駢臻，修齡遐邕。今公春秋七十，更壽祺既介，弧辰誕臨。酌清酤以享神，烹肥牼而召族。子姓森列，賓從雲從。看核窮水陸之奇，歌舞極窈窕之選。禮儀卒獲，祝詞載陳。

客有洗爵而前者，曰："嵩高之柏，華獻之松。飽以雨露，經以霜風。傲睨日月，凌鑠芳穰。象公之壽，綿綿靡窮。"公曰："唯唯。"客復曰："岱宗蠱蠱，渤溟泱泱。爲萬山祖，爲百谷王。不增而厚，引之愈長。象公之壽，萬億無疆。"公又曰："唯唯。"于是，小子進言曰："客之所以象壽者備矣，其視公者亦至矣。然松柏，壽也，時而摧折。山海，壽也，亦可崩竭。用以祝公意者，其未當乎？吾聞履道永居，仁者祥。萬形有盡，此獨不亡。公其絶智去故，閟陰葆陽。陶情天地之表，抗志寥郭之鄉。等造化于一瞬，齊彭喬於夭殤。任推移于世變，獨守吾之太常。"公乃釋然色喜，怡然意會。客咸作而賀曰："是真可爲公壽矣，是真可爲公壽矣。"盡舉觴而祝以斯言。

壽韓仁居大尹七十序

蓋吾鄉碩德則稱韓太公云。公起家明經，爲關西令永壽，比人尸而祝之。繼令環，環故凋敝，復大裖，公家呴人沫、起溝中而衽席者以萬計。會不得于上官，遂解組歸。迨伯子武選君成進士，主水部政，封公如其爵。今公壽七袠矣，邑士夫函采以賀，而屬言。不佞某曰：予于韓公而見天道也。天之福善，非遽以全福福之。有損〔七〕而後益，或塞而始通，其機懸于可知不可知之間，而卒歸于一定而不易。《詩》云："視天夢夢，既克有定，靡人不勝。"

方公爲諸生時，騰茂蜚英，咸謂扶搖赤霄，一息千里，而竟偃蹇一第。及策名登仕，顯然有霖雨望矣，乃未報政而即歸老。負雕龍倚馬之才，而器不賈于世；布烹鮮解綱之惠，而澤弗遍于時；抱秉鈞持軸之猷，而官不酬其略。世以爲公奇，倂以爲天憾，詎知天之福公，固有待耶？公今沐恩寵，享修齡，子若孫翩翩振振，爲鳳之毛，爲麟之趾。而武選君望重清朝，名高海宇。異日荐登樞要，筦握政權，攄經緯之才，竪巍鴻之績。大業炳於旂嘗，芳聲垂于青簡。追貽穀者誦公于不衰，則公之福，寧有窮也？至今日而公之天始定矣。

蓋公之得天者深，則天之福公不得不厚。故公雖壽躋七旬，而強飯矍鑠，不異壯年時。傾一斗酒，長嘯高吟，對客手談，終日不倦。大老至期頤，不蓍蔡而必已，然公雖已壽貴，尤有貴于壽者。語曰："天全者上，人全者下。"夫龐眉皓首，往往而是。然暗汶弗耀，與草木同腐，厥算亦蟪蛄蜉蝣耳。此全以人，不全以天也。公舍淳葆和，履道裕德，所謂天全者，非耶？天全則神全，則世數不能域，修短不能移，亘天地貫古今而不朽者，將在此矣，即七十猶小年哉！

壽李竹庵封翁八十序

自昔善祝壽者，莫備於《詩》。《詩》之善祝壽者，又莫備于《雅》之《天保》之祝其君也。象日月，象松柏，象南山，而總其意曰"萬壽無疆"而已。人固無百年不盡之身，而《詩》至以"萬壽"祝者，非倖于不可知之事，而侈爲不必然之説也。則至情所激，歡呼頌禱，而自不能已也。夫子之愛親，與臣之忠君也其情同。則子之欲萬壽其親，與臣之欲萬壽其君也其情亦同。人之懷無已之情，而思以自致，亦必托之祝。而與其私祝之，不若合親族以共祝之。與其合親族以意祝之，又不若借手能言者以詞祝之，要以致其無已之情而止。

今育吾君于太翁，可謂善致其情矣。蓋育吾君成進士，而公以眉壽在堂也，春秋七十餘矣，矍鑠善飯，耳聰目明，大耋期頤，不蔡可必。而育吾君方愜舞斑之願，忽縈捧檄之思，計且就選銓曹，禄養宦邸。比翁八帙，不得與親族共奉膝下之觴，即其子姓姻婭，亦以不得華祝公前，爲皇皇者也。乃以懸弧之辰，預爲公壽，而借言于予。予非能言者也，予不能爲吹嘘吐納，鷗顧熊經之誕，以爲公期。亦不能爲蓬島瑤池，鸞驂鶴馭之怪，以爲公願。余亦惟原本理數，揆驗天人，而始終以《天保》祝君之意，爲公必壽考而已。

夫壽者，理與數合，而天與人參焉者也。理以數爲符，數以理爲宰。人非天不成，天非人不因。故數有所定于天，而人能移之。理有所主于人，而天不違焉。是司命者予天，而立命者予人，則修短亦夫人之自取，而造物者聽之爾。《天保》之祝君以"萬壽"也，先願之以戩穀，後繼之以受天百禄。蓋惟人不怠于作善，斯天不吝于錫禄。先可爲受之地，乃其迎與之機，斷不爽也。

余竊以習所聞公之善，而知天之與公，公之受于天者矣。公以計然居室者也，賈人惟利是視，凡損人厚己者，無不可爲。而公獨慕義好施，賑窮周急，匍匐以之。其里□之內，待公以舉火者若而人，挾公貲以糊口于四方者若而人，而公之善及一鄉。邑之四境，多稱貸于公者。值歲歉不能償，德公之義，願以田質。公憫其無以生也，悉焚券謝之，而公之善及一邑。澤郡之民，嘗以鐵冶易粟河內。丁亥、戊子，夾歲大饑，懷人遏糴，居民嗷嗷。公不忍以同舟坐視，托有力者爲之請，而民賴以蘇，則公之善及一郡。夫善及鄉，以鄉之人祝；善及邑，以邑之人祝；善及郡，以郡之人祝。合鄉與邑與郡之人，而同爲公祝，則人人之壽公，即天之壽公。自是造物厚奉公而公多取之，公多取之而造物益厚奉之。作善者食報，而人定者勝天，所謂以戩穀受祿，非耶？而不寧惟是。《詩》曰：“教誨爾子，式穀似之。”又曰：“有穀貽子孫。”以余觀育吾君，溫其如玉，呐呐不出口也，蓋振振麟之趾焉。異日以漸于世德者，舒爲鴻勛，固難逆指。然即象公之善，而致之民，必能爲郭并州之問疾苦，韓安撫之竭逋負，乘輅謁者之發粟救荒，公之善行且及天下矣。至于善及天下，則將合天下以祝，天方願借公之善，以壽國壽民，又何不永錫難老哉？余非臆言也。更三年，而公履太葆和以彌厥性矣。則請以今日之言爲左券，倘育吾君情猶無已，必欲如《天保》之祝君者以祝其親也，必且徵萬壽無疆之詞，時則人列清華，交游盡名彥矣，不患無能言者。

壽舅氏霍翁八十一序

世之言壽者，愚者聽于天，賢者必于人。聽于天者，以爲人盡造物所禱耳，修短有一定數，彭殤不相借，顏跖不同途，烏能以人必之？然而賢者弗是也，謂造物能禱人，而不能域人。修短之數，引之則有餘，促之則不足，是定而不定者也。與其聽天，不若盡人。蓋盡人而後可聽天，不盡人而聽天，其得全于天者，寡矣。嘗聞太古之世人多上壽，其後乃多中壽，最後則夭札而不終其天年，躋下壽者亦鮮。豈天之數于古人獨修，今人獨短耶？毋亦古人有以引之，今人有以促之耶？蓋人非生而壽，生而不壽者也，各有所致之也。且物之生而壽者，莫若金石松柏，然金[八]之堅也，鑠之則流；石之固也，鑿之則裂；松柏之貞且勁也，匠石斧斤之，則爲棟梁、榱桷。夫物之生而壽者，且以人傷之而不保其壽矣，況生而未必壽者乎？又況以人自傷而能其壽乎？有人于此，精力非不堅強，智慮非不聰慧也，乃日逐逐而于聲色嗜欲之中，鑠之、鑿之、斧斤之，不少休息，乃曰：“我生有命在天。”斯大傷矣，此不知性命之情，并不知天人之道者也。惟不以人自傷者，而後能以天自完。若余舅霍公近之。

　　公生于嘉靖初季，于時風氣淳龐，俗尚簡朴，而公又賦性冲素，于世淡如，于衷坦如。目不知有玩好，口不知有濃甘，身不知有奇麗之服，耳不知有靡艷之聲，心不知有便捷機巧之智。淳淳悶悶，真有無懷葛天之遺焉。濫觴而後容變，而華聲變而淫矣，而公若不見不聞矣。服而不朴麗，味淡而濃，心恬而兢矣。而公無營無嗜，與人無爭也。内不滑以七情，外不攖以百物，故能無陰陽之患，亦無人道之患。其與公並公于世，自少而壯者，已百不見一；自壯而老者，已十不見一。而公獨如金石之長堅，松柏之長茂，豈天于公有所私耶？惟其無以鑠之、鑿之、斧斤之也。故曰：得全于天，不若得全于人，盡人而後可聽天也。《傳》曰：“八十而耄。”以其精力萎，智慮衰耳。故《詩》云：“以引以翼，以介景福。”今公已逾八十，而聰明強健，不少衰萎。景福之來，曷維其已？即固太古而躋上壽，何難哉？抑余猶有願也。古者八十而杖于朝，今天子以孝治天下，邇因慈宫覃慶，既榮公以冠服矣。安知不一修舉曠典，議執醬執爵之事哉？余爲舅氏望之，則又取券于大德得天之說也。屬公初度，其姻婭子姓，爲公獻百歲之觴，而余侑之以言若此。

壽延用齋六十序

昔廣成子論長生之道曰："無搖爾精，無蕩爾神。"猶龍氏亦曰："外其身而身全，後其生而生存。"然要歸吾師說"仁者靜，靜能壽"而已。夫千尋之松，植于華岩，風不能敗其柯，霜不能脫其葉，歷百紀而嘗存者，其托根靜也。龍門之石，大可蓋歟，聳可干雲，洪濤巨浪，奔騰相觸，而屹立無損，其賦質靜也。顧物之靜以無知，而人之不能靜以有知。有知，則有生之累也。生之累萬端，獨名利爲甚。逐名者以名隕，沒利者以利謝。舉世攘攘，甘以身爲桎梏〔九〕，爲蜉蝣，亦大惑矣。

余性好靜，每思知靜者與證攝生，而言者不必知，即知者久不能行。夫不能行與不知，何異？惟能行而不言者，其知乃真，若用齋君近之。君表朴而衷願，一椎魯人耳。然嘗耳聒其行實，目捫其舉止，心儀其品格，乃知藏用晦而托意深，寄迹平而遊情澹。淵然穆然，世情不涉，固未可以皮相也。君家世富饒，貲甲閭里。橐其貲以賈四方，規義而取，不乘人鬬捷而箸，顧日殷殷起。然不覬以廉聞。置膏腴數頃，歲之所入什三在内，什七在外。蓋賓客嘗盈座，而呼賑者趾相錯也。然不覬以惠聞。往來長安市鄉，縉紳高其誼，嘗與遇從，山巾野服而處青紫間，于于如也，似不知貴人上者。然不覬以達聞。當事者欲以爵榮君，授之散秩，束帶峩冠，傖父乍得此車上舞矣，乃循墻而走，退若不勝。然不覬以慎聞。邑長吏下車，必先詢之，而足迹絶不及公室。余兩過其里，避勿見。最后馳騎邀之，乃至。至則從容寒溫而已，無一語爲其身家者。然不覬以重聞。夫其善治生也，故無以利爲也，善修身也，故無以名爲也。不爲名利者，有生之樂而無生之累，其心清，其神全。心清則嗜欲減，神全則精氣固。嗜欲減而外物不滑天和，精氣固而真元不受斲削。綿綿若存，久視長生，盡從此得。君其竊守静之遺，而善用之者乎？昔陶朱公避迹海濱，千金三散，逃名而名隨，去利而利集，亦以其不爲名利也。故善學老氏者，莫如陶朱，而善學陶朱者，莫如君。傳稱陶朱百歲餘而仙化，君今方一甲子耳，越此而耄，而耋，而期頤[一〇]，寧有窮哉？即與長松同植，高山并永可也。《詩》曰："如山如阜，如崗如陵。"又曰："如松柏之茂。"請以此侑君懸弧之觴。

壽李太母八十序

余嘗讀《易》，反覆六十四卦，變化不窮，而始終惟貞爲吉。蓋貞者，于天爲不已之命，于世爲不朽之精，而于人爲壽命之原。持之則有永，離之則速敝者也。不觀之物乎？朝華夕秀者，榮落有時，而喬松老檜，凌霜雪，歷歲月，而柯葉不改，其植幹貞也。原隰之壤，或以爲瓦礫，或以爲泥沙，而南金荆璧，鎔之愈精，礱之益粹，其抱質貞也。夫物之貞者，且不與凡物同成毀，而況于人乎？

人生之初，厥有恒性，而入世以後，誘化日遷。榮華落莫之異其感，悲愉傷樂之異其情，少壯衰老之異其候，於是乎五色入而互變，百鍊化爲繞指，即號爲士大夫，亦多二三其德，有初鮮終，而可以貞一之操，多望之笄黛之流哉？若余太母者，真其人矣。太母如蘭賦質，匪石秉心，少嫺婉娩之姿，長著蕭雍之範，佩環有度，縞綦自甘，聲不出于閫閾，容不近于艷冶。是貞於德也。自于飛中斷，偕老願違。崩城雪涕，茹荼若薺。矢兩髦之維持，撫三尺而靡悔。先君之思，願言勿替，是貞于守也。持家勤瘁，早作夜思。緘綌□□饔飧，畫荻而誨子姓。即垂白之年，尚不肯告勞，休其蠶織，有公伯文母之風焉。是貞于行也。夫德修則無佚情，無佚情而其神完；守一則無越思，無越思而其精固；行勤則無惰志，無惰志而其氣充。神完、精固、氣充，而壽命之原以培，故今太母春秋八十矣，而視聽、飲食不減壯年，齒不敝而堅，髮不素而鬒，挺然與松柏比堅，而凝然與金石同固，繇此而往，即百歲可必也。豈太母之得于天者與人異哉？則太母之貞心獨完爾。余既以德與名爲太母頌，而貞者又積德得名之本也。故因諸父老之請，而推原之。若夫誕詞誇説，如所謂瑤池、蓬島之類，非余所以頌太母，亦非太母所自爲壽者矣。

壽李太母八十序

李太母以八十壽也，家大人既率予子姓輩稱百歲之觴，致詞爲祝矣。凡在葭莩者，將共賦南山，而徵言於余。余自襁抱失恃，余祖母與太母分鞠之，恩斯勤斯，若離于衷。蓋余非太母無以有今日，余無能報太母于萬一。即今初度之筵，又無能致水陸之珍，羅綺紈之好，爲太母壽。而余幸能搦管爲文，諸長者又不以其俚薄之，則庶幾借手一言，以報太母。

然余之頌太母者，與他人異。他人爲太母願者，不過長生久視，自今而大耋，而期頤，無有後艱爾。余獨謂壽太母所自有，而非所貴也。凡德壽爲上，名壽次之，形壽爲下。如以形壽，爾閭閻之間，皤皤黃髮，鮐齒鮐背，如太母者，自不乏人。然能致其貞淑，不貳其操，如太母者，寧復有幾？徒以偃然視息，多閱春秋，即曰壽也。彼汶汶沁沁，與草木同腐朽，亦何取罔生者而稱之？且余嘗上下古今之際矣，淑媛閨秀，何代無之？而史傳所述，獨共姜、孟母、曹昭之流，以爲稱首。之數人者，不知其年壽幾何。然至今于有餘禩，聞名者起敬，景德者興思，猶然耳目之近，旦暮之間也。視彼汶汶沁沁者，何啻冥靈之于朝菌，黃鶴之于蟪蛄哉？則德以徵名，名以永德，兩者共爲不朽耳。

太母少嫻內則，長持壼範，事舅姑以孝，相夫子以敬。遭家中業，手提三尺之孤，茹荼和膽，稱未亡人者四十餘年，秉心如一，是其至死匪忒，即《柏舟》之操也。式穀爾子，即斷機之教也。淑慎其身，即大家之風也。婦則稱賢婦，妻則稱貞妻，母則稱慈母，德既備矣，名既彰矣。異日，則彤管之史志而傳之，將與共姜諸人並垂不朽。此之爲壽，與日月並行，天壤俱敝矣，又奚在年歲間論修短哉？余故曰太母有貴于壽者，以德以名，不以形也。然德與名亦太母所自有，余不過因而述之，而別無能致一詞，則余又何以報太母矣？

賀曹寶山榮膺恩封序

獻陵衛經歷仁宇曹君，滿三載考，主爵者課其績以最上。天子嘉予，詔封君父寶山公如其官，玉軸金泥，綸音赫奕，一時間里間喧詫盛事。余叔氏與公爲姻婭，乃徵余言爲賀，余于是見國家禮臣子之優，而并嘆待京朝官之獨異也。

夫人臣起家事主，以衡茅之賤，得近交戟之光，既以寵之章服，錫之粲餼，逸之以車騎矣。乃三載考績，又推恩所生，天語褒嘉，不遺寒陋，斯不亦隆恩異數哉？然在外諸臣，其自藩臬二千石而下，鞅掌於簿書筐篋之務，輪蹄塵坌之交，涉歷風濤，經營宵旦，王事埤益，至于心力交瘁，寢食不遑，猶必待荐牘屢上，始得徼一命之榮，非是者莫敢覬焉。而京朝官翩翩裘馬，鳴珂委迤，積日程勞，恩封若操券而取，若是乎待之獨優也。而公父子之所以被此優寵者，蓋有以致之矣。寶山公樸衷而質行，多積而善施。于于同氣，恂恂比閭。雖習計然之術，而雅有士君子之風。式穀爾子，仁宇君世濟其德，自筮仕以迄考成，夙夜在公，飲冰茹蘗，廉能之譽，累見刈草。天以是父、是子砥修于身，而宣勤于國，徵之天道福善之嘗，朝廷酬勞之典，則象服輝煌，龍章光賁，豈無因而致者哉？語云："非爵爲榮，惟德是宜。"使德不稱服而冒竊名器，則濡鵜興刺，爛羊遺羞，即五侯七貴，珥貂橫玉，亦與草木同腐朽耳。若公父子檐爵蔬榮[一]，又何愧焉？然程功而錫爵者，君之恩也。服寵而圖報者，臣之誼也。仁宇君既已沐榮龍之寵，當益矢報主之忠。即今清核尺籍，擁衛陵寢，已有成勞，匪久出佐州郡，事仕彌繁，尚遵義方之訓，以靖共爾位而無忝官嘗，不負聖天子褒予之恩，是在仁宇勉之哉，是在仁宇勉之哉。

賀萬松上人序

國家創制，至詳且悉矣，然不過法治之，禮維之，兩設而互用，以宣助教化，陶冶風俗爾。故官司於齊民，則法載禮以行者也；師儒於膠序，則禮寓法而彰者也。至於禮所不盡維，而法所不必治。繩以三尺，或跳而軼，秩以五品，或趺而畔，彼業自外于聖人之化，而聖人終不忍化外棄之。于是，就其黨以立之宗，緣其教以啓之覺，使潛入于禮法中，而不知其化之自，則因之爲道妙矣。

釋氏之教，流傳久遠，壞法蔑禮，司世者病之。明興，恢章道統，嚴黜異教，而于釋氏猶甚，載在《會典》、《大誥》、《律例》諸書，可覆鏡也。約束之不異齊氏，範圍之納于名教，法與禮既璨如矣。猶恐習其軼與畔之嘗，而不諳所以維與治之意，則選擇德行修潔者，以爲教主。都會郡縣各置一人，所謂立之以宗，啓之以覺，而使之自就于禮法也。乃初制非不善，而後稍凌夷，至今日而濫觴矣。其黨盛，其勢益橫，而其教乃甚衰。夫黨盛則棼而難齊，勢橫則熾而難戢，教衰則頹而難振。值此三難之會，自非德行修潔者爲之主，不能統一緇流，闡宏法旨。而德行修潔者，竟寥寥也。以無法無禮之身，而任引繩操墨之責，夫是以約之而不遵，倡之而不知，梦變而囂，橫極而亂，而衰者修不可起矣。

萬松上人，素所稱德行修潔者也。其宅心以湛寂爲宗，其酬應以靜治爲本。其兢兢持戒，如守法律；其抑抑處後，似秉禮之士。邑侯何公選擇之，令掌僧會司事。夫以寂鎮囂，則梦可齊也；以治整亂，則橫可平也。約之而遵，倡之而和，則其教之衰可振也。不必于官司之糾禁，而慮無不自束于法；不必士君子操名教以繩之，而慮無不竊附于禮。守法遵禮，必不敢邪辨以鼓俗，詭行以惑衆，使奔之如狂，溺之如醒，以爲我風俗教化之蠹。其于國家創制章教之意，庶幾其無負哉？若乃高謝四流，俯弘六度，揭慧日于重昏，挽逝川之不返，則在萬松勉之矣。

校勘記

〔一〕“叙”，底本卷首原目錄作“序”。

〔二〕“有”，原作“有有”，衍一字，今删。

〔三〕“寇”，原作“冠”，據文意改。

〔四〕“盡”，原作“近”，據文意改。

〔五〕“腸”，原作“暢”，據文意改。

〔六〕“薇”，原作“微”，據文意改。

〔七〕“損”，原作“捐”，據文意改。

〔八〕“金”，原作“余”，據文意改。

〔九〕“楷”，原作“桔”，據文意改。

〔一〇〕“頤”，原作“熙”，據文意改。

〔一一〕此句當有誤字。

張忠烈公存集卷二十九

傳

常明卿傳[一]

公名倫，字明卿。其先曲沃人，後徙沁水。曾祖瑜，以子軺貴，贈大理評事。祖雲，贈監察御史。父賜，薦省解舉進士，歷陝西按察司副使。公生有異徵，風神穎秀，警敏絕人。五六歲時能誦書賦詩，爲奇語，咄咄驚人，見者莫不嘆賞。性好弄，從父宦邸，遇卷軸觸手揮灑，已則擲筆嬉戲去。父軺寬之曰："此吾[二]千里駒也，蹞齕何妨！"時出所爲詩文，質之當代文人李崆峒、何仲默輩，故一時聲噪士大夫間。正德庚午，年十九，舉鄉試第二[三]。宴鹿鳴日，歷階而升，請與第一人覆試。藩臬諸大夫慰解之曰："子固應元，爲主司經絀耳。"始唯唯而退。明年辛未成進士，授大理[四]評事。公性本拓落[五]豪放，恥爲拘簡，又負才凌駕儕輩。一日，宴集於所親，酒酣議論風起，屈其坐人。忌者假封事中之，遂用考功例謫外，補壽州判官。時山東盜起，流劫江淮。公募死士，設方略禦之，寇不敢犯。直使使[六]者行部，公故人也，以郡倅遇公。公弗堪，語稍不遜，大被折辱，遂棄官歸。亡何，轉寧羌知州，不赴，居家。放情山水，流連聲伎，常以安石、太白自比。性善飲，飲輒數斗，或累日夕不醉。醉則索筆疾書，頃刻滿壁。常曰："豈有旋翻故紙而後爲文者乎？"有貴人求贊其像，公大書惡語軸端，左右錯愕，已而徐取續成之。其曠達善戲謔多類此，以故人皆目公爲狂，而公益勝〔七〕自負，所交游必海內知名士。不即勢位傾一時，視之藐如也。文學司馬子長，詩宗李杜，上窺魏晉，多自得語。書法遒勁似顏魯公，而瀟灑有晉人意，畫不學而精妙。尤工樂府小詞，盛傳澤、沁間，伎兒優童咸彈弦出口歌之，至今不廢，曰"常評事詞也"。里居既久，忽欲入京補官。道經潞安，晨起衣緋，跨馬出郊，舞劍疾馳。馬渴赴飲，墮水死。聞且見者無不悼異之。年僅三十有四，所著有《校正字法》一篇〔八〕、詩文若干首〔九〕，行於世。

贊曰：予嘗聞長老言，先生好談神仙，曰"仙人好樓居"，因自號樓居子。以今考其生平，蓋有玩弄宇宙颭颭出世之意焉，倘亦東方、太白之流耶！世每訾文士無行，先生事親孝、交友信、居官廉，所由與放棄禮法者〔一〇〕矣。豪氣未除，骯髒以死，人至以俠名之。嗚呼！是未可與耳食者道也。

李節婦傳〔一〕

節婦，先恭人〔一二〕母也。先恭人見棄，予方在褓抱，余祖母與節婦分鞠之，以有今日。節婦嘗爲予言先恭人生前事，未嘗不簌簌泣也。及予點賢書，節婦復泣謂予曰："孺子，爾母不忘矣，然孺子不可忘爾母。"余不敢忘母，而敢忘母之母？且節婦能不忘余母，余不可不圖所以不忘節婦者，作《節婦傳》。

節婦，竇氏女，父玭，娶于張，余高祖教諭公女也。生節婦。節婦生而婉慧，甫能言，伯父珩口授以詩，輒成誦。珩奇之，訓以《內則》，無不通曉，尤嫻女工。既笄，歸李孝廉子庠士新香，執婦道甚謹，舅若姑亦奇之。閫以內，聽節婦爲政，而節婦善於其家，自諸叔姻族，下迨〔一三〕臧獲奴婢，無不人人中其意〔一四〕。

父玭嘗以事繫于汴，其上官有與孝廉善者，乃走書求救于孝廉，孝廉難之。節婦從塿下跪請曰：“翁救兒父。非翁，無救兒父者。”時孝廉且上公車，乃迂道抵汴。至之次日，暴卒于邸舍。上官聞之，乃釋玳。時孝廉父壽官公大用尚在堂，及諸叔輩咸尤節婦，且將甘心于玳。節婦泣曰：“天乎？爲父而亡翁，誠罪萬死。然生死，命也。翁命果邁，即不適汴，寧保無他乎？且翁有德于父，父當有以報翁者。”乃與庠士謀以計，令玳輸數百金爲壽官公壽，事乃寢。

庠士素羸，善病，病輒困篤。節婦輒籲天求代，而庠士竟不起。疾且革，目節婦曰：“無少而年，無遠而日，無難而養，有藐然孤在。”節婦泣對曰：“即無藐然孤，將安之？君勿言，以地下相待。”庠士既卒，節婦慟幾絕者數。既而曰：“吾不難一死成志，難忘者言猶在耳，置此藐然孤何地？”乃經紀家事，稱未亡人。携二女一男，守一室。長女，即先恭人也。將及笄，問字者履相錯。節婦曰：“非張長兄子，即金如斗，粟如山，終勿字。”蓋指家大人，而卒歸家大人。即令孤從家大人學。躬緝縷以供饘粥。晝則操作，夜則督孤學，即盛寒暑勿易也。

先是，李氏爲巨室，里中豪素心覬之。孝廉卒，室亡十之五；庠士卒，室亡之九，而覬者不少怠，兼以宗人不利孺子，逐鹿而有分肉之心。時相煽爲虐，訛誇百端，甚至梃石交户。節婦避之唯謹。孤漸長，憤不能平，曰：“夫藐我孤寡易與耳，故侮我無厭。試出而角，角不勝，何方之不可徙？奈何母子駢首牗下，坐爲所魚肉乎？”節婦即掩其口曰：“豎子勿妄言。爾以寸絲繫李氏脉，乃欲與此曹爭一旦之命。即有失，悔無及已。且聞能下人者能上人，區區不足較也。”孤學日益，聲籍籍起，而試輒不利。值歲大祲，節婦盡脱其簪珥，以佐孤學。不足，稱貸，又不足，幾於不能舉火。乃持孤泣曰：“天其斬李氏儒業乎？而不成豎子之名？”遂令棄學服賈。貸子錢，南走梁宋間。孤故儒家子，且少年豪邁，恥鬭智爭，時營營刀錐之末。逾年歸省，則橐中裝如故。節婦督讓曰："我不死，爲若也。若學書不成，學賈又不成。即[一五]不成，吾何以報地下？"孤自是遂成良賈，入而家道亦稍不乏矣。然節婦以恤緯起，勤儉不異食貧時。間執掃除，親杼軸，孤以春秋高諫止，則曰："猶記以十指養若否？豈一旦足糊口，而頓忘昔日之勞？"向所虐己者，故德報之。宗鄰有急，不以有無爲解，輒求輒與，與復[一六]無所問。

初，孝廉卒，獨姑[一七]在堂，與節婦相與爲命者垂三十載，無間言。孝廉有遺妾二，事之一如姑禮。父玳，賈於梁，蠱嬖妾，留不返。節婦養其母終身，其篤于德誼類如此。今上建儲覃恩，表揚貞節，邑長吏奉明詔旌其閭。

張子曰："予嘗讀劉向《烈女傳》，而嘆女德之難。上下數千年，可指而數也。若孔子以諒同匹夫匹婦，而不可奪志獨稱匹夫，豈非諒易而志難哉？硜硜之節，抱小諒而無大志，引義自裁，計畫無復之耳。節婦提六尺孤，出百死一生之計，集蓼茹荼，卒成完節。庶幾烈[一八]丈夫志哉？即古傳記所稱，蔑以加矣。"

校勘記

〔一〕此文又見《山右叢書初編》本《常評事集》，下據以校。

〔二〕"此吾"，集下有"家"字。

〔三〕"第二"，集下有"人"字。

〔四〕"大理"，集下有"寺"字。

〔五〕"拓落"，當作"落拓"。

〔六〕"使使"，當作"指使"。

〔七〕"勝"，當作"深"。

〔八〕"篇"，當作"編"。

〔九〕"詩文若干首"，集作"《評事集》四卷、《寫情集》二卷"。

〔一○〕"禮法者"，集下有"異"字。

〔一一〕此文又見清光緒《沁水縣志》卷八《人物·列女》。

〔一二〕"先恭人"，《沁水縣志》作"先夫人"。下同，不出校。

〔一三〕"下迫"，《沁水縣志》作"下逮"。

〔一四〕《沁水縣志》下有"又無不人人奇節婦者"一句。

〔一五〕"即"，《沁水縣志》作"即終"。

〔一六〕"與復"，原闕，據《沁水縣志》補。

〔一七〕"姑"，原作"孤"，據《沁水縣志》改。

〔一八〕"庶幾烈"，字迹漫漶，據《沁水縣志》辨識。

雜 著

札 記

余齋居静坐，研究性理，籌量世務，間或有得，朗然心開。然性善忘，時過遂惘然失矣。因倣薛文清公《讀書録》，隨時札記，以防不思之失云。

爲學之法，須要時時提醒此心，勿使昏昧放佚。一善念起，便要充開。一惡念起，便要止住。久之，工夫純熟，自有進益，非可欲速。

余最好動，以静矯之，愈不得静。因思動之根全從欲起，非可制伏把持。只有寡欲清心，自然静矣。然而尚未能也。

人只有"毋自欺"一念，可爲下手工夫。昔人以"不遠復"爲三字符，余亦願以"毋自欺"爲三字符也。

時時取古人嘉言善行觀之，自有省悟，是收放心一法。

悟道必繇明理，明理必繇讀書。

堯舜之道，孝弟而已。夫子之道，忠恕而已。學問之道，求放心而已。玩三"而已"字至簡至易，只是人不肯爲，反求之高遠。真事在易而求諸難也。

人若存一聖賢不可爲心，便是自棄。

余每與人講論，或獨居深念，於道理亦有分曉處，至行時却不能然。豈不可恥之甚？

人若眼前物物皆見是道，心地便如太虛。

人見天地清明便快，慘黯便不快；花木開茂便喜，彫落便不喜。即此便是一體意思，便可知位育道理。

聲色之爲害大矣。古人云：克己先從偏難處克。要先從此斬斷。

胡文定安國少善弈，登第後即懲改。每弈，即使人戒之曰："爾一第止以弈爲業耶？"遂不復爲。予亦嗜弈，被此物費二十餘年精神矣。今當以文定爲法。

儉，德之共也。儉最有益，不惟省妄費，可以清心，可以養福。

傷生之事非一，而好色者必死。名言名言。

醉酒之人，叫號頹倒，醜態百出。自醒眼觀之，不勝其恥，而徒以爲樂，不知所樂何在？

劉伶、阮籍輩，千古罪人，而世以"竹林七賢"稱之，往往形之圖畫，真可笑也。李岹峒有詩云："昔人曾頌酒，吾意不如醒。"余甚愛之。

凡人有病痛，自家知得，須是自家醫治。人有箴規我者，是生我之藥石也。若反惡之，是彼不醫，又忌人之醫矣。

世人往往好談人過失，特未之思爾。若將自己身上細細尋思，千瘡百疾，醫治不暇，何暇論人短長？

君子好道人之善，小人好道人之惡。程明道見學者有論人不是者，則曰：賢且説他好處。足見君子用心。

凡事有不如意，只當自反。若與衆人、小人較量長短，我亦衆人、小人矣。

寧我容人，毋人容我；寧人負我，毋我負人。當常常念之。

人有德於我，不可忘者也。我有德于人，不可不忘者也。此亦名言。

《詩》云："忘我大德，思我小怨。"又云："民之失德，乾餱以愆。"舌〔一〕時人情已薄惡若此，何況叔季？

世之機智忌刻者，既欲謀人，又恐人謀己。不知我有我之造物，非人之所能謀也。人亦有人之造物，非我之所能謀也。且如此存心，便爲造物之所惡矣。自作孽不可活，尚能謀人哉？

君子常見不是在己，小人常見不是在人。

六月之望，炎熱逼人。余未明便起，移榻軒下。忽寐，夢人語余曰："見理要真，不可以意氣加人。無益有損，直道而行，不可後止，未晚。"已而，余又自語曰："多讀書則義理明，寡嗜欲則天機見。"覺而爽然。因思此數語者，處世學道之要訣也，乃于夢中片刻得之，豈神有以啓之耶？抑清明之氣自發見也？敢不存存勿忘？

古人云："勿以小善爲無益，勿以小不善爲無傷。"此語最有味。蓋常人之失莫不起於微而成于鉅。以小善爲無益而不爲，終將并大善亦不爲矣；以小不善爲無傷而爲之，終將并大不善亦爲之矣。況善、不善，原不分大小，一念一事之善，即爲聖爲賢；一念一事之不善，即爲禽爲獸。舜、跖分于善利之間，人物爭於幾希之微，可不慎哉？

張曲江詩云："宿夙青雲志，蹉跎白髮年。"杜少陵詩云："勛業頻看鏡。"有志之士類若此。余年未四十，而鬚鬢漸白，每數日，必鑷去一二十莖，日月逝矣，而德業未成，臨鏡自炤，爲之撫然。

凡事到面前，須要熟思審處。古人云："天下甚事不因忙處錯了？"最宜玩味。

陳希夷云："優好處勿常戀，得意處勿再往。"此可爲貪昧者戒。

凡處事，當裁之以義理，甚不可拘泥陳套，曲從人情。人當于進步時思退步，不當于退處求進步。

嘗謂：遭一跌，多一智。不知多一智，遭一跌。

人不患有過，能改過便成好人。人不患無才，若恃才反有奇禍。

省一分事，養許多精神。省一分費，留許多物力。

用貴有節，施勿厭頻。

人忌我，我勿忌人。人求我，我勿求人。人欺我，我勿欺人。人負我，我勿負人。一恕，真可終身。

舌爲是非之門，省是非莫如省言。德爲子孫之廳，樹子孫先須樹德。

多言者多慾，寡欲者寡病。

立志説

士人終身德業，必有根基。根基者，志也。孔子曰：“吾十有五而志于學。”又曰：“志于道。”“志于仁。”群居講習，則又與二三子言志。而晝寢之予，自畫之求，斥之不少恕，以其無志也。蓋聖賢亦人爾，聖賢之所以爲聖賢，何莫非繇斯志？孟子曰：“人皆可以爲堯舜。”顔淵曰：“舜何人也？予何人也？有爲者亦若是。”此其心胸何等開大，意氣何等剛毅，然而非有其智〔二〕不能也。後世有志伊尹之志者，有志不在温飽者，有做秀才便以天下爲己任者，是昔豪傑之士，此志一立，終身成就畢竟不同。今人毋論堯舜，語以顏孟，有敢曰爲之者乎？毋論顏孟，即語以程朱諸賢，有不謙讓未遑者乎？此皆自賊自棄之甚者也。夫人負陰抱陽而生，性情原自中和，自可以位育參贊，力量原自弘毅，自可以任重道遠，何聖賢之不可爲哉？然而不能立志爲聖賢者，蓋有所奪之也。聲色名利之場，是非毁譽之説，困厄弗逆之遭，皆足以柔人健骨，挫人鋭氣，此處把握不定，將如飄飄然隨風之絮，粘泥貼壁；泛泛然無舵之舟，滾波逐浪，終歸于墮落沉淪而已。故學者須要堅定此志，勇往直前，以聖賢爲必可爲，以爲聖賢爲必可至，毋奪於外誘，毋墮于半塗，若昆侖之水，百折必東，抵于海而後已，所謂"有志者事竟成"也。《詩》云："我心匪石，不可轉也。"又云："靡不有初，鮮克有終。"立志之謂也。

校勘記

〔一〕"舌"，疑當作"古"。

〔二〕"智"，據上下文意似當作"志"。

《春秋集傳》[一]

昭　公

夏，秦伯之弟鍼出奔晋。

　　書弟者，罪秦伯也。罪其以一國之主，不能容一弟也。然則，鍼無譏乎？曰：鍼以寵弟而二子，君車至千乘，取禍之道也，烏得無譏？

晋荀吳帥師敗狄于大鹵。

　　夷狄犯順，禦而敗之，功足紀也。胡氏反以爲譏，曰：譏其毁車崇卒，詐敗狄人，非王者之師。且謂後世車戰法片自此啓也。嗟夫，是何言歟？師遇于阨，以車當徒，代公終事耳。

夏，楚子、蔡侯、陳侯、鄭伯、許男、徐子、滕子、頓子、胡子、沈子、小邾子、宋世子佐、淮夷會于申。　四年。

　　楚虔以弑君之賊，欲行桓文之事，其求諸侯于晋，尚未敢必也。使晋不許，楚必不能强合諸侯。晋平既溺于宴安，而諸大夫復不競。是以楚虔遂得合十二國之衆，爲申之會。以蠻夷篡弑之人，儼然壇坫之上，而三恪之後，諸姬之胤，俛首而聽之，中國之辱甚矣。原其始，趙武柄國，而曰□于偷，軍實墮廢，自宋之會兩楚之故，而遂隱其詞，没其實，使亂臣賊子既得志于生前，且逃誅于後世，此爲存天理乎？爲遏人欲乎？縱人欲乎？善權輕重者，斷不若此。奈何以之誣聖人也？

冬，公如晉，至河乃復。季孫宿如晉。二年。

昭公輕千乘之重，越國而吊人寵妾，非禮之甚也。晉人止之，尚合于禮。公之返也，不猶愈于往乎？胡氏責其不當往，是矣。而謂其不當復，則非也。中道而止，雖取辱焉；若入晉成禮，辱更甚矣。又有謂距公而納季氏，爲外君重臣，亦因後事而逆前也。宿之如晉，不過。

冬，楚子、蔡侯、陳侯、許男、頓子、沈子、徐人、越人伐吳。五年。

徐、越稱“人”，蘇穎濱之説是也。胡氏謂楚執慶封爲義討，而吳不顧義報朱方之役，楚帥諸侯以伐之，師出有名，故從之者進而稱“人”。此説果有當耶？楚虔之惡甚于慶封，當爲人討，安能討人？且吳不過容弑逆之人耳，視身爲弑逆者，其罪孰重孰輕？于楚則善之，于吳則譏之，于從弑逆以伐人者則進之，顛倒乖謬甚矣。

遂楚人，遂使夷氛大熾，憑陵華夏，而莫取與争，信乎爲國者，不可不自强也。

執齊慶封，殺之。

慶封之罪雖當討，而楚虔非討之之人也。彼一弑逆，此一弑逆，以賊討賊，其與幾何？故不曰“楚執慶封”者，不以討慶封予虔也。

九月，取鄫。

鄫已滅矣，何復云“取”？蓋鄫屬于莒。此云“取”，乃取邑，非取國也。

必敗之道也，毁車用卒，臨機應變，期于克敵耳。若如胡氏之言，必以車戰，寧可使晉國之甲殲于狄人而後爲不失正乎？天下事有宜于古而不宜于今者，即聖人復起，亦不過因時而也。

冬十有一月己酉，楚子麇卒。

天下之惡無華夷一也。楚圍實弑其君，而書“卒”者，從其赴耳。胡氏以爲聖人略篡弑以扶中國，遏人欲而存天理，則鑿之甚也。夫自成莊以來，中國之從楚，非一日矣。何擇于其君，而至此爲之諱哉？且因諸侯服。

春王正月，暨齊平。七年。

此條，有以爲燕暨齊平者，有以爲魯暨齊平者，兩説皆通，而燕平之説較長。蓋齊侯自去歲十一月如晉，十二月即自將伐燕。倥偬戎馬之間，方日夜以燕爲事，何暇復尋求魯國之平乎？使果求之，亦必有一介之使，來修舊好，何以不見于經傳也？夫前此魯雖患齊，慶封來聘之後，不聞交爭，亦既平矣，又焉用平？至謂魯附楚婚吳，借威力以逼齊，齊懼而求平，其説更謬。當其時，審勢度力，有魯畏齊耳，齊安畏魯哉？暨與及，亦無以異也。

冬十月壬午，楚師滅陳。執陳公子招，放之于越。殺陳孔奂。八年

公子招殺儲貳，立庶孽，使哀公憤恚自經，而留亦不得安其位，卒召楚師以亡陳國，罪不容于死。孔奂雖招之黨，不過聽命以行事者耳。楚人放招而殺奂，豈刑辟之中乎？若乘人之亂，遂有其國，托義舉以濟其私，不待貶而罪自見矣。

秋，季孫意如會晉韓起、齊國弱、宋華亥、衞北宮佗、鄭罕虎、曹人、杞人于厥慭。十一年。

厥慭爲救蔡會也，而不云"救"者何？罪其不克救也。楚師雖強，蔡尚城守。使韓起帥八國之衆，鼓行而前，諸侯攻于外，蔡應于內，則楚可克，而蔡可存也。乃畏之如虎，觀望不前，又不能以大義責之，遣使而爲蔡請，則楚人固知晉之無能爲，而攻蔡益專矣，蔡欲不滅得乎？蓋其始也，起本無救蔡之心，迫于荀吳之言，不得已而出師。諸侯皆懼楚而輕晉，莫肯同心協力。起自度不能救，不過遙爲聲援，以謝責于天下耳。晉之不競，宜哉。

晉伐鮮虞。十二年。

晉人將有事于鮮虞，仍僞會齊師而假道焉。窺其無備，從而伐之。此盜竊之行，無信義之尤也。直書之，而惡自見。若謂其不能救陳、蔡之亡，而狄之使不得比于虞虢之役，稱師稱人，則亦深求之矣。滅同姓，與伐夷狄，固自有輕軒也。

八月甲戌，同盟于平丘。公不與盟。舊分二條。十三年。

晉自平公偷汰，內作色荒，外崇宮室，諸侯皆有二心。諸大夫懼其不競也，是以尋重丘之盟。然不能修德循禮，仗義守信，而徒以兵威臨之，豈服人之道乎？其以邾、莒之故，止公不見，猶不失盟主之義，未可非也。說者主一偏之詞，多罪晉而直魯。夫魯信用強臣，侵奪弱小，烏得無罪？謂之自反而縮，豈確論哉？是不可與沙隨之不見同例而並論也。

蔡侯廬歸于蔡。陳侯吳歸于陳。

棄疾因陳、蔡之衆以得國，故其立也，先復二君，蓋以報德而市恩，非誠有興滅繼絶之心也。然較之兼并、凌奪者，猶爲善矣。楚滅之，楚復之，而以自歸爲文者，不可以楚封陳、蔡也。

春，意如至自晉。 十四年。

季氏專魯國之政，而弱公强私，恃衆侵小。晉人執之于會，若即請命天子，廢而錮之，豈非義舉哉？乃拘留逾時，不正其罪，一聞景伯之言，歸之惟恐不速。然則始之執之，果何意也？如因邾、莒之不共而執，以魯之能具所命而歸，是始終爲利，非討罪之公心，宜不足以服諸侯矣。

夏五月戊辰，許世子止弑其君買。 十九年。

弑逆，天下之大惡也，聖人豈輕以加人哉？許悼公飲世子止之藥而卒，則止實以藥殺其父也。曲儒泥于不嘗藥之説，而曰："止原未弑君。《春秋》因其有忽□父之心，而以弑加之，所以教後世之爲人子者也。"果若斯言，則凡世有父死而子不嘗藥者，皆當以弑坐之，寧獨一許止哉？而又何以待夫操刃進鴆者哉？且使止而非弑也，則不必奔。即奔亦當奔于楚，乃不于楚，而于晉。毋亦内畏國人之討，外畏楚國之誅，乃遠托于晉，以免死耶？止既曰："我與夫弑矣。"而必曲爲之辨曰"未弑"而被此名也，不亦遠乎？

夏，曹公孫會自鄸出奔宋。 二十年。

公孫會[二]自鄸奔宋，必負罪懼討而出也。曰自其邑者，别于國耳。而説者妄加揣摩。《公羊》尚曰"諱之"。胡氏則直以爲賢矣。夫以叛逆之人而賢之，將于何人致貶耶？如以子臧之故，而并賢其後人，則凡聖賢之胤，背君叛國者，皆得借先世之庇，以免斧鉞之誅矣。且季札之賢過于臧，季札不得逃貶于生前，而子臧乃得宥罪于後嗣。持論若此，悖理傷教之甚者也。

秋，盜殺衛侯之兄縶。二十二年〔三〕。

齊豹，衛之司寇，而曰"盜"者，賤之也，不列之于臣也。以爲求名而不得，不知所求者何名乎？至謂歸獄于宗魯，抑又遠矣。

劉子、單子以王猛居于皇。

劉、單，周之世臣，與國同休戚者也。王室内亂，嫡庶爭立，二子欲定王位，而邪黨方張，人心携貳，乃不得已，而奉王猛出居于皇。艱危困厄之中，左提右挈，不失臣禮，雖其本心亦出于全軀避禍，非真有托孤寄命之忠，然擁悼立敬，王室終賴以寧，視之從逆黨孽者，相徑庭矣。胡氏責其挾天子以令諸侯，何不恕之甚耶？

冬十月，天王入于成周。二十六年。

天王播越在外，于今四年。晉始使二大夫帥師納之，屬在懿親，世爲盟主，而無勤王之義，固有罪矣。然較之坐視不救者，不猶彼善于此乎？苛責之謂爲不忠、不臣之甚，吾不敢從也。

夏四月，吳弑其君僚。二十七年。

光爲吳嫡長，則國，光之國也，僚之立，不正矣。光殺僚而代之，疑若無罪，而必曰"弑"者，僚在位十二年，光北面而事之，君臣之分，久已定矣，安能免弑逆之討乎？

公如晉，次于乾侯。二十八年。

魯世與齊讐，而事晉甚謹。晉亦時急其難，自以郱、莒之故，意如與舍相次被執，而魯始有二心于晉。是以昭公之出，不之晉，而之齊也。晉以公自托于齊，遂于公疾痛休戚，若不相關，故會于扈，則受賂而不終納。公如晉則止于乾侯，而不得入。雖則晉人無患難相恤之義，亦繇昭公不善托身也。

晉侯使荀躒唁公于乾侯。三十一年。

意如[四]即不臣，然尚未敢顯然竊國拒君而不納也。昭公因荀躒之言，聽子家之謀，與之俱歸，不猶愈于中露之辱乎？乃受脅群小，卒客死于異邦，昏懦甚矣。

冬，仲孫何忌會晉韓不信、齊高張、宋仲幾、衛世叔申、鄭國參、曹人、莒人、薛人、杞人、小邾人城成周。三十二年。

周室不振，列成京師，門庭之地，亦岌岌乎不保矣。晉奉王命帥諸侯而城之，是尚知勤王之義也，奈何責之？

定　公

春王。元年。

是年無正月，《公》、《穀》之說皆通，家氏之論尤辨。然以意之，或亦闕文，與桓之無王，殆相類也。

五月，公及諸侯盟于皋鼬。四年。

晉率十七國之衆侵楚而無功，乃爲此盟，猶欲以伯令約束諸侯耳。謂魯公因會而求盟，内爲志，故書及者，非也。

公會晉師于瓦。八年。

晉三卿帥師，而不云“大夫”者，君不可以會大夫，故稱“師”也。胡氏謂以師爲重，見人臣不可專兵權，果經之意耶？

晋士鞅帥師侵鄭，遂侵衛。

沙之盟，衛已有叛晋即齊之心矣。士鞅恃兵威而要盟于衛，以大夫亢君已爲不順，而又以無禮行之，是速之叛也。晋之不振，實諸大夫致之。

從祀先公。

從祀之説，三傳皆以爲順閔、僖之位，諸家多宗之，然于"從"之義不合也。且曰"先公"，則凡魯之先君皆可稱，不止閔、僖矣。以爲昭公者，得之。

盜竊寶玉、大弓。

陽虎取寶玉、大弓于公宮，而曰"盜竊"者，何不可云"虎取之"也？寶玉、大弓，天子所賜魯之分器，以鎮社稷者也，子孫當世世守之。況在公宮，而虎以一小臣若取諸寄，魯尚得爲有君哉？國之重器，一旦失守，不可不書，而又不可直書，故曰"盜竊"，微詞也。

秋，齊侯、衛侯次于五氏。 九年。

此齊伐晋也。而曰"次"者，齊與衛合，雖有啓疆、報怨之心，而晋國猶強，未敢輕動，是以次且觀望，僅能侵掠其竟也。夷小勝，而即敗于中牟。可見二國之勢矣。

齊人來歸鄆、讙、龜陰田。 十年。

尼父相夾谷之會，齊人服禮來歸侵田。片言所感，強暴同心，聖人功化之神若此。然特其一班耳。而謂之自序其績，毋乃淺之乎窺聖耶？

宋公之弟辰暨仲佗、石彄出奔陳。

公子辰與仲佗、石彄，同日出奔，又同公子地入蕭以叛，則兩人者，必二公子之黨，懼罪而逃，因以搆亂者也。説者尼于"暨"之一字，而曰爲宋所脅，不得已而出奔。夫二子，宋大臣也，棄爵位，捐宗祊，而遠適異國，亦人情所難。使果無叛君從亂之心，宋安能脅之以奔耶？

十有二月，公圍成。公至自圍成。十一年〔五〕。

郈、費易墮者，蓋二氏懲于南蒯侯犯之叛，是以樂從而不覺。然既墮之後，必有悔心，至圍成，而其計變矣。不然以二家之力，豈不能墮一邑，何必公自行哉？公行而無功，則魯事可知矣。

晋趙鞅歸于晋。十三年。

趙鞅專殺趙午，固有無君之心。而范氏、中行氏以私嫌之故，治兵攻鞅，則始禍矣。鞅保晋陽，雖云救死，然君之土也。據君之土以抗君，可不謂叛哉？荀寅、士吉射以伐君出奔，而又據公邑以叛，則其罪更甚于鞅矣。

衛世子蒯聵出奔宋。十四年。

南子穢亂，宜昭"婁猪"、"艾豭"之謡，即難過而聞焉。然世有子而可殺母者乎？蒯聵萌此心也，已犯天下之大逆矣。衛靈閨政不修，中篝播醜，反聽艷姬之愬，使冢嗣出亡，國本顛越，甚哉其無道乎！真所謂"父不父，子不子"者也。《春秋》蓋并罪之。

哀　公

春王二月，季孫斯、叔孫州仇、仲孫何忌帥師伐邾，取漷東田及沂西田。癸巳，叔孫州仇、仲孫何忌及邾子盟于句繹。二年。

三卿並將伐國，取地以盟其君，其惡可知。胡氏併罪哀公，夫是時公纔五歲耳。藐爾之孤，有如贅疣，可責之張公室乎？至于季氏不盟，謂以邾田歸二家，報其救意如脱桓子之德，亦揣摩之説也。

春，齊國夏、衛石曼姑帥師圍戚。三年。

圍戚以罪輒也。晉納其父，輒即當奉國而逆之，曰：國，父之國也。先公即世，社稷無主，余小子亦惟宗祀是攝，豈敢以爲利焉？今蒯瞶居戚逾年矣，未嘗有一介之使，而乞援大國。使臣子帥師以圍之，推是心也，即以其父膏白刃，爲俘虜所甘心矣。世有不孝如此者哉？輒乃千古罪人，而猶有以爲正者，是使天下父子相夷，胥入于禽獸之類也。

春王二月庚戌，盜殺蔡侯申。四年。

蔡侯即無道，未若楚虔之篡逆，陳靈、齊光之淫縱也。彼皆書“弑”，而此獨云“盜殺”者，毋亦從其赴乎？胡氏謂其無信義，禮文守身，而自衛夫人得而害之，故變文而稱盜，以警有國之君，以足爲戒，而不可爲訓矣。

春，城邾瑕。六年。

謂瑕爲邾邑者非，使魯未取瑕，則不當城，使既取而後城，則不當繫之邾也。

齊陽生入于齊。齊陳乞弒其君荼。

陽生不稱公子，將爲君也。以爲誅其不子者，非也。朱毛實戕孺子荼，而歸弒于陳乞，何也？乞使之也。陽生已立，則荼不得復存。立陽生者，乞也，弒荼者，豈伊異人乎？

秋，公伐邾。八月己酉，入邾，以邾子益來。七年。

魯祿去，政逮鄰于危亡，復不修德義，而吞并弱小，頻年伐邾，至于入其國，擄其君而後已。此惡之大者，固無所容于諱，而亦不能爲之諱也。胡氏謂不諱者，因後歸邾子，能去其惡，而與之。夫歸邾子，怵于吳與齊耳，豈魯之本心哉？又安得爲與也？

夏，齊人取讙及闡。八年。

取二邑，當從《左傳》。《公羊》以爲略之，非也。

齊人歸讙及闡。

歸讙及闡，季姬之以也。或謂齊取二邑，脅魯使歸邾子。邾子歸國，而齊亦歸邑。恐齊無此義舉也。在齊則歸之善不足以掩其多取之惡，在魯則得之幸不足以蓋其失之耻，于二國有何美詞？

三月戊戌，齊侯陽生卒。十年。

《經》書齊悼侯卒。《左傳》云："齊人弒悼公。"而不詳其説。□弒之之實，尚無據也。夫以齊之强，尚可抗吳師。方及鄙，未至國都，猶無覆亡俘虜之禍。而逆弒其君以説敵，齊之臣子，獨何心哉？此正當夫子之時，目擊其事，若果弒未有書"卒"者也。《左傳》之説出于傳疑耳。或曰本弒而以疾赴，故從而書之，是亦一說。胡氏謂不忍以夷狄之民加中國之君者，鑿矣。

春，用田賦。十二年。

田賦之説，諸家不一，然當以夫子告冉求之言爲據。夫子曰："以丘而足。"則是改丘賦爲田賦也明矣。賦者，兵車之名，或取其財，或用其力，總謂之賦。然曰"斂從其薄"，則是取其財以備軍興之用也。是時，魯益式微，南畏吳，東畏齊，西畏晋，是以加賦爲備禦之計耳。不思民爲邦本，民生既蹙，本實先撥，國誰與守？危亡可立而俟也。

校勘記

〔一〕原本闕前三十頁，此題目爲點校者所加。

〔二〕"會"，原作"魯"，據經文改。

〔三〕"二十二年"，按經此條仍係二十年事，下條方係二十二年事，此繫年應署下條後。

〔四〕"意如"，"如"與"即"原誤倒，今乙正。按，意如，魯大夫。

〔五〕"十一年"，據《左傳》當作"十二年"。

墓誌銘

鄭府紀善晋崗劉公配趙氏合葬墓誌銘

　　晋崗劉公之捐館舍也，族黨子姓泣于庭，長老婦子泣于里，衿綏之士泣于社。曰："天不憖遺善人，已矣，誰與爲形矣？"且葬，其孫茂才韓狀公生平，來請銘。余方有先慈之喪，銜恤苫次，憒憒何能文？顧茂才爲予姻婭，誼不可辭，而公之懿行姱節，又不可湮滅弗傳也，亦不忍辭。遂援筆次之。誌曰：

　　公諱東津，字子知，晋崗其別號。先世陵川人，遠祖漢臣始徙沁之坪上。本支蕃衍，遂爲巨族。曾大父受，大父原，父貫，皆隱德勿耀。貫娶于□，生公。公秉異質，垂髫補博士弟子。益刻厲向學，博綜群籍。每試輒屈其儕，一時名噪諸生間，顧數奇，屢厄秋闈，乃繇明經選入太學。初，除河曲訓。河曲邊荒徼地，與虜僅隔一衣帶耳。士椎鄙，不嫻弦誦，倡明禮教，稍稍變爲都雅。遷三河諭，三河直左輔孔道，冠蓋相望，遄廣文先生上謁無暇晷。公曰："吾受命來教諸生，折腰貴人，剩吏事也。"日擁皋比[一]，說經義，趾不及公府。再遷濱州學正。濱士鷙，多跳軼繩墨。公至，爲具約束，無敢逆者。更歷平凉府、廣寧衞教授，皆邊遠地，一如訓河曲時。已轉鄭藩紀善，居數年，一日，秋風思動，將掛冠歸。王素高公誼，不許，予沐兩月。歸而病，然起居猶如平時。一夕，索飲，未卒爵而絕。

　　公天性孝友，居父喪，哀毀骨立。既仕，嘗以不獲禄養爲恨，談及古人負米事，未嘗不簌簌泣也。事繼母如所生，與庶弟析產，顧取其瘠，生有薛包之風焉。昆仲俗子不克舉火，或逋賦，每出俸金佐之。歲歉，則罄儲以振窶人。故公雖歷宦二十餘年，歿之日，篋無長物。嘗讀《薛文清傳》，至中途絕糧事，顧謂茂才曰："小子識之，我即不能如古人，亦不累若以財。"蓋公所自期遠矣。公恂恂貌不勝衣，人皆稱公長者，至見義勇為，挺然則不屈。任三河時，有數生忤上官，將寘之法，公力解得免。及為紀善，國戚趙姓以小過失王意，罪且不測，而藩佐皆禁不敢言。公引大義廷爭，王卒霽容釋之。其直節類若此。

生平重禮讓，急交游，能振人之急。初，公需次當貢，其二嘗生者耄矣。督學使者憐之，謂公曰："子當遠到，能以此讓生乎？"公慨然讓之，無難色。藩官祿不以時，多困邸舍，公輒分俸贍之，負亦不問。一人罷官歸，止有一馬，將償所貸，公謝之曰："君垂橐而歸，我不能為君具道里費，況忍奪君乘，使徒行也？"其人感泣而去。

公自少即慈祥戒殺，晚年益樂善不倦，書"忍嫉欲"三字于壁以自警。刻《太上感應篇》及《理欲消長圖》，勸戒世俗。又嘗曰："君子宜壽，壽固君子之幸。小人宜夭，夭亦小人之幸。蓋君子之善日增，小人之惡亦止。"識者善之。公善飲，數斗不亂。又最嗜手談，興致恬適。歸自藩邸，將約里中耆艾為香山洛社之會，而遽修然逝矣。生于嘉靖十九年十二月二十三日，卒于萬曆四十二年十二月十二日，享年七十有五。配趙氏，柔嘉靜默，時稱女士。公篤行好修，內助之功居多，先公卒。子一：用章，廩生，博學能文，亦先公卒。娶李氏，繼張氏。女三：適庠生李祚昌，次適常治心，次適廩生何達海。孫男二：長爌，娶王氏，庠生汝彥女，早夭。次即廩生韓，負俊才，能大其門，娶予叔儒士五美女。孫女一：適王朝士。曾孫男一：宗向。曾孫女一：字余弟三子道澤。茂才以萬曆四十三年四月初九日葬公于祖塋之次。

嗟夫，公經明行修，蓋亦古太丘、有道之流，乃沉淪青氈，卒曳裾王門以老，何偃蹇也？然世之爲學博者，不過一遷再遷。公遍歷師席，又優游藩邸者數載，可謂善始善終矣。古人不薄禄仕，況能行其志焉，孰謂公不遇耶？銘曰：

樹德若滋，封而殖之。後有顯者，惟而公允師。山麓水湄，大樹豐碑，萬有千歲，永安厥居。

平陸縣教諭立齋陳公配龐氏合葬墓誌銘

公諱繼濂，字宗周，別號立齋，世爲沁水賈寨人。高祖璉。曾祖壽，官良政，祖贈戶部郎中。父策，登嘉靖庚戌進士，累官憲副，以清直著名當時。母康氏，封宜人。憲副公有丈夫子三，長即公。

公生而秀穎，膚理如玉，慧悟不凡。舞象時，就外塾，日誦數百言。垂髫遊芹泮，益下帷攻苦，寒暑不輟，每試輒高等。食餼于庠，時公與二弟繼洛、繼浩，切磋爲矛，詞聲籍甚諸生間，視一第可俯，十邑人士皆推陳氏仲伯爲前矛。乃七試秋闈，不得志于有司。後以目眚廢舉子業，繇明經除榆社訓。榆社僻在萬山中，士鄙僿不知學。公爲講解經義，教以禮讓，稍稍變爲都雅。臺使者連檄獎之，遷平陸諭。平陸人文衰落，無科第者三十年。公至，嚴課萩，獎拔俊髦。丙午、己酉，先後五人舉于鄉，皆以爲公作人之效云。居二載，年迫懸車，遂請先歸。

既還鄉里，杜[二]門謝客，終日兀坐小齋，以經史自娛，足迹不入城市。邑長吏敦請鄉賓再三，不赴，月旦高之。公天性孝友，德宇溫醇。憲副公初釋褐，觀政吏曹。植封公捐館，公年甫十三，代治喪事，儼如成人。憲副公居官介直，不爲婾阿，每遇請托，輒怏怏怒形于色。公從容勸解，事竟得平。憲副公與康宜人先後即世，公哀毀骨立，祭葬一如禮。兩弟皆先公卒，遺孤穉弱，撫之如子。居鄉里，恂恂退讓，口不談人短長。然所交遊，必擇有行誼可久要者。家參藩為諸生時，公傾蓋定交，延置賓館，甚相禮敬。家君亦推重公，白首歡如也。

公素羸善病，晚年忽搆痰症，杖而後行，然猶捷匕箸，對客宴飲如嘗。一日，忽目眩仆地，竟不起。卒之日，遠邇無不悲之。配龐氏，莊靜溫惠，有女士風。公自受室，以迄宦遊，雞鳴相警，內助之力居多，先公卒。公生于嘉靖十七年，卒于萬曆四十五年，享年八十。龐生于嘉靖十四年，卒于萬曆四十一年，享年七十有九。

子一忱，即受業家君者。沉毅有大志，乃抱奇不售，亦僅以明經任臨汾訓。初，龐夫人卒，一忱號跳奔訃，終三年喪，宜赴部更除。以公春秋高，不忍離膝下，曰：“吾有母而不得養，乃更違父而遠貪升斗耶？三公不易，彼獨何人？”遂不就選，士論皆稱其孝云。生男士璋。一忱將以是年某月某日啓龐夫人壙，與公合葬于村西之新阡，而屬余為之銘。銘曰：

不知其子視其父，皎皎憲臣，有嚴斯怙。不知其婦視其夫，溫溫君子，亢也醇儒。孰抱璞而弗章，孰振鐸而弗揚。鹿門偕老，維德之行。喆嗣象賢，家聲用光。厥後克昌，其永安于斯藏。

庠生南宫竇公配馬氏合葬墓誌銘

余外祖南宮公，以萬曆庚辰卒，殯于院家坪祖塋。塋故猝且鄰澗，相者曰：“是其後勿繁也。”越三紀丙辰，而外祖母馬夫人亦卒。孤弘烈疑相者言，謀改兆。去故塋數百武塚傍，得隙地焉，卜云其吉。乃以丁巳季春，啓公竁合葬。而泣謂予曰：“孤不天，生甫週，而先君無禄即世。先君之音容，與其行迹，勿及見也。母氏鰲居三十餘年，撫我、誨我，劬勞殫矣，而未有以報也。孤有父而勿能養，有母能養矣，而又勿終。孤其天壤間罪人哉？惟是地下一片石，以紀父若母之隱德，而銘諸幽，則孤所可自致焉。責在我子矣。”余聞之，而亦簌簌數行下也。蓋先安人之歸我大人也，亦在南宫公逝後云。于時先恭人見棄，余呱呱襁抱間，安人字之不啻屬毛離裏。然余蓋不知非安人出，即鄉鄰中亦多以爲安人出也。安人之棄勿子余，亦二紀矣。當彌留時，惓惓以寡母爲念，余未能以報者報母之母，而今已矣，余何能不悲？而余又何能不誌且銘？

余猶憶少時，□之先大父户部公曰：“南宫公篤行君子也。一舉趾不妄錯，言呐呐不出口。”户部公爲中表昆季，齒相若，學問塾，出入相友者，垂二十年，曾不見疾言厲色也。初，余高祖學博公以《周易》教授生徒，而南宫公父[三]明經公爲及門高弟，其後遂以《易》傳。公治《易》探頤研幾，兀坐終日，往往有會意處，獨于博士家言，則英穎不少見，故試輒不利，無能前諸生，然公處之坦如。嘗曰：“窮經者，所以晰理也。二詞者，所以逢時也。理晰矣，而時不值，天也。若值時矣，而理未晰焉，則非天也，而人之傻也。吾盡其在人者而已。”余又聞家大人曰：南宫公亦善治生。嘗積緡至數千，粟數百石。頗好施予，振人之急。貸者輒予，予而負不問。即又貸，又予。公歿後，遺券蓋盈篋云。

馬夫人者，其母家故素封，又歸著姓，乃夫人能甘淡素，習勞苦。無綺紈鈿翠之好，筐莒釜錡，罔勿親也。子女數人，履皆手製，繰絲績麻，而至老不休。姑王性嚴急，惟夫人能得其歡心。當南宫公之卒也，藐然孤一綫耳。閫内外皆夫人治之。夫人農問僕，蠶問婢，教子問師，夙夜匪懈，所不至家道中落，而孤能讀其父書者，皆夫人力也。初，夫人艱子，取侄馬氏子子之。既長，勤幹能其家，且有子矣，乃以勞瘵嘔血死。夫人哭之慟，至爲失明，竟鬱鬱不能起。夫人病篤時，孤方羈汴、宋間，聞之馳返。夕至而朝訣，人以爲母子慈孝之應云。

南宮公諱有容，字乃大。父諱淳，歲貢生。祖父瓚，曾祖子錫，皆有善行，隱德不耀。當宋紹熙間，有左屯衛大將軍□□者，以掖庭貴封爵，墓在西山之麓，華表存焉。凡竇姓者，皆其苗裔，然其世不可考矣。南宮公生于嘉靖十二年，距其卒，僅得年四十有八。馬夫人先公一年生，後公三十六年而卒。子即弘烈，邑庠生，娶霍氏。生女一，字王度。所育馬氏子名弘功，一名志周，娶王氏，繼郭氏。王氏生子三，曰：暄、曄、晌。暄娶張氏。女一：適王錫禄。女六人：長適生員李時俊，次適張四目，又次即先安人，以家參藩貴受封云。其三人適王爾慶，劉應宿，生員張相韓。銘曰：

有美者彥，抱璞而藏。匪伊閟之，不顯而章。厥有士女，惟德之行。以雍以穆，如鴻比光。鬱鬱佳城，牛山之陽。既安且寧，爾後克昌。

壽官雙椿張公配王氏合葬墓誌銘

余族所稱長者曰雙椿公。公與余家比屋而居，又與先王父户部公齒相若，是爲兒時嬉遊閭巷間，出入相友，逮白首歡如也。

余故最悉公生平，少時趫健，有膂力，使氣任俠，與群少年蹴踘呼盧，不問生產。既冠，始改行爲賈。初爲小賈，已爲中賈，後乃成大賈。公饒心計，有膽略。賈遊四十餘年，往來販易，北走秦、趙，南浮江、淮，足迹幾半天下，所至人不能欺。又善揣衡物情，以時棄取，故居積日裕，家累千金。然性儉樸，雖富無所紛華，衣布，飯脱粟，百里內嘗徒步。無聲伎之好，酒席徵逐之侈，有《唐風·蟋蟀》之遺焉。事父孝，與兄友愛最篤。有猶子，公教之賈，且假之貲。其後富與公垺，卒不任受德，人以此多公。里中豪時或凌公，公謹避之，即惡聲入于耳，若罔聞也。嘗爲縣官收田租，會計明悉。又嘗督賦，賦無逋者，邑長吏嘉之。循功令授冠帶，顧傴僂若不勝，曰："田舍翁得不挂公家文網，老死牖下足矣，敢當賜爵之典耶？"素强善飯，年逾八帙，耳目聰明，龐眉修髯，望之者皆曰："矍鑠哉是翁！此百歲徵也。"乃一旦無疾而卒。蓋公自喪王夫人後，嘗獨居一室，旦晚自啓閉其户。一日鬵晨，户不啓。家人怪之，排闥而入，就視之，似酣寢者，而喉[四]間轆轆有聲，呼之不應。又三日，忽張目曰："吾日去，然未即去者，待吾兒也。"亡何而絕。俗云："無及而終者，生平無罪業，死後不墮惡道。"斯言殆謂公耶？

公諱永錫，雙椿其別號也。生于嘉靖十三年，卒于萬曆四十四年，享年八十有五。原配王氏，繼亦王氏，嚴毅，善持家，有丈夫風，先公卒。子一：鴻漸。孫男一：國。孫女二。鴻漸以萬曆丁巳春三月啓兩母竁，合葬于牛山之陽。乃爲之銘，銘曰：

而璞未琱，而行不恍。而挹而積，而之室用饒。乘化而歸，返于沈寥。而德不朽，銘詞孔昭。

處士念山張公配竇氏合葬墓誌銘

念山公卒之五年，而其配竇氏亦卒。竇，先安人伯姊也，其卒也，蓋以哭母云。始余外祖母病且革，竇侍藥餌，浹旬不解帶。殁，號慟徹日夜，比殮，泣血拊棺曰："女乃不得從母地下乎？"逾日，即病。病亡何，即不起。于是，里中人哀之曰："真孝女哉。真能從母地下也。"方氏病時，其子正化賈遊河南之太康，距家千餘里，得報遄歸，已不及視含殮矣。正化乃呼天擗踊，絕而復蘇，曰："母能從母，母獨無兒從哉？"有從旁解之者曰："若何言從之易也？若子然一身，既鮮兄弟，又無襁抱之恩，若身不啻萬鈞重也。夫孝孰爲大乎？"正化乃始勉起，啜粥。已灑泣詣余，曰："先子之殯也，墓石尚虛。今將起而合吾母。惟父若母之行，不可無紀也，請爲我誌之。"余辭不獲，乃爲之誌其大者。

念山公姓張氏，諱四目。其先蓋與予同宗，蓋世系遠，不可考。曾祖佑，祖琢，父安信。母王氏，生三子，公其季也。公生而肥膚豐碩，凝重不佻。學書不成，乃出爲商。嘗西入關、陝，歷齊、魯，往來江、淮間鹽鐵，而客汴、宋間最久。公之爲商也，饒心計，酌棄取，揣百貨輕重，而與時低昂，故嘗獲利三倍。然生平重信義，不設詐以攘利，乘急而奢取，雖賈人乎，而有士君子之心矣。公少事父最孝，及父歿，事叔及兩兄如其父。與人交信，剗絕城府，衷懷坦然，以故人昵就之。素強無恙，卒之前一年，方在旅舍，忽忽不樂，動首丘念，即命駕歸。歸未幾而病，病數月而卒，若預知其兆云。公豐頤大顙，飲噉兼人，腰大數圍，腹垂纍然。人咸謂："不貴且大富，又必壽考。"然賈僅半賈，壽亦中壽，豈唐許之術亦有不驗者耶？竇氏貞静有婦德。念山公什九在外，家政井然者，以有賢内助也。念山公生于嘉靖三十七年，卒于萬曆三十九年，享年五十有四。竇氏與念山公生同年，後五年卒，享年五十有九。子一，即正化。女一。孫女三。銘曰：

有山峨如，有水瀠如。雙璧瘞之，閟如纍如。萬有千歲，永安厥居。

李母竇孺人墓誌銘

蓋自先恭人棄不肖褓中也，内、外兩太母實分鞠之，呱呱者得有今日，外太母恩斯勤斯，不敢忘也。

前歲，余奉簡書按江右。濒行，拜母床下，母撫余背曰：
"孺子勉之王事也，勿以老人爲念，但案牘煩，毋過勞苦。丞尉
雖卑，亦官也，毋輕笞辱，養其廉恥。"余長跪受教，收淚而別。
顧念母春秋高，且素羸善病，恐一旦猝有不測，無繇再侍顏色，
心輒怦怦焉。又再夢白衣冠入母室，闃其無人，驚號而寤，意甚
惡之。亡何，而母之訃聞。嗚呼，母于世已矣。余之報母者，亦
已矣。惟是母淑德貞操，可以光彤管而勒隧道者，余小子知之最
悉，因摭而志之。

母姓竇氏，父玭，娶于張，先高祖博士公女也。母生而婉
慧，舉止有度。七歲即嫻女紅。伯父珩口授以《內則》諸篇，
輒能通曉大義。先博士公掌摩其頂曰："是若爲男，必大竇宗。"
里中慕其容德，爭委禽焉。及笄，歸予外祖□□公。公孝廉西河
公冢子也。時母家號素封，而壻家以門閥顯，人謂母必袪飾自
矜。母獨甘縞綦，稚布操作，有孟德曜風。閨以內雍雍如也，無
不稱賢新婦者。□□公既爲諸生，母每以大業相勸勉，及求田問
舍事，必盡言歸之。後□□公感危症，度不起，謂母曰："吾不
及見男婚女嫁矣，將若何？"母曰："妾從君地下耳。"□□公
曰："奈此藐諸孤，若其爲難者，勿爲其易者。"□□公卒，母
仰天悲號，淚盡血繼，絕而蘇，蘇而復絕者屢焉。姑姊輩百方勸
之，乃強起，曰："亡者言猶在耳，吾不可以一死卸責。"于是
始稱未亡人，蓋自是不復御鉛華矣。

初，李氏稱華族，及□□公與孝廉公先後捐館，家道漸落，
而鬩墻之變，時與外侮狎至。母以一女子經紀饘粥，撐持門戶，
艱難險阻而無不備嘗，卒保其故業。人乃異之曰："此厄然者，
笄黛也，而有丈夫概哉！"孤稍長，使出就外傅，脫簪珥爲修脯
資，孤亦感奮向學，而數奇不偶。乃去而爲賈，則爲良賈人，經
營數載，家著殷殷起矣。母早作晏息，拮据不異食貧時，與臧獲

共甘苦。見服食稍華腆，必不懌者久之。然以勞瘁故，嘗病，病輒困篤，垂殆者數矣，而竟無恙。人以爲苦節之報，眉壽未有艾也。豈意其翛然去哉？

母慈孝，有至性，事舅姑瀡灠必潔。姑王夫人，後孝廉公歿三十餘載，母孝養，始終無間。孝廉公有遺妾二，事之如姑禮。

父玼，賈于梁，以事繫獄。母聞之，撫膺曰：「吾獨不能爲緹縈耶？」乃泣伏墀下，請救孝廉公，情詞懇惻。孝廉公感其誠，輕千里而往援之，事得解，而孝廉公竟不返。諸叔皆致憾于母，姑王獨曰：「死生命也，于孝婦何尤？」後玼嬖悍妾家所，棄母張，不復顧，終身與母相依，母終不以父不慈，失子道。後父歸，持父踵而泣，感動路人。

待內外姻族，無大小，必以禮。撫僮婢有恩，從不鞭扶[五]一人，曰：「此皆人子也。」中年後即茹素，奉大士甚謹，然不近巫覡。生平好修潔，所居必晨夕洒掃，衣微垢即浣。笑不及齒，語不及謔。非至戚慶吊不往，即往亦不信宿。余嘗迎母，敦請，逾年始一至。其以禮自持，老而彌篤如此。彌留之際，家人環泣，問所欲言，母張目曰：「吾始願不及此，今且及見曾孫，吾可含笑從夫子地下，踐五十年之約矣。」又顧謂孫曰：「勗哉，李氏書香一脉不可中斷也。」冥然而逝，神終不亂云。

母生于嘉靖丁酉七月十一日，卒于萬曆己未十一月十八日，享年八十有三。子一：騰蛟，娶張氏，繼韓氏。女二：長，即先恭人。恭人少時，問名者踵相錯，母曰：「必張長兄子，不然終不字。」蓋指家大人，後卒歸家大人。先恭人即早世。然家大人自司農，即及參藩報滿，先恭人再膺恩寵，足見母知人之鑒云。次，適嘗自道。孫男一：復泰，娶韓氏，繼趙氏。孫女二：一適生員張國璽，一適王兆祥。曾孫一：角相。將以某年月日啓□□公窆，合葬于祖塋之次。銘曰：

《詩》稱淑慎，《易》美坤貞。孰云女也，而有士行。皛皛者衷，如玉斯潔。凛凛者操，如霜斯冽。作述良士，琴瑟静嘉。必敬必戒，宜室宜家。哀哀黄鵠，中乖比翼。念彼兩髦，之死靡忒。旨有令女，亦惟共姜，我思古人，以頡以頏。誰獨無母，養生送死，何必淳于，女以代子。誰獨無子，嚴以成慈。何必孟氏，母以代師。老而猶勤，富而猶儉。五十餘年，茹荼食淡。大命近止，乘化而歸。妖夢之踐，果是耶非。居則異室，封則同坎。而今而後，庶幾無憾。我勒片石，辭愧外孫。千秋萬歲，徽音永存。

墓　表

乾州刺史龍池段公墓表

龍池公偕家大人舉于鄉，稱石交者垂三十載。余束髪時，獲侍公，察公坦衷而樸表，竊心儀之。

辛丑，余上公車，而君以計吏至，數過從于長安旅舍。于時，公二毛種種然，神尚王也。越歲，而公訃聞。家大人與余爲位而哭之官邸。而再越歲，余還自長安道之公里，意公阡[六]有宿草矣，未遑束芻而去。抵舍旬日，則有素冠白馬而造余者，公孤也。手狀帙，嗚咽而泣曰：“先大夫交歡尊甫翁，吾子所習也。先大夫易簀之際，呼不孝曰：‘知我者張子，必得其言表吾墓。’令尊翁越在千里，而哀毁餘息，不能匍匐以請。代言之責，是屬吾子。若徼片石之寵以賁其幽，是所以不泯先大夫而惠諸孤也。吾子其毋讓。”夫龍池公身後之事不他屬，而必欲得之家大人，生死之際，交情見矣。孤不得之家大人，而必欲得之余，可謂善繼志者。孤能終治命，余豈不能終世好？又何敢以俚辭拒？凡公卿行宦績在家大人口者，而在余耳，遂據實表之。

先世爲高平東宅里人，其六世祖確，始徙馬村鎮。確生子璋，仕爲衛經歷。經歷公生綸，綸生壽官公雲飛，公皇考也。娶于口，生公。

公生而器宇溫厚，神識沉涵。舞象時，態度若成人。就外傅，即以穎異冠其儕。弱冠，補博士弟子，復有聲于膠庠間。所爲制舉萟，根底理要，澤于道德，不矜奇詭以標異。而較萟者顧以是異之，屢試高等。己卯，薦鄉書，連不得志于春秋。益下帷攻苦，而竟偃蹇一第。乃廢書，笑曰：“絀伸數也，吾安能終與造物衡？況出身事主，縮尺一之符，雲行雨施，隨地可以建竪，必崇峻哉？且吾憊矣。不能白首窗下，作老蠹魚。”

遂選銓部，知乾州。甫下車，召父老而矢之曰：“天子不鄙不才，而使守郡。如治郡不若家，呴民不若子，而惟私是營，則守負國；其或淫心舍力，鼓之不起，糾之不勸，則爾負守。守負國，國有三尺；爾負守，守亦有三尺。”乾民聞之，無不兢兢自湔濯者，且歌公來暮也。而公蓋勤于政，周爰咨詢，興除利弊，皆手自擘畫，所不得便宜行者，而輒條上之，必得請後已。往來四境中，戴星出入，視田有汙〔七〕萊，爲置牛種。誨下以禮讓相先，訟剖曲直而還之。民自愧悟，相語曰：“我曹不修德而修怨，奈何煩明公教也？”自是兩造之庭，虛無人矣。至會鞫大獄，則平心研審，衷情法而行之。時有所縱舍，以遂其隱，必不忍爲周內。暇則進諸生，講解經義，才俊者賞拔之，且佐膏墨之費。以故乾之士若民，無不尸祝公者。

乾當三秦孔道，蹄輪輻輳，郵人疲供億，失上官指，而公復强項，不能視息揣衡彌縫其間，爭思中公矣。會歲大祲，公殫力濡沫，發倉積帑金，不足起菜色，則出橐中俸繼之，爲糜以食楞腹，民不至溝中瘠者，公之力也。而上官督賤〔八〕急切，有譴責，公曰：“此煢煢孑遺，齧草根求活，安得從賦？寧奪吾糈，弗奪民生。即令官失而民完，以一守易一郡，吾甚甘之。”卒不奉命。思中公者，愈有所借口，竟以此奪公糈。明年，大計吏，亦用中者言讁公。時知公治乾善者，皆爲公扼腕。公怡然曰：“理郡無狀，不能急催科，佐縣官緩急。天子不即褫職，于恩厚矣，其敢以德爲怨？”已補大名别駕，督宣府西路糧儲。往官是者利羶，于出納之際因以爲窟而染指焉，處穢能潔者，百無一聞。吏胥日緣爲奸，縱溪壑，而官不敢詰。公廉知其弊，嘆曰：“介士暴露境上，出萬死，爲國捍牧圉。朝廷日發金錢爲椎牛賈耳。而官之墨者家于是，吏之黠者家于是，謂優恤德意何？”故一切軍餉，公手秘輕重而封識之。迨給月錢，則封識宛然，出如其入，吏以是斂手奉法，而諸軍始得飽其腹。計部以太倉匱乏，邊餉解發不時，矯士挾勞而望怨，當事者虞脱巾而卒無譁于位者，則公挾纊〔九〕恩素著也。諸武弁以賄交，悉謝絶之。帑有積羨，故事充官費者，公置不問。一武臣從臾之曰：“此例也。”公笑曰：“吾固以不貪爲例。”督撫嘉公廉，數强異之，且騰薦剡，而公病矣。公之病，起于喪明之戚，鬱結日久，中于膏肓，竟以是不起。歸途載一廣柳〔一〇〕車，軍民遮道而泣。乾民聞公耗，痛亦如之。

公性篤孝，事兩尊人，融融孺慕。居喪，戚易備至。宦遊時，傷二親不逮禄養，負米興悲，每至淚沾臆也。交人肝膽相炤，不設城府，即白首如初盟。居恒恂恂處後，退不勝衣。至爭公是非，則凜不可奪。家素儉朴，淡泊自安，而慷慨振人之急，不以有無爲解。既宦，益好行其德，族黨知故待以舉火者若而人。喜聞人善，以齒頰獎借，而量能藏疾，不務爲刻核，故賢者好之，不肖者亦不忘也。蓋公之慈仁長厚，其天性矣。即涉歷仕途，而初志不變云。

嗟夫，自古循良吏，無不以慈仁長厚稱者，漢若潁川、渤海，其治行爲一時冠，大指在問民疾苦而惠存之，未聞以催科博上〔一〕考也。參公生平宦業，亦可謂高山仰止矣。然古以卓異徵，立拜卿相，而史官爲傳其事，以張于後，聲施到今。公僅得一州如斗，政成而復奪之，致以郡倅老，世亦無知而傳知者，將公所遇，固不幸耶？漢用里選遺意，用賢無方，人人得以功名自表見。國家功令嚴悉，士非緜大廷策者，不得躋膴仕。故位以品厄，而能以位掩，夫孰有破拘攣之格，顯懿碩之儔者耶？公之不得與古人偶，亦時使之然也。余爲公次第行實，而標之七尺之石，使夫過者或焉曰："此故循良吏段君之墓。"公之不朽，將其在斯乎？

公諱梧，字維禎，龍池其別號。有丈夫子五，婚嫁皆望族，則天官氏誌之礦中矣。

庠生龍峰霍公墓表

龍峰公即世二紀餘矣。其子諸生掇桂葦，卜吉改葬，而以墓道石屬余。余家與霍氏僅隔一衣帶水，世爲朱陳。余太母太淑人爲龍峰公同堂姊，而余又要公族子女，是知公者，莫余若也，可無一言以識不朽？

公諱汝聰，字朝達，龍峰其別號。世居沁水之東曲村。其先代譜諜失傳，不可考。自高曾以降，皆以孝弟力田著聞。高祖瑄，曾祖顯，祖世乾。父尚澤，初娶于寶，生伯兄汝純，仲汝精。繼馬氏，生公及弟汝廉。

公生而穎秀，比長，沉毅有度，言笑不苟。弱冠補博士弟子員。治《周易》，篤志攻苦，寒暑不倦，顧數奇，屢試不偶，無能當衡文者意，乃聚徒教授里中，從之遊者甚衆。

初，公少孤，與二兄析爨，僅屋數椽，瘠田數畝。公力勤治生，以奉嫠母。敝衣惡食，早作晏息，與傭旅埒。其後家計漸饒，然約素不異向時。嘗戒諸子曰：「儉，德之共。侈，惡之大。吾每佩斯言，爾曹識之。」天性孝友，事馬夫人先意承志，得其歡心。弟賈太康，遭急症。聞之，星馳往視。比至，弟已亡。公拊棺悲號，淚盡血繼，聞者莫不感慟，鶺鴒原隰之誼，公無愧焉。公涇渭甚晰，而不肯談人短長。不避疆禦，非意必較，故鄉人之善者親公，而愚者亦憚公，不敢犯也。

生于嘉靖某年某月某日，卒于萬曆某年某月某日，享年僅四十有八。配王氏，少公二歲，柔静有婦德，多内助功。公之歿也，日夜泣血，誓以身殉，僅後公十日而卒。可謂偕老同所歸矣。

子三人，曰：掇桂，折桂，攀桂。與其季[一二]，皆遊膠庠，有聲諸生間。仲善計然術[一三]，家箸殷殷起，皆公義方所貽也。折桂生子名焕。攀桂生子名焯。二女，孫女三，皆適望族。

公之改[一四]葬在萬曆四十年，又五年而余始表其墓，細行瑣節，不具論，著其大者如此。嗟乎，公篤行而未彰，有穀而裕後，既孝且友，月旦無訾焉，是可以示來禩矣。

校勘記

〔一〕"比"，原作"北"，據文意改。

〔二〕"杜"，原作"社"，據文意改。

〔三〕"父"，原作"文"，據文意改。

〔四〕"喉"，原作"侯"，據文意改。

〔五〕"扶"，原作"秩"，據文意改。

〔六〕"阡"，原作"仟"，據文意改。

〔七〕"汙"，原作"紆"，據文意改。

〔八〕"賤"，疑當作"賦"。

〔九〕"纊"，原作"儥"，據文意改。

〔一〇〕“柳”，原作“抑”，據文意改。

〔一一〕“上”，原作“士”，據文意改。

〔一二〕“與其季”前當脱一“伯”字。

〔一三〕“計然術”，原誤作“計術然”，今乙正。

〔一四〕“改”，原作“政”，據文意改。

祭　文

祭沁河神文

晋多名川，其汪洋浩瀚，明威顯赫者，惟神最靈。我三村小民，世居河濱，瀠洄環邐，挹秀竊潤，亦世世受神之福。往者神嘗東徙矣。室廬圮壞，桑田沉湮，民無寧宇。已而循山西下，安流順軌，三十餘年。去歲忽又折而之東而流，一派不絕如帶。我小人日夜惴惴，均懷杞憂。夫舍高而就下者，神之性也；避害而趨利者，亦人之情也。人固不敢與神爭東西之向，神亦豈屑與人爭尺寸之土？況神威廣大，飛濤巨浪，噴雲蕩日，倒峽排山，豈其卷石之多，足阻稽天之勢？是在神一轉移間，我小人受福無疆矣。今者荷鍤開鑿，通淤導塞，爲神先驅，神其沛然大决，復繇故道，我小人稽首以待。

謝雨文

日者，下民積孽，昊天降罰。自春徂夏，亢陽不雨，蘊隆如焚，百物枯槁。無麥之書，將再紀于《麟經》；有秋之歌，已難賡于《周雅》。凡此小民洶洶閔閔，莫必其命。因而共竭虔誠，設壇祈禱。匹夫之微，敢云感格？幸天心仁愛，哀此孑遺。密布同雲，大施甘澍。歷一晝夜，既足既霑。此雖上帝之降康，實賴神功之嘿相。百穀既播，更生可期，仰荷洪恩，敢忘報答？敬陳牲醴，上告明神。更祈普運玄功，永綏馮庶。五風十雨，長無愆期。千倉萬廂，共欣大有。我小民可勝祈望之至。

祭八蜡神文

惟神受命上帝，制馭群蟲，生我百穀，凡此下民，無不食神之賜。今歲方春亢陽，二麥就稿。幸而靈雨既零，嘉禾被野。與與旆旆，兆若有秋。田夫野老，皆欣欣喜色相慶。乃忽然蝗自南來，群飛蔽天，連日不絶。雖大勢北[一]去，而遺類散布，鼓翼張喙，殘蝕田稑。我民皇皇，百室之命，且寄于蝗口。是用籲訴明神，惟神愛憫此孑遺，驅蝗疾徙于茂草之區，使無易種兹土以爲後災，則小民得有其生，皆神之賜也。

祭諸葛武侯文

維萬曆四十有一載仲冬月三日，巡行使者張□，謹以牲酒、香楮致祭於漢諸葛忠武侯之神曰：

有漢之季，炎燼將滅。三靈失統，九州割裂。於時先生隴上躬耕，潛龍未耀；待時之清，魚水一投，風雲倏起。左右英主，摧強躪靡。乃據蜀漢，乃跨荆襄。鼎足屹峙，炎祚重昌。洎乎中道，托孤寄命。抗表出師，詞嚴義正。誓清河雒，掃滅凶殘。旌旆六出，逆賊膽寒。嘔血酸辛，簿書盡瘁。漢賊未除，營星先墜。嗚呼，先生之忠，矢志鞠躬。兩朝開濟，無間始終。先生之才，經文緯武。商之阿衡，周之尚父。先生之節，不淄不磷。出處之正，千載一人。先生之智，沉幾通變。秘則鬼神，迅如雷電。所能者人，不能者天。嗚呼，先生又何憾焉？維余小子，高山仰止。行役灄水，敬修廟祀。涓涓者忱，悠悠者思。先生顧我，庶右享之。

祭左心源直指文

盱江漭沆，雲蓋嶙峋。降神孕秀，篤生喆人。維公之生，金相玉質。紫電標奇，黃裳襲吉。藏窮二酉，精括百家。披華振秀，濯錦蒸霞。際會風雲，翱翔霄漢。四牡黃華，使星有爛。峨峨豸冠，執法蘭臺。一角善觸，九關能排。避人焚草，歷階請劍。關補山袞，名爭朱檻。駕言代狩，于彼越中。自攬范轡，人欽桓騘。千里王畿，曰維首善。振鐸衡文，茁軋一變。彼都人士，仰如斗山。昌黎永叔，伯仲之間。於穆寢廟，公維宗祝。帝曰俞哉，夔一而足。秋風一夜，忽憶蓴鱸。松菊未荒，歸去吾廬。講德著書，以弦以誦。辯續鵝湖，教明鹿洞。富溪垂釣，隆中躬耕。安石不起，其如蒼生。云何昊天，二豎爲厲。讖應龍蛇，倏焉長逝。如彼歲旱，乃閟甘霖。如涉風濤，舟楫載沉。干將藏鍔，太微掩曜。凡在有情，匪不痛悼。況予小子，曾被陶埏。薦襦[二]之牘，墨尚宛然。茲奉簡書，來公故里。欲赴大招，九原難起。國士知我，國士報之，日炤月臨，矢心以辭。

祭張臨碧大參文

嗚呼，扶輿孕秀，象緯儲精。篤生哲人，以爲國楨。維此哲人，英英其俊。月湛霜明，金鑑玉潤。何道不博，何藝不研？百家九流，以漁以佃。染翰濡毫，鼓吹大雅。玄思擬揚，高華邁賈。驥足難縶，鴻羽可儀。驤首皇路，振翮天逵。剖符方州，同軌叔度。五馬繁纓，式歌來暮。膏流陰雨，惠植甘棠。尸而祝之，方于魯黃。入典拜禮，憲章故實。著爲國經，大猷秩秩。天子是若，賦政于東。泱泱齊魯，爰歌大風。慍于群小，菲葑日肆。即有慈母，其如三至。奪公東藩，移之西秦。席未及暖，流言復狺。孤蘭不芳，蛾眉衆嫉。直道事人，焉往不黜。公曰已矣，歸去來兮。考槃在澗，足以幽棲。以名還人，以逸還我。時止則止，無可不可。納履層阿，濯纓清流。用則伊吕，舍則巢繇。翟雀可羅，虞書自注。鴻飛冥冥，弋者何慕。孝既蒸蒸，友復怡怡。是亦爲政，奚其爲爲。嗣美象賢，芝蘭玉樹。三鳳二難，矯矯並步。雲霄接武，羽翰聯翩。公所未竟，若有待焉。雖謝世榮，乃受帝祉。挹盈注虛，造物應爾。忽遭家難，骨立堪憐。食少事煩，人言豈然。天期已迫，大命近止。忽忽二豎，沉疴弗起。嗚呼，公之立朝，不隨不詭。恥若瓦全，寧爲玉毀。公之居鄉，時推達尊。太[三]丘敦厚，林宗人倫。品止登三，壽猶望七。如何斯人，而有斯疾。彼蒼者天，曾不憗遺。德星驟隕，白日騎箕。吉水涸流，碧峰凋翠。人之云亡，邦國殄瘁。春爲停杵，市爲輟陳。如何贖兮，人百其身。嗚呼，古今一揆，聖賢共盡。公生有涯，公神不泯。或翔雲表，鞭風駕艇。或遊帝鄉，張樂洞庭。所不懌者，老成凋謝。誰爲典刑，斯文長夜。生芻一束，涕泗滂沲。先爲國惜，後哭吾私。

祭崔新潢主政文

嗚呼新潢，何以死耶？嘗聞人之中道隕夭，而不終其天年者，非盡造物絕之，皆其有死道者也。蓋有縱嗜耽好，甘脆潰腸，冶麗蕩精，以發性命之情者矣。有逐物遷化，變幻浮游，淳澆朴散，以鑿渾元之質者矣。有捐忿狹隘，憤世嫉時，抑鬱陝塞，以傷陰陽之和者矣。有深阻慘刻，好上妒前，傾軋戕害，以犯鬼神之忌者矣。凡此者，皆有死道，則其死無足異也。新潢豈有一於此耶？新潢於衷泊如，于世淡如也。吶吶不出口，恂恂不逾度，坦坦然無機械，無營壘也。新潢固無死道也。無死道，則不宜死。不宜死而死，豈若世所修文地下，賦玉樓天上者耶？抑所謂厭世而上昇，駕虬螭而鞭虹蜺，御風雲以游八極者耶？果爾，則新潢雖死猶不死也，無死之悲而有死之樂也。又何必以新潢之樂，爲新潢之悲者耶？惟是新潢，履道秉仁，懷忠抱質，華實并茂，經緯兼資，蔚然爲鄉邦之光，結綬登朝，方期宏濟。乃官不逾郎署，年不躋下壽，而溘焉朝露，長與世辭。廟堂摧棟礎之標，則爲國家悲；海內虛霖雨之望，則爲蒼生悲；遺孤藐然，則又爲新潢之室家悲。二三兄弟，追鳳昔金蘭之契，憶生平言笑之歡。恨生死之異途，愴幽明之永隔。又不能不揮涕沾臆，而爲友情悲也。奈羈宦長安，不能素車白馬哭千里之遙，有愧巨卿執紼之情，亦慚孺子束芻之誼。謹以楮帛醴脯，假使者薦之几筵。嗚呼，新潢而果不死耶？其舉二三兄弟之觴。

祭楊昆皋兩尊人文

深山大澤，靈氣所滋。誕育神物，爲蛟爲螭。乘雲御風，上下兩儀。維公及母，是其似之。公之生平，履方標峻。經以道德，緯以忠信。少游莪苑，漁佃百家。既探其奧，爰披其華。發爲文章，閎深博衍。出史入經，排騷蕩選。太玄空草，知我者希。雖有六翮，何能奮飛？遂絕宦情，衡門栖托。以咏以歌，一丘一壑。道味自腴，世紛不淄。利藪名場，若將浼之。匪義弗顧，匪仁弗侶。潔則幼安，方惟仲舉。振衣千仞，俯眺九垓。雲中孤雀，矯矯塵埃。設帳談經，幽微畢證。如彼洪鐘，匪叩不應。誰云不顯，暗然日章。身雖未達，道則已昌。婉矣碩人，天作之配。金玉其相，蘭蕙爲佩。爰及我公，如縉如綌。龐車共挽，冀餼猶賓。曳縞簪經，攻苦食淡。以相夫子，矢永靡憾。閨閫愍敕，蘋藻靜嘉。雍雍穆穆，宜其室家。篤生喆嗣，蔚爲國瑞。爛若夜光，矯然天驥。氣凌霄漢，胸匯滄溟。既冠南宮，復魁大廷。翱翔玉堂，婆娑金馬。行陟名衡，一人之下。炎炎者興，有開其先。淵淵者積，有衍其傳。不于其身，則于其子。如取如攜，天道甚邇。皤皤黃髮，翩翩彩衣。三公之養，其願不違。人亦有言，大德必壽。如何昊天，夢夢難究？曾不愁遺，相繼乘箕。去而上仙，長與世辭。生民以來，誰獨無死。既順且寧，斯亦可矣。自公之逝，學者無師。母也嗣殞，世失閫儀。孰不悲傷，而我能已。聞訃驚塊，涕零如雨。況與令子，同出師門。義切伯仲，情篤簾墳。何以告哀，生芻一束。靈兮歸來，鑒此衷曲。

祭劉紹[四]川太學文

今歲春，余治裝北上，而與紹川別也，紹川呻吟床蓐間，簌簌泣下，若不勝情者。吁欷向余曰："往者之別，別之日短。今者之別，別之日長矣。"余勉慰之曰："君顏未槁，骨未立。眉宇間漸有起色，何爲此不祥之語乎？且吾往還計日耳，安在別之長也？"紹川亦首肯而別。別未半月，而有傳紹川疾劇者，余甚憂。一月所而有傳紹川死者，余甚痛，然猶疑與信半。憂而信者，以其生之難，痛而疑者，以其死之速也。無何，而蒼頭自南來，詢之，則紹川定死矣。嗚呼，余疑者誠非，而信者果是耶？余憂爲無益之憂，而痛乃無窮之痛耶？然遥遥千里，徒臨風而雪涕，不能撫棺而吞聲。迨仲夏南來，始獲以絮酒炙雞，酬紹川于地下，而致辭曰：

嗚呼，蒼天何奪夫人之速乎？嗚呼，紹川何棄人世之速乎？凡人之死，非死于死之日，有致死者也。凡知人之死，亦非知于死之後，知其有必死者也。若紹川者，何以死哉？若余者，何以知紹川之死哉？世有居無一日之積，行無一夕之資，駢首牖下，暴骨溝中而死于貧者；以君則飲醇、擊鮮衣華而策肥。世有行萬里之途，歷九折之危，蒙犯霜露，困弊筋骨而死于勞者矣；君則安居坐嘯，偃仰而栖遲。世有行干乎三尺，身罹于五辟，城旦、鬼薪、桁楊、刃鋸而死于法者矣；君則動不觸網羅，而足不及公庭。世有處失意之境，抱不平之感，抑鬱憤結，悲傷咤叱，而死于憂者矣；君則于身若無累，而于世若無營。世有縱伐性之斧，耽亡身之毒，窮日達夜，涸精竭神而死于欲者矣；君則涉之以成趣，而嗇之以葆真。是君無一可以致死者也。

君何以死哉？豈所謂靡常之命？殀者未必惡，而福者未必善與？抑所謂一定之數，短不能延之晷刻，而長不能續之逝波與？則吾之可知者人，而不可知者天也，君之死宜也。嗚呼，君死則死矣，高堂有舐犢之悲，同氣急鶺鴒之難。于飛孤鸞鳳之侶，而中庭絕箕裘之托，君又何以死哉？余與君，始而萍水之逢也，既而簠簋之和也，久而膠漆之投也，今乃成幽明之隔也。余安能以無悲耶？嗚呼，紹川有知乎？無知乎？使有知也，余灌而君能嚼，余泣而君能聞，雖死有不死者，余之悲無益也。使其無知也，有酒而徒澆土，有淚而徒沾臆，而君固不聞不見也，余之悲亦無益也。余不復以無益之悲悲君矣，夫亦付之不可知之天而已。

祭戶部郎中祖考文

嗚呼，痛哉！祖何棄世之速耶？孫之來宦此土也，祖送之郊，安然無恙也。于時，祖但囑孫：“勉旃功名，不以我爲念。”孫方見祖善飯強健，不意有今日，亦不忍言今日之事。孫至此，每有人自家鄉來，問之，則曰：“強健如故。”今月初旬，來者得祖手書，作字真楷，不異平日，惓惓言家中來歲之事。孫喜，以爲無他慮也。更幾日，而聞祖疾，且駭且疑，猶不之信，尚謂爲傳者妄耳。然心即怦怦不自安，即遣人馳問安否。未返，而竇太醫來，則知祖果病，且病之劇。憂遑之甚，又遣人馳告父。次日，父使者至，而聞祖訃音矣。

嗚呼，痛哉！祖何棄世之速耶？祖年逾七旬，是亦可謂壽。爵封三錫，是亦可謂榮。子孫繩繩，甲科繼美，是亦可謂盛。乃壽則壽矣，而未逸也。夙而興，夜而寐。內而米鹽瑣屑之務，外而親疏應酬之節。真無衆寡，無大小，無敢慢者，曾有一刻之閒暇耶？榮則榮矣，而未享也。衣惟布素，飯止蔬淡，寢無重裯，出不乘輿。左右無僮婢之侍，鄉黨、鄰里無宴會之好。邑宰數請鄉飲，皆避不赴。父迎養宦所，亦不肯就。曾有一日之樂耶？盛則盛矣，而未睹其成也。父九年冷官，三年清部，今方參藩齊魯，稍稍尊顯；孫初博一第，叨授理官，正當發軔之始，鈴方在偕計，望捷南宮，而祖不能待矣。曾有一日之目睹其成耶？然祖之心所未盡者，猶在叔之未離芹泮也，鈴之未成立也，然皆不足慮也。叔年力正壯，發迹有期；父之視鈴猶子，而孫之視鈴即親弟不啻，必不使其無所成也，祖之目可瞑矣。惟是孫，襁而失母，祖鞠育之；髫而不馴，祖嚴約束之；冠而有成，祖勉勵之；壯而强仕，祖訓戒之，不知歷萬般辛苦，費萬般心思。今孫始服官，未盡一日之養，而祖即棄世，徒抱千古之悲。

嗚呼，痛哉！祖之病不得嘗藥餌，祖之殞不得視衣衾，祖之葬未知得相壙宅否也？嗚呼，痛哉！有孫如此，不如無孫。泣盡眼中血，難洒柩前土。嗚呼，痛哉！雖然，祖雖已矣，而有不泯者，存教誨之遺言，猶在耳也。思祖之形，而不得見；誦祖之言，而祖之心可見。孫自今恪遵祖訓，以之守身，以之處家，以之居官治民。異日者，或邀祖之靈，稍有建竪，仰受皇恩，沐絲綸之寵，以崇水木之報，此孫所以酬祖之地也。祖其有靈，在天之神，鑒之聽之。嗚呼，痛哉！

祭李母文[五]

嗚呼，慟哉！維我母氏，莊穆静專。相我嚴君，若坤儷乾。閫政毖肅，内外井然。撫育諸子，慈愛罔偏。恩斯勤斯，德侔昊天。何期中道，忽爾棄捐。驂鸞馭隺，白日上仙。

嗚呼，慟哉！兒銓遠遊，久離膝下。瞻望白雲，夢寐親舍。

方幸歸來，綵衣有暇。誰謂慈顏，永隔長夜。

嗚呼，慟哉！疇昔聚首，嘻嘻庭闈。今之寢門，慘慘無輝。萱花驟萎，啼鳥亂飛。人皆有母，我獨何依？

嗚呼，慟哉！李母即世，未及二紀。竇母繼之，同歸泉沉。母也盛年，大命遽止。父兮傷悲，何以堪此？

嗚呼，痛哉！竇母之逝，兒尚無知。幼弟幼妹，有母憐之。哀哀母氏，又復如斯。亦有弟妹，憐者爲誰？

嗚呼，慟哉！夜臺寂寞，玄宮窈窕。今夕緫帷，晨而素旐。洒血拊心，彼蒼難叫。獻食陳詞，母其垂炤。

釋服祭李母文

母氏見棄，風木銜哀。日月不居，奄忽禫除。雖罔極之恩，三年未報，而有限之制，一日難加。情以禮而勉裁，悲感時而更切。

祭弟孝廉鉿文

萬曆戊申之歲七月七日，兄某謹以牲酒、庶羞，爲招魂之祭，祭于亡弟鉿之靈，曰：

嗚呼，弟何以死耶？嗚呼，天何以使弟死耶？爾生而清秀怯弱，氣體不充。自母之亡也，爾即患腹痛，然時作時止，余以爲無虞，爾亦自以爲無虞也。

前歲，爾偕計來此，余見爾形容消減，骨如柴立，心甚憂之。及爾下第而歸，軀體充澤，神色頓異，余心私喜。既聞次子殤，余又恐哀傷過度，以爲爾憂。已聞家奴來者，皆云：爾代父應酬賓客，料理家務，精神不減嚮時。則余又益喜爾之能達觀也。今春父寄書云：爾嘔吐日久，漸成翻胃，勢甚可憂。余得之，寢食不安。及舅氏至，知爾肌膚雖減，精神如故，余心少慰。至五月內，父忽有書云：爾變成癆症，嗽喘浮腫，危在旦夕。余一見之，神落魄散，以爲爾疾果可瘳，尚有生理，父必不爲此言。急遣人馳視爾，孰知發書之日，爾即以申刻殞矣。

嗚呼，慟哉！嗚呼，慟哉！余與爾，生雖異母，然相友相愛，怡怡融融，不知其爲異母也。外人非親切鄰屬，亦不知余兩人爲異母也。自母之殁，今十四載矣。余與爾相依相倚，未嘗有一歲之別。余性急，爾能以緩佐之；余行蕩，爾能以正矯之；余口躁，爾能以默規之。是爾乃余一益友也。父亦嘗言，爾之沉静，不如余之發揚；余之跞馳，不如爾之簡重。余方望爾共登王朝，左提右携，建少功業，豈知爾竟忽焉長逝哉？爾之病，不得爲爾藥；爾之死，不得爲爾訣；爾之殞，不得撫爾棺而號；爾之葬，不得掬爾塚邊一撮之土。嗚呼，有兄若此，不若無兄。余何用此升斗之禄，浮萍過隙之功名哉？即眼中血、口中聲乾，無術能招空中魂，有酒徒澆地上土，竟何益也？

嗚呼，慟哉！父爲爾之亡也，心緒憂亂，旬日之內，鬚髮半白。然父止念爾，余念爾又憂父，不知更當何如，爾冥冥之中知乎？不知乎？爾妻剛而貞潔，必能爲爾守，余能爲爾撫之；爾子温而穎秀，必能繼爾志，余能爲爾教之；爾女雖在襁抱，其長也，余能爲爾擇壻而嫁之。嗚呼，爾其可瞑目于泉下哉！

抑余嘗聞之：生而好修者，死不墮惡道。爾事親孝，事長敬，處昆季和，内行備也。無佻行，無誕言，無戾色，外節修也。不愧衾，不愧影，不愧屋漏，本性完矣。爾自不宜死，不宜死而死，意者其如古賦玉樓修文之説耶？果爾，則爾靈不減，雖死有不死者，其示余於夢寐之中，舉余與爾不得永訣之情，兄弟同抱首一慟，余尚有望于爾之靈。嗚呼，慟哉！

校勘記

〔一〕“北”，原作“此”，據文意改。

〔二〕"襧"，原作"彌"，按此指襧衡，因改。

〔三〕"太"，原作"大"按此指漢陳寔，官太丘長，因改。

〔四〕"紹"，原作"少"，據正文、卷首目録改。

〔五〕"文"，原作"父"，據卷首原目録改。

張忠烈公存集卷三十五

譜　牒

張氏世譜

張銓曰：家有譜，所以追遠合族也。追遠以敬敬，合族以敦愛也。遠不追則本原之思斁，族不合則骨肉之情漓，仁人孝子所深恫也，此譜之弗可已也。余先世自元以來，綿綿日著，然佚其序，靡得而徵焉。先教諭公常欲修譜而未就，易簀之際，纔操筆書"遠祖慶，慶子和"六字，而純自"和"以後，遂不可攷，今所述孝廉公以下而已。嗚呼，世遠則易湮，族繁則易渙，尋源分派，聯疏爲戚，非譜又何以哉？余故就家庭傳述，參以先世誌表，作爲《世譜》，使後之子孫有所考云。夫追遠必本其所自始，故"世緜"第一；世次所以序昭穆也，故"世系"第二；先世之美闇而不揚，非後人責乎？於是爲"世傳"第三；配匹之際，人道之原也，徽音如在，可無述焉？爲"內傳"第四。凡四篇。

一、世緜

余先世爲陽城匠里人。元末遠祖諱慶者，始徙家沁水之寶莊。其後，子姓繁衍，分爲軍、民、匠三籍。民、匠二籍，隸西曲里；軍籍，隸鹿路北里。隸西曲里者，分爲四甲數户，獨六甲者丁衆，而余一户居首焉。乃一户又析爲四門，同出之祖亦不可攷。故惟序余一門，斷自孝廉公始，而二世剛者，以孝廉公子繼二門者也，併入譜中。

銓按：慶祖遷居之説，流傳久遠。凡張姓墓碣，匪不遡爲從來。而先教諭公臨終手筆，更爲可據。且窯子苑家二塋三籍者共焉，其同出一祖無疑也。然余里有佛廟，蓋建自至元間，廟碣之陰，即載有慶與和諱，而張姓者尚數十人，豈後之子孫悞犯先諱歟？乃其時則未久也。余又觀苑家窯子二塋，方百餘步，塚已纍纍。孝廉公乃別葬王家堰塋之次，夫永樂時，距初遷計止三四世爾，何便至兩塋無隙地耶？此余之不能無疑也。聊附于此。

二、世系

一世：

聰，字子敏，號□□，永樂丁酉科舉人。葬王家堰北塋三班左四穴。子二：剛，鸞。

二世：

剛，太學生。嗣二門。

鸞，處士。葬王家堰南塋中一穴。子二：睿，騰。

三世：

睿，無子。

騰，字九霄，號竹軒。邑庠廩生。葬官地塋中一穴。子一：倫。

四世：

倫，字天叙，號靜齋，貢士。授山海衛訓導，升陝西宜川縣教諭，丁艱補河南盧氏縣教諭。俱祀名宦。葬官地塋二班右一穴。子四：謙光，謙牧，謙犗，謙鳴。

五世：

謙光，字汝抑，號南臺，邑庠廩生。贈參政。葬官地塋三班右一穴。子一：官。

謙牧，邑庠生。葬官地塋三班右三穴。子五：蘊，猷，藻，蔚，蒙。

謙韜，葬官地塋三班左一穴。子四：憲，宦，宰，寓。

謙鳴，葬官地塋三班左二穴。子一：寵。

六世：

官，字懋德，號華封，邑庠生。封行人，再封戶部主事，加封戶部郎中，詔同四品服色，贈參政。葬官地新塋中一穴。子四：五典，五美，五常，五服。

猷，字施德。子一：五行。

蘊，字嘉德。子二：五礼，五教。

藻，無子。

蔚，子一：五桂。

寵，子四：五善，五鳳。

憲，無子。

宦，子一：五岳。

宰，徙河南鹿邑縣。子四：五星，五經，五奎，五玉。

寓，徙河南鹿邑縣。

蒙，無子。

三、世傳

孝廉公，治《毛詩》。永樂丁酉舉于鄉。公素與同里竇生善，一日，生邀公飲，大醉歸，遂卒。卒之月日及公享年修短，皆不可攷云。余嘗聞先戶部公言：公鄉舉時，試畢還里。方刈禾園南田內，有鄉人來自省者，行沁河東岸，隔河遙呼曰："君中矣。"是時，人情淳朴若此。公故有"梯雲坊"在宅南，今坊毀矣，而扁尚在，字不盈尺，亦可想古風焉。

庠生公，治《易》。性孝友，沉静篤學，有聲諸生間，屢不得志于鄉闈，垂貢而卒。初，公以僻處鄉曲，聞見不博，遂卜居縣城。時族黨有事城中者，皆來就公。公款之，授餐，再四不厭也。後公以母喪歸葬里中，守墓者三年。積餬錢四十千，始構小樓三楹，向受公館穀惠者，爭爲助役，或具酒餔爲犒。及落成，公未嘗舉火。雖鄉人好義，一飯之必報哉，亦公之德孚于人者深也。先是，里中自孝廉公歾後，文教衰遏，教授子弟者，止知讀《孝經》、《大誥》。公居喪時，始擇子弟敏慧者，授《四書》、《易》。于是從遊者日衆，後學彬彬有造焉。其後教諭公復以《易》名家，門下士蓋百餘人，故今鄉里談《易》者，皆以爲張氏學云。

教諭公美丰儀，方面修髯，望之儼然可畏。少穎悟，日誦數千言。比長，刻勵向學，博稽群書，子、史、詩、賦之類，靡不淹貫，而獨精于《易》。蓋《易》爲家傳云。爲學官，弟子無試不冠諸生。顧數奇，九試鄉闈，不利。選入太學，試京闈，又不利。謁選，得山海衛訓。衛邊地，士不知學，公至，則立條教，嚴課督，士習遂翕然大變。蓋山海之有科甲，自公教育始也，故公得祀山海學宫云。時尚書葛公守禮者，以兵部主政管關。故事，部司與學官體統隔絶，葛公重公，特折節加禮，時與公飲酒賦詩，歡然相得也。聞報，升陝西宜川縣。内艱歸，諸生徒步送百餘里，涕泣不忍別去。起復，補盧氏諭。公之教盧氏亦如山海時。而盧氏士子愛敬先生，延款無虛日，即山海諸生不啻也。公竟卒于官。公生平好學，至老不衰。所著有詩、文、詞百餘首，尚存家笥中。不由師承，而體製、聲調合符作者。隷書、端楷類常樓居。又有義倉、祭田、板橋諸記，皆規畫有條，經世實用，可窺□班。惜以青氊老也。

南臺公，生而端重，寡言笑。童時即不好嬉戲。既長，慕程朱之學，沉思實踐，一言一動，不涉非禮。終日危坐，如對賓客，家人莫窺其喜慍。教諭公門徒甚衆，公與之切錯討論，莫不敬服。公既名重一時，視一第如掇芥。時選諸生俊秀，升之辟雍。公偕三人就選。三人者，文學皆遠遜公。内有張生者，年暮矣，置酒謂公曰："君一日千里，必不屑以明經老，能以此相讓乎？"公慨然許喏。翌日，白之督學。督學曰："功名，得寸則寸也，生毋悔。"公對曰："悔則不讓，讓必不悔也。"督學善公言，出所録卷，果公也，嘉嘆久之。公歸，益下帷力學，朝夕潛思，或通宵不寐，竟以是遘疾卒。卒時纔二十六。遠近聞之，莫不悲悼。

　　户部公，生四年，而南臺公棄世，已從教諭公宦邸。教諭公以南臺公蚤逝也，愛公甚。齋居，即置膝上，口授《四書》、小學。教諭公捐館舍，諸子無在側者。公時方數歲，以冢孫執喪禮，哀戚若成人焉。扶櫬還里，途次不離竇夫人左右。遇險輒下馬控勒，行道憐而異之。既歸，治家學，未冠補博士弟子。自教諭公之没也，諸叔以析爨故，時鬩于墙，家道遂中落矣。公又以藐孤，受侮不少。然公善忍，不出一言。竇夫人或不能堪，公必引裾退止之。是時，家止薄田數畝，僅供饘粥，其後食指日衆，公坐家累，遂不得治博士業。乃經營生計，歲貿易梁、宋間，足爲重繭。比既貴有封矣，勤儉猶不異食貧時，晨起獨先。家重往來，親故家數里内必徒步，不肯乘也。飯脱粟，衣澣濯，一褐袍至數年不易。又時時短服折巾，與田夫野老對語，不識者不知爲公也。性和易，無疾言厲色，待人無貴賤大小，接之如一，即下至臧獲，亦體恤周至，不妄譴呵。獨教子孫，則嚴而有法，諄諄以驕奢佚樂爲戒。公方治生時，常散穀百餘斛取息，然人以十五，公獨以十三。即不能償，亦不迫責。比家稍饒，遂盡取數年券焚之。有貸金者死，公往吊，出券袖中，焚其柩前，曰："不以累若子也。"鄰有僦居者，且數年矣。一日，扃户潛去，公知其以負儓直故也。追及之，曰："爾出無資，夫婦不免客死。"給道里費而遣之。其尚義好施，類若此。故鄉里稱仁厚者，必曰"張太公，張太公"云。公既以齒德爲鄉達尊，鄉人化之，至于無爭訟、攘竊、好博、使酒者，庶幾古風焉。公歿後，而稍稍異矣。邑長吏屢請鄉飲，終不赴，曰："吾無德以堪也。"公以竇夫人劬勞苦節，乃不及見家道盛時，每言及，輒簌簌泣下。于諸叔則事之盡禮。歿，皆爲經紀其喪，其子若孫周恤有加焉。公通曉世務，識事皆識大體。方余父官大行時，觸時事，欲有所奏論。公止之曰："爾無言責也。"及轉參藩，則曰："監司在總體要，秩綱紀而已，毋苟細以博能名。"余初任理官，公以書戒之曰："刑官最易枉人，小子慎之。"又嘗曰："仕宦家放債、請托兩事，皆利己害人，然子孫必受其報。爾輩當深以爲戒。"是以公折券後，口不談子母。終公世，無片牘入官府云。公素強健，乃偶病遂劇，數日卒。卒之日，遠邇慟悼，即童穉亦皆流涕，吊客千餘人，有以千里會葬者。嗚呼，余猶憶五六庚時，公即口授詩句。數歲，公爲講解經義，日采諸説，手錄卷上。嘗從公收禾山莊，夜臥一榻，即令背誦所讀經書，或試對聯。間一二日，必課文一首。迨余爲諸生，稍不墮落，公督率不少假。至既第後已，然猶惓惓戒誦佚。或間從友人飲，公必俟余歸方就寢。迄今思之，余心蓋戚戚焉。余今于子弟不復暇督誨，而諸子弟亦漸驕佚廢學矣，孰有能念先德者哉？

張銓曰：余每見世人稱述其先者，好爲侈説，徒爲有道所譏。余先世雖無大節顯行，可垂不朽，然三世之篤行，四世之文學，五世六世之修詣德施，皆可以啓佑後人，有穀孫子者也。余故論次之，使作求世德者，知淵源之自云。

四、内傳

竇氏，里人際女，庠生公配。温惠有女行。庠生公之有德于鄉也，內助之力居多焉。生一子。

竇氏，教諭公配。父璽，即姑竇女侄也。性剛嚴，治家有法，家人無嘻嘻者。余嘗見諸叔祖母逮事夫人者，談之猶色變焉。生四子。一女適里人竇玳，爲先恭人外太母云。

竇氏，里人貢士瓚女，性行端淑，年十八而歸南臺公。四年，生戶部公。又四年，南臺公卒。旦暮號泣，誓以死殉。已而，曰：“舅姑老矣，又無可托孤者。吾不恤一死，置此藐然孤何地？”于是稱未亡人，蓋自是不近鉛華矣。時母子相依，煢煢四壁也。鄰嫗則有以邪說動者，夫人大罵曰：“塗面以事二夫，即狗彘不若，爾謂吾爲之哉？”嫗慚而退。戶部公之少也，族中豪數侮之，戶部公不勝忿，欲與之角。夫人力止之，曰：“爾以一絲繫于鈞，妄動即絕矣。”夫人待內外姻族莫不有禮，里中人人稱夫人賢。一夕，鄰屋火，烈焰燭天，已延及夫人居。天忽反風，居卒無恙，人亦爲有神護云。余父舉鄉闈，報至，夫人驚喜過甚，遂病，竟不起。臨終曰：“吾始望不及此。今諸孫滿眼，長者又成名，且見曾孫矣。死復何恨？但未亡人守節分也，慎勿求旌。”時年六十。

張銓曰：余先世，自庠生公以上，配匹皆不可攷，故止傳三世云。若曾王母《柏舟》之操，可貫神明。語云：“苦節之後必達。”豈虛也哉？

附録（按：此底本無"附録"二字，爲點校者所加，共四文，均爲張銓之子張道濬所撰。）

《續國史紀聞》序

先忠烈昔候臺命，作《國史紀聞》，蓋自開國訖武廟止矣。其永陵以來，觀揚之概，業屬艸，以殉遼難，失去。余念鴻業之代興，傷遺緒之中佚。於是搜廣牒，翻邸報，合五朝，凡百有六年，以續其後。

時予南遷久矣，路鬼揶揄，波臣溈落，嘗有君門萬里之感，及濡削數次，更竊有嘆也。一時之裁，一時之臆，得則未足爲董狐，失且爲陳壽之忿，魏收之穢。況事在百年内，家有睹記，人有心口，若非曠代秘迹，語嬴秦於太康之漁人，問楚漢於亡隋之毛女也。國家重熙累洽，亘古未有。乃縣今觀之，謀王定國，如昔之蹇、夏、三楊，今或才遇可匹，不必協衷共濟。于忠肅、李文達若而人，成功在呼吸間。今何時也？扶危定變，疑不在值，至於爪牙虎臣，北捍虜，南捍倭，僅支目前。視昔之三黎入漠，西征交南者，尤若徑庭。惟是循吏勞臣，文苑獨行，直言殉義之士，代不絶書。是則二祖、列聖培植之餘澤，以光於五朝，傳諸信史者也。

先忠烈初命筆，寧簡毋贅，寧嚴毋誑，余守此義，不敢廢焉。或曰：子環列之尹，越局于蘭臺石室間，有往事乎？曰：有之。周官虎賁贅御，俱擇正人，進正言。矧余有先忠烈之成言在，又何敢違？見於忠烈前，有薛憲副之《憲章録》；見於予前，有薛學正之《續録》，俱史也，俱父子也。第予弗克折薪，有血指退矣。

《春秋集傳》後序

自漢武帝置五經博士，而《春秋》始重。其後遞置《公羊》、《穀梁》博士，而《傳》始重。《左氏》初不隸學官，劉歆力爭之，始與二《傳》等。漢晉以來，經學亡慮數十家，向背興替，以時爲政。宋王介甫自負大儒，獨訾《春秋》曰"斷爛朝報"。南渡時，胡康侯專治《春秋》，思陵召至講幄，其説遂大行於世。今之宗胡氏，猶前之宗左氏也。顧一人之臆，一時之議，或感憤而未裁，或規切而少激。昔人云："天下有粹白之裘，而亡粹白之狐。"顓之不如彙之也。

先忠烈歷官柱下，固古者史職。雖繇説《詩》起家，筮仕後，念爲臣者不可不知《春秋》，間采諸傳，務持其平，不膠積例，務存其確，不開鑿逕。素王之直道公衷，嚴情□貌，具隨事拈出，蓋劌心涉筆者數年，始克成帙。弘演納肝之義，先軫委命之節，志在《春秋》，先忠烈竟身殉之也。不肖兄弟，向嘗録上天子，備乙夜之覽。蒙付史館，諸人士咸以一見爲快。

辛巳，客白下，父執蕺山先生，始慫恿登木，以公同好。嗟乎！諸務棼如，此爲墨，彼又爲輪。今弄瓦而解諸家之難，先忠烈功于《春秋》匪淺，第不肖徒讀父書，幸棗梨具在，手澤如新也。

不肖男道濬抆淚謹跋

進呈《春秋集傳》表

奏爲恭進先臣纂輯《春秋集傳》，以祈聖裁事。

臣竊聞之，先正曰：“爲人臣者，不可不知《春秋》；爲人子者，不可不知《春秋》。”蓋《春秋》一書，萬世臣子之極也。今以聖明在上，勵精圖治，振紀刷綱。而在庭鮮一德之臣，四郊有多壘之恥。裂衣冠而事敵，既遺辱於中華；率妻子而潰逃，亦取笑於戎狄。無他，此皆不明於《春秋》之義也。

臣祖，贈太子太保、兵部尚書先臣張五典，明大義以事君，守微言而博子。臣父，贈兵部尚書、謚“忠烈”先臣張銓，幼承庭訓，心心求筆削予奪之縣；壯列班行，事事嚴夷夏君臣之辨。既師賢而且師聖，不信傳而直信經。以孔子彰順癉逆，業臚列攸著；逮左氏分條析縷，更產發無遺。雖及門不能贊一詞，豈奕世所得斷諸臆？何宋儒矯漢唐之過，甚略迹而匠心；至胡傳續公穀之餘，且泥今而反古？愈多穿鑿，亦覺離岐。故先臣裒集群言，折衷合傳。當胡塵之方撲，莽莽黃沙；乃忠骨之獨捐，飛飛赤燐。雖犬羊亦爲下拜，即讐敵孰不搖魂？知中國之有人，故且進且退者十載；窺中國之有間，始再驅再馳於昨年。臣義不後君，情寧辭母。出入於虜氛之內，幸叩天閽；趦趄於去住之間，獨蒙聖鑒。蓋臣父以《春秋》之學事吾君，已無慚於一死；臣敢廢《春秋》之學負吾父，致有愧於餘生？

謹繕寫臣父遺書《春秋集傳》，計十五卷，實封進呈。乞垂乙夜之餘輝，知教忠之有自。倘蒙甲觀之普播，庶正學之無湮。頗有關於立懦廉頑，或兼裨於封疆社稷。臣無任戰慄待命之至。

崇禎四年正月□□日。

奉聖旨："張銓忠節著稱，這纂輯《春秋集傳》，有裨大義，已留覽了。該部知道。"

輯《先忠烈公文集》後序

先公遺集若干卷，今始授梓，非敢後也，蓋有待云。先公少壯登朝，性喜著述。即持斧遼左，軍旅暇，猶擬觚翰從事。其《〈周易〉解》、《〈四書〉正訛》、《性學日得》、《〈左〉〈國〉箋注》、《慕古録》等書，皆失之殉難之日。今存止《春秋集傳》，得録以進御；已行世之《國史紀聞》，然亦自武廟止，嘉隆來，纂述未竟也。奏議止庚申前，得十之六；詩稿止游覽，得十之四，其散佚尚多。

不肖濬，前請纓從軍，思恢復故疆，于殘壁遺燼中，或收手澤，完先公素業。既奉冶造之役，事竣，中璫禍。尋先大父宮保公捐館舍，伏苫塊間。甫闋荷環召，數言事，予告。會虜薄京師，奮身馳入。復數言事，蒙譴謫，自雁門，再徙海上。蓋十年來，出入無寧日。幸久在海上，得肆力搜訂，而朝夕不謀，未獲展願，藉手友執，始克付剞劂。不肖濬因是而痛無已也。

先公博極群籍，復闡理奥，初志不僅以文顯。嘗憶西巡時，修漢中諸葛武侯廟，不及記。既還里，夢武侯求麗牲之石，先公著筆，今不存，豈非遺憾耶？昔宋陸放翁志復中原，臨終詩："王師若復中原日，莫忘靈前告乃翁。"今遼土恢復不遠矣。不肖濬彙刻先公集待之。倘天不愛道，得復見向所佚稿，庶少釋其痛，爲子之責或可逭乎？嗟乎！濬安能一日忘諸懷也。